1.〈溫斯頓回來了〉：大衛・傑格（David Jagger）一九三九年於海軍部畫了這幅極邱吉爾式的肖像。

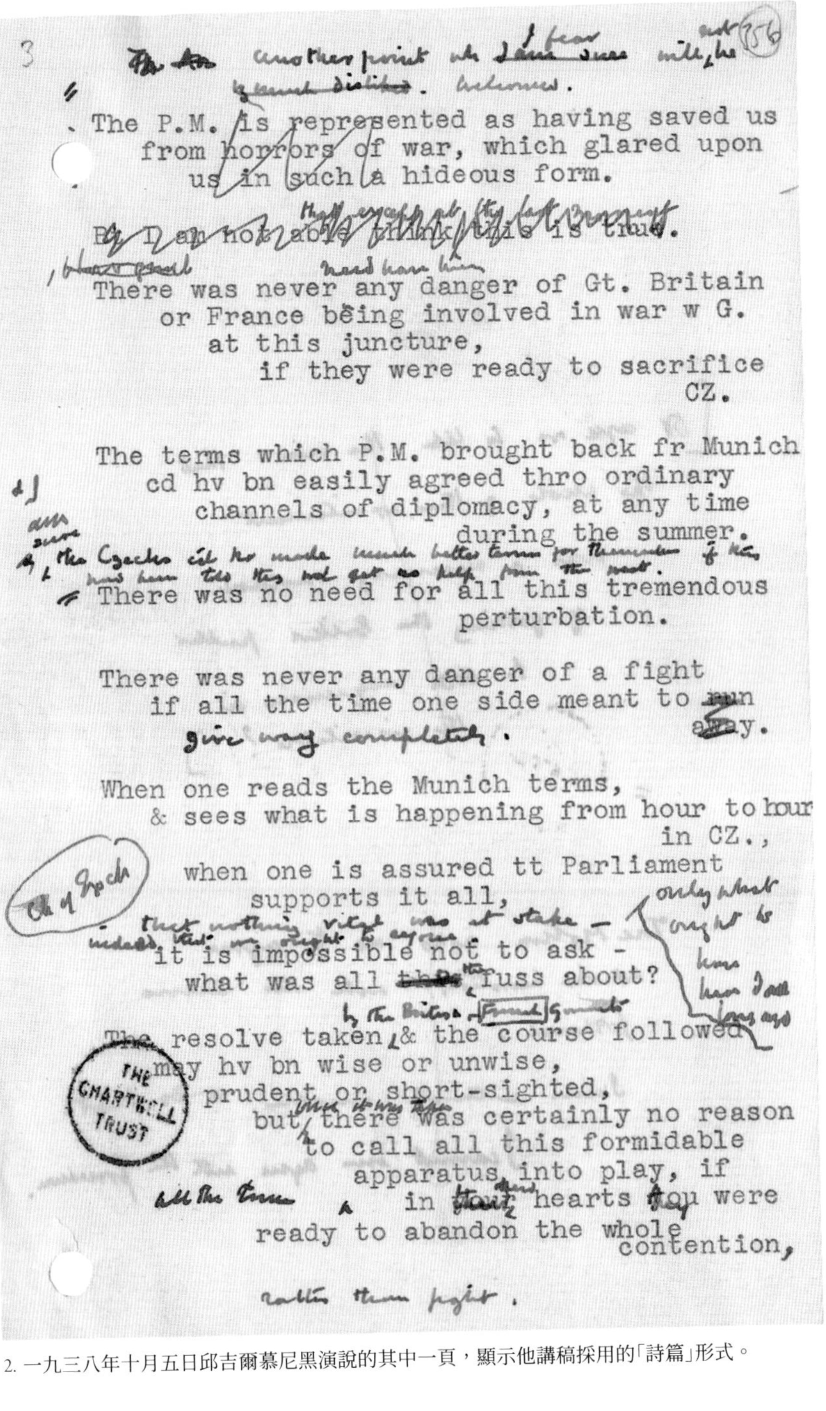

The P.M. is represented as having saved us
from horrors of war, which glared upon
us in such a hideous form.

By I am not able think this is true.

There was never any danger of Gt. Britain
or France being involved in war w G.
at this juncture,
if they were ready to sacrifice
CZ.

The terms which P.M. brought back fr Munich
cd hv bn easily agreed thro ordinary
channels of diplomacy, at any time
during the summer.

There was no need for all this tremendous
perturbation.

There was never any danger of a fight
if all the time one side meant to run
away.

When one reads the Munich terms,
& sees what is happening from hour to hour
in CZ.,
when one is assured tt Parliament
supports it all,
it is impossible not to ask -
what was all this fuss about?

The resolve taken & the course followed
may hv bn wise or unwise,
prudent or short-sighted,
but there was certainly no reason
to call all this formidable
apparatus into play, if
in your hearts you were
ready to abandon the whole
contention,

2. 一九三八年十月五日邱吉爾慕尼黑演說的其中一頁，顯示他講稿採用的「詩篇」形式。

3. 一九三九年七月倫敦河岸街出現這張海報，提問在納粹的威脅下，政府要付出多少代價，才會讓邱吉爾重返內閣。

4. 一九三九年九月三日，宣戰當晚邱吉爾以第一海軍大臣身分回到海軍部，帶著他的雪茄、手套、報紙、手杖、兩個紅色公文箱、防毒面具和一條繫著公文箱子鑰匙的長鏈。

5. 一九三九年九月四日，張伯倫政府的重要成員在威廉・格萊斯頓和索茲伯里勛爵的肖像下合影。後排左起：約翰・安德森爵士、莫里斯・漢基、萊斯里・霍爾－貝利沙、溫斯頓・邱吉爾、金斯利・伍德、安東尼・伊登、愛德華・布里奇斯爵士。前排左起：哈利法克斯勛爵、約翰・賽門爵士、內維爾・張伯倫、塞繆爾・霍爾、查特菲爾德勛爵。

6. 一九四〇年九月，邱吉爾與國王喬治六世、王后伊莉莎白精神奕奕巡視白金漢宮的爆炸損傷。

7. 一九四〇年十二月，某個「當月亮高掛」的夜晚於迪奇利園，左起：布蘭登．布瑞肯、克蘭伯恩勛爵、理查．勞、溫斯頓．邱吉爾、克萊門汀．邱吉爾、克蘭伯恩夫人、羅納德．特里（被遮住）、南西．特里（後姓蘭開斯特）。

8. 倫敦大轟炸期間，邱吉爾到處走訪被轟炸的地點提振士氣。這是一九四〇年他在蘭斯蓋特一家商店外。

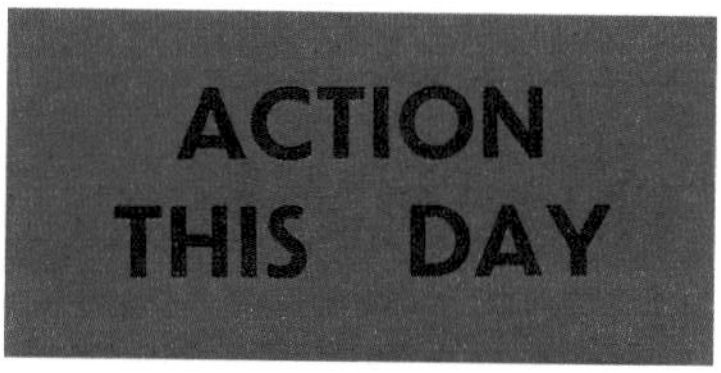

9. 邱吉爾希望大臣立刻處理的事，就會在備忘錄貼上這個標籤。

10. 倫敦大轟炸期間，邱吉爾搬到臨時首相府，這是地圖室的書桌。

11. 一九四一年十月邱吉爾戰時內閣，拍攝地點爲唐寧街十號的花園。前排左起：約翰・安德森爵士、溫斯頓・邱吉爾、克萊門・艾德禮、安東尼・伊登。後排左起：亞瑟・格林伍德、歐內斯特・貝文、畢佛布魯克勛爵、金斯利・伍德爵士。

12. 一九四一年十二月二十三日，邱吉爾與總統富蘭克林・D・羅斯福於白宮美國總統辦公室召開記者會。邱吉爾手上的戒指是雪茄環標，而羅斯福所戴黑色的臂章是爲紀念九月去世的母親莎拉。

13.「去食人魔的巢穴」：一九四二年八月邱吉爾於克里姆林宮拜會元帥喬瑟夫・史達林。

14. 一九四二年八月五日，邱吉爾於開羅的英國大使館，坐在他身旁的是他的好友暨親密顧問陸軍元帥揚・史末資。後方是空軍上將亞瑟・泰德（左）、陸軍上將艾倫・布魯克（右）。

15. 一九四三年五月，前往三叉戟會議，邱吉爾與海軍元帥杜德利・龐德登上瑪麗皇后號。

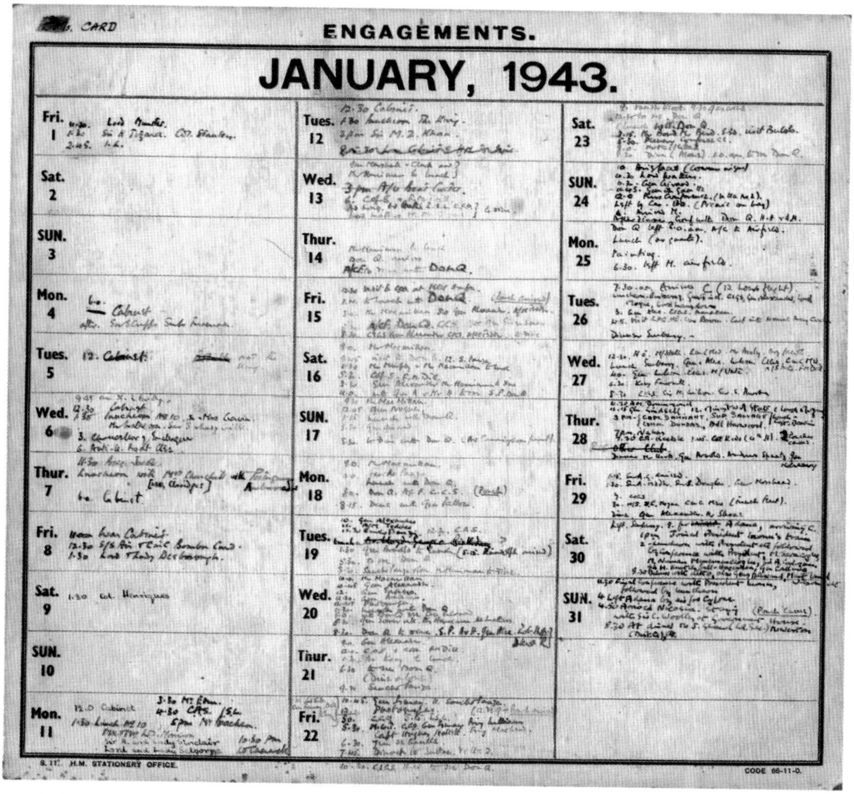

16. 邱吉爾的行程卡涵蓋戰爭每一個月。這張是卡薩布蘭加會議，其中羅斯福總統的代號是「唐Q」，出自邱吉爾的家人幫羅斯福取的綽號「唐吉軻德」。

17. 一九四三年二月維克多・懷茲在《紀事新聞報》上的漫畫〈心理戰〉（*War of Nerves*），表示希特勒正被無所不在的邱吉爾給逼瘋。

18. 邱吉爾在馬拉喀什給羅斯福看這幅景象，然後將之詮釋出來。這是他在二次大戰戰勝紀念日之前唯一的畫作，並送給羅斯福。

19. 一九四三年五月在紐約，邱吉爾做出當時已經很有名的勝利手勢，鼓勵瑪麗皇后號的船員。

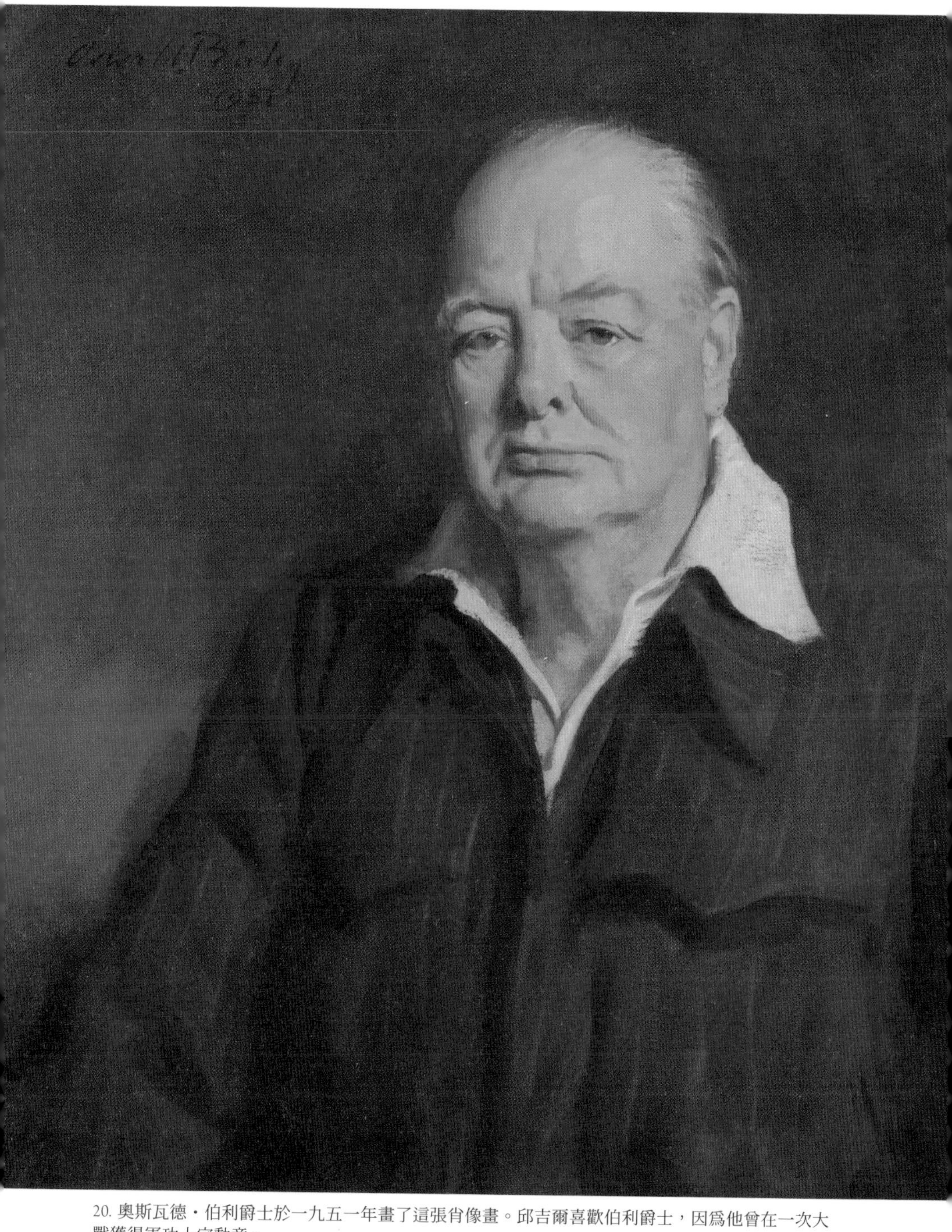

20. 奧斯瓦德・伯利爵士於一九五一年畫了這張肖像畫。邱吉爾喜歡伯利爵士，因爲他曾在一次大戰獲得軍功十字勳章。

21. 一九四四年五月，邱吉爾穿著他的「警報裝」和上將德懷特・D・艾森豪於薩塞克斯的黑斯廷斯附近。

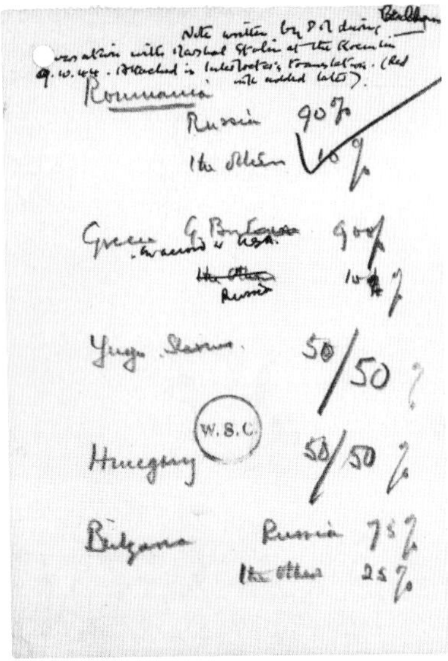

Roumania
Russia 90%
The others 10%
Greece
G. Britain 90%
(in accord w USA)
Russia 10%
Yugo Slavia 50/50 %
W.S.C.
Hungary 50/50 %
Bulgaria
Russia 75%
The others 25%

22. 一九四四年十月惡名昭彰的「百分比協議」，上有史達林打的大勾。儘管內容的犬儒主義，事實上拯救了希臘的民主。

23. 一九四四年停戰紀念日，邱吉爾淚水盈眶走在香榭麗舍大道。左起：警探詹姆士・貝特利（伊登的保鑣）、阿弗雷德・達夫・庫柏（後方）、指揮官湯米・湯普森、伊登、邱吉爾、戴高樂。

24. 一九四五年二月在克里米亞的雅爾達會議，邱吉爾、羅斯福、史達林瞬間都笑了。

25. 一九四五年三月二十五日，邱吉爾渡過萊茵河。在他後方的登陸艇上可見的是陸軍元帥布魯克和艾森豪的情婦凱・薩默斯比。

26. 一九四一年九月，邱吉爾的機要祕書群在唐寧街十號的花園合影。左起：約翰・科爾維、萊斯利・羅文、邱吉爾、約翰・佩克、約翰・馬汀、伊蒂絲・華森、指揮官湯米・湯普森、安東尼·貝佛、查爾斯・巴爾克。

27. 一九四五年五月，戰勝紀念日前一天，三軍參謀長於唐寧街十號的花園。前排左起：空軍元帥查爾斯・波特爾爵士、陸軍元帥艾倫・布魯克爵士、溫斯頓・邱吉爾、海軍上將安德魯・康寧漢爵士。後排左起：上校萊斯里・霍里斯、黑斯廷斯・伊斯梅。

28. 一九四六年三月五日邱吉爾於密蘇里州福頓西敏學院發表〈和平砥柱〉演說，首次警告眾人關於蘇聯控制東歐。

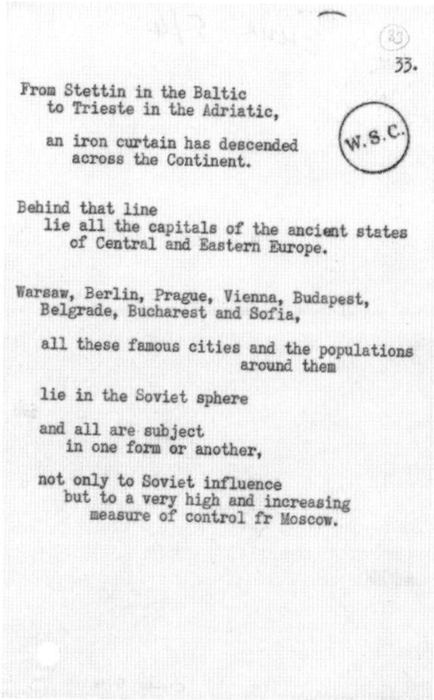

33.

W.S.C.

From Stettin in the Baltic
to Trieste in the Adriatic,

an iron curtain has descended
across the Continent.

Behind that line
lie all the capitals of the ancient states
of Central and Eastern Europe.

Warsaw, Berlin, Prague, Vienna, Budapest,
Belgrade, Bucharest and Sofia,

all these famous cities and the populations
around them

lie in the Soviet sphere

and all are subject
in one form or another,

not only to Soviet influence
but to a very high and increasing
measure of control fr Moscow.

29. 福頓演說的其中一頁，警告一道「鐵幕」已在東歐降下。

30. 一九四六年，帶著鸚鵡的邱吉爾在邁阿密海灘，旁邊是克萊門汀與莎拉・邱吉爾。

31. 一九四八年五月，邱吉爾在海牙歐洲代表大會演說後含淚接受鼓掌。

32. 一九五一年，邱吉爾開心地收下雪茄。

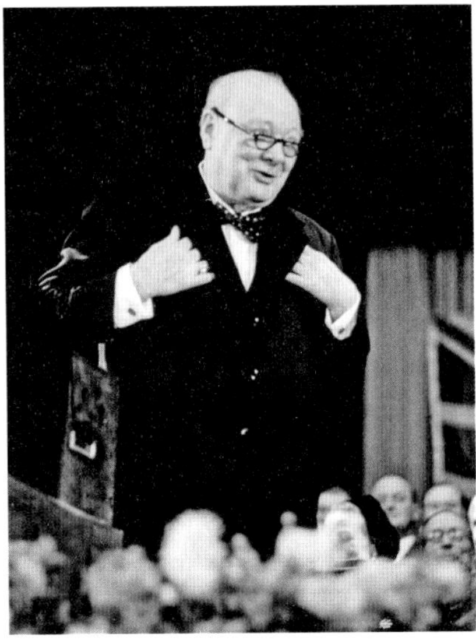

33. 一九五三年十月，邱吉爾於馬蓋特保守黨大會演說成功，於是在唐寧街中風四個月後又繼續擔任首相。

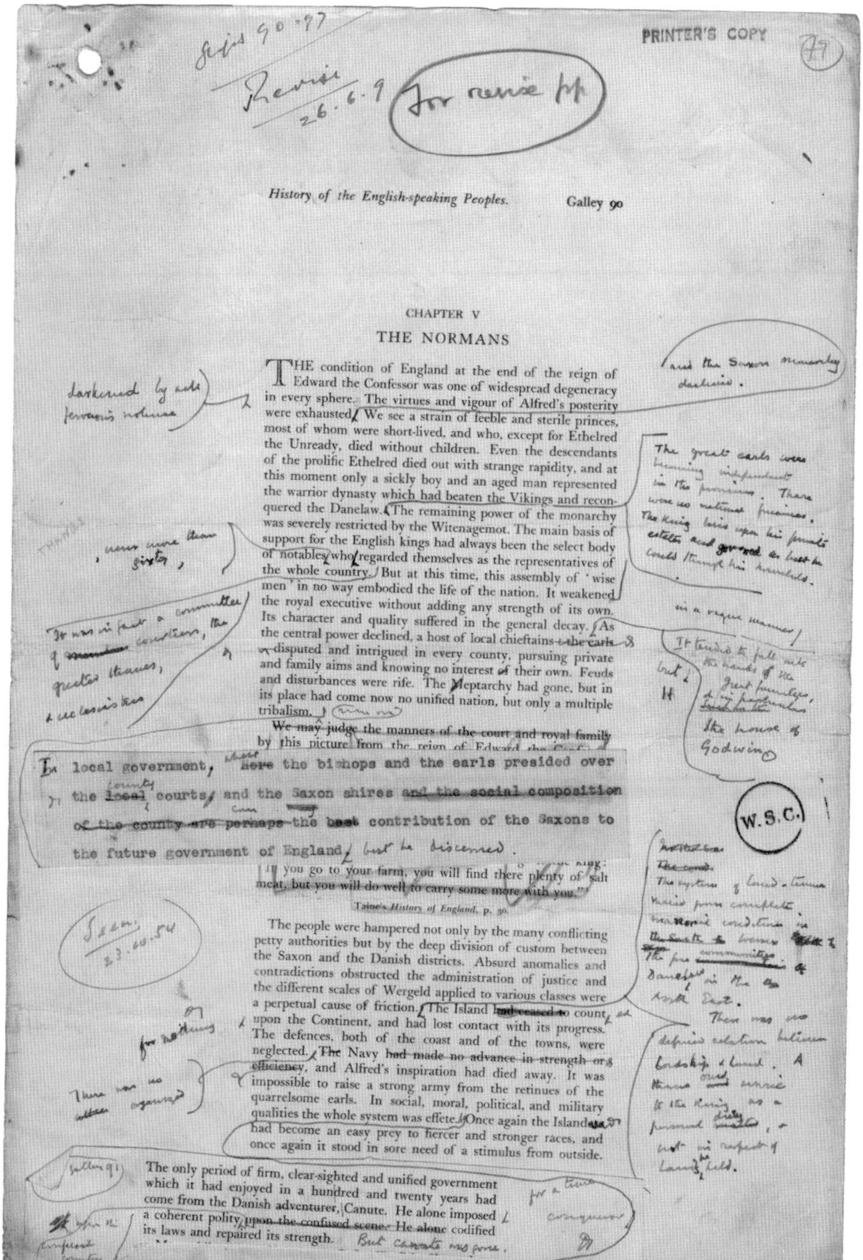

34.《英語民族史》第二卷修正後的鉛印打樣，紅色部分是邱吉爾的修訂，藍色和黑色分別是丹尼斯・凱利和艾迪・馬許。綠色是校對人員的回應。

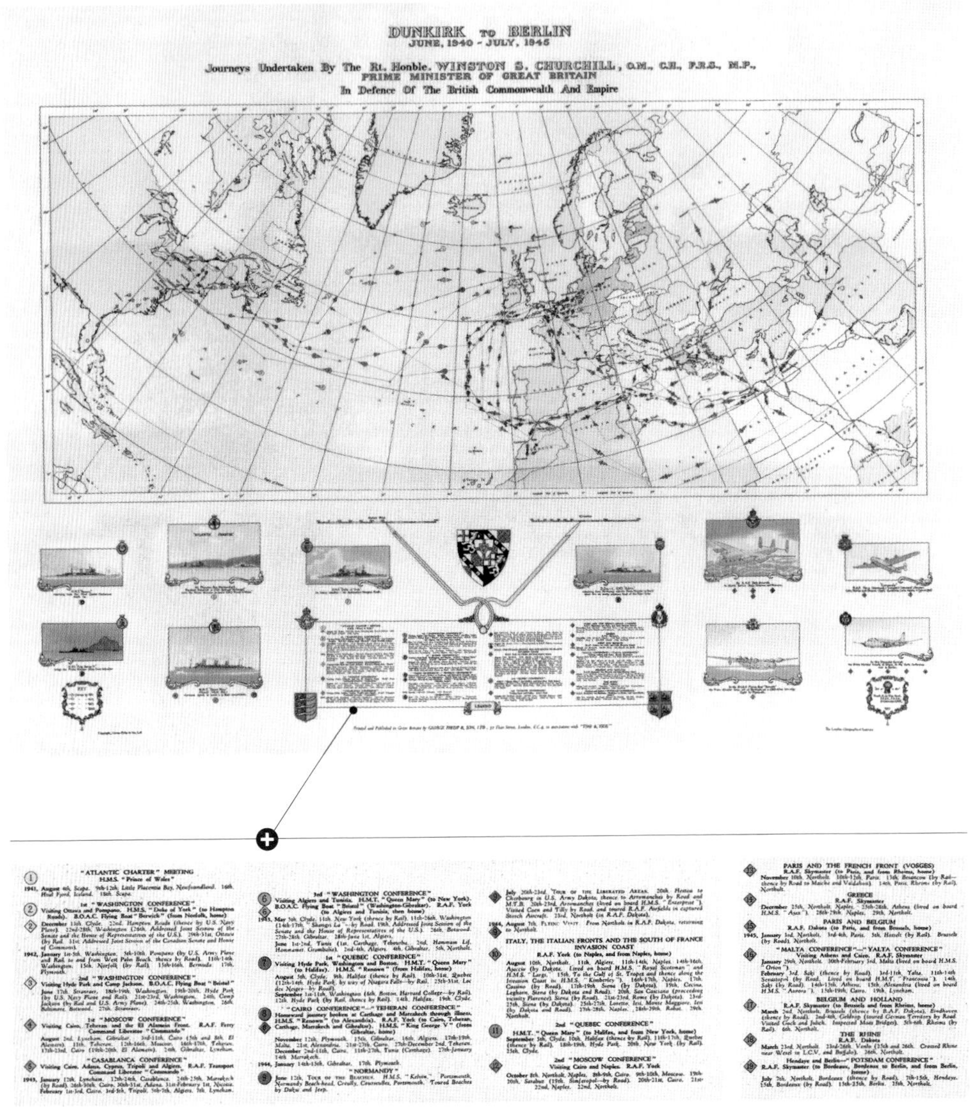

35. 邱吉爾二次大戰期間的旅行地圖。

36. 克萊門汀、倫道夫、溫斯頓、阿拉貝拉・邱吉爾於蒙地卡羅，一九五八年。

37. 出航：一九五九年七月邱吉爾登上亞里斯多德・歐納西斯的遊艇克里斯蒂娜號，於卡布里島近海。

圖片來源

本書所有出自邱吉爾檔案中心之材料，皆經劍橋大學邱吉爾學院專家學者及成員們慷慨同意而重現。

1 〈溫斯頓・邱吉爾〉，肖像，大衛・傑格繪於一九三九年。私人收藏。*©Estate of David Jagger*

2 一九三八年十月五日邱吉爾的慕尼黑演說註記。*Churchill Archives Centre, Churchill Papers, CHAR 9/130D/356.©Winston S. Churchill. Reproduced with permission of Curtis Brown, London on behalf of The Estate of Winston S. Churchill and The Sir Winston Churchill Archive Trust. Copyright in the text©The Estate of Winston S. Churchill. Copyright in the reproduction©The Sir Winston Churchill Archive Trust*

3 〈邱吉爾值什麼?〉，一九三九年倫敦河岸街的海報。*Topical Press/Getty Images*

4 一九三九年邱吉爾回到英國海軍部。*Fox Photos/Getty Images*

5 一九三九年邱吉爾在戰時內閣。*Fox Photos/Getty Images*

6 炸彈掉落在白金漢宮後，探視國王喬治六世與王后伊莉莎白，一九四〇年。*Corbis/Getty Images*

7 邱吉爾與朋友在迪奇利園，一九四〇年。作者收藏

8 邱吉爾視察肯特郡蘭斯蓋特被炸彈轟炸的商店。*Alamy*

9 「卽日辦理」標籤。*The Trustees for the Liddle Hart Centre for Military Archives, Kings College London.*

10 敦內閣作戰指揮室地圖室的書桌。*TopFoto*

11 一九四一年邱吉爾戰時內閣。*Corbis/Getty Images*

12 邱吉爾與總統富蘭克林・D・羅斯福於白宮美國總統辦公室召開記者會，一九四一年於華盛頓特區。*Courtesy Barry Singer*

13 邱吉爾與元帥喬瑟夫・史達林於克里姆林宮，一九四二年。私人收藏

14 邱吉爾於北美與陸軍元帥揚・史末資、空軍上將亞瑟・泰德、陸軍上將艾倫・布魯克，一九四二年。*Alamy*

15 邱吉爾與海軍元帥杜德利・龐德登上瑪麗皇后號（SS *Queen Mary*），一九四三年。*Alamy*

16 一九四三年一月的行程卡。*The National Churchill Library and Center at the George Washington University*

17 〈心理戰〉，維克多・懷茲繪，一九四三年二月四日《紀事新聞報》(*News Chronicle*)。*©Solo Syndication*

18 〈庫圖比亞清真寺〉溫斯頓・S・邱吉爾繪，約於一九四三年。私人收藏。*Reproduced with permission of Anthea Morton-Saner on behalf of Churchill Heritage Ltd.©Churchill Heritage Ltd*

19 邱吉爾向船員做出「V」字手勢，一九四三年於瑪麗皇后號。*Popperfoto/Getty Images*

20 〈溫斯頓・邱吉爾〉，奧斯瓦德・伯利爵士繪於一九五一年。私人收藏。*By permission of Robin Birley*

21 一九四四年邱吉爾與上將德懷特・D・艾森豪於薩塞克斯的黑斯廷斯附近。*IWM/Getty Images*

22 「百分比協議」。*Churchill Archives Centre, Churchill Papers, CHUR 4/356/174.©Winston S. Churchill. Reproduced with permission of Curtis Brown, London on behalf of The Estate of Winston S. Churchill and The Sir Winston Churchill Archive Trust. Copyright in the text© The Estate of Winston S. Churchill. Copyright in the reproduction©The Sir Winston Churchill Archive Trust*

23 邱吉爾、上將查爾斯・戴高樂與遊行者於巴黎的香榭麗舍大道，一九四四年。*Central Press/Getty Images*

24 邱吉爾、羅斯福、史達林於一九四五年雅爾達會議。私人收藏。*US Army Signal Corps*

25 渡過萊茵河，一九四五年。*IWM/Getty Images*

26 唐寧街十號，邱吉爾私人辦公室。出自《唐寧街・戰爭歲月》(*Downing Street: The War Years*)，約翰・馬汀爵士著，一九九一年。

27 邱吉爾與他的三軍參謀長於唐寧街十號的花園，一九四五年。*IWM/Getty Images*

28 邱吉爾於美國密蘇里州福頓西敏學院演說，一九四六年。*Popperfoto/Getty*

29 一九四六年邱吉爾於福頓的「鐵幕」演說筆記。*Churchill Archives Centre, Churchill Papers, CHUR 5/4A/83.©Winston S. Churchill. Reproduced with permission of Curtis Brown, London on behalf of The Estate of Winston S. Churchill and The Sir Winston Churchill Archive Trust. Copyright in the text© The Estate of Winston S. Churchill. Copyright in the reproduction©The Sir Winston Churchill Archive Trust*

30 邱吉爾與克萊門汀、莎拉於邁阿密海灘，一九四六年。私人收藏。

31 一九四八年海牙歐洲代表大會，邱吉爾演說之後。*Getty Images*

32 邱吉爾獲贈雪茄，一九五一年。*Churchill Archives Centre, Baroness Spencer-Churchill Papers, CSCT 5/7/5*

33 邱吉爾於馬蓋特保守黨大會演說，一九五三年。*Getty Images on behalf of The Estate of Winston S. Churchill and The Sir Winston Churchill Archive Trust. Copyright in the text© The Estate of Winston S. Churchill. Copyright in the reproduction© The Sir Winston Churchill Archive Trust*

35 邱吉爾二次大戰期間的旅行地圖，海軍少校 Frank A. de Vine Hunt 繪製，原出版者爲一九四七年。George Philip & Son, Ltd., London, in association with *Time and Tide*.

36 克萊門汀、倫道夫、溫斯頓、阿拉貝拉・邱吉爾於蒙地卡羅，一九五八年。*Associated Press/Rex Shutterstock*

37 一九五九年邱吉爾登上亞里斯多德・歐納西斯的遊艇克里斯蒂娜號，卡布里島。*Ullstein-bild/Getty Images*

邱吉爾

CHURCHILL

WALKING WITH DESTINY

與命運同行

|第二部|

試煉

安德魯·羅伯茨 著　胡訢諄 譯
ANDREW ROBERTS

PART 2

試煉

第二部
Part Two

試煉
The Trial

21 法國淪陷 1940／5—1940／6

當一個國家如同法國經歷如此恐怖的災難，其他所有惡魔都朝她蜂擁而上，宛如食腐肉的烏鴉。——邱吉爾致克萊門汀，一九四三年一月[1]

我面帶微笑的表情，散發自信的氣息，當事情非常糟糕時，這就是最適合的表現。——邱吉爾，《最光輝的時刻》（*Their Finest Hour*）[2]，一九四〇年六月

邱吉爾當上首相時，他當然眞的「通曉一切」。除了外交部，他曾擔任國家每項重要職位。時年六十五歲，經驗上、心理上、謀略上，他已爲即將來臨的時刻與考驗做好絕佳準備。二十三歲時，他已經發現感動人心的演說應具備的五個面向，而且之後的四十年，他已經熟練這五個面向。二十五歲時，他已經寫道，一旦英國遭到入侵，「會有一些人——卽使是現代這種時候——不喜歡適應新的秩序並溫順熬過災難」，而且他從一九一二年十月開始思考德國軍隊可能會從哪裡登陸侵略。[3]早在一九〇一年五月，他已經警告歐洲的戰爭將是「殘忍、撕心裂肺的掙扎，如果我們要能享受勝利的苦果，這場戰爭必定需要整個國家的人力，整個和平時期的產業也許停滯長達數年，而且社會所有精力都專注在一個目標」。[4]

一九〇三年財政法案辯論時，邱吉爾說過，「他總是認爲，長久以來英國的治國權術主要目的是與美

國培養良好關係，」並且詢問，「戰爭時期，大西洋彼岸的食物補給會提供多大的穩定？」[5] 一九〇七年，他曾造訪東非，一九四〇年六月至一九四一年十一月之間，英國就會在那裡獲得首次陸上戰爭的策略勝利。一九〇九年，他要求在政府的同僚聯絡奧維爾・萊特（Orville Wright）「利用他的知識」。[6] 一九一三年三月，海軍預算的辯論上，他設想下議院遭到空中轟炸，而才過一年就預見「在自己的國家暢行無阻……且接近自家基地的戰鬥機，必定比起任何能夠越過海洋的類似設計更有效率」。[7] 不列顛戰役和倫敦大轟炸的時候就會發現他已有心理準備。寫到他終身對空戰的興趣，他在後來的戰爭回憶錄寫道，「雖然我從未嘗試學習技術問題，但這個領域在我腦海裡已瞭若指掌。」[8]

邱吉爾對科學與新式武器的迷戀──以飛機和坦克爲主──是爲首相職位作準備的另一個重點，誠如他在一九一七年八月要求坦克製造的報告「寫成一頁」。[9] 邱吉爾從林德曼教授那裡學到大量科學知識，而且回到一九二四年九月，他寫過一篇關於原子彈的文章，刊登在《帕爾摩爾公報》，比起愛因斯坦寫給羅斯福總統討論製造的可能，足足超前十五年。「一顆不比橘子大的炸彈，也許擁有神祕的威力，」邱吉爾曾經問過，「可以一次炸掉一個城鎮？」他也預見V-1和V-2導彈，心想「炸藥，甚至現存的形式，能不能裝在飛行機器裡，由無線設備或光線自動引導，不需人類駕駛，接二連三落在敵方的城市、軍火庫、軍營或碼頭？」[10]

一次大戰期間，邱吉爾在海軍部成立四十號房破解密碼，這是七十年來第一個這種機構。他從中學到，重要的是，他不需經過數個委員會，即可收到原始、未經處理的情報資料，這點在二戰時裨益良多。此外，他也從觀察道格拉斯・黑格爵士的情報部中學到，「錯誤政策會發生，最常見的其中一種解釋，就是人們只想告訴位高權重的主管他最想聽的事情。因此，決定重大事件的領袖，他們的看法通常比殘忍的事實還要樂觀。」[11]

一次大戰擔任軍需大臣時，邱吉爾經營的，是他所謂「世界上最大的採購事業與工業雇主」。[12] 當時他常親赴前線與英國遠征軍總部，這也是他在隨後的衝突中熟悉局勢的方法。他不在苦藥裹上糖衣；一九一四年九月，他警告全國自由黨俱樂部，「這場戰爭將會漫長且沉重。」[13]「相信人民」曾經是他父親的座右銘，而在一九一四年十一月，他考慮到如果法國淪陷、英國繼續戰鬥的可能性，告訴下議院，「即使單槍匹馬，就像我們在拿破崙戰爭的時候，我們也沒有理由對我們無限期奮鬥的能力感到失望……」[14] 早在一九三二年，甚至希特勒掌權之前，邱吉爾已經告訴下議院，「對英國人民說實話，他們是剛強的民族、健壯的民族。他們當下可能會有點不悅，但是如果你告訴他們實際正在發生的事，當他們抱著幻滅回家時，你就已經預防非常不愉快的抱怨與責備。」[15] 這對他在二次大戰的態度與信念有著深遠的淵源。

一次大戰那種包圍、封鎖、打擊，以及純粹以數量取勝的策略，邱吉爾已經在一九一六年五月的演講說明。那時他說，「如果要徹底擊敗德國，得像擊敗拿破崙、擊敗南方邦聯那樣——也就是說，以優越的人數遍布前線，以致他們無法維持、或遞補自己的損失。」[16] 一九四三年與一九四四年，他在同盟國會議談到他的非洲、地中海、巴爾幹策略時，也會說出差不多的話。「那是周圍對抗核心的戰爭。」他曾經如此論述馬爾博羅的策略，而這也是兩百四十年後西方同盟國的策略。[17] 同樣地，一九一八年四月，邱吉爾驚人的備忘錄指出，列寧會被說服重新加入戰爭——「我們永遠不要忘記，列寧和托洛斯基脖子掛著繩子打仗」——意謂一旦希特勒背叛德蘇協議，他需要與史達林聯盟時，也不會遲疑。[18]

一次大戰前，身爲第一海軍大臣，邱吉爾固定寫信給阿斯奎斯，告訴他最新消息與他的想法。這些信件被描述爲「長篇、有說服力、論述清晰、資料豐富的文件」，實爲正確。[19]他是部門會議紀錄的高手，這個準備將有助於他在戰爭時期與羅斯福總統通信。那段重要的關係由於他的著作《馬爾博羅》而更加緊密，書中他讚揚他偉大的祖先，儘管所有「陰謀、誤解，以及龐大笨拙的同盟各種作戰不徹底的行動」，他依然追求他的目標。[20]

邱吉爾即將進入人生目前爲止最費力的五年，但他六十五年來有意識或無意識的準備將會支持他。一九三三年四月，他以戰時演說的修辭特色告訴皇家聖喬治學會，「也許我們歷史上最光榮的章節尚未寫下。確實，包圍我們和國家的重大問題與危險，應該讓這個世代英國的男男女女，因爲身處這樣的時代感到高興。我們應該心存喜悅，命運以這樣的責任榮耀我們；我們應該心懷驕傲，在國家存亡之際，我們守護她的生命。」[21]

到了一九四〇年五月，邱吉爾的個性已然被他的經驗完全形塑，接下來的人生不會再有顯著變化。專心致志的特質當然還在，而且，當情況要求，這個特質也與不可否認的冷酷結合——經常可見。但是，除此之外，憑著壓力下的冷靜與幽默，儘管情況惡化，他仍然能夠迸出笑話。他在戰場親臨火線的經驗，溯及波耳戰爭中的斯匹恩山和一次大戰中的西線，以致他對軍事專家不是非常推崇；英國軍隊即將吃下多次敗仗，這點屆時將會有所用處。他在漫長的職業生涯犯過多次災難性的錯誤，但是，如同我們將會看到，他也從中學習。

一次大戰期間，邱吉爾給喬治．克里蒙梭的其中一個建議就是「忘記過去的口角……在英格蘭，我們……常常搞得亂七八糟，但我們或多或少總是聚在一起」。[22]一九四〇年五月十一日星期六，邱吉爾開始任命其餘的政府官員，在三大黨和他們內部的派系之間取得巧妙平衡。他必須抗衡來自他的朋友與支持者的期待，也來自在下議院占多數、惱怒的張伯倫派。克萊門．艾德禮得到非部會的掌璽大臣一職，但也成為議院的副首席；內維爾．張伯倫則是許多重要內閣委員會的主席，處理國土前線。工黨副黨魁亞瑟．格林伍德則是無任所大臣，並任戰時內閣。「我不喜歡身邊有些不受控的大臣。」邱吉爾後來寫道，「我寧願面對機關主管，也不想面對顧問。每個人都應該做好一天的工作，能夠負責某些明確的任務，這樣他們就不會為惹麻煩而惹麻煩，或出風頭。」[23]

當文官一直比當政客能幹的約翰．安德森爵士，留任內政大臣。金斯利．伍德被任命為財政大臣。軍隊大臣的人選在政黨之間小心校準，保守黨的安東尼．伊登成為陸軍大臣，自由黨黨魁阿契伯德．辛克萊擔任空軍大臣，而工黨的A．V．亞歷山大接繼邱吉爾擔任第一海軍大臣。雖然無法把哈利法克斯請出外交部，但是可以小心從權力中心撬開其他主要的綏靖主義者。霍爾安撫法西斯主義獨裁者的天分可以用在他的新職位——佛朗哥西班牙的大使。西蒙在整個戰爭後來的時間都被「踢上樓」擔任大法官，而漢基被請出戰時內閣，去當蘭開斯特公爵領地事務大臣，這也是一九一五年的邱吉爾非常討厭、那個宛如死水的部門。

「我必須說，溫斯頓極為大方，欣賞我幫忙的意願與能力。」五月十一日，張伯倫寫信給艾達，「我知道他倚賴哈利法克斯和我。」[24]那是真的，但不代表忠實追隨邱吉爾的人也要尊敬張伯倫派。那天早上，張伯倫親密的顧問霍拉斯・威爾森爵士一如往常來到唐寧街十號上班。儘管他是主要的綏靖主義者，邱吉爾仍寬宏大量保留他兩項高職等的工作。邱吉爾命令他收拾書桌，下午兩點前離開唐寧街。午餐時間，威爾森捎來訊息，要求更多時間，於是邱吉爾告訴布瑞肯：「告訴那個人，如果下午兩點辦公室沒有清空，我會讓他去當冰島大臣。」[25]（英國前一天占領了冰島，不讓德國有機可乘。）威爾森午餐回來後，發現布瑞肯坐在他的書桌，而倫道夫坐在他的沙發，兩人抽著大根雪茄。[26]他的東西被堆在走廊。威爾森不說一字離去，而一九四二年，當他年滿六十歲——公職退休最低年齡，他的職業生涯立刻終止。

畢佛布魯克勛爵被任命為飛機生產大臣，這件事情竟使國王親筆寫了抗議字條，但是儘管邱吉爾心懷浪漫的君主主義，他還是堅持他的任命權，指派這個人在不列顛戰役期間擔任次於自己最重要的工作。[27]同樣地，當邱吉爾要布瑞肯進入樞密院，白金漢宮也因為他不清澈的背景發出抱怨。邱吉爾和國王的關係良好，而且即將變得非常要好，但偶爾還是會有齟齬，這也許就是其中之一。「布瑞肯先生是表現傑出、能力優異的國會成員。」邱吉爾寫信給國王的機要祕書艾列克・哈定莒（Alec Hardinge），「我努力充實國防的那幾年，尤其是空防，有時候他是唯一支持我的人。我遭受各種官方敵對時，他也受苦。如果他也加入那些攀炎附勢、投機取巧的行列，向民眾保證我們的空軍比德國龐大，我不懷疑他老早就坐上高位。」[28]布瑞肯立刻被任命到樞密院，這是政治成就的象徵，那個機構也非常崇高。

畢佛布魯克是個不穩定的盟友，但總是活力充沛，能夠鼓舞他人。去年十一月，麥斯基發現，畢佛布魯克「某天可能會稱讚（邱吉爾）是英國最偉大的政治家，某天可能又會說他是『騙子』、『叛徒』、『政治娼妓』」。[29]這位新的大臣五月十日、十一日、十二日跟邱吉爾在海軍部共進午餐。他非常高興回到邱吉爾的懷抱，如同保守黨議員貝維萊・巴科斯特（Beverley Baxter）所言，「他就像城裡的妓女終於嫁給市長！」[30]摩蘭的看法正確，因爲畢佛布魯克「幾乎是最後一個曾經經歷一次大戰的震撼與壓力的人……首相和他說話能夠得到安慰，能夠互相比較他們曾在一次大戰克服的困難」。[31][(1)]畢佛布魯克刺激邱吉爾——「有些人嗑藥，」邱吉爾曾說過，「我嗑馬克斯（畢佛布魯克）。」[32]邱吉爾認爲畢佛布魯克將全心投入一項重要任務，就是幾個月內最大化作戰飛機的數量。之後證明邱吉爾是對的。[33]

倫道夫抱怨，大衛・馬傑森明明曾經策劃反對他的父親，卻仍續任大黨鞭。對此，邱吉爾回答，「面對近年來保守黨中那些仇視我們的人，我不認爲還有別人能在這方面給我更好的建議。我必須考量團結，而且我需要所有可以得到的幫助。」[34]他和伊登說，他「安慰自己，心想M鞭策黨員的力量會和反對我們的一樣猛！」[35]布瑞肯寫了便條警告邱吉爾，馬傑森（布瑞肯給馬傑森取了「傘兵」的綽號，可能因爲他就像德軍在挪威，成功掉進敵人的土地。）「不喜歡我們幾個朋友」，但這點不妨礙首相邀請他們幫助補進政府低階的職位，畢竟首相沒空親自去做。馬傑森效力新主人的忠心值得表揚，那年年底即當上陸軍大臣。

達夫・庫柏從約翰・里斯手中接下情報大臣。里斯在日記中吐露，「這種待遇眞是下流——多麼『爛』的政府。」[36]儘管如此，里斯很快就接受邱吉爾給他的交通大臣。邱吉爾絲毫沒有察覺里斯輕視他的程度。歐內斯特・貝文也在國會占有席次，並受任爲勞動大臣。這項重要的職位控制這個國家的人力資源和工業關係，而貝文整個戰爭期間都在這個位置。

奧利佛・史丹利在挪威戰役期間曾與邱吉爾不合，他拒絕自治領的職位，因爲他不喜歡邱吉爾向他開口的語氣。[37]（儘管如此，邱吉爾在一九四二年再次給他機會，任命他爲殖民地大臣。）霍爾－貝利沙拒絕情報部與貿易局，邱吉爾因此低吼，「如果你攻擊我，我必反擊，並且記住，你有三點七吋的槍，但我的是十二吋。」[38]

就和勞合喬治在一次大戰時一樣，邱吉爾從下議院外找人進來。除了里斯、畢佛布魯克，他讓商人來當大臣：在貿易局的安德魯・鄧肯爵士（Sir Andrew Duncan）、在糧食部的伍爾頓勛爵（Lord Woolton），以及後來，從銀行家變成軍工生產大臣的奧利佛・利特頓（Oliver Lyttelton）。羅伯特・布思比被安排當伍爾頓的次長，他不是很滿意自己較低的位階。因此，克萊門特・戴維斯幫忙拉下了張伯倫卻沒得到任何職位的時候，布思比就說，這顯示邱吉爾「對朋友不好」。[39]但絕非如此。邱吉爾無法安排每一個人進入他的政府，而且他在不順利的那幾年培養的友情，意謂到了一九四〇年，他的職位可以指定信任的人任要職，只不過布思比不在那群人之中。林德曼成爲政府的首席科學顧問（雖然他的角色遠不止如此）。洛伊德勛爵接下殖民地大臣。而克蘭伯恩勛爵擔任主計長。此外，莫恩勛爵和哈洛德・麥克米倫分別成爲農業部和軍需部的國會祕書。戰爭後期，邱吉爾也爲他的女婿鄧肯・桑迪斯和朋友詹姆斯・德・羅斯柴爾德找到次要的職位。

邱吉爾所有的職位分配中，最重要的是任命自己掌管新成立的國防部。「國防部長在戰時內閣代表三軍大臣，」他在下議院解釋，「而且以戰時內閣之名，遵從戰時內閣規定，指揮作戰行動。國防部長也是首相，因此發揮一般監督與指揮之功能，而不牴觸三軍大臣的憲政責任。」[40]邱吉爾在一九一九年七月就曾向勞合喬治提議設立國防部長，但被誤解爲爭奪權力。[41]這個部會本身直到一九六四年才眞正設立，但是一九四〇年五月的職位清楚解釋由誰主政。邱吉爾過去曾經管理大型部會，所以他知道政府機器如何運作。海軍部、陸軍部、財政部是白廳的大型部會，而在軍需部的時候，他曾督導兩百五十萬名工人。在每個部會，除了極度保守的財政部，他都建立新的組織架構，活化內部。他任首相也是一樣，清楚明白把自己置於政府核心，準備整併部會，或必要時創立新的部會。

邱吉爾立即在內閣成立強大的國防（作戰）委員會，以他爲主席，匯集委員會參謀長的建議，提供戰時內閣。會議由他或艾德禮主持，與會人員包括三軍大臣、三軍參謀長、外交大臣，以及針對特定議題需要出席的大臣。「管理戰爭的是政治人物。」羅斯福的使者埃夫里爾・哈里曼（Averell Harriman）在他的回憶錄精準地寫道。[42] 頑固的張伯倫派不認同，「邱吉爾身兼國防部長與首相。」里斯提到，「老天請幫幫我們。」[43]

新的安排是邱吉爾終身思考文武關係集大成的結果。「我在一九一五年因爲達達尼爾海峽身敗名裂，」邱吉爾在他的戰爭回憶錄解釋，「一樁至上的事業就這麼被拋棄，因爲我想從次級的位置執行重要的戰爭行動。不明智的人才會從事這樣的冒險。我深深牢記這番教訓。」[44] 經過世界末日的決戰才讓我當上首相，」他告訴布思比，「但是現在我下定決心，除了我，權力不會落入其他人手上。不會再有基奇納、費雪、黑格。」[45] 幸運的是，尊敬邱吉爾作爲戰略家的克萊門・艾德禮認同這個方式。「我自己在一次大戰的經驗，以及我讀的歷史，」他後來寫道，「令我深深相信，首相應當清楚明白戰爭的意義，無論是在前線的人的苦痛、高階戰略，以及那個重要的問題——軍隊將領如何與他們的文官老闆相處。」[46] 兩人迅速建立起輕鬆信任的工作關係。[(2)]

邱吉爾建立一班隨從，他們紀律嚴明、個性溫厚、聰明伶俐，且效率高超。其中的要角是戰時內閣的軍事助理祕書上校伊恩・傑各布（Ian Jacob，另一俱樂部會員元帥克勞德・傑各布的兒子）。傑各布直接聽命於伊斯梅，並且描述新異動的衝擊。「以前，我們看過這臺發電機宛如脫韁野馬到處衝撞，沒有重心、脫位、擾亂，有時甚至破壞。」他寫道，「現在，這臺發電機在正確的位置，就是不同的故事……一旦首相或多或少地拴住這臺機器，效果好極了。事情開始嗡嗡作響，一路到戰爭結束。文字無法形容我們感受到的改變。他的開關似乎永遠打開。」[47] 雖然張伯倫曾經嘗試透過授權他人的方式作戰，邱吉爾不會。「幾乎沒有必要強調，」傑各布後來又說，「首相不能把他的職責授權給國防部長或其他大臣。作戰任務同時具有文武面向，必須由首相來執行。」[48]

這種權力擴大，並不如同詆毀邱吉爾的人當時或後來聲稱，意謂他變成獨裁者。他需要獲得三軍參謀長同意，反過來也是，而且重要的是，整個戰爭期間，針對作戰的事務，他從來沒有否決他們全體一致的專業建議。「我不能說我們之間從來沒有意見分歧，」他在回憶錄中輕描淡寫，但是透露驕傲，「而是我和英國的參謀長之間培養某種共識，我們必須說服對方，而非推翻對方。這當然因爲我們說著同樣的專業術語而有所幫助，加上我們擁有大體上共同的軍事原則和戰爭經驗……不像前一次的戰爭，這次政治人物和軍人之間——『禮服』和『銅帽』之間（令人討厭的用語，有礙建言）——沒有分裂。」[49]

英國憲法充斥著因歷史而存在、卻從未使用的權力。例如，君主理論上可以拒絕簽署法案成爲法律，或不經國會批准宣布戰爭，但是早在喬治六世許久之前就已不再這麼做。國防部長否決三軍參謀長的權力也是其中之一。邱吉爾擁有這項特權，但他從未行使。接下來五年有許多難以對付的會議，緊張程度從邱吉爾的圖章戒指可見，他又磨又敲的時候，在中央作戰指揮室的椅子扶手開出一條溝，但這些會議，紳士之間的異議從來沒有超過可接受的界線（雖然電話的話筒經常需要更換，因爲收訊不好時邱吉爾會摔在桌上）。

「我在五十先令裁縫店買了一件淺藍色的新西裝，」喬克・科爾維在五月十三日寫道，「便宜又搶眼，我覺得相當適合新的政府。」[50] 邱吉爾的家人一開始對科爾維的懷疑，就和科爾維對他們的懷疑一樣。瑪麗描述一開始「我懷疑他是『張伯倫派』也是『慕尼黑派』——我肯定兩邊都是！」[51] 但是科爾維已經在他的日記承認，政府裡面有伊登、達夫・庫柏、洛伊德勛爵、摩里森，「應該可以把事做好。而且整個國家都對政府有信心。」科爾維很快成爲忠實的邱吉爾派，而且維持一輩子，也是邱吉爾二次大戰期間所言所行主要的見證人之一。

五月十日開始，法國陸軍與英國遠征軍已經通過中立的荷蘭與比利時，往北進入比利時中部的代勒河（River Dyle），在那裡迎戰德軍。但是上將埃里希・馮・曼施坦因（Erich von Manstein）在他們後方發動「鐮刀收割」（sickle-cut）；五月十二日，快速移動的德軍裝甲縱隊，在斯圖卡（Stuka）俯衝轟炸機的護航下，從高山與森林密布的阿登突然湧出。穿越了原本以爲是絕無可能穿越的阿登，這造成了他們直搗海峽岸邊。「可憐的人們，」德國突襲的消息傳來那天，邱吉爾和伊斯梅從海軍部走向唐寧街，他對伊斯梅說，「他們相信我，但我這麼長的時間只給他們災難。」[52]

次日下午，五月十三日兩點四十五分，邱吉爾身爲首相初次演說。下議院還在因爲新的政府騷動，內閣名單尚未完全公布。香農記錄，多黨政府自由黨議員歐內斯特・布朗（Ernest Brown）儘管是個英格蘭人，卻從勞動大臣被降職爲蘇格蘭大臣，他「痛罵溫斯頓，其他人也是」。[53] 張伯倫進入議事廳時，議員紛紛起立歡呼，揮舞手中的議程，如同其中一人記錄「熱烈歡迎」。由此可見邱吉爾招攬他入閣是多麼正確的事。[54] 之後邱吉爾自己進入議事廳的場面則安靜許多，接下來幾個月，他和其他人都會這麼說。[55] 麥斯基形容工黨的座椅「掌聲相對虛弱」，同時「多數的保守黨員保持沉默。但是邱吉爾似乎不以爲意」。[56] 在上議院，哈利法克斯勛爵宣布新政府成立時，得到一片死寂的沉默。[57]「我不認爲溫斯頓會是個非常優秀的首相。」哈利法克斯在他那天的日記寫道，「雖然我認爲國民會認爲他激勵了他們。」[58]

邱吉爾的演說長達七分鐘，但是那是下議院裡最佳的其中一次，而且是他個人演講藝術的典範之一。

如同我對這個政府的同仁所言，我想對議院說：「除了鮮血、苦幹、眼淚、汗水，我無可奉獻。」橫在我們面前的，是最嚴峻可怕的磨難。我們將面對持續漫長時間的奮鬥與痛苦。你們問，我們的政策？我會說：從海上、陸上、空中作戰，窮盡所有上帝賦予我們的潛能與力量；發動戰爭，對抗那黑暗、可悲、繁多的人類罪行中，有如猛獸的暴政。那就是我們的政策。你們問，我們的目標？我用一個詞回答：勝利。不計代價的勝利，不畏恐怖的勝利，無論這條道路多麼漫長艱辛；因為，沒有勝利，就無法存活。認清吧，沒有勝利，大英帝國就無法存活，大英帝國代表的一切也無法存活，世紀以來人類邁向目標的動力與衝勁就無法存活。但我以振奮的精神與希望承擔起我的任務。我確信我們的事業不會挫敗，不會令人失望。在這個時刻，我有資格要求全體協助，所以我說：「來吧，讓我們團結力量、共同前進。」[59]

這樣的演說，邱吉爾在接下來的年月將會不斷重複：勇於挑釁，號召帝國，從不修飾前方的危險與困難，喚醒勇氣，同時以戰勝希特勒爲最終目標。在不知所措的年代，人民渴望指引，然而政治高層缺乏追求和平需要的強大領導人物，此時邱吉爾的話就是響亮的號角，一呼百應。(3)

他坐下後，勞合喬治發言支持邱吉爾，他談到他們的友誼，聆聽中的尼科爾森觀察到「溫斯頓眼眶泛淚，伸手擦拭」。[60] 離開議事廳後，邱吉爾對德斯蒙·摩頓說，「大概會被討厭吧？」[61] 但沒有。「新首相說得很好，甚至張力十足，」香農寫道，「但反應不是很熱烈。」[62] 兩位保守黨的議員對於張伯倫失去首相一職表達他們的生氣與惋惜。斯塔福·克里普斯有點鬱悶地說，「我不想對尊敬的閣下或他的政府發表任何意見，無論支持或其他。」[63] 投票表決「本議院歡迎新的政府成立，代表全國團結堅定的決心，對德發動戰爭，直到勝利」，以三百八十一票對零票通過，但是顯然缺乏眞正的熱忱。

辯論過後，邱吉爾詢問勞合喬治管理農業部的意願，那個月他已多次向他提起；勞合喬治每次都拒絕，表面上以他無法與張伯倫同坐一張內閣的會議桌爲由，但其實他已在盤算，一旦邱吉爾失敗，他接任的機會。十月，他告訴他的機要祕書A·J·西爾維斯特（A. J. Sylvester），「我應該等到邱吉爾垮臺。」[64] 隨著戰爭的進行，他愈來愈怨恨。「勞合喬治處於暴躁易怒的心情。」一九四三年五月，麥斯基在丘爾特（Churt）拜訪他後寫道，「尤其談到邱吉爾。無論邱吉爾做什麼，勞合喬治都會找到某些不祥預兆。也許因爲這個老人在這場戰爭已經無聊得捻弄手指，現在要發洩在邱吉爾身上？」[65]

隔天，五月十四日晚間，傳來德軍即將在法、比邊界的南邊阿登，突破法國陸軍於色當的防守位置。保羅·雷諾要求立即派遣更多皇家空軍中隊到法國，於是晚上七點，戰時內閣開會討論。「非常沉重鬱悶的會議。」賈德幹提到。[66] 皇家空軍第一天有些可圈可點的攻擊，同盟國擊落三百五十三架德國飛機，是他們總數的六分之一，但是前四天的戰鬥，他們本身在前線作戰的四百七十四架飛機損失兩百六十架。[67]「我們繼續掏挖帝國核心之前應該想想。」這是邱吉爾起初的回應。[68]

如同他所有的同僚與同盟國的指揮官，邱吉爾非常驚訝，德國閃電戰的速度竟然如此之快；這是新型的作戰方式，緊密結合空中與地面的軍隊，截割法國陸軍與英國遠征軍。一九三九年一月，他曾寫過，雖然坦克於一九一八年的勝利具有「了不起」的貢獻，他懷疑「下個戰爭是否還能扮演關鍵角色……如今，反坦克步槍和反坦克炮已經大大進步，可憐的坦克外殼不夠堅硬，無法抵擋」。[69] 他也錯判空軍的角色，寫道：「就戰鬥部隊來說，飛機似乎是個額外的麻煩，而不是決定性的武器。」[70] 這兩個想法他都錯了，但是他很快就從錯誤中學習。

翌日上午七點三十分，雷諾去電邱吉爾，告知德國的裝甲部隊已經完全突破色當，通往巴黎的道路大開，法國急需皇家空軍戰鬥中隊拯救首都，並轟炸魯爾區。那天上午，荷蘭投降。戰鬥機司令部司令上將休・道丁（Hugh 'Stuffy' Dowding，綽號「老古板」）特別要求參加上午十點十五分的防禦委員會，出席的人還有畢佛布魯克、轟炸機司令部司令元帥查爾斯・波特爾（Charles Portal）、空軍參謀長上將西羅・紐沃爵士（Sir Cyril Newall）。道丁拿出圖表，顯示他的戰鬥中隊正在損失。他現在只有三十六個中隊，而非戰爭爆發時承諾他的五十六個中隊，而且空軍委員會估計，保護英國至少需要五十八個中隊。[71] 那還是基於英國會被從德國攻擊，而非從法國。

「如果目前的耗損率再持續兩週，」道丁告訴防禦委員會，「我們在法國或在這個國家，會連一架颶風戰鬥機都不剩。」[72]他特別強調「這個國家」。報告完畢後，接著一陣沉默。畢佛布魯克後來表示，道丁憤而丟下鉛筆，威脅辭職，雖然沒人記得這個部分。關於剩下的中隊，道丁給的數據在記載上也不同。邱吉爾在他的回憶錄表示他說有二十五個，不是三十六個，而且這個重要的時刻是發生在上午十點十五分的防禦委員會，還是上午十一點三十分的戰時內閣，也不是非常確定。[73]但無可爭議的是，邱吉爾和他的顧問必須決定他們應該分配多少飛機給法國和英國；對於這件事情，他們毫不懷疑道丁的看法。[74]

會議之後，道丁立刻寫了一封信給空軍部的次長哈洛德・貝爾福（Harold Balfour），摘述剛才告訴防禦委員會的情況：過去幾天，派到法國的颶風戰鬥機相當十個中隊，而留在英國的中隊嚴重不足，整個國家只剩二十五個。「因此我必須將此作爲最高緊急事件提出，」他寫道，「請空軍部考慮並決定什麼層級的軍力留給戰鬥機司令部保衛國家，並且向我保證，一旦達到那個層級，戰鬥機就不再派到海峽對岸，無論要求多麼緊急堅持……如果爲了拯救法國的局勢不顧一切，消耗殆盡自衛軍，那麼一旦法國戰敗，這個國家最後就會完全被打敗，無可拯救。」[75]

儘管道丁警告，上午十一點三十分，戰時內閣還是同意立刻額外再派四個中隊到法國。同時又預備兩個中隊待命，雖然他們告訴法國只有四個中隊。[76]他們也同意轟炸機司令部應該攻擊魯爾區的鐵路和煉油廠，以及萊茵河以東的軍事目標，投下大約一百顆炸彈。賈德幹在他的日記寫道，「現在總體戰開始了！」[77]

「如同你必定察覺，」那天邱吉爾發出電報給羅斯福總統，「局勢急轉直下。敵人在空中占據數量優勢，而且他們新的戰術深深震驚法國。」[78]閃電戰當然也震驚英國，但是邱吉爾尚不打算承認。「小國直接就被擊破，一個接一個，像木板一樣。」他繼續，又說墨索里尼很快就「會連忙前來瓜分掠奪文明的贓物。我們可能也會遭到攻擊，估計不久之後就會有降落傘和空降突擊部隊，我們已經有所準備。必要的話，我們將會繼續孤軍奮戰，而且我們無所畏懼。但是我相信你明白，總統先生，美國的聲音和力量，如果蟄伏太久，可能就會沒有作用。歐洲可能以驚人的速度完全被納粹征服，而那樣的重負可能會超出我們所能承受。」[79]

他敦促美國協助英國武裝，特別要求「借用四、五十艘你們舊的驅逐艦，補齊我們現在有的，以及戰爭開始之後準備新建的」。[80] 他也想要「幾百架最新型式的飛行器」，也說「可以用現下美國爲我們建造的那些作償還。第三，空防設備和彈藥，同樣地，明年就會有很多，如果我們還能活著見到的話」。他想買鋼鐵，因爲來自瑞典、非洲、西班牙的鐵礦都已被「連累」。「我們將會繼續支付美元，盡可能持續，但我希望能合理期待，當我們無法再支付，你們仍將會提供那些東西。」他希望美國派出一個海軍中隊長期停駐北愛爾蘭，打消德國空降攻擊的念頭，以及「第六，我指望你能讓那條日本狗在太平洋保持安靜」。[81] 這些要求都很困難。羅斯福只有立刻同意防空高射炮和鋼鐵，雖然他在他的答覆又說，爲了做到最後一項要求，美國艦隊必須專注在夏威夷的珍珠港。

五月十六日，國王在他的日記寫道，邱吉爾沒來見他，反而飛到巴黎去「『握』雷諾的手」。[82](4) 那是五月十六日至六月十三日五次飛往法國的第一次，每次都很危險。「溫斯頓氣急敗壞到來，」英國駐巴黎大使館的資深外交官奧利佛・哈維（Oliver Harvey）表示，「他說法國很膽小，但是非戰不可。」[83] 和保羅・雷諾開完會後，哈維注意到，「他很不樂觀。」他發現大使館的男性職員在焚燒檔案，而女性職員準備離開前往勒阿弗爾（Le Havre）。[(5)] 邱吉爾「安慰」大使的妻子坎貝爾夫人，「這個地方很快就會變成停屍間。」他在他的戰爭回憶錄回想法國外交部：「奧賽堤岸（Quai d'Orsay）的花園，碩大的營火冒出團團煙霧，而我從窗戶看到虛弱的官員推著載滿檔案的獨輪車過去。」[84]

邱吉爾認爲法國會爲他們的首都奮戰。此行他還帶了帝國參謀次長約翰．迪爾爵士（Sir John Dill）和伊斯梅；在巴黎，他們也見了他和法國政府的聯絡官路易斯．斯皮爾斯。「雖然這個會議確實相當重要，」陸軍中校哈洛德．瑞德曼爵士（Sir Harold Redman）回憶，「而且雖然掛著最高作戰委員會高貴的頭銜，事實上只是在過度樂觀的首相要求之下，主要人物匆忙聚集。而在這個重大危險的時刻，他正確地決定親自去探究眞正的事態。」[85] 當上將甘莫林解釋德國的裝甲已經突破伊爾孫（Hirson）－蒙科內（Montcornet）－納夫沙特（Neufchâtel）地區四十哩寬的前線，距離巴黎中心僅一百一十哩，此時邱吉爾可能有的任何樂觀全數散去。當邱吉爾問「Ou est la masse de manoeuvre?」（你們的預備軍呢？）甘莫林回答「Aucune」（沒有）。他又問甘莫林反攻的計畫，法國軍隊的指揮只是聳肩。[86] 斯皮爾斯寫道，「邱吉爾的腦袋起初單純無法理解，那聽起來多麼不可思議，但是，他懂了後，彷彿有隻冰冷的手放在他的心臟。」[87] 他從一九一八年起的所有戰略設想，瞬間消失殆盡。

甘莫林說德軍占據「supériorité de nombres, supériorité d'armes, supériorité de méthodes」（數量、裝備、戰術上的優勢）。[88] 事實不然：一九四〇年五月，德意志國防軍數量上和軍備上都次於法國陸軍，雖然他們的策略和戰術遙遙領先。爲了解釋龐大的法國第九軍團何以迅速潰敗，甘莫林其中一位參謀指出，「被動員」的人力包括許多郵差、鐵路工人、市政府職員，他們依舊繼續平民的工作，只是在紙上被動員，這讓邱吉爾更加驚駭。[89]

儘管如此，法國承諾從南邊反擊，雖然在場的英國人對此沒什麼信心。晚上九點，邱吉爾從巴黎發出電報，指示在倫敦的戰時內閣立刻開會。「情況惡化到了極點。」他已經要求張伯倫「看家」，而且現在要求除了已經出發的四個皇家空軍中隊，額外再派六個。「法國的戰爭高等司令部距離戰敗已經不遠。」迪爾報告戰時內閣，[90]「我們必須認知，英國遠征軍可能必須執行最艱難與最危險的行動，就是在敵軍面前撤退。」[91]紐沃報告，當時七個戰鬥機中隊在法國北部，三個在南部。「只有六個完整的颶風戰鬥機中隊在英國。」他說，而這些中隊正在移往肯特。[92]諷刺的是，對於如何分配非常不足的皇家空軍中隊，要把他們派到法國，或留著保衛可能的不列顛戰役，這樣痛苦的辯論，竟是由那個原本可以在第一時間預防這種兩難的人來主持——如果他任財相或首相的五年期間，不是這麼壓縮國防資金。

到了午夜，戰時內閣同意邱吉爾的要求，立刻派出六個中隊「到法國作戰」，但不會讓他們駐紮在那裡。已經答應的四個中隊會駐紮法國，而六個額外的中隊會以南英格蘭為基地，他們有雷達保護，然而因為必須往返海峽，必會大幅減少交戰次數。三個中隊會在上午出發，另外三個則在下午出發，只在白天，而且三個中隊掩護法國陸軍的同時，主要掩護英國遠征軍。內閣辦公室的准將亞瑟・康沃爾－瓊斯(Arthur Cornwall-Jones)用印度語向伊斯梅表達核可，以便混淆任何德國的竊聽。(6)戰鬥機司令部已經設法留住盡可能多的保護，但是依然只留二十五個中隊在英國。「如果我們派出戰鬥機並損失，」湯姆・菲利普斯在海軍部表示，「這個國家將會任憑德國從空中密集轟炸，而且幾乎無法避免毀滅。」[93]

邱吉爾的訊息提到「此刻致命的嚴重性」(the mortal gravity of the hour)，但是文官們並未受到撼動。

張伯倫的機要祕書亞瑟・洛克（Arthur Rucker）說，「他還在想著他的書。」就連邱吉爾主要的機要祕書艾瑞克・席爾（Eric Seal）也述及邱吉爾「討人厭的修辭」。[94]一方面來說邱吉爾確實想著歷史。他告訴戰時內閣，需要十個中隊「給法國陸軍最後一次機會，集合他們的勇氣與力量。歷史上來看，如果他們的要求被拒絕，而且他們因此毀滅，不會是好事」。[95]

隔天當邱吉爾回到亨敦機場（Hendon Aerodrome），科爾維覺得他「看起來相當高興，在大使館吃好睡好」。[96]首相說法國需要在「乾淨的天空底下」作戰，但是他們「就像波蘭人那樣完全癱倒」。[97]對於這位一九一四年安特衛普的準救星，比利時的情況不如法國崩潰來得吃驚。「我們在比利時的軍隊不可避免需要撤退，才能維持與法國的聯繫。」他告訴科爾維，「當然，如果法國沒能及時振作，英國遠征軍有被殲滅的風險。」[98]

他命令海軍部與船運部開始計劃，如果英國遠征軍需要從布洛涅、加萊、敦克爾克撤退，要派一支救援艦隊。海軍部有數百艘各種民間船隻的注冊紀錄，而且邱吉爾熟知那個地區：韋爾紹克城堡——一次大戰他停留多時的地方，位於帕斯加萊（Pas-de-Calais）。[99]他也要三軍參謀長報告，用委婉的說法，若是「可能確定的事件」發生，意思就是法國淪陷，他們將會如何繼續作戰。

「法國明顯已經破裂，而且情況悽慘。」邱吉爾回來時告訴戰時內閣。[100]有個看似好的消息，就是法國的總指揮官甘莫林，被更積極的上將馬克西姆・魏剛取代，但事實上並無差別。[101]這段極度緊張的時期，邱吉爾不知怎麼，還能找到時間打電話給他朋友哈洛德・尼科爾森，邀請他擔任部會次長。「哈洛德，如果你能加入政府，在情報部幫助達夫，我想會是好事一樁。」他說。「我非常樂意。」尼科爾森回答。「那麼，」邱吉爾說，「明天就來。」[102]

張伯倫非常驚訝。「我必須說，溫斯頓的能力了得。」他告訴希爾妲。[103] 他接著又說，「對於我受到的待遇，以及那些得到官位的『背叛大臣席』（Treachery Bench）[(7)]，支持我的人之間有許多怨恨。這點如果（保守黨）黨魁有任何變化，一定會爆發。」[104]

邱吉爾問張伯倫，是否介意和勞合喬治共處一個內閣。邱吉爾還在嘗試任命勞合喬治掌管農業部以擴大糧食生產，同時又承認「自己不信任勞合喬治」。當張伯倫說他很快就會退休，邱吉爾便放棄，且不再詢問勞合喬治。邱吉爾承認張伯倫給他「極佳的幫助」，並說不希望他的政府「被痛毆」。[105] 晚上十點三十分，他前去每週一次與國王的會面。國王提到某些逆轉，「情況相當嚴重，而且他害怕某些法國軍隊並不如他們可能那樣優異地戰鬥。」接著又說，「法國陸軍沒有被擊敗，因為他們還沒有搏鬥。」[106] 邱吉爾最震驚的是，一九四〇年五月與六月法國陸軍的士氣迅速潰散，幾乎沒有例外，這是他在兩次大戰戰間期非常看好的軍隊。他料想不到，一戰的損耗跟一九三〇年代社會與政治的危機竟會如此侵蝕軍隊士氣。

五月十八日下午五點三十分，戰時內閣同意，倘若英國遭到入侵，政府將會宣布緊急狀態，嚴格控制財產、商業、勞動、服務，並且相應立法。A・V・亞歷山大建議派遣軍隊到希臘克里特島（Crete），因為當地擁有絕佳的港口和機場，皇家空軍能夠由此轟炸羅馬尼亞油田，但邱吉爾拒絕。「我們沒有餘力。」[107] 他也害怕此舉會引發義大利宣戰。「我宣布，我從來不是義大利的敵人，也不是義大利立法者的仇人。」邱吉爾在十六日寫信討好墨索里尼，但是如同他告訴羅斯福，他認為義大利遲早會宣戰。[108] 那天晚上在海軍官邸樓上的作戰辦公室，科爾維記錄，「溫斯頓心情很好，」因爲他「在危機與災難的時刻還是充滿鬥志和精力」。[109]

五月十九日，德國往西北前進，想要切過海峽岸邊的阿布維爾（Abbeville），進入還在北邊跟德軍戰鬥的英國遠征軍與往南的法國陸軍之間。「法國陸軍沒在打仗。」賈德幹寫道，並呼應邱吉爾對國王說的話，「英國遠征軍有可能遭殲滅。內閣指示英國遠征軍總指揮官上將戈特勛爵，嘗試沿著海岸往南戰鬥。」[110] 帝國總參謀長艾德蒙・埃倫塞德命令戈特沿著補給線回亞眠。戈特拒絕，他告訴陸軍部的上將亨利・鮑納爾（Henry Pownall），「在他右邊的法國第一軍已經退散，而且他建議讓他駐紮在敦克爾克，守住半圓形的線……背對大海戰鬥」。[111] 科爾維前一天才在日記批評邱吉爾「喜歡輕率盛大的行動」，現在承認，「在最可怕之危險威脅國家時，與還能抵抗憂鬱的人共事，真是令人振奮。」[112]

那天上午是聖三一主日，克萊門汀做完禮拜走出特拉法加廣場的聖馬汀教堂，對反戰主義的布道感到厭惡。「你應該大喊『羞恥』，拿謊言褻瀆上帝！」她的丈夫認同她的回應。他要科爾維通知情報大臣達夫・庫柏，「要讓那個人受到批評」。午餐過後傳來消息，英國遠征軍南邊的法國陸軍沒兩下就被消滅，右邊側翼因此大開。戈特緊急要求撤退到海上，在敦克爾克形成橋頭堡。邱吉爾原本在查特維爾寫他當上首相的第一次廣播，立刻被找回來研議這起行動。[113] 內閣在下午四點三十分開會，決定英國遠征軍必須繼續往南朝亞眠奮戰，努力和剩下的法國陸軍接上。

那天晚上，邱吉爾發表他的廣播：

這是法國與英國漫長的歷史上令人最畏怯的時刻，無疑也是最莊嚴的時刻。除了偉大的自治領中的鄰居與親人，與他們形成的帝國盾牌外，孤立無援的英、法民族並肩而行。最邪惡的暴政摧毀靈魂，遮蔽與玷汙歷史的篇章，英、法民族不只拯救歐洲，也拯救人類。在他們身後，我們身後——在英、法的軍隊與艦隊身後——破碎的國家與遭到重擊的種族集結：捷克人、波蘭人、挪威人、丹麥人、荷蘭人、比利時人，漫長的野蠻主義將會降臨在他們身上，就連希望的星星也無法點亮。除非我們戰勝，我們必須戰勝，我們將會戰勝。今天是聖三一主日。幾世紀之前，有這麼一段文字，號召激勵真理與正義忠誠的僕人們：「武裝起來，成為勇敢的人，為戰鬥準備；因為我們寧願死在戰場，也不願看見我們的國家與聖壇遭遇不幸。上帝在天堂的旨意，讓其成為事實吧！」[114][8]

這個國家知道有人領導他們，而且充滿精力，他們喜歡這個事實。很難想像張伯倫、哈利法克斯或實際上任何其他人，能像邱吉爾這樣，說出不僅激勵人心、且充滿詩意的廣播；其中的低吼與寓意深遠的停頓，比起印刷的白紙黑字更令人望而生畏。達夫・庫柏情報部底下的國土情報局，每日從各地人民與組織收集全國的士氣報告。「大眾觀察行動」(Mass-Observation) 在電影院、用餐排隊處偷聽人民的對話，同時半官方的戰時社會調查單位（很快就被稱爲「庫柏的耳目」〔Cooper's Snoopers〕）也展開原始的民調。每日報告的訊息來源還包括蘇格蘭場政治保安處的報告、信件攔截、BBC《聽眾》(*Listener*) 雜誌調查、軍事審查報告、W・H・史密斯父子 (W. H. Smith & Son)①的問卷、倫敦客運交通委員會 (London Passenger Transport Board)、公民諮詢站 (Citizens' Advice Bureaux)。「所有意見都是正面的，」報告顯示人民認爲邱吉爾的廣播是「優秀的戰鬥演講」、「讓你也和他一樣充滿信心」、「毫無隱瞞」。[115]

「又見美好的一天。」五月二十日，賈德幹沉思，「只有人們壞透了。」[116] 大使甘迺迪報告羅斯福，英國完蛋了。可能就是因爲這則訊息，總統在五月二十日要求與英國駐華盛頓大使洛錫安勳爵（Lord Lothian）見面，並告訴他，基於國內政治考量，短期之內無法賣給英國五十艘驅逐艦。「我瞭解你的困難，」邱吉爾收到消息後告訴總統，「但我對於驅逐艦的事非常遺憾。如果六週之內能有這些驅逐艦，必定會有無與倫比的貢獻。在法國的戰役，兩邊都充滿危險。雖然我們在空中奮力阻撓敵軍，每兩、三架飛機就攔截一架，他們依然具有難以對付的數量優勢。因此，我們最迫切的需求便是，盡早派遣你們軍隊裡最大數量的寇帝斯P-40戰鬥機給我們。」[117]

邱吉爾接著寫到德國進攻英國的可能情況，以致羅斯福接著幾個月全神貫注於此。「接下來幾個月，倘若局勢不利，目前的政府可能會下臺，」他說，「但是無論什麼情況，我們不會同意投降。」[118] 他接著又說，

> 如果目前的政府垮臺，而他人在廢墟之中進來與敵人和談，你切勿忽視，對德唯一剩下的談判籌碼將是艦隊，而且倘若美國離去，留下這個國家獨自面對命運，無人可以責怪他們為了倖存的居民，訂定能力範圍以內最佳的條款。總統先生，我很抱歉必須直言不諱這個惡夢。顯然我無法為我的後繼發言，他們在全然的失望與無助之中，也許就會屈服於德國的意志。[119]

邱吉爾知道，要讓羅斯福瞭解，這個危險不僅迫切與巨大，甚至具有能耐遠渡重洋到達他的海岸。皇家海軍是世界最大海軍，如果與德國海軍聯盟，且可能還會加上法國與義大利海軍，將會壓倒美國海軍，並能夠沿著美國東岸摧毀所有城市。「考量他對美國總是用些溫和的字眼，」科爾維寫道，「尤其對總統，

當他對我說『這封電報發給可惡的美國佬，今晚就發。』時，我真有點嚇到。」[120]

五月二十一日，德國的縱隊一抵達亞眠，便朝著布洛涅前進，埃倫塞德警告邱吉爾，英國遠征軍的通信線正處於重大威脅。任何派遣更多皇家空軍中隊協助法國陸軍的可能，都因「將會剝奪自家防禦」而終結。[121] 英國高階司令部不敢置信，法國「目前爲止抵抗入侵的努力比波蘭、挪威、荷蘭還少」。[122]「所有戰爭歷史中，」邱吉爾試著和雷諾通電話時，他對科爾維說，「從未見過如此的管理不當。」[123] 五月二十二日上午八點三十分，邱吉爾飛到巴黎，想要鼓勵雷諾和魏剛反擊。「他在滂沱大雨、層層烏雲中出發。」送他出門後，克萊門汀寫信給畢佛布魯克。[124] 他一開始認爲魏剛「氣勢驚人」，但是根據報告，法國戰鬥士氣不佳。「法國會拚命嗎？」賈德幹納悶，「我們的同胞應該會拚命——因爲那是他們離開唯一的機會！」[125] 伊斯梅擔心，若英國拒絕再派更多步兵師，更別說法國要求的十五個戰鬥機中隊，法國會以這兩件事爲藉口，接受德國更大方的和談條件。

同天，戰時內閣得到一份「第五縱隊威脅」(Fifth Column Menace)②的報告，內容指出挪威、比利時、荷蘭的法西斯主義者在他們的國家內部幫助德國入侵，因此下議院通過 18B (1A) 規定，修正《國防範圍法》(Defence of the Realm Act)，允許未經審判逮捕並居留「敵方外國人士與可疑人士」。兩天前，在美國協助下，英國逮捕美國大使館的密碼職員泰勒・肯特 (Tyler Kent)。他複製至少六封羅斯福與邱吉爾之間的電報，並在英國法西斯主義者的協助下，傳出至少一封到義大利大使館。這件事情有助政府推動法案。規定通過後，政府開始如火如荼搜捕外國人士與英國法西斯主義者，未經審判而遭到居留的人包括軍事歷史學家J・F・C・富勒、英國前列富豪喬治・皮特－里弗斯 (George Pitt-Rivers)、保守黨議員阿奇博・

莫勒・拉姆齊（Archibald Maule Ramsay）、英國法西斯主義聯盟的領袖奧斯瓦爾德・莫斯利，隨後莫斯利的妻子黛安娜也被逮捕。黛安娜和皮特－里弗斯都是克萊門汀的親戚。這件事情，根據科爾維回憶，「有損邱吉爾的自尊，而且他的孩子爲此相當歡樂！」[126] 邱吉爾說，這樣的措施「可惡到了極點」，但是基於英國遭受侵略迫在眉睫，也是合理的緊急措施。[127] 之後的兩個月，七百五十三名法西斯主義者、兩萬八千名德國人與奧地利人遭到拘留，一開始在監獄，後來在全國各地臨時的營區，即使後者多數毫不同情希特勒。阿斯科特的營區位在貝特拉姆・彌爾斯（Bertram Mills）馬戲團的冬季宿舍，其他數個座落在曼島（Isle of Man）上。[128] [(9)]

也在同天，一九四〇年五月二十二日，同盟國在白金漢郡布萊切利園（Bletchley Park）的解碼人員破解納粹德國空軍的恩尼格瑪密碼機（Enigma）。布萊切利園將會在一九四一年六月破解德國海軍的密碼，三個月後又破解德意志國防軍的密碼。[129] 戰爭絕大部分的時間，這些絡繹不絕的解碼，已其特殊的安全分類爲 Ultra（超級），而同盟國靠著這些解碼閱讀德國許多機構之間來往的訊息，包括德國高階司令部、陸軍高階司令部、德意志國防軍、納粹德國空軍、納粹德國海軍、納粹警察部隊、阿勃維爾（Abwehr，軍事情報機構）、德國鐵路。總計數百萬則通訊，從德國元首本身，到薩丁尼亞（Sardinia）奧爾比亞（Olbia）的港務長（一九四一年七月義大利的密碼被破解時），他們的通信都遭到攔截並解碼。布萊切利園的解碼人員，在戰爭結束時男女高達一萬名，如同邱吉爾所言，是「下金蛋的鵝」，而且同樣重要的是，「從不呱呱叫」。在布萊切利園工作的人嚴肅看待保密責任，即使在一九七〇年代初期 Ultra 已經成爲公開資訊，他們仍然拒絕透露自己曾在那裡工作。

邱吉爾對於祕密情報一直非常感興趣。擔任內政大臣和第一海軍大臣時，便是一戰之前設置軍情五處、軍情六處、四十號房的重要推手，而且現在他也立刻明白Ultra等級文件至高的重要性。他授權聯合情報委員會（簡稱ＪＩＣ），根據布萊切利園收到的情報，不分日夜隨時聯絡他。[130]一九四〇年九月，他下令祕密情報局（Secret Intelligence Service）局長斯圖爾特・孟席斯（Stewart Menzies），也就是人稱的「C」，把「恩尼格瑪密碼機每天的訊息」送給他，如此他就可以在ＪＩＣ都還沒評估前讀到原始資料。[131]這些資料裝在淺黃色的文件箱，整個白廳只有邱吉爾有鑰匙。他將資料取名為博義（Boniface）③，那樣如果其中的消息走漏，敵軍會以為全都來自一名高階探員，而且他確保同盟國只有三十一個人知道英國擁有高層的資料來源。國王知道，但是自由法國和俄羅斯從不知道，羅斯福總統在美國參戰前一刻才知道。即使如此，他仍抱怨「受邀研究這些資料的人」太大一群了。[132]

但是一九四〇年夏天，法國的情況變動之快，「超級」解碼也沒有實際作用。到了五月二十三日，由於法國從南部攻擊的承諾不見動靜，德國的裝甲部隊據報已經圍繞埃塔普勒（Étaples）、蒙特勒伊（Montreuil）、布洛涅、加萊。英國遠征軍的補給遭到切斷，也無法再往南突破與法軍接頭。[133]下午六點，邱吉爾跟魏剛通話，魏剛說他的計畫需要時間才會出現成果。埃倫塞德和迪爾傾向鼓勵魏剛繼續圍繞亞眠、阿勒貝（Albert）、佩羅納（Péronne）作戰，尤其因為他們相信，如果英國遠征軍撤退到海峽的港口，可以接一小部分人回家。[134]

魏剛宣稱法國已經收回亞眠和佩羅納，後來消息洩漏其實沒有。晚上七點戰時內閣開會，邱吉爾說他一直在考慮艾德禮前幾天的觀察。艾德禮提到兩頭落空的危險，以及為何英國遠征軍最好往敦克爾克撤退。上校皮姆後來回憶防禦委員會在海軍部高階作戰辦公室的開會情況，「首相站了起來，雙手插在褲子後面，來回走動道：『我們不能留我們的軍隊在那裡被宰或投降。不，絕對不行！我們必須救他們出來。』」[135]如果損失整個正規軍和一半的設備，他說：「設備可以再補，人沒了，我們就輸了。我們的人必須戰到敦克爾克。他們到了那裡，海軍就會接他們出來。」[136]

「首相晚上十點半過來。」國王當天晚上寫道，「他告訴我……他必須下令遠征軍回到英格蘭。這個行動，意謂槍炮、坦克、彈藥及所有在法國的補給全部損失。問題是我們能否把軍隊從加萊或敦克爾克接回來。想到必須下令這起行動，就令人非常震驚，因爲傷亡人數可能非常巨大。」[137]

「我無法理解加萊周圍的情況。」五月二十四日，他告訴伊斯梅，

> 我們從加萊突擊的時候，戈特勛爵為何不同時從後面攻擊他們？……這裡有位上將帶著九個師，就快彈盡糧絕，但是他無法派出一支軍隊解決通信。還有什麼比這件事情更重要？……顯然德軍可以去任何地方，做任何事情，而他們的坦克可以兩架三架包圍我們的後方，但是即使他們被鎖定，仍未被攻擊。再說我們的坦克在他們的野戰炮前面退縮，但是我們的野戰炮不喜歡迎戰他們的坦克……當然如果一邊作戰而另一邊沒有，戰爭就會傾向變得有些不平等。[138]

邱吉爾的憤怒與疑惑非常明顯。由此不禁開始暗自懷疑，隨後又經事件證實，但是當然不能公開指出，英國起初的領導能力與戰術不如德國果敢有效。「我們面對德國的裝甲竟是完全失敗，我太震驚，」他在戰爭回憶錄寫道，「幾千臺車就能將強大的軍隊包圍殲滅。」[139]

因此，二十四日，德軍抵達加萊外圍。旅長克勞德・尼科爾森（Claude Nicholson）接到命令，將他的

第三十旅組成內側防線，「打到城裡，在街上迎戰德軍，他們會急著避免這種情況。」[140] 邱吉爾告訴尼科爾森，「帝國的雙眼注視著加萊的保衛戰，國王陛下的政府相信你和你勇敢的團會立下值得英國之名的功績。」[141] 二十五日，邱吉爾、埃倫塞德、伊登指示尼科爾森：「我們極度推崇你英勇的抵抗。不會下令撤退（**複述**，不會）。撤退用的船舶將回到多佛。」後來邱吉爾回憶，「人在戰爭之中總要吃喝，但之後我們坐在桌子旁邊，沉默不語，我忍不住的難受。」[142] 對伊登而言更是難受，他以前的團就是隸屬那個旅。接下來三天，尼科爾森一再拒絕德國要他投降保命。他窮盡一切抵抗，直到無效，最後只能下達被俘虜的命令。他後來死於俘虜期間。八月，邱吉爾說到第三十旅，「加萊的士兵是阻止他們、拯救我們的砂粒，如同悉尼・史密斯（Sidney Smith）在阿卡（Acre）阻擋拿破崙。」[143]

邱吉爾不知道的是，同天中午希特勒發布個人命令，由於數個作戰理由，德國坦克停在敦克爾克外圍。這項命令直到五月二十六日下午一點三十分才廢除。戈特因此獲得重要且必要的喘息空間，在該城周圍布下防線，策劃英國遠征軍全面穿越海峽撤退。一九四四年九月飛過敦克爾克時，邱吉爾告訴比利時大使，「我永遠不懂爲何德軍當時沒有在敦克爾克消滅英軍。」[144]

五月二十五日，邱吉爾讓迪爾坐上埃倫塞德的位置，讓埃倫塞德掌管自衛部隊。他表示那是埃倫塞德自己「積極無私的提議」，但情況不太可能是那樣：戰爭期間他會換掉許多將領，他對他認爲表現不佳的人毫無耐性。那天三軍參謀長提交邱吉爾要求的最高機密簡報，標題是〈英國於確定可能發生事件之策略〉（British Strategy in a Certain Eventuality）。簡報預言德軍會以「無限制空中攻擊，旨在摧毀民眾士氣；攻擊船運與港口並入侵占領，藉此斷絕英國糧食」等手段嘗試制伏英國，而且結論相當不樂觀，「無法斷言英國是否能夠抵抗所有情況」。最終勝利取決於美國經濟與金錢的救援，「缺乏的話，我們不認爲我們有任何可能，持續這場戰爭並且成功」。[145]

義大利的媒體外交專員加布里埃列・帕里斯其（Gabriele Paresci）一直接觸英國外交部，討論義大利維持中立的條件。邱吉爾與戰時內閣「對於所提的主要方向並不反對」，只要保持祕密。如同賈德幹的日記清楚描述，討論的主題是，未來任何和平會議中，義大利可能提出的「合理」主張。[146] 五月二十五日下午，哈利法克斯和「溫文有理、願意和解」的義大利大使朱塞佩・巴斯蒂亞尼尼（Giuseppe Bastianini）在外交部見面，且不談義大利的中立，而是談論更嚴肅的話題，關於墨索里尼是否可能協調對德停火。但那完全不是邱吉爾和戰時內閣授權他談的議題。

五月二十六日，保羅・雷諾飛到倫敦和邱吉爾共進午餐，之後邱吉爾向內閣報告，雖然法國總理沒有說出法國將會投降，但是「他說的每一句話都在表明沒有其他選擇」。[147] 賈德幹記錄，邱吉爾「似乎認爲，如果法國**眞的**退出，而我們專心這裡的防禦，幾乎會更好」，這當然就是道丁和其他人的看法。[148] 他也記錄，「雷諾想要最後一次請求墨索里尼，但邱吉爾反對。」[149] 雷諾認爲，如果可以說服義大利維持中立，法國可以把十個現在防守法國南部的師調去對抗德國。這聽起來似乎是項合理的戰略。

邱吉爾即將進入一個充滿混濁的討論，而這個討論最後會被用來抹黑他的名聲。那天下午在戰時內閣，哈利法克斯問邱吉爾，「倘若如他希望，這個國家重要的獨立地位不受影響，他是否願意談判條件」。回答這個假設性的問題，邱吉爾說，「只要我們維持實力的核心與基礎，即使須以某些領土爲代價，他會心懷感謝以這樣的條件擺脫此刻的困境。」[150] 張伯倫把邱吉爾的回答說得更白，特別強調「如果我們放棄馬爾他、直布羅陀和某些非洲的殖民地，就能掙脫這個僵局，他會馬上接受。」[151] 內閣會議與張伯倫的日記都記錄了這番話。詆毀邱吉爾的人常用此話指出他在一九四〇年不想繼續打仗，但是他們沒有思考政治脈絡（邱吉爾不想讓同僚認為他完全不可說服或倔強頑固），也沒有考慮接下來那句重要的話——「但是唯一安全的路線，就是讓希特勒相信，他不能打敗我們。」[152] 唯一的作法就是繼續奮戰，他這麼提議，也是實際發生的情況。艾德禮與格林伍德支持那項政策，最後張伯倫也是。[153]

邱吉爾不相信希特勒會提出英國可以接受的和平條件，但重要的是，他也瞭解，想要找出這樣的條件，無論透過墨索里尼或任何其他人，如果消息走漏（而且宣傳這樣的消息是納粹得利），會令英國人民喪失信心，因此並不值得嘗試。他在九年後的戰爭回憶錄寫道，「未來的世代也許會特別注意到，我們是否應該單獨奮戰，這個最高的問題從不在戰時內閣的討論議程。全國不分黨派都把這個問題視為理所當然，而且我們忙到沒有時間浪費在這個不真實、空談的問題。」[154] 以上的話並不真實，但他公然這樣說，是為了保護英國的名譽（而且也許稍微也為保護哈利法克斯勛爵的名譽）。事實上，這個問題四天內在內閣會議至少討論八次，愈來愈挫敗的哈利法克斯被完全不為所動的邱吉爾逼到辭職邊緣，邱吉爾不同意試探和談的可能。這些討論的過程中，哈利法克斯說到「他想清楚說明某些完全不同的觀點」。[155] 如果邱吉爾稍有意願鼓勵他追求和談，他就不用這麼做。

無法說服英國對義大利宣戰、或同意法國單獨和德國和談的法國總理，五月二十七日清晨四點回到倫敦的大使館。「他告訴我們，哈利法克斯是唯一表達理解的人。」總理的副官保羅・德・維勒魯姆（Paul de Villelume）在日記寫道，「邱吉爾在他的大臣面前總是盛氣凌人，這種態度真的非常負面。」[156]

那天後來在內閣，哈利法克斯引用邱吉爾曾經說過的話，「只要我們維持實力的核心與基礎，即使須以某些領土爲代價，他會心懷感謝以這樣的條件擺脫此刻的困境。」但是他接著抱怨，「首相似乎認爲我們除了打到底，完全不考慮其他路線。」[157] 綜觀四天的討論與張伯倫日記裡頭那個重要的句子，事實上這就是邱吉爾說的話。五月二十七日下午四點，戰時內閣會議上，邱吉爾打破先例，看在阿契伯德·辛克萊身爲自由黨黨魁的能力，邀請他加入研商。辛克萊也支持他。

五月二十六日，輕型巡洋艦杓鷸號（HMS *Curlew*）進入那維克時在奧福特峽灣（Ofotfjord）被德國轟炸機擊沉。杓鷸號一直以每小時十五浬航行在非常狹窄的水域，沒有空間可以閃躲，但是船上配備雷達和防空高射炮。杓鷸號沉船事件理應震撼唐寧街和海軍部，但是沒有，可能因爲只有九名船員陣亡。邱吉爾和許多人一直認爲，厚實的甲板和高射炮表示飛機無法擊沉船艦，但是杓鷸號的事件顯示，中型的斯圖卡炸彈直接擊中也會穿破甲板，而且高射炮有時也沒效。驚人的是，邱吉爾這樣早早就深信並倡議空中戰力的人，之前竟然長期認爲現代戰艦可以抵抗空中的飛機。就像同天在敦克爾克證實，其實並非如此。

當天晚上七點開始，中將伯特蘭·拉姆齊把英國遠征軍，以及盡可能多的法國與比利時軍隊帶上邱吉爾後來所謂的海洋「魔毯」，從敦克爾克海岸撤離。這項計畫稱爲「發電機行動」（Operation Dynamo）。第一天，賈德幹的紀錄表達許多人的看法，「英國遠征軍的情況非常不妙，而且既然比利時已經投降，我覺得他們的希望微乎其微。」[158] 三十八歲的比利時國王利奧波德三世投降的時間非常糟糕，雖然在政治上邱吉爾可以理所當然地責怪他，但是利奧波德早在五月二十日已經警告邱吉爾的聯絡官上將奇斯，他有可能投降，並也在二十五日告訴國王喬治六世，他再也守不住，而這兩人都將訊息傳給了邱吉爾。[159]

雷諾沉痛怪罪利奧波德在五月二十八日打開同盟國的防線，但在五月三十日，國王在他的日記寫道，「報紙抨擊（利奧波德）眞正的原因是爲提振法國士氣。法國人必須有個在外的代罪羔羊。」[160]他拒絕摘下利奧波德國王的英國上校軍銜，也沒從溫莎皇家教堂撤銷他的嘉德勛章（雖然比利時國王沒有受邀一九四七年伊莉莎白公主的婚禮）。七月一日，科爾維在他的日記中承認「利奧波德就是代罪羔羊」，戰後邱吉爾也向奧托・馮・哈布斯堡大公（Otto von Habsburg）承認。[161]

五月二十七日在內閣，哈利法克斯威脅，如果他不能去協商和平就要辭職。邱吉爾的立場和兩天前相去不遠，說「他認爲，不用去談一個相當不切實際也極不可能發生的問題，戰時內閣開會解決的問題就已經夠困難了。如果希特勒先生打算談的和平條件是恢復德國的殖民地與中歐霸權，那是一回事。但他不太可能會提出這樣的條件。」[162]他也不會讓哈利法克斯去開條件。

沒有參加內閣會議，但從邱吉爾那裡得到消息的科爾維，那天在他的日記寫道，「內閣瘋狂討論著，這樣的情況下我們獨自繼續作戰的能力，而且有些跡象顯示哈利法克斯抱持失敗主義。他說我們的目標再也不能是攻破德國，而是保存我們的統一與獨立。」[163]內閣會議後，哈利法克斯告訴賈德幹，邱吉爾剛才「非常親切！」[164]賈德幹勸哈利法克斯不要辭職，說他也對邱吉爾的「自吹自擂」感到「厭煩」。

那天稍後，邱吉爾收到洛錫安發的電報，表示羅斯福建議，如果德國成功入侵不列顛群島，皇家海軍應該航向加拿大，而未來的英國政府應該設在百慕達（Bermuda）而不是渥太華，因爲皇室不能回歸美洲大陸。[165]在這樣的時間點上做出這樣的宣言，眞是非比尋常，而且如果國王選擇居住在他的自治領，邱吉爾當然不會同意國王沒有權利。他沒有回覆羅斯福。「好孩子，倒杯威士忌蘇打給我，很淡的。」那天午夜邱吉爾上床前對科爾維說。[166]

五月二十八日，敦克爾克的局勢依舊絕望，但撤離已經成功開始。撤離主要取決於德國的俯衝轟炸機是否可以摧毀往外伸到海上的單一突堤，海軍正是藉此將人載出海灘；這道突堤奇蹟似地在接下來六天安然無恙。儘管如此，上將奇斯上午還是來到倫敦，表示戈特認爲拯救英國遠征軍的機會不是很高。邱吉爾要下議院準備接受「困難沉重的消息」。[167]「想到失去戈特和他的軍隊，我們國家那麼多的青年、軍隊骨幹、將士，眞是痛心。」國王與邱吉爾見面之後寫道。[168]那天當哈利法克斯重提和平談判的話題，邱吉爾的立場比之前更明確。「墨索里尼先生，如果他介入調停，等於重重打擊我們。」內閣會議紀錄記載他的發言，

不可能想像希特勒先生會笨到讓我們繼續重整軍備。事實上，他的條件會令我們完全受制於他。如果我們繼續作戰，即使我們戰敗，我們得到的條件也不會比眼前的更差。但是，如果我們繼續作戰，而德國攻擊我們，我們當然會遭到某些傷害，但他們也會遭到嚴重損失。他們的石油供應可能會減少。我們感覺必須結束奮鬥的時刻可能會到來，但是那時候的條件不會比現下開給我們的更致命。[169]

如同他更早之前的宣言，這樣的想法似乎合理，而且更勝哈利法克斯一籌。雖然沒有正式投票，但是張伯倫和兩個工黨成員都支持邱吉爾的立場。哈利法克斯主張，除非他們問希特勒，否則他們不會知道希特勒的條件。相反地，邱吉爾引用他深厚的歷史知識表示，「奮鬥後倒下的國家會再次站起，溫順投

降的會就此結束。」[170] 五月二十六日，賈德幹發現邱吉爾「太過漫無邊際、浪漫、多愁善感、喜怒無常」，並說「老內維爾還是裡頭最棒的」。[171] 然而正是那樣的喜怒無常，才能阻止英國墮入與希特勒和談的道路。如果十六天前哈利法克斯成為首相，和平談判幾乎一定已經開始。

邱吉爾可能錯誤假設希特勒的條件將會過分嚴厲；相比一九三九年十月與一九四〇年八月再次提出的條件，五月提出的條件也許會相當合理。希特勒將摧毀共產主義、猶太主義、斯拉夫人視為歷史任務，以及在東方為亞利安人建立**生存空間**，因此他需要單挑蘇聯。希特勒對盎格魯撒克遜人或大英帝國並沒有特別的意識形態仇恨，至少在他們阻礙他的計畫之前。如果一九四一年四月，他不入侵英國的盟國，即南斯拉夫與希臘，他對俄羅斯的攻擊將會如虎添翼——天氣入秋之前，他對莫斯科的進攻會多得兩個月的時間。

那天下午，邱吉爾寫了一份備忘錄給所有內閣大臣與高階官員，內容如下，

> 在這樣黑暗的日子，首相將會非常感激，如果他所有的同仁……能夠在他們的領域維持高度士氣；不是貶低事件的重要性，而是對我們繼續奮戰的能力與決心展現信心，直到我們攻破敵人統治全歐洲的意志。法國即將單獨和談，這樣的想法完全不應容忍；但是無論歐洲大陸發生什麼，我們不能懷疑我們的責任，而且我們必定竭盡全力保衛島嶼、帝國，以及我們的原則。[172]

波耳戰爭「黑色週」(Black Week) 的軍事災難期間，維多利亞女王曾經說過，「我們對失敗的可能性不感興趣，不存在那種事情。」邱吉爾複製三份那句引言，放在內閣的會議桌。[173]

攻破敵人統治全歐洲的意志這個戰爭目標，和五月十三日演講「不計一切代價的勝利」，兩者相去不

遠，但是從那之後，同盟國的災難如排山倒海，雖然當時法國還在奮戰。[174] 邱吉爾盤算，如果英國接下來幾個月能夠撐住，就能思考之後如何獲勝。

哈利法克斯要求和平談判的第四天，邱吉爾召集更多內閣成員——不包括戰時內閣——並發表演說，且對他而言極不尋常的是，他沒有事先擬稿或練習。由於這不是正式會議，因此沒有會議紀錄，但是經濟作戰大臣休・道耳吞，也是和平時期處處反對邱吉爾的律師，在他的日記寫下演講內容。邱吉爾開頭先「完整、誠實、十足冷靜地說明法國的情況」，而且結尾說，

> 過去幾天我謹慎考慮過，和那個人進行談判是不是我的責任。但是如果認為現在我們談和，就會得到比奮戰更好的條件，這種想法毫無根據。德國人會要求得到我們的艦隊——稱作「解除武裝」——還有我們的海軍基地，以及其他許多。我們將會成為奴隸國家，成為希特勒手中傀儡的英國政府會被莫斯利或這類的人掌管。而那一切的最後，我們將會身處何方？相反地，我們擁有巨大的儲備和優勢。而且我深深相信，如果我有那麼一刻思考和談或投降，你們當中的每一個人就會起身把我從我的位置拉下。如果我們漫長的島嶼故事終將結束，就讓他終結在我們每個人倒臥的血泊之中。[175]

這不僅僅是虛張聲勢。邱吉爾看過很多人哽著鮮血倒地而亡，而且知道他要他的大臣做什麼，如同他確實命令尼科爾森在加萊奮戰至死，如同他的保鑣沃爾特．湯普森所言，「他在契克斯別墅練習射擊，可不只是爲了好玩。」[176] 他要人在他的公務車上放一把輕機槍，若遭攻擊，他就可以反擊，而且搭船出海時，他也下令他的救生艇上放一把，若有U型潛艇打算擊沉他的船，他會反擊。他去法國也帶著他的左輪手槍，告訴湯普森：「以防萬一；我不打算被活捉。」[177] 老年時有人問他是否曾經想過自殺，他回答，「沒

有。呃，只有哲學上。」如果當年輸了戰爭而且要被俘虜呢？「還是不會！」他回答。[178] 陸軍部準備了一份演說，讓他在入侵時使用，邱吉爾完全鄙視那篇文章，「老套的形容詞加上老套的名詞，只是爲了效果。」他說如果他眞的得要發表那樣的演說，結尾會是「時候到了，殺了德國佬（Hun）④」。[179] 他也想要用這樣的句子——「你總能帶一個一起上路。」[180] 白廳已經準備讓皇室跟著英國的金礦儲藏到加拿大，從那裡繼續抵抗。對邱吉爾而言，這種計畫並不存在。因此，當他告訴他的大臣，他打算作戰到死，這可不是爲了演說的鋪張。

他的部會同仁多數都曾在壕溝作戰，近距離見過死亡，他們知道事態的嚴重程度與結果。儘管如此，他的演說末了，他們起立鼓掌，爲他歡呼，圍繞內閣的會議桌，與他握手，拍拍他的背。「他相當了不起。」道耳吞寫道，「這個人，我們唯一擁有的人，爲了這個時刻。」在回憶錄回想這次演說時，邱吉爾說他相信那天大臣「代表下議院與幾乎所有人民。我覺得那幾天和那幾個月，我有責任在適當場合表達他們的情感。我能做到，因爲那也是我的情感。有一道白光，無法抵抗，莊嚴雄偉，從頭到腳照耀我們的島嶼」。[181]「幾乎所有人民」，不包括哈利法克斯。當邱吉爾向戰時內閣報告那次會議，這位外交大臣知道他已經完全被比了下去。⑽

那天晚上稍晚，已經連續值勤三十六小時的上校皮姆向邱吉爾請假五天，爲了親赴「發電機行動」指揮小船隊。「上帝保佑你。」邱吉爾說，「我希望我能親自去。」[182] 皮姆指揮的二十艘船載了大約三千五百人，從海灘到驅逐艦上。大炮和天上的轟炸幾乎沒有停過。他六月二日回來時，邱吉爾冷淡地說，「你又回來工作了。」[183] 皮姆看見他眼中閃爍光芒。他也加入了聖騎士的行列。

五月二十九日，邱吉爾發電報給雷諾和魏剛，讓他們知道五萬大軍已經成功從敦克爾克撤離，而他希望那天晚上可以再撤出三萬。他明白指出這起行動極度危險。「前線任何時候都會遭到攻擊，碼頭、海灘、船運從天上一炸，或從西南炮轟，就無法成功。」他說，「無人可以斷言現在順利的撤退將會持續多久，或者我們能夠拯救多少未來。」[184]船隻盡可能載走許多法國與比利時的軍隊，優先性和英國相當，而且計劃派遣第二次英國遠征軍到聖納捷赫持續作戰。他也向雷諾保證，正規軍隊正從印度、巴勒斯坦、澳大利亞、加拿大召回，與法國一起奮鬥。同天他問伊斯梅，一次大戰從德國拿來當戰利品的槍炮能否重整使用，能否送蠟丸給軍隊消除打仗的噪音。[185]五月三十日，他告訴戈特，一旦敦克爾克不可能執行進一步的抵抗計畫，他就奉命「正式投降，避免無用的殺戮」。[186]由於擔心法國可能突然投降，邱吉爾、艾德禮、迪爾、伊斯梅在五月三十日飛往巴黎，爲了閃避在巴黎北方巡邏的納粹德國空軍，他們的飛機四處繞行，因此晚到。在英國大使館午餐時，邱吉爾聽說十五萬名士兵已經從敦克爾克的海灘撤離，其中一萬五千名是法軍。「首相說如果能夠至少撤離二十萬，他就滿足了。」哈維寫道。[187]「他唯一的話題就是盡可能撤離海灘最多的人數。」沃爾特·湯普森回憶，「就這一次，他的表情嚴肅凝重，流露內心的焦慮。」[188]

最高作戰委員會那天下午在法國戰爭部開會。魏剛告訴邱吉爾，大批軍隊被從現在多餘的馬奇諾防線調去防守巴黎，但他說，除非英國能夠派遣大批皇家空軍中隊進入正在索姆河南邊進行的戰役，否則毫無希望。會議之後，邱吉爾告訴斯皮爾斯，法國認爲自己已然戰敗。[189]指揮官湯米·湯普森描述一戰英雄元帥菲利普・貝當，是個「冷漠、遙遠的觀眾，邱吉爾簡述英國的計畫時，他完全沒有表現丁點興趣或熱忱。」[190]

六月一日星期六，從敦克爾克撤退的人數，已經達到邱吉爾希望的二十萬人。「這件事情大大鼓勵了溫斯頓，」哈維寫道，「而且說他也許能爲法國在索姆河做更多。」[191]下午一點二十分，邱吉爾及時趕回倫敦召開內閣會議。英國遠征軍的指揮官戈特從敦克爾克回來時，整個內閣起立爲他鼓掌。戈特報告，那裡除了上將貝諾瓦・德・拉・盧昂西（Bênoit de La Laurencie）帶領的兩個師，法國人「比沒用還不如」。[192]

外交部擬定計畫，倘若入侵，將會撤離皇室與部分政府。摩頓傳達這項計畫時，邱吉爾說，「他們試圖入侵我們島上的那天，我相信我們會讓他們後悔。不准討論那樣的事。」[193]同樣地，國家美術館的館長肯尼斯・克拉克要求把英國的藝術寶藏送去加拿大，首相回答，「不用，埋在洞穴和地窖。一件都不准走。我們會打敗他們。」[194]那些大師之作於是被送到威爾斯的馬諾德茅爾（Manod Mawr）一處廢棄板岩礦場。最終，英國的黃金儲備部分會從英格蘭銀行的地底移到多倫多的金庫。這起行動當中，要是遭遇大西洋中央幾艘U型潛艇，英國就會破產，因此非常緊張。

六月二日，邱吉爾開始試著成立第二次英國遠征軍，希望盡快派到布列塔尼（Brittany），如同他對三軍參謀長清楚表示，這麼做不是因爲可能可以扭轉戰爭勝負，而是孤注一擲，想把法國留在戰爭裡面。「我們必須要有可行的計畫，向法國展現，只要他們繼續堅持，就有出路。」[195]，「如果德國人能被迫去想他們接下來會被困在哪裡，而非逼著我們找來牆壁屋頂包圍島嶼，那該多好。」邱吉爾寫信給伊斯梅，「敵人的意志和主動，正在消耗我們的精神和士氣，必須設法擺脫這種精神衰竭。」[196]第二次英國遠征軍起初包含第五十二低地師（Lowland Division）組成的旅，六月七日登陸諾曼第，指揮官是上將艾倫・布魯克，並等著加拿大第一師加入他們。

六月三日上午十一點三十分，戰時內閣會議上，只剩三百三十一架戰鬥機的道丁要求不要派遣皇家空軍在索姆河上空戰鬥，而內閣終於接受他的建議。隔天，英國最後一位士兵——上將哈羅德・亞歷山大（Harold Alexander），離開敦克爾克的海灘。在他之前至少有三十三萬八千兩百二十五名士兵離開，包括英國遠征軍與法國、比利時的軍隊。英國遠征軍共計超過四萬人傷亡或被俘，敦克爾克淪陷時，同樣數量的法國軍隊被俘。皇家空軍九日內出動兩千七百三十九航次保護陸軍，損失一百一十六名飛行員，轟炸機司令部本身損失七十六架飛機。總計，從五月十日起，皇家空軍損失一千零六十七架飛機，一千一百二十七名飛行員與機組人員。[197] 參與「發電機行動」的英國船隻共計九百三十三艘，其中損失兩百三十六艘，另有六十一艘失效。英國遠征軍盡可能摧毀自己的裝備，但是六萬臺車輛、兩千座野戰炮、九萬枝步槍、六十萬噸燃料、數百臺坦克與四百座防空高射炮，是破壞力相當大的損失。[198] 一九四〇年六月初，不列顛群島上唯一配備完整武器的軍隊，是在奧德肖特的加拿大第一師。如果真的發生入侵，那將是倫敦與南岸海灘之間唯一經過組織且裝備完善的正規軍。龐德呈上皇家海軍船隻受損與失效的清單時，邱吉爾開玩笑，「就我看來，我們只剩維多利亞與阿爾伯特號（*Victoria & Albert*）。」[199]（維多利亞與阿爾伯特號是皇家遊艇。）

六月四日，邱吉爾有項非常困難的任務，就是向下議院解釋發生什麼事。他的演講與佩里克里斯、亞伯拉罕・林肯（Abraham Lincoln）並列史上最佳的演講。開頭他先冷靜如實地陳述德國如何突破、英國遠征軍在亞眠與阿布維爾之間的通訊遭到切斷、閃電戰的形式，以及閃電戰背後「那一大群遲鈍的德國軍隊緩慢沉重地走過」。[200]接著他冷酷地，而且也許語帶責備，複述雷諾對利奧波德國王的控訴。「突然，」邱吉爾說，「未經事前徵詢，絲毫沒有預告，缺乏部會首長的建議，全憑個人行動，他派出全權代表到德國的司令部，全軍投降，而且暴露我們整個側翼與撤退手段。」[201]邱吉爾稱之為「可憐的情節」，但是事實上那個片語並未出現在他的回憶錄。戰後被問到這點，他說他寫的是當時他相信的情況，而那樣的情況只有部分爲眞（因爲他確實從國王和奇斯那裡接到警告）。

「奇蹟般的解救成功了，憑著英勇、憑著毅力、憑著完美的紀律、憑著無瑕的表現、憑著資源、憑著技術、憑著不可征服的忠誠，示現在我們所有人面前。」邱吉爾接著說。[202]呼應亞瑟・格林伍德在挪威辯論的發言——「打贏戰爭靠的不是厲害的撤退」，邱吉爾說：「我們必須非常小心，不將這趟解救歸爲勝利。打贏戰爭靠的不是撤退。但是這次解救當中仍有勝利，值得關注。」[203]那是皇家空軍的勝利，他談到這點：

我想，在全世界，在整個戰爭的歷史，年輕人從來沒有這樣的機會……這些年輕人，每天早上出發保衛他們的國土，以及我們代表的一切，手中操縱巨大凶猛的工具。之於他們，我們可以說，「每天早上帶來高尚的機會／每個機會帶來高尚的武士。」[(11)]他們值得我們感激，如同所有勇敢的人，在眾多場合，以諸多方式準備，而且持續準備，為他們國土奉獻生命與一切。然而，儘管我們感激我們的軍隊與這麼多離開的人，他們所愛的人經歷痛苦的一週，我們切勿讓這份感激蒙蔽我們，在法國與比利時發生的事實，是巨大的軍事災難……我們可以期待，我們或法國，幾乎立即就會再度遭到重擊。我們得知，希特勒先生計劃侵略不列顛群島。這個念頭前人已經想過。拿破崙帶著平底船和大批軍隊駐紮在布洛涅一年期間，有人告訴他「英格蘭有憤怒的野草」。英國遠征軍回來後，一定又會更多。[204]

說完希特勒會用「獨創的預謀、新穎的攻擊」侵略英國後，他繼續：

我個人信心十足，如果全員各司其職，無所忽略，並且如果計畫完美，誠如目前正在擬定，我們將能再次證明自己能夠保衛我們的島嶼家園，駕馭戰爭的風暴，而且戰勝暴政的威脅，必要的話耗費數年，必要的話孤軍奮戰。無論如何，這是我們打算做的。此乃國王陛下的政府其中每一個人的決心。這是國會與國家的意志……即使歐洲大片土地與許多古老聞名的國家已經淪陷，或者落入蓋世太保以及邪惡的納粹手中，我們也不會疲倦或失敗。

接著他說出結語：

我們將持續到底，我們將在法國奮戰，我們將在海洋奮戰，我們將以不斷滋長的信心與力量在空中奮戰。我們將保衛我們的島嶼，不計一切代價。我們將在海灘奮戰，我們將在機場奮戰，我們將在原野與大街奮戰，我們將在山丘奮戰。我們永不投降。而且即使——雖然我完全不相信——這座島嶼或其大部分都被征服或挨餓，那麼我們海外的帝國，由英國艦隊武裝保衛的帝國，將會繼續對抗，直到——由上帝決定——新世界，帶著新的權力與威力，站出來解救並解放舊世界。[205][(12)]

坐在邱吉爾正後方的薯條・香農在他的日記寫道，「他能言善道，滔滔不絕，而且英語造詣高深；幾位工黨議員哭了。」[206]哈洛德·尼科爾森寫信給他的妻子維塔·薩克維爾—韋斯特，「今天下午溫斯頓的演說，是我聽過最好的演說。整個議院深受感動。」[207]她回答，「我的脊椎不禁打了冷顫（不是因爲害怕）。我認爲人們會被他伊莉莎白式的用語感動的原因，是人們感覺他們背後有巨大的力量與決心支持，就像雄偉的碉堡：那不止於文字表面的意義。」[208](13)邱吉爾戰後的保鑣朗·戈汀（Ron Golding）在一九四〇年代曾是皇家空軍中隊隊長，他回憶，「在演說之後，我們**想要**德國人過來。」[209]

一九四〇年六月接下來兩週，法國的要求宛如滔滔江水，向邱吉爾索取更多空中支援，即使六月六日已經有一百四十四架英國戰鬥機在法國上空行動，法國投降前，每天也有類似的數量。「雷諾獅子大開口，要我們全部的戰鬥機。」賈德幹如是說。[210]不僅內閣、三軍參謀長、文官都紛紛相信這仗會輸，紐沃和道丁也贊同他們，堅決反對再派戰鬥機中隊去法國。

儘管如此，邱吉爾想用一小批軍隊沿著丹麥、荷蘭、比利時的海岸攻擊德國。「必須預備計畫，」六月五日他告訴伊斯梅，「要有獵人等級的特種部隊，在這些海岸製造恐嚇，先採『屠夫閃電』策略，但是接著……我們應突襲加萊或布洛涅，對那些德國兵的駐軍或殺或俘，然後堅守該地，直到執行所有圍城或猛攻的預備計畫，然後離開。」[211]他也希望輕裝部隊「匍匐上陸，深入內陸襲擊，切斷重要通信，回來時身後留下德軍屍體的痕跡」。[212]儘管過去七週局勢完全相反，他的攻擊直覺絲毫不減。早在六月六日，最後一支軍隊離開敦克爾克才過兩天，他就跟陸軍部的策畫人員要求「運輸坦克並送上海灘的提案」。那天正好是諾曼第登陸日四年前。六月二十日，他建議組成「一個至少五千名傘兵的團」。[213]

六月十日，墨索里尼對英、法宣戰。當科爾維叫醒午睡中的邱吉爾，告訴他這樁消息，首相低聲咆哮：「那些去義大利看古蹟的人，以後不用大老遠跑到那不勒斯和龐貝。」[214] 地中海新增的威脅需要重新部署船艦，但是對這個消息英國早有預備，尤其五月底邱吉爾拒絕和談之後。六月十一日，英國陸軍穿越邊境進入利比亞展開攻擊行動，這起行動持續兩個月，直到義大利逼迫他們退回埃及。八月五日至十九日之間，義大利軍將英軍逼出英屬索馬利蘭，邱吉爾為此非常懊惱。英義戰爭開始那天，他就核准撤銷義大利國王維克多・伊曼紐三世（Victor Emmanuel III）的嘉德勳章。這位國王並未挺身抵抗墨索里尼，邱吉爾說：「我認爲應該大肆羞辱並宣傳這具悲哀的傀儡。」[215]

同天，法國政府逃出巴黎，遷往位於往土爾途中、奧爾良（Orléans）東南六十哩的布希亞赫（Briare），以致邱吉爾被迫延後法國之行。事實上，邱吉爾得知後較有信心，因爲這樣顯得法國有意繼續奮戰。他在六月十一日下午三點搭乘帝國航空火鳥飛機前往布希亞赫，由九架噴火戰鬥機護送，這是空軍上校史蒂芬・博蒙特（Stephen Beaumont）的六〇九中隊短時間能夠召集的最多飛機。魏剛在布希亞赫鈴蘭城堡（Château de Muguet）的總部只能容下邱吉爾，而伊登、迪爾、伊斯梅、斯皮爾斯必須睡在附近的火車。城堡裡只有一臺古老的電話，掛在管家的食品儲藏室，連接鎮上的郵局，而郵局整天都沒有人。[216] 十一日兩個小時的最高作戰委員會會議，以及十二日數個小時的會議，邱吉爾見了雷諾、貝當、魏剛，以及東北前線的總指揮官上將阿爾方斯・喬吉斯，還有新任的戰爭部長——四十九歲、身高六呎五吋的一戰英雄上將夏爾・戴高樂（Charles de Gaulle）。

巴黎隨時都會淪陷，兩邊代表討論戰爭所有的面向。邱吉爾告訴他們，加拿大第一師將會登陸法國，屆時準備作戰的英國遠征軍將會增加到四個師，而第五個師正在途中，將在布列塔尼形成德軍無法穿透的防守陣地。他也強調，德軍漫長的通信線，此時面對空襲其實不堪一擊。迪爾願讓魏剛全面指揮英國軍隊，他認爲適當就可以利用。魏剛唯一的回答是，法國淪陷現在不用「天」計算，而用「時」計算。[217]

上將喬吉斯在會議表示，同盟國一百零三個師已經損失三十五個。他私下也告訴斯皮爾斯，法國政府祕密準備要求希特勒休戰，而且，如同邱吉爾後來所言：「我們也應相對採取措施。」[218] 邱吉爾在會議中提出「布列塔尼陣地」，但是法國指出，因爲七十%的工廠都設在巴黎地區，因此巴黎的困境沒有長久的解決辦法。邱吉爾主張這樣可以爭取時間等待美國參戰，此時幾乎沒有插話的貝當說，那也代表法國毀滅。貝當接著公開表示需要休戰。[219] 戴高樂反其道而行，說他準備打「縱隊戰」，讓機動部隊和德國坦克較量。沒有其他法國人表達任何繼續作戰，或從法屬北非繼續作戰的熱忱。[220]

邱吉爾必須「激烈」力求雷諾允許皇家空軍的威靈頓轟炸機襲擊杜林（Turin）和米蘭以繼續前進。（雷諾害怕義大利在南法進行報復。）萬一法國空軍洩漏計畫給普羅旺斯薩隆（Salon-de-Provence）當地的人，他們會拉著農車和其他障礙物到機場，不讓英國飛機起飛，英國就必須放棄襲擊。[221] 法國海軍部長上將弗朗索瓦・達爾朗（François Darlan）承諾，如果停戰，強大的法國海軍（若跟德國海軍聯盟將會壓倒英國海軍）不會落入德國手中，但會航向加拿大。[222]

魏剛簡述法國陸軍的困境。「眼下是決定的關鍵，」他說，「現在是決定的時刻。英國不應保留任何一架戰鬥機在英格蘭。應該全部送來法國。」[223] 語畢，接著停頓良久，邱吉爾的顧問焦慮起來，害怕他大方、終身對法國的熱愛、勇氣、樂觀，會導致他不顧紐沃和道丁的警告，承諾更多空中支援。邱吉爾開口，說得極爲緩慢，「這不是決定的關鍵，這不是決定的時刻。希特勒派出納粹德國空軍攻打英國才是決定的時刻。如果我們可以維持我們島上領空的控制——那也是我唯一要求的——我們就會幫你們贏回來……無論這裡發生什麼，我們下定決心，永遠、永遠、永遠奮戰下去。」[224]儘管盟友傲慢的壓力，以及本身對法國的熱愛，他仍沒有答應把剩下的英國空軍送到法國。這項決定是他所做過極為重要的決定。

雷諾問，要是德國意圖入侵英國，將會如何？邱吉爾回答，「我還沒非常仔細想過那個問題，但是，廣的來說，我會主張，在他們來的路上就盡量讓他們都沉入海裡，成功爬上岸的那些，就『*frapper sur la tête*』（朝他們的頭打下去）。」[225]即使處於這麼高壓的情況，還能維持幽默與樂觀，完全就是他的特性。魏剛向雷諾預言，一個月內英國將會「像雞一樣被扭斷脖子」，還好此時邱吉爾已經離開會議現場。[226]回程路上，為了閃避兩架正對漁船開槍的德國戰鬥機，他的飛機飛在一百呎的空中，僅僅稍微高出海平面。[227]

回家途中，伊斯梅建議，既然指派為第二次英國遠征軍的師看來幾乎馬上就會撤離，不如不動聲色延後部署。「當然不行。」邱吉爾回答。「如果我們做了任何這樣的事，歷史上會很難看。」[228]在這個時候，他不該想著歷史，應該僅是受單純的軍事考量指引。有違迪爾與伊斯梅的更好判斷，雖然他們並未徹底反對，第二次英國遠征軍派了更多部隊去法國。他們的指揮官上將布魯克私下向伊登和迪爾譴責這項計畫是無效的政治舉動，確實如此。伊斯梅接著說，他很高興英國會獨自奮戰，「我們會打贏不列顛戰役，」此時邱吉爾看著他，並回答，「你和我三個月內就會死。」[229]雖然對法國、在內閣、在下議院、對報紙、對廣播，他似乎總有十足的獲勝把握，並在公開場合堅決抵抗，但是有時候他也會向他的同僚承認，也許並非如此。後來，邱吉爾說他希望能在法國待上十天，「讓內維爾在國內維持」，但是他已不太可能把士氣完全潰散的法國繼續留在戰爭。[230]現在，如同他十二日回來時告訴國王，「德國下個計畫，就是入侵這個國家。」[231]

午夜過後不久，雷諾要求邱吉爾回到法國。這次他們打算在十三日下午三點四十五分在土爾見面。邱吉爾認為這個召喚非常「不祥」，因為雷諾曾經承諾，法國投降前會先詢問他，而且他很氣雷諾在公開的電話線上說出見面的時間地點。[232]六月十三日上午，他和哈利法克斯、畢佛布魯克、賈德幹、伊斯梅，在博蒙特的六〇九中隊十二架噴火戰鬥機護航下提早出發。他們起飛，但毫不知道會在哪裡降落。「其實我們盲目地飛行，等待指示，告訴我們去哪裡找法國內閣。」沃爾特·湯普森回憶。[233]邱吉爾要他帶著他的柯爾特點四五手槍，並說，「如果我們半路遭到攻擊，也許我還能殺掉至少一個德國人。」[234(14)]

他們飛越海峽群島時遭遇暴風和雷雨，終於降落在土爾機場。機場布滿炸彈的坑洞，整整十天無人填補。空軍上校博蒙特在他未出版的自傳寫道，「土爾的機場會是個好例子，說明法國沉淪解體的模樣。我們到了。英國的首相蒞臨，一開始沒人在那裡接他。土爾機場雜草蔓生、建築殘破，就像一家破產的飛行學校……完全不像我們乾淨整齊的皇家空軍航站。」[235]

指揮官湯米·湯普森終於找到兩名正在吃三明治的法國空軍軍官。「他們看到我們似乎很驚訝。」他回憶，「大家都去吃午餐了。他們願意開自己的車載我們去土爾。那兩臺車很小，我們費了好大的勁擠了進去。」湯普森發現自己坐在畢佛布魯克勛爵的大腿。[236]「亂七八糟。」賈德幹回憶。他們開車經過往南流動的難民行列。抵達土爾後，他們去了格蘭德布里塔基飯店（Hôtel Grande Bretagne），在那裡找到總理次長保羅·博杜安（Paul Baudouin），吃到賈德幹所謂「很棒的午餐，而且W. S. C. 狀態很好」。[237]

他們用餐的同時，曾經反對宣戰的博杜安，試圖說服邱吉爾，放棄法國會在三月二十八日作出不會單獨和談的承諾。根據指揮官湯普森的說法，「邱吉爾先生完全不予鼓勵。」[238]湯普森寫道，從頭到尾，難民都在「拍打著門，從窗外羨慕地盯著」。英國代表團從後門進入飯店，但是邱吉爾堅持出去時從正門，「如此一來，街上的民衆就會看到他們的盟友還沒捨棄他們」。[239]逃難的車輛駛過城鎮，無窮無盡，其中許多車的車頂捆著個人物品，車窗已經破碎，車身布滿機關槍的彈痕。[240]

魏剛和貝當拒絕參加省政府的會議，理由是繼續抵抗德國也是無益。被賈德幹描述爲「掃興」的雷諾和博杜安告訴邱吉爾，要不和德國和談，要不免除法國不可單獨和談的義務。邱吉爾試著說服法國再次請求華盛頓，並且力求他們繼續戰鬥（他的英式法語說不通時就由斯皮爾斯翻譯）。「我懂英國人，」邱吉爾告訴法國的領袖，

他們忍耐、堅持、反擊的能力沒有止盡。而且他們會打到敵人倒下為止。你必須給我們時間。我們請你們盡可能繼續奮戰，如果不是在巴黎，至少在巴黎之外，在各省，直到海岸，然後，如果必要，在北非。另一個選項是法國滅亡……法國必須繼續打下去。法國還有優良的海軍、偉大的帝國。憑藉剩下的軍隊，法國可以進行大規模的游擊戰，也可以破壞敵人的通信。[241]

他繼續說，「這絕對是同盟國最黑暗的時刻。儘管如此，他有絕對堅定的信心，希特勒會被擊敗，納粹主義不能、也不會推翻歐洲。」[242]邱吉爾坐在雷諾對面的一把扶手椅上，「雙手交叉在胸前，說得慷慨激昂，聽到的人無不深深感動」。[243]畢佛布魯克後來回憶，那是「他所有的演講中，印象最深刻的」。[244]但是只有戴高樂對於他的敦促回以支持。邱吉爾心懷感激，而且當著他的面預言他是「*L'homme du destin*」。[245]⑤

邱吉爾拒絕免除法國的承諾。再添加那天的戲劇性場面，雷諾的情婦伊蓮・德・波特公爵夫人

(Hélène de Portes)，數次想要進入最後一次最高作戰委員會的會議，直到一名法國海軍軍官對著博杜安大吼：「為了法國的尊嚴，把那個女人趕出去！」[246]隔年克萊門汀說，她的丈夫「幾乎就要被波特夫人攻擊，她想要抓他的臉……她大聲尖叫，歇斯底里，希望引起注意」。[247]法國政府正陷入四分五裂，邱吉爾在省政府門口向雷諾道別時，眼中噙著淚水。[248]

六月十四日，德軍進入巴黎。魏剛通知人在布列塔尼的第二次遠征軍指揮官艾倫・布魯克，所有抵抗很快就會結束。邱吉爾去電布魯克在勒芒(Le Mans)的總部，在斷續的電話線上告訴他，根據布魯克記錄，「我被找來法國，讓法國覺得我們支持他們。我回答，讓屍體有所感覺是不可能的，而且法國軍隊，幾乎所有企圖和目標都死了，當然不可能理解別人為他們做的一切。」[249]這是兩人第一次對話。布魯克必須說服首相，他的軍隊不會有所幫助，繼續待著只是冒上隨時被俘虜的風險。經過半個小時困難的討論，邱吉爾允許第二次遠征軍撤回英國。他們對歷史的責任已經完成，即使無人真的注意到。[250]

六月四日，西蒙夫妻終於搬出唐寧街十一號。張伯倫可以搬過去，而邱吉爾也能搬進十號。邱吉爾已經搬出海軍官邸，讓A・V・亞歷山大入住，因此他和家人暫住在乾草市場(Haymarket)盡頭的卡爾頓飯店。邱吉爾一家帶著海軍部凶猛的黑色公貓納爾遜，牠立刻就和唐寧街人稱的「慕尼黑捕鼠貓」(Munich Mouser)吵架。[251](不難猜到打起來時邱吉爾護著誰。「納爾遜是我所知最勇敢的貓。」他說，「我曾看過牠在海軍部追一隻大狗。」)[252]一九四一年古妮去世後，一向跟哥哥關係親密的傑克・邱吉爾也住進唐寧街十號，和機要祕書一起用餐，也隨邱吉爾一起外出巡視幾次。

六月十五日，澳大利亞與紐西蘭重申對英國無條件支持，無論如何。相反地，那天賈德幹寫道，「美國看來相當無用。唉，沒有他們我們必死無疑。」[253] 那天晚上邱吉爾在契克斯別墅告訴科爾維，「這場戰爭現在注定變成血腥的戰爭……我們上次的勝利，因爲很多心軟的人，都白費了，眞是悲劇。」[254] 晚餐過後，他和鄧肯・桑迪斯在花園的玫瑰間散步。科爾維又報告更多來自巴黎的壞消息時，他回答，「告訴他們，如果他們把艦隊給我們，我們將永不忘懷，但是如果他們不經過我們同意就投降，我們將永不原諒。我們會抹黑他們的名字一千年！」接著，他怕科爾維光聽字面的意思，又說，「當然，先別告訴他們。」[255] 儘管有來自法國的消息，科爾維說邱吉爾「精神奕奕，複誦詩句，膨脹現況的戲劇表演，一直說著他和希特勒只有一個共同點——此時響起恐怖的口哨聲——就是給大家雪茄，然後不時喃喃自語著『砰！砰！砰！農夫的槍，兔子跑啊，兔子跑啊，跑！跑！跑！』」[256] (15) 他接了大使甘迺迪的電話，告訴他，如果美國只給英國經濟援助，而不給軍事援助，「將會成爲這段歷史的笑柄」，然後到了凌晨一點，他躺在大廳的沙發，呼著雪茄，討論如何增加皇家空軍前線戰鬥機的實力，接著——極不尋常——他「開了一、兩個黃腔」，說了「晚安，我的孩子」，然後上床。[257]

六月十六日星期天，上午七點三十分，科爾維敲了邱吉爾在契克斯別墅的房門，告訴他雷諾即將被元帥貝當取代。他發現他「穿著銀色背心，看起來頗像隻漂亮的豬」。[258] 邱吉爾要求上午十點十五分召開內閣會議，而且早餐過後，無視交通號誌，搭車前往倫敦，在林蔭路上加速，人員到齊時剛好抵達。會議開到一半，他們得知貝當已經命令法國陸軍棄械。「內閣會議後，首相獨自一人，在花園來回踱步，」科爾維寫道，「他低著頭，雙手放在背後。我相信，他會處變不驚。」[259]

下午三點，另一次的內閣會議提出合併宣言，其中英國與法國將會融合爲一個國家。這個想法是由法國外交官勒內・普利文（René Pleven）提出，爲了讓法國陸軍整批撤退到英國。擬定宣言的人包括羅伯特・凡西塔特、同盟國委員會（Inter-Allied Commission）會長尚・莫內（Jean Monnet）、文官亞瑟・薩爾特（Arthur Salter）、洛伊德勛爵，以及只在倫敦待二十四小時的戴高樂。「我和這個無關。」邱吉爾後來會說，「那是一波內閣情緒。」[260] 張伯倫前去向國王更新「他的帝國怎麼了」，而三色旗史上唯一一次在西敏寺飛揚。「誰知道呢，」科爾維開玩笑，「我們還可能看到『fleurs de lys』⑥重新成爲皇室象徵呢！」[261][16] 他認爲新的國家可能會被稱爲「法蘭格蘭」（Frangland）。

貝當聽到這個想法時，嘲笑那是「和屍體融合」（驚人的是，兩天後布魯克也用一樣的比喻）。但是，同時，科爾維也寫道，「每個人都拍著戴高樂的背，告訴他，他應該當總指揮官（溫斯頓嘴裡唸著『*je l'arrangerai*』⑦）」。[262] 這些重要的人物願意考慮這樣古怪的提議，顯示英國多麼急著阻止世界第四大艦隊落入德國手中。戴高樂當天晚上飛回波爾多，降落後發現自己已被撤職。

六月十七日星期一上午，消息傳來，法國政府新的元首元帥貝當準備和德國簽訂停戰協議。難以啟齒的「可能確定的事件」現在已經確定。邱吉爾發出電報給貝當，表示他不敢相信他和魏剛「會把優良的法國艦隊送給敵人，傷害他們的同盟。這樣的行爲會在數千年的歷史「scarify」[17] 他們的姓名」。[263] 新的外交部長博杜安確認艦隊將會從土倫航向法國的殖民地阿爾及利亞，以防德國染指。當天下午，在法國安排幾場會議後，爲了騙過監視他的貝當人馬，戴高樂陪著斯皮爾斯前往波爾多機場，就在飛機正要起飛時跳了上去，全身只有制服，飛到倫敦。他的妻兒隔天從佩斯特（Brest）離開。他的雙腳要在四年後才會再次踏上法國本土。

那天，冠達郵輪蘭開斯特里亞號（*Lancastria*）載滿第二次英國遠征軍的軍隊和平民回到英國，在羅亞爾河（Loire）出海口遭到納粹德國空軍擊沉。四千人溺斃，比鐵達尼號和盧西塔尼亞號相加還多；這次事件一直都是英國海事史上單一船隻最多喪命的紀錄。第二次英國遠征軍沒有締造邱吉爾意圖的那種歷史。他想利用「D級」警告（'D' Notice）⑧封鎖消息，保守這個祕密，但是經由美國走漏，七月底時於英國曝光。⒅

六月十七日，拉布・巴特勒在聖詹姆斯公園偶然遇到瑞典大使揚・普里茲（Björn Prytz）。兩人一起走回外交部時，巴特勒轉達哈利法克斯勛爵的話給普里茲，「英國政府的政策方針是依據常識、不蠻幹。」[264]普里茲如實將這則訊息以英文傳回瑞典外交部，並且又說，議員告訴他，「如果，而且當（和平）談判有希望……哈利法克斯可能會繼承邱吉爾。」[265]「常識」詞是個明顯的影射，如果軍事狀況繼續惡化，新的哈利法克斯政府將會接受德國的和平提議。多虧英國情報單位對瑞典外交部的監視，九天後，邱吉爾讀到這則訊息，於是要求解釋。哈利法克斯宣稱，普里茲嚴重誤解巴特勒的訊息。（其實不太可能，因爲普里茲有一半的英國血統，在英國的杜威治學院〔Dulwich College〕接受教育，英文口說流利，並以英文寫下訊息。）巴特勒是個可愛聰明的人，有著與人友好的天分，後來在戰爭期間改革英國教育制度，但是他在國家危急存亡之秋，極度欠缺判斷。寬宏大量的邱吉爾並沒有因爲巴特勒自己所謂「奇怪的話」而斷了他的職涯，還讓他在他的職位多待十三個月。哈利法克斯就沒有待這麼久。保守黨的座椅上，還是有人批評邱吉爾。即使在他「我們將在海灘奮戰」的演講後，張伯倫時期的交通大臣尤恩・瓦勒斯（Euan Wallace）提到「關於他兩次提到獨自奮戰，之後吸菸室裡有些爭議」，而前衛生大臣沃爾特・埃利奧特總結，政府的蜜月期已經結束。[266]

「首相淩晨一點上樓睡覺時，非常親切地對我道晚安。」六月十七日，邱吉爾其中一位機要祕書約翰・馬汀（John Martin）告訴他的父母，「他的手放在我的手臂，告訴我，他很抱歉，這幾天倉促的事情太多，沒有時間好好認識我。」[267]那幾天的「倉促」就是法國退出戰爭，以及那意謂的所有危險。但是也有人寧願法國退出。過去十天，戰鬥機司令部在法國上空已經損失兩百五十架戰鬥機，而且當道丁聽到法國投降，他跪在地上，感謝上帝，不用再派更多過去。「只剩我們對抗惡魔，幾乎可說鬆了一口氣。」賈德幹在他的日記寫道，「不是贏就是死。」[268]約翰・馬汀的日記則是寫著「現在輪到我們了。」[269]

作者注

(1) 其他還有史末資和斯皮爾斯、奇斯，雖然這個時候他們都不如畢佛布魯克跟邱吉爾來得親近。

(2) 當艾德禮從下議院議事廳的椅子上摔下來，邱吉爾開玩笑說：「掌璽大臣，起來，起來！沒時間鬧著玩。」（*CIHOW* p. 321）

(3) 這段演講最令人難忘的一句話，有個漫長且複雜的起源。《曼徹斯特衛報》一位記者指出，李維（Livy）、西塞羅（Cicero）、皮薩羅（Pizarro）都寫過鮮血、汗水、苦幹，雖然眼淚是邱吉爾經常增加的。一六一一年，約翰・多恩（John Donne）就在他的宗教十四行詩狂熱地寫過「眼淚，或汗水，或鮮血」；A・E・豪斯曼（A. E. Housman）的系列詩《薩羅普郡的小伙子》（*A Shropshire Lad*）也有「眼淚……汗水……鮮血」。（Weidhorn, *Rhetoric* p. 134 n. 22.）「鮮血、汗水、眼淚」出現在西奧多・羅斯福一八九七年的演說，而邱吉爾在《倫敦，經普里托利亞到拉迪史密斯》也用過「鮮血和汗水」。他也在《每日電訊報》關於上將佛朗哥的文章提過「鮮血、汗水與淚水」。（*CIHOW* pp. 4, 33.）

(4) 雖然白金漢宮的侍臣抱怨邱吉爾有時會更動覲見國王的時間，或乾脆臨時取消，但他每個月的行程表顯示，一般來說他只是改為半小時，很少取消覲見。邱吉爾遵照傳統前往白金漢宮，儘管現在他顯然是兩人之中更忙的人。

(5) 邱吉爾的發音和「carver」押韻。

(6) 空軍參謀長（Chief of the Air Staff）被稱為「CAS Sahib」。

(7) 前座政府的座椅正式名稱為「國務大臣席」（Treasury Bench），在此與「背叛」（Treachery）一詞諧音，描述那些在挪威辯論否定張伯倫的議員。

(8) 《馬加比書》第三章第五十八－六十節（《英王欽定版》開頭是「And Judas said, arm yourselves, and be valiant men」〔猶大說，武裝自己，做勇敢的人〕）。

(9) 一旦迫在眉睫的威脅解除，邱吉爾即成為同僚之間要求解除拘留的先鋒。到了一九四一年年底，只有兩百名英國法西斯主義聯盟的成員還在拘留，莫斯利夫婦於一九四三年被釋放。

(10) 五月三十日，德斯蒙·摩頓發現澳大利亞駐倫敦的高階專員史丹利·布魯斯（Stanley Bruce）寫了一張正式的備忘錄，提議召開國際會議「擬定和平協議」，因為「沒有必要繼續流血，承受可怕的苦難」，邱吉爾在摩頓的報告寫了：「胡說！」（OB VI p. 436）

(11) 出自丁尼生（Tennyson）的〈亞瑟之死〉（Morte d'Arthur）。

(12) 呼應十九世紀英國外交大臣喬治·坎寧（George Canning）一八二六年在下議院吹噓，「我令新世界存在，調整舊世界的平衡。」

(13) 他一百四十一字的結語幾乎都由單一音節或短字組成，而且幾乎全都來自古英文，雖然「信心」（confidence）一詞來自拉丁文，「投降」（surrender）來自法文。據稱演員諾曼·謝利（Norman Shelley）當天晚上九點在廣播模仿邱吉爾那場演說。事實上這位演員朗讀的是延伸國會報告當中很長一段原文摘錄。那場演說本身當時並未記錄：我們今天聽到的，是邱吉爾一九四九年在查特維爾幫迪卡唱片（Decca Records）錄製的。

(14) 上將布魯克提到「如果真有那種情況，他一定會死得夠本」。（Bryant, *Turn of the Tide* p. 263）

(15) 邱吉爾不喜歡口哨就是從那年夏天開始：他走在白廳的查爾斯王街（King Charles Street），遇到一名青少年。那名青少年雙手插進口袋，迎面而來，開心地吹著宏亮的口哨。「不要吹口哨。」邱吉爾嚴厲地說。「為何不行？」男孩回答。「因為我不喜歡，吵死了。」那個傢伙腳步沒停，說了「噢，你不能摀住耳朵嗎？」就這麼走過去，繼續吹口哨。邱吉爾覺得非常好笑，於是一邊重複「你不能摀住耳朵嗎？」，一邊穿過外交部的院子，對著自己咯咯笑。（Thompson, *Shadow* p. 40.）那是件傻事，根本不值得記載，除了無法想像這樣的事發生在柏林，一個年輕男孩用同樣的方式冒犯德國政府的元首。

(16) 英格蘭的國王曾經登上法國王位，直到喬治三世為止。

(17) scarify：「嚴厲批評導致的痛苦。」(*Shorter Oxford Dictionary*)

(18) 有時為了士氣，報紙不會報導嚴重的生命損失，例如一九四三年三月貝思納爾綠地（Bethnal Green）地鐵站的災難奪走一百七十三條人命、一九四四年四月斯拉普頓沙灘（Slapton Sands）慘敗，奪走了八百條人命。

譯者注

① 英國書報文具連鎖商。

② 「第五縱隊」出於一九三六年西班牙內戰，後來泛指隱藏在對方內部的間諜。

③ 天主教的聖人，約六七三年至七五四年。

④ 原指匈奴人，有野蠻人之意，後來也成為一、二戰時期對德國兵的蔑稱。

⑤ 法文，意為命運之人。

⑥ 百合花飾，法國皇室的象徵圖案。

⑦ 法文，意為「我來安排」。

⑧ 英國政府的國防機密警告。

22 不列顛戰役 1940／6—1940／9

希特勒可以在海的那邊為所欲為，但是只要這座島嶼依然不被攻破，即使他抵達中國長城，他的努力都是白費。——邱吉爾，一九四〇年七月[1]

深入他的演說，他濃縮一個民族的歷史，使其成為當今的歷史……因此他解救貴族傳統，恢復貴族領導。——桃樂絲・湯普森（Dorothy Thompson）於一九四〇年九月《華盛頓郵報》[2]

一九四〇年六月十八日星期二，戴高樂在BBC廣播呼籲他的國人過來倫敦，加入自由法國（Free French）。「我告訴你們，法國什麼都沒失去。」他說，「壓倒我們的同樣手段可以爲我們帶來勝利。」現在邱吉爾支持戴高樂領導自由法國，號召人民對抗德國入侵，並讓他使用廣播。他的大黨鞭詹姆斯・斯圖亞特戰後問他，爲何他這麼熱愛法國，他回答：「理由就是，需要法國的人力攻打德國。」[3]他對法國的戀慕眞誠又強烈，而且沒有什麼比這件事情更利己，但是一九四〇年六月，法國的人力再也無法用來對抗德國，也是眞的。邱吉爾欣賞戴高樂逃離法國的勇氣，而且儘管後來兩人激烈的關係經歷興衰變遷，他也始終相信戴高樂是繼他個人的英雄克里蒙梭之後，最偉大的法國人。「他必須對英國粗魯，才能證明給法國人看，他不是英國的傀儡。」他寫道，「他當然不屈不撓貫徹這項政策。某天他甚至向我解釋這個策略……

我永遠尊敬他強大的力量。」[4] 在認同戴高樂繼續對抗德國的決心後，工務部撥給新的「自由法國」和響應他的人位於特拉法加院（Trafalgar House）的辦公室，地點是滑鐵盧路（Waterloo Place）十一號。[5]

六月十八日，邱吉爾也在下議院發表演說（並在廣播重播），這段演說也非常出名。他先從譴責那些迫害張伯倫與綏靖主義者的人開始：「如果我們大肆爭執過去與現在，就會發現，我們已經失去未來。」[6] 接著他談到英國遭遇空襲的可能性，表示「冬天會對納粹政權造成壓力」。演說根本不談如何勝利，但是他提醒他的聽眾，一次大戰的時候，「我們不斷問自己這個問題：我們要怎麼贏？而無人可以精準回答這個問題，直到最後，忽然之間，出乎意料，我們可怕的敵人就在我們面前崩潰。而且我們厭膩了勝利，以致愚蠢到捨棄勝利。」[7]

義大利海軍在一次大戰表現不佳，邱吉爾因此開起玩笑，「英國艦隊之間普遍想要知道，義大利人的水準是否高達上次大戰那樣，或者他們退步了沒有。」[8] 對於這麼嚴肅的主題、這麼重要的演說，他竟然還能說笑，但他總是這樣。作家彼得・弗萊明分析為何這句話如此受到國會和民眾青睞，「如果他的結尾是『或者他們糟得多』，他大可成功得分，取悅基層；利用較微妙的間接貶低，他提供典型的輕快旋律，讓他的聽眾因為懂得個人的幽默密碼而感到愉快。」[9]

只要還有人說英語，就會有人記得邱吉爾的結語。「上將魏剛所謂的法蘭西戰役已經結束。」他說，

我預期不列顛戰役即將開始。這場戰役決定基督宗教文明的存滅。這場戰役決定我們英國的生命，以及我們的制度、我們的帝國長存。敵人全部的怒氣和威力必定很快就會轉向我們。希特勒知道，他必須在這座島上擊敗我們，不然就輸掉戰爭。如果我們可以挺身對抗他，整個歐洲可能就會

自由，世界可能就會踏上陽光普照的康莊大道。但是如果我們失敗，整個世界，包括美國，包括所有我們已知的、在乎的，都將由於變態的科學，再次進入黑暗世紀，墮入深淵，甚至更不祥、更長久。因此，讓我們承擔我們的責任，讓我們擺出這樣姿態，如果大英帝國與其聯邦延續一千年，人們依然會說「這是他們最光輝的時刻」。[10] (1)

當他提起反烏托邦的納粹年代「將由於變態的科學長存」，他指的大概是新的爆破裝置、先進的潛水艇和毒氣瓦斯，而非含蓄地指稱我們今日推測的原子核分裂軍事運用。他知道德國的科學家正在柏林研究核武。點名美國也是故意的。一九四〇年與一九四一年，邱吉爾非常自覺，他不僅對著英國觀眾說話，也對著美國觀眾說話，因爲唯有美國參戰，英國才能眞正希望勝利，而不只是存活。

「邱吉爾今天的演說提振了士氣。」麥斯基寫道，「席位上的人，不分黨派……都爲他堅定的宣言高聲喝采。」[11] 情報部的哈洛德・尼科爾森「強迫」邱吉爾，要他當天晚上在廣播重複那次演說，但是邱吉爾因爲很忙不想那麼做，尼科爾森寫道，「他生著悶氣，只是把他在下議院的演講重新朗讀一次。結果，就像在下議院講的時候，那段演說十分精彩，尤其是結尾那句。但是在廣播中聽起來有氣無力。他投入的大把精力似乎蒸發了。」[12] 尼科爾森也許是對的，廣播的力道不比原版，但是今天聽了廣播錄音那些嚴肅語句的人絕對不會覺得無力。

演說結束後，邱吉爾前往白金漢宮覲見國王。「他一臉疲憊，而且因爲法國的事相當沮喪。」國王在日記寫道，「但是想到我們的國家，他就鬥志高昂。我和他提到，萬一入侵，伊莉莎白和瑪格麗特會成爲累贅。他說『不會』。」[13] 他覺得把兩位公主送到加拿大會打擊士氣。那天晚上，首相正在爲晚餐更衣時，科爾維接到一封電報，邱吉爾說，「我敢打賭，又丟了一個國家。」[14]科爾維問他隔天希望何時接見波蘭的領袖瓦迪斯瓦夫・西科爾斯基（Władysław Sikorski），他說中午，「接著說了某些完全捏造的引言代表中午，假裝是《羅密歐與茱麗葉》裡的奶媽說的話」。[15]捏造假的莎士比亞表示他多麼熟悉眞的莎士比亞。即使在絕望的局勢中，他還是愛鬧著玩。

六月二十一日，哈利法克斯建議戰爭後割讓直布羅陀給西班牙，以換取西班牙中立。「西班牙人會知道，如果我們打贏，討論不會開花結果；而如果我們打輸，也就不需要西班牙。」邱吉爾回答，「那樣只會顯示我們的軟弱，對獲勝沒有信心，反而更加鼓勵他們。」[16]相反地，他授權祕密探員艾倫・希爾加斯（Alan Hillgarth）在高爾夫球場祕密塞了十萬英鎊現金（相當今日五百二十萬英鎊）給佛朗哥的將領。當對方還要更多錢的時候，他用紅筆注記，「是的，當然。W. S. C.」。[17]

同天，英國預演德國入侵之前不可避免的轟炸行動，邱吉爾找了二十八歲的科學家R・V・瓊斯（R. V. Jones）到唐寧街，他是林德曼在牛津的學生，現在是空軍部情報研究處的副處長，邱吉爾要他解釋，因應敵人**Knickebein**和**X-Gerät**的雷達波束，他有什麼計畫。如邱吉爾所言，這些雷達波束「就像看不見的探照燈」，皇家空軍的戰鬥機無法在雲霧之間鎖定德國的轟炸機，但波束仍可以引導德國。[18]瓊斯發現扭曲波束、使其異常的方法。當他接到唐寧街召見他的訊息，一開始以爲在開玩笑，但是隨後的會議可一點也不好笑。後來邱吉爾形容，瓊斯「在戰爭極度黑暗的時候前來」。[19]「我們一見面，」瓊斯後來寫道：

> 我當然就像任何被首相注意到的年輕人，與高采烈，但是不知怎的，不僅如此。戰爭期間，每次我們見面都是這樣——我感覺因為接觸某種生動的力量，於是充飽了電。這裡有個強大、堅定、

幽默、願意聆聽的人，提出深入的問題，而且一旦相信，就會行動。因為他在嚴苛的環境中成長，所以，雖然事後他的讚美可能非常慷慨，但是當下他幾乎不會稱讚。一九四〇年，危機之中被他召見已可謂稱讚，但是迎接他來勢洶洶的問題，接著說服他，是一切之中最愉快的事。[20]

瓊斯的因應措施足以扭曲德國的雷達波束，某次因此拯救德比。勞斯萊斯建造梅林（Merlin）引擎的工廠就在那裡，也就是颶風戰鬥機與噴火戰鬥機的引擎。[21]只要德國發明新的威脅（例如一九四三年和一九四四年恐怖的V-1和V-2武器），邱吉爾就會找他來唐寧街，要他負責發明「窗戶」（或「雷達干擾片」）保護轟炸機司令部，對抗德國的雷達偵測。

這場雙方各種贏過對方的措施與反措施，邱吉爾在戰爭回憶錄中稱為「波束之戰」（battle of beams）。這些包括X裝置（某種形式的雷達，裝在英國的轟炸機上）、Gee（英國版的Knickebein）、某種稱為「H2S」的導航工具、混淆德國轟炸機的海星誘餌射擊，以及一種小型的防空高射炮，稱為「不轉飛彈」。林德曼全數參與這些專案，他也是近距引信的共同發明人；六座V-1「飛機式導彈」其中一座抵達倫敦前即被這個裝置摧毀。[22]德國另一個波束在英國的代號是「頭痛」（Headache），而邱吉爾又把英國一項夜間攔截轟炸機的新技術取名為「觸鬚」（Smeller）。[23]這些科學發明的每個項目，他都密切注意。

六月二十二日，元帥貝當正式與德國簽署停戰協議。法國分裂為二，一邊是貝當以維琪（Vichy）為根據的政府，統治東南與該國中部多數地區，另一邊是德國統治的北方與巴黎地區，部分中部與整個西邊海岸。協議第八條宣布法國艦隊在德國或義大利的控制之下將會遣散。邱吉爾在當天的公開宣言表達他對條款感到痛心與震驚，又說「爲保護帝國安全，英國政府任何措施的耐心與決心一樣不缺」。[24]他已經在思考，對昔日的盟友展開現代戰爭史上最無情的攻擊。「我認爲此時他是對的人。」那天鮑德溫私下承認，接著又說了意料之中的傲慢評論：「我一直覺得戰爭是他的機會。他在那種環境就會出頭。」[25]邱吉爾主要的機要祕書艾瑞克・席爾午餐時告訴科爾維，邱吉爾自從當了首相改變多少。「他變得嚴肅，變得較不粗魯、較不野蠻、較不衝動。」[26]但是，他對身邊所有的人依然極爲吹毛求疵，期待他們只要他開口，可以立即做到任何事，不分日夜，而且如果沒做好，就會無禮，甚至粗魯。

不久後，邱吉爾覲見國王和王后良久。他告訴他們，法國最新的戰艦黎塞留號（*Richelieu*）已從達卡啟航，而且「目的地是普利茅斯，或戴維・瓊斯的箱子（Davy Jones's Locker）①」。「他很氣法國。」國王記錄，「他們對我們這樣，我們爲何還要待之以禮？他們背棄承諾和盟友，以及各地的艦隊。我們現今孤獨地在世界等待。關鍵的三個月，接著就是冬季……他說戰時內閣代表了三大黨，而且全體一致，贊成奮戰。」[27]

他們接著討論溫莎公爵，他和他的妻子已經離開巴黎到了南法，正在前往西班牙的途中。邱吉爾認爲這個決定暗藏危險，公爵可能會成爲德國的俘虜。[28]他又說，如果公爵回到英國，「他在這裡沒有支持者」。「我們必須預防他處處不滿。」國王在他的日記寫道，「我們告訴他，我們不能見『她』。」指的是公爵夫人。國王和他的首相再次討論兩位公主。「溫斯頓不贊成此時撤離，但我說，務必現在就安排，以備不時之需。」[29(2)]

六月二十六日凌晨一點十分，戰時內閣開會的時候，空襲警報忽然大作，艾德禮、格林伍德、約翰・

安德森爵士和邱吉爾一家一起躲進唐寧街十號的空襲避難所。「我們全都躲進避難所，」瑪麗・邱吉爾在她的日記寫道，「當然除了繼續工作的爸爸和一些職員。」[30]次日上午，科爾維大約十點進去邱吉爾的臥房，發現他穿著紅色睡袍（邱吉爾眾多的中國絲綢睡袍，多數是龍的圖案），坐在床上，抽著雪茄，對著坐在床尾打字機旁的凱薩琳・希爾口述。他的身邊是個三呎高的銘質菸灰缸。「他的黑貓納爾遜……四肢張開躺在床尾，邱吉爾不時深情盯著牠，對牠說『貓咪，親愛的』。」[31]

邱吉爾對他的職員一點也不深情。那天克萊門汀寫了一九四〇年唯一一封給丈夫的信。信上寫著：

你其中一個隨從（忠誠的朋友）來找我，告訴我，由於你粗魯、尖酸、霸道的態度，你可能被你的同僚和屬下普遍討厭。你的機要祕書群似乎寧願像學校男童那樣「逆來順受」，然後聳著肩膀逃離你在的地方……我必須坦白，我注意到你的態度變差，而且你不像從前那樣和善。你可以下達命令，而且如果他們搞砸，除卻國王、坎特伯里大主教和議長，你可以開除任何人和所有人。因此，手握大權的你必須文雅、親切，猶且可能的話，如奧運選手般的冷靜。你以前曾經引用過「On ne règne sur les âmes que par le calme」。(3)我不能忍受那些為國家和為你效力的人不愛你，不讚賞你，也不尊重你。[32]

她還畫了一隻貓。雖然他們住在同一間房子，前一個週末她在契克斯別墅寫了那封信，撕掉又重寫，然後送出去。而這封信沒有回信的紀錄。

科爾維沒有看過那封信，但是他同意信的觀點。在他自己戰後寫的評價，他又補充了一些重要的附注想要補救：

除了對痛苦或煩惱的人，他通常不體貼，而且一九四〇年最後幾個月，他又特別不體貼，處處苛求。他抱怨拖延，但是其實沒有；他在最後一刻改變悉心安排的計畫；他不顧別人不便，只考慮自己，任意取消會議和約定……他自己安排建築工事，卻因敲打的聲音震怒……但是，如果他莫名其妙生氣，他通常會補償，倒不是道歉，而是為完全不相關的事情大肆讚美受委屈的人……邱吉爾的壞脾氣稍縱即逝，不會長久。長久的是尊敬、讚賞、喜愛，這是和他接觸的人都會感受到的，儘管他令人喜歡但有時惱人的特殊習性。[33]

他也寫到，他從未看見邱吉爾喝醉。

這個事實有個頗爲美妙的地方，戰爭之中，這個國家爲了持續獨立存在處於危險時刻，英國首相卻因脾氣不好被他的妻子責備；我們可以相當確定，相對邱吉爾，德意志帝國的總理府不會有人說出這種話。克萊門汀送出那封信當天，內閣接到通知，敘利亞與阿爾及利亞的法國當局將會效忠貝當政府。「這是個悲慘的消息，因爲北非，以及其豐富的物產，都會落入敵人手裡，」科爾維寫道，「而且我們在近東的命脈也會受到威脅。」[34]儘管在邱吉爾背後的種種抱怨，他的隨從沒人想去其他地方，沒人要求轉調職務。他的脾氣是夏天的暴風，來去無蹤。科爾維在其他地方寫到邱吉爾，「他在唐寧街十號時，走廊總有笑聲，即使在最黑暗與最困難的時候。」[35]

雖然克萊門汀善於洞察、性情節制，但是有時候她也非常尖酸。科爾維觀察道，「她認爲教人有自知之明是她的人生任務，並以直言不諱爲傲。」[36]寫那封信的十天前，她才在唐寧街午餐時對大衛・馬傑森非常無禮，指責他在綏靖政策時期把保守黨的利益放在國家之前。根據薇奧蕾・博納姆・卡特，「溫斯頓一直打斷，說『克萊米，妳眞的不能那樣說。』」但她還是繼續，而當馬傑森表示要離開，邱吉爾提議克萊米到隔壁的小飯廳吃完午餐，於是「克萊米大動作起身，並說『在小飯廳？當然不要。我們要去麗茲』」。[37] 接著她和瑪麗一起離開。克萊門汀之後寫信向馬傑森道歉：「我想你知道我對過去的事耿耿於懷；但是我不該做出那樣的行爲。」[38] 一九四六年，她告訴哈利法克斯，如果當時是他當上首相，而不是她的丈夫，英國就會輸了戰爭。那次她沒有道歉。

六月二十一日，邱吉爾跟伊斯梅要所有美國送到英國的軍用補給品清單。伊斯梅回答「零」。[39] 過了兩週，還是什麼都沒有。對於二十五萬枝步槍的緊急要求，美國的回應似乎停滯了。「直到四月，他們都還非常確定同盟國會贏，不認爲有必要幫助。」邱吉爾告訴在華盛頓的洛錫安，「現在他們非常確定我們會輸，不可能會贏……目前爲止，我們眞的沒有任何稱得上來自美國的幫助。我們知道總統是我們的朋友，但是討好共和黨和民主黨的黨員大會是沒用的……你的心情應該平靜冷淡。」[40] 他改寫維多利亞女王在波耳戰爭黑色週的另一段注解，在結尾說，「這裡沒有人灰心喪氣。」儘管近幾天的挫折，他的決心依然不爲所動。前任助理機要祕書埃利奧特・克勞斯伊－威廉斯（Eliot Crawshay-Williams）在六月二十八日建議邱吉爾，英國應該利用其「給對手造成麻煩的價值」，從希特勒那裡得到「盡可能最好的和平條款」，他回答：「親愛的埃利奧特，你寫了這樣的信，我眞是爲你感到可恥。我退還給你——燒掉並且忘掉。」[41]

法國投降，連帶澆熄任何德國可能如同一次大戰被海軍封鎖斷糧的希望，於是邱吉爾受到總是強力主張策略轟炸的林德曼鼓勵，轉而尋求壓倒性的空襲。「當我左思右想，我們如何可能打贏戰爭，我發現

只有一條確定的道路。」七月八日，他寫信給畢佛布魯克，

我們沒有可以打敗敵人軍事威力的歐洲大陸軍——封鎖破裂，而且希特勒可以從亞洲、甚至非洲召集軍隊。如果他在這裡被擊退，或者不再入侵，他會往東反衝，並且我們沒有辦法制止他。但是有個東西可以拉他回來，拉他下臺，就是從這個國家派出非常密集的轟炸機到納粹本土，執行絕對毀滅的攻擊。我們必須能夠透過這個方法打敗他們，若非如此，我看不出任何突破的方法。[42]

七月初，德國開始在白天轟炸，起初瞄準飛機製造和軍火工廠，以及其他南岸設施，但也轟炸野外，遠至諾里奇（Norwich）、新堡（Newcastle）、紐波特。六月二十九日，邱吉爾接到警告，表示轟炸機可能會接近契克斯別墅，於是他說「我跟你賭猴子賠捕鼠器（五百英鎊賠一英鎊的俗語），他們不會打中房子」，接著興奮地快步走到屋外，想看外頭有沒有什麼，同時對著一臉茫然的衛兵大喊：「朋友—Tofrek[(4)]—首相！」[43] 隔天當他聽說六個人在空襲警報期間因為心臟衰竭過世，他說自己比較可能因為飲食過度過世，但他希望別在「這麼多有趣的事情正在發生」的時候。[44]

隔天午餐，倫道夫說他認為張伯倫和主要的綏靖主義者應該被「懲罰」，邱吉爾聽了之後回答，「現在我們不想懲罰任何人——除了敵人。」[45][(5)] 午餐之後，指揮肯特第十二團的上將安德魯・松恩爵士（Sir Andrew Thorne）告訴邱吉爾，他認為德國會在英國南岸薩尼特（Thanet）和佩文西（Pevensey）之間登陸八萬人。（尤利烏斯・凱撒曾在公元前五十五年登陸佩文西。）邱吉爾說海軍「對這件事會很有意見」，但不認為有可能防守整個南岸「海灘廣闊的地區」。[46] 松恩主張，即使德國的左翼能在東薩塞克斯的阿士當森林（Ashdown Forest）被阻擋下來，他們的右翼還是可能前進，穿越坎特伯里抵達倫敦，尤其如果他的第

三師被送到阿爾斯特訓練。邱吉爾下令防範這件事情。[47]

相反地，邱吉爾要求在英格蘭東岸諸河出口海灣（the Wash）②以南一帶派駐主力艦，遭到英國海軍部拒絕。如同挪威和敦克爾克清楚顯示，飛機對船隻的威脅比想像大得多，龐德與上將佛布斯應該把海軍留在斯卡帕灣。無論首相如何反對，也不會改變他們的意向。龐德保衛他的兵力，直到眞正的侵略到來，這麼做是正確的。

七月一日，邱吉爾要求伊斯梅研究，萬一入侵，可否用芥子毒氣「浸透」海灘。「我沒有任何良心不安，」他寫道，「又不是做了不光彩的事。」[48]他當然不認爲對入侵者用毒氣是不光彩的事，尤其他從麥斯基那裡聽說德軍自己也打算用毒氣。內閣裡的某人質疑這個策略，邱吉爾反駁，「我們在我們自己的海灘，難道不能做我們想做的事？」[49]同時，來自挪威的情報顯示，東岸會有聲東擊西的攻擊，但眞正的攻擊會來自海峽。那個月與下一個月，所有海岸線延伸的地區，舉凡可能遭受入侵的，邱吉爾幾乎全都走遍。他的屬下向他簡報軍隊、槍炮、設備放置的地點，所以當他抵達，可以刨根究底地發問。英國遠征軍把所有重型武器留在敦克爾克，然而，在這些提振士氣的勘查之旅，他毫不顯露對於英國防禦的憂慮。[50]憂慮只限他跟三軍參謀長與個別指揮官開會的時候。

這些短暫訪問中，他在少將伯納德・蒙哥馬利位於薩塞克斯的總部與他會面。這位少將抱怨，雖然他指揮英格蘭少數裝備完整的師，他們還是需要大客車來移動。[51]邱吉爾讚賞蒙哥馬利的直接，馬上就提供他們。⑹在勞司（Louth）視察擲彈兵衛隊第三營時，副旅長因爲午餐遲到向他道歉，表示他剛才必須去抓一個行進中說話的士兵。邱吉爾問他說了什麼。副旅長回答，「你一來，這個人就說『他不是那個好鬥的老王八蛋嗎？』」不用說，邱吉爾很高興。[52]這類的稱讚廣泛傳開：一九四〇年七月，蓋洛普民調顯示他的執政滿意度有八十八%滿意，七%不滿意。[53]他告訴他的晚餐客人，「他不太懂爲何他看起來這麼受歡迎。畢竟自從他當上首相，一切都惡化，而且除了壞消息，他沒什麼可以宣布。」[54]儘管如此，受歡迎的程度持續不減；整個一九四〇年都維持在八十幾的高分，直到一九四二年七月前也都維持在八十幾，之後最低掉到七十八%。[55]

七月二日，德國武裝高階司令部司令上將威廉·凱特爾（Wilhelm Keitel）發出名爲「對英格蘭作戰」的命令，上頭寫著：「元首與最高統帥已經決定，若能獲得空中優勢，符合某些必要條件，登陸英格蘭即爲可能。」[56]在巴伐利亞阿爾卑斯山的貝格霍夫行館，希特勒已經批准凱特爾的副手上將阿弗雷德·約德爾（Alfred Jodl）的計畫，讓納粹德國空軍摧毀皇家空軍和英國的飛機製造工廠，同時從海、空破壞英國船運，接著還會轟炸英國城市，製造最大的恐慌，並在八月和九月達到侵略高點，屆時英國的士氣已經潰散。[57]指揮納粹德國空軍的赫爾曼·戈林向元首保證，一週之內就可擊敗皇家空軍的戰鬥機司令部。

正值這個危險的時刻，溫莎公爵與公爵夫人決定，在他們屈尊俯就從馬德里回到英國前，得設下先決條件。他們要求與國王和王后見面，表示社交上得到認同，而且如果他們失去在法國享有的免稅待遇，則由政府補償。由於國王和王后不希望他們回到英國，邱吉爾提議公爵去當巴哈馬的總督，同時提醒他，身爲官員必須遵守命令，而且警告他，「關於戰爭、關於德國或關於希特勒主義」，切勿表達任何「有別於英國國家與國會的觀點」。[58]他提議的當天晚上，在內閣辦公室，他問畢佛布魯克：「你認爲他會接受嗎？」「當然會，」畢佛布魯克回答，「他會覺得大鬆一口氣。」「他弟弟才是。」邱吉爾說，一邊井然有序地，用他的肚子把每張內閣會議桌的椅子推進去。[59]

公爵如同畢佛布魯克預言，接受那份工作，雖然偶有怒氣發作，一九四一年三月還有一場欠缺思考的美國雜誌訪談。關於那場訪談，邱吉爾的抱怨正確，他說那是「失敗主義和親納粹」的訪問，唯一的意思只有「正在考慮和希特勒和談」。[60]公爵回答，他不敢相信「你還是從前那個朋友」。[61]事實上，公爵配不上邱吉爾這樣的朋友，他曾保護他的名譽，而且一直（雖然不成功）想要促成家人和解。國王得知他哥哥的任命後感到寬慰，但在他的日記寫道：「我不認爲那位巴哈馬的女士會高興！」王后告訴殖民地大臣洛伊德勛爵，他們認爲公爵夫人是「低等中的最低等」。[62]

兩艘世界最強的戰艦——法國戰鬥巡洋艦敦克爾克號（*Dunkerque*）與史特拉斯堡號（*Strasbourg*）——六月底停駐在阿爾及利亞的凱比爾港（Mers-el-Kébir），那裡是奧宏（Oran）外的大錨地；此外，另有兩艘戰艦伴隨，分別是普羅旺斯號（*Provence*）與布列塔尼號（*Bretagne*），以及數艘輕型巡洋艦、驅逐艦、潛水艇。中將詹姆斯・索莫威爾爵士（Sir James Somerville）奉命帶著H部隊到那裡處理後續，H部隊是更強的艦隊，包括胡德號（HMS *Hood*）、英勇號（HMS *Valiant*）、決心號、皇家方舟號（HMS *Ark Royal*）。索莫威爾會給法國上將馬塞爾・讓蘇爾（Marcel Gensoul）四個選擇：讓蘇爾可以把他的艦隊航向英國港口，和英國一起效力戰爭；或是航向英國港口，然後被遣返法國；也可以在凱比爾港解除艦隊的軍備，然後航向法屬西印度群島；最後一個選項是放水自沉艦隊。

當蘇爾正在等待維琪政府上將達爾朗的指示時，英國海軍部攔截一道來自法國海軍參謀長上將莫伊斯・路・盧克（Maurice Le Luc）的命令，指示地中海西方所有法國戰艦都去支援讓蘇爾。不幸的是，海軍部沒有同時攔截達爾朗的命令，不許蘇爾把艦隊交給德軍，並且開去美國或自沉；海軍部也沒有看懂維琪政府未經證實的聲明，大意是德軍已經同意解除法國在北非的艦隊軍備。[63]讓蘇爾告訴索莫威爾的使者這兩個訊息，但是電報系統損壞，意謂海軍部無法解讀索莫威爾的報告。

七月一日晚上，邱吉爾覺得他無法繼續承受法國艦隊的風險。「凌晨兩點，邱吉爾做出決定。」畢佛布魯克回憶那天晚上，「他必須獨自作主。他不能尋求支持——而且他沒有尋求……做出決定後，他立刻走出內閣辦公室，到唐寧街十號的花園。他在草皮上下走動，強風吹著——非常強的風。夜色漆黑。到處不見燈光，但他在草皮上下走動，因為他太熟悉這個花園……他的精神極度慌亂，奮力走動數分鐘後才恢復。」[64]

「你被賦予的任務，是英國海軍上將最不快且困難的任務，」七月二日，邱吉爾發出電報給索莫威爾，「但是我們對你有信心十足，依賴你不屈不撓執行任務。」[65]邱吉爾後來描述在奧宏擊沉法國艦隊、在樸茨茅斯奪取法國船隻，這項命令是個「可恨的決定，我能想到最違背人性且最痛苦的決定」。[66]一九四〇年七月三日的「彈弓行動」（Operation Catapult）擊沉布列塔尼號，破壞普羅旺斯號與敦克爾克號，兩艘戰艦因而擱淺。另外三艘法國驅逐艦受損，一艘擱淺；史特拉斯堡號逃到土倫。總計一千兩百九十七名法國船員與兩名英國人死亡。行動期間的三軍參謀長會議，邱吉爾諷刺地觀察道，「戰爭開始以來，法國人這才首次使盡全力打仗。」[67]他說，現在他不知道怎麼避免跟法國全面開戰。「我們被迫對我們不久之前的盟友開火，真是糟糕極了。」瑪麗在日記寫道，「爸爸『震驚不已』，而且非常痛心，這樣的行動竟有必要。」[68]

七月四日，邱吉爾在下議院解釋他不得不執行這個「傷心的責任」，引發一片抽氣的驚呼。[69]「那天對爸爸來說是個悲傷的日子。」瑪麗寫道，「他的敘述非常悲傷、凝重，但是堅定，而且鼓勵人心。他對著憂鬱、擁擠、專注的議院解釋情況，以及政府的行動。大約一個小時後，議院開始喝采——愈來愈大聲，直到議員紛紛起立，保守黨、自由黨、工黨（除了ILPs）。」[70](7) 這和遜位危機時大喊邱吉爾閉嘴的下議院是同一個。「大結局以熱烈的鼓掌收尾，」尼科爾森記錄，「同時溫斯頓淚流滿面地坐在那裡。」[71] 隨著歡呼持續，這位了不起的親法人士告訴萊斯里・霍爾—貝利沙，「我的心都碎了。」[72]

邱吉爾對法國艦隊展現如此決心的同時，卻被迫對日本讓步，關閉連接英國殖民地與中國邊界的滇緬公路；正在抗日的蔣介石中國國民黨，其戰爭補給路線因而切斷。[73] 邱吉爾認為，缺乏來自美國的外交支持，其他動作都有可能產生對日戰爭的風險。「我們什麼都缺，」他告訴洛伊德勛爵，「就是不缺敵人。」[74] 如同賈德幹含蓄地表示，「所有對日戰爭的不便」他都不想要，而且雨季橫豎也會癱瘓那條公路。[75] 政府已經開始出現批評聲音，雖然不是針對邱吉爾個人，且不止因為向日本叩頭的事。七月五日，糧食部次長布思比送來一份備忘錄，抱怨「我們的戰爭沒有進展，尤其勞動徵召」。邱吉爾大怒，「告訴他，如果他不管好自己的事，他就無事可管！」[76] 他不打算讓次級部長，像他自己數十年來那樣，干涉其他部門的事。

七月九日至三十一日之間，與羅斯福總統達成「現金購貨，運輸自理」的協議後，大批美國軍需品船隊終於抵達眾多英國港口，包括五十萬枝步槍與槍枝子彈、超過三百座七點五厘米野戰炮。邱吉爾確保專用的火車在港口等待，運送貨物到地方國防志願兵（後來的國土自衛軍）與陸軍，從岸邊的單位開始。他們徹夜不睡地在等待接收，接著，如同邱吉爾回憶，「男人女人日夜工作，整備這些軍需品。到了七月底，從降落傘或空中著陸來看，我們是武裝的國家。我們已經成爲『虎頭蜂巢』。」[77]

此時對於敵人會在哪天侵略，臆測紛紛，所以美國的軍火來得正是時候。「現在據說侵略和大攻擊會在星期四。」科爾維在七月九日星期二的日記寫道。[78] 七月十日，國王記錄邱吉爾「狀況很好，比前一陣子開朗許多。他不害怕侵略，我們四面八方的抵抗都相當堅強。」[79]

希特勒現有兩千六百七十架轟炸機和戰鬥機部署在西方戰線，還不夠對英國發動全面侵略。除非他能迅速且徹底地取得空中優勢，從空中攻擊皇家海軍；過去經驗顯示，這可能是有效的策略。不列顛戰役，依照約德爾的計畫執行方式，可以分爲四個階段，雖然多有重複。六月二十六日至七月十六日這段期間，針對特定目標，出現分散、多半小規模的空襲，尤其七月四日之後開始在白天攻擊英國船運。接著從七月十七日到八月十二日，開始增加攻擊南岸港口與機場，夜晚又猛烈襲擊飛機工廠。「鷹日行動」（Operation Adlerangriff）從八月十三日開始。這個大型日間空戰遍及英格蘭南部，意圖摧毀皇家空軍，同時轟炸並掃射機場與跑道。八月十九日後又於夜間轟炸港口與城市，包括八月二十五日後攻擊倫敦港區與郊區。九月七日後，倫敦成爲主要目標，也就是知名的倫敦大轟炸。瑪麗後來描述，雖然一九四〇年後，還有其他令人焦慮的事，有幾個月，「我想，再也沒有這樣讓人覺得無法呼吸的時候。我們度過那些新聞公告一張又一張的生活，擔心每次公告會帶來什麼。」[80] 約翰・馬汀同意：「那可能是『最光輝的時刻』，」他後來寫道，「但是那時候的日子，卻是痛苦疊在痛苦之上……完全看不見明確的信心。」[81]

德國電臺信心十足預測接下來的侵略從六月底開始，代號是「海獅行動」(Operation Sealion)。希特勒的宣傳部長約瑟夫・戈培爾(Joseph Goebbels)宣稱邱吉爾被猶太人收買，所以繼續戰爭，但是第五縱隊很快就會拉他下臺。他鼓勵英國人寫聯署信呼籲和平，對電影院影片中的邱吉爾喝倒采，只要他公開出現就拿馬鞭抽他。[82]

七月十一日，邱吉爾沿著東南海岸，從多佛到惠斯塔布(Whitstable)，造訪海岸防禦、水泥碉堡、軍隊，並深入多佛城堡地下的隧道。他也視察一座十四吋的大炮，他想用來轟炸法國海岸。雖然軍方否決那個想法，當成「純粹噱頭」，但他知道至少會給人他們正在反擊的印象。[83]邱吉爾看見法國海岸以及巡邏中的噴火戰鬥機「在頭頂一萬呎的日光中閃爍」，但是他很失望，如科爾維記錄，「這次旅程整個目標其實是想看空襲！」[84]

「首相又是勇敢自信的自己。」七月十二日，達夫・庫柏的社交名媛妻子黛安娜・庫柏在他們一起用完午餐後寫下，「他說產量非常優秀，而且有了美國的幫助(正在大量抵達)，我們不會被打敗，我們還會拯救世界。」[85]那天晚上，他穿上空軍榮譽准將的制服，在滂沱大雨中看著十二架颶風戰鬥機起飛巡邏薩里的肯利(Kenley)。「上次大戰，我從來不恨德國人，」那天晚餐，他告訴東南司令部的總指揮官上將伯納德・佩吉特(Bernard Paget)，以及南方司令部的總指揮官克勞德・奧金萊克(Claude Auchinleck)，「但是，現在我恨他們，就像……唔，就像蠼螋。」[86]他告訴他們，他認爲在一九四二年以前都還沒有勝利的把握；到了那個時候，他希望陸軍能有五十五個師，但是接下來這三個月，單純只要守住，直到海峽的天氣變得非常惡劣，德軍不敢貿然侵略。即將到來的冬天對納粹歐洲的民族會非常嚴酷，他說，因爲「希特勒會拿其他小孩的糖果」，意思是，徵收他們的糧食。[87]

佩吉特和奧金萊克都相信挪威的漁船可能會被德軍徵收，用在東岸聲東擊西，此時滑翔機部隊和傘兵部隊就會奪取南方港口，發動真正的攻擊。英國人不見得必要「在海灘上奮戰」，因爲邱吉爾計劃集中軍隊，在更進去的內陸組織可移動的師，一旦德軍登陸確實的地點清楚，可以隨時會合。但是 Ultra 的解碼和空中偵察顯示，如果他們眞的決定短期之內侵略聯合王國，其實還沒開始進行必要的積極準備。「他強調，大張旗鼓的恐嚇……已經達到最有用的目的，」科爾維記錄，「我們順利組成從未有過的精良攻擊軍隊，男男女女都把神經繃到最緊。他不希望恐嚇減少，而且雖然他個人懷疑侵略是認眞的威脅，他還是打算給人那個印象。他在週日廣播的時候，也呼籲長期保持高度警覺等。」[88]

應該鼓勵全體百姓奮戰嗎？佩吉特相信，如果他們眞那樣，只會被屠殺，而且應該命令民衆留在家裡。邱吉爾不同意，並且「十分無情地指出，在戰爭中，寬恕敵人不是因爲慈悲，而是爲了勸阻敵人戰到痛苦的結尾」。科爾維寫道，「但是這裡，我們要每個市民拚命戰鬥，而且如果他們知道另一個選項是屠殺，就會願意戰鬥。地方國防志願兵必須武裝並預備……而且就連女人，如果她們願意，也必須加入戰鬥。」[89]

七月十三日，雖然邱吉爾才當上首相九週，他告訴科爾維，「這九週來，他更有信心，看清這場戰爭如何、應該怎麼贏……這個週末，他比上任以來任何時候都還高興」，[90] 因爲「卽使『那個人』（他總是這麼稱呼希特勒）在裏海，而且什麼也阻止不了他去那裡，我們也要帶他回來，『在他家後院放火，把德國變成沙漠，對，沙漠。』」[91] 早在 Ultra 解碼開始暗示前，邱吉爾就已認爲希特勒會轉向蘇聯，而且德軍會公然在戰場上擊敗俄軍。翌日，思索英國的戰略局勢時，他說：「希特勒必會入侵，或者失敗。如果他失敗，他必定往東，而且必然失敗。」[92]

那天晚上是巴士底日，邱吉爾在廣播演說，收聽人數約爲聯合王國近三分之二的成人。[93]「我們痛苦的任務現在已經完成。」他說到奧宏，同時信心十足預言，「解放的巴黎會再次頌揚她的偉大與榮耀。」[94]此刻，

我們孤軍作戰，但是我們不只為自己作戰。這個作為庇護的堅強城市，不僅保存人類進步的證明，也是基督宗教文明的碩果；在這裡，海軍稱霸周邊的海洋；空軍以英勇和決心防衛天空。我們毫不喪氣，等待即將發生的攻擊。也許今晚就會到來，也許下週就會到來，也許永遠不會到來。我們必須展現，我們擁有能力，迎接突然的凶猛攻擊，或者——也許是更艱難的考驗——長期的戒備。但是無論磨難是急遽或漫長，或兩者都是，我們絕不妥協，我們絕不容忍談和；我們可能表現仁慈——但我們不會要求仁慈。

他又說，「希特勒尚未經受一個意志力與他相當的大國。」[95]「如果侵略者來到英國，」他繼續，

不會有人在他面前順服稱臣，如同我們，唉，在其他國家見到那樣。我們將保衛每個村莊、每個鄉鎮、每個城市。廣大的倫敦本身，在每條大街奮戰，輕易就能吞沒敵軍全體；而我們寧願見到倫敦倒在廢墟與灰燼之中，也不願順服悲慘地成為奴隸。我必須表明這些事實，因為告知我們的人民我們的意圖，並讓他們安心，實為必要。[96]

國土情報部回報，整個國家所有地區無不贊同這回演說。人民對於保證不會和談表示「歡迎且令人

振奮」。布里斯托（Bristol）的反應相當典型：「我們要的就是那種東西，而且我們可以追隨的伙伴就是他。」[97]哈洛德·尼科爾森寫信給他的妻子，引用霍拉斯的《歌集》：「好精彩的演講！*Si fractus illabatur orbis, / Impavidum ferient ruinae.*[(8)]為此感謝上帝。」[98]

「我覺得好多了。」七月十六日，正當皇家空軍挺過德軍攻擊的第一階段，而且相對修理納粹德國空軍，邱吉爾在電話裡這麼告訴畢佛布魯克，「空軍那些小伙子成功了。我們把他們踩在底下。」[99]總是推崇青春與勇氣的邱吉爾，在那些飛行員身上見到兩者結合，因而激動不已。「年輕人能比老人還要勇敢，眞是了不起，」那年十月，邱吉爾告訴瑪麗，「畢竟他們還有大把的光明前程——可不就是如此。」[100]但是，七月中慶祝勝利還太早——白天的襲擊才剛開始認眞起來，英格蘭南部還會持續混戰兩個月。如同科爾維報告，道丁提出警告：「兩邊遲早必會開始比賽破壞對方的飛機製造工業，而且這點當然意謂轟炸平民。接著眞正的考驗就會開始：我們和德國的平民，誰的意志比較堅強？」[101]

七月十七日，邱吉爾與《芝加哥每日新聞》（*Chicago Daily News*）的普立茲獎得主艾德嘉·莫拉（Edgar Mowrer）共進午餐時，再次提到他對未來的想像，如果德國成功入侵英國，將會帶給美國反烏托邦的未來。「我自己永遠不會與德國談和，」他說，「那絕對不是我在這裡的目的。」[102]但是如果奧斯瓦爾德·莫斯利交出艦隊，美國海軍就會面對德、義、英，以及法國剩下的艦隊，「所組成的一支大艦隊」。「我向你保證：如果他打敗我們，馬上就會去找你們。」預防這個「極其可怕的危險」，最好的方法就是，他主張，賣給英國「你們的驅逐艦——淘汰的那些」，還有允許「你們冒險犯難的年輕人加入我們，如果他們願意」，因為「對一個活力充沛的年輕人，有什麼事情，比讓他在時速四百哩、手握一千兩百或一千五百馬力，以無限的攻擊能力迎戰他的敵人，還要光榮？」[103]「有時候我希望他們立刻就來。」他說到德軍，「我們已經期待到高點，讓我們的火焰熄滅反而可惜。」[104]布瑞肯看到草稿時，他說「非常糟糕」，還因草稿提到莫斯利擔任首相的假設而大吃一驚。他說服莫拉刪掉，否認邱吉爾曾經提議這種可能。

七月二十九日，希特勒發出所謂「最後的理性要求」，表示他從未計劃「摧毀，或者甚至傷害」大英帝國。「邱吉爾已經說了他會持續作戰，」他說，又提到倫敦人，「極壞的報仇將會降臨在他們身上。當然，不會在邱吉爾身上，他會逃到加拿大，但會在人民自己身上。我要說出重大的預言。偉大的帝國將被摧毀，這個我從未意圖摧毀的帝國。」[105]德爾菲神諭的諷刺簡直無法更好。「我不打算回應希特勒的演說，」邱吉爾在外交部告訴羅伯特・凡西塔特，「不會和他談條件。」[106]納粹德國空軍丟下寫著希特勒演說的文宣，只是讓邱吉爾更受歡迎。

七月二十二日，邱吉爾不顧陸軍部和許多高階軍官反對，將地方國防志願兵改名為「國土自衛軍」，但是伊登寫道，「他很堅持。」[107]後來，他認為「公共供餐中心」暗示「共產主義和濟貧院」，於是改名為「英國餐廳」，並告訴伍爾頓：「每個人想到『餐廳』，都會想到好的食物，如果他們無法從中得到任何東西，至少可以有這個名字。」[108]上將亞歷山大回憶，當他用了「希特勒的歐洲堡壘」，邱吉爾「怒氣沖沖轉向我，『永遠不要再用那個詞，永遠不要再用那個詞。』溫斯頓對字詞的意思非常敏感。」[109]他的敏感不只之於字詞的意義，還之於字詞的情感作用。一九四一年春，他向達夫・庫柏抱怨一則訊息「待在原地」(Stay put)；萬一德軍入侵，情報部就會發出這則訊息。「首先，這是美式俗語；第二，這個沒有表達事實。人民沒有被『放』(put) 到哪裡。改成『站牢』(Stand fast) 或『站穩』(Stand firm) 如何？

兩者我選後者。這是英式用語，而且就是字面的意思。」[110]

經過部門之間數週的爭執，七月二十二日，邱吉爾命名「國土自衛軍」的同天，英國內閣成立特別行動處（Special Operations Executive，簡稱ＳＯＥ），旨在「協調所有顛覆、破壞敵軍的行動」。「現在，」邱吉爾告訴第一位處長休・道耳呑，「去歐洲點燃熊熊烈火！」[111] 邱吉爾私下不喜歡道耳呑，但是認爲他辦事有力，且肯定他爲「不紳士戰事大臣」。[112] 接下來幾年，道耳呑和繼任的瑟爾伯恩勛爵（另一俱樂部的會員）會締造幾次重大的成就，雖然也會慘烈犧牲ＳＯＥ勇敢的人員。特別行動處由兩個不同單位組成。ＭＩ（Ｒ）是科學專家和炸彈製造專員，綽號是「邱吉爾的玩具店」，他們研發武器，例如水下爆炸雷和兩種反戰車武器——布雷克爾迫擊炮（Blacker Bombard）和步兵用反坦克發射器（Projector, Infantry, Anti Tank，簡稱ＰＩＡＴ）。同時，Ｄ部門（Section D）的探員滲透進入納粹歐洲。推動這個單位的靈魂人物上校科林・古賓斯（Colin Gubbins）表示，他從艾爾・卡彭（Al Capone）③那裡學到有用的訣竅，用在他所謂「至今無法想像的作戰方法」。[113]

經常被稱爲「流氓」或「詐騙集團」的ＳＯＥ遭到白廳的重要部門強力反對，包括軍情六處、外交部、皇家空軍。查爾斯・波特爾認爲「這些空降部隊，爲了殺害敵對勢力的人，穿著平民的衣服。皇家空軍不應該參加這種行動」。[114] 但是邱吉爾覺得現在沒有時間優雅。ＳＯＥ最重要且最成功的功勛是一九四三年二月的「岡納賽德行動」（Operation Gunnerside），其中ＳＯＥ訓練的挪威籍爆破專家摧毀尤坎（Rjukan）的挪威重水廠，藉此阻撓德國研發原子彈。光是那次行動就已證明ＳＯＥ成立的價值。[115] 其他成就包括摧毀波爾多附近的佩薩克（Pessac）發電廠與索紹（Sochaux）的寶獅（Peugeot）工廠、奪取一艘義大利客輪、轟炸一座具戰略意義的希臘陸橋與數座阿爾巴尼亞橋梁、在西班牙執行賄賂、護送皇帝海爾・瑟拉西（Haile Selassie）回到阿迪斯阿貝巴（Addis Ababa）的皇座、在克里特島綁架上將凱伊普（General Kreipe）、安排暗殺萊因哈德・海德里希（Reinhard Heydrich），以及籌劃一九四四年六月鐵路與道路的破壞行動，導致諾曼第登陸日後，德軍的帝國裝甲師花了十七天才抵達諾曼第。[116] SOE在戰爭期間祕密運送一萬噸武器到法國，以及一萬八千噸到納粹占領的南斯拉夫。南斯拉夫的游擊隊利用這些武器抵抗一九四四年數個德軍的師。邱吉爾熱衷非正統的戰事，他相信，唯當德國極為虛弱的時候，英國才應該進行直接、全面、昂貴的大陸軍事交戰，而且雖然當地人民因為納粹的報復行動受苦，SOE確實不讓歐洲的抵抗火焰熄滅。

八月二日，邱吉爾找了畢佛布魯克進入戰時內閣。身為飛機生產部的大臣，畢佛布魯克與其他部門經常不合，包括和駐莫斯科大使斯塔福・克里普斯爵士、和貝文因為人力的事、和辛克萊因為飛行員訓練的事等。但他已經增加戰鬥機的產量，儘管有時是用海盜的手段，而且邱吉爾把這個他稱為「瓶中魔鬼」（the Bottle Imp）④的人當成政治盟友。[117] 他不在乎非常多人討厭畢佛布魯克，因為他的報紙多年來不斷支持反建制派的事業，例如帝國特惠關稅制，以及遜位危機期間的愛德華八世。「看到他那雙像猴子的手，伸出去抓碗裡的冰塊，我就火大。」上將布魯克那個月在契克斯別墅的時候寫道，「戰爭這段期間，我愈看他就愈討厭他、愈不信任他。這個邪惡的天才帶給溫斯頓壞到極點的影響。」[118] 哈利法克斯寫給伊登，針對任命畢佛布魯克這件事，「表示憂心溫斯頓的判斷」。[119] 克萊門汀就毫無疑慮。「我很高興你加入戰時內閣，」她寫道，「溫斯頓非常需要你的幫助。」[120] 那並不代表邱吉爾在內閣當中總是偏袒畢佛布魯

克，當然不會多於他崇拜的貝文。(9)

八月三日，國土情報部的報告從全國十四個地區抵達。一般認爲，隨著轟炸愈演愈烈，士氣就會相對減弱；驚人的是，其實相反。標準回答是：「對於侵略的威脅並不緊張。」、「敵人的部隊可能會登陸，但是希特勒將後悔派他們來。」[121] 某次內閣會議出現一個傳言，表示德國的傘兵其實已經登陸英格蘭。「首相聽了非常興奮，懸賞一千英鎊給任何發現德國傘兵的人。」內閣的速記員羅倫斯・伯吉斯回憶。後來獎金被減爲一百英鎊，而且邱吉爾派約翰・安德森去查明實情。安德森走過首相座椅後方時，邱吉爾說，「你抓到一個，我們就給你一百英鎊。」[122] 沒有幽默感的安德森回答，這是他的工作，不需要金錢報酬。

戴高樂在他的回憶錄宣稱，一九四〇年八月，他在契克斯別墅發現邱吉爾對著天空揮舞拳頭，並大喊：「他們才不會來！」當他問他的東道主，爲何他希望英國城市遭受轟炸，邱吉爾回答，「你看，轟炸牛津、考文垂（Coventry）、坎特伯里，會在美國捲起憤怒浪潮，這樣他們才會加入戰爭！」[123] 但是他錯了，儘管憤怒，美國還是看著英國城市被轟炸十六個月，直到希特勒多此一舉地對他們宣戰。八月九日晚上，一架德國轟炸機飛過契克斯別墅，所有人衝到花園看。龐德在漆黑之中跌跌撞撞下了兩層樓梯，邱吉爾消遣他：「拜託記得你是艦隊上將，不是海軍官校學生！」[124]

不苟言笑、心思周密的中東總指揮官上將阿奇博德・韋維爾爵士（Sir Archibald Wavell）那天晚上也住在那裡。邱吉爾不太喜歡他低調的個性。「溫斯頓認爲他是個還算不錯的上校，」伊登寫道，「在保守黨協會可以當個好主席。」[125] 韋維爾正面對德國和義大利準備攻擊的可能——如同邱吉爾在七月中已經警告國王——埃及、肯亞、索馬利蘭、巴勒斯坦、伊拉克，他們在那裡可能擁有五十萬大軍，是大英國協的五倍。[126]所以八月，邱吉爾堅持送一百五十四輛坦克到埃及給韋維爾。如果他眞的認爲英國會被入侵，他就不會冒上這麼大的風險。他相信A・V・亞歷山大和龐德送坦克的時候會「謹愼得要命」，繞過好望角，而非「衝進」（滿是義大利潛水艇的）地中海。[127]雖然無從知道如果他們眞的「衝進」會發生什麼事，但是藉此可以看出邱吉爾要他們這麼做時，那種缺乏耐心、犯難的精神。

八月十一日，在契克斯別墅用茶時，邱吉爾不斷叫機要祕書打電話給戰鬥機司令部，詢問被擊落的飛機「最新的得分」。之後，邱吉爾去了附近的步槍射擊場，分別在一百碼、兩百碼、三百碼，發射他的曼利夏M1895單發式步槍（Mannlicher M1895）。「他也發射他的手槍，嘴裡還抽著雪茄，準確程度值得稱讚。」科爾維回憶，「儘管他的年紀、體型、缺乏耐心，他表現得不錯。從頭到尾他都在說怎麼殺掉德國兵。應該使用軟尖子彈，而且他一定要弄到一些。」倫道夫指出，海牙公約已經禁止達姆彈，他的父親接話，「如果德國人抓到他，馬上就會幹掉他，所以他不認爲應該對他們仁慈。他似乎總在想像，某天他有可能必須在德國軍隊面前捍衛自己」。[128]（納粹警察部隊確實把查特維爾列入*Sonderfahndungsliste*〔特殊搜尋名單〕，雖然他們來的時候，邱吉爾可能不會等著他們。）

八月十三日是德國的**Adlertag**（鷹日）。至少一千四百八十五架次的飛機突襲戰鬥機司令部在南英格蘭的機場與基礎設施。「以一縷之任，係千鈞之重！」邱吉爾呼應拿破崙。[129]鷹日行動第三天發生巨大規模的空中會戰。邱吉爾「渾身興奮」，開車到皇家空軍戰鬥機司令部的總部，位於倫敦西北史丹摩（Stanmore）的賓特利院（Bentley Priory）。[130]「戰鬥機飛行員在不列顛戰役的英勇功績，喚醒他心中有如男孩、英雄崇拜的本能。」科爾維回憶，「當我自己去受飛行員訓練時（一九四四年），他激動地對我說，我即將加入『現代戰爭的騎兵部隊』。」[131]在恩圖曼衝刺的那個人從來沒有潛藏。⑽從史丹摩回來時，邱吉爾要人通知張伯倫，被擊落的德國飛機超過一百架。「W常做那樣的小事，能夠讓人非常高興。」科爾維寫道。[132]邱吉爾對科爾維描述，那是「歷史上最棒的一天」，根據英國官方資料統計，德國確定損失一百六十一架飛機，相對皇家空軍只損失三十四架。[133]勝利的原因包括雷達提早警告；噴火戰鬥機密集盤旋；在自己的國家上空作戰；訓練優良且勇敢的飛行員；來自波蘭、大英國協與其他地方飛行員的幫助。⑾隔天下午十二點三十分，空襲警鈴作響時，瑪麗在哈羅德（Harrods）百貨公司購物。「我希望希特勒可以看到群衆在一樓冷靜集合的模樣。」她在日記寫道。[134]三天後在契克斯別墅，邱吉爾「氣急敗壞，擔心獨自留在倫敦的邱吉爾夫人，那裡有空襲威脅」，他的機要祕書約翰・馬汀寫道，「最後他決定晚餐後回去倫敦，而且我們半夜開車回去。」[135]像這樣開著首相裝設鈴鐺的亨伯（Humber）車，對邱吉爾的隨從來說可謂興奮刺激。「開車載首相很好玩，」科爾維寫道，「不用注意交通號誌或速限。」[136]

一九四〇年八月二十日星期二，邱吉爾發表戰時精湛的演說，此時不列顛戰役毫無疑問確定勝利。「像這種故事——英國人在藏身洞裡被打敗，驚慌失措，詛咒有錢有勢的國會導致他們落入這般困境——如果說了這麼多這種故事，一段時間後，來自空中猛烈攻擊卻被迫停歇，這位德國元首話語的眞實性和名譽可能會嚴重受損。」[137]他向英國人民保證，「將會以最快速度增加規模」，轟炸德國的軍事工業與通訊，以及德國空軍基地和倉儲，「直到戰爭結束」，因爲「如果不是最快速，至少也是最確定，通往勝利的道路」。[138]他也稱讚戰鬥機司令部飛行員英雄般的努力：「除了有罪者的住所，我們島上、我們帝國，還有遍及世界每個家庭，無不感激英國的飛行員。他們不畏困難，接受恆常的挑戰，面對危及生命的危險，從不知疲倦。藉由他們高超的技術，藉由他們全心的投入，扭轉世界大戰的浪潮。人類衝突的戰場上，從未有這麼多的功績屬於這麼少的一群人。」[139] [(12)]

邱吉爾也向轟炸機司令部致敬，另又向戴高樂致敬。戴高樂逃離法國後，在當事人缺席的情況下，被維琪政府以叛國罪判處死刑。接著邱吉爾又轉向美國，主張他們的命運和大英國協國家不可避免地相連。「兩個偉大的英語民主政體，大英帝國與美國，在某些事務上，爲了互相與整體利益，必須某個程度結合……我無法如願阻止，無人可以阻止。如同密西西比河不斷奔流。[(13)] 任其奔流。任其盈滿地奔流，不可阻擋，無法抵抗，仁慈地向著廣闊的土地與美好的晝夜奔流。」[140]

這幾句話在晚間九點震撼全國各地酒吧收聽的人民，某些也成爲英語的名言，然而未必總是打動政治階級的其他人，尤其那些多年來於意識形態反對邱吉爾的人。薯條・香農「不以爲然」。伊萬・麥斯基認爲「邱吉爾今天的狀態不是最好」。[141]「我確定今天他完全中了戰爭的毒。」勞合喬治的女兒梅根嘲笑，她也是議員，「他只想著那件事，也只對那件事感興趣。」[142]

「他那些了不起的演講，祕訣在於親自口授所有內容。」他的機要祕書萊斯利・羅文（Leslie Rowan）在戰爭之後解釋，「他不接受別人寫好給他的官方文字，即便技術事項也是。」[143] 這些演說在二次大戰期間效果極佳，除了過去四十年公開演說累積的經驗，還有技術層面的理由。回到一九〇四年九月，他用了一種後來經常重複的文體：在一個名詞前面連續使用四個押韻的形容詞。例如，說到無能的白廳拒絕資助能幹的地方政府，他在曼徹斯特的改革俱樂部說，「就像奧利佛・崔斯特（Oliver Twist），他們要求更多；而邦布爾先生只是盯著他，以陰沉（sullen）、無知（senseless）、死板（solid）、愚蠢（stupid）的語氣回答『不』。」[144]⑤他的演說也運用其他精心設計的技巧。一九四〇年一月二十七日，邱吉爾在曼徹斯特的演講之迴響達到顛峰時，查爾斯·伊德恭喜他，伊德以同爲語言大師的觀點指出「他幾乎全用一個音節的詞」。[145]

「短的詞是最好的，接著是老的，而短的還是最好。」邱吉爾在戰後說。[146]他也充分利用句首重複法，在連續的句子使用相同的詞或片語——「我們要在……奮鬥，我們要在……奮鬥，我們要在……奮鬥」，這是經過驗證的演說公式，可回溯到狄摩西尼（Demosthenes）⑥。邱吉爾其中一位最喜歡的作家吉卜林，在他的小說《基姆》（*Kim*）裡頭，有一個場景是幼小的海豹「在海灘上奮鬥，在激浪中奮鬥」。（與邱吉爾完全相反的是，希特勒自從戰事開始吃緊後就不再廣播。例如一九四四年整年，他只在德國電臺講過一次話。）

一九四〇年八月二十日的演說，他選擇「仁慈的」（benignant）一詞來自古法文，而非較常見的benign；這是另一個例子，說明邱吉爾刻意使用晦澀、文言的詞來強化他的訊息。邱吉爾的演講發表後，議會議事錄的官方報告當中速記員寫錯的地方，他的機要祕書會訂正，接著修改部分內文以優化風格和文法。如同科爾維解釋，「首相的演說，本質上是大師之作，但說的時候他插入許多聽起來很好、但不好閱讀的部分。」[147]這也解釋爲何邱吉爾的演講出版，不完全是聽眾認爲他們聽到的內容。

八月二十一日晚餐過後，邱吉爾告訴伊登，他收到「內閣同僚的幫助微乎其微……他和我和馬克斯必須扛起政府……有時候他感覺疲累，而且從未感覺如此孤單」。[148] 邱吉爾的朋友伊恩・漢密爾頓曾經寫道「指揮的孤獨宛如極地」，而邱吉爾有此強烈感受。他感覺哈利法克斯對國家沒什麼幫助，於是試探伊登接下外交部的意願。張伯倫顯然由於癌症性命垂危，而且雖然邱吉爾說如果是他早已辭職，但覺得無法要求張伯倫這麼做。[149]

到了戰爭的那個階段，英國的財政狀況非常糟糕。一九三四年美國國會通過《強森債務違約法》(Johnson Debt Default Act)，禁止不履行一次大戰債務的國家（像是英國）在美國銷售債券。一九三九年的《中立法》進一步嚴格規定武器購買需要「現金購貨，運輸自理」。兩者合一的情況下，意謂英國已經爲了購買生存必要的軍需耗盡美元和金礦。「我們的黃金和外幣存量極低，只能再撐幾個月。」科爾維寫道。儘管如此，邱吉爾說服內閣繼續和美國訂購武器，相信十一月的選舉後，羅斯福可能會更慷慨。還有一項計畫作爲最終的手段，就是徵用婚戒和珠寶「以羞辱美國」，雖然估計那也只會募得大約兩千萬英鎊。[150]

「倘若軍事情勢意外惡化，」邱吉爾告訴內閣，「爲了勝利，我們必須拿出一切擔保，必要的話，讓美國扣留任何、所有英國產業。」[151] 他在財政部五年的經驗，以及（包括許多經濟學者與專家）大錯特錯的金本位事件，現在成爲極佳幫助，支持他站在那些要他刪減美國軍火訂單的官員面前。「如果我們慘遭德國猛攻，」他告訴國王，「我們的儲藏也沒用處，但如果我們可以抵抗，美國必定會前來協助。」[152] 羅斯福的政府認爲狡猾的英國誇大貧窮程度，目的在於廢除兩項法令，如此便可賒帳購買軍火。英國確實是在隱藏眞實的貧窮程度，但目的不是影響美國立法，反倒是爲了避免明白暴露虛弱而導致英鎊拋售。

八月中，內閣得知英國到了聖誕節就會用盡美元。除非美國撤銷或修正那兩項法令，否則國家似乎眞的可能破產。畢佛布魯克向邱吉爾抱怨美國政府「是想摘下月亮，連拿出六便士都不願」⑦，而凱恩斯用了「吃光鄰居」(beggar my neighbour)⑧一詞描述他們的態度。[153] 由於來自羅斯福的極大壓力，英國政府向在非洲有大筆資產的比利時流亡政府借貸三億美元，而且他們很快就會載著英國的黃金，從南非的賽門鎮(Simonstown)運抵紐約，此外也從多倫多的銀行取出黃金，以換取軍火。[154] 金斯利・伍德爵士建議英國可以將目前荷、英六十比四十的皇家荷蘭殼牌公司所有權，改爲五十比五十，藉此向荷蘭要求酬謝，但是邱吉爾說他再也不想聽到任何趁同盟的國家不幸而占人便宜的提議。[155] 雖然英國的財務情況相當窘迫，邱吉爾並不想掠奪被納粹占領的國家。（荷蘭和比利時的商船在敦克爾克撤退時也曾幫助英國。）相反地，他企望羅斯福的政府會撤銷不讓英國借錢買武器的法令。

八月二十四日至九月六日之間，每二十四小時就有超過一千航次的德軍突襲，試圖摧毀皇家空軍的指揮控制站。某次，十天之內，皇家空軍損失一百五十四名飛行員、兩百一十三架飛機，而且只遞補六十三名剛剛訓練完畢的飛行員和不到一百五十架戰鬥機。某方面而言，英國占有相當大的優勢：在英國上空跳傘的德國飛行員，戰爭結束前都會被拘禁，但是相同情況的皇家空軍飛行員同天就可回到空中。[156] 儘管如此，到了九月初，上將凱賽林(General Kesselring)的德國國防軍第二航空隊(Luftflotte 2)攻擊空軍少將奇斯・帕克(Keith Park)的第十一戰鬥機大隊，幾乎瓦解皇家空軍於英格蘭南部的指揮控制系統。

「現在他們開始騷擾首都，我要你狠狠地回擊他們，」邱吉爾告訴空軍上將紐沃，「而且柏林就是回擊他們的地方。」[157]八月二十五日晚上，皇家空軍轟炸柏林的軍備工廠，以及該市的滕珀爾霍夫機場（Tempelhof Airport）。那個月下旬，他說：「攻擊他們。記得這點，虐待敵人絕對要徹底。」[158]戰爭的那個階段，以及後來一段時間，皇家空軍轟炸的是軍事與工業目標，而非市中心。十月中，一位議員告訴他，民眾要求全面轟炸德國平民，尤其柏林，邱吉爾回答：「敬愛的閣下，這是軍事戰爭，不是平民戰爭。你和其他人也許意欲殺害女人和小孩；而我們只想（而且成功）摧毀德國的軍事目標。我相當理解你的觀點。但是我的座右銘是『事業在先，享樂在後』。」[159]

八月底，當邱吉爾在指揮轟炸城市，同時設法避免全面的財務危機時，他也在東南邊勘查防禦。晚上他回到唐寧街十號，和克萊門汀與家人睡在空襲避難所。[160]二十七日晚間九點三十分，當警報作響，「溫斯頓一臉可惜地拒絕了白蘭地，要了冰的蘇打水，並說他為過去的愜意生活感到慚愧，而且從沒過得這麼奢侈。」[161]

八月三十日在契克斯別墅，在一九一一年的陳年香檳催化下（蘇打水的禁欲生活延續整整三天），邱吉爾宣布「唯一憂煩他的三件事」：空中損失的比例太高；大西洋西北徑的船運損失「可能會致命」；位於帕斯加萊格里斯內茲（Gris Nez）的炮臺可能會關閉海峽，並把多佛「化為灰燼」。[162]這三件事最終都成功化解。「我的目標是保持最大的主動能力。」邱吉爾說，「每晚我都在心裡的軍事法庭審問自己，那天我是否做了有用的事。不光是做做樣子，表面工夫誰都能做，而是真正有用的事。」[163]他把共同策畫組（Joint Planning Staff）⑨找到契克斯別墅，討論未來可能的行動，例如收復奧斯陸、兩棲進攻義大利、襲擊海峽群島、奪取卡薩布蘭加（Casablanca）和達卡、切斷瑟堡半島（Cherbourg Peninsula），登陸低地國並奪取魯爾區、召集十萬至十二萬大軍參與這些假設的行動。[164]這些計畫全都遠遠超出英國目前的能力，但是只要美國參戰就有可能。

八月三十一日星期六，戰鬥機司令部損失三十九架飛機，十四名飛行員陣亡，但是納粹德國空軍的損失更加慘重。德軍也過度估計他們能對皇家空軍造成的傷害。邱吉爾前往阿克斯橋（Uxbridge）皇家空軍第十一大隊總部視察戰鬥機飛行員，看著進行中的空戰（今日還是可以參訪）。作戰中心在地底五十呎，除了女子輔助空軍（Women's Auxiliary Air Force）的人員在碩大的地圖上移動中隊，還有各色燈光和即時更新的資訊，實爲觀看不列顛戰役進行的最佳地點。[165]出發前，邱吉爾在契克斯別墅倒了一杯白蘭地，而且根據科爾維的回憶，「仁慈地看著我們大家」，並說，「眞是奇怪，這場戰爭他迄今尚未成功，什麼也沒得到，卻有很多讚美；上次戰爭他做了很多他以爲很好的事，卻只得到責難。」[166]接著他也背地奚落美國，「他們的士氣很好——只要爲別人的英勇行爲鼓掌！」[167]

晚餐時，針對可否射殺敵軍跳傘的飛行員，邱吉爾和道丁起了爭執，「道丁認爲應該射殺，但首相說逃命的飛行員就像溺水的船員」。除了不願消滅手無寸鐵的飛行員，科爾維記錄，首相「內心處於非常冷酷的狀態」。[168]晚餐後，龐德從海軍部來電報告，從敵軍船隻的行動看來，「入侵可能暫停」。原本計劃一旦入侵，就會啟動「克倫威爾行動」（Operation Cromwell）；整個英格蘭南方至今靜默的教堂鐘聲會響起，作爲國土自衛軍行動的信號。

「太可怕了，眞是可怕，大英帝國本來要賭上這個。」隔天他又回去阿克斯橋的時候，提到對希特勒的綏靖政策。[169]回去契克斯別墅的途中，他得知全新的巡洋艦——斐濟號（HMS *Fiji*），在大西洋西北徑遭到魚雷襲擊。現在那裡已經損失三艘主要船艦，其中一艘載滿準備撤到紐約的兒童，這件事情「特別令他難過」。「現在的弱點是海軍部，」邱吉爾說，「空軍還好。」[170] 晚餐時，他告訴兩個在契克斯別墅值勤的冷溪衛隊（Coldstream Guard）軍官（其中一個是約翰・斯巴羅〔John Sparrow〕，後來成為牛津大學萬靈學院〔All Souls College〕的院長），「我們不能希望累積足夠的人員和武器而勝過德軍。這是科學的戰爭，要以新式武器打贏的戰爭。」[171][(14)]

自從八月以來，邱吉爾一直在協商，以九十九年的租約為條件，讓美國駐紮在紐芬蘭、百慕達、巴哈馬群島、數個西印度群島、英屬圭亞那等英國屬地，交換美國五十艘驅逐艦。面對擔心失去主權的批評，邱吉爾指出，協商目的不只是取得軍需本身，還有提升士氣，引誘美國加入戰爭。「如果提案通過，」他告訴內閣，「美國就會往參戰跨出一大步，向我們靠攏。賣驅逐艦給一個捲入衝突的國家當然不是中立的作為。」[172] 邱吉爾要大使甘迺迪告訴羅斯福，「在世界漫長的歷史中，現在要做的是這個。」他自己告訴總統，「每艘你留給我們的驅逐艦都以紅寶石計算。」[173]

戰爭爆發的第一週年，邱吉爾宣布驅逐艦換基地的交易。雖然他知道美國的五十艘驅逐艦中，某些已經老舊，但是在英國缺乏護航船艦的危險時刻，可以執行巡邏的工作，讓其他驅逐艦上戰場。美國的任何支持，巨大的價值在於宣傳。[174]「戰爭過了一年，」國王談到邱吉爾，「他對我們今日的局勢較有信心。在空中保衛英國的戰役中，他認為德國用的空軍比例比我們高。我們用了三分之一的戰鬥機。」[175] 兩週後邱吉爾告訴內閣，重申他對未來的願景，「戰鬥機是我們的救星……但是轟炸機本身是勝利的工具……我們希望克服德軍強大的軍事實力，目前沒有其他可見的方法。」[176]

九月四日，希特勒在柏林體育館演說。他宣布，因爲「邱吉爾先生」已經保證攻擊德國的城市，「我們會從地球抹去他們的城市。」[177]同天，邱吉爾也在下議院演說，報告八月分有一千零七十五個平民在空襲喪命，八百個家庭被摧毀。「我們同情那些受傷的人，以及痛失親友的人，」他說，「但是無人可以聲稱，在四千五百萬個人民之中，這些損失，即使乘上兩倍、三倍，與整個世界面臨的風險相比，仍然不算嚴重。」[178]戰爭結束時，這些數字要乘上五十倍，但這個觀點仍是眞的。

那天晚上在另一俱樂部，邱吉爾收到一個銀質的鼻煙壺，上面刻著：「這個鼻煙壺曾經屬於納爾遜，現在我們託付給你，溫斯頓・邱吉爾。」[179]坐在邱吉爾旁邊的凱恩斯告訴他的母親，他發現他「狀態完美，好得不得了，寧靜，像個普通人，毫不驕妄。也許這一刻是他權力與榮耀的高峰，但我從未見過任何人，像他這樣不受到專橫與傲慢汙染，沒有丁點自大的痕跡，不像某些人馬上就染上，例如勞合喬治。」[180]

作者注

(1) 邱吉爾曾在一九〇七年、一九〇九年、一九一一年、一九二〇年、一九三四年、一九三七年、一九三九年用過「一千年」這個詞，為了描述英國不斷建造不受侵略的自由制度而花的時間——如同他在某個紀念場合所言，自從英國「看見入侵者的營火」。一九二二年，他預測阿拉伯人一千年內不會為巴勒斯坦灌溉和電氣化，他對歷史的觀感總是受到這個時間週期吸引。（當然希特勒也利用這點，描述他的「千年帝國」。）事實上，大英帝國並不比希特勒的納粹持久。一九四九年四月，「聯邦」的頭銜去掉「不列顛」一詞，所以「不列顛帝國與其聯邦」在演講之後持續不到十年。（譯注：「聯邦」（Commonwealth of Nations）一詞，臺灣多譯為大英國協。）

(2) 七月初，國王寫道，埃倫塞德正在「為E（伊莉莎白王后）和我在這個國家計劃一支行動縱隊，還有另一個出走計畫」（即，加拿大）。

(3) 「唯有保持冷靜，才可以統治眾人。」

(4) 一八八五年英國對抗蘇丹馬赫迪軍隊獲勝的戰役，Tofrek 是當時的通行密碼。

(5) 邱吉爾從不批評忠誠、罹癌的張伯倫，但是當他得知德軍轟炸鮑德溫在南威爾斯的家族企業工廠，他的評語是「他們非常忘恩負義」。（Colville, *Fringes* p. 179）儘管如此，一九四三年二月，邱吉爾聽說鮑德溫在公共場合遭人侮辱，還有人拿石頭丟向他的車，邱吉爾公開邀請他到唐寧街十號吃飯。鮑德溫之後談到邱吉爾時說，「戰爭的熔爐已經將他所有的賤金屬提煉而出。」（ed. Nicolson, *Diaries and Letters* II p. 307.）

(6) 翌年二月，聽說上將蒙哥馬利定期讓他的整個部隊跑七哩，五十歲以上的軍官例外，邱吉爾就沒那麼高興。「他自己也跑七哩嗎？」邱吉爾寫給陸軍大臣，「如果是的話，他踢足球還比打仗有用。拿破崙在奧斯特里次（Austerlitz）可以跑七哩橫越國家嗎？也許當時他叫另一個傢伙跑就……我的經驗，根據多年觀察，運動神經發達的軍官升上高位反而沒那麼成功。」（WSC, TSSW III p. 647.）幾天後他告訴上將西科爾斯基，「唯一的例外可能是義大利陸軍，那裡的上將可能覺得很會跑有用。」

（Kennedy, *Business* p. 79）

(7) 三位獨立工黨的議員。

(8) 「如果世界將在他的身上瓦解崩潰，／廢墟之中他依然無所畏懼。」（翻譯出自他的兒子——ed. Nicolson, *Diaries and Letters*, II p. 102）

(9) 那個月貝文去契克斯別墅作客時（科爾維見他吃掉刀上的蜂蜜時大吃一驚），邱吉爾說：「貝文是個優秀的老傢伙，『觀念正確』——沒有失敗主義的傾向。」（Colville, *Fringes* p. 220）

(10) 「你知道我為什麼討厭納粹嗎？」邱吉爾對戰地記者昆丁・雷諾茲（Quentin Reynolds）說，「我討厭他們，因為他們打仗的時候皺眉。他們憂愁惱怒。現在，看看我們了不起的空軍弟兄——他們打仗的時候咧著嘴笑。我喜歡打仗的時候咧著嘴笑的人。」（Reynolds, *All About* p. 152.）

(11) 不列顛戰役其中一項副產品就是重新燃起對波蘭人的尊敬，許多波蘭人經羅馬尼亞逃離納粹後，為皇家空軍效力。「我們廢除德國的時候，」邱吉爾九月告訴戈特和道丁，「當然會建立波蘭——讓他們在歐洲長存。」他還說一個波蘭人可抵三個法國人，戈特和道丁說可抵十個。（Colville, *Fringes* pp. 245–6.）

(12) 這句話是那次演講的名言，邱吉爾之前也經常提到，然而不總是在這麼高貴的脈絡中。一九三六年他在《海岸雜誌》一篇文章提到瑪麗皇后號（RMS *Queen Mary*），「大西洋旅遊的整個歷史當中，從未為那些『觀光』的人提供如此鋪張的服務。」（WSC, *CE* p. 332）約翰・莫爾爵士（Sir John Moore）說到一七九三年他在科西嘉島（Corsica）的戰役，「從未有這麼少的人做這麼多的事。」

(13) 密西西比河「不斷奔流」這個片語來自於一九二七年大紅的百老匯音樂劇《畫舫璇宮》（*Show Boat*）當中的歌曲 Ol' Man River（老人河），作詞者是奧斯卡・漢默斯坦二世（Oscar Hammerstein II）。邱吉爾回到唐寧街短暫的路途上會在車裡唱這首歌（走調）。（譯注：「老人河」為密西西比河的綽號。）

(14) 覺得好笑的科爾維寫道，克萊門汀「什麼也沒做，除了聲稱民主和激進的觀點」，但是同時推遲邀請任何軍官到契克斯別墅晚餐，「直到冷溪加入守衛」。（Colville, *Fringes* p. 238）

譯者注

① 源自皇家海軍的俗語，當水手死亡時，海軍會將水手包裹丟入海中，讓他沉睡在「戴維・瓊斯的箱子」葬身海底，比喻溺斃、海難。

② 威特姆河（Witham）、威蘭河（Welland）、嫩河（Nene）、大烏茲河（Great Ouse）等河沖刷而成的海灣。

③ 一八九九年至一九七四年，芝加哥犯罪集團聯合創始人和老大。

④ 《瓶中魔鬼》是一本小說，講述著住在瓶中能實現願望的惡魔。為增加飛機的產量，畢佛布魯克撤換所有效率不佳的管理階層，釋放德國的猶太工程師，並讓他們加入工廠。他會搶奪原定給其他部門的材料，也曾下令拆解失事飛機重組成新飛機。畢佛布魯克普遍被認為是冷酷無情、注重效率卻也我行我素的人。

⑤ 出自狄更斯小說《孤雛淚》（*Oliver Twist*）著名的情節，描述在濟貧院挨餓的奧利佛・崔斯特向嚴厲的教會執事多要一點粥。

⑥ 公元前三八四年至前三二二年，古希臘著名演說家。

⑦ 源自毛姆的小說《月亮與六便士》，分別對應理想與現實。

⑧ 一種紙牌遊戲，以吃光對手所有的牌為勝。

⑨ 隸屬參謀長委員會底下的次委員會。

23 倫敦大轟炸 1940／9—1941／1

什麼都無法超越一九四〇年。——邱吉爾，《最光輝的時刻》[1]

在這個時代，死或活都一樣好。——邱吉爾，《最光輝的時刻》[2]

就在邱吉爾「狀態完美」的時候，四十八小時內，他就會面對漫長多舛的人生當中前所未有的考驗。一九四〇年九月七日星期六，希特勒在柏林體育館演說三天後，倫敦大轟炸開始，兩百架轟炸機奪走三百條倫敦人的命。長達四個月的恐怖期間，納粹德國空軍將攻擊首都，而且初期轟炸機連續來回五十七個夜晚。探照燈、警鈴、爆炸聲將如影隨形，跟著上百萬倫敦居民的日常生活。一九三四年，邱吉爾已經預言混亂的情況，「倫敦遭受連續攻擊的壓力下，三、四百萬人民將被迫遷往都會周圍空曠的鄉下。」[3]而在此時，三百萬人民，相當該城四分之一無關戰事的人口，已經冷靜安全地撤退到鄉村，首都並未出現恐慌。

納粹德國空軍從原本白天襲擊皇家空軍在英格蘭南部的軍事設施，轉爲夜晚襲擊倫敦。這是重大的戰略錯誤，因為戰鬥機司令部正好藉機修理他們的跑道、機棚與指揮控制站。「起初我們能做的不多，只能挨打，」伊斯梅回憶，但是接著邱吉爾成立夜間空防委員會（Night Air Defence Committee），聚集防空高射炮手、科學家、飛行員，討論如何對抗納粹德國空軍的危害。「很快地，擊落的飛機數量增加，德軍飛行的高度增加，空襲的精準度也隨之降低。」

大轟炸開始幾天後，邱吉爾視察倫敦東邊的碼頭區。「火勢依然遍布整個地區，」伊斯梅寫道，「某些較大的建築只剩骨架，許多較小的房屋已經化為碎石。這些可憐的石堆有兩、三處插著單薄的米字旗，看了令人哽咽。」[4]

他們首先來到前一天晚上被直接擊中的空襲避難所，其中四十人喪命，許多人受傷。在那裡，伊斯梅記得，

我們發現一大群人，男女老幼，但是全都看起來非常貧窮。一般可能以為他們會憎恨負責保護他們的政府。但是，邱吉爾下車，他們立刻將他團團圍住。「好人老溫啊，」他們大喊，「我們知道你會來看我們。我們挺得住。給他們好看。」邱吉爾崩潰，而當我奮力護送他穿過人群，我聽見一名老婦人說：「你瞧，他真的在乎。他在哭。」[5]

希特勒一次也沒有視察轟炸地點，只是坐在他的賓士轎車裡，拉上窗簾乘車經過，而邱吉爾在倫敦大轟炸期間經常前往東區提振士氣。儘管平日缺乏運動，從唐寧街到下議院短短的路程也常搭車，這些視察行程中，他健步如飛，走遍數哩的土地。（必須緊跟著他的沃爾特・湯普森瘦了近十三公斤。）結果訪視轟炸地點大大激勵民眾士氣。在他的回憶錄，邱吉爾寫到訪視倫敦南部佩卡姆（Peckham），那裡的民眾大喊：「炸回去！」他寫下，「我立刻保證執行他們的願望，而這個承諾當然也實現了。」[6] 雖然群眾

爲他歡呼上百次，但仍有生氣的人民因爲轟炸慘況對著邱吉爾激動怒吼；同樣地，有些人搜刮鄰居空盪破碎的房屋和商店，但這些趁火打劫的情況極爲稀少，絕不可能掩蓋每日數千起的英勇行爲、無私精神、社會團結。[7](1) 因爲見過許多空戰，而且根據科爾維描述，「房屋被空襲摧毀或破壞的人陷入困境，他於心不忍」，邱吉爾努力爭取房屋全毀的家庭賠償提高到一千英鎊（約爲今日五萬兩千英鎊）。[8]

除了住房，整個戰爭期間，邱吉爾非常注意配給，因爲他知道食物和士氣關係密切。針對配給的每一面向，他問糧食大臣伍爾頓勛爵一堆問題，給予一堆建議，反對任何他認爲沒有必要的規定。[9] 例如，他在九月中寫備忘錄給伍爾頓：「幾乎所有我認識、盲目追求飲食流行的人，吃堅果那類等，都早早老化，年紀輕輕就死了。」「英國士兵可能比科學家更正確，他們只在乎牛肉……想要打輸戰爭，就強迫英國人民吃牛奶、麥片、馬鈴薯等，節日的時候，吃完再喝點檸檬汁。」[10] 邱吉爾主持會議，確保空襲避難所提供烹飪的火爐和其他器具。[11]

九月十日，他首次在星期二和國王共進午餐，之後成爲固定行程。由於討論事項敏感，他們從餐檯自行拿取食物，不需任何侍者在場。邱吉爾交託國王每件戰爭時期的祕密，包括 Ultra 和原子彈的相關資訊。他知道消息不會走漏，而且這個人不會私下覬覦他的工作。邱吉爾一貫地從歷史的角度看待他們的關係，邱吉爾說，自從「安妮女王和正值權力高峰的馬爾博羅之後」，這種君王與首相之間「仁慈的親密」再也沒有先例（忽視維多利亞女王和班傑明・迪斯雷利的友好）。[12] 國王任內的四位首相，只有他被以受洗的名字稱呼。[13] 由於國王與王后四處走訪國內，邱吉爾也能從他們得到民情和士氣的看法。

一九四〇年九月十一日星期三，邱吉爾在廣播提醒英國人民，之前他們曾經身陷致命的危險，然而

他們先是熬過危險，接著在每一方面都獲得勝利。「我們必須將下週視爲我們歷史非常重要的時期，」他告訴他們，

重要程度相當西班牙無敵艦隊正在接近海峽，而德瑞克正要結束他的滾球比賽；或者當納爾遜站在布洛涅，我們和拿破崙的大軍之間。我們在歷史書籍全都讀過這些；但是現在發生的事，規模遠為宏大，對世界的生命與未來，以及世界文明，比起過去勇敢的時代，影響更為深遠。因此所有男人與女人，應做好準備，無論將要面對的是什麼，都要懷著驕傲與謹慎去履行自己的職責。[14]

「這些殘忍、殘暴、無差別的倫敦轟炸，當然就是希特勒部分的侵略計畫。」他說，

藉由殺害眾多平民、女人與兒童，他希望恐嚇威脅這個偉大帝國城市裡的人民，使他們成為政府的負擔與焦慮，用這種過分的手段分散我們的注意力，進行他正在準備的猛烈攻擊。他完全不懂英國的國家精神、或者倫敦人的堅毅性格，我們的祖先領先建立國會制度，而且被教養為重視自由多於生命。這個邪惡的男人，深藏並體現多種摧毀靈魂的仇恨；這個凶殘的產物，來自過去的罪過與恥辱。他現在決心藉由無差別的殺戮與破壞，攻破我們著名的島嶼民族。他所做的事，就是點燃這裡與世界各地，英國人民內心的火焰。他在倫敦引發的火災，儘管不著痕跡地撲滅，火焰依然長久灼熱。他點燃的火焰熊熊燃燒，直到殘餘的納粹暴政在歐洲化為灰燼，直到舊世界與新世界，在他無法快速或輕易推翻的地基上，攜手重建人類自由與人類光榮的神殿。[15]

加拿大外交官查爾斯・里奇（Charles Ritchie）在日記寫道，「他讓他們感覺，他們正在創造歷史。」[16]邱吉爾可以這麼做，因爲當時學校依然教授伊莉莎白和拿破崙戰爭，所以他的聽眾非常熟悉德瑞克和納爾

遜的故事。俄羅斯大使述及邱吉爾的瑰麗詞藻和領導才能如何影響英國人民。「正是因爲英國政府的決心與信心，才能幫助大眾克服初期的驚嚇。」麥斯基寫道，「國家沒有慌亂，而邱吉爾打算拚命戰鬥。」[17] 邱吉爾在戰爭期間和之後一再表示，他只是反映並表達英國人民戰勝爲止的決心，但他也不遺餘力地創造、維持、引導這樣的決心。

但是，有段時間，邱吉爾唯一的策略就是試著一天又一天，熬過德國的攻擊，讓英國維持抗戰。一旦確定可以存活，就可以設想如何獲得最終勝利。一九四〇年九月十五日星期日，是英國最後一次遭到日間大型空襲。凱賽林派出四百架戰鬥機護送一百架轟炸機。英格蘭東南爆發巨大空戰，結果成爲大戰最重要的戰役之一。邱吉爾從皇家空軍阿克斯橋基地觀看，對那次戰役留下著名的敘述：

> 信號接連傳來，「四十多架」、「六十多架」，甚至有「八十多架」……此時紅色燈泡顯示我們的中隊大部分都在戰鬥……指揮官站在屬下的椅子後面不動，我開始意識到他的焦慮。目前為止我都安靜觀看，此時我問：「我們還有其他的儲備軍嗎？」空軍少將帕克回答：「沒有。」(2) 事後他用文字描述此事時，說我「一臉沉重」。大概是吧。如果我們補給油料的飛機再遭到「四十多架」或「五十多架」襲擊，會有多少損失！可能性很大，我們領先的差距很小，而風險無限。[18]

「那天稍晚在契克斯別墅，」約翰・馬汀寫道，「我們才知道英國大勝。」[19] 當時皇家空軍相信（或至少宣稱）一百八十六架德軍飛機被擊落，雖然我們今天知道，真實數字是五十六架。馬汀用這句話叫醒午睡中的邱吉爾：「全都從空中補救回來了。」[20] 兩天後，希特勒延後「海獅行動」，而在十月十二日正式取消入侵，如同希特勒所言「直到明年春天」。[21]

邱吉爾不會立刻知道那件事，而且九月十七日，他在下議院召開祕密會議，告知議員擊退入侵的措施。訪客或記者都不得進入。就在他準備說話時，屋頂上的空襲預防觀測員吹響哨子，警告轟炸機正在半路，因此議員下樓到避難所，直到安全才又出現。當他們回到座位，邱吉爾警告，轟炸會愈來愈嚴重，國會大廈是「最容易的目標」，而且德軍具備足夠船運，能夠載著五十萬人橫渡海峽。「當然，我們打算在他們來的路上就擊沉許多，」他附帶聲明，「而且摧毀他們極大比例的船艦。」[22]他又說道，德軍利用眞的霧氣，或沿著英國海岸部署人造霧氣，「我們必須預期，他們會同時占據我們島上多處。」[23]哈洛德・尼科爾森在他的日記寫道：「我必須要說，他並沒有試圖用空洞的承諾鼓勵我們。」[24]

之後科爾維走回唐寧街十號，此時發生「大爆炸」。「我遇到首相，他發誓他從臥室窗戶看到有顆炸彈擊中白金漢宮。每個人都打包下去避難所。」[25]戰爭期間，白金漢宮一共被擊中九次，那次則是一顆定時炸彈掉進花園。不久之後邱吉爾就告訴下議院，

針對白金漢宮，以及針對我們親愛的國王與王后，蓄意且不斷的攻擊，除了他們一貫的殘暴之外，目的都是動搖輿論。當然，他們得到相反的效果。共同的危險形成神聖的新羈絆，聯繫國王、王后與人民。全國上下的心志更加堅強，莊重不懈地貫徹這場戰爭，對抗如此齷齪的敵人。[26]

隔天，九月十八日，一顆傘降地雷炸碎唐寧街十號和外交部的窗戶，一片炮彈碎片緊緊插進機要祕書辦公室牆上的嵌板，隔壁就是邱吉爾的辦公室。馬汀把那片碎片當成「嚴肅看待警鈴的提醒」。[27]與此同時，邱吉爾寫信給亞歷山大，「第一海軍大臣，你當然可以插上新的海軍部旗幟。每天早上我看到現在那個髒兮兮的東西就傷心。W. S. C.。」[28]有人認爲他鑽研這種無聊的事，不斷給予無關緊要的命令，然

而這樣的想法忽略了他瞭解士氣之於戰爭的至關重要。

儘管入侵延後，希特勒持續密集轟炸英國，不僅想要打擊百姓士氣以利未來重啟入侵計畫，也想要報復柏林與其他城市遭到轟炸，畢竟之前他和戈林告訴德國人民空襲不可能發生。接下來四個月，邱吉爾視察超過六十處遭受猛烈轟炸的城鎮與機場。轟炸愈來愈凶猛，初期他在佩卡姆和碼頭區聽到的抱怨也愈來愈強烈。「我們撐得住，我們撐得住，」沃爾特・湯普森記錄人民的吶喊，「但是要炸回去。」[29]邱吉爾回答：「我們會炸十倍回去，但是首先我們必須出動飛機。給我們多一點時間，我保證加倍奉還——連本帶利奉還。」[30]九月十九日，他下令轟炸機司令部的波特爾，只要天氣許可，立刻轟炸柏林，又說：「德軍無差別投下這些傘降地雷，我們必須要說，他們每投一顆，我們就投兩顆。」[31]最終，超過五十萬德國人戰爭期間死於空襲，而英國是五萬八千人。十月初，科爾維在倫敦南部旺茲沃思（Wandsworth）見到傘降地雷造成的破壞，他寫下邱吉爾「對德國愈來愈不仁慈，經常談到大量殲滅。他說，『公正的和平』並不為過。」[32]那天晚上他描述波耳戰爭是「最後一場可以享受的戰爭」。[33]

九月二十日，邱吉爾收到Ultra的情報後，他沒有透露消息來源，但告訴科爾維，他認為「近期入侵的可能性頗為可疑」。[34]儘管如此，他擔心北岬（North Foreland）到丹吉內斯（Dungeness）的濃霧將影響國土自衛軍提前收到警報，因此經常去電海軍部詢問海峽的天氣。[35]因為當時破解恩尼格瑪的訊息需要幾天，而且不管怎樣，希特勒決定延遲「海獅行動」，到海峽沿岸任何可察覺的兵力減少，兩者之間會有時間差距，所以不能責備邱吉爾誤導國會入侵的可能，而且不管怎樣，他希望英國人民繼續相信他們處於迫切的威脅，藉此激勵團結與生產力。九月底一次入侵的驚嚇來自羅斯福，他聲稱柏林「最可靠的消息來源」表示入侵迫在眉睫。[36]但是，整體而言，邱吉爾認爲德軍已經錯失他們的機會。「敦克爾克之後，希特勒可以且應該入侵這個國家，」他在十月一日告訴國王，「把進攻法國留待稍後。法國人當時也無法阻止德國進攻。」[37]

九月二十三日，隨著德軍擴大攻擊考文垂、伯明罕、利物浦，自由法國想從維琪政府手中奪走塞內加爾（Senegal），卻在達卡遭受嚴重逆轉。[38]一開始邱吉爾不顧三軍參謀長高度懷疑，支持這項以「威脅」（Menace）爲代號的行動。「讓他們去打吧！」他當時說，「一旦開打，就放手讓他們去。」[39]這起行動必須出動皇家海軍載送戴高樂和他單薄的自由法國軍隊到達卡，但不幸的是，貝當的軍隊完全準備迎接這次攻擊，而且輕鬆將他們擊退。戴高樂原本希望憑藉著**壓倒性的力量**贏得當地人民的支持，可是他也不希望法國人打法國人，這點導致邱吉爾對他的評價降低。維琪政府於是以轟炸直布羅陀作爲報復。邱吉爾駁回戴高樂和中將約翰・康寧漢爵士（Sir John Cunningham），並堅持繼續行動。他決定先不對國會或國人解釋，但是他的沉默破壞政府對他的信心。《每日鏡報》（*Daily Mirror*）刊出一篇文章，標題是〈有點加里波利？〉（The Gallipoli Touch?）。香農寫道，「卡爾頓俱樂部裡，反對他的情緒節節上升。」[40]康寧漢是該行動的海軍指揮官，談到他沒被譴責，邱吉爾在他的回憶錄寫道，「『對敵人估計錯誤』必定要從輕處分，這是我的規則之一。」[41]「完全沒有銳氣。」[42]邱吉爾向國王說明達卡遠征，「我們到處都不成功，眞令人沮喪。」[43]那不完全屬實，皇家空軍前一天晚上在柏林執行一百二十次炸彈襲擊。「我們當然只轟炸軍事目標，」邱吉爾說，「但是如果敵人堅持無差別轟炸百姓住處，我們也應比照辦理。」[44]

一九四〇年九月二十七日，德、義、日簽署十年的三國公約。三個法西斯強國現在正式聯盟，承認在歐洲與遠東的「新秩序」。邱吉爾聽到這樁消息後悶悶不樂，但並不灰心，軸心國更緊密的合作已在預料之中，如他所言，其中一項條款，「筆直的針對美國」。[45]

張伯倫的癌症現在已到末期。「想到內維爾身在持續受到轟炸的倫敦，我就不忍。」九月二十日，邱吉爾寫信給張伯倫的妻子安（Anne），「他必須相信自己可以完全復原。過去十天，我非常擔心你們兩人。」[46]當復原顯然不可能，張伯倫於十月一日辭職，並拒絕邱吉爾提出的貴族頭銜與嘉德勛章，他說：「我寧願以單純的張伯倫先生死去，就像我的父親，沒有任何額外頭銜。」[47]邱吉爾給伊登兩個選擇，一是戰時內閣裡頭「完全國內」的樞密院議長，主持國土前線相關的委員會，或者繼續在外當陸軍大臣負責陸軍，因為他也不能讓海軍或空軍的大臣進入戰時內閣。伊登選擇後者。邱吉爾原本希望讓伊登去外交部，但是他不能冒險讓張伯倫和哈利法克斯同時離開政府。[48]「他反覆地說他現在是個老人，」伊登在日記寫道，「他不會犯下勞合喬治的錯，戰爭之後還繼續當首相，他的後繼必定是我——約翰・安德森在這方面顯然不會擋路。」[49]這是十五年間邱吉爾這樣對伊登如此保證的第一年，說到這件事情，最好聽的說法是，當時他是認真的。

三天後的內閣重組，邱吉爾向張伯倫承認，此舉部分是為了分散達卡失敗的注意力。安德森任樞密院議長，赫伯特・摩里森接下內政大臣，歐內斯特・貝文和金斯利・伍德以現任勞動大臣和財政大臣的身分進入戰時內閣。[50]「這些人還沒準備聽從良言。」勞合喬治寫信給弗朗西絲・史蒂文森，「他們依然守著『完全勝利』的假象。也許希特勒還沒準備同意英國政府唯一能夠同意的和平。」[51]

內閣重組同時，邱吉爾也異動三軍。查爾斯・波特爾爵士表現優異，以四十七歲的年紀取代西羅・紐沃爵士，成爲空軍參謀長。海軍部的高層也有變化——邱吉爾一直想要拔擢參戰的上將菲利普斯、哈伍德、托維（Tovey），雖然龐德繼續擔任第一海務大臣。上將約翰・甘迺迪（John Kennedy）當上陸軍部的作戰指揮。「他非常固執，」甘迺迪很快寫到首相，「他就像個小孩，內心鎖定某個碰不得的玩具，跟他說會割手或燙傷都沒用。你愈解釋，他心裡愈堅持。」[52] 甘迺迪永遠無法眞正瞭解，邱吉爾喜歡告訴策畫參謀不可能的想法，藉此釐出少數的可行之道，而且或許要等到幾個月或幾年後才可能有實現的機會。當然，這對策畫的人來說非常疲勞、也很挫折，但這就是他們在那裡的目的。「爲了適當克服那個情況，」甘迺迪寫道，「需要有兩個參謀：一個對付首相，另一個對付戰爭。」[53]

儘管邱吉爾對韋維爾缺乏熱情，韋維爾繼續在中東擔任總指揮官。九月底的防禦委員會上，邱吉爾嚴厲批評韋維爾在埃及的部署。伊登奮力爲他辯護，指出他的阻礙來自缺乏設備，尤其飛機。後來，邱吉爾說「伊登不該對他這麼凶」，但伊登只是回應首相總是不公平地攻擊陸軍。「他反駁說他對海軍可嚴厲多了。」但那幾乎沒有說服力。[54] 邱吉爾描述迪爾「只是個愉快的老紳士」，伊登也爲他辯護。九月二十二日在契克斯別墅，邱吉爾說他期待韋維爾在埃及打贏義大利，「當然，除非，我們的人打仗像小人（Skunk）⑶，而義大利人像英雄」，但他認爲反過來比較可能。[55]

十二月，韋維爾抱怨猶太難民已經設法登陸巴勒斯坦，邱吉爾置之不理。當時那裡的英國政府拒絕核發入境許可，這對那些試圖逃出納粹歐洲的猶太人實質上等於死刑。邱吉爾曾經滔滔不絕譴責惡名昭彰的《一九三九年白皮書》（*1939 White Paper*），該政策嚴格禁止猶太人移民入巴勒斯坦。「現在，這裡有人毀約，」他告訴國會，「這裡有人違背承諾；這裡有人拋棄《貝爾福宣言》；願景、希望、夢想，全都結束……那些一直刺激阿拉伯人騷動的人會作何想？難道他們不會因為我們承認退縮得到鼓勵嗎？難道他們不會心想：『他們又要逃跑了，這是另一個慕尼黑。』」[56]現在，身為首相，他發現自己還是無力幫助猶太人。伊登在日記記錄邱吉爾「激動的電話，譴責韋維爾等人迫害猶太人。『韋維爾為何不能少管閒事？』」伊登反駁，「如果阿拉伯人找移入者的麻煩」，那確實會變成韋維爾的事。邱吉爾回答，「什麼都不會改變我的看法。」[57]然而，由此可見，由於國會和白廳內部反對，邱吉爾無法讓在巴勒斯坦的英國當局轉向猶太復國主義。這件事情進一步指出，雖然他的權力極大，他依然必須說服同僚，絕非詆毀他的人後來所稱無所不能的英國獨裁者。

如果他是個極權主義者，當然不會容忍幾乎整個戰爭期間都在批評他的報社。十月，他在內閣長篇大論批評左派的《每日鏡報》，說他想要終止這份報紙。「溫斯頓異常興奮，」哈利法克斯在日記寫道，「說在報紙明顯看見第五縱隊的論調。」但是邱吉爾立刻改變心意，而言論自由與媒體自由在整個戰爭都倖免於難。隔天他告訴下議院，「我們的人民不介意得知最壞的消息。」前一個禮拜，一百八十名倫敦人死於兩百五十噸的炸彈。他推算那個統計數字，並說依照那般速率，炸毀倫敦一半的房屋需要十年，而且，「不到十年，很多事情將會發生在希特勒先生和納粹政權身上。墨索里尼先生也一樣。當他從背後刺殺被打擊而趴倒在地的法蘭西共和，以為那麼做很安全且有利可圖，卻沒有預見某些事情。財物損毀或屠殺，都不能改變大英帝國人民神聖莊嚴、不屈不撓的目標。」[58]「溫斯頓在下議院的演講十分精彩。」伊登在日記寫道，「就連對他而言，也是了不起的表現。頓時對達卡的批評都靜默了。」[59]

倫道夫順利當選普雷斯頓（Preston）的議員。十月八日，邱吉爾在下議院介紹他的時候，是個令人激動的時刻。而如同科爾維一再強調，現場響起熱烈掌聲，多半是為父親而非兒子。「我們對彼此的感情至深，」邱吉爾說到他和倫道夫的關係，「但每次見面總會大吵一架。」[60]十一月，倫道夫在下議院首次發表演說，他驕傲的父親在場。前綏靖主義的保守黨員依然占據保守黨國會席次多數，邱吉爾的原則是絕不公開攻擊他們，但是倫道夫和父親形成強烈對比。他說，「看看這個議院——我抱著極高的敬意——可以看到數位尊敬的先生，對於我們缺乏軍隊與軍備，繼而可能阻礙策略規畫，必須負起或大或小的責任。我並不希望反責過去。」[61]敬意和毫無反責的聲明也許可以安全地被人忽略，但是他的主要論點確實就是自我中心，而且無益於他的父親。倫道夫將在非洲與南斯拉夫服役，意謂他的職業生涯只會發表三次國會演說，這也許是大幸。

張伯倫的病情迫使他辭去保守黨黨魁以及內閣職務，而邱吉爾受邀繼承他。克萊門汀和其他人認為他不應該接下那項工作，但是邱吉爾想起一九二二年，勞合喬治是首相但非黨魁，當時保守黨人如何拉他下臺，於是決定接受。「如果我還必須獲得同意……不只是兩個次要政黨的黨魁，還有主要政黨保守黨的黨魁，」他在回憶錄寫道，「我知道那樣不可能指揮戰爭……我不覺得我可以在戰爭之中成功承擔這樣的考驗。」[62]十月九日，在西敏的卡克斯頓廳，哈利法克斯在保守黨的會議提名邱吉爾，雖然他私下說過，要他「避免比較內維爾和溫斯頓，同時又能分別說出兩人的好話」是件非常困難的事。他依然認為張伯倫是更加優秀的首相，尤其因為他主持內閣會議更乾脆也更有效率，而邱吉爾老愛長篇大論、回憶往事、開玩笑。

邱吉爾過去只有十六年是保守黨員，而在自由黨的時候，他指責保守黨又宛如改信者般狂熱，因此他必須謹慎選擇爲人接受的字詞。「我不意圖辯證，」他說，「這是我的肺腑之言，基於我無時無刻的觀點以及我們倉促經歷的各種變化，我永遠忠實爲我認爲至要的兩項目標效力——維持長久以來英國與其帝國之偉大，以及島上居民世代綿延。」[63] 因此他「嚴肅但也愉悅地」接受領袖職位，承認道：「我有種傾向，也許反而會讓自己陷入危險，就是逆流而上。」幸好他沒有公開三十七年前他寫給修・西賽爾的信，裡頭他說：「我恨保守黨，恨他們的人、他們的話和他們的方法。我完全不同情他們。」[64] 看在過去他是如何經常惹怒保守黨的議員，現在他被全體黨員選爲黨魁，對他現在的聲譽、以及他的堅毅與理念，可謂一種致敬。

翌日帕蜜拉・邱吉爾在契克斯別墅產下一子，她和倫道夫將兒子命名爲溫斯頓，作爲美好的致敬。隔天這位祖父去了契克斯別墅。「他們可能不認爲我會笨到來這裡，」他說到德國人，「但我已經做好損失慘重的準備，一下子三個世代。」[65](4) 那個週末，午餐抽著一根超大雪茄的同時，他表示他相信空襲會製造「一種戰爭，一旦英國人民習慣，就很適合他們。他們寧願全部都站到前線參與倫敦之役，也不要無助地看著像帕森達勒戰役的大肆屠殺。」[66] 他和艾德禮、倫道夫共進晚餐時，聊到選舉經驗，他說「他從父親身上學到重要的一課：永遠不要害怕英國的民主。」[67] 隔天他對艾德禮說笑，「一個活著的德國兵就是一場可能的戰爭。」[68]

十月十三日，龐德、波特爾、道丁住在契克斯別墅。邱吉爾道晚安時，「他告訴他們，他確定我們會打贏戰爭，但是承認他還不知道要如何獲勝」。[69] 他希望一月之前中東能有大批陸軍，以及執行兩棲作戰的師，雖然這些不盡然是打贏納粹歐洲的計畫。「轟炸軍事目標似乎是我們眼下主要的依歸。」他寫備忘錄給哈利法克斯。[70] 邱吉爾在一九四〇年的天才之處不只是維持英國作戰，還有灌輸國人最終勝利的信念

——儘管除了轟炸，尚無可信的勝利根據。雖然他個人喜歡也讚賞道丁，但是波特爾和辛克萊都感覺道丁壓制不住德軍的夜間轟炸，並且反對空軍部想要用來因應德軍威脅的「大隊」(Big Wing) 戰術，於是隔月他就默許肖爾托・道格拉斯 (Sholto Douglas) 取代道丁成爲戰鬥機轟炸部的主任。這是邱吉爾不讓個人考量影響政策的另一案例。

十月十四日，回到唐寧街十號，他在裝有鐵製百葉窗的地下室，晚餐用到一半時，出現了他後來所謂「湊巧的衝動」。[71] 他起身走到廚房，告訴廚師喬芝娜・蘭德梅爾 (Georgina Landemare) 以及管家與廚房侍女，別管食物，立刻前往空襲避難所。接著他回到餐桌。三分鐘後，一顆炸彈掉在唐寧街十號和財政部之間，造成「轟然巨響，就在身邊，猛烈的震動表示房屋被擊中」。[72] 沃爾特・湯普森進去查看首相是否無恙，並且告訴他的客人，包括阿契伯德・辛克萊、約翰・莫爾—布拉巴贊（新的交通大臣）、奧利佛・利特頓（新的貿易局主席），以及軍情六處的處長斯圖爾特・孟席斯爵士，災情十分慘重。「屋裡的慘況無法描述，」約翰・馬汀告訴他的父母，「四面八方的窗戶都破裂，所有東西都覆上塵土，門從鉸鍊上掉下來，窗簾和家具到處亂飛……看守唐寧街的衛兵站完全炸毀，還好衛兵已經躲到別的地方。」[73] 邱吉爾告訴湯普森，「可惜沒有掉得更近一點，測試我們的防守。」[74] 事實上幸好沒有，因爲大片的玻璃窗戶飛進去，砸爛廚房和食物儲藏室。[75] 儘管如此，邱吉爾和他的同僚繼續用餐，之後爬上空軍部的屋頂觀看空襲。人在殖民地部的洛伊德勛爵相當接近那次爆炸，那天晚上他寫信給他的兒子，「溫斯頓沒事，晚餐非常盡興，也非常愉快。」[76]

次日午餐，邱吉爾告訴國王「他救了他的廚師和廚房的人」。[77] 如我們所見，邱吉爾對他的員工有時可能既不體貼又無禮，但是那天晚上他天生**位高則任重**的觀念，以及他相信在他上方拍打的「隱形翅膀」，救了至少三條人命。國王得知空軍部屋頂的冒險行為，要求他莫再涉入這種風險，並在他的日記寫道，「我或這個國家，在這個時候，承受不起失去他。」[78] (5)

另外一次，邱吉爾的機要祕書約翰・佩克（John Peck）撲滅一顆從上方窗戶斜角掉入、且已經燒到床上的燃燒彈，因而拯救了首相府。[79] 儘管這些隨時都會發生的危險，邱吉爾不喜歡用唐寧街十號的避難所。佩克必須以唐寧街空襲督導的身分命令他進去。「我才不去。」邱吉爾說。「我很抱歉，長官。」佩克回答，「這裡由我負責指揮。您必須去。我們其他人也必須進去。」[80] 邱吉爾「覺得好笑，但還是繼續嘮叨」，乖乖照做。如果什麼事也沒有，他會說「眞是荒謬」，然後離開，後面跟著其他職員。(6) 不是因爲他低估那些危險；邱吉爾在一九四〇年經常思考自己的死亡，告訴科爾維，他「不太相信死後還會存在，至少記憶不會」。[81]

十月十五日，在戰爭最嚴重的一次攻擊中，四百噸的高爆炸藥和上千枚燃燒彈落在倫敦。邱吉爾聽從國王的建議，「在牲口棚」過了一夜，就是位於梅費爾已不再使用的唐寧街地鐵站，鐵路管理局在那裡有間辦公室。他很討厭。湯米・湯普森回憶，「他坐立不安，無從得知周遭的事態。」[82] 十七日，另一顆炸彈掉在唐寧街四十碼外，造財政部地下室有四人罹難。[83] 十月十八日，聖詹姆斯公園發現一個未爆的地雷，邱吉爾拒絕離開十號，「而且非常擔心湖中『那些可憐的小鳥』會怎麼樣」。[84]（那顆地雷成功拆除了。）

邱吉爾經常不顧這些危險，晚上在白廳四周走動。十月某天清晨四點半，在開了一場很長的會議討論空襲傷害後，他陪英國空防指揮官上將費德里克・派爾爵士（Sir Frederick Pile）從陸軍部走回十號，要拿保衛爾（Bovril）[7] 牛肉醬和沙丁魚。他用手杖連續敲著知名的黑色正門，大喊「戈林和戈培爾報告」，門房來開門時，他又說：「我**不是**戈培爾。」[85]

邱吉爾身邊的人都預期他吹毛求疵又特異獨行，這段時間約翰・佩克一次惡作劇突顯這點。他捏造一份假的備忘錄，寫在唐寧街的公文紙上，指示要在幾個地點設置首相的特別辦公室，包括瑟爾福里奇百貨公司、坎特伯里大主教在蘭貝斯宮的家、皇家空軍史丹摩基地、倫敦帕拉狄昂劇院（London Palladium）、圖廷貝克（Tooting Bec）與麥爾安德（Mile End）兩處倫敦郊區。每個辦公室都要容得下邱吉爾夫人、兩名速記員、三名祕書，以及貓咪納爾遜，「還要可以讓我從屋頂觀看空襲」。[86] 辦公時間是上午七點到凌晨三點，三天之內全數就緒。佩克接著在下方僞造邱吉爾的姓名縮寫，貼上「即日辦理」的標籤，確保整個辦公室快速傳閱。這份造假的備忘錄完全唬住德斯蒙・摩頓、伊恩・傑各布、艾瑞克・席爾和黑斯廷斯・伊斯梅。

然而，唐寧街十號的備案卻是眞有必要。自從兩個世紀前羅伯特・沃波爾（Robert Walpole）[①] 的時代就沒有任何結構上的改變，而且眞的很不堅固。有一次，爲了向某些內閣大臣保證，邱吉爾用他的手杖戳了其中一處較低的天花板，「結果直通樓上財政部的走廊，衆人大吃一驚。他們所在的房間，只有覆蓋三吋的碎板條和灰泥」。[87] 財政部牆壁旁邊的花園角落，有個小小的空襲避難所，但是明顯不足以應付大規模的攻擊。[88] 十月中，海軍部、內政部、殖民地部、財政部都被炸彈轟炸，而且白廳和特拉法加廣場現在滿是轟炸坑洞。於是十月十九日，邱吉爾從唐寧街搬到「臨時首相府」（No. 10 Annexe），即位於斯托利門（Storey's Gate），面對聖詹姆斯公園的一樓公寓。當時那裡是工務室（Office of Works）②，現今是財政部。三十到四十位戰時內閣的成員與策畫人員住在中央作戰指揮室，他們樓上則是摩頓和林德曼的辦公室。

臨時首相府底下（今日的邱吉爾戰時辦公室）是座厚重水泥建造的地堡，特地在一九三八年建造，又由於低於附近的泰晤士河，故配有抽水馬達。⑻戰爭一千五百六十二個夜晚，邱吉爾只有三晚睡在地堡，他寧願相信地上堅固的石頭建築，以及窗戶上的鐵製百葉窗。⑼原本他們頭上掛著海軍的防撞墊，但他很不喜歡，所以很快就換掉。[89]「離開以前那棟建築真令人傷心，」他說到十號，「尤其我擔心那裡熬不過倫敦之役。」[90]白天的時間，他盡可能待在唐寧街。晚上，克萊門汀堅持在臨時首相府的屋頂輪值火警瞭望。[91]

無論誰說什麼，國王也一樣，都無法阻止邱吉爾在空襲期間，穿戴他的鐵製頭盔、警報裝、皇家空軍大衣，爬上臨時首相府的屋頂，而且依照沃爾特・湯普森回憶，「抽著雪茄，專注看著被襲擊的城市炸出火光」。[92]回應湯普森與克萊門汀的反對，邱吉爾只說，「我的時候到了，就是到了。」[93]他曾經引用一次大戰法國總理雷蒙・普恩加萊（Raymond Poincaré）的話：「我在這道不知是否會穿透的拱門之下尋求庇護。」[94]湯普森在屋頂蓋了一個沙袋避難所，邱吉爾只在「聽到炸彈碎片噴到鉛製的屋頂」才會進去。某次，邱吉爾站在臨時首相府的門口，看著炮彈爆炸，盯著探照燈，此時湯普森撲向首相。「『住手！』他對我大吼。」湯普森回憶，「也許我撲向他可謂幸運；有些炮彈碎片飛進打開的門口，其中一位殿後的同仁被擊中……那是我記憶中唯一一次，溫斯頓・邱吉爾刻意在大轟炸中冒險。他堅持要親自看看發生什麼事。」[95]直到防空高射炮真的開始發射前，邱吉爾都不願離開十號，回到中央作戰指揮室的地堡。又某次，一顆一千磅的炸彈掉在他一分鐘前站的地方。[96]「他常在天亮之前，襲擊還在進行時回去十號。」湯普森回憶。[97]

邱吉爾要求上校皮姆在臨時首相府內設置地圖室，一面牆上有張碩大的大西洋地圖，後來對面牆上又有張俄羅斯前線地圖，接著又掛上遠東地圖。圖釘顏色分別是：英國用紅色、法國用褐色、荷蘭用黃色、德國用白色等。三軍不同顏色的電話被取了「美女合唱團」的綽號。邱吉爾在臨時首相府的私人房間有道樓梯通往地圖室。接下來幾年，邱吉爾護送許多重要人物過去那裡，包括國王、戴高樂、澳大利亞首相羅伯特・孟席斯（Robert Menzies）、挪威國王哈康（King Haakon）、俄羅斯元帥菲利普・戈利科夫（Filipp Golikov）、溫德爾・威爾基（Wendell Willkie）③、羅斯福總統的特使埃夫里爾・哈里曼。約翰・佩克回憶，「上去屋頂探險變成邱吉爾的接待特色。」[98]

邱吉爾堅持政府部門整個大轟炸都留在白廳。「邱吉爾的想法是，」湯普森寫道，「他們和其餘的倫敦人至少要承受一樣的風險，這點非常重要。」[99]萬一遭到入侵，政府將撤到七哩外的「牧場」（Paddock）。這是一個代號，指的是一座四十間房的地堡，位於倫敦西北郊區多利斯丘（Dollis Hill）的布魯克路（Brook Road）底下，政府屆時必須從那裡指揮抵抗。在那樣的情況下，邱吉爾說，大臣「必須習慣住在洞穴」，或如同他所稱的「穴居人」。[100]雖然到了那個時候，皇室將會移到加拿大，但是邱吉爾打算在多利斯丘奮戰到底。英國偉大強國的歷史，如果有個萬一，將會在倫敦的布倫特市（Brent），結束在腥風血雨的「諸神的黃昏」。④

從邱吉爾成爲首相，到一九四五年五月二十八日多黨政府結束，戰時內閣開會九百一十九次，平均每兩天一次，但是一九四〇年五月到十二月這段危險未曾間斷的期間，戰時內閣開會一百九十三次，比接下來任何年度還多。通常會議開在唐寧街十號或中央作戰指揮室，但是少數在唐恩街地鐵站、霍斯菲里路的圓形地堡、西敏的聖公會總部（Church House），一九四〇年十月三日還在「牧場」開過一次（作為測試）。

「他接任內維爾・張伯倫的時候，就如同放了一顆炸彈在白廳底下，」空軍元帥查爾斯・波特爾爵士回憶，「從那時開始，直到戰爭結束，他不斷敦促、鞭策、追查，急忙研究新的方法對付敵人。他不分日夜隨時打電話給你，而你絕對不可懈怠，無時無刻都要絞盡腦汁，尋找方法改善負責的工作。」[101] 張伯倫在契克斯別墅有一支電話放在廚房；而邱吉爾在他的辦公室裝了一整排，波特爾回憶，「永遠都在使用」。[102]「首相的自信和能量非常驚人。」他的機要祕書約翰・馬汀同意，他在戰爭期間告訴他的父母，「人們說到老皮特——『只要和他見過面，就會覺得自己變得更勇敢』，說到邱吉爾也是一樣。」[103] 曾為兩位首相工作的科爾維寫道，「張伯倫有幹勁，但他沒有溫斯頓那種追根究底、停不下來的內心。溫斯頓要求屬下工作起來跟他一樣不知疲倦、效率高超，但從不去問他們有沒有那樣的能力。相反地，溫斯頓永遠都在找缺點，啟發別人和他一樣熱衷探查。」[104]

「不到幾天就已出現一種緊急的感覺，而你會看見體面的文官竟然在走廊奔跑。」科爾維後來回憶，「不允許延遲；電話總機的工作量大漲四倍；參謀長和共同策畫組幾乎隨時都在開會；再也沒有上下班時間，也沒有週末可言。」[105] 戰時內閣會在國定假日開會，緊急的時候甚至半夜一點四十五分開會。伊斯梅、傑各布，以及戰時內閣祕書處的第三位成員上校萊斯里・霍里斯（Leslie Hollis）一天工作十四小時，一週七天；首相準備重要演說時，值班祕書常常熬夜到上午六點，而且當天上午十點之前又要出現在辦公室。[106] 他們並不抱怨這樣的工時，他們知道自己位在世界歷史事件的中心。

一九四一年加入內閣祕書處的諾曼・布魯克（Norman Brook）描述，「他想要的每件東西都要立刻做好：所有要求，無論多麼嚴苛或無理，都要做到……工作繁重，步調快速。」[107] 保守黨黨鞭詹姆斯・斯圖亞特回憶邱吉爾「不是個容易共事或效力的人：差得遠。他很愛爭論、他很任性……而且他有點霸道」。[108] 邱吉爾的祕書還要知道他口述每頁的字數。即使他嘴裡叼著雪茄，又背對他們走掉，他們還是要能精確寫下他說的話。他們也要習慣他怪異的方式和字彙。「我認爲被他吼叫是最難克服的事。」葛瑞絲・漢伯林說。儘管如此，就像他的所有祕書，漢伯林逐漸喜歡他。「我來自安靜的家庭。我從沒被吼過。」[109] 她回憶有次他要凱薩琳・希爾「拿克洛普給我」。不久之後，希爾使出渾身力量，驕傲地搬來歐諾・克洛普（Onno Klopp）教授共十四卷的著作——《斯圖亞特皇室的崩潰和漢諾威皇室的繼承（一八七五年至一八八八年）》（*Der Fall des Hauses Stuart und die Succession des Hauses Hannover*）。「老天爺啊！」邱吉爾咆哮。他的意思是要她拿打孔器來，他以擬聲法幫打孔器取了綽號「克洛普」。（他討厭釘書機和迴紋針；成疊的紙張必須「克洛普」，然後用兩端有金屬的繩子綁起來。）有次邱吉爾發現他傷了希爾太太的心，於是，他讚美她的字跡。祕書任何時候都須評估他的心情。「忽然來一段憐憫，或口述演說時提到災難，就會讓他淚水盈眶。」瑪麗・席爾波恩（Mary Shearburn）回憶，「有時候他幾乎哭了，感人的段落最後，他的兩頰流著淚水。」[110]

邱吉爾口述的會議紀錄，被他的職員取了綽號「祈求文」，因爲開頭常常是「祈求解釋」或者「祈求告訴我你的看法」。「祈求」（pray）是「請」的同義詞，當時已經是過時的用語（就像「謁」〔prithee〕），而邱吉爾刻意使用。美學家哈羅德・阿克通爵士（Sir Harold Acton）注意到，沒人使用 foe 一詞表示敵人，除了邱吉爾。試圖說服英國人民回顧數百年前類似的國家危險時，邱吉爾發現刻意使用古代的語言有所幫助。老派，但不亂用。他總是堅持官方文件必須簡潔，相信沒有任何問題複雜到無法濃縮成幾頁重點，而且他常要求內容摘要在一頁以內。(10)他說：「不把思想壓縮在合理的空間，完全就是懶惰。」[111]總是非常注重語言明白精確的邱吉爾，一九四〇年五月送了一份備忘錄給辛克萊，抱怨報導寫著某些敵人的飛機「失去作用」，其他「被摧毀」，他問：「兩者真有差異嗎？還是單純避免同義反覆？如果是的話，英語的權威人士不會同意。不應爲了表現而犧牲語意。」[112]如同科爾維後來寫道，「議題過分複雜，或自以聰明的人用了正常人看不懂的晦澀語言，沒有什麼比這兩件事情更會激怒他。」[113]

邱吉爾在戰爭時期每日行程不定，但是大致而言，上午八點有人叫他起床，並送報紙來，他會讀上二十分鐘，接著吃頓豐盛的早餐，此時他會閱讀官方的新聞公報。早餐之後，他會坐在床上，靠著枕頭，穿著護肘，點燃雪茄開始工作，閱讀、口述、講電話，大約直到下午一點。有時軍隊統帥會到他的臥房見他。然後他會起床，去浴室泡個熱水澡(11)，漱口並用食鹽水清洗鼻孔。電動刮鬍刀直到一九三七年才量產，而他是領先的使用者。他也很滿意他所謂「優異的牙齒清潔裝置，高速在他嘴裡噴水的電器，可以除掉雪茄的味道」。[114]然後貼身男僕法蘭克・索耶（Frank Sawyers）會幫他更衣，再吃午餐，隨後在床上午睡一小時。戰爭期間他每日都會睡午覺，同時延長他的工作時間從上午九點到凌晨一點或兩點。[115]「午餐和晚餐之間，必須要睡，」他說，「而且沒有折衷的方法。脫掉衣服上床。不要覺得在白天睡覺就會減少工作的量，那是腦袋不好的人才會有的愚蠢想法，你能做更多，一天做完兩天的工作——唔，至少一天半，我確定。」[116]邱吉爾午睡一小時的習慣從一戰海軍部開始。「我發現午餐後睡一個小時，工時可以增加兩個小時。」[117]旅行的時候，爲了幫助午睡，去到哪裡，沃爾特・湯普森都會帶著黑色的絲質眼罩與一個特殊枕頭。[118]午睡後，他通常再洗一次澡，否則，用湯普森的話，「就會付出慘痛的代價。」（一九二一年他在埃及，火車上沒有熱水可以洗澡，他命令火車停下，用車頭的鍋爐把水加熱。）[119]晚餐通常晚上八點開始，之後他會一路工作到深夜。邱吉爾戰爭期間也睡得很好，「即使在最黑暗的時刻，我也沒有睡眠問題。」他回憶，「當天的工作做完後，我總是可以倒在床上立刻睡著……我睡得很熟，醒來精神百倍，只想立刻對付隔天早上公文箱送來的任何東西。」[120]

那年九月在契克斯別墅，邱吉爾首次穿上他自己發明的連身褲，一開始是由不同布料製作，包括傑明街騰博阿瑟（Turnbull & Asser）的絲絨，他稱爲「警報裝」，雖然其他人都說那是他的「包臀衣」。警報裝的胸前和兩側都有口袋，袖口寬鬆反折，多種顏色，諸如酒紅色、藍色、深綠色。[121]「首相穿著空軍的藍色拉鍊大衣，皮帶繫緊肚子周圍，像個愛斯基摩人。」科爾維回憶。[122]就像他的電動刮鬍刀和三呎長的鑰匙圈，這是個省力的機制。有時他會穿拉鍊鞋而非鞋帶鞋，也是一樣的道理。[123]理論上，更衣花的時間比戰爭花的時間少，雖然他在穿衣、脫衣、刮鬍、甚至洗澡的時候，也會對祕書講話或口述。「通常首相脫衣服，拿著長柄梳子耙抓肩胛之間，然後穿上睡衣的時候，機要祕書就站在他的房裡。」幾年後佩克回憶，「睡衣是一件背心，長度大約就像最短的連身迷你裙。」[124]這些十分開放的居家安排，其他方面也很明顯。契克斯別墅和唐寧街十號的反恐維安和刺殺預防竟然相當隨便。約翰・馬汀回憶，外交部曾經比賽誰能用最隨便的證件進入唐寧街。火車季票和高爾夫球會員證是第二名，「最終冠軍是一個端著一片蛋糕，踏著自信的步伐走進大門的男人。」[125]一位少校被派去測試契克斯別墅的維安，他成功上樓，依照女僕指示找到首相臥房，然後回到前門，卻沒有人察覺異樣。

十月二十一日，邱吉爾向法國廣播（有點失策地選在特拉法加日），先是用法語——「Français! c'est moi, Churchill, qui vous parle」（法國，是我，邱吉爾，在跟你說話），接著用英語。奧宏的事情之後，他得好好說服法國人他是親法人士，但他也不想沒必要地惡化與維琪政府的關係。「無論戰爭或者和平，我與你們同行超過三十年，而我依然在相同的道路上。」他說，「希特勒先生想要的不只是竊取別人的領土，或扔幾口給他的小盟友（墨索里尼）。我真心告訴你們，你們必須相信我說的話，這個邪惡的男人、這個仇恨與失敗的恐怖怪胎，下定決心要完全消滅法蘭西民族，粉碎法國整個生命與未來。」[126] BBC法國部門的主任雅克・迪舍納（Jacques Duchesne）協助邱吉爾練習這段廣播，播出的時候炸彈同時降落。由於技術理由，他們必須在唐寧街十號錄音，而非作戰指揮室，而當迪舍納指出那裡毫無保護，邱吉爾笑著說，「Si une bombe tombe sur la maison, nous mourons ensemble comme deux braves gens!」（如果炸彈掉在這間房屋，我們就會像兩個勇敢的男人一起死掉！）[127] 邱吉爾一進房裡就問「我在哪裡跟法國佬演講（forg speech）?」，已經失言了。[128] 迪舍納的表情苦惱。希特勒打算在法國中部蒙圖瓦爾（Montoire）和貝當見面，此事致使邱吉爾評論維琪政府，「由於我們意料之外的抵抗，他們能比原先更快的速度宣傳他們叛國。」[129] 儘管如此，他還是阻止軍情六處賄賂維琪首相皮耶・拉瓦爾離開法國，並說，「他已經沒有收買的價值。」[130]

邱吉爾廣播隔天，他忠實的朋友和支持者因為一樁貪汙醜聞下臺。「評價政治體系，某種程度能從這個體系主要的代表人物，抉擇重大德行事務時，」他在一九二九年寫道，「能否不顧他們的利益，而且往往也是他們摯友的利益。」[131] 一九二〇年代邱吉爾在財政部的機要祕書，即一九三〇年代反綏靖主義者、另一俱樂部的會員——羅伯特・布思比，由於金錢醜聞被迫於十月二十二日辭去糧食部次長。他曾公開主張解凍一位捷克生意伙伴妻子的資產，價值二十四萬英鎊，但是，他沒有告訴下議院，如果眞的解凍，他會收到十%。布思比認爲邱吉爾會保護他，但是他再也沒有擔任任何部會職位。「他一直都是我私下的朋友，」邱吉爾告訴下議院，「在孤單艱難時經常支持我，而我也總是向他致上溫暖的問候。這對我們來說實在痛心，也是全體之損失，是國王陛下的政府之損失。」[132] 但是，他不打算在這個危險的時候，冒著傷害政府名譽的風險，讓他繼續任職。他私下說，布思比「應該加入炸彈拆除中隊，這是同仁眼中恢復名譽的最佳方法。畢竟，炸彈可能不會爆炸。」[133] 此話聽來殘忍，但那也是他在一九一五年做的事；新官在西線的生命平均六週，和二次大戰炸彈拆除中隊也差不多。但是，關於處決布思比，他告訴科爾維，「如果世界上有件事情讓他覺得可憎，就是追殺。」[134] 同樣地，這也是一九一五年的感想。

十月底，邱吉爾搭乘他的特別列車北上蘇格蘭，視察上將西科爾斯基的部隊與羅西斯（Rosyth）的造船廠。[(12)] 「很多人說戰爭永遠不能解決任何事情，眞是胡說八道，」邱吉爾在北上的途中說，「不靠戰爭，歷史上什麼也不能解決。」[135] 他也說他相信每個未來的陸軍軍官應該閱讀普魯塔克（Plutarch）的《希臘羅馬名人傳》（*Lives*）。回到倫敦，前往唐寧街途中，群眾對他歡呼。他告訴科爾維，「我在人民心中代表他們全心支持的事：贏的決心。他們會爲我歡呼一、兩年。」[136] 他清楚他創造勝利的時間有限。

十月二十八日，義大利入侵希臘，而希臘首相揚尼斯・梅塔克薩斯（Ioannis Metaxas）立刻請求邱吉爾協助，並說，「我們今天面對的戰爭，完全是爲了榮譽而戰。」[137] 雖然很難看出援助希臘對英國有什麼戰略利益，但是聽到雅典被轟炸，邱吉爾毫不猶豫回答：「那我們就轟炸羅馬。」（他告訴一位保守黨議員：「羅馬不是一天拆掉的。」）[139] 英國軍隊盡早趕在十一月二日從埃及抵達希臘。「我們心中掛記著一個明顯的事實。」邱吉爾在回憶錄中寫道，「克里特島！義大利人絕對不能得到。」[140] 他在午茶時間駕車離開契克斯別墅時，給迪爾最後一句話：「別忘了——盡可能幫希臘。」[141] 防禦委員會，包括伊登和迪爾，支持派兵希臘，但主要是邱吉爾的決定。就像挪威之役，這是個代價高昂的錯誤：就在韋維爾打算在埃及馬特魯港（Mersa Matruh）進攻義大利時，調走了許多軍隊削弱他的兵力，但送去希臘的軍隊又不足以影響那裡的結果。

邱吉爾焦急等待十一月的美國總統大選，他有信心，羅斯福擊敗共和黨對手溫德爾・威爾基後就會參戰。同時，他告訴科爾維，「他非常理解，美國批評的態度與無用的幫助令許多英格蘭人民感到相當惱怒，但是我們必須耐心等待，我們必須隱藏我們的不快。」[142]（他說的時候忽然唱起〈在大栗子樹下〉〔Under the Spreading Chestnut Tree〕。）十月三十日，在波士頓，羅斯福總統告訴他的國人，「我會一而再、再而三的重複：你們的孩子不會被送去打任何外國的戰爭。」[143] 無論這些話聽在英國人耳裡有多麼洩氣，卻是羅斯福再次當選的必備條件：儘管對同盟國壓倒性的同情，想參戰的美國人是相對少數。

一九四〇年七月十日至十月三十一日，至少一千七百三十三架納粹德國空軍的飛機在英格蘭上空被擊落，而皇家空軍損失九百一十五架戰鬥機。五月邱吉爾對羅斯福預估「兩、三架對一架」，幾乎已經證實。[144]「只有大約三十%的皇家空軍飛行員來自公學，」他告訴十四歲就離開學校去幫人跑腿的內政大臣赫伯特・摩里森，「其他都是小學或職業階級。沒有貴族選擇皇家空軍，眞是驚人——他們把空軍留給中下階級。」科爾維繼續記錄這段對話，「首相接著滔滔不絕說起貴族消失在這個舞臺，中下階級的優秀子弟取而代之。他稱讚他們對英格蘭的貢獻。」[145]但是邱吉爾並未完全放棄他的階級，十二月的時候他提名他的老朋友修・西賽爾，也是伊頓公學的院長、第三代索茲伯里侯爵最小的兒子，受封貴族頭銜。邱吉爾告訴他，「上議院有你會是好事……維持貴族的精神，主教犯錯時斥責他們……我從報紙讀到伊頓的鞭打室被敵軍的行動給破壞了，這下你可能有更多時間和力氣。」[146]

十一月四日，八週以來，倫敦首次迎來沒有空襲的夜晚。納粹德國空軍決定延伸襲擊到全國的工業中心與港口。倫敦之後還是會被轟炸，但沒有連續。義大利的軍隊也加入轟炸時，邱吉爾說，一旦夠多威靈頓轟炸機進駐馬爾他，他就會立刻轟炸羅馬。當時馬爾他已經開始轟炸那不勒斯。科爾維說他希望能繞過古羅馬圓形競技場，邱吉爾說那裡「掉了幾塊磚頭」也不會怎樣，並且引用拜倫的《恰爾德・哈羅爾德遊記》（*Childe Harold's Pilgrimage*）：「競技場矗立，羅馬就應矗立／競技場倒塌，羅馬就應倒塌。」[147]然而，那次攻擊，基於對歷史的熱愛，他還是保護羅馬的市中心，沒有執行輕易就能開始的破壞。「我們必須小心不要炸到教宗，」他對新任的轟炸機司令部總指揮官理查・皮爾斯爵士（Sir Richard Peirse）說，「他有很多有權有勢的朋友！」[148]那個月底，當得知某次倫敦空襲，八架義大利的飛機被擊落，他高興得大叫。[149]

十一月五日在下議院，邱吉爾發表了一則演說。這則演說在契克斯別墅豪翠里室（Hawtrey Room）口述，以瑪麗的留聲機播放的史特勞斯華爾滋爲背景音樂。「希臘國王、他的政府與希臘人民，已經決心爲生命和榮譽奮戰，以免世界太過輕易接二連三臣服。」他宣布。[150]尼科爾森觀察到邱吉爾「五隻手指攤開，手掌上下撫摸他的外套，尋找正確的片語，代表他正謹慎地選詞，流露沉穩的自信。」演講後，他低頭走進吸菸室，急著拿起《晚間新聞》，彷彿那是唯一可得的資訊來源。[151]

那天稍後傳來邱吉爾迫切聽到的消息：羅斯福以四百四十九票對八十二票擊敗威爾基。他贏得四十八州中三十八州的選舉人票，成爲第一個三次當選的美國總統。總票數的差距比勝選表面要小：他得到兩千七百二十萬票，威爾基得到兩千兩百三十萬票。邱吉爾感覺「難以形容的安心」。威爾基不是孤立主義者，但是瑪麗在她的日記總結邱吉爾一家的心情：「上帝榮耀，哈利路亞！！狠狠痛擊希特勒的鼻子。」[152]羅斯福安全連任，於是邱吉爾在十一月十六日發出電報給他，他後來描述那是「我所寫過最重要的一封電報」，要求租借武器給英國，而英國會用很長的時間償還。[153]（雖然他大概沒有猜到，貸款最後一期的八千三百二十五萬英鎊，要到二〇〇六年才會付完。）羅斯福最親近的心腹哈里・霍普金斯（Harry Hopkins）後來告訴邱吉爾，總統搭乘美國戰艦塔斯卡路沙號（USS *Tuscaloosa*）在加勒比海上航行時，「獨自坐在書桌前，反覆閱讀這一封信」，而且「整整兩天似乎沒有作出結論」。[154]然而，總統心中正在醞釀一項了不起的計畫。

十一月，下議院首次在西敏寺的聖公會總部開會，因爲普遍認爲那裡比國會大廈安全。搬家前最後一次在下議院的會議，邱吉爾總算能夠宣布，十一日晚上，地中海的艦隊在塔蘭托戰役（Battle of Taranto）大勝義大利海軍，而且得到熱烈歡呼。「我們這次給鳥兒弄到些糖了。」他笑著告訴香農。[155]那是一八三四年大火以來下議院第一次搬家，而香農注意到「溫斯頓興致盎然看著混亂」。[156]「議院公然抱怨溫斯頓利用職權牟利，」香農又說，「利用全國人民的支持，雖然他受歡迎的程度正在下降，但還是很高。」[157]這是香農一廂情願的想法；民衆對邱吉爾的支持度一如既往地高，但許多保守黨的後座議員依然不向他妥協。因此，十一月九日，七十一歲的張伯倫去世時，邱吉爾在西敏寺必須非常謹愼演說他的頌詞。

多數政治人物爲前任書寫悼詞時，如果前任的核心政策是他們多年以來堅決反對的，如果他們已經在爭議的政變中把他換掉，如果他依然不甘心的支持者占據下議院多數，這種情況下，悼詞多半會敷衍了事。然而，邱吉爾利用張伯倫十一月十四日的喪禮，在冰寒的修道院，作爲盛大演說的機會（修道院的彩色玻璃窗因爲安全考量拆下，空隙用薄板潦草覆蓋）。

「向一位已經離我們而去的偉人，致上尊重與敬意時，」邱吉爾對著滿座的會衆說，「沒有人可以改變他曾提出或表達，且已經成爲歷史的思想；但在通往墓地的門道上，我們全都需要將自己的行爲與判斷交付徹底的審查。人類很幸運的，並無法預知或預測未來重大事件的發展，否則生命將會無法容忍。某個階段，人似乎是對的，在另一個階段，他們似乎是錯的。」張伯倫姑息希特勒是錯的，但是如同邱吉爾所言，「即使面對重大危險……他擁有人類內心仁慈的直覺，當然也面對衆人全然的蔑視或喧鬧」，努力「盡自己最大的能力與權力，威猛地，從我們此時此刻這場可怕、破壞的鬥爭之中，拯救世界」。[158]

「歷史的燈光忽隱忽現，」邱吉爾繼續，

跌跌撞撞沿著過去的軌跡行進，試圖重建本身原先的場景，復原再現本身的回音，以蒼白的火光點燃從前過往的熱情。這一切的意義為何？人類唯一的指引是他的良心；唯一能夠守護記憶的是正直真誠的行動。在生命中行進而沒有任何防護非常的不智，因為希望落空和計算失準經常嘲笑我們，但有了這層防護，無論命運如何捉弄，我們永遠在光榮的隊伍中前行。[159]

和拉布·巴特勒一起坐在第二排的香農注意到，「溫斯頓站在棺木旁，得體地哭了。」[160]

爲了議會議事錄，邱吉爾在聖公會總部對著下議院重複這段演說，也是他第一次在聖公會總部演說。科爾維「不認爲首相的演說如同他的文字動人」，尤其因爲議事廳的空間狹窄，還有議員咳嗽和人們踩在講臺上面嘎吱作響的聲音。[161]凱薩琳·希爾稱讚邱吉爾的演說時，他回答，「喔，當然我大可講些完全相反的話。」[162]他終究不改對綏靖主義的意見。他對尼科爾森說，喪禮演說「不是很難的任務，畢竟我崇拜內維爾許多偉大的特質。但是我祈求上帝無限的仁慈，別讓我必須對鮑德溫發表類似的演說。那就眞的非常困難。」[163]（他逃過一劫。）邱吉爾告訴張伯倫派的議員詹姆斯·斯圖亞特，「少了可憐的內維爾，我該怎麼辦？我仰賴他爲我守護國土前線。」[164]現在他必須仰賴艾德禮、摩里森、安德森，他們的政治信念和邱吉爾完全不同。

保守黨議員羅納德·特里詢問邱吉爾願不願意在滿月期間到迪奇利園（Ditchley Park）住，也就是他位於牛津郡的鄉村宅邸。在德軍的偵察機飛過契克斯別墅，在附近投下炸彈之後，空軍參謀警覺可能會有大肆攻擊。[165]「雖然我隨時準備殉難，」他解釋，「但也不需要特意誘發天命。」[166]政府提供的替代住所在伍斯特郡（Worcestershire），他認爲太遠了，而迪奇利園只離白廳七十五哩。⒀特里和妻子南希（後來的南希·蘭開斯特）的招待，「水準與氣氛有如戰前的別墅派對」，馬汀寫道。[167]「毫無例外是我見過最美的房屋。」瑪麗寫道，而邱吉爾經常在裡頭的中國廳和上將開會。[168]張伯倫喪禮當天下午，正當邱吉爾出發前往迪奇利園，約翰·馬汀遞給他牛皮色的箱子，裡頭裝著恩尼格瑪的解碼。車子才開出去幾分鐘，快到肯辛頓花園時，邱吉爾命令司機掉頭回去唐寧街。他從解碼得知即將發生大型襲擊，代號「月光奏鳴曲」

(Moonlight Sonata)，而且雖然布萊切利園查不出來襲擊地點，X-Gerät 波束的設定顯示目標是倫敦。[169] 如同馬汀所言，「在倫敦可能遭到嚴重攻擊的情況下，邱吉爾無法在鄉村安穩入睡。」[170] 布瑞肯安排首相的女性職員回家，或去多利斯丘的地堡。邱吉爾天生的膽識和在行動核心的欲望，意謂他會帶著雙筒望遠鏡爬上空軍部的屋頂。[171]

事實上，那天晚上的襲擊是在英格蘭中部考文垂的市區，造成五百四十四人死亡、四百二十人受傷，而只有五百一十五架德國飛機被擊落。[172] 傳說邱吉爾知道考文垂會被轟炸，但是為了保護 Ultra 情報的祕密，他任其發生；事實上考文垂並非情報所指的目標。[173] 伯明罕在十一月十九日至二十二日遭到猛烈襲擊、二十三日在南安普敦、二十四日在布里斯托，邱吉爾忍不住說，「我們所有的方法都徹底失敗。」考文垂遭到襲擊後，颶風戰鬥機和防空高射炮送往中部，但是納粹空軍還是持續來襲，雖然現在他們主要在夜間轟炸，因此準確度降低。[174]

即使如此，如邱吉爾在十一月二十二日所言，空中威脅仍「不如潛水艇」。[175] 他回到愛爾蘭通商口岸的問題，向自治領大臣克蘭伯恩勛爵抱怨，英國駐愛爾蘭大使約翰・梅費爵士 (Sir John Maffey)「不該被鼓勵認爲他唯一的任務是安撫戴・瓦勒拉，而且讓一切愉快地進行，包括讓我們毀滅。」[176] 十二月初，他心想，對愛爾蘭自由邦施予制裁，會不會逼迫他們改變立場，但是什麼都不會讓這位愛爾蘭總理允許皇家海軍在對抗法西斯主義的時候使用那些港口。

十一月三十日，六十六歲生日當天，邱吉爾寫了一封十五頁的信給羅斯福，摘要戰略局勢，並且再度力求他的支持。這封信修改多次，直到十二月七日才寄出。「一九四一年的決定取決於海上，」信這麼寫著：

除非我們可以建立供給這座島嶼的能力，進口各種我們需要的軍火；除非我們可以把軍隊送到各地戰場，迎戰希特勒和他的同謀墨索里尼，而且牽制他們待在那裡……否則我們可能會失敗，而美國可能沒有時間完成防禦準備。因此，一九四一年整個戰爭的關鍵時刻，將是船運，以及遠渡重洋的交通能力，尤其大西洋。[177]

他要求更多船運、更多驅逐艦，對戴．瓦勒拉施壓，要他提供愛爾蘭的基地，要求美國戰艦護送美國商船。他在結尾寫道：「如果……你深信，總統先生，納粹和法西斯暴政垮臺，對美國人民與西半球影響重大，你不會認爲這是一封請求協助的信，而是一份宣言，說明達成我們共同目標所需要的最少行動。」至於如何支付這一切，他在信的前面已經說了，「卽使在戰爭巓峰，我自己並不願意奪去英國每樣想得到的可售資產，否則當我們以血汗贏得戰爭，拯救文明，並爲美國對抗所有不測爭取完全武裝的時間，我們也會被剝到見骨。」[178]但是很難看出如何避免那樣的情況。

十二月，邱吉爾指示辛克萊和波特爾，要求一份「不超過兩、三張紙」的報告，估計一九四一年三月到六月納粹德國空軍的規模。他分別從空軍部、經濟戰事部、飛機生產部以及他自己的統計辦公室得到的統計數據，有時會南轅北轍。他試著強迫其他部會接受林德曼的小組，但是他們討厭放棄獨立收集統計數據的權力。於是邱吉爾，如他後來寫道，「讓部門之間良性地腦力激盪」，「這是發掘眞相的好方法。」[179]年底的時候，辛克萊和波特爾的結論是，德軍的數量優勢現在大約是四比三，而法國戰役時是二比一，而且到了四月，比例還會更好。邱吉爾知道，他們已經度過不列顚戰役最黑暗的時候，隨時入侵的威脅已在身後。十二月，伊登在日記寫道，「溫斯頓很累，但很高興。我們聊到夏天黑暗的日子，我告訴他，波特爾和我會對彼此坦白，我們內心都會一度感到絕望。他說，『是的，一般來說我會開朗地醒來，迎接新的一天。但在當時，我是心懷恐懼醒來。』」[180]然而，在公開場合、對媒體、在國會，或對自己的員工，甚至對自己的妻子，這些人的行爲或言論，從不透露他們對於最終勝利絲毫懷疑。這是領導才能的典範。

十二月初，邱吉爾感到極爲挫敗。除了由於頑固的戴・瓦勒拉，他也不滿三軍參謀長阻撓上將奇斯的「工場行動」（Operation Workshop），即奪取小島潘泰萊里亞的計畫。但是占領並補給這個距離西西里西南只有六十三哩的小島，島上的港口和機場破爛，結果將會得不償失，因此參謀長否決這項行動是對的。地中海的總指揮官上將安德魯・康寧漢強烈反對，以致邱吉爾說出「這樣的感受當然不該存在於老同志之間」。[181]奇斯同時嚴厲譴責邱吉爾「懦弱的顧問」，邱吉爾在不願推翻參謀長的情況下，於是不得已對他說，「你和你的突擊隊員，就和其他人一樣必須遵守命令，而且這件事到此爲止。」[182]

邱吉爾也認爲韋維爾在埃及對抗義大利的「羅盤行動」（Operation Compass）動作太慢，而且雖然義大利人在巴爾幹半島被兇猛的希臘人回擊，十二月三日，迪爾問：「德國在做什麼？」——他應該回答這個問題，而不是問這個問題——於是邱吉爾回答：「他們在計劃可怕的事。」[183]十二月五日，防禦委員會的會議後，邱吉爾向伊登提議讓他接管瓦維爾的指揮職務，並以威靈頓公爵在參加半島戰爭之前擔任過國會議員爲先例。「我拒絕了，非常堅決！」伊登寫道。[184]十二月九日，韋維爾在西部沙漠（Western Desert）展開羅盤行動。接下來六週，他前進兩百哩，俘虜十一萬三千名敵軍。十日和國王午餐時，「溫斯頓不斷重複我們必須成功一次，」而現在終於發生，隔天他能去電國王宣布戰爭開始以來首次的陸地勝利。[185] 邱吉爾告訴林德曼，「他對這項行動抱持希望，整整五週，而且很怕現場的人會以沙暴爲由打退堂鼓。」由此可見他有多麼懷疑上將的戰鬥精神。[186] 羅盤行動三個月期間，邱吉爾又指派韋維爾五場戰役，分別在希臘、敘利亞、伊拉克、衣索比亞、厄利垂亞，但是全都沒有重大成就，多半僅是小小的捷報。

羅盤行動發動當天，國會大廈內十四世紀的聖史蒂芬修道院（St Stephen's Cloister）遭到嚴重空襲，完全證明邱吉爾將國會移到聖公會總部的決定合理。香農發現議員的衣帽間「嚴重破壞；四處盡是混亂、殘骸、碎玻璃，碩大的建築物中最可愛、古老的部分如今面目全非。我忽然遇到穿著毛皮領大衣、抽著雪茄的溫斯頓・邱吉爾……『眞是可怕』，他對我說，沒有拿下雪茄；而我看得出來他很激動，因爲他愛著國會……『克倫威爾簽下國王查理一世死刑的地方』，他咕噥著說」。[187]

十二月十二日，洛錫安勛爵罹患尿毒症五天後於華盛頓去世，享年五十八歲。(14) 邱吉爾在國會悼念洛錫安時再次部分指涉自己。「我不禁覺得，死在一個人的職業高峰，」他告訴議員同僚，「死在廣受尊敬與讚美，對這個世界的付出達到最高峰的時候，死在重大議題依然需要他全心關注的時候，死在已經可以看見最終勝利的時候，未嘗不是最令人欣羨的命運。」[188] 戰爭後期，一旦俄羅斯和美國參戰且可望勝利，他會常說，如果他自己在戰爭期間去世，那將是令人羨慕的死法。

邱吉爾一開始考慮任命勞合喬治接續洛錫安，出任駐華盛頓大使，但不確定是否能夠信任他。他終究向勞合喬治開了口，但卻以健康理由遭到拒絕。他不能把克里普斯調出莫斯科，因爲「他是瘋人國裡的瘋子，調走他會很可惜」。[189] 克蘭伯恩和凡西塔特兩位勛爵都是考慮的人選，但是最終邱吉爾決定任命哈利法克斯，順道讓伊登回去外交部。十月時他曾說，「那個部門需要好好整頓」，而他認爲伊登可以做到。[190]此外，這樣可以調走哈利法克斯；說好聽一點，他是牽制的力量，但說難聽一點，如果戰況吃緊，他可能會再次支持和平談判。邱吉爾利用外國職缺調走可能的反對者，並以支持者取代；除了哈利法克斯、霍爾、麥爾坎・麥克唐納（被送去加拿大當高階專員），他還送了其他五個張伯倫派的前部會首長出國，擔任緬甸和孟買的總督、西非的駐外大臣、澳大利亞與南非的高階專員。另有幾個人則是透過歷史悠久的封爵手段將他們請出下議院。

十二月十二日，邱吉爾告訴科爾維，戰爭勝利後，「他不想針對現在為他盡心盡力的工黨領袖發動政黨鬥爭或階級鬥爭。」相反地，他會「退休，回去查特維爾，撰寫戰爭的書，他已在心中逐一列出章節」。[191]他已經看出這場戰爭的文學潛力，這點部分解釋為何每項命令和備忘錄都要訴諸白紙黑字。更重要的，除非寫下來，否則邱吉爾拒絕為任何事情負責，這點成為白廳的傳統。[(15)]

不列顛戰役期間，凡是討論英國的戰爭目標，邱吉爾的立場總是堅定清楚。「只有一個目標，」他說，「毀滅希特勒。」他相信戰爭勝利之後，「會有歐洲合眾國，而這座島嶼會是這個聯邦與新世界的連結，可以維持兩者之間的平衡。」當被問到那是否意謂權力新的平衡，他說，「不，是道德新的平衡。」[192]說到他稱為「蠢蛋」（boob）的托馬斯・因斯基普，他又說，「我們會勝利，但不是因為我們值得；至少，我們值得是因為我們的道德，不是因為我們的聰明。」[193]到了十二月中，他的心思已經轉向戰後世界。他告訴科爾維，將有四個聯邦——北方、中歐、多瑙河、巴爾幹（包括土耳其）。四個聯邦會在歐洲理事會（Council of Europe）集會。「英語世界不會包括在內，」他說，「但會與此緊密相連。」[194]但是，大致來說，他避免談論戰後重建與「戰爭目標」。他告訴工務與建築大臣里斯勛爵，「別讓寬廣的新世界計畫分散拯救舊世界剩餘的精力。」[195] 這個比喻適當地代表他的整體觀點。

雖然從戰爭爆發到希特勒投降，邱吉爾只有實際休過八天假，[(16)] 有時他會偷溜去做奇怪的事。例如，十二月十五日在迪奇利園午餐後，他去了布倫海姆宮。「我們趴在圖書館的地上很久，」他的一位祕書說，「他用錫製的玩具兵重現布倫海姆之役。」[196] 那天晚上他看了電影《亂世佳人》（*Gone with the Wind*），「被他們濃烈的情感和情緒打敗」，因此一輩子對費雯麗情有獨鍾，後來還送她一幅畫。[197] 那天晚上半夜三點，他倒向臥室的椅子，癱在那把椅子和一把凳子之間，用科爾維的話，「姿勢極爲奇怪，雙腳懸空躺在地板。他毫不在意外人的眼光，完全把這件事情當成笑話，說了好幾次『眞正的卓別林！』」[198]

幾天後，邱吉爾帶著四位部會首長，以及科爾維和弟弟傑克，去了他們的母校哈羅公學，聆聽校歌，對學生講話。[(17)]〈守護校運昌隆〉這首校歌加了一句歌詞向他致敬。「他和我們全體一樣，精力充沛地演唱，而且似乎記得絕大多數的歌詞，不需要看詞。」科爾維回憶道。邱吉爾告訴男孩們，「我們讚頌許多『了不起的古代偉人』」，

但是任何人是否可以懷疑，現今這個世代和這個國家曾經創造的世代一樣優秀高尚，而且這個國家的男女可以迎戰所有考驗？希特勒在他最近的談話中，宣布這場戰鬥是希特勒學院校友和伊頓公學校友的戰爭。希特勒忘了哈羅，而他也忽略這個國家絕大多數沒有優勢上這些學校的青年，但是他們擁有技術和能力，贏得全世界的稱許。

想到大約七十%的皇家空軍飛行員都出身公立學校，他又說，「等這個國家打贏戰爭，而且必定會獲勝，

我們其中一項工作目標就是建立一個國家社會，讓迄今只爲少數人的利益與特權，更廣泛地由眾人與國家的青年共享。」[199]演說之後，高年級的學生圍繞著他。「他們的害羞都不見了，」科爾維記得那樣的場合，「而且他對他們說話，就像地位平等的人。」[200]邱吉爾和年輕人相處融洽，無論是哈羅公學的男孩，還是海軍軍校學生、他小孩的朋友、契克斯別墅的守衛，或他自己的孫子。

聖誕節將近的時候，邱吉爾告訴哈利法克斯，他要派他到華盛頓當大使。國土情報調查顯示，已故的張伯倫由於綏靖主義不得人心的觀感，已經由哈利法克斯繼承，這點更加強化這個決定。哈利法克斯抗議時，邱吉爾告訴他，他「永遠不可能讓這裡的人忘記他和外交部自找的姑息名聲。相反地，他在美國有大好機會，因爲除非美國參戰，否則我們不能贏，或至少我們不會贏得眞正滿意的和平。」[201]那是事實，但是儘管如此，承認這點不容易，卽使是私下承認。哈利法克斯威脅要完全退出政壇，而哈利法克斯夫人更是責備邱吉爾要流放他們。但是最後他還是去了，國王告訴哈利法克斯，「如果溫斯頓出了什麼事……隨時會召他回來」，外派的衝突因此軟化。[202]十二月二十日，邱吉爾送了一份備忘錄給哈利法克斯，作爲部分的行前簡報，「我們從美國那裡得到的東西，沒有一樣沒有付錢，而且我們已經得到的，對我們的抵抗也沒有重要影響。」[203]哈利法克斯的主要任務是確保美國國會盡速通過立法，允許英國購買武器但不用立卽付款。

哈利法克斯不情願地默許，意謂邱吉爾終於可以告訴伊登，「他非常想要」讓他回到外交部。[204]伊登比邱吉爾小二十三歲，而在許多方面是邱吉爾希望自己能夠擁有的兒子。戰爭之後，科爾維寫到邱吉爾對伊登「幾乎有如父愛的情感」，相較爲人父的挫敗感受，他發現自己完全不可能那樣對待倫道夫。[205]邱吉爾一直無法實現所謂與父親親密共事的「眞切願望」，但是現在他可以和這個幾乎成爲兒子替代品的人一起（雖然偶爾也會和他激烈大吵）。下一個月他告訴伊登，他從陸軍大臣轉任外交大臣，相當從四年級跳到六年級⒅——也許這是另一個證據，代表邱吉爾對他如父的態度。[206] 邱吉爾要馬傑森接任伊登擔任陸軍大臣，而詹姆斯・斯圖亞特接任馬傑森擔任大黨鞭。雖然這兩人都曾熱烈支持「慕尼黑」，他們對邱吉爾卻是完全忠誠。首相告訴斯圖亞特，他部分的工作就是保護畢佛布魯克不被後座議員攻擊。⒆

當他主要的機要祕書艾瑞克・席爾爲唐寧街的職員要求聖誕節休假一週，人在契克斯別墅的邱吉爾回答，這個要求「令我吃驚，聖誕節不得休假，但應致力讓每位職員參加聖誕節當日的聖日禮儀，上午或者下午。我自己計劃在這裡或在倫敦持續工作，而我希望趁著休會，不僅可以追上落後的事務，還可以處理許多新的問題。」[207] 後來他祝福他的職員「聖誕忙碌、新年瘋狂」。[208] 如同他告訴科爾維，「不停工作永遠不會有害。」[209]

在契克斯別墅，邱吉爾家的餐桌擺著約翰・馬汀見過最大隻的火雞，是一個月前過世的羅斯米爾勛爵無法親自送出的禮物。之後他們從廣播聆聽國王演說，唱歌唱到半夜，「雖然音準不完全正確，但首相唱得盡興，而且（維克）奧利佛彈奏維也納華爾滋時，他自己一人在房間中央活潑地跳舞。」[210]「這是我記憶中最快樂的聖誕節。」瑪麗在日記寫道，「儘管我們身邊所有糟糕的事件，那不是『虛有其表』的快樂。我從未見過家人這麼快樂、這麼團結、這麼親切。但是我在想，明年聖誕節，我們還會團聚嗎？我祈求我們會。」[211] 邱吉爾送了警報裝給國王作爲聖誕禮物，相當古怪，而王后的禮物則是一本佛勒（Henry Watson Fowler）的《現代英語用法》（*Modern English Usage*）。[212]

一九四一年元旦，只靠手杖手把上的手電筒視察作戰指揮室上方大梁的邱吉爾，一腳踩進未乾的水泥，深至腳踝。科爾維開玩笑說他慘遭滑鐵盧，邱吉爾反擊，「大膽！再怎麼說也是布倫海姆，不是滑鐵盧。」[213]那天晚上，伍德、伊登和邱吉爾談到國家迫切的財務狀況。租借法案正在美國國會表決，可以讓英國購買軍火，戰後再付錢。然而，問題是，如同科爾維摘要邱吉爾的觀點：「天生愛做生意的美國人，在他們表現任何好善樂施的傾向前，可能會先剝光我們所有可兌現的資源。」[214]

軍事上，在利比亞對抗義大利人的情勢持續看好，一月四日攻陷巴第亞（Bardia）。兩天後，邱吉爾寫信給國王時心情很好，「比起過去其他親王，國王陛下無論何時更受所有階級愛戴。在英國歷史如此顛峰之際，以首相身分伴隨國王陛下，我為這樣的命運與義務深感驕傲。」[215]憑著他對週年紀念卓越的記憶，他也在波耳戰爭勝利四十一週年當天寫信給伊恩・漢密爾頓：「當另一個一月六日傳來軍隊勝利的捷報時，我正想著你和瓦岡丘（Waggon Hill，瓦岡丘之役）。」[216]

一九四〇年年底，恩尼格瑪的情報透露，德軍集結在巴爾幹地區，尤其保加利亞，而且希特勒打算入侵中立的南斯拉夫，也要與目前抵抗義大利進展良好的希臘開戰。[217]「任何德軍進犯巴爾幹的行動，若延遲到春天，將對我們最有利。」邱吉爾一月六日告訴三軍參謀長，「正因如此，我們必須意識，他們將會提前開始。」[218]英國陸軍部認為攻擊會在三月展開，但是邱吉爾非常在意一份解密，命令後方分遣隊在一月二十日前就位，而且光憑這份解密，他說服防禦委員會，立刻讓當時在北非成功追擊義大利人的韋維爾飛往雅典協助。希特勒原本只打算奪取希臘往南直到薩洛尼卡的領土，以求在他計劃同年夏天入侵俄羅斯時守護他的右翼，但是英國的軍隊抵達，反而讓他決定拿下整個國家。[219]邱吉爾想要當希臘的好盟友，但他也希望提升保加利亞人、土耳其人，也許甚至俄羅斯人（目前《德蘇互不侵犯條約》仍有效）與美國人眼中英國的聲望。[220]

一月九日，英裔美國朝聖先輩協會（Anglo-American Pilgrims Society）在哈利法克斯前往華盛頓前為他舉辦午宴，邱吉爾表達他的信念：

> 盛行整個英語世界，專心致志與堅持不懈這兩項特質，比起其他任何事實，更會決定我們的後代子孫，甚至我們之後的世紀，會以什麼方式生活……我一直認為，最偉大的人與最偉大的故事，決定人類浩瀚旅程之中的命運，是為了善或是惡——然而大部分為了善，因為這條道路朝著上方。因此我大聲宣布，最幸運的是，在令人敬畏的亂世顛峰，一位著名的政治家站在美利堅合眾國之首。這位政治家資歷深厚，精通政府工作與行政。他的心中燃燒烈火，抵抗侵略與壓迫，他的同情與本性令他成為正義與自由真誠而戰的堅定鬥士，無論惡行的受害者在何方，他必定維護他們。[221]

翌日，這段讚美詞登上報紙，而邱吉爾見了羅斯福的個人特使哈里．霍普金斯。霍普金斯將會扮演關鍵角色，暢通首相與總統之間的渠道。四十九歲的霍普金斯曾經管理數個新政紓困機構，並曾於一九三八年至一九四〇年間擔任美國商務部長；邱吉爾爲他取了「桑丘．潘薩」（Sancho Panza）⑤的綽號，代表他對羅斯福的忠心，而且霍普金斯和邱吉爾言談之間的直接，讓邱吉爾開玩笑說，他會幫他封爲「鞭辟入裡勛爵」（Lord Root of the Matter）。[222] 一月十日，他們第一次午餐，雖然霍普金斯的胃在一九三九年因爲癌症摘除四分之三，他們吃到下午四點。邱吉爾盡其所能，不僅吸引霍普金斯，還要令他對於英國堅強的士氣與迫切需要美國協助留下深刻印象。「總統堅決我們要一起打贏戰爭。」這是霍普金斯給邱吉爾的口頭訊息，「完全可以肯定。他派我來這裡告訴你，無論他個人會如何，他會不計代價、不擇手段幫你度過難關，只要有人力，他什麼都會做。」[223]中校湯普森記錄，邱吉爾爲這番話「深深感動」（意思大概是眼眶泛淚）。[224]霍普金斯也爲他的東道主帶來總統親筆寫下的詩節，出自朗費羅（Longfellow）一八四九年的詩〈造船〉（The Building of the Ship）。

隔天霍普金斯和邱吉爾一起去迪奇利園，而且那天晚上，在燭光盛宴中他告訴在場的人，羅斯福曾在內閣開會時曾打開收音機，如此他們就能聆聽邱吉爾演說。首相聽了「既感動又高興」。[225]邱吉爾說他幾乎不記得自己去年夏天說了什麼，只有「寧願我們被摧毀，也不要看見這種江湖騙子獲勝」。[226]「社會主義不好，」他說，「極端愛國主義更糟，而兩者合一成爲品質惡劣的義大利法西斯主義，是人類思想有史以來最糟糕的教條。」[227]那個週末，霍普金斯發現邱吉爾「總是看起來像在危險的灘頭指揮，言談好似不斷發射槍炮；無論他人在哪裡，都是戰場前線——而且他參與的戰役，不只是當前的戰爭，還有整個歷史的，從坎尼（Cannae）⑥到加利波里。」[228]邱吉爾竟然在這位極爲重要的客人面前提起後者，眞是令人驚訝，但他就是。

邱吉爾對美國的不滿興許可能可以從隔天晚上的晚餐，他對霍普金斯半開玩笑的問題隱約看出。他問：「如果美國人已經累積世界上所有的黃金，而其他國家決定黃金除了塞牙縫以外毫無價值，美國人會怎麼做？」[229]「唔……」年老但禮貌的霍普金斯回答，「我們應該能夠利用我們失業的人來看守黃金。」[230]那天晚上，邱吉爾呼著「一根非常大的雪茄」，告訴霍普金斯他對戰爭整體的看法。「德國有六千萬人可以依靠；剩下的（也就是義大利人和羅馬尼亞人）至少是阻力或潛在危險。」他說。

　　相較之下，大英帝國有較多的白人居民，而且如果美國加入我們——他在這段談話中似乎假定他們主動會——那麼就會再增加一億兩千萬人……他不相信日本會加入……而且他認為德國很有可能占領整個法國，因此逼得法國再次在北非拿起武器……他相信奧宏是我們命運的轉捩點：讓世界明白我們繼續下去的意圖非常認真。

科爾維寫道，「我認爲霍普金斯必定印象深刻。」[231]但是當天晚上在契克斯別墅和霍普金斯一起看電影《慕尼黑夜班車》(*Night Train to Munich*) 時，邱吉爾收到消息，輕型巡洋艦南安普敦號 (HMS *Southampton*) 在馬爾他外海被納粹德國空軍的俯衝轟炸機擊沉。他怪罪中斷的工場行動，並說，「我退縮了，而現在我有理由後悔了。」[232]

　　一九四一年一月十四日，邱吉爾帶著霍普金斯、克萊門汀、伊斯梅、他的醫生查爾斯・威爾森爵士 (Sir Charles Wilson，後來的摩蘭勛爵) 到斯卡帕灣爲哈利法克斯勛爵與夫人送行。他們將要搭乘剛剛啟航的戰艦喬治五世號 (HMS *King George V*)。聽見南斯拉夫的攝政親王保羅 (Prince Regent Paul) 反對英國在薩洛尼卡設置前線，唯恐英國會鼓勵德國攻擊他的國家，邱吉爾告訴三軍參謀長：「保羅親王的態度看來就像一個不幸的男人和一頭老虎一起關在籠裡，希望不要激怒老虎，但晚餐時間逐漸逼近。」[233]邱吉爾幫保羅取了綽號癱瘓親王 (Prince Palsy)，然而不久之後，就會證明保羅是對的。

　　一月十六日，登上納爾遜號晚餐並就寢的隔天，邱吉爾一行人參加該戰艦炮塔的新火箭試發。這是一種多重投射器，將炸彈和電線猛力扔向天空，用來對付俯衝轟炸。不幸的是，風量不足的情況下，「其中一枚射彈卡在裝置裡面，」馬汀寫道，「出現一聲爆炸巨響，接著有個像果醬罐的物體飛向我們站著的橋。每個人都猛然彎腰，然後很大一聲撞擊，但是沒有嚴重損傷。」[234] 站穩之後，邱吉爾冷冷地說：「我想你們使用這項新武器的方式，某個地方不太對勁。」[235]

邱吉爾接著帶霍普金斯和其他人參訪羅西斯的海軍基地、因弗基辛（Inverkeithing）的碼頭區（「首相在那裡受到熱烈歡迎」）、格拉斯哥的民防站。[236] 那天晚上在格拉斯哥市政府舉辦的晚宴，霍普金斯發表一段簡短演說。儘管他的語調溫和，卻令人留下深刻印象。他給觀眾一種感覺，一旦租借法案在美國國會通過，傾囊的幫助就會跨越大西洋而來。他以《路得記》（*Book of Ruth*）的話總結，「汝去何處，我將去；汝宿之處，我將宿。汝之人民應是我的人民，汝之上帝，我的上帝。」接著霍普金斯又輕聲說，「直到最後。」[237] 邱吉爾哭了。

作者注

(1) 即使在不列顛戰役與倫敦大轟炸如此千頭萬緒的期間，一八八六年的事件依舊在他的內心，痛苦難忘。克蘭伯恩勛爵（一九四七年成為第五代索茲伯里侯爵）回憶，一九四〇年九月晚餐之間，「邱吉爾就像偶爾那樣，陷入安靜且憂鬱的沉思。然後他忽然轉向我，沒頭沒尾地說：『我永遠認為你祖父對待我父親的方式並不光彩。』」當時是主計長的克蘭伯恩愣住，吐出一些安撫的話回應。「對話流進沙裡，」他說，「晚餐回到更重要的話題，轟炸機、戰鬥機、希特勒、戈林等。」（Blake, 'Conservative,' p. 2.）克蘭伯恩的祖先並未影響他的仕途；下一個月，他被拔擢為自治領大臣。

(2) 帕克的意思是第十一大隊目前沒有儲備軍。英國其他地方有超過三百五十架戰鬥機，但是他們也在防守其他重要地區。

(3) 這裡使用「小人」（skunk）這個詞，讓人不禁聯想到四個月前的挪威辯論，邱吉爾究竟用什麼詞形容欣韋爾。見第一部，第二十章，頁六六七。

(4) 邱吉爾是小溫斯頓的玩伴。小溫斯頓三歲半的時候得到一套鐵路模型組合。「祖父和我坐在臥房的地板，兩人一起，我們拼裝環形的鐵路。」他回憶，「他看見兩個發條裝置的火車頭，非常高興。他給我一個，自己拿著另一個，然後大呼：『溫斯頓，你轉這個、我轉另一個！我們把兩個背對背，我們來撞車！』」（ed. Langworth, *Dream* p. 56.）邱吉爾喜歡玩小孩的玩具；一次大戰期間，在克倫威爾路四十一號，他和九歲的姪子強尼做了一個長十五呎、高八呎的梅卡諾（Meccano）模型懸臂起重機。「我的伯父不准僕人碰，」強尼回憶，「而且每次吃飯都會滿意地欣賞他的作品。」（Churchill, *Crowded Canvas* p. 33.）

(5) 十月十四日，位於帕爾摩爾街的卡爾頓俱樂部被炸毀，隔天邱吉爾視察殘骸時，發現一座小皮特的大理石半身像，但是已經破碎，還有黨鞭的臥室拖鞋。（Martin, *Downing Street* p. 31）

(6) 邱吉爾知道，四位機要祕書當中，只有佩克的妻子在倫敦從事戰爭工作，而且他們才剛結婚一年，所以比起其他三位，邱吉爾很少帶他去契克斯別墅，但又「真心非常擔心他」。（Peck, *Dublin from Downing Street* p. 70）

(7) 他會把第一個音節發成「Hove」。（譯注：「保衛爾」是英國產的營養補給品。）

(8) 在他和中央作戰指揮室的建商以及為倫敦人安裝摩里森空襲避難所的人討論專業問題時，邱吉爾砌磚的興趣發揮用處。（譯注：摩里森空襲避難所（Morrison air-raid shelters）是長型籠狀的室內避難機制。）

(9) 現在還可以看到裝在石頭上的百葉窗。

(10) 不是因為戰爭時期的緊急情況才要求簡短。他在一九五〇年代針對一份財政部的文件寫道，「這張公文紙，本身的長度，就可以抵禦被閱讀的風險。」（Moran, *Struggle* p. 746）

(11) 水要放到三分之二滿，而且在攝氏三十六・六度他才會入浴。接著再加熱到攝氏四十度，而且幾乎滿出來。

(12) 那輛火車由「倫敦、米德蘭與蘇格蘭鐵路公司」（London, Midland & Scottish Railway Company）捐贈，有兩個會客車廂、臥室、浴室、辦公室、VIP隔間、餐車車廂和行李房。能夠提供舒適的旅程，也能容納祕書、保鑣、攝影師。無論停在哪裡，首相的車廂會連到最近的電話線，接線生聽到「Rapid Falls 8833」就會轉接邱吉爾到唐寧街十號。

(13) 特里的回憶錄中，戰爭那幾年的標題是〈當月亮高掛〉，意謂每逢週末滿月時，邱吉爾就會去那裡，但事實上，契克斯別墅的訪客名錄證明，戰爭期間邱吉爾在契克斯別墅待了十一個滿月夜，而且邀請過數十位著名的賓客來訪。

(14) 如果洛錫安不是拒絕看醫生的基督教科學派，抗生素的療程原本可以治好他。隔天晚餐時，邱吉爾問桌邊的人有誰是基督教科學派。「噢，」林德曼說，「如果你把兩個字拆開，我就是，我是基督教，也是科學派。」接著邱吉爾說：「我願意承認你有資格宣稱自己是後者。」林德曼回嘴：「也是兩者你唯一有資格評判的那個。」(Colville, *Fringes* p. 312.)

(15) 邱吉爾一家都知道科爾維在寫日記：邱吉爾是否刻意利用他作為他的包斯威爾（Boswell），給他最恰當的詞語，讓他出席他知道會成為關鍵歷史事件的場合？科爾維自己可能也曾這樣懷疑，寫道，當他告訴邱吉爾，英國人民不會讓他退休，「那不只是包斯威爾的立場；目前沒有人有足以匹敵的能力。」(Colville, *Fringes* p. 310) 一九四一年一月一日，邱吉爾寫了一份備忘錄，禁止官員寫日記，這點讓科爾維「內心備受煎熬」。對歷史學家來說，幸運的是，他和所有首相身邊的人都選擇忽視那份備忘錄。（譯注：包斯威爾，一七四〇年至一七九五年，英國傳記作家。）

(16) 有兩天是一九四二年一月十日、十一日，在佛羅里達的龐帕諾（Pompano），而且兩天都接到電報；另外六天是一九四三年魁北克會議後在加拿大釣魚。

(17) 那年稍早，被問到戰爭之中私立公學的情況，邱吉爾開玩笑，「和平日差不多：哈羅有埃莫里、戈特和我，伊頓有比利時國王和上校拉姆齊，溫徹斯特有奧斯瓦爾德·莫斯利。」(ed. Rose, *Baffy* p. 174) 這是個好笑話——最後兩位因法西斯主義入獄——而且強調他並不責備戈特勛爵在歐陸吃了敗仗。

(18) 在美國，就是從高中二年級跳到四年級。

(19) 因為畢佛布魯克和空軍部的關係不好，因此邱吉爾經常收到他的辭職威脅。十二月時邱吉爾又收到，於是告訴他，「為了公眾利益，兩個部門之間應該要有尖銳的批評和反駁，而非互相贈送禮貌的花束。」(Colville, *Fringes* p. 317) 又另一次辭職威脅時，他回以法國革命激進分子的勇氣：「丹頓，不可以軟弱！」(ibid. p. 330)（譯注：丹頓（Georges Jacques Danton，一七五九年至一七九四年）是法國大革命初期的領導人物，這是他上斷頭臺前說的話。）

譯者注

① 一六七六年至一七四五年，輝格黨政治家，後人普遍認為他是英國歷史上第一位首相。
② 成立於一三七八年，主管英格蘭皇室城堡與居所維護。
③ 一八九二年至一九四四年，美國政治人物、律師。
④ 北歐神話中的世界浩劫，眾神大戰與無數自然災難，導致整個世界沉沒在水底。
⑤ 小說《唐吉訶德》中主角唐吉訶德忠實的隨從。
⑥ 公元前二一六年坎尼會戰。

24 「繼續撐下去」1941／1—1941／6

多數戰爭主要都是糊裡糊塗的故事。——邱吉爾，《馬爾博羅》[1]

拿破崙可以命令，但馬爾博羅最多只會說服和勸誘。那樣很難打贏戰爭。——邱吉爾致上將埃德蒙茲，一九三四年[2]

一九四一年一月二十二日，韋維爾拿下利比亞重要的戰略港口托布魯克（Tobruk），於是邱吉爾有了好消息可以向下議院報告。「我相信有諸多事情可以做得更好，」他說，「而我毫不厭惡批評，甚至是為了強調，因而有時脫離現實的批評。」[3]當他說出拉丁文*primus inter pares*（同儕之首），工黨議員大喊：「翻譯！」「我當然應該翻譯，」邱吉爾說，「為了可能在場的老伊頓人好。」[4]科爾維寫道，「他的妙語和他掌握的反諷藝術，逗得議院大樂。」[5]他也利用機會稱讚畢佛布魯克「是個老練的海上突襲者，也就是海盜的婉轉說法」，還描述他是「整體具有傑出力量和天才的人，情況最差的時候，他的狀況最好」。[6]

同天，邱吉爾寫信給伊登，表達他的憤怒，對於埃及的稅收過分沉重的落在農民（fellaheen），而非「有錢的帕夏（pashas）①和地主，以及其他假裝的民族主義者」，又說「（尼羅河）三角洲需要一點激進的民主大錘，在我們容忍的保護之下，那裡長了那麼多肥胖無恥的階級，政黨利益也節節攀升」。[7] 這觸擊了他心中大英帝國的意義——保護最貧窮的人，不被他們自己同胞的貪欲侵害——雖然當時完全不是疏遠任何在埃及之人的理想時機。對許多人而言，邱吉爾象徵他們鍾愛的帝國。他們一起視察多佛炮兵連時，霍普金斯無意間聽到一位工人說，「該死的大英帝國走了。」[8] 霍普金斯告訴邱吉爾時，「溫斯頓笑容滿面，接著，轉向（科爾維），咬著舌說**非常**好」。邱吉爾現在知道德國入侵的可能性不大。他說早上醒來，「幾乎總是這樣，他感覺體內有瓶香檳，很高興另一天又到來。」[9] 英國人民不像首相，他們無從得知 Ultra 解碼，所以依然相信侵略可能發生；那個月的蓋洛普民調顯示，六十二%的英國人民認爲德國眞的會發動侵略。但是，當被問到誰會獲勝，八十二%認爲英國，十%認爲會平手，八%無意見；回答德國的是零。[10]

當傑克問邱吉爾，英國打算如何收復被義大利入侵的英屬索馬利蘭。邱吉爾指出，根據拿破崙的格言「Frappez la masse et le reste vient par surcroît」（打擊主要部位，其他就會跟進），首先必須解放利比亞。[11] 他擬了一份電報給韋維爾，問他爲什麼有三十萬名士兵在北非，卻只有四萬五千名實際在戰場。他在整個戰爭中經常發出這類抱怨。當迪爾要求他不要送出電報，邱吉爾說「在戰爭中說話有必要直率，而他不懂韋維爾爲何還要更多基督教青年會在前線後方」。[12] 儘管如此，電報沒有發出。

邱吉爾知道，羅斯福的朋友哈里・霍普金斯來訪，是他引誘美國主動參戰最好的機會。他告訴霍普金斯，如果英國在一九四〇年已經和希特勒協商和平，那將意味幾年之內就會見到「春之虎」(spring of tiger)。「絕對不要妥協，而且你永遠不會爲此後悔。」他說。[13] 不屈不撓的魅力攻勢奏效。「你的前海軍(Former Naval)② 不只是首相，」霍普金斯報告總統，「他也是戰爭所有重大策略與行動背後驅動的力量。

他牢牢抓住英國各階級人民的心……這個民族抵抗入侵的精神和決心令人讚嘆。無論攻擊多麼強烈，都可以確信他們會抵抗，而且有效抵抗。」[14]在羅斯福十一月再度當選後，辭去大使的約瑟夫・甘迺迪曾經告訴總統，邱吉爾反美，而且不喜歡羅斯福本人，這番不實的言論在霍普金斯訪問後不攻而破。[15]

一月二十六日星期日，站在契克斯別墅大廳壁爐前的邱吉爾，對著霍普金斯、波特爾、林德曼、傑克、科爾維，闡述他對現代歷史廣泛的觀點。他譴責約瑟夫・張伯倫煽動波耳戰爭，他認為這場戰爭刺激德國建造他們的公海艦隊，並且批評鮑德溫「促成德國再度崛起，以及我們本身國力衰退」。[16]他指出，雖然《凡爾賽和約》向德國要了十億英鎊的補償，之後英、美又借給他們兩倍之多。一旦打贏戰爭，他預期，大約二十個月內，「又會出現那些希望幫助德國自立的人。『歷史上只有一件事情是確定的：人性是無法教化的。』」[17]他又說，「他誰也不恨，也不覺得他有任何敵人——除了德國佬，而且那是職業之故！」[18]

贏得和平後，邱吉爾相信，世界將會有短暫「建立數個基本原則的機會」。他認為未來的國際關係能夠以基督宗教的道德為基礎，「而且我們愈嚴格遵守〈登山寶訓〉(Sermon on the Mount)，我們的努力愈能成功。」但是這樣的取向在戰爭時期是「荒謬」的，而且他譴責內閣委員會的戰爭目標，他說至今只有「一份模糊的報告，五分之四出自〈登山寶訓〉，其他是競選演說」。[19]當霍普金斯預測日本會將美國引入戰爭，邱吉爾很快就說，「美國作為盟友的優點，相較日本作為敵人的缺點，是十比一。」他們相對的鋼鐵生產數量證明這點，因為「現代戰爭是用鋼鐵打的」。[20]他猜想義大利海軍的命運必定已經震驚日本人——他們被從塔蘭托空中攻擊。「在絕對的事情上打賭的那些人，命運會要他們付出極大代價。」他沉思道。[21]事實上，日本從那次攻擊學到很多。

霍普金斯向他的東道主再次保證，羅斯福「會領導美國輿論以免付出代價」。他說，總統「深信，如果英格蘭輸了，美國也會被捲入並挨打……他不想要戰爭……但他不會因爲戰爭而畏縮」。[22] 至少邱吉爾得到保證，英國不會被拋棄，落得需要自謀生路。科爾維發現那天晚上邱吉爾上床之前「非常健談，而且親切」，解釋德軍如果沒有空中優勢而侵略英國，將會面對什麼樣的危險，尤其如果他們的通信線被皇家海軍切斷。邱吉爾上床，讀了包斯威爾的《赫布里底群島之旅》（*Tour of the Hebrides*），帶著「甜美地笑著」，祝福他自己的包斯威爾晚安。[23]

一月二十九日，羅斯福邁出令人振奮的一步，批准英、美參謀在華盛頓進行最高機密會談，檢視各種兩國可以打敗軸心國的戰爭情境。[24] 這些稱爲 ABC-1 會談，也是未來同盟國的戰爭計畫與兩國決策者之間友好互動的基礎。邱吉爾並不排除德國可能從西西里攻擊突尼斯（Tunis）和比塞大（Bizerta）的可能，而且「同時嘗試侵略英國」，並可能伴隨對機場實施毒氣攻擊。他相信皇家空軍「更有效率的飛行員會摧毀並分散大型空中攻擊，除非他們使用毒氣」。一月三十日，大型空襲再度開始，是數週以來的第一次。上校皮姆往騎兵衛隊閱兵場的方向不久之後，邱吉爾聽到炸彈落在那裡，他去電海軍部詢問皮姆有無受傷，所幸沒有。[25]

在北非，已經向義大利勢力範圍推進了五百哩，只有兩千人傷亡。但韋維爾發出警告，他無法在二月底前打到班加西（Benghazi）。邱吉爾開始認爲英國的主力應該改轉向希臘。[26(1)]

一月二十九日，七十歲的梅塔克薩斯死於喉嚨感染，希臘的局勢隨之變得複雜，德國表示那是邱吉爾下令的暗殺（毫無根據）。二月四日，邱吉爾告訴國王，「德國會進入保加利亞，攪亂巴爾幹半島」，「希特勒必定在爲義大利撐腰」以對抗希臘，以及「我們這裡的日子不會好過，就像轟炸」，但是現在有一千兩百架戰鬥機在英國。[27] 那天洛伊德勛爵因白血病過世，享年僅六十一歲，意謂失去一位朋友、一位另一俱樂部的會員、一位比邱吉爾更早開始呼籲重整軍備對抗德國的同僚、一位與邱吉爾並肩堅決反對印度自治的戰友。「洛伊德勛爵和我是多年的朋友，而且過去十二年是親密的政治伙伴。」邱吉爾在下議院的悼詞說，

> 我們一起達成多數人不看好的目標；然而正是那樣的目標，需要逆流而上的目標，人們才會學到同志和朋友的價值與品質……有時候人們說，好人難得。也許正是因為那些我們想要克服、我們努力控制的無數事件，在現今的時代，已經遠遠超出了舊的界線，他們膨脹到不成比例。同時，人的道德與智慧始終未變。[28]

邱吉爾在他一九三一年的文章〈由此五十年〉（Fifty Years Hence）曾經表達這個想法，他之後會數次重複，包括他的諾貝爾獎得獎感言。隨著原子彈發明，人類智慧和道德的腳步並未跟上科學突破，這點也會深植邱吉爾的心中。

洛伊德過世意謂內閣必須重組。衆多異動中，莫恩勛爵從農業大臣轉爲殖民地大臣，接任洛伊德的位置。邱吉爾希望政府裡頭有一個公爵，所以莫恩的農業大臣被第十六代諾福克公爵（Duke of Norfolk）取代。他之所以出線，歸功其他四位公爵——巴克魯、西敏、貝德福、曼徹斯特，在戰爭爆發時全都表示

反對邱吉爾。當伊登針對重組花費的時間與力氣向他表示同情時，邱吉爾說他享受組織內閣的過程。[29]

二月九日，就在霍普金斯造訪契克斯別墅向邱吉爾道別時，傳來眾議院以兩百六十票對一百六十五票通過《租借法》(Lend-Lease Bill) 的消息。一旦參議院通過，總統簽署成爲法令，英國就能向美國購買價值三十億英鎊的武器，並分攤數十年償還。翌日邱吉爾的夜間廣播，用科爾維的話，「幾乎是對著美國人說」。[30] 他嘲笑墨索里尼：「兩位獨裁者的其中一位——那個狡猾、冷血、壞心的義大利人，想要靠著從背後刺殺法國這種便宜伎倆得到帝國，這下陷入麻煩了。」[31] 他用一貫的四重形容詞描述韋維爾是個「戰爭高手：睿智、盡心、勇敢、不懈」。[32] 最難忘的是，他引用朗費羅的詩〈造船〉(The Building of the Ship)。邱吉爾親筆寫了一節詩，「羅斯福總統，」他說，「如同適用我們，也適用你的人民」。詩是這樣的：

邦國之舟，揚帆前進吧！
繼續前進，噢，同盟，堅強又偉大！
懷抱恐懼的人類，
懷抱未來希望，
摒住呼吸緊握汝之命運！

我該以你們之名，給予這位三次獲選為一億三千萬人的國家元首、這個偉大的人什麼答案？這就是我將給予羅斯福總統的答案：信任我們。給予你的信心與祝福，在上天眷顧之下，一切都將安好。我們不會失敗或顫抖；我們不會軟弱或疲倦。任憑戰鬥突如其來的衝擊，或者警覺與耐力的長期考驗，都不會消耗我們。給我們工具，我們就會完成工作。[33]

二月六日，韋維爾攻克班加西。迪爾一開始希望他能獲准追擊義大利人到的黎波里（Tripoli），順勢將他們趕出北非，但是邱吉爾相信，英國的軍隊有機會及時抵達希臘北部，對抗德國進攻，而且這件事情較爲優先。他告訴國王，英國會提前三週取得班加西，意謂有很多人力物力可以送到希臘，而且「希臘人的表現十分優異」。[34] 二月十一日的內閣會議，就在伊登和迪爾前往開羅找韋維爾討論希臘遠征的事宜之前，「特殊情報」（就是 Ultra）指出德國將在三月中侵略希臘，而且預計在四月中以十個師拿下雅典。

後來邱吉爾爲希臘的冒險辯護，表示那是出自榮譽考量的騎士精神表現，但事實上他內心已有具體的戰略理由，至少在那裡部署五萬五千個人：他想撐起「巴爾幹集團」，包括南斯拉夫、羅馬尼亞、保加利亞、希臘、土耳其，大致就像一九一五年他在達達尼爾海峽遠征時，心中預期的集團。但是土耳其現在固守中立，而羅馬尼亞和保加利亞也不可能因爲英國遠征軍出現在希臘就改變立場。重要的是，北非的情況，因爲二月十二日上將埃爾溫・隆美爾帶著新成立的德意志非洲軍（Afrika Korps）抵達黎波里，所以徹底改變。英國應該取消他們已經派到希臘的軍隊，專心面對新的潛在危險，否則可能會威脅埃及與蘇伊士運河（Suez Canal）這條通往印度與英國遠東財產的生命線。

二月二十日，邱吉爾發電報給人在開羅的伊登和迪爾：「如果你們心中覺得出兵希臘只會是另一次挪威慘敗，不要認爲你們有責任。如果沒有好的計畫，請直說。但是你們當然知道，成功將是多麼可貴。」[35] 中東的三位總指揮官都建議希臘遠征，即使海軍上將安德魯・康寧漢爵士已經表示，他再也不能保證拿下羅得島(Rhodes)作爲主要的空軍基地。在今日所謂的團體迷思中，衆人全體支持希臘這個危險的想法。支持者現在包括邱吉爾、伊登、迪爾、三軍參謀長，地方總指揮官，以及至少一開始支持的韋維爾。

邱吉爾同意波蘭指揮官上將西科爾斯基的想法，土耳其人只有攸關他們的國家利益才會參戰，但他主張，儘管只是希望，美國會「受到情感驅使參戰」。[36]「你玩撲克牌嗎?」二月十六日，邱吉爾在迪奇利園問西科爾斯基，「這一手牌將會打贏戰爭：同花順——大不列顛、海、空、中東、美援。」[37]因此他不贊成有必要投入歐陸大戰，更不要提前進入柏林。黛安娜·庫柏夫人寫下一段可愛的話給她的兒子約翰·朱利斯(John Julius)，描述迪奇利園那個週末，「晚餐後我們看了兩部好看的電影，一部是《逃跑》(*Escape*)，另一部是輕鬆的喜劇《安靜的婚禮》(*Quiet Wedding*)。也有幾部短片，關於爸爸的部會。溫斯頓竟然每一部都哭了，喜劇也是。」[38]她告訴邱吉爾，他做過最偉大的事就是賦予英國人民勇氣。「我從沒給過他們勇氣。」他回答，「我是集中他們的勇氣。」[39]

由於伊登在開羅和迪爾、韋維爾評估希臘遠征，二月二十四日，邱吉爾得親自與日本駐英國大使重光葵見面。之後，外交部請他提供對話紀錄。他必須承認，「他可以記得自己說過什麼，但是想不起來對方說過什麼。」[40]不在場的麥斯基告訴勞合喬治，他聽說邱吉爾告訴重光葵，英國即將戰勝德國，而且眼中帶淚。「對，溫斯頓會那樣。」勞合喬治回答，「他是個容易激動的人。那又如何?現在他因爲想要打敗希特勒而哭。一年內，他可能因爲戰爭的恐怖而哭。世事多變。」[41]不變的是勞合喬治的犬儒主義和敵意。

「溫斯頓和伊登都知道，在歐洲大陸對抗德國是賭博。」二月二十五日，國王見過邱吉爾後在日記寫道，「但是希臘打得如此之好，土耳其和南斯拉夫可能會因爲想到英國軍隊將在巴爾幹作戰而堅定心意。」[42]然而還是不夠堅定。許多要被送去希臘的澳大利亞人、紐西蘭人、南非人、波蘭人，後來都抱怨，投入作戰的英國人不夠多，這點甚至沒有徵詢大英國協各個政府的意見。邱吉爾知道那個重要戰略不能由聯邦組成委員會決定，但是類似這種敏感的事情，他大可處理得更好，尤其考量澳大利亞的地理位置，他們自家很快就會遭受日本威脅，在新加坡損失上千人力，而他們才被派去非洲，現在又要前往歐洲。

「我們準備冒上失敗的風險，」伊登從開羅發出電報，「和希臘人一起受苦總比不打算幫助他們要好。」那天晚上傳來消息，橫渡大西洋的船隊遭到嚴重傷害。布瑞肯建議科爾維明天再告訴首相，以免影響他的睡眠。凌晨三點，邱吉爾詢問有無海軍部的消息，科爾維覺得必須告訴他，他聽了之後「非常憂慼」。科爾維說那是令人非常沮喪的消息。「沮喪！」邱吉爾回答，「是恐怖。再繼續下去，我們就完了。」[43]

儘管國家存亡的奮鬥仍在進行，二月二十七日，議員堅持邱吉爾辯論深奧難懂的憲政議題——下議院取消資格（臨時條款）法案，關於議員在海外任職時，是否允許維持國會席位。邱吉爾的結論是，擔任這個議院議員「五年或十年的經驗，之於公共事務是全面、良好的教育，非常難得」，而且主張他們應該維持他們的席位（如此也方便他繼續送張伯倫派到帝國各個恐怖的職位）。[44]接著他在另一俱樂部和陸軍大臣大衛・馬傑森吃飯。馬傑森現在也是會員，再次顯示邱吉爾無意追究積怨。(2)

就在大英國協的軍隊大批登陸希臘時，馬傑森表示他並不喜歡這項工作。他說他會同意，是因爲「首相覺得，如果我們拋棄希臘，我們在法國、西班牙、美國眼中的聲望就沒了。」[45]政治聲望優於戰略必要。伊登只說那是「非常艱難的提議」。[46]康寧漢重複，他的資源已經嚴重超支，而現在迪爾也反對。這些只讓邱吉爾嘲笑，「可憐的三軍參謀長，因爲想要逃跑，所以喘不過氣。」[47]三月六日，科爾維寫道，「首相在十號大聲責罵三軍參謀長，從十一點半到（下午）一點半。」[48]然而各種事件很快就會顯示，他們是對的——至少他們最近表達的看法是——而邱吉爾是錯的。當邱吉爾為了如願展開冒險的巴爾幹事業，因而訓斥躊躇的三軍領袖，同時加里波利的陰影逐漸延伸。

那天午餐出席的有克萊門汀、林德曼、波塔靈頓伯爵夫人（Countess of Portarlington，邱吉爾的遠房親戚）、記者查爾斯・伊德、哈佛大學校長暨美國國防部科研委員會主席詹姆斯・B・科南特（James B. Conant），他們在十號的地下室用餐，此時那裡已有鋼鐵梁柱防護。[49]那天的菜單是魚肉餡餅、菲力牛排佐蘑菇、燉芹菜蜜桃起司，餐前飲料是雪利酒，其他有白酒、波特酒、白蘭地、咖啡，也有雪茄和香菸。邱吉爾「相當滿意」兩天前在挪維克附近羅弗敦群島（Lofoten Islands）的突擊隊襲擊，摧毀八十萬加侖預備補給德軍的魚油維他命，但是他自然沒有提到那次襲擊也取得轉輪和恩尼格瑪密碼機的密碼書，已經送到布萊切利園解讀。關於空襲，邱吉爾說，「雖然嘗試總是好的，但你永遠不該給他們『坐著的鴨』（容易擊中的目標）。」[50]當話題轉到英格蘭女人端茶給被擊落的德國飛行員喝，克萊門汀提到英格蘭人實在無法憎恨敵人。「戰爭結束之前，」邱吉爾說，「我們應該好好恨他們。」[51]

波塔靈頓夫人表示，美國的孤立主義者說沒有什麼比戰爭更糟，她表示同情。「奴役比戰爭更糟，」邱吉爾插話，「恥辱比戰爭更糟。」[52]邱吉爾抽著重燃至少十次的雪茄，喝下「頗多的波特酒和白蘭地」，他指出，德國人已經兩次在自由選舉拒絕希特勒，第二次的多數比第一次更多。伊德訝異那次午餐如此隨性。邱吉爾吃完主菜後，自己拿起盤子放到餐具櫃。談到科學的事，也許是為了科南特，邱吉爾問那位教授：「如果鈾會不斷自行減半，為什麼地球上還會有鈾？」[53]接著他又說了一項奇妙的科學論證，證明上帝存在。他說，「太陽比地球更熱，表示地球必定是在比太陽晚了更久之後才被個別加熱。」[54] 布瑞肯也加入從下午一點三十五分到三點二十分的午餐，伊德很訝異他竟然稱呼首相「溫斯頓」。

三月四日，國王質疑美國對英屬西印度群島基地的權利。針對這點，邱吉爾正在與新的美國駐英大使，五十一歲英俊迷人的約翰·G·懷南特（John G.'Gil'Winant，綽號「吉爾」）協商。首相告訴國王，「租借法案必須先通過，否則我們無法繼續並且打贏戰爭。」[55] 四天之後參議院以六十票對三十一票通過《租借法》。同花順的第五張牌到手。那年十一月在倫敦市長官邸的演說，邱吉爾讚美《租借法》，說三十億英鎊已經可得，「爲了世界自由的目標——記住這句話，因爲很特別——不用開立任何金錢帳戶。永遠別讓我們聽到那些嘲笑，說金錢是美國民主核心的統治思想或力量。《租借法》毫無疑問必須被當成整個信史之中，最慷慨的法案。」[56]

首批大英國協大軍在三月九日登陸希臘。雖然迪爾已經指出，德國軍隊已經進入三月一日加入軸心國的保加利亞，此時這起行動的風險因而更高，但是韋維爾（起初）、康寧漢（意見保留）、皇家空軍中東總指揮官上將亞瑟·朗莫（Arthur Longmore）、賈德幹，以及此時的上將史末資，全都支持這次遠征，戰時內閣也是，尤其伊登。因此接下來的希臘慘敗不能完全怪罪邱吉爾，雖然身爲首相與啦啦隊隊長，他必須承擔最終責任（而且他也從不逃避）。

那個週末，上將艾倫·布魯克爵士，即嚴肅正經的國內部隊總指揮官、阿爾斯特「布魯克戰鬥家族」的子孫，來到契克斯別墅吃飯過夜。「他的狀態極佳，」這位上將在日記寫到邱吉爾，「而且晚餐後叫人拿來他的步槍，示範『長射孔』，他想以『托槍』取代『長射孔』。[(3)] 接著他又練習刺刀！……幸運的是，首相決定早點睡覺，而我在午夜前已經舒服地躺在有四根帷柱的床上，那張床竟來自一五五〇年伊莉莎白時代！」戰爭之後，布魯克寫道，「那天晚上還非常生動地留在我的心中，那是我少數見到溫斯頓真正輕鬆愉快的場合。看著他練習刺刀，穿著他的警報裝，站在契克斯別墅古老的大廳，我不禁抽搐。我記得當時想著，希特勒看見這樣拿著武器示範的畫面，會有什麼想法。」[57]（較偏激的布魯克後來會描述邱吉爾的深夜會議是「午夜蠢事」（Midnight Follies），這也是知名舞蹈劇團的名字。）

接著那週週二午餐，邱吉爾告訴國王「對於默許派兵幫助希臘，他感覺責任重大，因為所有的不利因素都很嚴重，而且我們抵達那裡之前什麼都可能發生。」[58]那天，羅斯福總統簽署租借法案正式立法，這是邱吉爾可以慶祝的勝利。價值超過三百億的美國製戰爭物資接下來四年會送到英國，遠遠超過他們能支付的金額。一九三二年起，英國對於大英帝國以外製造的物品皆課以關稅，而英國為《租借法》需付出的代價之一，是被迫放棄這個帝國特惠關稅制度，賈德幹認為這是美國人「相當過分的勒索」。邱吉爾的眼光放在更遠的目標，他要避免國家破產，並且取得抗戰有效的武器。[59]英國在美國國會通過法案前，美元儲備已經見底。首批款項十三天後才撥款。[60]在下議院，邱吉爾描述《租借法》是第二個《大憲章》。羅盤行動期間，幾位美國國會議員受邀到契克斯別墅午餐，其中一位問，「如果德國人立足在這個國家，你們被他們蹂躪，會怎麼樣？」邱吉爾回答，「我們垂死的手會把接力棒交給你們。」又說皇家海軍會在海外的新基地持續作戰。[61]現在《租借法》的武器正從大西洋過來，[(4)]他不需再提莫斯利政府可能會將船艦交給德國的隱約威脅。

白廳花園中要蓋一座保護陸軍部的堡壘。三月十八日，賈德幹描述邱吉爾在那裡走來走去，「抽著雪茄，在樓梯上上下下，攪著半乾的水泥，跟工人聊他們的私事，問很多人那個問題：『我們是否灰心？』，而且眞的非常享受這件事。」[62]「爲邱吉爾先生工作，就像被圈在小型的龍捲風中。」海軍部的副官寫道。[63]從未比他早睡的沃爾特・湯普森深有同感，提到他的老闆經常每週工作一百二十小時。邱吉爾的聽力敏銳，而他的驗光師說他的視力比實際年齡年輕十歲。[64]他體重過重，但其他方面狀態良好。「這位六十五歲的先生走在路上與陡峭樓梯的速度令我吃驚。」查爾斯・伊德談到，而其他許多人也同意這點。[65]

邱吉爾造訪陸軍部堡壘的隔天，他見了代表羅斯福討論船舶與補給的埃夫里爾・哈里曼。哈里曼是國際馬球選手、新政的官員，他也將繼承家族企業「聯合太平洋鐵路」（Union Pacific Railroad Company），可謂美國的貴族，而且邱吉爾和他一拍即合。那天晚上空襲時，邱吉爾帶他去空軍部的屋頂「看著好玩」，還對他引用「丁尼生有先見之明的詩句，描述空中戰事」。[66][(5)]一位副官回憶，「哈里曼高大、黝黑、英俊，溫文儒雅，總是令人印象深刻。」[67]哈里曼認識帕蜜拉不久後（他覺得她很「可口」），便開始和她在多徹斯特飯店的套房外遇，此時倫道夫正在北非服役，而且和他的妻子爲了金錢的事吵架。（他絕不是她在戰爭期間唯一的性伴侶。）一九四二年春天，溫斯頓・邱吉爾告訴帕蜜拉，他已經聽說「很多」她和哈里曼的事情，但是帕蜜拉「笑著帶過」，但他們似乎再也沒有討論過此事。[68]

克萊門汀似乎已經知道這段外遇，但沒有勸阻。契克斯別墅的訪客名錄顯示這對男女經常和溫斯頓與克萊門汀一起住在契克斯別墅（哈里曼第二任妻子過世後，他們於一九七一年結婚）。哈里曼的女兒凱瑟琳（Kathleen）也和他們一起，而她也知道。曾有人指控邱吉爾夫婦把英美關係置於兒子的婚姻關係之前，對於這段在他家屋簷下的外遇，說難聽一點是加速，說好聽一點是裝瞎。倫道夫一九四二年十一月休假回家時得知此事。

莎拉和維克・奧利佛的婚姻也在一九四一年秋天崩潰，雖然不清楚當時她是否已經和美國駐英大使約翰・G・懷南特開始外遇，但她直到一九四五年才離婚。當她向父親要求在軍隊任職，她記錄兩人的對話，邱吉爾說，「我希望他當個紳士，讓妳離婚。」「當然不會。」莎拉回答，「我要離開他。」「你這壞女人，」邱吉爾開玩笑，「我會讓妳離開我！」[69]她加入女子輔助空軍，派駐在皇家空軍梅德南（Medmenham），介於契克斯別墅和倫敦之間，解讀空中照片。[70]

一九四一年初有種感覺，事件似乎接二連三，除了生存，沒有統一的主調。英國在戰爭中苦撐，盡可能長久，直到某個東西出現，反轉浪潮對抗德國，雖然在那個階段，還不知道那個東西會是什麼。邱吉爾自己希望的美國參戰、或希特勒自不量力攻擊俄羅斯、或英國在北非拿下重大勝利、或納粹歐洲發生暴動，當時似乎全都不太可能，但是英國當時的戰略政策，也許可以用他自己的格言描述——「繼續撐下去」（Keep Buggering On）。二月二十八日，他整天主持進口執行委員會（Import Executive）。這個委員會要解決船隻危機，因為被擊沉的船隻遠多於購買與新建的數量。一九四〇年月曆年的損失，英國約為兩百七十三萬噸，同盟國八十二萬噸，而新建的大型戰艦只有二十二萬一千九百三十五噸。「我們必須把這個問題提升到最高層級，高於一切。」他告訴龐德。[71]六個月後，他已經克服海軍部反對，在利物浦建立西徑司令部（Western Approaches command），現在證實，這個單位相當有助於對抗U型潛艇。三月初，他設立大西洋戰役委員會（Battle of the Atlantic Committee），召集部會首長、文官、造船專家、科學顧問和三軍。「大西洋戰役已經開始。」他宣布，「我們必須對U型潛艇和福克－沃爾夫（Focke-Wulf）[(6)] 採取攻勢，無論時間、地點。必須獵殺海上的U型潛艇，在造船廠內或在碼頭的都要炸掉。用來妨礙我們船舶的福克－沃爾夫和其他轟炸機，在空中或他們巢穴的，都是攻擊目標。」[72] 他率先要求所有商船都要配備改良的防空高射炮，而且較大的船隻要安裝彈射器，讓颶風戰鬥機可以從甲板起飛。他在他的戰爭回憶錄寫道，「戰爭當中唯一眞的令我驚恐的是U型潛艇這個禍害……相較所謂不列顛戰役光榮的空戰，我在這場戰役要焦慮多了。」[73]

三月十九日，大西洋戰役委員會第一次開會，當時沉船的比例是平均每船隊十%。由於英國一半的食物和多數原物料依賴進口，他們的處境很快就會極爲嚴峻。「我不怕空戰，我不怕入侵，我沒那麼怕巴爾幹半島，」邱吉爾隔天告訴內閣，「但我對大西洋感到焦慮。」[74] 十二週內，宛如狼群的U型潛艇已經擊沉一百四十二艘同盟國的船隻，三月中，兩艘德國在大西洋的戰艦——沙恩霍斯號和格奈森瑙號，擊沉或捉走八萬噸的同盟國船舶。[75] 還有兩百六十三萬噸的船舶在英國港口待修，碼頭變得更加擁擠，因爲損壞遠遠超過可用的資源。「我多麼希望能夠用全面入侵交換，」邱吉爾戰後寫道，「這個無邊無際、無以名狀的禍害，得靠表格、曲線、統計數據呈現出來！」[76]

三月二十五日，南斯拉夫的情勢在攝政王保羅和希特勒簽訂協議後，急轉直下。次日邱吉爾寫信給貝爾格勒（Belgrade）的英國大使羅納德・坎貝爾爵士（Sir Ronald Campbell）。「繼續糾纏、抱怨、嘮叨。特別注意，不接受『不』作爲回答。」他敦促，「現下沒有時間責備或莊重道別。」[77] 隔天保羅在英國支持的政變中，被他十七歲的姪兒國王彼得（King Peter）推翻。兩週後，邱吉爾在演說中表示，「一條大蟒蛇已經用惡臭的唾液覆蓋他的獵物，然後纏繞的獵物突然被奪走；希特勒、戈林、里賓特洛甫和其他納粹幫派，如果經歷這種痛苦的失望，可能會比大蟒蛇更憤怒。」[78]

「首相開心極了。」科爾維寫到政變，「整個國家歡天喜地。」[79]那天一場演說中，邱吉爾說，「今天上午稍早，南斯拉夫民族找到他們的靈魂。」[80]第二場演說，在為懷南特舉辦的午餐中，他說這位美國大使「給我們一種感覺，也是所有羅斯福的人給我的，就是他們寧願被射死，也不願看到這樁事業失敗」。[81]關於英國如何打贏戰爭，他道出自己心中的想法，回憶他在軍需部時，「有人告訴他，我們缺這個、缺那個，我們缺鋁土和鋼鐵等等；但我們繼續，而且到了最後唯一缺的，就是德國佬。」[82]

三月二十八日與二十九日，上將安德魯・康寧漢爵士在馬塔潘角之役（Battle of Cape Matapan）擊沉三艘義大利重型巡洋艦和兩艘驅逐艦。大約兩千三百名敵軍船員陣亡，英國的損失包括四艘輕型巡洋艦損壞、三名船員陣亡。[83]這件事情在契克斯別墅「引起興奮的歡呼」。邱吉爾形容攻擊是「撕碎義大利的紙艦隊」。[84]整體而言，他認為，「人民在戰爭中，比原先預期的還要高興得多。」科爾維寫道，即便是「拉布・巴特勒，儘管有點不情願，也開始崇拜首相」。[85]法國已經不定時轟炸直布羅陀數個月，邱吉爾發出電報警告，如果他們繼續，「我們就轟炸維琪，到處追擊他們。」他接著告訴墨索里尼，如果他鑿沉在馬索沃（Massowah，今日厄利垂亞的馬薩瓦〔Massawa〕）的船，因而堵塞港口，「我們不會給在非洲的任何一個義大利人吃飯。」[86]（一段時間後，有些船在那裡被鑿沉，但義大利的戰俘還是有飯吃。）

當邱吉爾發現，上將布魯克一直針對五個德國的師登陸諾福克並往內陸進攻進行軍事模擬，他問了他十四個問題，例如「他們有什麼海軍護航？」「這時候的登陸有無高階的敵軍日間戰鬥機編隊保護？」

「前十二小時預計多少人車登陸？扣除多少比例的損失？」他總結，「如果軍官可以想出一項計畫，讓我們在法國海岸，以同樣的戰鬥機護航和規模一樣的軍隊；而且以德國在海峽有海軍優勢爲假設，我會非常高興。」[87]一週後布魯克回答，給定所有需要的數據，估算渡海會損失十%，登陸再損失五%到十%。他接著又繼續和邱吉爾通信五週，討論德軍會如何在英國找到燃料和食物。[88]

三月三十一日，隆美爾進攻韋維爾在利比亞沙漠的位置。短短十天他就抵達托布魯克，圍攻那裡。「德國出其不意進攻，並摧毀一個裝甲旅。」科爾維寫道，又說，「首相老實告訴我，他認爲在北非的韋維爾等人非常愚蠢，而且早該在那裡作可能被突襲的準備。」[89]他下令韋維爾不計一切代價守住托布魯克，並要上將康寧漢封鎖的黎波里港。康寧漢認爲這是自殺，雖然他確實封鎖港口，並且擊沉數艘敵軍的船。[90]康寧漢收到命令，再次補給戰略地位重要的馬爾他島，那裡現在正被從空中團團包圍，此外，還要求康寧漢設法切斷義大利和非洲之間的軸心國通信。

同時，韋維爾也接到命令，利用重新奪回英屬索馬利蘭的軍隊侵略衣索比亞，充分利用那裡的優勢取得勝利。後來他抱怨邱吉爾讓他經常負荷超載，那是事實，而且他也抱怨首相「從來不懂命令軍隊打仗前必須要有完整的配備。」他記得邱吉爾辯稱，「一八九九年或一九〇〇年阻止英國侵略的波耳人只有少數騎在馬上，南非的旅只須帶步槍上戰場，不需要更多裝備。」[91]四月二日，邱吉爾傳給韋維爾一則恩尼格瑪的解碼，表示柏林拒絕隆美爾要求的空援，因爲飛機需要派到其他地方，並且命令隆美爾目前先往東進入埃及。[92]儘管如此，隔天，韋維爾必須撤出班加西，因爲他的軍隊有大部分被調去遠征希臘，他的戰力嚴重削弱。「首相非常擔心。」科爾維寫道。[93]因爲那個消息，利物浦和曼徹斯特的訪視俱被取消。

同一天，邱吉爾告訴克里普斯，要他轉達史達林，根據 Ultra 情報——宣稱來自德國高階司令部「可以信賴的探員」——三個德國武裝師已經接到命令，要在三月底從巴爾幹半島移動到波蘭的克拉科夫（Kraków），而這個命令在貝爾格勒政變後已取消。不像三軍參謀長和多數的情報單位的預估，邱吉爾懷疑，這意謂一旦希特勒在南邊鞏固南斯拉夫和希臘，就打算侵略俄羅斯。史達林不理會此項警告，僅當成是「英格蘭的挑釁」，就像一九四〇年六月無視邱吉爾警告他德國會轉往東方。史達林沒有立刻收到警告，因爲克里普斯幾週之後才和蘇聯政治局的小官開會，當時與德國相比，蘇聯更加不信任英國。[94]

四月六日，德國陸軍入侵南斯拉夫。德軍從三面同時攻擊南斯拉夫，貝爾格勒被炸彈摧毀。當天希臘也遭受攻擊。「我們必須幫助希臘，但是這麼一來我們會任由戰爭席捲巴爾幹半島。」邱吉爾告訴國王，「我們希望能夠兼顧希臘和南斯拉夫，但是德國的戰爭機器一旦發動，就很難阻止。」接著他沉思，「我們對義大利表現得很好，但德國才是敵人。」[95]最後他回歸當時在他心中最重要的戰場：「大西洋戰役是唯一要緊的，」他告訴國王，「而且美國和我們站在同一邊。」

議院得知德軍已在四月九日進入薩洛尼卡，「整個議院因爲沉痛，無聲地皺著眉頭。」哈洛德·尼科爾森寫下。[96]三天後，邱吉爾宣布一件消息，提振議院的精神：「十艘美國的緝私船、約兩千噸排量的快艇，而且軍備優良、耐力持久，已經準備供我們使用，很快就會開始運作。這些船艦本來要用來加強禁酒，現在將會爲更崇高的目標服務。」[97]兩天後，他帶懷南特和哈里曼到斯萬西（Swansea）時，同樣展現絕佳的幽默。當數百名碼頭工人簇擁著他，他把他那顯眼的圓頂高帽放在手杖上，對著後面看不到他的群眾高舉揮舞。那天晚上，他睡在鐵路側線的車廂，靠近塞文隧道（Severn Tunnel）。從那裡，一行人可以看見布里斯托遭受嚴重的炸彈襲擊後的樣子。

一九二九年六月，邱吉爾被選爲布里斯托大學（Bristol University）的名譽校長。他認眞履行他的職責，頒發學位，有時也會發表重要演說，而且之後也是英國大學任職最久的名譽校長。[98]「來到這裡，我總是高興。」他告訴他的醫生，不僅因爲他有機會再次穿上他父親的財政大臣長袍。但他的權力還是有限；一九三〇年代末，他寫信給副校長，表示有個猶太牙醫學生，他的父母要他逃出納粹德國，希望學校能收他。副校長拒絕。（那個學生活了下來，跑到美國中西部生活。）[99]四月中，邱吉爾去布里斯托頒發榮譽學位給懷南特和澳大利亞總理羅伯特・孟席斯，當時空襲已經造成該市數百人傷亡。根據科爾維所述，邱吉爾和同行的人「或搭車，或走路，經過我從未想過的破壞」。[100]但是，被炸彈摧毀的房屋之間插著米字旗，而且當群眾聚集在邱吉爾身邊，他們揮手又歡呼。「他不斷喃喃自語著：『了不起的人們……了不起的人們。』」[101]（在另一個場合，當他揮手時，他告訴湯米・湯普森，他「盡可能注視人們的眼睛，因爲這樣可以直接傳達訊息給每一個人」。）[102]典禮舉行的威爾斯樓（Wills Tower）周圍，有些建築物的火勢甚至還沒撲滅；幾名大學教師徹夜救援碎石中的人民，博士袍底下還穿著骯髒的民防制服。「整個典禮從頭到尾」，湯普森回憶，「嗆鼻的燃燒味持續從禮堂破碎的窗戶飄進來。」[103]邱吉爾非常驕傲，大學以「完美的儀式與適當的體統」舉行典禮，沒有任何部分被省略。[104]

「你們這樣聚集在這裡，是剛毅與鎭定的表現，」邱吉爾告訴觀眾，

是面對外在事務勇氣與冷靜的表現，我們向古羅馬或現代希臘所學的一切便已值得。只要我能從總部的職務空出幾個小時或一天，我就會到全國各地，而我看見敵人攻擊造成的傷害；但我也在

破壞與殘骸之間，看見一雙一雙安靜、自信、明亮、微笑的眼眸——由於明白比人類或個人事務更高遠的目標，因而發光的眼睛。我看見一個不可征服的民族散發的精神。我看見在自由之中孕育、在千秋萬世傳統之中滋養的精神，而且在這個時候，在這個世界歷史的轉捩點，我們因為這樣的精神扛起我們的責任，因而後代子孫不會有任何理由責備他們的祖先。[105]

之後，世論調查（Mass-Observation）的湯姆・哈里森（Tom Harrisson）瞧見「他的眼中滿是憤怒悲傷的淚水。他顯然被眼前的苦難觸動，卻明顯下定決心，他會確保這不是戰敗，而是勝利」。[106]他的火車離開布里斯托站時，邱吉爾依然噙著淚水，對他的指揮官湯普森說，「他們如此信任——我們責任重大。」[107]

那天晚上，羅斯福宣布，即使他的國家和德國並未開戰，美國海軍在美國沿岸的反U型潛艇巡邏，將會從一九三九年十月已經開始的三百哩，擴大到西經二十五度線，涵蓋格陵蘭和維德角群島（Cape Verde Islands），因此更多皇家海軍的船艦可以回到靠近家鄉的海域對抗U型潛艇。防禦委員會同時決定執行高度危險的「老虎行動」（Operation Tiger），不走開普敦路線，反而經地中海到亞歷山卓港，送去兩百三十八輛坦克。邱吉爾強烈主張承擔這個危險，在爭執激烈的會議結尾，他說：「如果有誰擅長祈禱，現在就是時候。」[108]結果那是正確的決定，只有一艘運輸船沉沒。

這確實是個「世界歷史的轉捩點」，但是當時完全看不出來歷史會轉向何方。隆美爾四月十三日拿下巴第亞。伊拉克的政治人物拉希德・阿里・蓋拉尼（Rashid Ali al-Gaylani）在巴格達發動「金四角政變」（Golden Square Coup），威脅要將他的國家導向軸心國，而南斯拉夫對德國的抵抗也在四月十八日崩潰。

那週，在戰爭最嚴重的空襲中，兩千個倫敦人和三千個利物浦人蒙難。倫敦西區（West End）、皮卡迪利

(Piccadilly)、聖詹姆斯街（St James's Street）、帕爾摩爾街、下攝政街（Lower Regent Street）、海軍部，也都遭到嚴重轟炸。邱吉爾說到海軍部，表示「他從內閣會議桌的座位望向納爾遜紀念柱的視野更好了」。[109]四月十八日，新任的希臘總理亞歷桑德羅斯・科里齊斯（Alexandros Koryzis）舉槍自盡。希臘陸軍自一九四〇年十月起，一直在阿爾巴尼亞對抗義大利，但在一九四一年四月二十日投降，德軍因此在希臘上空建立完全的空中優勢，在這之後，防禦委員會決定撤出希臘。希臘成爲另一個加里波利、南索斯、那維克、敦克爾克、達卡，人們開起玩笑，說英國遠征軍的縮寫BEF，代表「每週五回來」（Back Every Friday）。儘管如此，國王在每週的午餐寫道，「首相狀態很好，不因希臘的情況沮喪……正在安排撤退。」[110]

四月二十四日，希臘投降。「下議院焦躁不安，而且政府的支持度正在下降，」香農寫道，「但是首相的位置似乎穩固。」[111]雖然邱吉爾支持南斯拉夫政變，並且干預希臘，這兩件事情當時看起來像慘敗，後來似乎都頗有啟示，儘管完全不是因爲英國出兵的緣故。到了一九四一年八月，首相告訴科爾維，南斯拉夫的政變「在戰爭中也許已經扮演重要角色」，因爲政變致使希特勒「從北邊調回他的裝甲師，延後六週攻擊俄羅斯」。[112]戰爭之後，德國高階參謀上將君特・布魯門特里特（Günther Blumentritt）談到「巴爾幹的事件延後俄羅斯的戰役五週半」，另一名資深戰略家齊格非・韋斯特法爾（Siegfried Westphal）則說六週，這兩人皆支持邱吉爾的論點。[113]結果，德國直到秋天才到達莫斯科，當時俄羅斯雨季已經轉爲石油也會結凍的冬天。德意志國防軍在莫斯科外動彈不得，俄羅斯因此得以在十二月大力反攻，在十二月三十日收復卡路加（Kaluga）。始料未及定律（unintended consequences）再次嘉惠邱吉爾。

四月二十七日，邱吉爾在他的廣播中，表示大英帝國對希臘的幫助，是出自道德，而非戰略。「戰爭

之前，英國曾經莊重承諾的協助。」他說，

他們宣布，即使他們的鄰居無一抱持共同攻克目標，即使我們不顧他們死活，他們都將為自己的國土奮戰。但是我們做不到。某些原則不容許那樣，而且破壞那些原則，將摧毀大英帝國的榮譽；若無那些原則，我們無法、也沒有資格打贏這場困難的戰爭。軍事失敗或失算可以補償；戰爭的命運易變無常。但是恥辱的行為會使我們喪失現下享譽世界的尊敬，並且重創我們的實力。[114](7)

邱吉爾在演說之中公開承認「戰爭局勢的……重量」，但是也說，離開白廳「去到前線，我的意思是前往倫敦、利物浦、曼徹斯特、卡地夫（Cardiff）、斯萬西、布里斯托的街上和碼頭，就像走出溫室，走上正在作戰的艦橋③。那是一道補品，我建議任何因焦躁受苦的人攝取強烈劑量。」[115] 說完空襲瞭望員、國土自衛軍、工廠工人都「因爲與我們的士兵站在同一陣線而驕傲」，他又說，「這確實是我們的歷史上英雄般的偉大時期，榮譽的光芒照耀全體人民。」[116]

到了那個時候，邱吉爾的演說常常順便批評墨索里尼，這次他也沒讓大家失望：「墨索里尼那隻被鞭打的胡狼，」他說，「爲了保住自己的皮囊，讓整個義大利淪爲希特勒帝國的從屬國家。德國這隻老虎不僅發出饑餓的吼叫——這可以理解——甚至勝利的吼叫，還在他的身旁活蹦亂跳。」[117] 然而無論希特勒或墨索里尼，最終都不會勝利，他向他的聽衆保證，部分因爲「惡毒的德國佬不到七千萬個——有些可以治療，有些可以殺掉——他們許多已經跟著打壓奧地利人、捷克人、波蘭人、法國人和許多他們現在欺侮與掠奪的古老民族」。[118]《租借法》已經開始幫助英國重整軍備，爲了致敬，邱吉爾引用亞瑟・休伊・克勞（Arthur Hugh Clough）的詩〈莫言奮鬥無用〉（Say Not the Struggle Naught Availeth）：

並非只有東方的窗戶，
當白晝來臨，在曙光乍現下到來；
面前的太陽緩慢爬升，多麼緩慢！
但是往西方，瞧，大地明亮。[119]

四月二十八日，隆美爾就在托布魯克大門前面，距離埃及邊界不到兩百五十哩的地方，此時，邱吉爾寫下一道戰時內閣命令，標題為「埃及防禦」，命令開羅總部嚴格控管那個國家所有的撤退計畫，並且封鎖蘇伊士運河。「不准開口提及任何諸如此類的計畫。」他又說，任何單位都不准投降，除非「已經發生超過五十％的傷亡」，還有，「根據拿破崙的格言，『一個人單獨被捕而且沒有武裝，也許可以投降』。但是被敵人突襲的上將和參謀可以使用手槍自衛。傷者榮譽不會損傷。任何人，可以殺死一個德國佬或甚至一個義大利人，就是傑出的軍人。尼羅河的軍隊不得抱著任何撤退或解散的想法作戰。」[120]

這是戰鬥演說。較不準確的是邱吉爾的預言，在同一道命令中，他說「日本不太可能會參戰，除非德國成功入侵英國」。他由此總結，「此時，除了正在進行的適度安排，沒有必要進一步部署馬來亞或新加坡。」[121]因為任何日本在遠東發動的攻擊都會引起美國干預，他認為沒有必要將新加坡或香港的防禦工事列為優先順序。

五月，萊斯利・羅文加入邱吉爾所謂他的「祕密圈子」，也就是除了任務行動日期和牛皮盒裡裝的Ultra解碼內容，能夠看到所有事情的隨從。[122]羅文應徵機要祕書時，邱吉爾在簡短的面談中問他目前在財政部的工作是否涉及刪減海軍預算。「是的，長官，」羅文回答，「盡我所能。」羅文後來寫道，那是測試，因爲邱吉爾「最痛恨的就是他所謂的『官方鬼臉』，意思就是文官用來討好，禮貌但不誠懇的回答」。[123] 羅文得到工作，根本原因是誠實回答他會參與刪減邱吉爾最愛的「海軍」預算。「他經常不太體貼。」羅文回憶邱吉爾當他老闆的時候，「但是我們都覺得，毫無疑問，我們在爲一位眞正的領袖效力；這樣的人一個世紀只會出現一個，甚至一個都算多。」[124] 在契克斯別墅，克萊門汀生日那天，羅文心想邱吉爾夫婦可能想要獨處，於是想從晚餐退下，但是老闆對他說，「你不可以退下；克萊米和我希望你和我們一起用餐。」[125] 邱吉爾並不區分辦公室和住處。「我們可能會發現自己和邱吉爾在他的書房或臥房工作，」內閣祕書愛德華・布里奇斯（Edward Bridges）回想，「或者在他和家人吃飯時，忽然叫我們去交代某些緊急命令。他很快就讓我們全體覺得我們某些層面成爲他的家庭榮譽成員。」[126]

戰爭任何時候，邱吉爾的四位機要祕書，至少要有一位能在兩分鐘內出現在他的書桌或床邊。一九四三年某次，他對約翰・佩克低聲咆哮「給我月亮」，而過了一陣子，佩克才猜到他是在問一九四四年夏季的幾月幾日是滿月，可以進行諾曼第入侵。[127]

一九四一年二月十五日，畢佛布魯克再度威脅辭職，這次是因爲他和歐內斯特・貝文對於生產執行各種面向的意見相左。「整個過程持續一個半鐘頭。」疲倦的伊登在日記裡寫道。[128] 五月一日，邱吉爾總算把畢佛布魯克調離飛機生產部，讓約翰・莫爾－布拉巴贊取代他。「那隻海狸」（the Beaver）④以國務大臣（Minister of State）的身分留在戰時內閣，這是特別爲他創設的新頭銜，但是這個職位並沒有特別的部會工作，他的主要任務就是給首相建言，而且不要成爲反對政府的人。邱吉爾也任命費德里克・列德斯（Frederick Leathers）爲戰爭運輸大臣。他很快就創出一則歷久不衰的笑話，曾任超過五十家公司董事長或總經理的列德斯，只要每爲國家引進一百萬噸的物資，就爬上一節階梯，登上封爵之路。當列德斯送來表現優異的月報時，邱吉爾會說，「依照這個速度，你很快就會當上伯爵，也許年底就是公爵了。」但是報告不好時，他會說，「如果繼續這樣，我將必須把你降爲準男爵。」列德斯不覺得這種誇張的比喻好笑，只是回答，「悉聽尊便，首相。」[129(8)]

五月初，阿斯特夫人帶著邱吉爾和哈里曼巡視她的普利茅斯選區，那裡已經遭到五次襲擊，超過九天。他們看見一輛巴士被炸到一百五十碼外的大樓屋頂，也在一個「大約四十人輕傷」的房間隔壁，聽到封棺敲釘的聲音。[130]「我從沒見過這樣的情景」，邱吉爾一直重複這句話。科爾維寫道，首相的心情「比我見過的任何時候都還憂鬱」。泰半爲了哈里曼，邱吉爾想像一個世界，其中德國在整個中東獲勝，並說：「希特勒呆板的新秩序會得到啟發，也許可以賦予其中真的生命。」[131]他希望托布魯克可以扮演「阿卡之於拿破崙的角色」——一七九九年，英國與鄂圖曼帝國聯手防衛那個城市（今日以色列的阿克爾〔Akko〕），逼迫拿破崙放棄他的敘利亞戰役。「那是沙漠裡的一粒沙子，可能破壞希特勒的算計。」他說。[132]但是如果不是，而希特勒控制伊拉克的石油，同時烏克蘭的小麥又已經透過俄羅斯供應，屆時就連他們在普利茅斯見到的堅定決心，都無法「縮短苦難」。[133]隔天，邱吉爾爲了不同理由而悶悶不樂，他發現克萊門汀用他最喜歡的昆士蘭蜂蜜增甜她的大黃。[134]

這段期間，如果邱吉爾要爲重要演說寫稿，有時會去查特維爾。在他建造的農舍用午餐時，會低聲排練打算對波蘭人說的演講，同時告訴橘醬色的貓咪喬克，「親愛的貓咪，戰爭時期，我不能給你任何奶油，眞是傷心。」[135]五月三日，他在廣播發表那個演講：

整個歐洲，許多民族與國家，他們的文化與歷史構成了基督教世界的一部分，當時普魯士人甚至不比蠻族優越，而德意志帝國僅僅只是黑麥麵包的公國集合。而現在，他們拜倒在希特勒與其納粹黨羽殘忍的枷鎖之下。每週，他的黨羽在十幾片土地忙著開槍。週一射殺荷蘭人；週二是挪威人；週三是站在牆邊的法國人或比利時人；週四是受苦受難的捷克人。而現在又有塞爾維亞人和希臘人填滿他可憎的處決名單。但是，永遠，每一天，都有波蘭人。希特勒對波蘭人犯下暴行，蹂躪他們的國家，拆散他們的家庭，褻瀆他們的宗教，奴役他們的人力。其邪惡嚴重程度和規模都超過其他被征服的土地。[136]

他說得對，波蘭在納粹和蘇維埃手中遭到的破壞有如洪水。一九三九年至一九四五年，波蘭人口下降十七．二%，比任何其他歐洲國家還多。

次日希特勒回答，表示邱吉爾的演說是「癱瘓疾病的症狀，或醉漢的胡言亂語」。接下來兩年，他會說邱吉爾是「瘋子」、「嘰哩咕嚕的人」、「醉漢」、「狂人」、「無恥的政客」、「罪犯」、「嗜血的業餘戰略家」、「戰爭販子」、「虛偽的傢伙」，還有一個很怪的——「懶骨頭」。[137]希特勒的祕書克麗斯塔．施羅德（Christa Schroeder）回憶，每次他口授時就會「情緒失控」的三個主題——羅斯福、邱吉爾、布爾什維克主義。因此，「他的聲音常常漏拍」。「接著他選字也不會那麼挑剔。」她寫道，

至於我的工作，如果他太常提到那個「威士忌酒鬼」……我會乾脆省略幾個。有趣的是，他閱讀我的草稿時，從來不會發現我刪除，可見他當時多麼激動。這種時候，他的音量會升到最高，還會走調，而且手勢五花八門。滿臉漲紅，雙眼充滿怒火。雙腳站在原地不動，彷彿遇到某個想像中的敵人。[138]

邱吉爾若知道他對那位德國元首造成的影響，想必會很高興。

韋維爾已經接到命令，要在托布魯克、希臘、衣索比亞作戰。五月初，儘管軍隊骨瘦如柴，邱吉爾也堅持干預伊拉克和敘利亞。他曾以殖民地大臣的身分創造這個國家，然後又負責其空中治安，因此通曉伊拉克的地理。韋維爾建議在伊拉克「和解」，不要趨逐拉希德．阿里。於是邱吉爾告訴國王，韋維爾「累了，也許想要休息」，上將奧金萊克也許可以替代他。[139] 國王拿邱吉爾對照韋維爾，寫道：「有些批評認爲溫斯頓太過親力親爲，但他必須，而且他精力充沛又主動。希望我們有更多像他這麼能幹的人。」[140] 最後，英國在敘利亞對抗維琪政府，以及在伊拉克對抗拉希德．阿里的行動，皆不費力、重要而且成功。[141]

一九四一年五月七日星期三，勞合喬治和霍爾—貝利沙要求下議院舉行信任動議，邱吉爾被迫說明希臘慘敗一案。伊登宣讀的動議措辭如下：「本議院同意國王陛下的政府派遣軍隊援助希臘之政策，並且深信，對於我們在中東的行動，以及戰爭所有其他戰場，政府將全力以赴。」勞合喬治譴責邱吉爾身邊盡是「唯唯諾諾的人」，並說某天就會入侵歐洲的言論是「愚昧」。邱吉爾回答，表示這「不是人們想從昔日偉大的戰爭領袖口中聽到的話……我想，這種話，德高望重的元帥貝當在雷諾內閣結束時可能會覺得有趣。」[142] 這麼說很卑鄙，但是他活該。霍爾—貝利沙堅持情報裝置應該完整且正確說明敵軍可能的意圖，邱吉爾轉向他，反駁「他有力的演說充滿明顯且過時的觀點」。[143] 一如既往，邱吉爾想將英國目前的困境置入歷史脈絡中。「有些人拿希特勒的征服和拿破崙的比較，」他說，

> 西班牙和俄羅斯也許很快將會為那樣的主題提供新的章節。然而，必須記得，拿破崙的軍隊挾帶的是法國革命凶猛、解放、平等主義的風潮；而希特勒的帝國，背後除卻種族的自我主張、間諜

活動、掠奪、腐敗和普魯士靴，什麼也沒有。然而，拿破崙的帝國，帶著其功績與過失傾覆，像復活節的春雪驟然消失，絲毫不剩，只剩下國王陛下的船艦柏勒羅豐號（HMS *Bellerophon*）⑤等待著哀求的難民。[144]

他不遺餘力地區別兩種截然不同的軍事錯誤：「有種錯誤來自大膽，我稱之爲對敵人的判斷錯誤，其中你必須永遠支持你的指揮官，在海上、陸地或空中。有種錯誤則來自安全第一的原則，在敵人面前轉身的錯誤，而且這種錯誤需要更加苛刻的評價。」[145]挪威、達卡、希臘，並或許也在暗示加里波利，屬於第一種。「當我回顧那些已經克服的危險，」他在結論中說，「勇往直前的船隻駛過洶湧的巨浪，當我想起所有出錯的事，同時想起所有正確的事，我非常確定，我們沒有必要害怕暴風雨。任其咆哮，任其狂怒。我們將會度過。」[146]他以四百四十七票對三票獲勝，而當他走出議事廳時，出現自發的熱烈歡呼，蔓延到議員大廳與其他地方。科爾維寫道，「他上床睡覺時還因辯論成功而興奮。」[147]

邱吉爾那句遇到麻煩勇往直前的格言——「繼續撐下去」，也可概括描述從敦克爾克到一年之後俄羅斯參戰，這段期間他的軍事策略。他也在五月初對瑞士大使揚·普里茲說了一則他編寫的仿伊索寓言故事：

有兩隻青蛙，一隻樂觀，一隻悲觀。某天晚上，他們跳過一片草地，聞到附近的乳牛場傳來新鮮牛奶的味道。兩隻青蛙受到引誘，從打開的窗戶跳進乳牛場。結果他們失算，掉進一大桶牛奶中。怎麼辦呢？……悲觀的那隻四周張望，看到桶子邊緣又高又大，不可能爬上去，因此陷入絕望。他轉身，雙腳一縮，沉入桶底。樂觀的那隻並不想要死得那麼落魄。他也看到又高又大的桶子，但決定盡可能向前移動。他游了整晚，雙腿奮力踢著牛奶，用盡各種姿勢……到了清晨，不知不覺，樂觀的青蛙已經從牛奶攪出一大塊奶油，因此得救了。大英帝國也會這樣。[148]

邱吉爾根據 Ultra 解碼，信心十足地告訴普里茲，那塊奶油很快就會到來，就是「蘇聯和德國即將發生衝突」。他說，到那個時候「爲了摧毀德國，我準備和任何人結盟，那即使是惡魔！」[149]

三天後，一九四一年五月十日，舊的下議院議事廳遭大規模空襲炸毀，當天正值邱吉爾執政週年。當天晚上有兩千起火災，三千個倫敦人或死或傷。[150] 炸彈還把大笨鐘塔的正面炸得坑坑疤疤。邱吉爾給了門衛長威廉・布里姆森（William Brimson）一隻雕花的銀色鼻煙盒，取代在接連不斷的火災中不見的那只。⑥

那天晚上，漢密爾頓公爵（Duke of Hamilton）去電安東尼・伊登的機要祕書瓦倫泰恩・勞福德，表示納粹德國的副首相魯道夫・赫斯跳傘降落在他位於蘇格蘭的莊園，尋找「友善的人物」討論休戰，儘管他並未獲得希特勒授權。勞福德告訴科爾維，於是科爾維打電話給人在迪奇利園的邱吉爾。首相正在看馬克思兄弟（Marx Brothers）的電影，而且一開始回答「去跟馬克思兄弟說！」，後來科爾維好好向他解釋眞有此事。邱吉爾命令漢密爾頓立刻飛到諾霍特機場（Northolt Aerodrome），並派人接他來迪奇利園，但那也是等到科爾維說服「那眞的是公爵，不是瘋子」之後。[151] 放下電話前，邱吉爾說，「赫斯或不是赫斯，我都要看馬克思兄弟。」[152]

前英國駐德國大使館的一等祕書伊馮・科克派屈克（Ivone Kirkpatrick）確認赫斯身分無誤後，邱吉爾只讓伊登、艾德禮、畢佛布魯克閱讀科克派屈克和赫斯的對話紀錄（由此可以一窺當時他對政府組織高層的想法）。對話的重點是，「顯然赫斯不是叛徒，但他眞心相信他可以說服我們，我們不可能贏，而且可以妥協求和。」「他的先決條件是邱吉爾的政府垮臺。」[153]漢密爾頓告訴邱吉爾，他從沒見過赫斯，而赫斯選擇去找他，因爲他是國王陛下內廷的宮內大臣，而那位德國副首相不知道這是榮譽頭銜，反而當眞，以爲漢密爾頓可以幫他傳話給國王。邱吉爾聽了好笑。「我想他以爲公爵負責切雞肉，」邱吉爾說，「而且建議國王該吃雞胸還是雞腿！」[154]當然，結果並沒這麼好笑：邱吉爾並不希望任何在英國、美國、俄羅斯的人懷疑他或他的政府有意談和。因此他告訴大衆事實：有個精神幾乎崩潰的人做出這種瘋狂舉動；而且赫斯在六月十六日確實試圖自殺。[155]在倫敦塔接受詳細盤問後，戰爭剩餘的時間，赫斯都在威爾斯靠近亞伯格芬尼（Abergavenny）的營區內。

「我的宮內大臣漢密爾頓剛被任命一年，」國王在日記寫道，「他的前任沃爾特・巴克魯（Walter Buccleuch，第八代公爵）因爲同情納粹，我必須要求他離開。也許宮內大臣的職位被下蠱，或被德國化了。」[156]午餐時，邱吉爾對國王開玩笑，「要是畢佛布魯克或安東尼・伊登毫無預警離開這裡，飛去德國，我會暴怒。」[157]他報告了赫斯的和平提議——「希特勒在歐洲不受拘束，但他不能和現任的英國政府談判」，而且開玩笑地問起國王是否「確定不希望他辭職，就在情況對我們而言比較光明的時候」。[158]

「看來希特勒似乎正在集結軍隊，準備攻打俄羅斯。」五月十六日，邱吉爾告訴上將史末資，「軍隊持續不斷移動，武裝部隊和飛機緊鑼密鼓，或從巴爾幹半島往北、或從法國往東進發。」[159]他已經警告史達林兩次，兩次史達林都無視。邱吉爾比三軍參謀長更懂希特勒的心思，直到五月三十一日前，他們都不相信德國打算攻擊俄羅斯。

五月二十日，德國第十一航空兵團在克里特島攻擊紐西蘭上將伯納德・弗雷伯格指揮的大英國協軍隊，奪走馬勒美（Maleme）重要的機場。經過八天激戰，主要因爲缺乏空中支援，同盟國的軍隊必須撤出該島。島上兩萬六千名軍人合計撤出一萬六千名，同時地中海艦隊損失三艘巡洋艦、六艘驅逐艦。[160]行動之後，艦隊剩下兩艘戰鬥艦、三艘巡洋艦、十七艘驅逐艦。[161]克里特島外的戰役損失格洛斯特號（HMS *Gloucester*）和斐濟號，對此科爾維表達憂慮。「你以爲我們造船是爲了什麼？」邱吉爾回答，斥諷海軍「對待船艦如同太珍貴而不敢冒險」。[162]

邱吉爾指責韋維爾沒有派出足夠的坦克到克里特島，雖然他和三軍參謀長堅持相信德國攻擊那座島僅是爲了遮掩眞正在敘利亞或賽普勒斯的攻擊。五月十日晚上，邱吉爾隨口談到讓克勞德・奧金萊克取代韋維爾，但是只有畢佛布魯克支持，伊登、艾德禮、馬傑森都反對。[163]後來他告訴他的隨從——安特衛普的陰影——如果他能被派去指揮中東，他會「很樂意放下現在的職位——沒錯，甚至放棄雪茄和酒！」[164]

五月二十一日，海岸司令部報告，在冰島和格陵蘭之間，大西洋的丹麥海峽上，發現德國戰艦俾斯麥號（*Bismarck*）——海上最強大的戰艦，船員兩千兩百人——以及護航的巡洋艦歐根親王號（*Prinz Eugen*）。約翰・托維爵士的本土艦隊部分被調去攔截他們，其中包括皇家海軍最大的巡洋艦，船員一千四百一十八人的胡德號。五月二十四日星期六上午，邱吉爾在契克斯別墅醒來時，得知胡德號被俾斯麥號擊沉，後來還得知其中的損失，僅有三名船員生還。十四年後，回憶起這件事情，他依舊潸然淚下。[165]

嚴重損失胡德號後，皇家海軍在狂風巨浪與暴風雪中，展開一千七百哩的追擊，由本土艦隊帶著戰艦喬治五世號，試圖執行報復。邱吉爾整個週末都在契克斯別墅「焦躁地掛念」，害怕俾斯麥號可能攔截大批僅由驅逐艦護航、往南的同盟國船隊，或者全體逃到法國大西洋的港口，例如佩斯特。[166]他在豪翠里室緊盯更新的圖表，指揮官湯普森回憶，「觀測報告接著訊號，顯示跟蹤的巡洋艦再次追丟俾斯麥號。」[167]維克・奧利佛記得他的岳父那個週末「臉上的憂愁無法用言語表達」，而且他彈琴時一度對他大吼：「停！不要彈那首！誰都不准在我家彈〈死亡行軍〉(Dead March)。」[168](但其實他彈的是貝多芬的〈熱情〉(Appassionata)。)

隔日，星期天，他也「陰鬱得令人害怕」。邱吉爾不懂為何威爾斯親王號(HMS *Prince of Wales*)不乘勢攻擊，而且一直說「這是一九一四年特魯布里奇追丟戈本號以來最壞的事情」。[169]他後來考慮軍法審判船長，但托維威脅如果他眞這麼做就要出庭辯護，這才阻止了他。邱吉爾上床睡覺前，感慨過去三天是戰爭目前爲止最糟的三天——尤其如果俾斯麥號安全抵達七百哩外的佩斯特。「可憐的溫斯頓憂鬱極了，」賈德幹二十六日在內閣注意到，「當然是因爲胡德號和克里特島。」他描述內閣的討論「令人疲勞，激烈至極」。[170]伊登同意。「最憂鬱的一天——俾斯麥號好像不見了。」他在日記寫道，「今晚是內閣會議最糟的一次——溫斯頓非常神經質又不講理，其他人也很煩躁。」[171]內閣會議非常罕見出現好幾次漫長的沉默。

那天晚上，邱吉爾幾乎整晚都在臨時首相府的地圖室。上校皮姆回憶，「房間四周的地圖上，明亮的燈光閃爍，每小時就變動一次，顯示大規模海戰的階段。」[172]某個點上，邱吉爾和龐德發出訊號給托維，雖然喬治五世號的燃料卽將耗盡，但是絕不可以放棄追逐，必要的話把旗艦拖回家。在充滿U型潛艇的海上，這件事情就連用想的，也是極度危險。那天晚上，皇家方舟號運送的劍魚轟炸機以魚雷重傷俾斯麥號，午夜之前已經無舵。俾斯麥號在海上漂流十個小時，羅德尼號(HMS *Rodney*)和喬治五世號朝著她炮轟。

翌日早上，邱吉爾針對克里特島的事件在聖公會總部發表宣言，才剛說完坐下，布瑞肯就遞給他一張紙。「議長先生，請容許我。」邱吉爾說，他打斷工黨議員，「我剛收到消息，俾斯麥號被擊沉了。」巡洋艦多塞特郡號（HMS *Dorsetshire*）的魚雷，加上他們的船長自沉，總算在上午十點四十分摧毀俾斯麥號。船員只有一百一十四人生還。尼科爾森寫道，邱吉爾語畢，出現「瘋狂的歡呼」；約翰・馬汀也寫了「盛大慶祝」。[173] 邱吉爾與國王午餐時，「他看起來因爲俾斯麥號沉船相當高興，因爲這對我們在大西洋的局勢更有益，眼下我們只剩鐵必制號（*Tirpitz*）要對付……俾斯麥號當然無法靠槍炮擊沉。」[174]

六月二日，邱吉爾一家前往查特維爾，理論上爲了休息，而且克萊門汀和科爾維在玩雙陸棋時，首相一度眞的俯臥在飯廳地板，但他後來熬夜口述到凌晨一點半，隔天回去倫敦。「對於克里特島的批評有如風暴，我被要求解釋許多問題。」他寫信給韋維爾，「現在完全不要擔心這件事情。只要專心注意出口商（Exporter，敘利亞戰役的行動代號），而且，最重要的，彪形大漢（Bruiser，解救托布魯克的行動代號）。就會知道這些批評公正或不公正……如同拿破崙說：『La bataille répondra。』（戰役就是回答）」[175] 三天後，國王寫到他的首相，「他對利比亞的期待很高，我們的軍隊、坦克、飛機，全都準備進攻。他希望韋維爾狠狠地打擊德國，給他們極大的壓力，不讓他們休息或睡覺。」[176] 關於希臘，邱吉爾告訴國王，「我們離開那裡，不代表重大災難。那是戰爭中的一場戰役，而且應該被視爲如此。」不過，他還是很幸運，信任動議是在撤退前三週表決，不是撤退期間或之後。

「到處都有愈來愈多對邱吉爾的批評。」六月六日，香農寫道，「他受歡迎的程度明顯下滑，而且許多他的敵人，過去因爲他的個人魅力沉默，現在再度發聲。克里特島對他的打擊很大。」[177]儘管如此，後來的內閣會議，邱吉爾還是不在乎這點。「人民批評這個政府，」他說，「但是這個政府的優點——我敢在諸位面前說——就是無法替代！我不認爲這是壞的政府。仔細想想，這是非常好的政府。我有完全的信心。事實上，過去從來沒有一個政府，讓我感到眞心全意的忠誠！」[178]

四天後，邱吉爾在下議院演說九十分鐘，爲希臘遠征與克里特島撤退辯護，儘管那天他告訴國王，他「認爲每次事情不對勁就可以辯論，這種制度不好」。[179]他在演說講到英國人民，「他們是唯一喜歡聽到事情有多壞的民族，喜歡聽到最壞的事，喜歡聽到未來可能還會更壞，必須爲進一步的挫敗準備。」關於克里特島，他說，「失敗很痛苦，試著解釋失敗也沒用。人民不喜歡失敗，但是他們不喜歡解釋，不管解釋得多麼詳細有理。因爲面對失敗只有一個答案，就是勝利。」[180]兩天後，他在廣播承認，「我們還看不到解脫會如何到來，或何時到來。但絕對可以確定的是，希特勒行經的每道痕跡，他骯髒且腐蝕別人的指印，會被擦拭並清除，如果必要的話，從地球表面炸掉。」[181]那段話的關鍵要素現在只差十天。但是即使德國即將侵略蘇聯，許多人認爲德意志國防軍仍會繼續不斷勝利。一九三〇年代末期，蘇聯高階司令部大肆肅清異己，導致紅軍非常衰弱，前一年幾乎無法鎮壓芬蘭。六月十六日，每個坐在臨時首相府會議桌旁的人，除了布瑞肯和湯米．湯普森外，「都認爲俄羅斯不用打仗就會向德國投降」。[182]

邱吉爾從五月九日開始就一直鼓勵韋維爾攻打隆美爾。恩尼格瑪解碼似乎顯示，那個戰場已經氣力盡失，直到第十五裝甲師月底抵達前，無法再發動攻擊。[183]他可能讀到太多持續發向柏林的訊息，要求更多軍隊、飛機和補給，因而低估隆美爾的力量。六月十五日，韋維爾發動「戰斧行動」（Operation

Battleaxe，之前的代號是彪形大漢）。這是英國軍隊首次在沒有空中優勢的情況下攻擊德軍。但是到了第二天，攻擊毫無進展，部分因爲韋維爾還在依賴兩磅坦克炮。到了第三天，韋維爾仍然無法突破隆美爾的防線，邱吉爾對此「幾乎忍無可忍」。[184] 韋維爾損失超過一百臺坦克，而且賈德幹寫道，「我們在利比亞的大肆進攻已經鼻子流血著結束——我們的鼻子。」[185]「溫斯頓的電話叫醒了我，」伊登於六月十八日寫道，「非常傷心。」[186]

六月十九日晚上，道路因爲未爆彈封閉，另一俱樂部的共同祕書布蘭登・布瑞肯和工黨議員哈庫特・強斯通（Harcourt 'Crinks' Johnstone，綽號「克林克斯」）都到不了薩伏伊飯店，邱吉爾和H・G・威爾斯自己組了公共安全委員會（Committee of Public Safety），並且決定布瑞肯和強斯通要付十八位成功抵達的會員晚餐費用，作爲「意料之外的義務」。[187] 兩天後邱吉爾去了契克斯別墅，懷南特、伊登、布里奇斯也加入晚餐並過夜。晚餐上他預言「德國攻擊俄羅斯是必定的，而且俄羅斯一定會被打敗」。[188] 他又說，儘管如此，他會「全力以赴幫助俄羅斯」。晚餐後，在草地散步時，他告訴科爾維，「他只有一個目的——毀滅希特勒——而且他的生活從此之後會單純許多。」[189]

一九四一年六月二十二日星期日，就在破曉前，德國發動「巴巴羅薩行動」（Operation Barbarossa），希特勒的第一六一師帶著三百萬人侵略蘇聯。儘管多次警告，史達林仍沒有預料到，而邱吉爾已經準備在當天晚上九點針對此事廣播。科爾維寫道，由於侵略的消息，「首相、伊登、懷南特的臉上顯露滿意的笑容。」[190] 因爲即使德國軍事上獲勝，多數的人，包括三軍參謀長在內，都認爲他們仍需要鎮壓大片土地，面對數量龐大又拒不服從的人口。一夕之間，俄羅斯人從提供德國人作戰的食物和石油，轉爲與他們殊死搏鬥。[9]

廣播內容在他演說前二十分鐘才準備好，也許是刻意，這麼一來伊登和賈德幹就不能審查。「今天上午四點，希特勒攻擊並侵略俄羅斯。」邱吉爾開口；

背信忘義是他經常的手法，需要非常謹慎的技巧才能察覺……希特勒是邪惡的野獸，對血腥和掠奪的強烈欲望貪得無厭。即使整個歐洲在他腳下，或脅迫他人悲慘服從的各種形式，都無法滿足他。現在他必須屠殺俄羅斯與亞洲諸多人民，並將他們的土地化為廢墟。我們文明世界的其他人如此愚昧、如此消極、如此無感，允許納粹匪徒年復一年，幾乎從無當中建立這個恐怖的戰爭機器，然這個機器唯恐生鏽或解體而無法閒置。這個機器必須隨時運作，絞碎人類生命，踐踏億萬人的家園和權利……所以現在這個嗜殺的野蠻人必須發動他機械化的大軍，在新的土地殺戮、掠奪、破壞……我也看到呆板、訓練有素、溫馴、畜生般的德國軍人，宛如大群爬行的蝗蟲，踏著沉重的腳步移動。[191]

最後一個句子是他使用四個形容的好例子，雖然蝗蟲會跳會飛，但不會爬行。

提倡全面與俄羅斯同盟的當下，一輩子在英國政壇大聲疾呼反對布爾什維克的邱吉爾，態度立刻一百八十度大轉彎。「過去二十五年，沒有人比我更堅持反對共產主義。」他承認，「我對共產主義說過的話，一句都不會收回，但是，在此時展開的壯闊場面面前，全都煙消雲散。過去隨著其中的罪惡、愚笨、悲慘，一閃而逝。」[192][10]放眼未來，他說：「我們只有一個目標，以及一個不可撤回的目的。我們決心摧毀希特勒與納粹政權所有的痕跡……任何對抗納粹的人或國家，我們都會協助。與希特勒同行的人或國家，就是我們的敵人。」[193]他也呼籲西方的利己主義者，希特勒「侵略俄羅斯，就是侵略不列顛群島的前奏。」他說，「因此俄羅斯的危險就是我們的危險，是美國的危險。同樣的，爲爐灶和家庭奮戰的俄羅斯人，他們的目標，也是地球每個角落的自由人和自由民族的目標。」[194]

邱吉爾幾乎沒有和同僚商量，就宣布與蘇維埃俄羅斯全面同盟。就連伊登對此決定的參與也極爲稀少。他也沒有和俄羅斯商量。那天晚上在契克斯別墅晚餐，伊登和克蘭伯恩從保守黨的觀點，主張結盟「應該完全限制在軍事方面，因爲政治方面俄羅斯就和德國一樣糟糕，而整個國家有一半會反對跟他們靠得太近」。但邱吉爾的看法是，「現在俄羅斯在打仗，無辜的農民被殺，而我們應該忘記蘇聯的體制或第三國際，並對苦難的人類同胞伸出援手。」科爾維回憶那次爭論「激烈至極」。[195]邱吉爾再次將眼光放大；他是保守黨的領袖，但不像伊登和克蘭伯恩，他並非一輩子都待在裡頭。

討論的火花接著擴大到綏靖政策。邱吉爾譴責查特菲爾德勛爵，身爲第一海務大臣的他，一九三八年時沒有反對割讓愛爾蘭的通商口岸，而其他綏靖主義者，他們「荒謬的自卑導致我們瀕臨滅亡」。自從戰爭開始以來，他第一次批評張伯倫，稱他是「眼光最狹隘、最無知、最吝嗇的男人」。這和他在去年十一月的悼詞相差甚遠，但也許較接近他此時的感受。那天晚上就寢前，邱吉爾「不斷重複俄羅斯與德國對立是多麼好的一件事，他們大可輕易與德國站在同一陣線」。[196]隔天他命令三軍參謀長研究穿越海峽大型突襲的可能。「現在敵人在俄羅斯忙碌，正是『大太陽底下蓋地獄』的時候。」[197]

邱吉爾立刻開始研究運送補給到俄羅斯的方法，經水路繞過挪威北方，以及經鐵路從波斯灣到裏海。他想到一個生動的比喻，形容與蘇維埃俄羅斯結盟的緊張，並告訴艾迪．馬許：「大猩猩在牠原始的森林，是敬畏和恐懼的對象；在我們的動物花園，牠引起庶民好奇；在我們妻子的床上，牠是潛在尷尬和焦慮的原因。」[198] 二十二日，駐俄大使斯塔福・克里普斯、紐西蘭總理彼得・弗瑞澤（Peter Fraser）、克蘭伯恩勛爵、畢佛布魯克過來午餐，邱吉爾消遣左派的克里普斯，說俄羅斯人是野蠻人，而且「共產主義者和最基本的人性就連一點細微關聯也沒有」。[199] 但接下來四年他們會是英國的盟國，而二次大戰中，每五個在戰場上被殺的德國士兵，有四個死在東線。

作者注

(1) 一名上將對記者走漏了即將來臨的班加西攻擊，邱吉爾對他說，「這些報紙的人仔細聽著你說的每一個字——全都急切找到一丁點他們可以公開的起司碎屑。而你卻給了他們一大塊斯提爾頓！」（譯注：斯提爾頓〔Stilton〕，一種英國起司。）(ed. Eade, *Contemporaries* pp. 147–8)

(2) 二次大戰期間，邱吉爾政府中有超過二十位另一俱樂部的會員任職，一九四五年七月整個政府有超過四分之一來自該俱樂部。自一九二五年重啟以來，為了網羅他在社會上結識的人才，邱吉爾打造該俱樂部，事實上就是在培養一個他或他們不會懷疑的侍從政府。倫敦大轟炸期間，參加俱樂部的晚餐可能會有危險；一九四一年四月，一顆炸彈在薩伏伊飯店西南街角外爆炸，毀損緊鄰皮納弗廳往左的兩間房間。然而戰爭期間，參加晚餐的人數比從前更多。「俱樂部沒有必須避難或想要避難的紀錄」，會員暨報社記者科林・庫特寫道。(Gilbert, *Other Club* p. 173.)

(3) 「托槍」是把步槍放在左肩，傾斜四十五度；「射孔」是把步槍放在身體前面四十五度，較費力。

(4) 邱吉爾試著密切追蹤美國的政治。牛津大學的教師以賽亞・伯林（Isaiah Berlin）從華盛頓大使館寫了一些見解深刻的報告。一九四四年二月邱吉爾想要邀請他到唐寧街十號，但是他把以賽亞・伯林和美國作曲家歐文・伯林（Irving Berlin）搞混，作曲家伯林當時人在英國為軍隊慈善機構募款。午餐的時候，邱吉爾不斷問這位〈白色聖誕節〉（White Christmas）與〈亞歷山大的爵士樂隊〉（Alexander's Ragtime Band）的作曲家：「伯林先生，你覺得戰爭什麼時候會結束？」這位藝人盡可能回答，直到後來才有人發現這個錯誤。(Colville, *Fringes* p. 472.)

(5) 出自〈洛克斯里堂〉(Locksley Hall)：「貿易與神奇的商船充斥天堂，紫色暮光中的飛行員，投下昂貴的捆包；叫喊充斥天堂，討厭的露水降下，各國的空海軍在藍色的中央扭打。」

(6) 福克－沃爾夫 FW 200 兀鷹飛機。

(7) 當然，英國並沒有在軍事上幫助波蘭，儘管戰爭之前也同樣莊重承諾。

(8) 不過他還是得到升遷，戰爭初期是男爵，結束時是子爵。

(9) 三月二十九日，邱吉爾為契克斯別墅的午餐聽眾上了簡短的一課，由古至今講了侵略俄羅斯的人，尤其瑞典的卡爾十二世(King Charles XII)。拿破崙一八一二年戰役的一個世紀前，卡爾十二世的侵略在波爾塔瓦之役(Battle of Poltava)以失敗告終。邱吉爾看出希特勒的行動多麼嚴重，並且描述為戰爭「第四個轉變期」(fourth climacteric)，前三期是法國淪陷、不列顛戰役、《租借法》通過。那年四月剛開始為他工作的伊莉莎白・雷頓(Elizabeth Layton，後姓納爾〔Nel〕)寫道，「他總是會找到一個其他人從未聽過的詞。」(Nel, *Personal Secretary* p. 71)

(10) 這段幾乎確定是有意呼應吉朋描述歷史「不過就是人類罪惡、愚笨、不幸的紀錄」。

譯者注

① 帕夏原指鄂圖曼帝國的高階官員，後廣泛運用在阿拉伯世界，作為敬語，相當於英國的「Lord」。

② 邱吉爾寫給羅斯福的信末，會署名「前海軍」，用以提醒羅斯福兩人共同的經歷。

③ 艦橋是船艦的指揮駕駛室，船艦的主要設備控制介面和主要人員如船長和大副，都集中在艦橋。

④ 「畢佛」的諧音。

⑤ 一八一五年拿破崙戰敗後，提供他短暫政治庇護的船艦。

⑥ 一六九四年起下議院禁止吸菸，改提供粉末狀的鼻煙，而議會的門衛負責補充盒中的鼻煙。

25 「會面」1941／6—1942／1

他無時無刻都在作戰，無論他有軍隊可以指揮，或者只是在心裡想。——邱吉爾論元帥福煦，於《傑出的同代人》[1]

他們談著必須做的事，談得愈多，瞭解得愈多，愈是互相喜歡。——邱吉爾，論公爵與薩伏伊的歐根親王一七〇四年的會面，於《馬爾博羅》[2]

希特勒對俄羅斯發動巴巴羅薩行動兩天後，邱吉爾對國王說，「現在是美國參戰的大好時機，天賜的機會。」他還說他打算換掉中東總指揮官韋維爾，改派奧金萊克。「我發現當溫斯頓對某人或某事下定決心時，什麼也無法改變他的想法。」國王寫道，「私人感情對他而言微不足道，雖然他也有多愁善感的一面。他盼望一個目標，而且只有一個目標：打贏戰爭。不能馬虎。」[3]

薯條・香農描述他的朋友韋維爾被調去當印度陸軍的總指揮官，是「溫斯頓個人好惡的犧牲品。歷史上沒有哪個上將這麼難當，在五個前線作戰，每天還被互相矛盾的電報騷擾。」[4]雖然迪爾不贊成異動，但他知道首相對韋維爾已經失去信任，繼續捍衛他也沒有意義。隔天，邱吉爾派奧利佛・利特頓到中東擔任常駐公使，任命畢佛布魯克擔任位高權重的軍需大臣，而且找來商人安德魯・鄧肯爵士擔任貿易局主席。

那天晚上，下議院已經從聖公會總部搬到上議院議事廳，召開祕密會議時，邱吉爾表示，因爲去年已經損失四百六十萬噸船舶，所以不能再公開數據了。不是因爲他懷疑國人接受壞消息的能力，但是，如同他告訴下議院，「海軍情報上，我們承擔不起讓敵人占上任何優勢，」他說，「我們也承擔不起用顏色最深的墨水在中立國眼前寫下我們的事，讓我們的朋友灰心，鼓勵我們在世界各地的敵人。」[5]他說到他們面對的巨大挑戰，並說一戰沒有什麼「可以與現下圍困我們的危險和困難相當」。「所有我認識的政府高層，如果一年前冷血地問他們，我們應該怎麼克服，會發現不可能得到滿意的答案。」[6]他承認他的角色就是經常刺激並煩擾他的部會首長，還說他的政府完全不像勞合喬治所謂「互相尊敬的社團」，事實上他比任何反對政府的人士批評得更凶，「事實上，我想我絕大部分的同僚和我都只是點頭之交。」儘管如此，「利用國會與國人賦予的權力督促他人，正是首相的責任，而且在這樣的戰爭裡頭，必須行使那樣的權力，無關任何人的感受。如果我們贏了，沒有人會在乎。如果我們輸了，沒有人能夠在乎。」[7]

一九四〇年三月，出生於奧地利的原子核物理學家奧托・弗里施（Otto Frisch）和他出生於德國的同事魯道夫・佩爾斯（Rudolph Peierls）寫了一封最高機密的備忘錄給政府。這兩人都是英國公民，也是逃離納粹政府的難民。在備忘錄中，他們談到利用鈾的原子核連鎖反應，有可能製造「超級炸彈」，但那個領域多數的物理學家都不支持這個論點。（尼爾斯・波耳〔Niels Bohr〕、恩里科・費米〔Enrico Fermi〕和已故的歐尼斯特・拉塞福爵士都認爲不太可能。）五月初《泰晤士報》的文章暗示德國也在進行類似計畫。[8]受到那篇文章刺激，加上弗里施和佩爾斯的論文，於是白廳主管作戰應用科學的亨利・蒂澤德爵士成立穆德委員會（MAUD Committee〔此名稱不代表任何縮寫〕），找來科學家調查。相較其他任何重要的政治人物，除了曾在萊比錫大學（Leipzig University）寫過鈾礦化學論文的約翰・安德森爵士，邱吉爾是思考核融合戰略的適當人選。他已經讀過，而且重讀所有H・G・威爾斯的科幻小說，並早在一九二四年九月就曾預測「不比一顆橘子大」的強力炸彈，而且他在一九二六年讀過量子理論，一九三〇年代寫過文章論述核融合的未來，又和林德曼大量討論這個主題。[9] 科學正在創造改變世界、最終贏得戰爭的裝置，此時所有競爭者中，最通曉科學的人正在敲著唐寧街十號的門，真是歷史上了不起的巧合。

一九四一年七月，穆德委員會的科學家報告，打造潛在威力強大的原子彈，並於兩年內供作戰使用，理論上都是可能的；倘若如此，將是決定性的一步。委員會也建議與美國密切合作，而且警告，幾乎可以確定德國也在研究他們的版本。[10] 儘管如此重要，這份報告卻有流產的危險。穆德的主席亨利・蒂澤德爵士擔心，這樣「大型且高度臆測性的工業事業」，會中斷其他軍事科技計畫的資金，同時飛機生產部科學研究的主管認爲做出炸彈要花上十年，而非兩年。委員會的另一位成員，牛津大學的派屈克・布雷克特（Patrick Blackett），也呼應他的意見。因此，要推動合金管計畫（Tube Alloys project，爲了不引起好奇而取的代號），並刺激邱吉爾考慮其未來，需要林德曼出馬。

關於教授的批評，很多是有道理的——他好戰、恐德、自大等，但湊巧的是，英國具有科學思維的首相聽得進他的話。邱吉爾的文章和在查特維爾桌上與林德曼的物理對話，後來證實比他們兩人當時猜想的都還重要。八月，邱吉爾寫信給三軍參謀長，表示他同意林德曼的論點，英國應該開始製造自己的原子核炸彈。林德曼沒有輕描淡寫過程中的花費和困難，但他寫道，「如果我們讓德國領先我們，製造可以在戰爭中打敗我們的工具，或者他們被打敗後又藉此逆轉，將是不可原諒……誰擁有這樣的工廠，誰就能主宰其餘的世界。」[11]邱吉爾指派樞密院議長安德森指揮新的合金管董事會，實質上就是讓他擔任那個炸彈的大臣。雖然安德森平淡無奇，卻是個可靠的前蘇格蘭資深文官，一九三〇年代中期曾任孟加拉總督。

六月三十日，奧金萊克接任中東戰場指揮職務時，雖然殘存在東非、投降的義大利人已經開放紅海給美國的船舶，但是除了被包圍的托布魯克，軸心國握有整個昔蘭尼加（Cyrenaica）。奧金萊克打算發動「十字軍行動」（Operation Crusader），大肆進攻解救圍城，但是關於時間點的爭論已經開始，他卻幾乎尚未就位。奧金萊克想要四、五個月的時間準備，但邱吉爾積極主張應該更早，如此才能利用德國全神貫注在東線的時候得利。[12]奧金萊克則堅持，英國第八軍重組、重新裝備、重新編排、改善補給、訓練武裝部隊之前，不能執行十字軍行動。邱吉爾對於奧金萊克六呎二吋的身高和個性印象深刻，但是儘管他派他取代韋維爾，其實現在他還不相信他的軍事技巧。[(1)]

七月初，喬克・科爾維請求加入皇家空軍。邱吉爾答應，表示戰鬥機飛行員「比馬球選手更為刺激，大型射擊比賽和獵人合為一體」。[13]（他三個都做過，所以知道。）阿契伯德・辛克萊住在契克斯別墅，而邱吉爾說，勝利之後「所有殺戮應該都會結束，但他會想看到假冒模仿古羅馬的墨索里尼像維欽托利一樣用古羅馬的方式被掐死」。[14]希特勒和納粹首腦會被送到偏遠的島，但不是聖赫勒納島（St Helena），因為那樣會「褻瀆」拿破崙的記憶。他也猛烈批評失敗主義，並說：「如果侵略真的來襲，這座島嶼變成一片血海也好過投降。」[15]

七月十四日在海德公園視察民防單位後，邱吉爾在倫敦郡會堂（County Hall）演說，回憶去年冬天的大轟炸。「當警鈴哀傷的音調預示德國轟炸機的到來，那一刻，」他說，「我向各位承認，我的心爲倫敦與倫敦人淌血。」[16]他說英國其他的人也和倫敦一樣承受良多，並且預言卽將到來的納粹德國空軍作戰：

> 倫敦會準備好，倫敦不會退縮，倫敦可以再次承受。我們不要敵人的恩惠，我們不要他們對我們的愧疚。相反地，如果今晚要倫敦人投票，表決為了停止轟炸所有城市是否應該協商，壓倒性的多數會大喊：「不，我們會給予德軍懲罰，而且比他們給我們的更多……我們不會與你們或為你們邪惡意志做事的腐敗集團談和。你們儘管使出最壞的手段，我們會全力以赴。」也許很快就輪到我們，也許現在就輪到我們。[17]

「爲你們邪惡意志（wicked will）……腐敗集團（grisly gang）」的頭韻法，聽起來幾乎就像音樂廳表演節目，但是有用。

七月十八日，史達林緊急要求邱吉爾打開法國西北方，卽後來著名的「第二前線」(Second Front)，解除俄羅斯的壓力。(2)邱吉爾回答，他會做「任何合理有效的事」幫助俄羅斯，但是「嘗試大規模登陸，將會遭到血腥的挫敗，而且無關緊要的襲擊只會導致徹底失敗，對我們兩國弊大於利」。[18]儘管如此，他答應考慮在北極的海空行動。(邱吉爾的祕書注意到，他希望得到認可時會用「俄羅斯人」，但是想要表示貶義時會用「蘇維埃人」。)七月十九日，麥斯基拜訪契克斯別墅。「我們應該不留情面地轟炸德國。」邱吉爾告訴他，「每日、每週、每月！……到了最後，我們會用炸彈壓倒德國。我們會擊潰德國人民的意志。」[19]哈里·霍普金斯接著進入房間，並且答應調解他們正面對的補給問題。(3)麥斯基離開的時候想著，「整個跟戰爭機器打仗的重擔落在我們身上。」

翌日，邱吉爾大幅改組政府。這次改組令他相當痛苦，因爲他必須把阿弗雷德・達夫・庫柏降職。達夫・庫柏是他的朋友，也是另一俱樂部的會員，更由於抗議慕尼黑和約而辭職，而且在挪威辯論中大力支持他。他早就知道達夫・庫柏擔任情報大臣表現不佳，他在庫柏的面前告訴布瑞肯：「你永遠不該叫純種的馬去拉水肥車。」[20(4)]他展開的社會調查名爲「庫柏的耳目」，引起反彈，對他的聲望也不利，邱吉爾不能讓庫柏拖累他的政府。邱吉爾把原本由漢基擔任的蘭開斯特公爵領地事務大臣給庫柏，讓布蘭登・布瑞肯當情報大臣，後來證實非常成功。

邱吉爾找來陸軍准將喬治・哈維－瓦特（George Harvie-Watt）接替布瑞肯的位置，做他的國會機要祕書，以及他在下議院的耳目。哈維－瓦特表現優異，後座議員任何可能的騷動都寫成報告。這些報告有時頗爲刻薄。他告訴首相，艾德禮針對民用航空的演講很「沉悶」，而韋維爾對議員說話的時候「相當死板」。有時候邱吉爾會在報告上寫「傳閱C夫人（邱吉爾夫人）」，甚至有些和她無明顯關聯的內容也是，好讓她完全瞭解情況。哈維－瓦特調查工黨議員和工會的會議內容，並留心保守黨議員建立的壓力團體。[21]邱吉爾見過挪威辯論前各種壓力團體對張伯倫政府的影響，不想落得相同的處境。哈維－瓦特告訴邱吉爾，保守黨主席道格拉斯・哈金爵士（Sir Douglas Hacking）「根本不足以處理現代政治問題」，沒過多久他就被換掉了（戰爭其餘的時間，邱吉爾備受哈金「強烈厭惡」）。[22]

拉布・巴特勒離開外交部，升爲教育大臣；他於一九四四年廢除公立中學學費，是立法的里程碑。巴特勒原本在外交部的次長職位，邱吉爾本想安排他的女婿鄧肯・桑迪斯，但是伊登希望讓理查・勞擔任，所以桑迪斯成爲陸軍部的金融祕書。在被指控充滿裙帶關係的情況下，約翰・佩克跟科爾維打賭五英鎊，問他敢不敢向邱吉爾推薦維克・奧利佛進情報部，但是科爾維沒有跟他賭。[23]

邱吉爾偶爾會做「V」字手勢象徵勝利。被納粹占領的歐洲學了起來，在牆壁上用粉筆畫「V」作爲反抗符號。七月二十日，政府發起政治宣傳運動，邱吉爾在廣播表示，「『V』這個手勢代表被占領的土地不可征服的意志，以及等待著納粹暴政的命運凶兆。只要歐洲民族持續拒絕與入侵者完全合作，納粹的事業必會毀滅，歐洲必將解放。」[24] 邱吉爾懂得手勢，因爲維多利亞時代的政治人物天生懂得符號的威力。他的雪茄、領結、圓頂高帽、手杖，都是他有意識運用的鮮明形象，因此在卡通、報紙插圖上，立即就能辨認出他。他的父親穿著高領襯衫，蓄八字鬍，而約瑟夫・張伯倫戴單片眼鏡和蘭花，都是相同的理由。手勢「V」的一個問題就是手腕一轉就會變成粗魯的手勢，而邱吉爾不總是記得這點。更嚴重的是，俄羅斯人不知怎的，將手勢解讀爲他打算開啟第二前線。[25]

政府重組那天晚上觀賞電影《大國民》（*Citizen Kane*）時，邱吉爾覺得「非常無聊，半途離席就沒再回來」，雖然可能是因爲電影中傷他的朋友，即曾經招待他的威廉・倫道夫・赫斯特。[26] 那天他熬夜到凌晨三點，艾德禮和哈里曼呵欠打個不停，於是霍普金斯堅持「精神依然壓抑不住」的首相上床睡覺。[27]「我不訝異他們全都離你而去，看看你工作的方式。」霍普金斯調侃邱吉爾，指的是科爾維決定加入皇家空軍，以及席爾接下一個美國的職位。(5)（席爾機要祕書主任的工作由約翰・馬汀接續。）

不久之後在臨時首相府的午餐，邱吉爾看著維琪法國如何在敘利亞勇敢抵抗奧金萊克的軍隊，說：「當初他們沒有拿出相同的勇氣和精神，對抗在法國的德軍，實在可惜。」[28] 他相信法國「最優良高貴的血液」在一次大戰已經流盡。溫伯恩夫人建議——應該是開玩笑——戰爭勝利後他們就滅絕所有德國嬰兒，查爾斯．伊德回憶，「溫斯頓說『我們要等那麼久嗎？』，引發哄堂大笑。」[29]他描述巴巴羅薩行動是個「意外收穫」，而且說他認爲俄羅斯人還會繼續戰上十二個月，如此至少就會延遲任何侵略英國的動作。綏靖主義者傑佛瑞・道森最近離開《泰晤士報》的編輯崗位。邱吉爾狠毒地評論那是「叛徒的最後一道閃光」，但又說，「生氣是浪費體力。用來吹走安全閥的蒸氣最好用來驅動引擎。」[30]取代道森的，則是另一名前綏靖主義者，同時也是邱吉爾的批評者羅伯特・巴靈頓－沃德（Robert Barrington-Ward）。

霍普金斯帶著重要消息前來，表示羅斯福想和邱吉爾見面，這是首相吸引美國參戰的一大進展。在那之前，霍普金斯要去見史達林。出發當天晚上，他和邱吉爾在契克斯別墅後面的草地來回散步，邱吉爾要他「向史達林保證，英國會給他所有可能的支持」。[31]邱吉爾已經開始思考最終橫渡海峽的攻擊，並在七月敦促羅斯福開始建造載送坦克登陸的船艦，此時距離諾曼第登陸日幾乎還有三年，而且美國甚至還沒參戰。

七月底，國王在日記寫道，首相「不認爲日本會對我們或美國開戰。我方凍結資產加上違反通商條約，日本大爲震驚」。[32]八月十七日，國王又說，邱吉爾「告訴孟席斯，不用擔心日本。羅斯福要對日本發出強烈通知，而我們應該支持他」。即使遲至九月十二日，邱吉爾依然在說日本面對西方的石油禁運就會屈服，然而事實上也許正是因爲需要石油，促使日本政府中的好戰分子帶領帝國走向全面戰爭。

長期以來，到處都有人呼籲成立生產部，在戰時內閣占據席次，並且控制海、陸、空三個補給部門。然而這顯然是在攻擊邱吉爾的權威，爲此，邱吉爾花了一個週末在契克斯別墅準備演說，熬夜到清晨四點五十分，直到完善。「超級強人在哪裡？」七月二十九日，他在下議院語帶諷刺地問，這個人，身為戰時內閣成員，將會控制龐大、牢固、悠久、嚴陣以待，而且我們將命運寄託在他們身上的海軍部？能夠教導現任的飛機生產大臣，如何比現在更快更好地製造飛機，這樣的戰時內閣大臣在哪？……當你們決定好人選，請讓我知道他的姓名，因為我將非常高興為他效力，表示我很滿意他擁有所有高尚、與拿破崙相同的特質。[33]

次日下午，《蘇維埃—波蘭條約》（Soviet-Polish Treaty）在外交部簽署，但因爲邱吉爾的午睡時間超出平常的一個鐘頭，所以晚了十五分鐘。伊登居中協調俄羅斯與波蘭激烈的談判，這兩個國家彼此憎恨。麥斯基寫道，來參加簽約的時候，「邱吉爾眞的才剛起床」。「從他鬆垮的臉、漲紅且不知爲何水汪汪的雙眼，還有愛睏的模樣，看得出來。」[34] 儘管如此，首相「帶著鬼鬼祟祟的笑臉察看房間」。這個條約允許七萬八千名戰俘離開蘇聯，他們接著組成波蘭第二軍，一九四四年與一九四五年在義大利作戰，表現優異。然而，戰後邊界問題並未解決，這點令波蘭人十分憤慨。如果波蘭人早知道，前一年俄國已經在卡廷森林（Katyń Forest）冷血地處決超過一萬四千名波蘭軍官，他們就不會簽下這個條約，但是當時無論他們或英國政府都還未被告知這件恐怖的事實。

邱吉爾可望與羅斯福在紐芬蘭岸邊見面，這件事情用科爾維的話來說，令首相「像學期最後一天的小男孩一樣興奮」。[35] 這兩人互換電報的頻率愈來愈高；但是暨一九一八年後，兩人即將再次見面，無論好壞，必定是個關鍵時刻。這趟旅程的重要性，可從他帶去的人彰顯出來，包括迪爾、龐德、林德曼、賈德幹、空軍副參謀長威爾弗里德・弗里曼爵士（Sir Wilfrid Freeman）、湯米・湯普森、約翰・馬汀。「首相北上帶的隨從可能連沃爾西主教（Cardinal Wolsey）① 都會羨慕。」科爾維寫道。[36]

八月三日，下午十二點三十分從馬里波恩（Marylebone）發車的火車上，邱吉爾身穿空軍藍的警報裝和帆船帽，在倫敦外的郊區「譴責現代房屋的風潮」。賈德幹指出「別人可能會把他們當成反布爾什維克黨人的營地」，邱吉爾聽了感到安慰。[37] 過去四十八年，他估計每天都喝半瓶香檳，而且想知道那樣高度大約到車廂哪裡。[38] 教授拿出他總是隨身攜帶的計算尺，估計那還不到餐廳一半高度，首相聽了不爲所動。[39]

八月四日星期一，這一行人在斯卡帕灣搭上戰艦威爾斯親王號，在上面見到剛從莫斯科回來、精疲力盡的哈里·霍普金斯。霍普金斯從史達林那裡帶回「供應充足」的魚子醬，而邱吉爾表示，「有這樣的魚子醬眞是太好了，即使需要和俄羅斯人打仗才能得到。」[40] 他計劃了接下來所有的娛樂細節，吩咐了松雞、甲魚湯，還有樂隊。原本他的寢室在螺旋槳上方，但是強風中船尾震動不停，於是他搬到位於艦橋的應急艙。[41]「我們才剛出發。」那天稍晚邱吉爾發電報給羅斯福，「距離今天二十七年前，德國佬開始他們上次的戰爭。這次我們一定要好好表現。兩次應該夠了。我相當期待我們的會面。最誠摯的問候。」[42] 那天晚上，邱吉爾和他的隨從造訪地圖室，就在那一刻，也是整趟旅程中唯一一次，全部的燈泡保險絲都燒斷了。[43]

接下來幾天，他們在寒冷且狂風大作的甲板上上下下，邱吉爾和賈德幹排練所有可能的討論議題——英美戰後志向宣言、更緊密的人員合作、《租借法》下特殊的軍火需求等，羅斯福的角色則由賈德幹扮演。[44] 邱吉爾藉此練習論述，並爲羅斯福可能的回應準備。他讀了C·S·佛瑞斯特（C. S. Forester）的小說《霍恩布洛爾船長》（*Captain Hornblower*），該書場景設定在拿破崙戰爭。而且這幫人每天晚上都在交誼廳看電影，例如唐老鴨的《獵狐記》（*Foxhunting*）和勞萊與哈臺（Laurel and Hardy）的《海上行動》（*Saps at Sea*）——這部電影逗樂邱吉爾，當然還有《忠魂鵑血》（*That Hamilton Woman*），據指揮官湯普森回憶，

「雖然他之前已經看過很多次，每次還是非常感動」。[45]「諸位，」邱吉爾告訴他的隨從，「我想你們會對這部電影感興趣，劇情和你們現在參與的偉大事業類似。」[46]這是少數他的屬下不覺得很糟的電影，而且會讓邱吉爾哭。有一幕是羅倫斯・奧利維耶（Laurence Olivier）飾演的上將納爾遜告訴海軍部，「諸位，你們永遠不會跟拿破崙談和！拿破崙擊潰我們之前，不會成為世界霸主，而且相信我，諸位，他想要成為世界霸主！你們不能跟獨裁者談和。你必須摧毀他們，消滅他們！」邱吉爾也看了「一部非常老套的電影，關於在紐約的公寓愛情故事，但是顯然看得津津有味」。他宣布勞萊與哈臺的電影《瑞士小姐》（*Swiss Miss*）「意義不大但表演活潑」。[47]更換電影膠片時，他要求用留聲機播放諾爾・寇威爾的歌曲〈瘋狗與英格蘭人〉（Mad Dogs and Englishmen），和受歡迎的舞曲〈富蘭克林・D・羅斯福・瓊斯〉（Franklin D. Roosevelt Jones）。兩首歌的每句歌詞他都倒背如流。

六天的旅程中，船上的無線電安靜無聲，而且無法發出信號。雖然他們一旦在紐芬蘭靠岸，邱吉爾寫的信就會寄出去，但是將近兩年來，他第一次發現自己與每日的直接責任有所隔離。因為海上大浪，他們在第二天就必須離開護送的驅逐艦。後來，因為發現U型潛艇，他們必須完全改變航道。八月五日的海象險峻，早餐只好取消，以致力行愛德華時代早餐模式的邱吉爾大呼「Tout au contraire」（全都與我們作對）。[48]天氣惡劣時，邱吉爾就待在他的寢室或艦橋。「這些臭氧讓我變得很懶。」他說，「以前我隨時都想看公文，現在我連要自己工作兩小時都難。」[49]霍普金斯找邱吉爾下雙陸棋，還警告他，自己很厲害。「沒有關係。」邱吉爾回答。「我賭注小。」[50]隔天，午餐時間霍普金斯拒絕第二杯白蘭地，首相說，「我希望，隨著我們快到美國，你不會變得更溫和。」[51]八月六日，威爾斯親王號又接上另一艘護送的驅逐艦，而在抵達紐芬蘭前夕，他們又看了《忠魂鵑血》，也是邱吉爾那個月第五次看。[52]霍普金斯接著和他下雙陸棋，贏了七畿尼（約今日三百八十英鎊）。

一九四一年八月九日，船在破曉時靠近紐芬蘭海岸的阿眞舍（Argentia）海軍基地。「在右舷正橫上，他們可以看見灰色的霧氣籠罩林木茂密的山谷。」湯普森回憶。[53]上午九點，他們進入普拉森提亞灣（Placentia Bay），在總統的旗艦奧古斯塔號（USS *Augusta*）旁邊下錨。隨著羅斯福而來的還有戰艦阿肯色號（USS *Arkansas*）和巡洋艦塔斯卡路沙號。威爾斯親王號的樂隊演奏〈星條旗之歌〉，而對面傳來〈天佑吾王〉。上午十一點，羅斯福總統站在奧古斯塔號的步橋前方，扶著兒子艾略特（Elliott）的手臂，和邱吉爾、龐德、迪爾、賈德幹、林德曼、馬汀一一握手，歡迎他們上船召開第一次會議，代號「里維埃拉」（Riviera）。伴隨他的是上將喬治・C・馬歇爾、美國海軍參謀長上將哈洛德・史塔克（Harold Stark）、陸軍航空隊上將亨利・阿諾德（Henry 'Hap' Arnold，綽號「哈普」）、國務次卿薩姆納・威爾斯，以及總統另一個兒子小富蘭克林・羅斯福。邱吉爾遞給總統一封國王的信，然而攝影人員因鏡頭之故要求重來一次，以致隆重的過程略微減損。

總統與首相的初次互動不太順利。羅斯福說他在一次大戰期間見過邱吉爾一次，是他「非常珍惜的回憶」，對於這點，他的客人只好「坦承那件事情已經溜出他的記憶！」[54]（羅斯福非常委婉：當時他覺得邱吉爾是個「討厭鬼」。）[(6)]雖然邱吉爾出發前往紐芬蘭前告訴自治領的總理他從未見過羅斯福，但之後在《風雲緊急》中他寫道，「我只在上次大戰見過他一次。當時是在格雷律師學院的晚餐，我敬畏他年輕時莊重的風采。」[55]他在《傑出的同代人》和近期演說中的奉承已經消除一九一八年在格雷律師學院的負面印象。那天後來，羅斯福寫信給他的遠親暨摯友瑪格麗特・蘇克萊（Margaret 'Daisy' Suckley，綽號「黛西」），「他是個極爲重要的人，很多方面就是英格蘭的拉瓜迪亞市長（Mayor LaGuardia）！(7)別說是我說的！我喜歡他，而且兩人午餐獨處有助雙方破冰。」[56]總計邱吉爾和羅斯福在二次大戰期間的九個場合中，將會相處一百一十三天。

「除非懂得歐根親王和馬爾博羅就像一個大腦的兩側，否則無法理解布倫海姆之役的發展過程。」邱吉爾在《馬爾博羅》中寫道，「他們經常互相聯絡。」[57]邱吉爾許多政治上的友誼並未善終，例如與阿斯奎斯、鮑德溫，現在與勞合喬治也是，但這次必須不同。因爲他不遺餘力和羅斯福好好相處，把他當成貴族、民主人士、社會改革的同伴。他後來會說，「沒有哪個人研究情婦各種的突發奇想，像我研究羅斯福總統那樣。」[58]普拉森提亞灣會面的第一天午餐大抵用來認識彼此，但是兩位領袖當然也有具體的事要談，包括更深入的參謀對話、發表公開宣言以嚇阻日本侵犯、同意美國海軍巡邏英國控制的冰島、《租借法》下要求快速補給，以及發表普世原則宣言，促進英語民族與中立國認識我方的戰爭價值全然優於納粹方。

邱吉爾就是有種劃分心思的能力，午餐與晚餐之間，他回到威爾斯親王號上，發出電報給約翰・安德森爵士，抱怨政府規定收到額外汽車配給券的駕駛必須向當局報告所有行程：「製造並增加過失的刑事犯罪，這樣的過失不被輿論譴責，而且難以察覺，只能任意懲罰。這麼做是缺乏審慎、胡亂判罪。」[59]登上奧古斯塔號當晚的晚餐，這次和賈德幹、馬歇爾與其他人，討論轉向羅斯福在紐約上州海德帕克（Hyde Park）的鄉村莊園種植聖誕樹的獲利與問題。「後來，當然，」賈德幹記錄，「這群人討論了一些正事。」[60]

隔天一大早，邱吉爾「在甲板咆哮」，要求賈德幹起草一份共同原則的宣言，這份宣言就是後來《大西洋憲章》(Atlantic Charter) 的基礎。接著羅斯福帶著數百名美國海軍與海陸士兵登上威爾斯親王號，在後甲板進行週日服事。邱吉爾選了讚美詩〈那些在海上危難的人〉(For Those in Peril on the Sea)、〈信徒如同精兵〉(Onward Christian Soldiers)、〈上主是我千古保障〉(O God our Help in Ages Past)。「每一個字似乎都激動內心。」他後來寫道，「當下感覺很棒。」[61] 他編排服事的過程，讓整體如他所言，「完全是唱詩班，完全上鏡。」[62] 米字旗和星條旗比鄰覆蓋在聖壇上；美國與英國的隨軍牧師一起朗讀英王詹姆斯欽定《聖經》；兩國船員交錯。他也藉機給羅斯福共同宣言的草稿，讓他和他的幕僚討論。羅斯福下令參加的船員每人會得到兩百根香菸，以及一些水果和起司。

邱吉爾事前要求帶上兩打松雞一起出海，而這些松雞成爲英、美參謀長的午餐。那天下午總統離開後，邱吉爾走到海灘，賈德幹記錄他在那裡「自得其樂，像個度假的小男孩，非得把大石頭滾下陡峭的懸崖」。[63] 馬汀看到他的手上握著一束採來的花。那天晚上，邱吉爾和隨從在奧古斯塔號與八名美國人，以及總統的蘇格蘭梗犬「法拉」一起用餐。「我想在場的每個人都感覺到了，」上校皮姆後來寫道，「世界的自由就依賴在這兩位偉大的領袖，也許是許多世代以來最偉大的，他們對彼此的反應以及明智的忠告。」[64]

次日，八月十一日，出現第一次重要的討論，沒有固定議程的情況下，氣氛如湯普森描述「輕鬆不拘禮節」。[65] 討論範圍廣泛，包括萬一德國進入伊比利半島，則利用亞速群島 (Azores) 作爲同盟國的基地，以及未來同盟國登陸歐洲的事宜，代號是「圍捕」(Roundup)。雙方同意之後會在華盛頓舉行進一步的參謀對談。隔天畢佛布魯克搭飛機前來，《租借法》也加入議題。最重要的是雙方同意《大西洋憲章》、給史達林的共同訊息、這些對談的公報文字內容。重大議題都取得共識；邱吉爾本次會議所有的目標也都達到，包括英、美參謀之間建立友好關係，主要是迪爾與馬歇爾。

「美國總統羅斯福和英國首相邱吉爾經過會商」，憲章開頭寫著，「認爲應將兩國政策上對更美好未來世界植下希望的相同原則對外宣布，是爲《大西洋憲章》。」第一條是「兩國不尋求領土或其他方面的擴張」；第二是「兩國不欲見到不符人民自由表達意志之領土變更」；以及第三「兩國尊重所有民族選擇生活之政府形式；並希望見到被迫剝奪的主權與自治恢復」。美國不如某些在英國的人不切實際地希望那樣，他們並不打算對德宣戰，儘管如此，憲章第六條寫著「納粹暴政最終消滅後……」，這句話代表中立強國明確的立場。

接著是關於所有國家擁有平等條件取得貿易與原料；所有國家完全的經濟合作；所有土地免於匱乏與恐懼；在公海上不受阻礙自由航行；全面解除武裝並放棄使用武力。數個國家隨後也簽署這份憲章，包括比利時流亡政府、捷克斯洛伐克、自由法國、希臘、盧森堡、荷蘭、挪威、波蘭、南斯拉夫；有點諷刺的是，蘇聯也簽了。而且驚人的是，忠誠的帝國主義者如邱吉爾，竟然願意爲第三條背書，但這就是與美國建立共同事業的必要條件。《大西洋憲章》於八月十四日公布，也是世界首次知道羅斯福與邱吉爾已經會面，而且兩人對於納粹主義滅絕後建立世界的根本原則已然有了完全共識。這份憲章也在號召自由的力量，如此人民能夠感覺他們在爲某種激勵人心的目標奮鬥，而不僅是對抗惡魔。

八月十二日下午五點，威爾斯親王號和護航的驅逐艦啟程駛往冰島。邱吉爾在後甲板上輪流對著每艘美國船艦揮舞他的帽子，並站在甲板上，直到看不見他們。兩天後發現該地區有U型潛艇，因此戰艦必須改變路線。隔天，他們加入返回家鄉的船隊，一共七十二艘，某些船的甲板上看得到飛機，邱吉爾稱「令人愉快的景象」。[66][(8)]船隊組成十二縱列，相隔五百碼，威爾斯親王號穿梭繞行了兩圈。船上的人認出艦橋上的邱吉爾，紛紛跑到甲板上大聲歡呼，比出「V」字手勢。

隔天他在雷克雅維克（Reykjavik）與冰島總理見面。八月十八日，一場導致能見度降低的強風後（可能面對敵軍U型潛艇與飛機的危險），威爾斯親王號上午九點在耀眼的陽光中抵達斯卡帕灣。回程的火車上，邱吉爾原本要了班尼迪克汀甜酒（Benedictine liqueur），十分鐘後又要了白蘭地。服務員提醒他已經喝過班尼迪克特汀甜酒，他說，「我知道，我要來點白蘭地洗掉它。」[67]

翌日上午，邱吉爾和國王共進午餐，告訴國王他對羅斯福的想法。「W很喜歡他，」國王記錄，「而且回來後覺得他瞭解他。他們單獨談話數次，而且W直言不諱我們的處境。如果到了春天，俄羅斯倒下出局，而德國重新恢復轟炸這裡，屆時美國還不送來大量飛機等，或還沒參戰，所有我們勝利的希望與來自美國的幫助將會受到衝擊。F. D. R.有三十億英鎊要花在我們這裡……他認爲日本會保持安靜。」[68]

儘管那天早上他在國王十字火車站嘴巴笑得老開，而且與羅斯福的會面無疑成功，邱吉爾還是覺得局勢非常不妙。德軍快速朝著莫斯科與列寧格勒前進；戰爭生產面臨問題遇上瓶頸，以及令人吃驚的罷工。[69]但是八月二十一日，不顧將領的建言，希特勒決定放慢往東的速度，而且爲了奪取烏克蘭的農業資源，派出大批武裝軍隊南向基輔。這是個重大錯誤，致命地削弱推進莫斯科的動力——如果當時成功，就會逼迫史達林和蘇維埃政府退回到烏拉爾河以外。

同天，首批北極船隊帶著兩支颶風戰鬥機中隊抵達俄羅斯北部。坦克接續在後，儘管因此有損英國在西部沙漠的戰力。到了戰爭末期，英國一共會派出四十支船隊、共計七百二十艘船到蘇聯，而且送出超過四百萬噸的補給、五千輛坦克與七千架飛機。這些船隊分出的艦隊，原本可以用來保護本土海域或大西洋船隊。[70]相對德軍，挪威北方的船隊位居多種劣勢，冬天恐怖的天氣和逐漸結冰的甲板、夏天幾乎永遠的日光、與納粹德國空軍機場之間短短的距離、突襲艦隊可埋伏的隱形峽灣。然而邱吉爾不曾收到史達林的謝函，只有尖酸地埋怨送去的不夠。十月革命二十四週年當天，史達林在致詞時告訴觀眾，「我們國家獨自打著一場解放的戰爭，沒有任何外來的軍事幫助。」此外，英國船員在莫曼斯克和阿干折的待遇都很惡劣。

儘管史達林不知感激，令邱吉爾震驚的是發生在其人民身上的事。八月二十四日針對《大西洋憲章》的廣播中，邱吉爾說到希特勒，但也提到發生在俄羅斯平民身上的恐怖屠殺，尤其猶太人和共產黨員，「隨著他的軍隊進攻，」

整個地區都被滅絕。德國警察部隊冷血處決保衛家園的俄羅斯愛國人士，殺害上萬人——真的就是上萬人。自從十六世紀蒙古入侵歐洲以來，從未有如此規模，或接近這種規模，有條理、無情的屠殺。而且這只是開始。饑荒和瘟疫還會跟隨希特勒染血的坦克車轍而來。我們面對的是無名的罪惡。[71]

德國的特別行動隊（*Einsatzgruppen*，行刑隊）透過他們的恩尼格瑪密碼機，發送神祕的巨大數據回去柏林，布萊切利園破解的結果顯示，這些是被屠殺的人數。[72] 許多中立人士不相信邱吉爾，認爲他只是在放送同盟國的政治宣傳。有些，例如《紐約時報》，把這則新聞塞在內頁小小的欄位。

「莫氣餒，」邱吉爾對納粹歐洲的各個民族說，「你們的土地會被洗淨……儘管納粹來襲，維持你們靈魂的純淨；讓他們覺得，儘管他們處於短暫野蠻的勝利，他們也是人類道德的棄兒。援助即將到來，強大的軍隊爲你們武裝。要有信心，要有希望，解救必定會到來。」[73] 上千名戰爭期間活在納粹占領地區的人作證，什麼都不如邱吉爾的演說能夠給予他們希望。他們違法用收音機偷聽，即使這麼做可能會被判死刑。十一月，邱吉爾在致《猶太紀事》百年紀念的文章寫道，「希特勒和他惡劣的政權對人類的精神與肉體加諸無法言說的恐怖，這樣的苦難，沒有誰比猶太人承受得更多。納粹攻擊人類自由與尊嚴的堡壘，而猶太人首當其衝……猶太人的先祖曾向世界宣布正義的原則，而假以時日，他們的冤屈會得到洗刷。」[74]

八月二十五日，德軍已經在基輔外，英、俄聯手派出一支小軍隊侵略伊朗。三天內他們就獲得勝利，而且改立沙阿（Shah）②的兒子爲孔雀寶座上的國王。英國現在能在陸地上支援俄羅斯，也能保護英伊石油公司的阿巴丹（Abadan）油田。「我們當時做的事情有正當理由，但沒有權利。」邱吉爾私下承認。[75]

五天後，當著哈利法克斯和伊登的面，在契克斯別墅的晚餐後，邱吉爾手拿著白蘭地，對著懷南特慷慨激昂地請求。他主張，《大西洋憲章》簽署後，「美國不能高尚地袖手旁觀。他們不能讓傭兵去打仗……如果他們參加，會有十幾個國家對同盟國勝利有信心……我們必須讓美國宣布參戰，否則，雖然我們現在不會被打敗，戰爭可能還會再拖上四、五年，而文明和文化將被抹煞。」相反地，如果美國加入，「他們開始作戰，可能意謂一九四三年就會勝利。」[76] 懷南特表示美國可能會在三月加入戰爭，但是這樣的回應，首相「不太滿意」，不僅因爲懷南特純粹是猜猜而已。[77]之後，爲了轉換心情，他「說到鴨嘴獸有趣的愛情生活」。[78]（是一夫多妻制。）

九月四日，邱吉爾前往多徹斯特飯店歡送現在十九歲的瑪麗，她將加入陸軍的女子分支——輔助服務團（Auxiliary Territorial Service），前往恩菲（Enfield）附近的防空高射炮小組服務。他一踏進飯店前門，直到就坐，得到絡繹不絕的喝采。但是晚上十點前他必須回到唐寧街十號接見麥斯基，收下史達林要麥斯基傳達的信。史達林要求在法國或巴爾幹半島開啟第二前線，分散掉德軍在東線三十或四十個師。他也要求三萬噸的鋁、每月至少四百架飛機和五百輛坦克。他警告，少了這些，俄羅斯可能會被打得落花流水。

「我不懷疑希特勒想要像從前那樣，逐一打敗他的敵人。」麥斯基引用邱吉爾的話，「我會準備犧牲五萬條英格蘭人的命，即使這麼做只是從你們的前線分散二十個德國的師！」[79]但他接著又說，如同英吉利海峽「阻止德國跳進英格蘭，同樣的，也阻止英格蘭跳進納粹法國」。至於有沒有軍隊、飛機、船舶可以派到巴爾幹半島打仗。邱吉爾指出，從埃及調派英國的四個師到友善的希臘已經花費七週，並作出結論，「不！不！我們不能去法國或巴爾幹半島送死！」[80]

關於補給的問題，邱吉爾告訴麥斯基，「我們也很缺武器。超過一百萬個英國士兵還是沒有武裝！」他指出英國整個坦克生產一個月不到五百輛。「一九四二年，情況就會改變。」麥斯基寫下他說的話，「一九四二年，我們和美國都將給你們很多。但是現在……只有你們不相信的上帝，接下來六到七週可以幫助你們。」[81]麥斯基問他未來的計畫，首相回答，就是防止本國遭受入侵；守住尼羅河谷和中東；奪回利比亞；從伊朗或其他路線確保補給送至蘇聯；「把土耳其拉到我們這邊」；「不停轟炸德國」；執行不斷的潛艇戰爭；增加中東的軍隊，一九四一年年底前從目前六十萬到七十五萬，一九四二年春天達一百萬。[82] 麥斯基很明智的沒有向莫斯科回報邱吉爾對於「潛在的威脅氣氛」的回應：《德蘇條約》後「不管發生什麼，以及你們要做什麼，你們全體都沒有權利批評我們」。[83] 因爲史達林的信，邱吉爾取消多佛的行程。科爾維總結，「我們似乎面對和法國之役結束時同樣的抉擇：投入一切解救我們的盟國，或爲最壞的打算保留我們的力氣。幸運的是，這一次，我們的櫥櫃不至於什麼都沒有。」[84] 同時，在莫斯科，莫洛托夫（蘇維埃外交部長）依舊無視克里普斯（英國駐蘇聯大使），克里普斯想要回家。「必須打消斯塔福爵士休息的想法，」邱吉爾告訴他的屬下，「唉，恐怕他得和我們所有人一樣，活得像豬。」[85] 邱吉爾打電話給賈德幹，告訴他，「絕對不能」讓克里普斯回來，還說他不希望由他來說這件事。[86]

伊登寫道，那天他們單獨午餐，邱吉爾「興高采烈」。首相告訴伊登，雖然戰後他可以幫助保守黨選舉，但「他對戰後的問題沒有熱忱」。伊登回答，他們需要新的候選人，畢竟「沒人會投給慕尼黑的人」。「溫斯頓一如既往鬥志十足。」伊登記錄。[87] 邱吉爾再次給伊登理由相信，一旦戰爭勝利，伊登可能會接下保守黨魁。他從來不是殘忍的人，但是他對待伊登的首相抱負總是非常無情。

那天晚上，和麥斯基講好一共三萬噸的援助後，邱吉爾帶著畢佛布魯克和伊登去麗茲飯店晚餐，享用了牡蠣、松雞，還有往事。「溫斯頓說他最希望F・E回來幫他。」伊登寫道。不是「最後幾年浸在酒裡」的F・E・史密斯，而是一九一四年或一九一五年的他。其次，他希望貝爾福在。畢佛布魯克說，「上次大戰時，如果他在海軍部好好打他手上的牌，尤其對保守黨，他就能當上首相，而非（勞合）喬治。」邱吉爾同意。邱吉爾接著描述，一九一六年十二月，當他知道勞合喬治無意把他納入內閣，是「他人生最困難的時候」。[88]接著他忙著回覆史達林，直到凌晨三點，延遲去迪奇利園的時間。「我感覺世界再次充滿活力。」他告訴馬汀。[89]都是因為希特勒的錯誤，世界才會這樣。

九月十一日，國王「發現溫斯頓樂觀多了，而且他第一次告訴我，他認為德國可能會在某個時候從內部崩潰」。[90]那是奇怪的預言，因為當時基輔差不多要淪陷了，但是邱吉爾也認為，如果德軍認為他們要輸了，希特勒的將領可能會阻止他在戰場上使用毒氣。德斯蒙・摩頓告訴過他，他相信史達林已經下令英國的共產黨員，時機一成熟就推翻他。[91]謠言和臆測滿天飛。

九月十八日，基輔淪陷那天，邱吉爾答應澳大利亞政府的要求，讓他們的軍隊撤出奧金萊克的司令部。這件事情令人挫敗，但是邱吉爾看見更廣大的政治全貌，告訴戰時內閣，「若有政府多數都激烈反對，而且部分出自於孤立主義的觀點，那麼就必須做出一些讓步。英國和澳大利亞之間絕對不能出現公開爭執。因此，所有個人感受必須次於統一的外在形象。許多行動沒有英國的步兵師，這點已經造成很多問題，以致世人以為我們只派自治領的軍隊去打仗。」[92]邱吉爾記取加里波利的教訓，他向坎培拉（Canberra）保證，「無論什麼代價，我們會遵從你對你們軍隊的要求。」[93]

邱吉爾保證自治領政府每週都會收到高階參謀的報告（任務行動執行期間則是每日），以及內閣會議摘要，此外，他也發出許多個人電報。[94]只要自治領的總理造訪英國，都會受邀參加戰時內閣會議。但是他不成立帝國戰時內閣，而且不談即將執行的作戰行動細節。一九四四年五月底，麥肯齊・金問諾曼第登陸日訂在何時，邱吉爾告訴他可能會晚至六月二十一日，但事實上預定在六月五日。[95]考量自治領和殖民地對戰爭非凡的貢獻——光是陸軍，邱吉爾計劃的五十五個師中，有二十一個不是英國——而且給定邱吉爾對帝國的信心，擬定大戰略時，邱吉爾出乎意料地幾乎不徵詢他們的意見。

九月二十二日，邱吉爾派畢佛布魯克去莫斯科協商補給俄羅斯的計畫。他在俄羅斯的期間積極提倡第二前線，開始逐漸在政治上傷害邱吉爾。即便在他離開前，他的報紙也經常批評他自己就是主要成員的政府。「總而言之，他是一個有趣、隨和又忠心的同僚！」那個月，伊登在日記深深諷刺。[96]

九月二十三日，國王指派邱吉爾擔任歷史悠久、深具威嚴的五港總督（Lord Warden of the Cinque Ports），也是表達信任的特殊象徵。邱吉爾著迷其中的歷史淵源——小皮特、威靈頓、巴麥尊（Palmerston）都擔當過這項十二世紀創立的職位，但他也爲亨利八世建造的沃爾默城堡（Walmer Castle）③維護費用震驚。曾在一九三〇年代中期任此職位的瑞丁勛爵在那裡雇用十四名僕人和五名園丁。[97]從前五港總督在轄區內確實有權處理所有沖上岸的鯨魚。這在過去的時代可能是個恩惠，但現在是種負擔，要自費埋了鯨魚。五港總督的旗子於戰後送到查特維爾時，在空中驕傲地飛揚，而且邱吉爾見了，稍微改述〈胡謅的詩〉（The Jabberwocky）：「卡路！卡累！噢，好美樂的天。然後開心得噗噗大笑。」[98]④他的公務車前方還插著那枝旗子的迷你版。⑨上任兩天後，邱吉爾視察沃爾默城堡，克萊門汀覺得那裡「又暗又難管理」。[99]「我非常懷疑我是否可能住在沃爾默城堡，」他告訴工務大臣，「或者眞的有人能在戰後住在這麼好的房屋。」[100]

翌日邱吉爾從沃爾默搭火車到考文垂。火車抵達月臺時，遲到出名的首相還未著裝，而米德蘭（Midlands）⑤專員達德利伯爵（Earl of Dudley）、市長，以及接待委員會都在那裡等他。這是因爲，雖然他相信他可以在十五分鐘內沐浴、刮鬍、著裝，但事實上他要花二十分鐘。「結果就是他總是遲到。」科爾維寫道，而且「夫人怒火中燒」。[101] 邱吉爾夫婦視察整個城市、被轟炸的主教座堂，以及一九四〇年十一月空襲罹難者的社區墓地。在「阿姆斯壯西德利」（Armstrong Siddeley）的飛機與魚雷工廠，每個作坊的人都熱烈敲著榔頭，表達震耳欲聾的歡迎。同樣地，在共產主義的溫床惠特利（Whitley）當地的炸彈工廠，邱吉爾拿著雪茄、戴著圓頂方帽出現，「吸引全體工人，爲他激動歡呼」。邱吉爾發揚光大「V」字手勢，儘管如科爾維所言，「常有人告訴他這個手勢有另一層意義。」[102]

隔天在伯明罕，噴火戰鬥機上下顛倒，距離地面只有四十呎，飛過邱吉爾夫婦頭上。他們開車穿越城市，前往火車站的路上擠滿熱烈喝采的人群，長達數哩。「我經常看到首相受到熱烈歡迎，」科爾維寫道，「但是沒有一次能與這次相提並論。」[103] 回程路上，湯米・湯普森問邱吉爾，他是如何利用他所謂寫上標題的「演說形式」字條，連續講三、四場，內容卻不會重複。「眞的沒有你以爲的困難。」首相回答，「我只是開口讓我的嘴巴去說。」[104]

九月二十八日，在爲晚餐著裝時，邱吉爾告訴科爾維，「目前爲止，政府只有一次判斷錯誤：希臘。」[105] 現在他把那一場仗歸咎在約翰・迪爾爵士身上。科爾維知道希臘戰役事實上是邱吉爾的想法，而且迪爾起初反對，但是首相「現在把他的刀直插在迪爾身上，還經常非難他」。[106]（據說迪爾同樣不敬：他對邱吉爾的看法，在內閣辦公室要求下，從里斯的回憶錄草稿刪除。）[107] 首相和帝國總參謀長之前的意見不合，顯示兩人個性的差異。陸軍上將約翰・迪爾爵士的文件中，有一封來自邱吉爾的信，日期是一九四〇年十月十九日。信上貼著「即日辦理」的紅色標籤，希望任命少將珀西・哈伯德（Percy 'Hobo' Hobart，發音爲Hubbard，綽號「霍伯」）訓練第十一裝甲師。迪爾非常反對，理由是被韋維爾辭退的哈伯德現在是國土自衛軍的一等兵，「非常難伺候……他的判斷魯莽、前後不一……不願聽取他人意見……毫無同情心……他太在乎自己陣營的利益……自我中心、缺乏定性、不會執行長官的指令……他的個性不適合團隊合作，而且……他一點都不爲人著想。」[108]迪爾送出他的備忘錄給首相時，想必沒有考慮到，這些批評讀起來就像針對邱吉爾本人。儘管如此，迪爾必須承認哈伯德「也是個極佳的教練，對組織、軍備、坦克編隊維護具備一流知識」。

「個性強烈、想法原創的人，常常得到這樣的偏見。」邱吉爾回覆，

> 我們現下正在打仗，為我們的生命奮戰，我們承擔不起任命職業當中不曾激動反對的軍官……克倫威爾、渥爾夫、克萊武（Clive）、戈登，還有不同領域的（T・E・）勞倫斯，都非常接近這些性格。他們也擁有其他特質，所以我相信上將哈伯德也是。現在這個時候，應該嘗試有力量和遠見的人，而非完全侷限在傳統標準判斷為安全的人。[109]

到了那個時候，他已經認爲迪爾就是後者。邱吉爾和前首相的兒子暨蘇格蘭地區專員羅斯伯里勛爵，兩人在福斯灣的達美尼別墅共進晚餐後，邱吉爾因爲迪爾不願雇用哈伯德而訓斥他。「記得，不是只有好孩子會打贏戰爭；告密者和討厭鬼也會。」[110]哈伯德獲得任用，而他的想法標新立異，力排眾議，製造出各種新型武器，暱稱爲「哈伯德滑稽坦克」，後來在諾曼第登陸日極爲有用。

一九四一年九月二十八日，科爾維寫道，邱吉爾認爲早早在歐陸開啟第二前線，「只會有一種結果：陸軍部無法好好作戰，事實上要他們和德國的組織、經驗、資源較量，並不公平。他們沒有工具，也沒

有智慧。」[111]這番話幾乎承認德軍作戰優於英軍，這樣的想法就連私下傳播也極度危險，卻是他偶會重複提起的想法。而至少戰爭前半期，幾位資深的軍事或外交人物也這麼認爲。

九月三十日的演講中，邱吉爾拿某些政治人物開玩笑，說他們太在乎輿論，因而無法表現適當的領導能力。「沒有什麼比戰爭期間活在蓋洛普民調喜怒無常的氣氛中更危險，」他說，「永遠感受你的脈搏，察覺你的體溫。我發現週末有個講者說，這是領袖應該把耳朵貼在地面的時候。我只能說，任何被看到那個不雅姿勢的領袖，很難得到英國人民信任。」[112]⑥

十月四日，邱吉爾必須開除第三個老友暨另一俱樂部的會員（在布思比和達夫・庫柏之後）。他寫信給聯合作戰行動的指揮官，海軍上將羅傑・奇斯，「我必須將我的國家責任置於私人友誼前。無論如何，我沒有選擇，只能解除你的職務。」[113]邱吉爾在七月任命這位六十八歲的上將，但這是他繼費雪之後最糟糕的人事決定。在爭取資源的過程中，奇斯與三位參謀長全都敵對，但是對於某個應該整合他們作戰的人而言，這是不可取的。他質疑其他人的判斷，表現得彷彿他是唯一一個有攻擊精神的人。邱吉爾崇拜奇斯，而且他在挪威辯論中發動衆人反對張伯倫，故有恩於邱吉爾，但他不適合那項工作。他也許可以更早解除他的職務，但用馬汀的話，「對他不斷的攻擊只是讓首相更支持他。」[114]邱吉爾指派資歷只有四年的上校——國王的表哥路易斯・蒙巴頓勛爵，取代奇斯的位置，並將他的頭銜提升爲聯合作戰行動總指揮官。

十月七日，國王發現邱吉爾「擔心俄羅斯的情勢，目前相當危險，因爲德軍已經在中心地區發動另一波進攻」。[115]德意志國防軍已經抵達莫斯科地鐵站，而冬天又還未到來，無法幫助俄羅斯人。史達林現在堅持要三十個英國的師登陸阿干折，這又是另一個不可能的要求，他自己一定也知道。邱吉爾那天還擔心其他的事，澳大利亞工黨的約翰·科廷（John Curtin）當上首相，而且堅持讓坎培拉控制他們在中東的軍隊，不管對解救托布魯克的十字軍行動會造成什麼危險。邱吉爾極盡所能解釋那些危險，但是沒用。[116]

當奧金萊克發出信號表示想要再度延後十字軍行動兩週，而且三軍參謀長紛紛反對邱吉爾進攻特隆赫姆或西西里的計畫，他氣憤地說，「有時我覺得我的幾位將領並不想對抗德國。」[117] 那個月他傳給奧金萊克三件 Ultra 解碼，顯示隆美爾相對缺乏準備。[118] 十月七日，羅斯福公開表示，大西洋的會面並沒有拉攏美國接近戰爭。

儘管這些煩心的事，隔天伊登在契克斯別墅和邱吉爾共度「最愉快的一晚」。討論到保守黨的事，邱吉爾說，「最終所有慕尼黑的人都會被趕出去。內維爾在那之前就過世，算他幸運。愛德華（哈利法克斯）無法待在外交部。民眾會忘記自己犯過的錯，只會記得以前領袖的，還會展開報復。」[119] 伊登爲迪爾辯護，說他是個會用人的優秀參謀，彷彿全球的衝突只要那樣就夠。次日，邱吉爾親自到伊登的臥房點燃壁爐，以致這位外交大臣在日記寫道，「我沒有認識這麼客氣的主人，而且是出自於他自己的意願！」[120] 最近從俄羅斯回來的畢佛布魯克也來契克斯別墅過夜，他告訴邱吉爾和伊登，史達林會繼續奮戰，且以「冰冷的怒氣」恨著希特勒。[121] 在伊登面前，他提起「如果溫斯頓發生什麼事」，誰來當首相的話題。邱吉爾說伊登，但畢佛布魯克認爲張伯倫派會希望是大衛·馬傑森。邱吉爾「強烈反對。說他沒有頭腦、能力，或任何需要的資格……約翰·安德森的機會更大」。伊登自己則說畢佛布魯克有希望晉升，邱吉爾也同意。[122] 接著他們吃了畢佛布魯克從俄羅斯帶回的魚子醬，凌晨三點上床睡覺。

十月十一日，羅斯福寫了一封重要的信給邱吉爾，由美國國防部科研委員會倫敦辦公室的主任費德里克．霍夫德（Frederick Hovde）親手轉交。「看來我們應該針對你們穆德委員會和布許博士的機構，在這個國家進行的研究主題進行通信或對話，」羅斯福建議，他指的是萬尼瓦爾．布許（Vannevar Bush）的鈾顧問團（Uranium Committee），「如此可以協調或共同執行任何開展的努力。」[123] 這項合作對兩國都有利，因爲，雖然英國當時在這項科學領先，但是美國擁有更多資源、金錢和實驗室，而且距離納粹德國空軍幾千哩遠。[124] 但是邱吉爾過了幾週才謹慎回答，因爲在美國維持中立的時候提供他們原子核機密，也許並不明智。一九四二年六月，在海德帕克會面時，他才眞正和羅斯福談到原子核議題。整個戰爭，和原子彈有關的一切，他都保守在自己的私人領域，與內閣分開：只有他、林德曼、安德森知曉所有方面的進展。[125] 如他後來所言，「科學家應該隨時待命，但不應掌握決策」，而且就原子核議題，他對他的部會首長也抱持相同看法。[126]

到了十月中，邱吉爾向三軍參謀長力求「朱庇特行動」（Operation Jupiter），登陸挪威北部，取得前往蘇聯的船隊渠道。[127] 然而，這條渠道會讓德軍有機會反攻，而且再補給也非常困難。這件事情也會成爲邱吉爾和參謀長之間長達數月的痛處，更進一步破壞他對迪爾的信心。「溫斯頓從來就不喜歡迪爾。」艾倫．布魯克戰後寫道，「他們是完全不同類型的人，而且是那種永遠無法和諧共事的類型。迪爾非常直接，原則極爲崇高，個性又耿直，根本無法攻破。我不相信這些特徵有哪一點會吸引邱吉爾，相反地，我認爲他不喜歡，因爲這些正好突出他自己在這些方面的缺點。」[128] 布魯克寫到迪爾則說，「溫斯頓的方式總是令他討厭。」（布魯克蔑視幾乎所有政治人物，包括邱吉爾；他只給予史達林和史末資高的評價。）

十月二十一日，布萊切利園四位資深解碼員直接寫信給邱吉爾，包括艾倫・圖靈（Alan Turing）、戈登・維爾赫曼（Gordon Welchman），他們抱怨人員配置遇到瓶頸，這個問題將會嚴重影響他們計算用的機器——「炸彈機」（bombes）生產。大名鼎鼎的「六號小屋」（Hut 6，最高階的解碼工作許多在此完成）解碼員史都華・密爾納－巴瑞（Stuart Milner-Barry）親手將這封信交給哈維－瓦特。邱吉爾立刻寫了「卽日辦理」的備忘錄給伊斯梅，命令將布萊切利園解碼員的需求列爲「極度優先」，並要他辦妥後主動回報。[129] 幾天內，解碼員就得到補給，而且陸軍部的官僚明白他們之於首相的影響力，因此資源分配又更容易。

十月底，畢佛布魯克和克里普斯帶頭對邱吉爾施壓開啟第二前線，這項行動的勢頭累積。這兩個男人都盯著接任邱吉爾的機會。媒體、公開集會、海報宣傳，都有字眼暗示英國要打到「俄羅斯剩最後一滴血」。麥斯基居中策劃，並向哈洛德・尼科爾森抱怨，邱吉爾不給俄羅斯更多幫助，因爲「他滿腦子想著戰爭會延續六、七年」。[130] 當邱吉爾看到一張共產黨的文宣，「在英國，我們……依然相信，讓其他人打仗喪命，同時我們獲得利益」以及「現在正是打開第二前線的時候」，他告訴哈維－瓦特，「回答是『胡說八道』。」[131]

十月三十日，他寫信給當時在開羅服役的倫道夫，「現在這裡的情況相當困難，氣喘的季節來了，而（有氣喘的）馬克斯跟每個人作對，每天都辭職。共產主義者擺出一副他們是這個國家唯一愛國的人。海、陸、空的上將元帥唱著他們雄偉的讚美詩〈安全第一〉。欣韋爾、溫特頓、霍爾－貝利沙的人盡其所能地維持我們的水準。在這一切之中，我必須押著自己才能克制自己的好鬥。眞是可惡！」[132]

那個月月底，邱吉爾回到哈羅公學，聽到他們在〈守護校運昌隆〉加了新的一節，開頭是這樣：「黑暗的時刻我們亦不減少讚美／我們國家的領袖／而邱吉爾的姓名將獲得讚揚／來自每個新世代。」在他的演說中，他談到一九四一年，「這是教訓：永不妥協。永不妥協。永不、永不、永不、永不——無論是重要或微不足道，無論或大或小的任何事情。除非為了堅持榮譽和良知的信念，永不妥協。永不屈服於蠻力；永不屈服於敵人看似壓倒性的強大威勢。」[133]接著他宣布，他想修改那段獻給他的詩節其中一個詞：「我已取得校長許可，將『黑暗』一詞改為『嚴苛』……我們不要說日子黑暗，讓我們說日子嚴苛。這些不是黑暗的日子，這些是偉大的日子——我們國家有史以來最偉大的日子——而我們全都必須感謝上帝，允許我們每個人，在我們的崗位上，讓這些日子成為我們民族歷史之中值得紀念的時刻。」[134]

邱吉爾的戰時演講不斷提到歷史，強調過去的事件對他的整個思維多麼重要。身為一位執業的歷史學家，他相信過去超過一千年來，英國經歷英勇的時光，現在，他也透過這片稜鏡看著眼下英國發生的所有事情，而且在一九三九年開始書寫英語民族的歷史。「你回頭看得愈長，向前就看得更遠。」一九四四年三月，他在倫敦皇家內科醫學院演講，「這不是哲學或政治的論述——任何眼科醫生都會告訴你，這是真的。」[135]這當然是個哲學－政治的論述，從他接著說的就能看出：「跨距愈寬，連續性愈長，男女個人的責任感也愈強，每人為了他們居住的這片土地，為其延續與進步，努力貢獻他們短暫的生命。」邱吉爾利用二次大戰提醒英國人民他們的歷史，同時告訴他們，他們正在書寫其中最光榮的篇章。

十一月，邱吉爾頒發貴族爵位給林德曼，他因此成為查威爾勛爵（Lord Cherwell）。這件事情在下議院引發不實傳言，說他擁有德國血統，並戲稱他為「柏林男爵」。一位保守黨的議員(10)詢問邱吉爾，林德曼的工作、薪水、助理人數，首相恭敬如實地回答，但是，後來他在吸菸室遇到那位議員，「像頭憤怒的公牛對他咆哮」。「你問那問題做什麼？」他大吼，「你不知道他是我最老、最好的朋友嗎？」香農記錄「難得看到那種場面」，然而他的結論是，「溫斯頓對朋友幾近盲目的忠誠，是他最討人喜歡的特質。」[136]邱吉爾對朋友的忠誠並非盲目——看布思比、達夫・庫柏、奇斯就知道，但是如果他們沒有做錯什麼，就像林德曼，忠誠就會非常猛烈。隔天邱吉爾並不在乎批評，反而告訴他的議員同僚，「在帝國時期的中國有項慣例，任何想要批評政府的人都有這個權利——而且，如果他接著自我了斷，他說的話就會得到極大尊重，也不會被認爲帶有不可告人的動機。那對我來說，從許多方面來看，那似乎是項明智的慣例，但是我當然不會建議應該追溯既往。」[137]

十一月十六日，邱吉爾終於換掉迪爾，他已經習慣叫他「猶豫迪爾」(Dilly-Dally)。接任帝國總參謀長的是艾倫・布魯克。早在一九四〇年七月，他就向伊登抱怨，迪爾「給我一種非常疲累的感覺，心灰意冷，而且對德國的威力過度看好。」[138]邱吉爾不像以前其他政治人物，可能指派一個唯唯諾諾的人，他選擇一個他所知道，除非提出強大論證、否則不會放棄的人。「當我用力捶了桌子，正眼瞪著他時，他怎麼做？」邱吉爾說到布魯克，「更用力捶了桌子，瞪回來。我知道這些姓布魯克的，都是硬頸的阿爾斯特人，而且沒有比這種更難對付的人！」[139]

北愛爾蘭斐曼納和科爾布魯克(Colebrooke)的「戰鬥家族布魯克」自英格蘭內戰以來就有加入英國陸軍的傳統：家族當中，至少二十六人曾經參與一次大戰，二十七人會參與二次大戰。一八九〇年代中期，邱吉爾和艾倫・布魯克的大哥維克特(Victor)兩人擔任騎兵陸軍中尉時互相友好，而且在南非輕馬團(South Africa Light Horse)時，邱吉爾是另一個哥哥羅尼(Ronnie)的助理副官。艾倫・布魯克妻子的第一任丈夫在加里波利因爲傷重不治，所以布魯克早在一九四〇年六月，從勒芒第一次透過電話通話時，就已清楚他的優缺點。

如我們所見，邱吉爾從一次大戰獲得最有用的領悟之一，就是他在黑格的情報部門看見的現象。「錯誤政策會發生，最常見的其中一種解釋，就是人們只想告訴位高權重的主管他最想聽的事情。」他曾經寫過，「因此，決定重大事件的領袖，他們的看法常常遠比殘忍的事實還要樂觀。」[140] 所以邱吉爾任命像布魯克和安德魯・康寧漢這樣的人，確切告訴他所需要聽的話。布魯克不會刻意和首相作對，但他也不會客氣。他傾向謹慎選擇他的戰役，不會因爲微不足道的事情反對。他後來會告訴摩蘭，和邱吉爾共事的「每個月」，「相當我生命的一年」。[141] 更早在一九四一年，凡西塔特勛爵就告訴過報紙編輯W・P・克羅茲爾，「邱吉爾想要做某些不對的事情，而且十分堅持的時候，需要有人在他身邊堅決說『不』。」[142] 布魯克就是這樣的人，也是邱吉爾尊敬的人。他知道布魯克不會讓他重蹈加里波利或希臘的覆轍。

邱吉爾無法知道的是，布魯克每晚都在日記批評邱吉爾缺乏戰略觀念，而日記在一九五七年出版後，深深傷害邱吉爾。邱吉爾和布魯克從未成爲朋友；例如，布魯克當上帝國總參謀長時，波特爾已經是另一俱樂部的會員，但是布魯克沒有受邀加入。查特維爾的訪客名冊記錄一九二二年後在那裡留宿的人，但沒有布魯克的名字。[143] 他們的衝突可能非常巨大。內閣會議桌上，布魯克會坐在邱吉爾對面，拒絕改變軍事政策的意見，有時會折斷鉛筆，而邱吉爾有時對他也非常粗魯。「你那些該死的策畫人員，只會策劃困難，什麼都不會。」他曾經說過，稱呼共同策畫組是「唱詩篇的失敗主義者」。[144] 根本的問題是，邱吉爾相信三軍參謀長習慣反對風險。「你可以找來最英勇的水手、最無畏的飛行員、最大膽的士兵，」一九四三年十一月，他告訴哈洛德．麥克米倫，「但是把他們全都放在桌上，你得到什麼？他們三人恐懼的加總！」[145](11)那並非眞的——布魯克是戰略高手。然而，一位熱衷攻擊的首相和一名同樣意欲等待正確時機出擊的帝國總參謀長，兩人之間層出不窮的緊張，其實相當有用，只是會令後者非常疲乏。

十一月十八日，奧金萊克在利比亞沙漠發動十字軍行動，接著猛烈的風雨來襲，將敵軍的勘查機困在淹水的機場。「利比亞的戰役開始。」馬汀寫道，「進度無消無息，首相非常煩躁。」[146]行動的目標是收復昔蘭尼加，並且摧毀軸心國的裝甲。大英國協的戰力在地面和隆美爾不相上下，而「奧克」（the Auk）⑦占有壓倒性的空中優勢。陸軍上將艾倫・康寧漢爵士（Sir Alan Cunningham）的第八軍憑著出其不意的戰術得利，然而到了十一月十九日下午，西迪雷澤格（Sidi Rezegh）激烈的裝甲戰鬥又延宕進攻速度。奧金萊克從開羅飛過來親自指揮戰役。「激烈的戰鬥不能永無止盡地進行下去，」十一月二十四日，邱吉爾告訴內閣，「如果我們要他們繼續，他們會撐不下去。」儘管如此，他承認「德軍作戰兼備勇氣和技巧」。[147]到了十一月二十七日，隆美爾已經牽制進攻，但是十二月中，他因爲損失三萬三千人（主要被俘）和三百輛坦克，於是被迫撤退。這要歸功元帥亞瑟・泰德（Arthur Tedder）指揮的皇家空軍。

邱吉爾緊盯著戰役，但是卽使在高峰，他還是能和老朋友在唐寧街十號的地下室享用午餐。十一月十九日，上將雷金納德・巴恩斯前來。查爾斯．伊德聽到邱吉爾叫他「雷金」非常意外，而巴恩斯叫邱吉爾「老先生」。[148]邱吉爾說，之前他遇到一位美國的主教，被人控告爲了保險金燒掉自己的教堂，他覺得好笑。[149]對話接著轉到日本海軍。「目前就他們的飛機來看，」邱吉爾說，「我們認爲他們不太行。」這話再次低估日本的能力；三菱的A6M零式戰機（A6M Zero）是當時最好的艦載戰鬥機。[150]伊德提到英國在美國的採購代理正在購買的軍火，美國並不會收到報酬，邱吉爾「忽然來勁」，回答：「他們會收到報酬。勝利就是他們的報酬。」[151]接著他的臉上出現連他自己都覺得奇怪的笑容，「將自己比爲死掉的貓，浮在海上，但是最後會被勝利沖上岸」。[152]（他同意伊德，他不會希望別人這麼說他。）

十一月三十日，邱吉爾六十七歲生日，他必須告訴克萊門汀，她妹妹納莉（Nellie）二十三歲的兒子埃斯蒙德・羅米利（Esmond Romilly）在皇家加拿大空軍轟炸德國的行動當中失蹤。後來得知，他在回北海時被擊落。邱吉爾的密友、家人、同僚，在二次大戰失去孩子的人數最終會和一次大戰一樣多；對於在家的他們，這件事情經常而且確實帶來戰爭的恐怖。

由於伊登即將前往莫斯科，可望提供史達林十個飛機中隊，但是三軍參謀長不希望伊登說得太明確，導致邱吉爾在十二月四日晚間十點的防禦委員會上震怒。布魯克寫道，邱吉爾「氣得最炸的一次，他說我們什麼都沒做，只會阻撓他的意圖，我們自己沒有想法，每次都是他想出辦法，而我們什麼都想不出來，只會反對……等等！艾德禮要他息怒，但他又爆炸，於是安東尼・伊登暫時安撫他，但也沒用。最後，他看著他的文件，看了五分鐘，全部摔在桌上，結束會議，走出房間！」[153]這種行爲對迪爾也許有效，但布魯克不吃這一套。「眞是可悲，而且完全沒有必要。」他寫道，「我們只是試著不讓他做出無限的承諾，以後他可能會發現難以兌現。這都是工作過度和熬夜的結果。眞是可惜。天曉得如果少了他，我們會在哪裡，但是天知道跟著他，我們會去哪裡！」

一九四一年十二月七日星期日，日本襲擊夏威夷的美國海軍基地珍珠港，八艘停靠在港內的戰艦，有七艘遭到擊沉或嚴重損壞。接下來幾天，日本接連入侵馬來亞、菲律賓、婆羅洲、泰國、香港、荷屬東印度群島。邱吉爾在契克斯別墅舉辦晚宴，慶祝凱瑟琳・哈里曼二十四歲生日。晚宴快結束時，法蘭克・索耶拿了一臺收音機到飯廳，邱吉爾和賓客一如既往收聽BBC晚間九點的新聞。在糟糕透頂的新聞編輯中，廣播尾聲傳來一件事實：日本侵略美國在夏威夷的船艦。邱吉爾立刻和懷南特進去書房去電羅斯福。「總統先生，日本的事情是怎麼回事？」他問。「他們在珍珠港攻擊我們，」羅斯福回答，「現在我們在同一條船上了。」[154]

回到十一月十日，在每年的倫敦市長官邸演說中，邱吉爾公開重申一月在迪奇利園他曾私下承諾霍普金斯的事情。「如果美國對日宣戰，」他說，「英國一個鐘頭內就會跟著宣布。」[155] 因此珍珠港遇襲後，他和羅斯福通話當天晚上，十二月八日凌晨一點，邱吉爾寫信給日本駐倫敦代辦宣告戰爭。信的最後他寫道，「我感到非常榮幸，聽從閣下的指示。溫斯頓・S・邱吉爾。」[156] 戰爭之後他發現，「有些人不喜歡這種講究儀式的風格。但是畢竟，當你必須要殺某人的時候，禮貌一點也無妨。」[157] 幾年後他也告訴伊德，當初應該「讓一個身穿晨禮服、頭戴高帽的英格蘭人在香港接待日本，告訴他們，『登陸這座島嶼，你們已經對大英帝國開戰，而且至今那麼做的，沒有誰還活著』。」[158]

雖然德國和美國尚未開戰，邱吉爾在他的戰爭回憶錄寫到當天晚上的狂喜：

如果我宣布，能和美國同一陣線是我最快樂的事，沒有美國人會說我錯……所以我們終究贏了！是的，敦克爾克之後，法國淪陷之後，奧宏的恐怖事件之後，入侵的威脅之後……我們打贏這場戰爭。英格蘭會長存；不列顛會長存；大英國協與帝國會長存……在我們島嶼悠久的歷史，我們會再次崛起，儘管傷害或殘缺，我們會安全且勝利。我們不應被抹煞。我們的歷史不會終結……我想起三十年前愛德華・格雷曾對我說過——美國就像「一個超大的鍋爐。一旦從下面點火，產生的力量就沒有限制」。我任憑自己沉浸在激動之中並感到滿足，我上床去，像得救的人，心懷感激地睡去。[159]

至於美國人本身，他寫道，「有些人說他們溫和，其他人說他們永遠不會團結。他們會袖手旁觀。他們永遠不會對付問題。他們永遠無法忍受流血。他們的民主和經常選舉的制度會癱瘓他們的戰爭作爲。對敵人或朋友而言，他們只是地平線上模糊不清的影子。這個數量龐大，但是遙遠、富裕、多話的民族，現在我們應該看見他們的弱點。然而我研究過美國內戰，可是打到最後一吋爲止。」[160]不像希特勒、墨索里尼、日本內閣總理大臣東條英機，他去過美國多次，從西到東穿越那個國家，四十八個州中造訪過二十八個，所以他知道生氣積極起來的美國會怎麼做。

襲擊後的早晨，邱吉爾回到倫敦召開緊急內閣會議。才在上週，他私下對美國記者約翰・岡瑟（John Gunther）預測，萬一發生戰爭，日本會「像義大利人垮掉」，因爲他們是「遠東的義大利佬」。[161]再一次地，依賴種族刻板印象導致他嚴重低估一個心意堅定的敵人。幸好岡瑟並沒有引用他說的話。一九四二年二月十五日，邱吉爾在廣播中親口承認他一直以來都錯了，「任何人都不得低估日本戰爭機器的能力和效率。無論在空中或在海上，或在陸上人對人，他們已經證明自己是可怕、致命，請容我這麼說，野蠻的反派。」[162]珍珠港事件後，大西洋上的日本戰艦對上美國是十艘比兩艘，邱吉爾現在認清「一個重大危險，美國可能會在太平洋對日抗戰，留我們自己在歐洲對付德國與義大利，在非洲、中東作戰。」[163]

珍珠港事件後，美國戰爭部（US War Department）隨即威脅暫停《租借法》往中東的船舶，而畢佛布魯克必須努力確保這件事情不會發生。邱吉爾開始深信他有必要盡快親自出現在華盛頓，確保後來著名的「德國優先」政策依然在羅斯福政府的戰略先後順序中領先，也就是說，即使日本已經攻擊美國，而德國尚未出手，軸心國最強的國家必須先於日本被打敗。事實上他的擔心是多餘的，因爲「德國優先」早在珍珠港前就是美國戰爭部的政策，美國的戰略家如上將馬歇爾，以及當時還是資淺策畫人員的上將德懷特．D．艾森豪（Dwight D. Eisenhower），都認爲這是贏得戰爭的重點。

十二月九日，邱吉爾寫信給羅斯福，提到訪問華盛頓，「有鑑於現實情況和新的局勢，需要審視整個戰爭計畫，以及生產與分配的問題。」[164]那個時候，首相需要君主同意才能離開國家。「我們必須小心，」邱吉爾在要求出訪美國的信中告訴國王，「我們來自美國的軍火和幫助，我恐怕，損失不可避免。」[165]他又說，他期待德國和義大利對美國宣戰，「因爲受到條約約束，必須這麼做。我應該延遲拜訪總統的計畫，直到局勢更爲明朗。」[166]邱吉爾誤解了軸心國條約——德國沒有義務宣戰——但是顯然與總統的個人會面現在具有優先的重要性。

日本攻擊珍珠港兩天後，邱吉爾在下議院發表正式宣言。「溫斯頓低頭弓背，走進議事廳，臉上帶著肅穆的決心。」尼科爾森記錄，「議院原本期待歡慶美國參戰，因此忽然有點不安。他面不改色，就事論事演說。」[167]邱吉爾無法如衆人期待歡慶，畢竟近三千名美國人死亡。某些張伯倫派的議員只從英國政治的角度看待太平洋的軍事災難。傑佛瑞．洛伊德（Geoffrey Lloyd）低聲對著條．香農說，「溫斯頓眞是幸運。這下利比亞的事會被忘記。俄羅斯在七月救了政府，日本現在也會。」[168][(12)]

那天和國王午餐，邱吉爾批評了美國海軍上將史塔克在珍珠港的戰艦部署。「現下在太平洋只有兩、三艘有效的美國船艦，」他說，「意謂著美國已經不再控制太平洋。眼前的情況對於我們在那裡的船艦，威爾斯親王號和反擊號（HMS *Repulse*），都很危險。美國人的反應，可能會是抨擊羅斯福的政府缺乏準備，船隊也沒有。猜想美國艦隊在港內，政府必定已經知道日本早就處於戰爭狀態。」[169] 翌年一月，他依然不斷批評。在給國王的信中，討論日本入侵澳大利亞的可能性時，他寫道，「如果美國艦隊在公海上，而非如同現在在珍珠港的底端，他們大可預防這件事情。」[170] 邱吉爾與國王親自會面時，一再重複批評此事，他不能跟其他人談到羅斯福或盟國，最多就是克萊門汀，他知道對話不可能外流。邱吉爾對這位新盟友與伙伴偶爾的厭煩，甚至怒氣，從國王在日記中記錄的週二午餐清晰可見。邱吉爾藉此發洩他對美國政策的挫折，如同艾倫・布魯克在日記裡發洩對首相的挫折一般。

一九四一年十二月十日，曾經載著邱吉爾到普拉森提亞灣的威爾斯親王號，還有巡洋艦反擊號，在馬來亞外被日本的轟炸機與魚雷機擊沉。邱吉爾認識Z艦隊的指揮官，海軍上將湯姆・菲利普斯。邱吉爾任第一海軍大臣時，菲利普斯是海軍副參謀長，邱吉爾非常欽佩他。此時菲利普斯和八百四十位船員皆陣亡。[171] 有人批評邱吉爾，要他爲這次損失負責，然而，儘管缺乏空中掩護，還是選擇從新加坡出航，希望能夠阻撓日本登陸馬來亞的人是菲利普斯，不是邱吉爾。現代的學術界已經大半排除首相對此災難的責任。

海軍的情況現在非常危急。一九四一年十一月，航空母艦皇家方舟號和戰艦巴勒姆號（HMS *Barham*）在地中海被擊沉；十二月十九日，輕型巡洋艦海王星號（HMS *Neptune*）在的黎波里外被擊沉，同時巡洋艦佩涅洛佩號（HMS *Penelope*）和極光號（HMS *Aurora*）也受損；十二月十四日，輕型巡洋艦加拉蒂亞號

（HMS *Galatea*）在亞歷山卓港外被U型潛艇擊沉；十二月十九日，戰艦英勇號和伊莉莎白女王號在亞歷山卓港被義大利蛙人嚴重破壞。到了一九四一年聖誕節，上將康寧漢的地中海艦隊只剩三艘巡洋艦和幾艘驅逐艦。整個遠東戰場，沒有一艘皇家海軍的主力艦。

儘管如此，邱吉爾希望新加坡能抵抗六個月。十三萬名英國、印度、澳大利亞軍隊組成的駐地軍，在中將亞瑟・白思華（Arthur Percival）指揮下，看起來足夠應付任何日軍入侵。兩個月後，駐軍屈辱地投降，邱吉爾承認他對該市的朝岸防禦一無所知。「我從沒想過，沒有長期分離的碉堡保護這座著名的要塞後方。」邱吉爾後來在戰爭回憶錄寫道，「不能理解我怎麼會不知道這點……我的顧問應該知道，他們應該告訴我，我也應該問。」[172]

十二月十一日，下議院「在肅穆中」聽取首相報告Z艦隊遇難事件。[173]邱吉爾描述自己與中將菲利普斯「相當榮幸建立私下友誼」，並且表示，「就我自己所有的經驗，我不記得任何海軍遭受的打擊如同威爾斯親王號與反擊號那樣沉重痛心……過去幾個月來，新來的日本威脅漸長，而這兩艘巨大強壯的船艦是我們藉以迎戰的重要角色。」[174]之後，他也在廣播發表相同演說。幾天後，哈維－瓦特告知他，議員「大多覺得執行那項任務的你，實在不明智，而且議員看來——選民也反映類似的看法——你非常疲累，所以演說可能沒有達到預期的效果」。[175]邱吉爾用紅筆把「非常疲累」圈起來，加上「是」，還有「唉，誰教我？而且為何我在下議院不能有部留聲機錄音？」[176]下議院有項傳統，首相的演說不能從議事廳廣播，也不能在議事廳裡錄音作為事後廣播。

那天稍晚傳來期待已久的消息，德國和義大利對美國宣戰（希特勒唯一正式宣戰的國家）。當邱吉爾聽見消息，他告訴約翰・馬汀，「他們軌道上的星星也在爲我們而戰。」[177]他去電羅斯福，說：「美國正式加入戰爭，便會補償一切，而且憑著時間和耐心，勝券必定在握。」[178]對希特勒而言，這根本就是自殺決策。

十二月十二日，邱吉爾跟國王午餐，國王記錄他說到自己和羅斯福，「他們兩人必須一起爲未來擬訂計畫，因爲唯一有能力的就是他們兩人。」[179]那天稍晚，他和畢佛布魯克、龐德、哈里曼、摩蘭、准將霍里斯、上校傑各布、指揮官湯普森、約翰・馬汀，搭火車離開倫敦前往克萊德。迪爾也來了，因爲他即將擔任美國三軍參謀長會議（Joint Chiefs of Staff）的英國聯絡官。而在遠東的戰事進展之快，邱吉爾決定留布魯克在倫敦監視。十二月十三日下午十二點三十分，一行人搭上新的四萬五千噸戰艦——約克公爵號，也是威爾斯親王號的姊妹艦，前往阿卡迪亞會議（Arcadia Conference）。

大西洋上吹著高強度的大風，旅途不僅不適，而且危險。「巨大的船艦劇烈搖晃，」皮姆地圖室的助理魏維安・考克斯（Vivian Cox）回憶，「絕大多數的乘客也是。」[180]「我們在佩斯特五、六百哩內待了三十六小時」，邱吉爾寫信給克萊門汀，「那裡有轟炸機中隊，而且很幸運的是，沒有任何福克－沃爾夫從雲層間隙發現我們。」[181]克萊門汀十月當上紅十字會俄羅斯救援基金的主席，而且已經爲此募款超過一百萬英鎊。關於阿卡迪亞會議的不實訊息中，報紙報導邱吉爾十二月十六日在倫敦從妻子那裡購買俄羅斯救援的徽章，但當時他人其實在海上。「現在世界是一團糟，」克萊門汀寫信給丈夫，「歐洲充斥納粹的肥豬，而遠東則是黃色的日本蝨。」[182]

旅程的大多時候，爲了不要失去三艘護航艦，約克公爵號無法航行超過六浬。十七日下午，他們終於決定留下福克努號（HMS *Faulknor*）、前瞻號（HMS *Foresight*）、馬塔貝列號（HMS *Matabele*）。爲了將被

U型潛艇偵察到的可能降到最低，船隻斜著穿越海浪，搖晃得更厲害。「但是，一旦你習慣那個動作，」邱吉爾寫道，「就不在乎了。」[183] 甲板底下很悶，一旦防水門關上就完全不通風。畢佛布魯克開玩笑道，他從沒搭乘這麼大的潛水艇旅行。[184] U型潛艇就在附近的報告不斷傳來，而邱吉爾「滿懷希望，說要打下一艘」。[185]

邱吉爾沒有暈船，他歸功於第一天就吃下雙倍劑量的姆德席爾暈船藥（Mothersill's Remedy）。「首相始終保持激昂的情緒，而且絲毫不顯露擔憂。」考克斯在日記寫道，「他無所不在……航行當中他必定走了好幾哩，還笑容燦爛、氣色紅潤，像個幼稚園的男孩。」[186] 他每天晚上都看電影，他最愛的是泰隆・鮑華（Tyrone Power）的《碧血黃沙》（*Blood and Sand*），內容關於鬥牛。「電影是絕佳的娛樂形式，能從其他事情轉移注意。」他寫道。[187] 無論西部電影或歷史戲劇，他時常評論電影。「交誼廳播放電影的時候，溫斯頓・邱吉爾就和多數電影一樣娛樂大家。」考克斯記錄。[188] 他在旅途當中讀了兩本小說，分別是C・S・佛瑞斯特的《決心島上的布朗》（*Brown on Resolution*, 1929）和費德里克・布列登・奧斯汀（Frederick Britten Austin）論述拿破崙在埃及的《俯瞰四十世紀》（*Forty Centuries Look Down*, 1936）。還有，現在奧利佛・利特頓已經實施服裝配給，他也寫信給克萊門汀，承諾幫她買幾雙褲襪。

十二月十六日至二十日之間，邱吉爾在約克公爵號上寫給三軍參謀長四份共七千字的備忘錄，大致涵蓋西方同盟國在戰爭下一個階段將依循的戰略。有了俄羅斯和美國加入，現在除了生存，他已經可以清楚看見眼前的道路。儘管德軍往南前進，並在十月拿下基輔，十二月稍早，他們停在莫斯科門口，而且在那裡用盡勢頭。「希特勒在俄羅斯的失敗與損失，是這場大戰此時最重要的事實。」第一份備忘錄〈大西洋前線〉（The Atlantic Front）的開頭寫道，「英國和美國在這個事件都沒有角色，除了確保我們準時無誤送出我們承諾的補給。光從這方面，我們就能影響史達林，並能牽引強大的俄羅斯加入戰爭整體的結構。」[189]雖然希特勒在那個時候絕對沒有「失敗」，邱吉爾發現，沒有拿下莫斯科是希特勒戰略上的重大反轉，而且兩國人口的差距，意謂德國無法如俄羅斯那樣承受損失。儘管如此，他正確預言德國可能拿下克里米亞。

關於西方同盟國，邱吉爾說，如果維琪政府在摩洛哥、阿爾及利亞、突尼西亞不合作的話，「一九四二年必須發動戰役，取得或征服整個北非海岸，包括摩洛哥大西洋的港口。」他提到「阿爾及利亞和突尼斯方便的登陸地點」。他也預見「德國拿下整個法國，作為占領領土治理」的那天，而那天最終就在一九四二年十一月成真。[190]他希望能派三個美國的師與一個裝甲師到北愛爾蘭，作為「額外有利的嚇阻，以防德國入侵」，還要二十個「美國轟炸機中隊過來不列顛群島對抗德國」，「更嚴重且更準確地轟炸他們的城市和港口」。[191]他又說，「德國想要攻打直布羅陀並入侵北非，但是西班牙人似乎不會讓他們免費過路。」[192]

在第二份備忘錄〈太平洋前線〉（The Pacific Front），邱吉爾預言日本「會攻擊緬甸和滇緬公路，藉此孤立中國。不可能解救香港。[(13)]日本人必定會站穩麻六甲海峽兩側」。[193]在第三份備忘錄〈一九四三年〉，他預言一九四三年初，整個北非海岸和黎凡特（Levant）「會在英、美手中」。[194]（那年五月成真。）一九四三年稍後，「俄羅斯的局勢已經牢牢底定，」而且「西西里和義大利的情況已經確定，義大利內部的反作用力可能會相當有利。但是這一切仍不足以結束戰爭」。[195]戰爭要結束，唯有「在適當的時間點，由英、美兩國夠強的軍隊，成功或同時登陸西歐和南歐被占領的國家，解放被征服的人民，讓他們反抗」。

邱吉爾繼續提到「法國的海峽與面對大西洋的海岸」是一九四三年夏天可能的行動地點。[196]原則上，他寫道，「登陸的行動……不能在港口上岸，而要在海灘，藉由登陸艇、或是特別改裝的遠洋船隻。」在他最後一份備忘錄〈大西洋備注〉(Notes on the Pacific)，他預言「我們要有心理準備，在大西洋的領地和戰略地點會被一一奪走」，但是西方同盟國的目標應該是「在太平洋上絕對強勢的戰鬥艦隊，而且我們必須以五月為達成目標」。[197]（中途島海戰〔Battle of Midway〕在一九四二年六月發生。）

雖然這些備忘錄也有些錯誤的預言，例如，他認為新加坡六個月內不會淪陷，而且一九四四年就會打贏戰爭，但是整體而言，這些備忘錄是深謀遠慮和戰略思考的傑作。某些預言只和事實相差一、兩個月。一九三〇年代對納粹、一九四〇年代對史達林主義，邱吉爾都會做出正確的先見之明；一九四一年十二月穿越大西洋時，他也極為準確地排出二次大戰的進程。雖然布魯克在日記裡頭大罵邱吉爾，但是這條勝利的路線——從北非到的黎波里，到西西里，到義大利本土，到法國海岸的海灘——正是他想採取的路線。邱吉爾的策略是，先在非洲和地中海消耗德國軍力，然後登陸諾曼第重擊，布魯克和所有高階參謀完全支持。針對個別的作戰行動，布魯克經常反對邱吉爾；至於歐洲宏觀的戰略概念，他們完全達成共識。

就在即將抵達維吉尼亞（Virginia）海岸時，邱吉爾不在乎水域淺，而且會激起極大的海浪沖刷，他告訴上校西賽爾・哈克特（Cecil Harcourt），他想看看約克公爵號全速前進。於是時速二十八浬中，船尾升起巨浪，而且因爲某人沒有關上舷窗，導致船艙內數個房間淹水，包括邱吉爾使用的上將艙房。他刮鬍的時候得把褲管捲到膝蓋以上，「同時輕聲哼著歌」，魏維安・考克斯回憶，「他知道他真的很頑皮。」[198]十二月二十二日下午兩點十五分，戰艦停靠在維吉尼亞的漢普頓錨地（Hampton Roads）。邱吉爾與隨從換乘汽車到諾福克機場，而五十分鐘後，羅斯福總統就在華盛頓國際機場迎接他們，展現一貫無疑的尊敬。倫敦停電三年後，邱吉爾看見街上閃閃發光的聖誕節燈飾，感到不太習慣。他在好幾個房間試了床的舒適程度，最後選擇白宮二樓的玫瑰室（Rose Bedroom，今日的女王室〔Queen's Bedroom〕），隔著大廳與總統在同一樓，面對今日所謂的林肯室（Lincoln Bedroom），哈里・霍普金斯從一九四〇年五月起就住在那間。[199]

邱吉爾住在白宮三週。附近的蒙羅室（Monroe Room）設置成他的地圖室。他人在華盛頓的消息公開後，祝福他的人送來成堆禮物，包括數百盒雪茄。這些禮物都經過特務機關以X光掃描，並確定贈送者的身分無疑，才能進入白宮。[(14)]有個通過檢查的禮物送進首相臥房，是百合、康乃馨、鳶尾花做成的「V」字，高達六吋。

雖然邱吉爾獨自吃早餐，他一直都是如此，但是多數時候，他跟羅斯福與霍普金斯共進午餐和晚餐。他們很快就直稱對方的名字，花上很多時間在地圖室討論戰略。就在那裡，邱吉爾獲得駐防北愛爾蘭的六萬美國軍隊，之後他對考克斯談到羅斯福，「在歷史的這個時刻，他能坐上這個高位，眞是人類的運氣。」[200]總統晚上的時候會調加入琴酒的馬汀尼，不過不是要給那些覺得馬汀尼「不潔」的客人。[201]邱吉爾推著坐在輪椅上的羅斯福搭電梯下樓用晚餐，他把這個動作比作沃爾特・雷利爵士（Sir Walter Raleigh）爲伊莉莎白一世將他的斗蓬鋪在地上。[202]他們甚至在彼此的臥室和浴室晃來晃去，邱吉爾的速記員派崔克・金納

(Patrick Kinna)就曾目睹「赤裸、不害臊的」邱吉爾，沐浴之後接過毛巾，對羅斯福開玩笑，「英國的首相對美國總統沒什麼好隱藏。」[203]但是偶爾他確實有所隱藏；例如，邱吉爾沒有告訴羅斯福，伊莉莎白女王號和英勇號十二月十九日在亞歷山卓港被義大利蛙人破壞。

邱吉爾、羅斯福、英國參謀長、美國參謀長，八次重要會議的第一次在十二月二十三日展開。邱吉爾重新認識陸軍元帥喬治・C・馬歇爾，他是美國三軍參謀長中最有權力的人，而且雖然不是正式，但實際上是他們的主席。「作爲戰略家不算的話，作爲軍隊的組織者、政治家，而且更重要的是作爲一個人，」邱吉爾後來在一九四七年寫信給克萊門汀，「我一直非常尊敬他眞正傑出的人品。」[204]他對馬歇爾作爲戰略家不佳的評價，正好和布魯克對他們兩人一樣。

聖誕節前夕，巨大的國家聖誕樹在白宮草皮發光，數千人聚集來聆聽演講和聖誕頌歌。「我遠離我的國家，遠離我的家人，在這裡度過這個一年一度的節慶，但我眞誠地說，我的感覺更勝在家。」邱吉爾在直播的廣播告訴他們，

無論是我母親的親戚，或我在這裡活躍多年發展的友誼，或說著相同語言、抱持相同目標、強烈的同志情感……我在美國的中心與頂點，並不感覺自己是個陌生人……這是個奇妙的平安夜。幾乎整個世界都封鎖在致命的鬥爭之中，而且，憑著科學所能發明最可怕的武器，各國彼此進攻。……讓孩子享受歡樂與笑聲的夜晚，讓聖誕老人的禮物令他們愉快嬉戲；讓我們大人，在我們再次轉向嚴峻的任務與眼前可怕的歲月之前，完全分享他們純真的歡樂，並且下定決心，憑著我們的犧牲與勇敢，這些孩子繼承的遺產不會被搶奪，活在自由正當世界的權利不會被拒絕。而且，在上帝的慈悲

之中，祝你們全體聖誕快樂。[205]

英國和美國的參謀長坐在一起討論如何轉移船隊鞏固遠東，同時，香港在聖誕節當天對日本投降。英國駐華盛頓的大使哈利法克斯勛爵當晚拜訪邱吉爾時，發現他穿著睡袍坐著，準備美國國會聯席會議的演說，「身邊圍繞著雪茄、威士忌、蘇打水和祕書！」[206]（羅斯福的女兒安娜〔Anna Boettiger〕描述邱吉爾大方使用鼻菸後打了噴嚏，「震動整個房子的地基，接著他像吹起霧角一般擤了鼻子約三次」。）[207]美國歷史上，過去只有兩次國會聯席會議，分別在一八七四年和一九三四年，因爲這是重大的一刻。

邱吉爾十二月二十六日的演說先從笑話開始：「我忍不住想，如果我父親是美國人、我母親是英國人，而非顛倒過來，我可能已經靠自己來到這裡。」[208][(15)]有笑聲，隨即又有人起立鼓掌，甚至來自孤立主義者。「我是下議院的小孩。」他繼續，

我父親教養我相信民主。「相信人民」——這是他說的話。我曾看著他，在維多利亞貴族的時代，在集會上，在大街上，接受工人群眾喝采，如同迪斯雷利說過，那時候的世界是為少數人，極少數的人而存在。因此，我這一生，一直與大西洋兩端對抗特權與壟斷的浪潮一致，並充滿自信朝向蓋茨堡的理想——「民有、民治、民享的政府」……在我的國家，如同在你們的國家，政治人物以身為國家的僕人為傲，而且以身為國家的主人羞恥。[209]

邱吉爾繼續說，「對我而言，最好的消息就是空前團結的美國，已經爲自由拔出劍並丟掉鞘。」[210]想到英國與美國相對的資源，他說「以謹慎、或甚至以理智與日本的行動和解，變得更加困難。他們以爲我們

是什麼樣的民族？」這令他再次獲得起立鼓掌與喝采，「難道，他們沒有認知到，我們永遠不會停止抵抗，直到他們學到自己與世界都難忘的教訓？」[211]

那天晚上，當邱吉爾試著用「相當大的力氣」打開卡住的上下窗戶，他感覺一股痛楚，從他的心臟蔓延到左臂，而且喘不過氣。「他的症狀就是心臟功能不全的症狀。」他的醫生查爾斯・摩蘭記錄，「教科書上的治療方法就是臥床至少六週。那等於昭告天下——首相患有心臟殘疾，未來可議。」[212]因此摩蘭「採取『觀察等待』的策略」。雖然他相信邱吉爾患有冠狀動脈栓塞——就是心肌梗塞，他沒有告訴邱吉爾，也沒有告訴自己的美國同僚。相反地，他給予他可能做到的建議，就是「試著稍微減輕工作」。當他終於回到倫敦，摩蘭徵詢醫師約翰・帕金森（John Parkinson）的意見，帕金森確定邱吉爾當時不是心肌梗塞。現代醫學分析顯示，他可能是肌肉拉傷或胸壁軟骨拉傷。[213]無論如何，那還是會令一個依然相信自己活不到老的人擔心。

一九四二年一月十四日，阿卡迪亞會議結束。雙方同意美國派遣軍隊到北愛爾蘭訓練並嚇阻入侵，成立軍火生產與運輸的聯合委員會，情報收集合作，西北歐、東南亞、地中海戰場設置聯合司令部。[214]東南亞司令部簡稱ＡＢＤＡ——美國、英國、荷蘭、澳大利亞的英文字首——設於上將韋維爾底下；霍普金斯和畢佛布魯克被指派為新的聯合軍火分配大臣（Joint Munitions Assignment Board）；白紙黑字清楚重申德國優先的策略。[215]邱吉爾隔年對美國國會解釋這個策略背後的考量：「明顯的是，雖然日本戰敗不等於德國戰敗，但德國戰敗絕對代表日本毀滅。」[216]

阿卡迪亞會議另一項重大成就是在華盛頓成立英美參謀長聯席會議（Combined Chiefs of Staff

Committee，簡稱CCS）擬定戰爭最終的主要策略。經過如此整合的同盟國司令部可謂史無前例，而且是革命創舉。在一次大戰，儘管由元帥福煦統籌指揮，計畫和執行都交由個別軍種的個別部門，二次大戰也沒有相當的人物。「戰爭，」邱吉爾在《世界危機》寫過，「並不會知曉法國、俄羅斯、英國之間，陸、海、空之間，勝利與聯盟之間，補給與士兵之間，政治宣傳與機器之間種種僵固的分歧；戰爭，事實上，就是所有武力與壓力在特定期間運作的總和，需要一件件解決。甚至在達到研究、思想、命令、行動不完美的整合前，任何殘忍教訓的經驗都是必要。」[217] 英美參謀長聯席會議統籌控制所有戰場，絕大部分也是邱吉爾長期思考這些問題的結論，可以溯及一次大戰，而且儘管未出席的布魯克心存懷疑，因為他私心想要保障英國能夠獨立制定決策，但是這個聯席會議還是成立。馬歇爾和待在華盛頓擔任聯絡官的迪爾兩人密切友好，這點幫助確保摩擦降至最低。既然英、美的參謀長只在會議碰面，英國的獨立性實際上獲得保障，而會議設在華盛頓也不影響這點。

十二月二十七日，澳大利亞首相約翰・科廷宣布，「我們與英國傳統的關聯與親屬關係，並不妨礙澳大利亞依靠美國。」[218] 邱吉爾震怒。摩蘭表示邱吉爾說澳大利亞人來自「壞的庫存」，不過這個顯然指涉罪犯船隊的說法無法證實，因為摩蘭的日記不完全是同時寫的，此外，他的筆記也不符合他在一九六六年出版的日記，而邱吉爾許多隨從也駁斥這個說法本身。[219] 儘管如此，科廷的宣言確實顯示澳大利亞開始離開英國的運行軌道，轉向美國。英國無法有效保護他們，而美國很快就能。

到了一九四一年年底，英國花在戰爭的國內生產毛額已經超過一半，但馬上就會被美國的貢獻比下去。一九四〇年，美國生產的軍火總量不到英國一半，一九四一年是三分之二，一九四二年是兩倍，一九四三年近三倍，一九四四年近四倍。而一九四二年，英國十分之一的軍火來自美國，一九四三年至一九四四年超過四分之一，而在某些重要區域高達一半。[220] 意思就是，隨著時間推進，美國在戰略顧問的聲音會愈來愈洪亮，而英國必然相對逐漸微弱。澳大利亞選擇了較強的保護者，邱吉爾也無能爲力。

十二月二十八日，邱吉爾前往渥太華，住在加拿大總督阿斯隆伯爵（Earl of Athlone）那裡，兩天後在加拿大國會演講。講稿很晚才寫好，直到開始演講，機要祕書才將最後一頁塞進他的手裡。[221]「我們的旅行，能夠跨過世紀、跨過海洋、跨過高山、跨過草原，因爲我們不是糖果做的。」他告訴加拿大的議員，[222]「我們永遠不應墮落到德國和日本的層級，但如果誰想來硬的，我們亦會奉陪。希特勒和他的納粹黨羽已經埋下風的種子；讓他們收成龍捲風。」

關於雷諾的內閣，他說：「當我警告他們，無論他們做什麼，英國會獨自作戰，而他們的上將告訴他們的首相和分裂的內閣，『三週內，英國就會讓自己的脖子像雞一樣被扭斷。』像雞！像脖子！」[223] 科林・庫特事後說這個笑話很粗俗，A・P・赫伯特說是綜藝節目插科打諢，但是國會議員哈哈大笑。[224]

演說之後，邱吉爾隨即被麥肯齊・金帶往議長的會客室，亞美尼亞裔的加拿大年輕攝影師尤瑟夫・卡希（Yousuf Karsh）在那裡等待爲他拍照。邱吉爾似乎不太情願，因爲他並未事先收到通知，但是同意讓卡希拍一張照片。「我拿菸灰缸給抽雪茄的他，但他顯然無視菸灰缸，反而直瞪我的雙眼。」卡希回憶，「我拿起相機，對焦，拉近鏡頭，然後起立。我準備按下快門，但忽然猶豫。」卡希接著說：「抱歉，先生。」，然後未徵詢同意，就把雪茄從邱吉爾的嘴巴移開。「他下巴一緊，充滿挑釁，目光灼熱。我按下快門。」[225] 結果這是數千張邱吉爾照片當中最好的一張，捕捉到他的決心、違抗、堅定，還有如同卡希所謂，挑釁的能力。卡希那天不只拍了一張邱吉爾的照片；他獲准拍了至少八張，而且邱吉爾「態度較好後」，也和麥肯齊・金合照。但是完全值得「代表性」這個老套的詞，就是那張。那張照片是一九四五年五月《生活》雜誌的封面，並且成爲他的特色照片，也是本書書衣的照片。

那天晚上，邱吉爾在麥肯齊・金招待的晚餐見了加拿大的王牌飛行員，空軍少將比利・畢曉普（Billy Bishop）。畢曉普曾獲維多利亞十字勳章（VC）、三等勳章（CB）、傑出服務勳章與飾條、軍功十字勳章、飛行優異十字勳章（DFC），並於一次大戰期間擊落七十二架敵機。邱吉爾長久以來對聖騎士的迷戀造成保安人員驚慌失措——晚餐結束後，他沒搭自己的車，反而上了畢曉普的車，在前往畢曉普家喝一杯的途中與他交換故事，沒有回到總督府。[226]新年前夕搭上總統專車前往華盛頓前，邱吉爾收到一份禮物，是卑詩省（British Columbia）海豹皮做的船形帽。他在記者會中說，「很奇怪的是，今天早上我一大早起來，才在想著可惜沒有一頂可愛的加拿大帽……戴起來眞是好看，而且夠大，如果頭又變大還是可以戴。」[227]

一九四二年元旦，邱吉爾、羅斯福、俄羅斯駐華盛頓大使馬克西姆・里維諾夫（Maxim Litvinov）、中國大使等人簽署聯合國共同宣言，俄羅斯和中國自此承諾遵守《大西洋憲章》。隔天又由其他二十二個國家會簽。他們全都要求不與軸心國國家訂定個別和平條約。羅斯福選擇「聯合國」（United Nations）這個標題，因爲他怕「同盟」（Alliance）一詞可能會導致參議院孤立主義者提出憲法問題，而邱吉爾認爲「列強組織」（Associated Powers）聽起來「扁平」。支持總統的選擇時，邱吉爾引用拜倫《恰爾德・哈羅爾德遊記》的詩句：「這裡，聯合國的長劍拔出／我們的國人在那天開戰！」[228]他對詩句過人的記憶力再次在需要的時候說出貼切的話。

一八九五年從古巴回來後，邱吉爾和北美記者團一直維持良好關係。雖然他們知道他永遠不可能透露作戰細節——即使透露了，他們也不會出版——但他總是提供很好的文案。會議期間，他給他們數個難忘的妙語和片語，例如「墨索里尼先生的位置確實不值得羨慕——街頭藝人還是抓著猴子的頸圈」。[229]被問到加拿大爲何還沒驅逐維琪政府的大使，他回答：「中庭想要有扇窗戶。」談到魯道夫・赫斯，他說：「他告訴我們，希特勒喜歡英格蘭，而且如果德國必須入侵大不列顛，他的心會流血。」當被問到羅斯福連任總統，是否對戰事非常重要，他謹慎回答：「根據我長久以來從政的經驗，我得到一個結論，極少數人懂得他們自己國家的政治——懂得別的國家的，更是沒有。」[230]

一九四二年一月十日，邱吉爾旅行到佛羅里達的龐帕諾休息兩天，下榻在棕櫚灘（Palm Beach）往南三十哩，愛德華・R・斯特蒂紐斯（Edward R. Stettinius）的別墅。斯特蒂紐斯是《租借法》的主管，之後會成爲美國國務卿。邱吉爾化名「洛伯先生」（Mr. Lobb，這個別名幾乎確定來自他在聖詹姆斯的鞋匠），是個「需要靜養的病人」，而約翰・馬汀是他的英格蘭管家。[231]他在午餐前工作（郵袋每天從華盛頓空運過來），而且每天都在海裡裸泳，「像隻滿足的海豚在溫暖的海水跳躍翻滾」。[232]羅斯福派給邱吉爾的情報機構保鑣事後告訴總統，首相「被洶湧的海水推倒。然後他起身，對著大海揮拳，然後又被推倒，最後氣得要命。」[233]

晚上，邱吉爾坐在陽臺看著船隻。憑著在英國實施配給制度的精神，他早餐就吃昨晚剩下的牛排。當他不要海鮮濃湯，改要保衛爾牛肉醬時，廚房一陣困惑。一月十一日，在電話中和羅斯福談到回程，他說：「我不能在電話線上告訴你我們打算怎麼回去，但我們應該會搭噗噗。」[234]

一月十四日，邱吉爾晚餐過後離開華盛頓，而羅斯福送他到火車站。之後，霍普金斯向助理國務卿（Assistant Secretary of State）迪安・艾奇遜（Dean Acheson）「坦承」，「溫斯頓一年若來超過兩次，會很累人」，因為「每天都要弄到凌晨兩、三點，甚至六點四十五分才會結束。邱吉爾會打開門，光著腳，詢問他是否做完任何前一天晚上討論的事。」[235]

原本他們計劃搭乘約克公爵號從百慕達回去，但是馬來亞傳來壞消息，加上倫敦政治異議的騷動，表示他必須快點回去，於是生平第一次，他搭乘橫越大西洋的飛機柏立克號（*Berwick*），是波音314A飛剪船暨水上飛機，而且繪上草綠色作為保護色。[236]他先到百慕達，在首都漢密爾頓（Hamilton）對眾議院演說，開玩笑說那裡的民主建立在「粗糙邋遢的基礎」，但重申他對此有信心。接著他飛了十八小時又二十三分鐘回到家。「在這些長途班機中，我堅持我的原則，用餐應該根據腸胃的時間。」他後來寫道。（他也稱此為「肚子時間」）。「一個人天亮後醒來，應該先吃早餐。五個小時後吃午餐。午餐六個小時後，晚餐。如此一來人就不受太陽影響，否則事情會受到太多干預，擾亂例行工作。」[237]

一九四二年一月十七日上午九點四十五分，他抵達普利茅斯。那是一趟漫長但成果極為豐富的旅程。和美國之間沒有重大異議。數個月非正式的參謀對話後，美國對戰爭的整體策略跟英國大致相同，而且證實在其他每一方面都有幫助。此外，希特勒宣戰，以及羅斯福和馬歇爾承諾德國優先，意謂邱吉爾再也不是一九四〇年和一九四一年那個懇求的人。有人建議邱吉爾與美國應對時，繼續謹慎使用語言，他回答：「喔！那是我們向她求愛時說話的方式，現在她已經在後宮了，我們現在用相當不同的方式與她說話！」[238]

作者注

(1) 然而，關於他自己的作戰技巧，邱吉爾這時向伊登開玩笑，「記得我胸前戴的，可是達達尼爾海峽、安特衛普、達卡和希臘的獎章」——他還可以多加一個挪威。（Keegan, *Second World War* p. 312）

(2) 「第二前線」這個詞是蘇聯政治宣傳的術語，畢竟蘇聯遭到侵略而放棄他們親德的中立性之前，英國已經至少在五個前線跟德國作戰：法國北部、空中、大西洋、北非、地中海。

(3) 哈里・霍普金斯那天回到英國，帶了難得的火腿、起司、雪茄給邱吉爾。為了象徵英、美友好，他受邀參加內閣會議。「我們在結束之前，必須以討論國事為由擺脫他，」賈德幹記錄，「然後討論美國和遠東！」（ed. Dilks, *Cadogan* p. 393）

(4) 一九四〇年八月，倫敦客運交通委員會的前任主委法蘭克・皮克（Frank Pick）受命擔任情報部的執行長，也沒幫到達夫・庫柏。基於道德理由，皮克反對發行祕密報紙以製造顛覆活動，他認為違心之論有悖常綱。邱吉爾聽了之後，抓住艾德禮的手，並且大喊：「去握他的手！去握他的手！你可以告訴聖彼得，你遇到完美的人。」四個月後皮克被炒了，之後邱吉爾說：「別再讓那個不會做壞事的公車車掌踏上我的門階。」（Halle, *Irrepressible* pp. 175–6.）

(5) 當科爾維告訴首相他加入皇家空軍前，被迫接受數學和其他智力測驗，邱吉爾說：「如果那是標準，納爾遜和拿破崙老早被判定不符資格。他想知道，供餐給一堆『年紀輕輕就死於癲癇的西洋棋選手』有什麼用？」（Colville, *Fringes* p. 428）（事實上，納爾遜和拿破崙都是出色的數學家，可能都會輕鬆通過這樣的測驗。）

(6) 見第一部，第十一章，頁三七九。

(7) 菲奧雷洛・拉瓜迪亞（Fiorello LaGuardia）是身高一五八公分、肥胖但精力極為充沛的紐約市長。

(8) 這段期間大西洋任何時候都有大約十五支船隊。

(9) 現為作者所有。

(10) 香農說是沃德魯・史米瑟斯爵士（Sir Waldron Smithers），但是議會議事紀錄寫的是喬治・布羅德布里奇爵士（Sir George Broadbridge）。

(11) 麥克米倫寫到他說這句話時「發出嚇人的強調噝聲」。

(12) 陰謀論者控訴邱吉爾和羅斯福，表示他們事先知道珍珠港的攻擊計畫，但未出手制止，但是嚴肅的歷史學家一致同意，沒有可信的證據支持這樣的主張，而且各層面上都違反總統與首相所有愛國主義與榮譽感。

(13) 幾乎沒有防守，而且兩週內就淪陷。

(14) 在英格蘭，特務機關的羅斯柴爾德勛爵測試雪茄禮盒的方式是每盒都抽一根。

(15) 邱吉爾總是認為他在美國政壇會很傑出。他告訴查爾斯・伊德，「我可以安然在那些水域當中游泳。」（CAC EADE 2/2）

譯者注

① 「沙阿」意為「萬王之王」，是古代伊朗高原諸民族的君主頭銜。

② 托瑪斯・沃爾西（Thomas Wolsey），約一四七三年至一五三〇年，英國政治家，亨利八世的重臣，同時也是神職人員。

③ 十八世紀起為五港總督的官邸。

④ 出自路易斯・卡羅（Lewis Carroll）所撰《愛麗絲夢遊仙境》的續集《愛麗絲鏡中奇遇》。「好美樂」（frabjous）可能是fair、fabulous、joyous三字合一的自創詞，而「噗噗大笑」（chortle）則是chuckle與snort兩字合一的詞。

⑤ 英格蘭中部地區通稱。

⑥ 英文俚語「把耳朵貼在地面」（keep their ears to the ground），有耳聽八方、保持關注之意。

⑦ 奧金萊克的綽號。

26 災難 1942／1—1942／6

我並沒有任何想要解除自身責任的願望。我想要的，是理性討論之後依隨我所期望。
——邱吉爾，一九四二年二月[1]

事情順利，他很好；事情不順，他超極好；但是如果事情馬馬虎虎，他就是人間地獄。
——伊斯梅論邱吉爾，一九四二年八月[2]

一九四二年一月十八日，邱吉爾向戰時內閣報告阿卡迪亞會議的結果。此時的戰時內閣有安德森、艾德禮、伍德、伊登、摩里森、畢佛布魯克、貝文、格林伍德、利特頓。根據戰時內閣速記員羅倫斯・伯吉斯的記錄，他透露羅斯福總統「來送我」時說的「最後一件事」，就是「直到苦澀的終點——相信我」。[3]他又說，美國「精力充沛準備打仗」，而且已經「跳了進去」，展現他們「打到底的決心」。美國人理解，「希特勒是敵人」。他們會「盡其所能對付日本——但是……什麼都無法阻止打敗希特勒」。雖然他們「對於與敵人戰鬥感到焦慮」，但是「在白宮有神一樣的冷靜」。[4]停下來回想搭機返國的過程——「我開了一下飛機……引擎呼嚕呼嚕的聲音像隻快樂的小貓」，接著他發表對戰爭的綜述。他說英國「若沒有俄羅斯，不可能撐過」，並且呼籲盡可能什麼都送給俄羅斯。英國的飛機和坦克，只要是他們最需要的地方，應該「盡我們最大能力送去」。因此很多東西需要送到東線。他說羅斯福已經贊同攻擊北非海岸，而且對德的勝利將會來到，「如果我們……在一九四三年表現良好——如果不順，一九四四年或一九四五年。物資和人力的補給非常驚人。」[5] 那次會議預言最不準確的人是布魯克，被問到增援新加坡的事，他說：「如果我們可以繼續追加人力，應該會沒事。」[6]

「溫斯頓私下告訴我，他現在對最終勝利懷抱信心，」隔天國王在日記寫道，「因為美國很想對付敵人，而且開始全面傾出人力和物力。英國和美國，『拋棄配偶』許多個月後，現在『共結連理』。」[7] 同天，日本入侵緬甸，也就是邱吉爾的父親於一八八六年併入帝國的國家。這是另一個打擊。過沒多久，自由黨的社會改革家威廉·貝佛里奇爵士呼籲邱吉爾改組「一個不一樣的政府」。《曼徹斯特衛報》寫了「民眾對於我們在東方可悲的失敗與戰爭生產的速度感到不安，這件事情必須誠實公正面對」，而張伯倫派後座議員的批評聲浪愈來愈大又尖銳，更加要求邱吉爾放棄國防部長職位，並改任命權力與他相近生產大臣。[8] 澳大利亞首相約翰·科廷公開表示撤出新加坡會是「不可原諒的背叛」，此時，用賈德幹的話，在戰時內閣，當著前澳大利亞首相厄爾·佩吉（Earle Page），邱吉爾「終於發火」。[9] 但是，他在電報裡頭維持禮貌，轉達韋維爾表示「二月可望反擊」。[10] 在那困難的時刻，有件令人振奮的小事，就是羅斯福一月三十日發來的電報，整封看來都在談公事，但附注寫著「和你身處相同的十年真是有趣」。[11][(1)]

睽違三週，第一次走進下議院，邱吉爾得到的接待，與其說熱情，不如說禮貌。「他看起來肥胖又生氣。」說話十之八九惡毒的薯條·香農寫道，「顯然他對得到的歡迎感到失望。」[12] 休假回家的倫道夫抱怨說「和從慕尼黑回來時的張伯倫天差地遠」。[13] 一月二十一日，隆美爾發動新的攻擊行動，導致一月二十八日班加西、二月三日德納（Derna）兩地撤退，而且把第八軍逐回防守托布魯克的加查拉線（Gazala Line）——邱吉爾的災難瞬間增加。此外，邱吉爾必須告訴防禦委員會，「顯然我們不能把新加坡當成要塞，因爲那裡似乎沒有適當的向陸防禦……宏觀來看，緬甸比新加坡更重要。那是我們和中國通訊的終點站，必須保持暢通。」關於增援馬來亞，「我們不希望把人力投入無底洞。」[14]這下布魯克同意。

伊登注意到邱吉爾面露疲態、鬱鬱寡歡，而且得了感冒。「他對下議院總是抱持某種宿命的看法，」他觀察，「認爲很多保守黨員痛恨他；他已經盡他所能，如果要他屈服，何樂不爲；馬來亞的事、澳洲政府強硬的態度、議院的『囉唆』，任誰都受不了。」[15]他提出動議，希望他在議院演講的時候能夠錄音，但遭議員否決，以致他被迫一字不差在收音機裡重複，耗盡他的精力，讓他更加灰心。「圍繞第一號人物的忠誠眞是巨大，」邱吉爾後來寫到首相這個職位，「如果他絆倒，必須扶著他。如果他犯錯，必須遮蓋錯誤。如果他睡覺，絕對不能隨便打擾。如果他不好，必定會被打倒。但最後一項極端的程序不能每天執行；而且當然不是他剛當選之後。」[16]面對此時的反對聲浪，邱吉爾決定把下次的戰爭辯論改成對他的政府信任動議。一月二十三日，哈維－瓦特寫道，只有「四、五位」議員投票反對政府，「雖然有些、很多」可能棄權。[17]既然張伯倫下臺的原因就是棄權，這個決定不是沒有風險。

「正是因爲事情已經很糟，接著還會更糟，所以我要發起信任動議。」一月二十七日，邱吉爾在三天的辯論開始時這麼說。當天議事廳裡人山人海，議員必須坐在御座的階梯上（下議院現在在上議院開會）。[18]克萊門汀在看臺旁聽，香農注意到「她的頭髮白了」，此外還有黛安娜、帕蜜拉、傑克和傑克的女兒克萊麗莎（Clarissa）。邱吉爾誠實得令人消氣，承認說「雖然我們在這裡和尼羅河河谷面對德國和義大利，我們從來沒有足夠的力量有效防禦遠東」。[19]「任何辯論都不須拐彎抹角，」他宣布，「任何人投票也都不須膽小怯弱。我曾投票反對我被選來支持的政府，而且回頭看，我有時很高興當時我那麼做。在這個動盪的時刻，每個人都必須盡到他心中的責任。」

很多議員在辯論中發言，而對邱吉爾最大的批評來自張伯倫派的保守黨員，其中阿奇博德・紹斯比（Archibald Southby）重提挪威辯論，他問：「現在政府的起因是什麼？」亞歷山大・埃斯基—希爾爵士（Sir Alexander Erskine-Hill）說到對於戰爭局勢的「焦慮」；赫伯特・威廉斯（Herbert Williams）說「已有太多錯誤」，而且邱吉爾不該任國防部長；詹姆斯・亨德森・斯圖亞特爵士（Sir James Henderson Stuart）表示國內瀰漫「深沉、廣泛的不安」；托馬斯・瑟克斯頓（Thomas Sexton）說「這個國家的人民不知所措」，同時史蒂芬・戴維斯（Stephen Davies）控訴政府對印度持有「罪犯」的態度，而數位議員要求成立新的生產部。[20] 然而，儘管有人威脅投反對票，沒人眞的拉邱吉爾下臺。「打了兩年半的仗，我們才剛設法把頭保持在水上。」邱吉爾承認，「當我被找來當首相，距離現在將近兩年前，應徵這項工作的人並不多。也許，自從那個時候，市場已經改善了。儘管每天都有人認爲我們犯下可恥的過失，把整體的混亂、露骨的無能、自滿、缺乏組織能力歸因於我們，而且從這些責備中，我們努力獲益——我們現在開始看到前方的道路。看起來我們彷彿處在非常糟的時代，但是如果我們全體團結，如果我們背水一戰，看起來，比從前更甚地，我們將獲勝。」[21] 他又說，雖然沒有直指科廷或澳大利亞，「聽見某些人說，有人認爲戰爭獲勝的方法就是確保每個國家貢獻軍隊，並且必須成立委員會或機構代表這些軍隊的每個分支，此外，做任何事情之前，必須充分徵詢每一個人——事實上，那就是打輸戰爭最確定的方法。」[22]

他轉向北非的整體策略。「我們面對非常大膽且靈巧的對手，」他說的是隆美爾，「而且，容我暫且不提戰爭的浩劫，他是一位了不起的上將。」[23] 那番讚美爲他招致許多批評，但他在戰爭回憶錄又再次提到；令人想起他在下議院首次演說時讚美波耳人，以及在《河上之戰》向德爾維希人的勇敢致上敬意。身爲軍人，邱吉爾的準則教他如果敵人值得尊敬，就給予尊敬，雖然那絕對不會減少消滅對方的決心。他的論證要點是，儘管他所謂「意想不到的海軍災難，以及我們在遠東已經付出、且必須付出的沉重代價」，但是，援助俄羅斯這項策略與政治決定、繼續進攻利比亞、接受遠東是弱點，這三件事「將在整個戰爭過程扮演有用的角色」。[24]

如同邱吉爾在開場演說已經解釋，重要的是那些批評政府的人應該得到回答：

我感覺我有資格來到下議院，我是下議院的僕從，而我要求下議院，給我他們的鼓勵，給我他們的幫助。我從不冒險預言未來。我抱持初衷，鮮血、苦幹、眼淚、汗水，是我所能給的，五個月後，我添加了「許多缺陷、錯誤、失望」。但這是因為我看見雲層背後閃耀著光芒，照亮我們的道路，令我此刻如此大膽，要求下議院宣布對我的信任，作為在聯合國的軍火庫中額外的武器。[25]

邱吉爾獲得四百六十四票對一票——獨立工黨議員吉米．馬克斯頓（Jimmy Maxton）。辯論期間，保守黨埃普索姆（Epsom）的議員阿奇博德．紹斯比爵士，提到倫道夫是「我正直英勇的朋友——正直是因爲戰爭局勢讓他毫無異議進入這個議院，也許還因爲軍階」，接著就被議長制止發言。[(2)] 之後紹斯比走近首相，要他恭喜倫道夫快速升遷。「溫斯頓在他面前揮拳。」一位旁觀者回憶，「『不要跟我說話。』他大吼，『你說我兒子是懦夫。你是我的敵人。不要跟我說話。』」[26] 邱吉爾可以心平氣和地接受多數對他的批評，但攻擊他的家人或朋友就會喚醒他內在的老虎。

邱吉爾在投票的時間點上非常幸運。投票的時候，傳來德國已經取得班加西的消息。日本現在距離新加坡不到十八哩，而辯論之後，終於宣布戰艦巴勒姆號在十一月於埃及外海遭到擊沉，喪失八百六十二條生命。（伊莉莎白女王號和英勇號在十二月於亞歷山卓港被義大利蛙人破壞的消息，依舊保持封鎖。）自從邱吉爾被一隻手數得出來的人選來領導這個國家，迄今已經二十個月。到了一九四二年初，整個昔蘭尼加西半部都落入軸心國手中，他非常清楚，政治上、軍事上，都迫切需要在沙漠有明確的勝利。

二月一日，德軍在他們U型潛艇的恩尼格瑪密碼機又加了一個轉盤。這點導致Ultra解碼德國海軍的「鯊魚」密碼，幾乎長達一年都只解出天書，直到十二月布萊切利園才又破解密碼。因為無法定位U型潛艇的狼群，所以船舶損失又高得令人擔心，而且任何穿越海峽攻擊的希望必須延後，直到大西洋之役勝利。英國、同盟國、中立國的船隻，一月共有四十一萬九千九百零七噸遭到擊沉，二月是六十七萬九千五百三十二噸，而三月是八十三萬四千一百六十四噸。一九四二的年度損失近八百萬噸。[27]「可憐的溫斯頓，非常沮喪。」賈德幹寫道。[28]

二月初，布魯克通知內閣，馬來亞剩餘的大英國協軍隊已經撤退進入新加坡，他們在那裡有四個月的食物和水補給。邱吉爾說，「保衛新加坡直到最後，這是內閣的意志。」[29] 他發電報給韋維爾：「這個階段絕對不能有保留軍隊或吝惜人口的想法。必須不計一切代價奮戰到底。」[30]「首相對於遠東的情況既擔心又生氣。」國王在二月三日寫道，「新加坡向陸的一面沒有防禦工事，連坦克陷阱或碉堡都沒有。這些原本可以讓軍隊自己完成。十五吋的槍指向大海，完全不叫防禦。」[31]

二月五日，邱吉爾向內閣提議，讓他親赴印度與印度國民大會黨協商。如果他們願意暫停一九四〇年十月以來的公民不合作運動，轉爲幫助英國防禦日本入侵印度，邱吉爾願以戰後獨立和他們交換。賈德幹認爲這項計畫「既大膽又有創意」，但是以目前馬來亞的情勢，如果新加坡南端淪陷，「他必須留在這裡穩住大局」。[32]「我們必須爲了我們民族、帝國、軍隊的榮譽對抗日本，完全沒有拯救軍隊或保住七十萬人口的念頭。」二月十日，午餐時邱吉爾告訴國王，「日本佬登陸時，我們必定要在叢林、在沼澤，殺了他們。俄羅斯奮力反擊，而美國在菲律賓呂宋島的軍隊頑固防守時，我們不能允許我們國家的名聲和民族墜落。」但是他承認，他已經沒有儲備軍隊可以投入戰爭，而且戰情非常危險。「倘若新加坡淪陷，溫斯頓已經準備面對一連串的災難，因爲我們一時無法得到增援，」國王寫道，「而且我們不知道要用在哪裡。」[33]

隨著新加坡緊張的情勢升溫，德軍發動羞辱人的「冥犬行動」（Operation Cerberus），即英國人熟知的「海峽衝刺」（Channel Dash）。二月十一日至十三日，這段期間沙恩霍斯號、格奈森瑙號、歐根親王號從佩斯特沿著英吉利海峽航行直上，但英國海軍部無能爲力——南方海岸之外沒有主力艦可以攔截德軍。「長官，恐怕，」龐德去電錯愕而且不敢相信的邱吉爾，「我必須報告，敵軍的戰鬥巡洋艦現在應該已經安全抵達他們的自家海域。」邱吉爾先是沉默，接著問：「爲什麼？」龐德還沒能細說發生的失誤前，邱吉爾已經放下電話。[34]賈德幹形容那天是「迄今，戰爭最黑暗的一天」。[35]皇家空軍、艦隊航空兵(3)、皇家海軍、海岸炮兵，連讓敵人的艦隊擦傷都沒做到。哈洛德・尼科爾森認爲比起可能丟失新加坡，人民更加失望讓沙恩霍斯號和格奈森瑙號脫逃：「他們無法承受德國把船開過我們自家大門這個念頭。」[36]

邱吉爾最近任命的戰爭生產大臣畢佛布魯克，上任不久就與貝文和其他政府成員嚴重衝突，而且他的報紙公開宣傳第二前線，此外也批評重要的部會首長。邱吉爾為了這個任命與克萊門汀爭吵。「我親愛的，」畢佛布魯克才剛上任八天，克萊門汀就寫信，「我為我激動的態度感到可恥，這下我又增加你的焦慮，令你痛苦——請原諒我。我認真請求你思考，讓畢佛布魯克完全離開你的改組是否恰當……沒有暗藏陰謀、背叛、騷動（rattledom）[4]的敵意難道不是更好嗎？……你描述（B勛爵）的脾氣與行為，我認為是由於新的人物可能和他能力相當，而且聰明一定和他相當。我親愛的，試著讓你自己擺脫這個別人害怕在你血液裡的細菌。驅除這個瓶中的小魔鬼，看看空氣是否變得更加清新純淨。」[37]那個「新的人物」指的是斯塔福・克里普斯勛爵，他終於從莫斯科回來，而且因為人們將他等同紅軍重大的犧牲，所以聲名大噪。政府之外，因為工黨和政府結盟而感覺失去發言權的人相當關注他，尤其左派。他拒絕邱吉爾給他的軍需部，寧願等待，觀望是否有機會接下邱吉爾的位置。但是他也不是唯一人選。「人人都氣沖沖地反對首相。」那位薯條・香農寫到海峽衝刺的事，「盛怒、挫敗。這不是後敦克爾克的感覺，而是生氣……如果倫敦人是拉丁人，就會暴動了。我從沒聽過這麼激烈的怒氣……有人說著成立所謂『中央黨』，集合自由黨、不滿的保守黨等，讓畢佛布魯克當頭。」[38]

翌日，邱吉爾命令新的轟炸機司令部司令阿瑟・哈里斯爵士（Arthur 'Bert' or 'Bomber' Harris，綽號「伯特」或「轟炸機」）摧毀德國平民的士氣，哈里斯欣然接受這項任務。一九四二年初，大型的四引擎轟炸機開始生產，但是林德曼確定，相較比較準確但比較昂貴的日間轟炸，夜間轟炸對特定目標造成的破壞微乎其微。邱吉爾想要向史達林展現，英國積極幫助他們從東線分散德國的資源，並向英國人民展現，英國正在反擊，因此放寬合法目標的標準。工廠、鐵路基地、港口設施、工業地區現在全都涵蓋在內。對於轟炸敵國工人的家、剝奪他們的住所，是否構成戰爭犯罪，現下已經沒有爭議，至少在戰爭這個階段。爲了抵擋哈里斯的轟炸機，德軍的資源緊縮，納粹德國空軍的飛機和人力忙得不可開交，而且雖然德國的武器生產直到一九四三年春末都將持續增加，還是受到嚴重拖累。[39]

一九四二年二月十五日星期日，下午四點，英國陸軍部收到消息，在新加坡的上將白思華對日本投降。超過八萬名大英國協軍隊，包括許多澳大利亞人，都成爲戰俘。「印度赤裸裸。」上將約翰・甘迺迪寫道，「主要的艦隊基地錫蘭幾乎也是。仰光附近還在持續作戰……澳大利亞（以及達爾文港的基地）也相對缺乏防禦。」[40]晚上九點對全國的廣播中，邱吉爾無意弱化災難。「我對你們全體說話的同時，嚴重且大範圍的軍事失敗籠罩著我們。」他說，「這是英國與帝國的失敗。新加坡已經淪陷。整個馬來半島已經被蹂躪。」[41]儘管如此，他還是歌頌美國現在參戰的事實：

長久以來，我的夢想、目標、努力，現在終於成真。但是有另一個事實，某方面來說更立即有效。俄羅斯的軍隊尚未被擊敗，他們還沒被摧毀。俄羅斯的人民沒有被征服或消滅。列寧格勒和莫斯科還沒被奪走。俄羅斯的軍隊正在戰場……所以，這裡有兩個重大的事實，最終會主宰世界局勢，以前所未見的方式實現勝利。[42]

其中間接承認，若非如此，英國無法打贏戰爭。

「今晚，日本得意洋洋，」他繼續說，「他們在世界各地歡聲雷動。我們受苦，我們驚嚇，我們遭人狠狠壓制。但我確信，即使在這黑暗的時刻，一九四二年與一九四三年的事件被銘刻在憂傷的扉頁之後，歷史將會裁決，日本發動侵略的始作俑者，犯下的是『瘋狂罪行』。」[43]「絕不可以低估日本戰爭機器的重量和效率。」他說。他自己過去無疑就是如此。[44]結尾時，他試著重新喚醒一九四〇年至一九四一年倫敦大轟炸的精神。「因此，這是英國民族和國家展現素質和才能的時刻……不幸之中，我們得到獲得勝利重要的衝勁。眼下就是展現冷靜與自信，並且結合堅定決心的時候，不久之前，我們正是憑著這點，掙脫死神的顳顎。」[45]

尼科爾森認爲，「他的廣播反應並不熱烈。這個國家太緊張又敏感，無法用漂亮的詞句搪塞。但是他還能說什麼？」[46]在上議院，漢基和查特菲爾德攻擊邱吉爾，說他過度將權力集中在手。「這麼依賴一個喜怒無常的人是錯的，」上將甘迺迪聽完邱吉爾的演說後寫道，「儘管其他的優點，他是如此缺乏戰略知識和判斷。」[47]首相嚴重低估日本，而且對於保護他深愛的帝國幾乎沒有作爲，但是這意味著他會被罷免嗎？戈培爾當時在日記寫道，「英格蘭沒有人能坐在他那個位置。」[48]那倒不是眞的。克里普斯和畢佛布魯克顯然正在盤算那份工作，但是兩人都不打算在上次信任動議後這麼快就行動。

儘管國會辯論最後，幾乎全體一致投下信任票，無止盡的批評終究影響了邱吉爾。中校湯普森寫道，「愈來愈深的挫敗感和沮喪。他對幾個親近的人暗示，他認眞思考交出他的職位。」[49]他告訴上校皮姆，他「厭煩一切」，說他考慮辭職。「天哪，長官，」皮姆大驚，「您不能那麼做！」[50]但是他不後悔設下的優先性。甘迺迪認爲，如果英國在一九四一年九月前送往俄羅斯的四百五十架飛機是送到新加坡，也許能夠拖延日本進攻。[51]「如果馬來半島因爲利比亞和俄羅斯而挨餓，我比任何人的責任都多，」儘管如此，邱吉爾告訴艾德禮，「但重來一次我還是會做一樣的事。」[52]他有能力分辨重要但是最終邊緣的事，以及戰略核心的事，而讓俄羅斯繼續作戰就是後者。在另一俱樂部，H・G・威爾斯跟坎羅斯勛爵打賭一百英鎊，「英國三年內不會收復新加坡」。[53]他們確實沒有，但是他們有沒有，比起幫助蘇維埃打擊納粹，相對不重要。

對於領導能力的批評，邱吉爾對國王表達他的挫敗。「他對這一切非常生氣，」國王寫道，「還將之比爲利用老虎身邊生氣的黃蜂獵殺老虎。」[54]首相渾然不知國王本身也有點是黃蜂。新加坡淪陷與海峽衝刺事件後，國王告訴他的機要祕書艾列克・哈定莒爵士，「查明別人心中對這些事情的看法，讓我知道見首相時要說什麼。」哈定莒見了伊登和克蘭伯恩。「兩人都同意，其他人也是，溫斯頓就是，而且確實也是唯一，能夠領導國家打仗的人。」哈定莒報告，「但是愈來愈多人覺得，因爲他的工作繁重，國防部分可能沒有得到應得的關注。隨著我們節節敗退，這種感覺逐漸發展成惱怒——擴大戰爭到太平洋，這樣的重擔任何人都負荷不了。」[55]

二月十七日，邱吉爾走進議事廳，宣布新加坡淪陷，並解釋海峽衝刺事件，全場無言以對。「議員們個個刻薄又輕蔑。」麥斯基記錄，「邱吉爾進來和出去，他們的反應都不佳。我從未看過這種景象。」[56]香農同意。「我從沒聽說議院對著首相低吼。他能恢復逐漸衰退的聲望嗎？……當然他碰過的事——達達尼爾海峽、遜位、印度法案——結果都不好。[57]達達尼爾海峽遠征是二十七年前的事，但是每當有人責備邱吉爾，就會立刻再次出現在過失清單。「當眼前存在許多麻煩，無論對某些人來說，」邱吉爾告訴下議院，「多麼想要迅速地站到一邊，並讓別人接受攻擊，而且是即將到來、沉重且反覆的攻擊，我都不打算選擇懦弱的道路，但是，相反地，我會依據我對我的職責認知，堅守我的崗位。」[58]隔月的午餐，他對《泰晤士報》的編輯羅伯特・巴靈頓－沃德說：「我是個老人。不像勞合喬治，上次戰爭出頭的時候大概五十六歲。我七十歲的時候，這場戰爭說不定還沒打完……在我這個年紀，沒有人像我必須承受這樣的災難。」[59]巴靈頓－沃德注意到，他說這番話時聽起來並不老。

爲了平息輿論，維持他的國防部長職位，也許還爲了從最近接二連三的壞消息分心，邱吉爾於二月十九日再次進行大範圍的政府改組。他說服克里普斯加入政府，擔任掌璽大臣和下議院領袖。準備坦率批評政府，而且個人希望等待成爲首相的畢佛布魯克，在生產部只做了十五天，就以「健康理由」辭去工作，並由商人奧利佛・利特頓取代。「沒人會在戰爭當中辭職。」邱吉爾告訴畢佛布魯克，「你不是死，就是被開除！」[60]但是畢佛布魯克辭職了，就像邱吉爾自己在一九一五年請辭那樣。內閣祕書愛德華・布里奇斯後來說道，「他這輩子很少如此震驚，畢佛和溫斯頓最後一次面談時他在旁邊……他們像兩個潑婦互相辱罵。」[61]然而，如同伊恩・傑各布觀察，「邱吉爾可以失去畢佛布魯克，但他承擔不了失去貝文。」[62]儘管如此，邱吉爾沒有告訴哈利法克斯，就提議來月讓畢佛布魯克擔任駐華盛頓大使。但畢佛布魯克拒絕。

發生那些災難的期間，馬傑森身爲陸軍大臣必須負起責任。邱吉爾寫給他的信可謂模範。「親愛的大衛，」他寫道，「很遺憾地，事件和輿論的壓力導致政府必須改組，因此我希望由我來主導陸軍部……我非常肯定你過去的表現……希望你會與我保持聯繫，時而以你的忠告嘉惠予我。」[63]馬傑森的回應也同樣優雅：「希望我離去後，你的工作會較容易，而且某個程度減輕你幾乎無法負荷的重擔。離開陸軍部令我相當沉痛；然而此時此刻個人情感並不重要。」[64] 能力出衆的詹姆斯．格里格（James Grigg）取代他，直到戰爭結束。

艾德禮獲得副首相這個新創立的職位，並且兼任自治領大臣，意謂邱吉爾出門的時候，他將主持所有內閣會議。道耳吞離開經濟戰事部，由沃爾摩勛爵接手（一週後他繼承了瑟爾伯恩伯爵領地），而克蘭伯恩勛爵成爲殖民地大臣與上議院領袖。尼科爾森描述這兩項異動是「上層階級復職」。[65] 因爲格林伍德退休、金斯利．伍德離開，戰時內閣從九人縮減爲七人：邱吉爾、艾德禮、伊登、克里普斯、安德森、貝文、利特頓。里斯也離開了政府，很高興逃出他的日記裡所謂「邱吉爾和他墮落的幫派」。[66]

「他對未來感到悲觀，」二月二十四日，國王和邱吉爾共進午餐後寫道，「他不知道我們能夠如何充分增援世界任何地方。因爲船運的情況，我們一年移動不到三個師，我們想要移動十個……緬甸、錫蘭、加爾各答、印度馬德拉斯、部分澳洲，但可能會落入敵人手中。面對這一切的逆境，我們能否團結？無論如何我們必須。我看得出來溫斯頓壓力很大……我告訴他，這個國家支持他。他認爲因爲沒有其他人了。」[67]

三月初，邱吉爾任命布魯克接下龐德參謀長委員會主席的職務。海峽衝刺事件中，龐德表現不佳，而且開始出現猝睡症，雖然他仍留任第一海務大臣。[68] 邱吉爾找到一個方式，委婉地宣布這件消息。「你現在的地位和其他兩位參謀長不同，因爲你直接接觸敵人，指揮鋪天蓋地的海戰，事實上你是超級總指揮官。」他寫道，「你知道我對你的判斷和艦隊調度有最大的信心。」[69]

「可憐的老首相心裡彆扭，狀態不佳。」三月四日，賈德幹注意到，「我想他過得不好，而且我聽說他筋疲力盡。」[70]隔天他又說，「可憐的老溫斯頓，他對現在的局勢和對他的攻擊很敏感，我恐怕他已經控制不住。」那天晚上在克拉里奇飯店（Claridge's Hotel）的晚餐桌上，上將甘迺迪、《每日電訊報》的編輯羅伯特・斯克爾頓（Robert Skelton）、飛機生產部常務次長阿奇博德・羅蘭茲（Archibald Rowlands），全都同意「溫斯頓完了」。斯克爾頓很不愛國地說他「幾乎希望再來一次大型災難，因爲可以毀了溫斯頓。」[71]漢基在政府任職的最後一天，他告訴甘迺迪，「每個人都覺得溫斯頓是個賭徒，他下的注都沒有成功。」[72]邱吉爾意識到他的地位不太穩固，於是告訴前首相的兒子麥爾坎・麥克唐納，「我像個轟炸機的飛行員。我每天晚上都出去，而我知道某天晚上我就不會回來。」[73]

因此，認爲英國政府建制派，在二次大戰最黑暗的時刻全心全意支持邱吉爾，這種想法是錯的。他們容忍他，因爲沒有別的可行選項，因爲他依然受到民衆歡迎。他們也拒絕承認，那些歸咎在他身上的許多失敗，原因直接出在一九三〇年代不聽從他的警告，也不接受他提出的軍備重整。更深一層來看，事實證明，他們那幾年的旗艦政策——綏靖主義，邱吉爾的看法才是對的，這讓他更不可原諒。

三月七日，仰光淪陷，而日本對印度的威脅迫在眉睫。在新加坡損失許多軍隊的澳大利亞，拒絕派遣任何軍隊到緬甸，猶且要求剩下的軍隊撤出中東；二月十九日北邊的港口達爾文遭到嚴重轟炸後，他們唯恐本土也會受到威脅。此時看來，在軸心國持續轟炸下，馬爾他也無法繼續抵抗很久。奧金萊克依然拒絕邱吉爾要求提早再次發動沙漠進攻；船運極度短少，而羅斯福似乎在電報中質疑德國優先的政策，也懷疑邱吉爾提議攻打法屬北非的行動是否明智（代號「體操家行動」〔Operation Gymnast〕）。

就在這個時候，英國首相選擇在《週日派遣報》發表一篇文章，標題是〈月球上有人嗎？〉(Are There Men on the Moon?) 是他在戰爭之前寫的。文章預言「在裝載食物補給與氧氣的飛船中穿梭太空，旅行到月球與鄰近的星球」。邱吉爾寫道，「我並不非常佩服我們在這裡締造的文明，因此不認爲我們是浩瀚宇宙中唯一存在生命、生物擁有思考能力的地方，或者在巨大的時間空間羅盤中，我們的身心發展程度最高等。」[74] 似乎沒人曾經問過，在戰爭此時關鍵的接合點上，邱吉爾爲什麼要發表文章談論太陽以外的行星，或者宇宙其他地方是否有聰明的生物。許多方面，他是個相當古怪又不可預測的人。

邱吉爾非常擔心「人們散布製造絕望、警告、困惑的訊息」，以致一九四二年三月，他考慮實施某種國內審查形式，從《每日鏡報》開始，該報對未來作戰計畫的猜測幾乎危害國家安全。「必須面對這件事，」邱吉爾告訴他的同僚，「審查破壞國家士氣的言論……國會必須給我們更多權力——幾乎不會有人反對這點。現在我們的士氣正被拆解。」[75] 克里普斯同意，而格里格說，應有審查制度禁止破壞軍隊士氣的訊息，但是布魯克說他會「以最高的警覺」看待任何這種提議，因爲可能會疏遠媒體。[76] 邱吉爾補充，他希望「更有效控制媒體與進出這個國家的訊息」。這個議題沒有結果，但是可見邱吉爾當時對脆弱的國家士氣深感憂心。

邱吉爾很快就發現，他無法親赴印度說服國民大會黨，放棄抗英行動，專心防禦次大陸，共同抵抗日本。相反地，被派去和莫罕達斯·甘地對話的人是克里普斯。任何賦予英國部分繼續與印度憲政連結的措施，全都被國大黨拒絕，而到了八月九日，因爲英國和印度的軍隊難以抵擋日本進入印度的大門，而必須把甘地和國大黨的領袖送進監獄。國王從沒去過印度，但他非常關心那裡的情況。「就像三隻腳的矮凳，」邱吉爾解釋，「印度斯坦、巴基斯坦、土邦斯坦（Princestan）①。後面兩隻腳是少數，將會維持由我們統治。」[77]但那並不是甘地的計畫。五月二十四日，甘地說：「將印度交給上帝，用現代的說法，交給無政府狀態，而那無政府狀態可能會導致短暫的內訌戰爭，或無約束的幫派搶劫。從這裡頭，真印度就會崛起，取代我們看見的假印度。」[78]邱吉爾不打算讓次大陸淪入甘地稀奇古怪的建議。他也不贊同倫敦大轟炸期間甘地給英國人的建議：「邀請希特勒和墨索里尼，讓他們從那些你們稱為領地的國家拿取他們想要的。讓他們占領你們美麗的國家，還有其中許多美麗的建築。你們全都給，但不要給出你們的心靈或你們的靈魂。」[79]

英國人不想採納甘地的建議，大概因爲他們已經發現至少那和他較早之前給衣索匹亞人的建議一致，「就讓他們自己被義大利人屠殺」，既然「說到底，墨索里尼並不想要一座沙漠」，而水晶之夜的暴行後，他給德國猶太人的提案是，如果他們也採取他非暴力行動的哲學，「演變到今天的羞辱追捕，可以轉爲冷靜堅定的立場，來自手無寸鐵的男人女人，身懷耶和華賦予他們的受苦力量」，而那會改變納粹警察部隊，讓他們「理解人類尊嚴」。[80]一九四〇年五月，甘地告訴一位朋友，「我不認爲希特勒像別人說的那麼壞。他展現的能力非常驚人，而且似乎不流太多血就獲得他的勝利。」[81]一九四一年十二月，甘地寫給希特勒的最後一封信，稱讚那位德國元首：「勇敢，奉獻祖國……我們也不相信你是對手口中那種野獸。」[82]甘地很幸運，統治印度的是總督，不是希特勒；一九三七年，那位德國元首和哈利法克斯勛爵在柏特斯加登會面時，給他的建議是「槍殺甘地」。[83]

三月十日，國王寫下邱吉爾的喜悅——美國即將派遣軍隊到澳大利亞和紐西蘭，「盡可能快，如此一來，現有的澳大利亞和紐西蘭軍隊就可以留在中東，省去船運。這是美國方面的重大動作。」[84]邱吉爾又提及上將道格拉斯・麥克阿瑟（Douglas MacArthur）被派到澳大利亞，「現在我們可以把太平洋地區留給美國，同時我們專注在印度洋和錫蘭地區……最重要的，是記得我們和美國，絕對不能爲了戰略細節鬧翻。」[85]

三月十五日，邱吉爾邀請麥斯基到契克斯別墅共進週日午餐，於是得知，史達林表示一九四二年應是戰爭決定性的一年。「首相穿著習慣的警報裝，熱情友善地跟我打招呼，並爲居家的模樣向我道歉。」麥斯基寫道，「因爲今天動了小手術[5]，他無法回到城裡，只能在家接待我。」[86]伊登也在場，他們一起討論波羅的海的國家；美國不承認蘇聯併吞那些國家。麥斯基問邱吉爾，對於史達林的一九四二年一說有何看法。「邱吉爾的臉色瞬間凝重，他聳聳肩，有點不悅地說：『我看不出來一九四二年如何會是決定性的一年。』」[87]他指出雖然俄羅斯覺得他們一九四二年比一九四一年更強壯，「我感覺更虛弱。去年我們面對兩個強國，今年——三個。」接著他提到媒體、國會、生產等問題。他們一來一往談到打開第二前線的話題，「談了很久，也很熱烈，有時甚至激動」，「首相鐵了心避免任何實質承諾」。[88]

話題回到印度，麥斯基寫到他的東道主：

> 回答的時候非常生氣與煩躁。「克里普斯在那裡什麼也做不了，」他說得無禮……「整體而言，印度人不是一個歷史民族。誰沒征服過他們？誰從印度北邊過去，就會成為他們的主人。從他們整個歷史來看，印度人幾乎沒有享受過真正的獨立……此時此刻，我準備離開印度……但離開後呢？……如果我們離開，到處都會爆發鬥爭，出現內戰。最後，穆斯林會成為主人，因為他們是戰士，但印

度人是風囊？對，只會說空話！」[89]

麥斯基覺得邱吉爾處在某種「晚年的心情」，並寫下他所說的話，「我在這個世界不會太久……我很快就會化成灰。」[90]

麥斯基也告訴邱吉爾，俄羅斯認爲德國下次進攻就會使用毒氣。對此，首相告訴戰時內閣，他認爲英國應該「將德國對俄羅斯使用毒氣視爲對我們的行動——我們會報復德國——對於那件事，我們和俄羅斯聯手，而且我們會考慮發表宣言以嚇阻德國——如果……史達林要我們這麼做，需要提前通知，給我們很多時間。進入毒氣面具狀態。配備面具，每天都使用」。[91] 布魯克認爲他們必須「仔細計算我們的儲量。如果我們開始，就必須投入一百%」。事實上英國沒有公開威脅，二次大戰的戰場也從未使用毒氣。

「我這業餘的戰略家這麼認爲。」三月十八日，羅斯福發電報給邱吉爾，「再去想新加坡或荷屬東印度群島都沒有用。已經丟了。必須守住澳大利亞……我們願意承擔這件事情。印度也必須守住，而且你們必須做到……並且我認爲你們可以守住錫蘭……你們必須守住埃及、海峽、敘利亞、伊朗，以及通往高加索的路線。」[92] 實質上，羅斯福希望邱吉爾原則上同意英國負責「東方直布羅陀」以西，也就是新加坡的舊稱，而美國專心應付太平洋。[93]「我想你不會介意我直言不諱，我認爲比起你的外交部或我的國務院，我個人更能對付史達林。」他繼續，「史達林討厭你那些菁英手下。他認爲他比較喜歡我，而我希望他會繼續如此。」[94] 事實上，史達林看待這兩個資本主義領袖的眼光都差不多。

「我現在的日子很難過，」邱吉爾告訴史末資，「但是我們必須記得，現在比一年前好多了，當時我們還在孤軍奮戰。我們千萬不能失去勇往直前的能力，尤其在黑暗的日子裡。」[95] 那天，忍饑挨餓的馬爾他，經歷了去年十二月的千次空襲，終於盼到兩艘逃過德國轟炸機的商船塔拉伯特號（*Talabot*）和彭巴號（*Pampas*）前來補給——雖然輪船離開埃及時載了兩萬六千噸，抵達時只送來五千噸——這座島又能繼續作戰。「這份報酬證明付出的代價正當。」邱吉爾在他的戰爭回憶錄寫道，「彈藥和重要的物資重新補給填滿，馬爾他的力量再生，在地中海中部重新取得主導地位。」[96]

三月三十日，布魯克告訴戰時內閣，德國入侵俄羅斯可以造成兩百萬德軍傷亡。「那是上帝的旨意——我們什麼也沒做。」邱吉爾說，「戰爭不可能在一九四二年結束——樂觀的話是在一九四三年。」[97] 陸軍部永遠不乏對邱吉爾的批評，但是對於外傳他欠缺戰略能力，他們的說法又常常矛盾。布魯克在四月一日的日記坦承，「愈來愈相信我們就快打輸這場戰爭，除非我們用非常不同的方式控制，拿出更多決心作戰。」[98] 這番責備的事實根據是，所有政治人物都是不好的戰略家，而且「政府只有一個老大，而那個老大在許多方面都是重大危險」，又是雪上加霜。上將約翰‧甘迺迪批評邱吉爾不增援仰光，反而增援新加坡，還寫道：「如果我們當初去了的黎波里而非希臘，我們在地中海所有的麻煩都可以避免。」但是五天後他又提到，沒有海軍掩護就不可能防守仰光，而且「也許希臘拖延德國在俄羅斯的行動夠久，以致去年秋天起了決定性的作用」。[99]

四月二日，和伊登、哈里曼、伊斯梅午餐時，有人建議邱吉爾，要他基於健康理由放棄國防部。伊登記錄，「溫斯頓說得直白，」他不會放棄，因爲「他以羅斯福的立場看待自己，他是戰爭唯一的指揮。」[100] 伊登私下寫道，「那不是國家要的，也不會有好的結果。」如果連那三名忠實的支持者都在討論他有無可能放棄英國作戰的最高指揮，那麼政治威脅真的非常嚴重。「戰爭沒有固定的指示，除非是由三軍參謀長和溫斯頓。」伊登在日記寫道，「應該決定的問題，參謀長隨時準備妥協，而溫斯頓未經檢查的判斷，不可能萬無一失。」這麼說並不公平，三軍參謀長經常確認邱吉爾未經檢查的想法，但克里普斯從印度回來後，伊登考慮和他與利特頓組成密謀的小團體。他想試著逼迫邱吉爾在決策時能更廣納意見，但他也接受「問題是溫斯頓天生無法用別的方式做事」。[101]

伊登是邱吉爾的助手、最親密的盟友與政治繼承人，但是顯然首相無法下放權力這件事也令他深感灰心。「事實是，我對目前的作戰方式非常擔心，而且懷疑我該怎麼做。」伊登告訴他在政治上最親密的朋友克蘭伯恩，

> 沒有實質的進步，自從改變之後沒有更好的秩序。溫斯頓持續和三軍參謀長聯絡，將軍事面向完全掌握在手。如果結果很好，也就不會有人擔心，但不是！……我擔心的是，民眾認為：我，我想戰時內閣其他成員也是，都被公眾認為是戰爭的領導者，但我們根本不是。就連防禦委員會也不是……我依然相信經營這場戰爭正確的方式就是一個四、五人的小內閣每天開會，但我不相信溫斯頓有可能接受。全體看來我最不快樂……但是我的同僚似乎非常滿足，而且反正在我下禮拜和溫斯頓談過前，我不想跟他們說這件事。我真的覺得寧願離開政府，也不要繼續為那些我一無所知的決策負責。[102]

因此連伊登也主動考慮改爲站在政府之外，當個坦率的批評者，如此一來，不僅事先預防自己要爲之後其他敗仗負責，如果邱吉爾下臺，也準備成爲名列前茅的競爭者。

三月和四月，布萊切利園還是能夠破解德國非海軍的密碼，於是邱吉爾利用他從 Ultra 解碼一點一點收集來的訊息，想要說服奧金萊克，隆美爾的坦克數量比他的情報人員告訴他的少很多。但他誤解那些解碼——上面的坦克數量是部分地區，不是全部——而到了四月底，他向奧金萊克承認此事。[103] 似乎受到教訓的邱吉爾，接下來七個月在利比亞沙漠不再想著利用解碼，但是這個事件仍然沒有改變他對奧金萊克身爲戰略家的負面看法，無論他多麼欣賞這個人。他開始考慮把他換掉，改派同是貴族出身、哈羅校友、業餘畫家的上將哈羅德・亞歷山大。亞歷山大在一次大戰獲得騎士勳章，並在敦克爾克和緬甸戰役表現傑出。

四月九日，三萬五千名美國士兵在菲律賓巴丹半島（Bataan Peninsula）被俘虜，是美國史上最多人投降的一次。邱吉爾唯恐這樣重大的失敗會導致美國放棄德國優先的政策，改爲專心打敗日本。喬治・馬歇爾和哈里・霍普金斯隔天帶著後來所謂的「馬歇爾備忘錄」抵達倫敦。備忘錄不僅沒有放棄德國優先，反而包含「圍捕行動」（Operation Roundup），準備於一九四三年某個時候跨海攻擊（最終成爲一九四四年諾曼第登陸日發動的「大君主行動」〔Operation Overlord〕），以及一九四二年的「巨鎚行動」（Operation Sledgehammer）。巨鎚行動是較小的行動，如果俄羅斯瀕臨投降邊緣，便由英軍登陸法國西北，占領瑟堡或佩斯特。此外還有「波雷洛行動」（Operation Bolero），承諾派遣大批美國軍隊到英國，作爲以上兩起行動的必備條件。

邱吉爾和布魯克對於巨鎚行動究竟是否明智，兩人都相當保留，因爲他們相信在瑟堡半島發動攻擊很容易會被鎮壓，也就無法從俄羅斯引開足夠的師，達到美國的希望與俄羅斯的需求。邱吉爾反而想要執行在挪威的朱庇特行動或在北非的體操家行動。但是英國不能乾脆拒絕馬歇爾的想法，因爲他們急需美國根據波雷洛行動派人來保護英國，而且也要保護德國優先的政策。

到了較晚一點的階段，邱吉爾和布魯克確實想要執行圍捕行動，因此談判需要格外小心。西方的策略最終將由羅斯福與邱吉爾兩位政治巨頭，以及雙方的最高參謀馬歇爾與布魯克的互動當中決定，而許多可從這四人互相共事的稜鏡一窺端倪，尤其對於重要的跨海攻擊將落在什麼時間點，他們的看法不斷變化。此時，邱吉爾和布魯克知道，雖然馬歇爾希望提早發動這個重大攻擊，但羅斯福不是。[104]

四月十一日至十二日，霍普金斯受邀到契克斯別墅度過週末。星期天凌晨三點，羅斯福的電報送達，批評克里普斯與甘地的對話破裂：「戰爭期間……英國政府不願賦予印度自治權利，就是這個僵局的原因。」[105]羅斯福建議邱吉爾應該立刻「成立國民政府，本質上就像我們（一七八一年）《邦聯條例》底下那種形式的政府」。對於美國這種未經授權干預大英帝國事務的行爲，邱吉爾忿忿不平。根據霍普金斯潦草的筆記，「日本的侵略就在門口，此時任何會致整個印度次大陸於完全混亂的政策，邱吉爾拒絕負責。」[106]相反地，他說要辭職，「如果那麼做有助於平息美國的輿論」。他究竟有多認眞，這點令人懷疑，雖然後來他確實表示，如果內閣對於帝國的核心——印度——不支持他，「我絕不會猶豫去放下我的個人重擔，有時眞的超乎常人能夠負荷。」[107]

答覆的時候，邱吉爾用詞謹慎。「你知道你對我說的每一件事，我都相當重視。」他開頭，「你我之間任何可能的嚴重分歧，都會令我非常傷心，而且在這個困難達到顚峰的時刻，必定會深深傷害我們雙邊的國家。」[108]（他在戰後的看法相當不同，認爲「沒有海外殖民地或屬地的國家，在對於那些有的國家談起他們的事務，總有能力變得事不關己」。）[109]他接著轉向圍捕行動的軍事策略，繼續說：

原則上我完全同意你的提議，三軍參謀長也是。我們當然必須面對東方和西方日復一日的緊急狀況，同時準備發動重大一擊……我不懷疑我們應該能夠回以完全同意。我必須說，我認為今年為了某些意外事故所擬定的過渡行動，面對困難與變化時，絕對非常明智。如同我方專家相信，如果我們能夠成功執行這整個計畫，將會成為整個戰爭歷史的重大事件。[110]

這也不太誠實；邱吉爾從四月九日參謀會議的紀錄得知，他手下的專家不比他自己更相信巨鎚行動。再次透露英國的首相對於合眾國的總統確實有所隱藏。

四月十四日，在防禦委員會討論馬歇爾備忘錄的重要會議上，馬歇爾和霍普金斯也在場，邱吉爾開場時說：

這是項重大的提案，已經由參謀長充分討論檢視。對他而言，他毫不猶豫採納該計畫。那份備忘錄的根本概念和戰爭的古典原則相符，即專心對抗主要敵人。然而有個整體的保留意見——必須繼續防守印度和中東。我們不可能面對失去六百萬大軍和整個印度的人力。此外，澳大利亞和連接該國與美國的島嶼基地絕對不能淪陷，否則將不可避免延長戰爭。這意謂推動元帥馬歇爾提議的目標同時，我們不能置所有事務於一旁。[111]

馬歇爾接著長篇大論論述一九四二年秋天之前發動巨鎚行動的可能，承認因爲接下來五個月的船運限制，美國只能「適度」貢獻。[112]巨鎚行動被視爲減輕俄羅斯壓力的行動，而且雖然莫斯科熬過侵略，蘇聯仍處於極大的壓力之中，尤其南方。馬歇爾現在認爲巨鎚本身值得追求，並且愈早愈好。布魯克表示，如果英國「被迫在歐陸採取行動，只能是小規模」。[113] 其他發言的人，包括霍普金斯、艾德禮、伊登、蒙巴頓，持的意見都相仿。邱吉爾總結，表示雖然跨海計畫還需要研擬，「架構方面全體意見明顯一致」，但印度洋的部分，他會要求協助，「若少了協助，整個計畫則會致命地折損。」然而，他有信心，「世人將逐漸知道，爲了解放歐洲，英語民族決心發動轟轟烈烈的戰爭」，而他也承諾馬歇爾，「爲這個他們即將進行的偉大事業之成功，英國政府和人民會盡其所能地貢獻。」[114]

邱吉爾用詞誇張，沒有給出日期，沒有提到他指的是巨鎚、波雷洛或者圍捕，應該已經暗示馬歇爾重新思考。[115] 邱吉爾和布魯克當然想要跨海攻擊，但要等到中東和印度安全之後。事實是，邱吉爾只把巨鎚當成危險的佯攻，他比較傾向體操家行動，後來變成北非的「火炬行動」(Operation Torch)。「但我必須善用外交手腕，確保我們珍惜的盟友同意，雙方的行動同調，」如同他在戰爭回憶錄中承認，「少了他們幫助，世界除了廢墟什麼也不剩。因此十四日的會議上，我沒有開放任何這些選項。」[116] 英國需要大量的美國軍隊駐守英國，尤其如果希特勒在俄羅斯獲得勝利，繼而進攻英國時，勢必需要美國保護。因此，爲了確保波雷洛行動，邱吉爾略過他對巨鎚行動的保留，表示「登陸艇和所有的」技術細節可以由參謀解決。

「人人都充滿熱忱，」伊斯梅回憶四月十四日的會議，「人人似乎完全同意美國的提議。沒人表示異議……也許如果英國當時更誠實表達他們的看法，就可以避免未來的誤解……防禦委員會原則上接受那些提議」，而且，「我們的美國朋友帶著錯誤的印象，以爲我們已經決定投入圍捕和巨鎚，高興地回家去了。」

總是傾向輕描淡寫的伊斯梅又補充，「這個誤解注定造成不幸的結果。」[117]

馬歇爾後來深信邱吉爾和布魯克刻意誤導他，而那年夏天他們對巨鎚的反對也擴大到任何與圍捕行動相關的事宜，但並非如此。邱吉爾和布魯克似乎原本可以說得更多，但是沒有，以致美國人相信他們會支持一九四二年較早的第二前線。他們需要說服美國人投入軍隊和資源到德國優先的政策，否則可能會往東用於報復，例如巴丹半島的失敗。[118]

「在一場非常重大的會議上，我們接受他們提議的攻擊行動可能在一九四二年，或必定在一九四三年。」布魯克在日記寫道，援用邱吉爾的形容詞，「他們還沒開始認清這項計畫所有的困難，以及我們前方所有的困難！我害怕的是，他們會傾全力在這場攻擊，但以其他一切爲代價。因此我們一直向他們強調美國援助印度洋與中東的重要性。」[119] 這段話正確總結邱吉爾和布魯克爲了馬歇爾和霍普金斯所唱的雙簧。後來的分析，布魯克解釋，

以當時普遍的局勢，根本不可能嚴肅看待馬歇爾的「空中樓閣」！必須要記得，我們在那個時候，真的是命懸一線！澳大利亞和印度受到日本威脅，印度洋一度失控，德軍正在威脅波斯和我們的石油，奧金萊克在沙漠的情況危急，潛艇攻擊猛烈……我們極度缺乏船運，沒有額外船運就無法發動大規模的行動。[120]

四月十五日，布魯克試探地詢問馬歇爾，「登陸（法國）之後，我們往東、南或西？他還沒開始想這個問題！！」[121]

霍普金斯和馬歇爾在英國待到四月十七日，邱吉爾邀請霍普金斯參與數次戰時內閣的會議，但只限某些英國希望美國瞭解的議題。[122]他也堅持帶馬歇爾去看沃明斯特（Warminster）附近的低水平對地掃射，儘管前一天噴火戰鬥機演習時死了幾個觀眾。[123]邱吉爾發電報給羅斯福說，「我們全心同意你們專心對抗主要敵人的概念，我們欣然接受你們的計畫，除了一個廣泛的附帶申明」，就是「我們有必要避免德、日兩相接頭」。[124]這個附帶聲明非常廣泛，以致可能破壞圍捕行動，因為中東和印度洋之間的樞紐不僅脆弱，也很大。邱吉爾想讓羅斯福安心，於是又說，「馬歇爾有信心，我們可以一起提供印度洋與其他戰場必要的資源，還能朝著你們的主要目標前進。」[125]他勾勒一個計畫，說好聽一點是轉移注意，說難聽一點是刻意誤導。「一九四三年的戰役非常明確，我們立刻開始聯合計畫與準備。」他在電報上說，「但是，我們可能覺得今年有必要行動……廣的來說，我們同意的計畫是逐漸增強在歐洲大陸的行動，從逐漸增加空中攻擊，無論日夜，以及更頻繁、更大規模的襲擊開始，美軍將會參與其中。」[126]這聽起來就像贊成五個月內執行巨鎚行動，或者甚至「在那之前」，如果美國軍隊開始湧進英國。

四月二十三日，當邱吉爾走進下議院，準備召開戰爭五次祕密會議中的第四次，他收到的歡呼明顯比克里普斯從印度歸來時微弱。[127]首相帶著議院回顧自從珍珠港事件以來五個月內所有災難，根據尼科爾森的說法，他的姿態「倔強、頑固、明確」，包括直到當時都被當成祕密的亞歷山卓港攻擊事件。邱吉爾承諾，一旦局勢允許，將會針對新加坡淪陷舉行全面公開調查。（他們從來沒有。）他也必須「承認日本的暴力、狂怒、技術、力量，遠超過我們過去被告知與期待的」。[128]考量日本當時已經在中國作戰超過十年，以及展示在眼前的所有因素，他不應該這麼驚訝。他朗讀一份那年稍早的海軍部文件，預測當時停在佩斯特的格奈森瑙號和沙恩霍斯號可能會在白天安全航行穿越海峽，「因爲我急於希望議員應該明白，我們的事務並非完全如報章漫畫所描繪，完全由笨蛋和白痴指揮。」

「勝利的時候，任何蠢材都可以滿懷信心，但考驗在於，事情暫時不順時要保持信心，」他告訴議院，「而且在無法公開解釋的事情發生時。」[129] 他最像在批評陸軍的時候，是當他說到陸軍在新加坡的十萬英軍向三萬日軍投降，「與我們軍隊過去和現下的精神並不一致。」[130] 他並沒有以華麗的文辭結尾，而是論述美國的戰爭物資生產，議院給他熱烈的掌聲。[131] 就連香農也描述這九十分鐘的演說是「絕技……我們離開議事廳時都懷有信心，戰爭最終會勝利，主要歸功驚人的美國生產力」。[132]

邱吉爾的衆多煩惱中，還包括那個月倫道夫加入少校大衛・史德林（David Stirling）成立的特種空勤隊（Special Air Service，簡稱ＳＡＳ）降落傘分遣隊，在利比亞沙漠敵人後方作戰。克萊門汀寫信給丈夫，強調倫道夫有個年輕的妻子和兒子，更別提他身負重任的父親，「我認爲他的行動對你們兩人既自私又不公平，而且關於帕蜜拉，別人可能想像她已經背叛他或離開他。」[133] 戰爭初期，倫道夫在國外服役時，帕蜜拉住在唐寧街十號和契克斯別墅，邱吉爾與克萊門汀跟活潑、嬌貴的她變得熟絡。他們偶爾使用臨時首相府的空襲避難所時，帕蜜拉睡在兩層床的上鋪，而邱吉爾睡在下鋪，打呼聲極大，震動整張床，克萊門汀則明智地睡在自己的房間。克萊門汀的信顯示當時他們並不知道，帕蜜拉已經和埃夫里爾・哈里曼外遇。首相當然不能命令兒子從危險的職位退下，但是克萊門汀建議，她可以寫信給倫道夫，要他重新加入第四驃騎兵，加上沒有母親會輕易寫下的話，「他可能會聽我的，雖然他不喜歡我，我知道他尊重我。」[134] 克萊門汀去電帕蜜拉，「她似乎冷靜又明理，而且『她』覺得這是最好的結果。」[135]（當然也許可以私心懷疑，帕蜜拉是否希望他戴綠帽的丈夫加入高度危險的陸軍單位，尤其她和哈里曼在一起的此時，也和美國記者愛德華・R・默羅〔Edward R. Murrow〕有染）。五月二十日，倫道夫和大衛・史德林、菲茨羅伊・麥克連（Fitzroy Maclean）結束沙漠突襲的回程，倫道夫的車翻滾兩次，造成一名乘客死亡，其他人受傷，包括倫道夫。他在開羅的醫院住了數週，又因肺部挫傷併發肺炎，此外，脊椎受傷迫使他必須穿著鐵衣數個月。[136]

隔月又見另一齣家庭鬧劇。十八歲的瑪麗・邱吉爾與二十九歲的鄧肯農子爵（Viscount Duncannon）艾瑞克訂婚，也就是未來的第十代貝斯波羅伯爵（Earl of Bessborough）。「我已說服溫斯頓，態度要堅決，並要他們等六個月。」克萊門汀告訴畢佛布魯克（如果不是政治方面，私事方面她似乎頗信任他），「他們根本就不認識彼此。請勿告訴別人我的懷疑與擔憂。」[137] 克萊門汀的懷疑可能來自一個事實——鄧肯農的父親曾經向她求愛。[138] 這樁婚事最終因瑪麗的父母要求而取消。克萊門汀也許有點勢利，但她並不因爲女兒有可能成爲伯爵夫人就犧牲她未來的幸福。

此時邱吉爾的私人領域方面，有件事情差點就讓他丟自己的臉，所幸逃過一劫。英國稅務局評估，即使邱吉爾在戰爭爆發就放棄作家身分加入政府，他的某件舊作在報紙的連續刊登版權，每期付款屬於應納入稅收的版稅，而非不應課稅的賣斷交易。一九四二年五月中，他在弗雷蓋特律師事務所（Fladgate & Co.）的律師安東尼・莫伊爾（Anthony Moir）被找來內閣會議室，討論邱吉爾是否可以提出上訴。「如果我上訴，可以完全以私人名義嗎？會有任何人知道嗎？」邱吉爾想要知道，「以我的職位，我上訴是對的嗎？我也是第一財政大臣（First Lord of the Treasury②）。」[139] 這樁上訴九月舉行聽審，研議半小時後，稅務官撤銷該項評估。

四月二十七日，查爾斯・波特爾向防禦委員會提出連續四年德軍大規模襲擊的詳細報告。羅倫斯・伯吉斯記錄邱吉爾說的話：「不要向媒體公布太多——我們對他們的攻擊可是三倍……公報有點太聳動。修飾語調，比例相對。不要提供照片。」[140] 他不希望自由派和教會圈譴責哈里斯的轟炸攻擊，雖然這兩個團體六個月後就會開始鄭重批評。同場會議，邱吉爾指責年老的R級戰鬥艦是「漂浮的棺材，迎戰任何現代船艦或空襲都不安全」。雖然這些評論都沒寫進正式的會議紀錄，但伯吉斯一字不差的筆記清楚顯示會議室裡說了不少直白的話。

從唐寧街十號，邱吉爾會以無止盡的尖銳問題和評論，轟炸在陸軍部的布魯克。五月五日，他寫到利比亞的一份報告，「『無法靜止機關槍的崗位』是什麼意思？這句話用來描述行動似乎很怪。顯然實際發生的只是一個小衝突。當然靜止機關槍的方法就是找來一些炮彈然後轟炸他們。」[141] 布魯克是皇家炮兵，也是公認的專家，並曾在一次大戰發明「移動彈幕」有功。他並不喜歡別人在這方面教他怎麼做，尤其因爲他知道邱吉爾瞭解，每次都找炮兵來處理麻煩的機關槍是不切實際的作法。兩天後，英國軍隊成功進攻馬達加斯加，邱吉爾反覆去電布魯克，問他那起行動進展得如何。「如果邱吉爾因中風而倒下，我們沒有他應該也會過得很好。」上將甘迺迪那天寫道，「但是在他心智健全時，跟他作對又是另一回事，因爲，儘管他有所過失，在其他政治人物之間，他還是鶴立雞群。」[142]

五月十日，邱吉爾慶祝首相任職兩週年的方式就是在廣播說明戰爭局勢。他用幾乎輕浮戲謔的語氣告訴他的國人，希特勒犯下「愚蠢的錯誤。他忘記冬天。你們知道，俄羅斯是有冬天的。有好幾個月，氣溫會降到很低。有雪，有霜，什麼都有。希特勒忘了俄羅斯的冬天。他上學一定很不認眞。我們全都在學校聽過，但他忘了。我從沒犯過那麼糟糕的錯誤。」[143] 談到對德國的轟炸攻擊，他說平民百姓「很容易就能逃過這些嚴重的事。他們只要離開製造軍火的城市。抛下他們的工作，跑到野外，遠遠看著他們的家起火燃燒。」[144] 六天後他去利茲（Leeds），從市政廳的階梯對著超過兩萬人演說。「我們已經到達戰爭一個階段，雖然還不是時候說我們已經登頂，但是現在我們已經看到山峰就在前方。」他告訴他們，「無論我們必須承受什麼，我們都會承受，而且我們會大大地加倍奉還。」[145] 這不光是誇飾；那個月在科隆（Cologne），首次發動千架轟炸機襲擊。

五月十九日，週二午餐時，國王注意到邱吉爾「狀態極差」。邱吉爾說：「諸事不順，而且日本人一轟炸，我們的船就沉。」邱吉爾建議，他「應該盡早親自去華盛頓……讓上將麥肯齊・金明白……上將麥肯齊・金要他的船去打日本，上將馬歇爾要他的部隊去打德國，而上將阿諾德的飛機都不能支援兩者。」國王試著勸退他想任命畢佛布魯克駐華盛頓大使的想法。「我感覺溫斯頓被畢佛布魯克嚇到，希望他離得遠遠的。」他認爲，「我發現以他現在的情況，跟他爭論也沒用。」[146]

五月二十日，倫道夫發生意外的同天，蘇維埃的外交部長維亞切斯拉夫・莫洛托夫（Vyacheslav Molotov）飛往華盛頓的途中停留英國，要求在一九四二年開啟第二前線。他也想要繼續討論《英蘇條約》（Anglo-Soviet Treaty），這個條約因爲戰後俄羅斯與波蘭的邊界問題，以及承認併吞波羅的海國家兩件事情停滯不前。邱吉爾邀請這位俄羅斯代表住在契克斯別墅，管家在莫洛托夫的床上發現裝滿子彈的手槍，大吃一驚。其中一頓晚餐，邱吉爾抱怨送上來的鷓鴣乾燥無味、冰了太久，他說：「這些悲慘的老鼠不該被趕出圖坦卡門（Tutankhamen）③的墳墓！」[147]這句話必定考倒了翻譯。

戰略會議上，邱吉爾告訴莫洛托夫，「英國政府的決心非常堅定，想在今年提供英勇的俄羅斯軍隊急需的支持。」他接著又說，「我們一九四二年的任何動作，即使成功，也不太可能從東線引開很多陸上的敵軍。」[148]莫洛托夫報告史達林，他發現邱吉爾「明顯毫不同情」。[149]這種反感是互相的。「我從沒看過哪個人類更能完美代表現代概念的機器人。」邱吉爾後來寫到莫洛托夫。[150]邱吉爾不喜歡那個擱置的條約，感覺那個條約背叛波蘭和波羅的海國家，而且違背《大西洋憲章》。「我們必須記得，這是一件『壞事』。」他告訴賈德幹，「我們不該去做，而如果我們沒做，我也不會抱歉。」[151]數日的協商結果只是僵局，直到邱吉爾，根據國王的紀錄，「坦白告訴莫洛托夫，我們攻打德國，是為了伸張小國的權利。」[152]伊登建議領土問題可以暫時擱置，而在五月二十六日，改簽二十年的友好條約。

翌日清晨，隆美爾發動加查拉之役（Battle of Gazala），這是他在利比亞沙漠巨大的坦克南向攻擊，直搗奧金萊克的陣營。他成功抵達阿德姆（El Adem）和軍隊稱為「騎士橋」之間的制高點，從那裡他可以威脅托布魯克，也是德軍攻打埃及的關鍵。邱吉爾明確告訴奧金萊克守住港口的重要性，而奧金萊克也告訴邱吉爾他能做到。攻擊第二天，邱吉爾發出兩封電報給羅斯福，表達他和布魯克對一九四二年跨海峽攻擊的懷疑，以及他自己對朱庇特行動的看法。他又說，「我們絕對不能忘記體操家，」依然堅持美國援助中東，「如果需要的話，其他準備也會幫助那個行動。」[153]邱吉爾解釋，提早執行巨鎚和圍捕行動的兩大問題是，納粹德國空軍控制登陸點上方的空域，但同盟國沒有足夠的登陸艇——八月前只有三百八十三艘，九月前只有五百六十六艘。此外，美國的軍隊一九四三年初之後才會就緒。

儘管如此，五月二十九日至六月一日之間，羅斯福與莫洛托夫在華盛頓會面，之後總統發布公報，表示「關於一九四二年在歐洲成立第二前線這項緊急任務，雙方完全理解」。[154] 美國人承諾俄羅斯人某件他們知道英國人不想也做不到的事。因爲邱吉爾當然希望圍捕行動最終能夠執行，五月三十日，他又想起一九一七年他曾向勞合喬治提出的建議：建立並運送一個人造港到入侵的海灘。「港口『必須』隨著潮水上下漂浮，」邱吉爾寫了備忘錄給聯合作戰行動的總指揮官蒙巴頓，提到關於這些桑椹碼頭，「固定錨座的問題一定要解決。船隻裡面必須要有側緣切板，還要一座夠長的開合橋，能夠碰到碼頭的繫船用具。想出最佳的辦法再告訴我。不要爭論。困難會證明自己是困難。」[155]

兩年又一週後，兩座巨大的混凝土港口，每座大小相當多佛的碼頭，設計並建造出來。兩個港口可以在英國組合，然後拖拉穿越海峽，放置在諾曼第的海岸。同時，爲了確保入侵行動油料充足，鋪設三十哩長的「海底運油管」（Pipe-Line Underwater Transport of Oil，簡稱ＰＬＵＴＯ）。如果邱吉爾如同別人經常批評的，眞的對大君主行動毫無興趣，他不會在諾曼第登陸日幾年前就像這樣敦促這些和其他許多措施。

邱吉爾告訴國王，他想拜訪奧金萊克，因爲「他覺得那裡的人可能在考慮投降，而不像這裡的人會戰到最後，或像俄羅斯人在他們自己的國家那樣奮鬥」。[156] 布魯克暫時勸阻他。

五月的最後一週，皇家空軍在魯爾區發動大型空襲。一千一百三十七架起飛的轟炸機中，五十一架被擊落。烏克蘭的前線穩定下來，而加查拉之役依舊勢均力敵，邱吉爾告訴賈德幹，「這幾個週末眞是頗糟。」[157]然而，六月一日，戰時內閣會議上，龐德不得不報告一支從冰島到俄羅斯的船隊遭到嚴重傷害。三十五艘船艦中，六艘被轟炸機、一艘被U型潛艇擊沉，總共損失一百四十七輛坦克、三十七架飛機、七百七十輛車。邱吉爾希望下支船隊延期，但伊登指出，那樣對史達林會有負面影響，只好作罷。一週之後，邱吉爾打電話給伊登，他人在賓德頓院（Binderton House），即他在薩塞克斯鄉下的家。邱吉爾告訴他，利比亞傳來「令人失望」的消息，隆美爾持續占據主動地位，他們兩人都很沮喪。「我怕我們沒有優秀的將領。」邱吉爾說。[158]他也因爲三軍參謀長持續反對朱庇特行動而沮喪，反對的原因部分由於上一支船隊的經驗。「政治人物受到諸多責難，但他們的三軍顧問又沒給他們多少幫助或啟發。」邱吉爾告訴伊登，而伊登在他的日記寫道「很難否認」。

六月，國王提出一個問題，如果邱吉爾過世，誰來接班。他們同意由伊登，但國王堅持應該白紙黑字寫下，他本人也幫助起草。（邱吉爾在戰爭回憶錄宣稱是他主動提起的，國王提醒他並不是。）[159]邱吉爾相對寫了那封信，並用紅色的蠟，以及獅身人面像與鳳凰的蓋印封緘。「倘若我在即將出發的這趟旅程身故，」信中寫道，「在國王陛下仁慈的許可下，我當建議諸位委託安東尼・伊登先生組織新的政府。就我所見，在我有幸主持的多黨政府中，以及下議院的最大政黨中，安東尼・伊登先生是位傑出的大臣。」[160]萬一邱吉爾和伊登都死了，邱吉爾建議國王召見約翰・安德森爵士。

邱吉爾信中提到的旅程，目的地是華盛頓，他希望去那裡說服羅斯福執行體操家行動，也就是英、美聯手侵略法屬北非，並延後任何提前的跨海峽攻擊。他也希望擊敗德國前，美國將集中在太平洋的戰力降到最小，並且討論原子核研究進一步的伙伴計畫。如果可能的話，他希望在馬歇爾和美國三軍參謀長會議中商談這些事，直接向他們的總指揮官要求。邱吉爾非常高興美國六月三日在中途島獲勝，擊沉四艘日本的航空母艦。「海上損失會帶給日本恐懼」，他告訴戰時內閣，並說「對我們來說，這是專心盯住他們的機會」。[161]接著他向韋維爾要一份報告，並發表意見：「危險和戰鬥去除得愈多，落在軍官身上的危險和責任就愈多。」[162]

六月十日，爲了如何回應一件可怕的消息，戰時內閣陷入激烈爭論：爲了報復兩名英國特別行動處訓練的捷克籍探員暗殺德國的上級集團領袖（Obergruppenführer）萊因哈德・海德里希，納粹警察部隊在捷克斯洛伐克的利迪策（Lidice）處決一百七十三人。邱吉爾告訴貝奈斯總統，皇家空軍會消滅三個德國村莊以資回應；他會派出一百架轟炸機，在月光明亮時，從低空投下燒夷彈，之後再宣布理由。如果「認爲這件事情值得去做」，邱吉爾告訴他的同僚，皇家空軍「可以的時候就會安排時間」。[163]

阿契伯德・辛克萊說，他不認爲皇家空軍飛行隊員的生命應該冒險用在復仇任務。艾德禮懷疑「和德軍競爭恐怖是否有用」。摩里森說那會招致德國報復英國村莊，安德森也反對。伊登喜歡「嚇阻的意涵」，而貝文表示「德國只會回以殘暴的武力」。布瑞肯和克蘭伯恩都反對。邱吉爾一如往常好戰。「我的直覺完全相反。」他說。埃莫里問：「爲何是村莊？爲何不是住宅市鎮？」但是克里普斯說反對論證「非常強烈」。邱吉爾總結地說，「我（不願意地）順從內閣的反對意見。」[164]

當晚與三軍參謀長開會時，邱吉爾告訴布魯克，他懷疑奧金萊克的進攻士氣。「我不知道我們能爲那支軍隊做什麼，」他不斷重複，「我們幫助他們的力氣似乎都是白費。」他接著又無情地說，防守埃及的軍隊「都來拿他們的軍糧，不是來打仗」。上床睡覺前，布魯克告訴他的副官巴尼・查爾斯沃斯（Barney

Charlesworth），「唉，這麼久以來，今天是最討厭的一天。」[165] 戰後，布魯克抱怨邱吉爾會說一些話，例如「帝國總參謀長，請解釋，爲什麼在中東，領薪水和糧食的時候有七十五萬名士兵出現，說到打仗，只有十萬名出現?!向我們解釋哪來其他六十五萬！」[166] 六月十四日，邱吉爾發電報給奧金萊克，說他認定「無論如何不能放棄托布魯克。只要守住托布魯克，就不可能有軍隊嚴重入侵埃及」。[167] 奧金萊克重申，他「沒有放棄托布魯克的意圖」。[168]

三天後，邱吉爾搭上專屬火車離開倫敦，晚上十一點半抵達位於蘇格蘭賴安湖（Loch Ryan）的斯特蘭拉爾（Stranraer）。他沿著碼頭散步，哼著一次大戰的歌曲〈我們在這裡〉（We're Here Because We're Here）。接著他搭乘布里斯托水上飛機，同行的人有布魯克、伊斯梅、陸軍部策畫司令准將G・M・史都華（G. M. Stewart）、他的醫生查爾斯・摩蘭、指揮官湯普森、他的速記員派崔克・金納、約翰・馬汀、他的貼身男僕法蘭克・索耶。他們飛了二十七小時、三千哩，越過紐芬蘭，當地時間十八日下午八點降落在華盛頓波多馬克河（Potomac River），接著在英國大使館和哈利法克斯共進晚餐。這是他戰時唯一一次搭飛機橫跨大西洋來回。飛行期間，他做他的文書工作，偶爾去和機組人員講話，根據肚子時間「吃了豐盛的一餐」。[169]

隔天，邱吉爾往北飛到紐約上州羅斯福的鄉村豪宅，位於哈德遜河岸的海德帕克。總統開著他的福特V8轎車，在新哈肯薩克機場（New Hackensack airfield）和他碰面。總統的車經過改造，將腳控制的部分改爲由手控制，所以他能開車回去海德帕克（邱吉爾回憶，有點危險）。邱吉爾帶來自己的著作全集，以紅色的皮革綑綁，收藏在那裡美麗的圖書館。「我們在海德帕克待了兩天，」約翰・馬汀回憶，「首相和總統不停開會，下午的時候開車出去午茶。」[170] 他們討論炸彈時，只有霍普金斯在場，兩人達成協議，依照邱吉爾的紀錄，「我們應該立刻共用我們的資訊，平等合作，雙方公平分享成果。」[171] 邱吉爾在他的回憶錄表示，到了一九四二年六月底，完整的原子彈整合細節已經口頭同意，由霍普金斯見證。

這個關鍵對話，當時缺乏筆記的情況下，將近十年後才被寫出來。一位重要的歷史學家曾經正確地描述邱吉爾對這段話的敘述——「充滿嚴重的事實錯誤」。[172] 雖然邱吉爾在他的回憶錄詳細記載這次會議發生的地點，「午餐之後」，當天「天氣炎熱」，以及他們如何「談妥協議的基礎」，但是英國原子彈計畫的官方歷史學家找不到任何證據，證實邱吉爾在前往華盛頓前已經聽取合金管工程的簡介，更不用說任何協議的證據。[173] 邱吉爾可能簡短談到希望能夠合作原子彈計畫，也沒有寫下來。但是後來，他在心中把一九四二年六月的會議，和一九四四年九月，另一個更加重要、實質的討論合併在一起，那次會議確實產生正式的協議，稱爲《海德帕克協議》(Hyde Park Agreement)。整件事情最佳的解釋就是邱吉爾將一九五〇年的記憶搞混了。[174] 羅斯福確實在當時向萬尼瓦爾・布許博士確認，他和邱吉爾在原子彈的事宜上「完全一致」，但是除此之外我們無從得知究竟同意了什麼。[175] 針對某些美國較先進的領域，例如電磁分離、鈽滋生等，事前不知道情況的邱吉爾並沒有約束羅斯福，任他們占據相當大的優勢。[176] 這個疏忽支持一九四二年六月沒有任何重大協議的可能性，如邱吉爾常說，「除非寫下來，否則什麼都不算。」[177]

正是在海德帕克，邱吉爾清楚表明他對巨鎚行動和提早執行圍捕行動持保留意見，並且強烈支持火炬行動（前體操家行動）。羅斯福希望美國的軍隊在十一月初的期中選舉就會和德軍作戰。如果英國不同意一九四二年在法國發動攻擊，他意識到要在北非，儘管馬歇爾和美國三軍參謀長反對他們所謂的「分散策略」。

六月二十一日，邱吉爾和羅斯福搭乘總統專屬列車回到華盛頓，而邱吉爾再次下榻白宮。就在那裡，在美國總統辦公室開會時，當著馬歇爾和布魯克的面，羅斯福遞給邱吉爾一張紙條，寫著托布魯克淪陷。「失敗是一回事，」邱吉爾寫到這個令人崩潰的時刻，「羞辱是另一回事。」[178]超過三萬三千名大英國協軍隊被數量只有一半的軸心國軍隊收為戰俘。托布魯克大量的燃料和彈藥庫都沒有被摧毀，現在落入德軍手中。取代康寧漢的海軍上將哈伍德必須將艦隊移到蘇伊士運河南邊；世紀以來第一次，皇家海軍被逐出地中海。「我是自伯戈因(6)以來在美國最悲慘的英格蘭人。」邱吉爾說。[179]

「我們該怎麼幫忙？」[180]羅斯福立刻詢問。「給我們盡可能多的謝爾曼坦克（Sherman Tank），盡快把坦克運到中東。」邱吉爾回答。美國人從部署在北愛爾蘭的第一裝甲師撥出三百臺謝爾曼坦克和一百座自走炮，改為運送到埃及給英國陸軍。其中一艘載著許多坦克的船被魚雷襲擊時，未等英國要求，立刻就換上一艘。這是莫大的回應，邱吉爾為此永遠感激。羅斯福私底下卻沒那麼熱心。當他的遠親黛西・蘇克萊問他，誰該為埃及的局勢負責，「他說部分邱吉爾，多數歸咎不好的將領」。蘇克萊寫到總統「對那裡的局勢很沮喪。如果埃及被拿下，表示阿拉伯半島、敘利亞、阿富汗等，意思就是，日本和德國控制從大西洋到太平洋，該地區所有的油井等」。當她問他是否勝券在握，他回答「不一定」。[181]

作者注

(1) 常被誤解指的是一九四〇年代：事實上羅斯福那天正慶祝他的六十歲生日。

(2) 傳統上，議員都互稱「正直」(honourable)，而如果該位議員正在或曾經從軍，就會加上「英勇」(gallant)。紹斯比佯裝解釋對於其他任何議員而言單純只是禮貌的稱呼，藉此嘲笑。

(3) 艦隊航空兵成立於一九二四年，是邱吉爾在一九一四年創立的皇家海軍航空部隊再度復活。

(4) 就是響尾蛇的動作。

(5) 賈德幹在那天的日記提到「小小的手術」，奧利佛・哈維那天也在日記寫到「神祕的小手術」。我們不知道那是什麼。

(6) 陸軍上將約翰・伯戈因 (John Burgoyne) 於一七七七年薩拉托加之役 (Battle of Saratoga) 投降。

譯者注

① 指由當地王公世襲繼承，直接由英國政府控制的領地，英文為 Princely State。

② 依據慣例，第一財政大臣，通常皆由首相兼任。唐寧街十號，實為第一財政大臣住所，但因由首相兼任，故通稱其為首相官邸。此職位不等於內閣中的財政大臣。

③ 古埃及一位法老王。

27 來自沙漠的捷報 1942／6—1942／11

當帝國命懸一線，我盡我所能捍衛我的前任，接著承擔首相與國防部長的職位。——邱吉爾，一九四二年七月二日[1]

偉大的戰役，無論輸贏，都會徹底改變事件的演進，在軍隊和國家之中創造全體必須遵從的新價值標準、新心情、新氛圍。——邱吉爾，《馬爾博羅》[2]

對同盟國和中立的船運而言，目前爲止，一九四二年六月是損失最慘重的一個月。一百七十三艘船隻遭到擊沉，總計八十三萬四千一百九十六噸，八十三％是因爲U型潛艇，六十％沉在加勒比海和墨西哥灣。十七艘再次補給馬爾他的船中，只有兩艘商船安全通過。「二次大戰沒有如同達達尼爾海峽那樣的黑暗時刻。」克萊門汀戰後回憶，「當上首相時，他相當確定上帝是爲了那個目的創造他。」整個大戰期間，她都極力強調那點，「即使在惡劣的時候，我們從未懷疑勝利，也從未感到絕望。」[3]事實上有數次眞的接近絕望——新加坡和托布魯克就是其中兩次，而且還會有更多次。任何其他反應反而不合乎人性。邱吉爾會因某件消息痛心疾首，或暫時悶悶不樂，但從未有我們現在所謂的憂鬱症，而且他的整體展望正向，鬥志旺盛。人生早期的危機已經賦予他度過這些難關需要的心理素質；眞正的憂鬱症患者不可能帶著自

己、身邊的人和整個國家度過這樣的危機。(1)

六月二十三日，他又收到不討喜的消息。保守黨的資深議員約翰・瓦德拉－邁爾內爵士（Sir John Wardlaw-Milne）對邱吉爾政府發起不信任動議，將在七月一日辯論。「議院內熱鬧滾滾、歡聲雷動。」香農寫道，「大廳充滿議論紛紛的聲音，我眼前所見的人，個個都突然像被帶到誘惑者床前的老處女一樣興奮。」[4]他寫道，「人人都同意，溫斯頓應該辭去國防部長。」和羅傑・奇斯一樣支持不信任動議的霍爾－貝利沙對香農說：「當你的醫生準備殺了你，第一件事就是除掉他。」衛生大臣歐內斯特・布朗補充，要政府的部會首長效忠邱吉爾「極為困難」，導致香農感慨：「如果張伯倫先生在世，許多投票曾經反對他的人現在會願意收回那一票。」儘管邱吉爾努力領導國家，軍事和海軍的失敗與失望，為他招來張伯倫派的激烈批評。一九四〇年七月他的蓋洛普民調是八十八％，一九四二年七月掉到七十八％。這是顯著的下滑，也是戰爭期間最低的時候。[5]通常非常安全的埃塞克斯馬爾敦（Maldon）席次，六月二十五日的補選竟輸給獨立工黨，而保守黨的得票率也從五十三・五％掉到三十一・三％。一向直言不諱的准將哈維－瓦特警告，「如果以為議會沒有嚴重的焦慮，那就錯了」，雖然他依然相信真正會對政府投下不信任票的議員不會超過二十位。[6]

六月二十二日，還在華盛頓的邱吉爾初次和開朗聰明的美國戰爭部策畫人員，陸軍上將德懷特・D・艾森豪見面，他們討論跨海峽行動的技術議題，隔天在白宮的會議也是。兩人清楚表明，在某個階段，希望在法國發動大型的聯合兩棲登陸行動。六月二十四日，邱吉爾在南加州傑克森堡（Fort Jackson）看了由上將馬克・克拉克（Mark Clark）指揮的降落傘空投。緊接著又由邱吉爾所謂「量產的美國師」進行實彈演習。當伊斯梅說「讓這些軍隊去打德國，簡直是謀殺」，邱吉爾說：「你錯了。他們的素質很好，很快就會學成。」[7]帕蜜拉隔月告訴倫道夫，邱吉爾對「美國的上將艾森豪和上將克拉克印象深刻，尤其後者，溫斯頓描述他是美國老鷹」。[8]一行人從傑克森堡登上返回華盛頓的飛機時，布魯克口中整天「相當有效率取用茶點」，而且「明顯被他吃的食物影響」的索耶，擋在首相面前，不讓首相登上飛機，除非他折起巴拿馬帽的帽沿。「氣得臉紅的溫斯頓折起帽沿。」被逗笑的布魯克寫下，「索耶隨即站到一邊，自言自語著『這樣好多了，好多了』。」[9]

次日，第八軍被迫撤退到馬特魯港。自從隆美爾開始進攻，已經損失兩百三十輛坦克。「這是我們其中一次最重大的敗仗。」賈德幹寫道。[10]三天後，第八軍被迫撤退得更遠，到了阿萊曼（El Alamein），也是尼羅河三角洲之前最後一個防守位置，距離亞歷山卓港只有六十六哩，開羅一百六十哩。沙漠從那裡開始收窄成一條三十五哩的前線，介於大海與蓋塔拉窪地（Qattara Depression）之間，是一條延伸到南邊、無法通過的沼澤。

邱吉爾在美國已經達成所有出發前的目的，然而政治危機就在家裡等著他。六月二十五日他從華盛頓經過巴爾的摩和紐芬蘭的巴特塢（Botwood），二十七日降落在斯特蘭拉爾。和克萊門汀、艾迪・馬許、羅納德・特里、帕蜜拉共進午餐時，他說這個國家在他的背後團結，眞是美妙極了，何況「正當我必須承認自己是英格蘭歷史上最失敗的商人」。[11]無論這個國家在他的背後多麼團結——蓋洛普民調受訪者仍有超過四分之三支持他——他還是得面對來自議員的嚴格考驗。

一九四二年七月一日，瓦德拉－邁爾內在下議院發起不信任動議。他在投票前一天表示願意撤回，但邱吉爾說「那件事有必要當成迫切的問題」。[12] 兩天的辯論中，第一天從午餐前開始，午夜後結束，瓦德拉－邁爾內論述，指揮武裝部隊應由「強壯獨立的人」來做，要求首相應該治理大後方的事。接著他又破壞自己的論述，表示新的最高領導人應該是格洛斯特公爵，他是平易近人的皇室成員，但評價上完全不是策略天才。「議院響起無禮的笑聲」，香農記錄，「而我隨即看見溫斯頓的臉亮了起來，彷彿他體內有盞燈點燃，他愉快地笑了。他現在知道他得救了，而可憐的瓦德拉－邁爾內再也沒有申辯的機會。」[13] 其他發言人針對情報部、軍需部、陸軍部和空軍部批評，許多政府部會首長被說是「白痴」、「無能」、「希特勒有史以來最好的朋友」。邱吉爾個人逃過一劫，雖然溫特頓勛爵確實說，「沒人敢責備首相，雖然制度上應該要責備他。」[(2)] 辯論第二天，布瑞肯口中的「伯蘭爵①的布爾什維克黨人（Bollinger Bolshevik）」，生活奢靡的左翼工黨議員安奈林・貝凡（Aneurin Bevan），狠狠評論道：「首相贏了一次又一次的辯論，輸了一場又一場的戰爭。這個國家已經開始講說，他把辯論當打仗，打仗當辯論。」[14] U型潛艇攻擊、在利比亞撤退、英國坦克被比下去，通通被拿出來講。

邱吉爾九十分鐘的回應誠實又高明。他帶著議院回顧那些失敗的戰役，承認隆美爾四百哩的進攻是沉重的打擊。「自從法國淪陷以來，我們在中東與地中海的希望與未來，此時此刻正在節節敗退。若有任何趁著災難謀求暴利的人，感覺現在就能在圖畫上增添幾筆黑暗的顏色，他們當然有自由這麼做。」[15] 但是面對這些挫折，他辯護自己的作爲。「有些人急忙認爲，因爲政府保持冷靜，而且在逆境中處變不驚，所以內閣成員不如獨立的批評者那般苦民所苦。」他說，「相反地，我懷疑任何人，比那些爲我們的作爲負責的人，感受更深的悲傷。」[16]

「我從未做出任何預言，除了說過新加坡會守住。」他說。笑聲散去後，他指出，「當時如果我說，新加坡會淪陷，豈不是個傻瓜和無賴！」[17] 他說他不要求特殊待遇：

> 我是你們的僕人，而你們樂意的時候，當然有權利將我免職。你們沒有權利的是，要我承擔責任，卻不給我有效行動的權力，要我承擔首相的責任，卻處處箝制我……如果今天，或者未來任何時候，下議院要行使其無可置疑的權利，我可以清清白白地走出去，而且感覺我已善盡賦予我的責任。那個時候，我只要求你們一件事情，就是將你們拒絕給我的適當權力，賦予我的繼承人。[18]

政府以四百七十五票對二十五票獲勝，三十名議員棄權，包括溫特頓、欣韋爾、紹斯比、南希・阿斯特、梅根・勞合喬治。投票反對他的人有貝凡、霍爾—貝利沙、瓦德拉—邁爾內、克萊門特・戴維斯。邱吉爾接著起立，對著觀眾席裡的克萊門汀微笑，然後離開。賈德幹記錄後來他和一個法國人談到「Les vingt-cinq canailles qui ont voté contre moi」（那二十五個投票反對我的反派）。[19] 邱吉爾隔天告訴麥斯基：「這種勝利不是我們生命當中最困難的。」國王寫道：「他很高興已經拋棄他所謂下議院裡『較軟弱的同胞』。」[20]

克萊門汀沒有那麼有信心，她說：「如果前線的情況不改善，誰知道會怎樣？」[21] 邱吉爾必須告訴麥斯基，因爲美國在英國的軍隊依舊不到八十萬人，不可能提早開出第二前線。「人必須欺騙敵人，」他說，「人有時會爲了大眾好而欺騙他們，但人永遠不能欺騙盟友。」[22] 被問到英國在北非戰敗的事，他直截了當地說：「德國比我們還會打仗。尤其是坦克戰。還有，我們缺乏『俄羅斯精神』：寧死不屈！」[23] 他將托布魯克的責任歸咎在南非的上將亨德里克・克洛普爾（Hendrik Klopper），說他「臨陣脫逃，德軍開始進攻二十四小時後就舉起白旗」。當麥斯基說，像那樣的將領，俄羅斯人會當場槍斃，邱吉爾回答：「是我也會。你試試！」[24]

辯論當中，邱吉爾注意到並非針對個人的實質性的批評，於是成立新的部門重新配置白廳，例如一九四二年七月食物、燈光與電力部、一九四三年十一月重建部，以及中東、西非、華盛頓（軍需）、西北非的駐地大臣。這次的不信任動議，他又再次幸運地占到好時機，因爲再過兩天，前往莫曼斯克的PQ17船隊就慘遭攻擊。回到二月，德軍已經在挪威北邊重新部署他們的水面艦隊以及數量眾多的U型潛艇，因此同盟國的北極船隊遭受更加嚴重的損失。但是既然經伊朗的好望角路線長達一萬四千五百哩，不僅非常危險，還需要花上七十六天，在史達林的壓力下，邱吉爾和羅斯福只好不顧英、美兩國海軍部反對，繼續走北邊的挪威路線。五月十八日，邱吉爾已經告訴戰時內閣，「無論代價是什麼，幫這些船隊開路是我們的責任。」[25]但是七月四日晚上九點三十六分，上將龐德相信水上最大的戰艦鐵必治號正朝著英美PQ17船隊前進，於是下令三十五艘船艦散開。龐德害怕若不散開，鐵必制號「會在一小時內擊沉每艘船艦」。[26]但是那個情報錯誤，鐵必制號不在那個區域，卻有轟炸機和U型潛艇。於是超過二十三艘船艦，含括船隊二十萬噸貨物當中十一萬八千噸，遭到德軍擊沉；四百輛坦克和兩百一十架飛機沒入海底。

高達一半的損失，傷亡比例就和邱吉爾在索姆河之役第一天譴責黑格的一樣，嚴重程度還要加上，相較一個營在無人區被屠殺，沉船的死亡人數多於受傷人數。「明知會失敗，沒有道理又送坦克和飛機過去。」邱吉爾告訴麥斯基，「不如在泰晤士河把他們弄沉。」[27]防禦委員會取消八月的船隊，但九月的船隊，四十艘船又損失十二艘。接下來兩年，船隊只在冬天的月分出海，損失隨著減少。[28]

七月八日，邱吉爾抱怨三軍參謀長反對他所有的戰略，尖酸地說，「我們最好在報紙登廣告，徵求想法。」[29]隔天他不在的時候，決議配給制度持續到和平時期，他爲此大怒。「難道我們要對從戰場上回來的英國士兵說，」他反問內閣，「要他勒緊皮帶挨餓，就爲讓羅馬尼亞人享福？我從沒聽過這種事。」[30]賈德幹描述後續的激烈討論，「溫斯頓比誰都還享受。」

七月十八日，馬歇爾、霍普金斯，和討人厭又仇英的美國海軍參謀長上將恩內斯特・J・金（Ernest J. King）三人抵達英國，進一步討論戰略。羅斯福希望美國人很快就在西線戰場作戰，而這是美國三軍參謀長最後一次試圖說服英國同意在一九四二年發動跨海峽攻擊，而非入侵北非。這次討論並不容易，因爲美國三軍參謀長的想法不無道理。回到四月，英國曾經宣布支持在法國發動攻擊，儘管附帶警告。現在，邱吉爾已經改變心意，而且收買他們的總統支持離中心戰場遙遠的北非攻擊行動。上將金和美國的將領，例如阿爾伯特・魏德邁（Albert Wedemeyer），相信這是爲了支持在中東的大英帝國，而非爲了盡快消滅希特勒。他們也相信，因爲邱吉爾和布魯克在一次大戰待過壕溝，意謂俄羅斯削弱德意志第三帝國、作戰變得比較容易些，他們不想在陸地面對德軍。上將金甚至不相信德國優先，寧願專心打擊日本，而對日的戰役會由他指揮的海軍主導。

七月二十日開始的對談中，布魯克拒絕執行巨鎚行動，他告訴美國人，那起行動「只會丟掉六個師，什麼也不會達成！」[31]英國的立場是，如同戰時內閣祕書長伊恩・傑各布摘要，「大西洋之役一定要贏，一定要打開地中海的船運，擊敗義大利，而且德國應該要受制於愈來愈多的空襲轟炸。這些措施，加上俄羅斯前線的人力耗損，可能能夠削弱德國對歐洲西北的控制，屆時登陸攻擊才會成功。」了不起的是，儘管布魯克在日記把邱吉爾當成戰略白痴，以上計畫密切反映一九四一年邱吉爾橫越大西洋時寫的四份備忘錄。同時，傑各布又說，「邱吉爾喜歡保持所有選項開放，這也是他常用的說法。」[32]為了開通地中海，需要將軸心國的勢力逐出非洲，這就是火炬行動的目的，因此賈德幹七月二十二日的筆記說到邱吉爾「非常熱衷」北非戰略。[33]

此時邱吉爾心中三個最主要的策略考量，第一，絕對不可與羅斯福發生嚴重嫌隙；第二，只要安全，他願意執行最大規模的行動；第三，傑各布所謂「縈繞邱吉爾心頭的恐懼——侵略導致僵局，戰線停滯，成爲另一個西線」。[34]就那點而言，魏德邁和其他人認爲一次大戰影響邱吉爾的想法，也沒說錯。然而，影響更深的是一九四〇年英軍在敦克爾克的經驗，無論是德軍調遣部隊的能力，還是英國遠征軍無能阻止他們。因此，在他合理確定巨鎚和圍捕行動可以成功前，邱吉爾不會輕易投入英軍。而他認爲那需要先在地中海和大西洋拿下重大勝利。

馬歇爾發現，如果英國不同意一九四二年執行巨鎚和圍捕行動，羅斯福也不會支持他脅迫英國接受日本優先政策，於是美國三軍參謀長接受，今年剩下的時間，重點將放在十月底前開始的北非火炬行動，由艾森豪擔任總指揮官。一旦北非的軸心國勢力清除，埃及和通往印度的路徑安全，同盟國就可以接著執行地中海策略，打擊義大利，並且選擇深入納粹歐洲的途徑，或從法國南部、或從巴爾幹半島，或兩者，藉此分散迎戰跨海峽攻擊的德軍。英、美參謀令邱吉爾相信，挪威北方的朱庇特行動不會發生。美國三軍參謀長不高興地回去美國，但完全同意入侵北非。國王寫道，「溫斯頓花了一個禮拜，用盡心力說服美國人我們是對的，他看起來非常疲累。」[35]到了八月，蓋洛普民調調查邱吉爾的支持率，現在上升到八十二%，而一九四二年十二月來到九十%出頭，並持續到一九四四年一月；支持率後來又跌到接近九十%，整年維持在那裡，除了偶爾變動。對任何之前或之後的首相而言，這都是驚人的高支持率。即使在一九四五年四月，他還是獲得百分之九十一%受訪者的肯定。[36]

北非前線經過一個月不明確的作戰後，邱吉爾建議他和布魯克應該飛去開羅。這趟旅程在收到英國駐俄羅斯大使阿奇博德・克拉克・克爾（Archie Clark Kerr）的訊息後又更加野心勃勃。克爾表示史達林想在莫斯科與邱吉爾見面。邱吉爾知道史達林不會認爲火炬行動是他要的第二前線；史達林一定會非常生氣，必須有人當面告訴他這件事，而且當然就是由邱吉爾來說。「執行這兩個任務，然後不管哪個失敗，都會對我們的目標和邱吉爾的政治生涯造成嚴重傷害。」他的機要祕書萊斯利・羅文戰後這麼寫道，「最好永遠都不要執行——但這樣的想法不會出現在邱吉爾的腦袋；他知道他的責任指向什麼目標，而對他來說那就夠了。」[37]伊登告訴他，他去開羅只會礙事，邱吉爾回答：「你的意思是，就像一隻大蒼蠅在一大坨牛糞上嗡嗡作響。」[38]但是他全部的直覺都告訴他，他需要親自去理解情況。

「奧金萊克最近一次的電報令我震驚不已。」八月一日，邱吉爾告訴國王。中東的總指揮官已經通知他，他想保持防守到九月中。「到時敵人會有多強！在俄羅斯也是，開會需要有快樂的議題。但是，也許我可以讓情況較不激烈。」[39]次日，邱吉爾和布魯克從皇家空軍萊納姆（Lyneham）起飛前往直布羅陀。加入他們的有韋維爾、泰德、賈德幹。

他們搭乘第一架特別配給邱吉爾的飛機，是美國聯合飛機公司（Consolidated）製造、四引擎、以 B-24

解放者（Liberator）轟炸機為基礎的LB-30A，名為突擊隊（*Commando*）。邱吉爾的個人駕駛是美國籍的威廉．J．凡德克洛（William J. Vanderkloot），他在珍珠港事件前自願加入皇家空軍。飛機裡頭天寒地凍，噪音震耳欲聾。食物放在瓦斯爐上煮，雖然邱吉爾在飛機上吃的是冷的牛肉三明治。「麵包必須像鬆餅一樣薄，」他命令，「不過就是把餡料送到胃裡。」[40]這架飛機沒有座艙增壓的設施，因此高度幾乎不超過八千呎，但是邱吉爾躺在一張床墊，睡在炸彈艙寒冷的鋼板層時，還是戴了氧氣面罩。

這趟旅程需要橫越西班牙領土。凡德克洛表示這個部分可以在夜晚進行，因為西班牙的戰鬥機目前為止沒有顯示任何興趣。[41]邱吉爾喜歡那個計畫，而且摩蘭不想給他另一個選項必要的預防接種，就是七千哩、長達三天、經由拉哥斯（Lagos）和喀土穆的路線。邱吉爾降落在直布羅陀後，馬上「穿著內衣躺在床上，對著我們長篇大論」，賈德幹記錄，「這趟旅程似乎沒有影響他的精神。」[42]隔天他們繼續飛往開羅。從飛機的前面，邱吉爾看到偉大的尼羅河，就是四十四年年前，身為陸軍中尉的他搭乘明輪船②航行的那條河。

八月三日下午五點半，邱吉爾見了奧金萊克。在那個階段，他還沒決定解除他的指揮權。他想和史末資討論那個可能性。邱吉爾總是尊重史末資公正的意見，而且他從南非來見他。「史末資是位絕佳的顧問。」邱吉爾寫信給克萊門汀，「每次我差點心軟時，他總為我打強心針，就是利用苛刻的方法對付我喜歡的人。」[43]無論國內政治或盟國都岌岌可危的情況下，邱吉爾想要看見取得先機的決定性攻擊計畫，報復第八軍遭受的接連失敗，堵住國內的嘴巴，創造一旦火炬行動在西方展開就會擊潰隆美爾的鉗形攻勢。[44]顯然奧金萊克無法達到邱吉爾的要求。

邱吉爾與麥爾斯・藍浦生爵士待在英國大使館，兩間有冷氣的房間都讓他占了。八月五日，他和奧金萊克合照；如果他已經決定開除他，就應該不會那麼做。同天賈德幹試著安排他和希臘總理帕納吉奧蒂斯・卡內洛普洛斯（Panayotis Canellopoulos）見面。賈德幹必須去到邱吉爾的浴室，在那裡，他「發現首相像隻鼠海豚般翻滾，一邊唱著『卡內洛普洛斯！卡內洛普洛斯！卡內洛普洛斯……』，上下丟著海綿。」[45]（他最後確實見了希臘總理。）後來邱吉爾在悶熱難耐的天氣中視察奧金萊克在阿萊曼的司令部。根據他的描述，那裡「滿是蒼蠅和軍隊重要的大人物」。[46]

翌日回到開羅，邱吉爾覲見二十二歲的埃及國王法魯克（Farouk）。國王站在藍浦生的北非地圖旁邊，把手放在整個昔蘭尼加上，自命不凡地說，這裡曾經全都屬於埃及。「溫斯頓立刻回答，他不記得何時。」藍浦生在日記裡記錄，「據他所知，義大利人奪走那裡之前，曾經屬於土耳其。法魯克王一時語塞。」[47]邱吉爾是對的；公元前十三世紀時，是昔蘭尼加部落入侵埃及，而非相反。會面期間，法魯克懶洋洋地靠在椅背，開口總是先說「你知道的，邱吉爾……」。事後這位首相告訴藍浦生，他那樣很「隨便」——而且在專業的歷史學家面前試著扭曲歷史，無疑是愚蠢的行爲。[48]

那天晚上，邱吉爾、布魯克、史末資三人同意，哈羅德・亞歷山大將取代奧金萊克擔任中東總指揮官，六月以來由奧金萊克指揮的第八軍也將由中將威廉・加特（William 'Strafer' Gott，綽號「斯特拉福」）接手。邱吉爾發現開羅的參謀表現不佳，軍官盡是他所謂的「軋別丁豬」，因爲他們都穿著軋別丁（gabardine）材質的長風衣。

邱吉爾在奧金萊克的阿萊曼司令部解除他的職務；根據首相描述，奧金萊克以「軍人的尊嚴」接受免職。[49]之後他對上將亞歷山大比喻，那個經驗就像殺死一頭碩大的鹿。[50]「這件事情必須做，但又很糟糕。」他後來告訴哈洛德・尼科爾森，「這件事情很糟糕。在戰役的高峰除掉一個不好的將領很難，除掉好的將領是凶殘。我們一定要再次任用奧金萊克。」[51]（奧金萊克在一九四三年當上印度的總指揮官。）但是第八軍的士氣低落，而且要打敗埃爾溫・隆美爾，必須有位了不起的指揮官。「我看到那個軍隊。」邱吉爾告訴尼科爾森，「那是殘破、掙扎、悲慘的軍隊……我做出決定。我發電報給內閣。接著我脫掉全身的衣服，在岸邊的浪花裡打滾。我從沒洗過這樣的澡。」[52]

邱吉爾免職或重新調派埃倫塞德、戈特、迪爾、道丁、韋維爾、奧金萊克等人，或多或少有個共同原因——他們從一九三九年起就肩負沉重的指揮工作；他們年近六十，而且疲累，某些人甚至可謂精疲力竭。奧金萊克任用某些人，但邱吉爾和布魯克感到莫名其妙；他們逐漸深信奧金萊克單純沒有那種重振第八軍必要的領袖魅力和衝勁。邱吉爾對另一件事情也很失望：托布魯克淪陷後，超過三百臺送到埃及的謝爾曼坦克並沒被用來作為「機動大隊」（用拿破崙的話來說），反而拆開併入既有隊形。「每個認識奧金萊克的人都為此事感到難過，」羅文回憶，但是「邱吉爾若沒有這麼多的勇氣為這項惱人的決定負起責任，若沒有這樣的能力看見奧金萊克必須換掉的簡單事實，戰爭的發展可能就會改變」。[53]

邱吉爾和布魯克兩人決定後，邱吉爾才通知內閣。「現在，我暫時成為『在現場的人』。」他後來寫道，「不是在家坐等前線捎來消息的人，我自己就可以送出消息。真是令人興奮。」[54]邱吉爾寫信給上將亞歷山大，「你的主要責任將是率先拿下或摧毀元帥隆美爾指揮的德義聯軍，還有他們在埃及和利比亞全部的補給和建設。」[55]八月七日，加特飛往開羅任職途中，在邱吉爾幾天前才剛飛過的相同航線上，他的飛機被擊落。「所以可憐的溫斯頓無言端坐，整個晚餐鬱鬱寡歡，午夜前都無法平復。」賈德幹記錄。[56]「想像我的悲痛，內閣正坐在倫敦，」邱吉爾寫信給克萊門汀，「我得發電報說他被殺了。」[57]

加特的死，意謂上將伯納德・蒙哥馬利將接下第八軍。蒙哥馬利是布魯克的徒弟，以粗暴聞名，但如同邱吉爾告訴他的妻子，「在蒙哥馬利身上，我看到一位膽識過人、精力充沛的軍人……如果他令那些人不快，他也會令敵軍不快。」[58] 在《馬爾博羅》中，邱吉爾寫到軍事天才「比最大最純的鑽石還稀有……但是當他偶爾在眼前發出閃光時，就會在危險和混亂中，下達幾乎不會有錯的命令和謀略。」[59] 現代的評價認爲蒙哥馬利太過謹慎，無法稱爲軍事天才，但是邱吉爾現在亟欲取得明確的勝利，無論怎麼得到，而他認爲蒙哥馬利是可以爲混亂頹喪的軍隊帶來秩序和希望的人。(3)

八月八日，第二次視察前線時，邱吉爾六小時內對四個裝甲旅發表七場演說。[60] 回到開羅，在大使館晚餐時，當著兩位特種空勤隊的英雄大衛・史德林與菲茨羅伊・麥克連，他挑戰史末資，看誰能引用最多莎士比亞。十五分鐘後，史末資輸了，而邱吉爾滔滔不絕。過了一會兒，史末資發現他的對手在假造莎士比亞詩句，和那位詩人根本無關，一切只是這位首相的想像。事後他們在花園散步時，邱吉爾調侃麥克連，他當議員是爲了規避不准外交官加入軍隊的規定。「這裡有個年輕人，」他對史末資和史德林說，「把議會之母（Mother of Parliments）當公共廁所用。」[61] ③

聽完史德林報告即將進行的班加西攻擊，以及特種空勤隊代表「新的戰爭形式」，將具有「了不起的潛能」，邱吉爾對史末資引用拜倫的《唐璜》（*Don Juan*）：「他是最溫文儒雅的男子／曾經鑿沉船隻或割斷喉嚨。」隔天，他召喚史德林來大使館，討論大肆擴充特種空勤隊的想法。獲得邱吉爾協助後，來自開羅軍方的車輛、武器、彈藥及許可，都比迄今爲止容易取得許多。邱吉爾暱稱史德林爲「猩紅色的海綠花」，因爲他結合斯文的外表和致命的內在，讚賞他帶領他的單位大膽長程突破，有時深入敵軍陣線數百哩。

八月十日，邱吉爾動身前往此行第二個任務：與史達林會面。克萊門汀描述這就像是「去食人魔的巢穴找他」；邱吉爾形容他的任務「就像背一大塊冰去北極」。[62]他從開羅飛到德黑蘭（Teheran）；他與埃夫里爾・哈里曼同行，因爲他想聽他建議如何對付史達林，其他還包括布魯克、韋維爾、泰德、賈德幹。他們住在戈爾哈克（Gulhek）的英國夏季公使館，位在首都外的山丘，避開噪音和城裡可能的暗殺。八月十二日星期三上午五點三十分，他在「美好的夏日清晨」前往莫斯科。[63]「很快我們就往北飛到裏海邊界山峰之間的峽谷。」湯米・湯普森回憶，「往東我們可以看見山頂被雪覆蓋的德馬溫峰（Mount Demavend），在晨曦中壯觀無比。」旅程中，邱吉爾記了湯普森「十支大過」，因爲他沒有交代大使館在他的火腿三明治裡放芥末。[64]（這些大過輕易就因爲回程的香檳和魚子醬抵銷。）

他們傍晚降落在莫斯科，史達林（身穿卡其襯衫、藍色長褲、中筒靴）、莫洛托夫和大批政治局的官員、委員、將領來迎接他們，之後他們搭車前往莫斯科外八哩的國家別墅七號。[65]泰德極度懷疑別墅裝了竊聽器，而當首相開始鬆懈的時候，他警覺地在廢紙上用法文寫了「Méfez-vous」（小心！），遞給邱吉爾。[66]與史達林的第一場戰略會議當晚舉行。邱吉爾搭乘防彈玻璃厚達兩吋的車，二十分鐘後抵達克里姆林宮。他注意到——但是沒說——史達林的辦公室保有「沙皇時代緋紅金黃的豪華」。[67]邱吉爾、哈里曼、大使阿奇博德・克拉克・克爾爵士、英方口譯約翰・登祿普（John Dunlop），面對史達林、莫洛托夫、國家防禦委員會的元帥克利緬特・伏羅希洛夫（Kliment Voroshilov）、俄方口譯帕夫洛夫（Pavlov）。「如果不是確定可以討論現實問題，我不會來到莫斯科。」他開口。他告訴史達林，在歐洲的第二前線近期不可能開闢，此時登祿普記錄下「史達林的臉皺了起來」。[68]「史達林不斷起立，穿過碩大的房間到寫字檯，在那裡尋找香菸。」克爾報告伊登，「他把香菸撕碎，塞進他捲得誇張的菸斗。輪到首相時，他費盡力氣起身走動，從發熱的臀部拉下明顯已經黏在皮膚上的褲子。那天晚上真的很暖和。這號矮胖的人物挺了不起，拉扯他的後背需要相當力氣，但幾乎沒人注意。」[69]

當邱吉爾的語言超出帕夫洛夫理解，無法向史達林翻譯他到底說了什麼，史達林說：「我不懂，但我喜歡那個精神。」[70] 德意志國防軍已經抵達窩瓦河——十天之後史達林格勒之役（The Battle of Stalingrad）就會開打——而且許多俄羅斯人、白俄羅斯人、烏克蘭人都在德軍手裡，紅軍的壓力幾乎已經到達崩潰的極點。但是這位蘇維埃的領袖很快就瞭解火炬行動的可能性，而且看來幾乎友善，至少一開始是。賈德幹記錄邱吉爾告訴他，那次會議「進行得非常順利」，「首相希望緩和『一九四二年沒有第二前線』的衝擊，藉由解釋我們的火炬行動……而且解釋得頗為詳細。首相說史達林出乎意料地能夠接受，甚至說出類似『天主興旺你們的事業』的話。」[71] 會議就在晚間十點四十分，以那句正面的話作結。

隔天，八月十三日星期四，卻完全是另一回事。一到克里姆林宮，邱吉爾就接到一份史達林典型的粗暴備忘錄，抨擊一九四二年不開闢第二前線，並且完全忽略火炬行動，彷彿昨天的討論完全沒有發生。邱吉爾解釋 PQ17 的船隊損失太高，無法在八月再度派遣，史達林說「這是史上頭一遭，英國海軍在戰役面前掉頭」，暗示英國的懦弱，故意激怒邱吉爾。[72] 史達林告訴邱吉爾，他違背他的承諾，並說德軍並非所向無敵，「如果英國願意作戰，就會發現德軍不是超人。」[73]哈里曼回憶，極為憤怒的邱吉爾忍住脾氣，沒有提到「必定是他心裡最重要的那件事」——德國會攻擊西歐，起初就是因為俄羅斯和他們簽了《德蘇互不侵犯條約》。在未出版的回憶錄中，賈德幹一度將受到史達林和莫洛托夫言語刺激的邱吉爾，比作「競技場裡被鬥牛士的助手刺痛的蠻牛」。[74]英國換了一位翻譯，找來少校阿瑟・伯斯（Arthur Birse）取代登祿普。邱吉爾抱怨登祿普把自己的感覺加入陳述，「像個美髮師」。[75]

克拉克・克爾相信邱吉爾因為宿醉心情不好，可見邱吉爾的自制能力多麼驚人。[76]討論之間，邱吉爾一度畫畫給史達林看，解釋英美的策略是「攻擊鱷魚柔軟的下腹，俄羅斯攻擊堅硬的口鼻」。[77]邱吉爾竟然認為這樣的比喻會吸引史達林，但他也利用史達林辦公室的地球儀解釋了將軸心國逐出地中海的地理優勢。

史達林宣布「他不得不說他不同意邱吉爾先生的論述」，在凌晨兩點結束全天討論的第一天。[78]克拉克・克爾相當讚嘆邱吉爾，「能夠把他的臉，從最粉紅、最快樂、最親切、帶著酒窩、淘氣的嬰兒屁股，變成生氣憤怒的牛蛙！」[79]哈里曼回憶那天的會議，「有同意的時候，也有粗暴爭執的時候。」[80]邱吉爾發電報給羅斯福和戰時內閣，表示這是「最不愉快的討論」，其中史達林說了「很多侮辱的話」。

邱吉爾火冒三丈回到國家別墅時，派崔克・金納人在那裡，記得他說，「我剛開了最討厭的會，跟這個討厭的史達林……邪惡又可怕。」於是克拉克・克爾說，「首相，容我提醒，這些房間都接了電線，史達林會聽見你說的每一個字。」[81]史達林凶悍地拒絕後，克拉克・克爾扮演重要角色，平息邱吉爾的怒火。隔天早上，明亮的陽光中，邱吉爾戴著「誇張的寬邊帽」，在別墅的庭院散步，此時，這位高大、斯文的外交老手對首相老實說。[82]他告訴他，他接近史達林的方法全都錯了，而且沒有利用他的天生魅力。

此外，「他是貴族，又見多識廣，所以期待這些人和他一樣。但他們才不是。他們原本扛著鋤頭，或在工廠做工。他們既粗魯又無知。」[83]「但是那個男人侮辱我。」邱吉爾回答，「我代表一個偉大的國家，而且我天生反骨。」[84]克拉克・克爾記錄，邱吉爾說這句話時「悶悶不樂地弓著肩膀」。他建議首相不應只是因爲「被一個一無所知的農夫冒犯」就斷絕這段關係。[85]

四天的對談過程，史達林的心情還要變化好幾次。邱吉爾一度必須指出，他會什麼都沒談成就回倫敦。但是兩人最終達成一個共識：史達林需要英國援助，而邱吉爾需要俄羅斯繼續作戰。[86]威脅離開俄羅斯「不是因爲脾氣不好」，羅文回憶，「是對於計算過的舉動予以計算過的回應，而且成功。」[87]談判過程中，又有一次，英國被告知他們幾個小時內見不到史達林，因爲參謀說「他出去散步」。[88]有數次馬拉松式的深夜吃喝會談，包括二十道菜、漫長的愛國致詞，持續到凌晨三點。這又是另一次試煉，幸好邱吉爾已經準備了一輩子，雖然對他的許多隨行人員來說，著實考驗他們的體格。

通常在「堆滿食物和飲料」的桌上進行的討論，話題並不限於戰爭。有次邱吉爾問史達林，政治生涯中最焦慮的時候，史達林回答，蘇維埃農業集體化。「富農怎麼了？」邱吉爾接著問，數百萬個有錢的農夫在那個過程中被殺害。「連眼睛都沒眨一下。」賈德幹回憶，「他（史達林）轉身，若無其事地揮手說，『喔！他們走了。』」[89]

八月十五日最後一場對談，在史達林克里姆林宮的住所舉行「漫長友好」的晚餐。邱吉爾在那裡見了史達林的女兒斯韋特蘭娜（Svetlana），吃了乳豬（史達林用手吃），喝了很多伏特加，跟這位蘇聯領袖互相說笑，與他討論馬爾博羅和威靈頓的功績（在拿破崙生日當天）。這兩個男人終於在公開譴責對方二十年後好好相處。[90]隔天清晨他回到別墅，邱吉爾稱史達林「那個偉大的男人」，而且不全是爲了說給竊聽器聽。隔天上午，他經德黑蘭飛回開羅時，必須「吃阿斯匹林當早餐」。[91]

關於巨鎚行動，如果邱吉爾懷疑自己不該反對，三天後開始的「銀禧行動」(Operation Jubilee)就會打消那些懷疑。路易斯・蒙巴頓勛爵突襲迪耶普的聯合行動，原本是爲了安撫俄羅斯、測試德軍的防守、吸引軍隊到西邊、提升士氣，最終卻是可恥的失敗，作戰主力加拿大部隊有六十八%的死亡、受傷或被俘。五天後，邱吉爾要求伊斯梅針對突襲計畫「查明事實」，尤其「攻擊堅固的要塞城鎮卻沒事先拿下兩邊懸崖，以及在海灘用我們的坦克正面進攻」是誰的主意。[92]八天後伊斯梅回覆，附上蒙巴頓的報告，其中將責任指向當時負責東南司令部的蒙哥馬利。當時還有許多其他事情的邱吉爾沒有繼續追究，但是一九五〇年他要寫回憶錄時「嗅到不對勁，決定查明突襲背後的眞相。」[93]

邱吉爾發現其實當時有兩項攻擊迪耶普的計畫：蒙哥馬利的計畫代號是「魯特行動」(Operation Rutter)，但是沒被採納，取而代之的是銀禧行動，也就是蒙巴頓的想法，並於一九四二年八月十九日執行。邱吉爾接著問，三軍參謀長，或防禦委員會，或戰時內閣，是否正式核准銀禧行動，「還是全都是迪奇・蒙巴頓④未經高層指示就自行推動的計畫？」[94]伊斯梅調查時，發現原來是後者，於是蒙巴頓變得極爲不安。[95]他修改數頁邱吉爾的回憶錄草稿，加入偏頗的意見，表示伊斯梅拒絕給邱吉爾他的報告版權許可，並且主張六十八%的死傷數字「不是我方應該強調的」。蒙巴頓眞的拜託過伊斯梅——三年前他當印度總督時，伊斯梅是他的參謀長——不要暴露他是銀禧行動背後的始作俑者。[96]

蒙巴頓的掩蓋手段，甚至大膽到主張那次突擊的海軍指揮官上將詹姆斯・修斯—哈里特(James

Hughes-Hallett）事先和邱吉爾討論過。（修斯－哈里特告訴伊斯梅他不記得討論是事前還是事後。）蒙巴頓也表示，三軍參謀長出於安全考量，沒有記錄銀禧行動的討論，即使許多同樣敏感的行動都固定寫在參謀長委員會的會議紀錄。在美國出版商的時間壓力下，邱吉爾純粹接受蒙巴頓所有的修改和訂正。這件事情，誠如歷史學家大衛・雷諾茲指出，「把責任推回邱吉爾和三軍參謀長身上，貶低加拿大的損失，誇大行動的利益」，然而該次行動的利益僅介於極小和零之間。[97]

一九四二年八月二十四日，邱吉爾在回家路上停留在直布羅陀。因爲他在那裡會被認出來，雖然他和布魯克討論「僞裝成埃及的平民婦女或牙痛的美國人，能否獲准外出」，基於安全考量，還是被限制在總督府。[98] 那天後來，他回到萊納姆機場，克萊門汀出來接他。「一萬哩的飛行路程，穿越敵軍和外國的天空，可能是年輕飛行員的責任，」自己也曾獲榮譽勳章的美國上將道格拉斯・麥克阿瑟後來會這麼說到邱吉爾的倫敦－莫斯科之旅，「但對一個背負世界關注的政治家，是激勵人心的英勇作爲。」[99]

約翰・馬汀認爲邱吉爾從飛機踏上陸地時，「看起來不可思議地健壯」。[100] 回到倫敦，這位首相對詹姆斯・斯圖亞特吹噓：「外傳俄羅斯人飲酒——根本就沒什麼。我喝的是他們的兩倍。」[101] 六週後，他告訴伊德，「雖然他認爲他是個老粗，像頭熊，儘管如此，他挺喜歡史達林，他們有許多共同點。同時，他也坦言，俄羅斯對於我們爲他們做的所有事情，根本就不感激。」[102] 他又說，雖然他寧願當美國總統也不要當英國首相，但「他不想成爲史達林，有那種權力說『把那個人拖出去槍斃』」。[103]

「到處瀰漫著最大的善意，而且我們首次輕鬆友善地相處。」邱吉爾向戰時內閣報告，「我感覺我已建立未來有用的個人友誼……現在他們知道最壞的情況，提出的異議也完全友善。儘管這是他們最焦慮、最痛苦的時刻。」結果這樣的感想天真得令人震驚。史達林在十月告訴麥斯基，「我們在莫斯科的所有人都有種印象，邱吉爾的目的是蘇聯戰敗，爲了接下來能和德國的希特勒或（前總理海因里希・）布呂寧，以我們的國家爲代價達成協議。」[104] 史達林不相信邱吉爾，因爲他不相信任何人（除了，兩年以來的——希特勒）。

但是邱吉爾無法發現史達林對他的眞正看法，因爲一九四一年六月後，英國情報單位收到命令，不對英國新的盟友蘇維埃收集情報。這是錯誤的政策，而且對方當然不是這樣。[105] 邱吉爾回來後，很快就開始過分誇獎史達林，在下議院說，「最重要的是，他有可取的幽默感，對所有人和所有國家都非常重要，尤其是偉大的人和偉大的國家。史達林也給我一個印象，他擁有深沉冷靜的智慧，而且絕對沒有任何錯誤觀念。」[106(4)] 面對國王，邱吉爾描述史達林是「冷漠、粗野的人，但是有顆通情達理的心……私下他和莫洛托夫會笑，甚至當他們問邱吉爾一些過去的問題時，邱吉爾的回答也令他們發噱。史達林對其他的世界一無所知。」[107]

八月二十五日，國王的弟弟肯特公爵在蘇格蘭與皇家空軍一起出任務時墜機身亡。「什麼都無法填滿這個悲痛的缺口。」邱吉爾在下議院朗讀他的悼詞，「家庭的支柱與中心就這麼突然被奪走，什麼都無法減輕驟降在妻兒身上的孤獨與失落。人們死後，會在更光明的世界與摯愛重逢，唯有這樣的信念，還有緩慢沉重的時間，能夠給予安慰。」[108] 這是邱吉爾唯一一次表達對死後任何生命的信念。他說的話大概主要是為了幫助減輕公爵的遺孀瑪莉娜（Marina）的傷痛，他會說瑪莉娜是他見過最美麗的女人。[109]

九月九日，邱吉爾收到通知，倘若日本入侵次大陸，印度國民大會黨只會提供被動抵抗，而且不會幫助英國保衛。「我恨印度人。」邱吉爾明白告訴埃莫里，「他們是凶殘的民族，信仰凶殘的宗教。」[110]邱吉爾說出這樣的話是該被人嚴厲批評，但是他對印度陸軍的諸多讚揚——兩百五十萬大軍，史上最大的全志願役——常常遭到忽略，而且他確實持續派出英國陸軍保護印度，那些軍隊大可在其他地方好好利用。「印度士兵和軍官的英勇無法超越，穆斯林和印度教徒皆是，」他說，還有他們從阿比西尼亞和北非，到緬甸和義大利，諸多戰役中所展現「輝煌的英雄氣概」。[111]他偶爾說出沒有品味的種族笑話，往往因為被激怒，或為了氣他的同僚，不是出自真心，而這些經過深思熟慮的評論比那些笑話要有意義多了。「有時候需要講述事實，」一九四四年九月，邱吉爾在倫敦市政廳說，「過去八十年來，相較世界上任何相似的地區和社會，印度在英國統治下，被棍棒或槍械殺死的人相對少了非常多。」[112]他認為為了延續這樣的情況，英國有責任繼續犧牲。「日本人像害蟲一樣繁殖，像英雄一樣死掉。」他在唐寧街的小型午宴也這麼說。[113]

九月下旬，長達五個月、關鍵的史達林格勒之役已經過了六週，邱吉爾表達「有信心俄羅斯會繼續抵抗」。每天晚上皇家空軍都在德國的城市投下炸彈，重量相當德國摧毀考文垂的三・五倍，阻礙第三帝國武器生產，而且開始打擊德國人民的士氣。在這特別不祥的時刻，倫敦又出現政治危機——克里普斯威脅辭職，說他「不滿意戰爭的指揮」。[114]他希望成立戰爭規畫理事會，藉此牽制邱吉爾的權力。[115]利比亞沙漠一直沒有捷報，邱吉爾的政治地位依舊脆弱，而哈洛德・尼科爾森納悶，克里普斯是否打算「成立另一個政府，取代溫斯頓的位置」。[116]

自從克里普斯一月從莫斯科回來，他發現自己極受歡迎。邱吉爾相信他當大使的經驗讓他太過驕傲，他說：「上帝來了，但沒有上帝的恩典。」[117]彷彿爲了強調救世主的地位，克里普斯會在萊昂茶屋（Lyons Corner Houses）和當地辦公室職員爲伍，吃著簡樸的早餐。當政治人物「盤算」首相位置的時候，錯不了的跡象就是他們踏遍全國，發表與職責無關的演講。當蓋洛普民調問，「如果邱吉爾先生有個萬一，你希望誰接任他當首相？」三十四％回答伊登，但是二十八％回答克里普斯，其他人都不超過三％。[118]那年夏天，克里普斯開始在英國巡迴演講，主題各式各樣，卻與他的部會事務無關，例如社會安全、貧民窟、普及教育、民航、住房、國民儲蓄、「貧富極端」以及如何「擺脫失業」。[119]他在聯合國日向中國致意，在ＢＢＣ大談服從上帝的意志。

克里普斯無疑就是邱吉爾本人以外，戰時內閣裡頭最活躍的人，而且蒙哥馬利預計十月下旬在阿萊曼發動攻擊，屆時如果出了什麼差錯，克里普斯也是挑戰首相大位的可能人選。克里普斯甚至在公開場合對邱吉爾說三道四，頂多稍微掩飾。「自從我回國，我一直覺得這個國家缺乏迫切感。」他說，「我覺得我們的努力和決心並沒有『全力傾出』。」[120]關於辭職事件，九月二十一日，邱吉爾、艾德禮、伊登成功說服克里普斯，在蒙哥馬利發動攻擊之前不要辭職。邱吉爾私下駁回戰爭計畫理事會的想法，並用當時流行的廣播節目名稱，說那是「脫離現實的智囊團」（disembodied Brains Trust）。[121]「如果邱吉爾繼續待著，我們會輸」，安奈林・貝凡告訴尼科爾森，但沒有說服他。尼科爾森說，「我還是認爲邱吉爾是戰爭之神。」[122][(5)]戰爭之後，邱吉爾表示一九四二年九月和十月是整個戰爭最焦慮的月分，原因顯而易見。雖然入侵的機率現在已降低，同盟國的船運損失是戰爭期間最嚴重的（十一月損失八十萬噸）；德軍已經占領史達林格勒中心；蒙哥馬利從阿萊曼發動的攻擊不見進展；克里普斯和畢佛布魯克在等待機會，準備奪權；日本已經占領世界表面超出八分之一，現正威脅印度和澳大利亞。[123] 卽使在極不可能的情況下，德國崩潰，重新崛起的俄羅斯還是有可能穿越已經毀壞的大陸。「如果俄羅斯的野蠻主義壓倒古老歐洲國家的文化與獨立，」邱吉爾告訴伊登，「那會是無邊無際的災難。」[124]

畢佛布魯克依舊在政府之外鼓吹第二前線，等待邱吉爾摔跤，取代他成爲首相。但是這段時間，他似乎一直是邱吉爾家的心靈支柱。「我眞感謝你幫忙調解倫道夫和帕蜜拉之間，以及倫道夫與溫斯頓之間。」十月八日，克萊門汀寫道，「我希望現在，直到回埃及前，倫道夫會常常和他父親見面。他眞的很愛溫斯頓，而這樣的疏遠眞是很令人難過，對他們兩人都非常沉重。」[125]

十月十二日，邱吉爾獲頒愛丁堡榮譽市民，同時擦亮他的蘇格蘭資格。「首先，我在聖安德魯日（St Andrew's Day）⑤出生」，接著強調他的妻子和他一次大戰隸屬的軍團都是蘇格蘭籍，而且「我代表『邦尼・丹地』（Bonnie Dundee）⑥選區長達十五年，而且如果我能決定的話的話，也許我仍能代表那裡」。[126] 他說到法國海岸的突擊隊攻擊，以及「不時從海裡出現強悍的隊員，儘管整個郊外洋溢喜悅，他們從德國的哨站，以節節高昇的效率拔除他們的哨兵」。[127] 因爲喜劇演員哈里・勞德（Harry Lauder）在臺下，他又說，「讓我爲你們引用知名藝人的話——他今天在現場——這些話爲許多沉重的心靈帶來安慰，重振力量：堅持到路的盡頭，堅持到路的盡頭。」[128]

翌日，內閣討論美軍在英國餐廳實施有色人種限制的事，克蘭伯恩勛爵說，他在殖民地部的一位黑人軍官不能進入某家餐廳，因爲美國軍官規定只有白人能夠進入。「沒關係，」邱吉爾說，「如果他帶一把班卓琴進去，他們會以爲他是樂隊！」[129]說了這麼不經大腦的笑話後，邱吉爾拿出這個議題應有的嚴肅態度，而內閣決定，美軍「不可期待我們的政府、文官或武官，協助他們執行種族隔離。在此明訂，關於進入餐館、酒吧、戲院、電影院等，必定不會因爲美軍抵達這個國家，因而擴大限制有色人種進入這些場所」。[130]

一九四二年十月二十三日星期五，蒙哥馬利在阿萊曼發動攻擊，持續十二個日夜，邱吉爾想命名爲埃及之役（Battle of Egypt）。那天晚上，邱吉爾參加國王與王后爲美國總統夫人艾蓮娜（Eleanor）・羅斯福舉辦的晚宴。之後，衆人一同觀賞雄壯的政治宣傳電影《效忠祖國》（*In Which We Serve*），其中的演員諾爾・寇威爾幾乎不加掩飾地讚頌路易斯・蒙巴頓。邱吉爾不斷詢問戰役進展，直到什麼都無法滿足他，只好讓他親自打電話到陸軍部。湯米・拉塞爾斯注意到，他回來時「熱情洋溢地」唱著〈把啤酒桶滾出來〉（Roll Out the Barrel），但是「完全沒有音樂天賦」。[131]

十月二十九日，邱吉爾和伊登都因爲蒙哥馬利還沒突破隆美爾的陣線而顯露煩躁，但是布魯克安撫他們，相信捷報即將傳來。非常確定的是，十一月三日，蒙哥馬利迄今最強的一波攻擊——「增壓行動」（Operation Supercharge），以上將伯納德・弗雷伯格率領的紐西蘭第二師爲先鋒，在戰爭的第四階段突破德軍防守，逼迫隆美爾撤退到福卡（Fuka）。「首相在倫敦樂翻了！」當天賈德幹觀察道。[132]那天是十一月三日，週二和國王的午餐，邱吉爾終於可以確定地說，「我爲您帶來勝利。」[133]「我們以爲他瘋了。」王后後來說道，「自從戰爭開始，我們都沒聽過這兩個字。」[134]邱吉爾特別高興收到兩封Ultra解碼的電報：

隆美爾發給希特勒，表示戰況「令人非常沮喪」。[135]

內閣會議討論一份外交部的文件，關於戰後世界的歐洲聯邦，賈德幹寫道，「首相當然因爲埃及的消息非常興奮，而他的興奮，想當然耳，化作這句話：『去他的歐洲，我們會強大到走自己的路。』」[136]到了十一月四日，隆美爾完全撤退。蒙哥馬利的軍隊俘虜三萬軸心國軍隊，而當天晚上蒙哥馬利和德國上將里特爾・馮・托馬(Ritter von Thoma)在他的沙漠篷車中共進晚餐。拿破崙和馬爾博羅也曾在戰爭後在他們的營帳裡與戰敗的將領用餐，所以當議員私下抱怨蒙哥馬利的行爲，邱吉爾沉重地說：「可憐的馮・托馬。我也跟蒙哥馬利吃過飯。」[137](他後來私下說到這位非常自負的蒙哥馬利，「戰敗的時候摧毀不了，勝利的時候忍受不了。」)[138]

德軍反攻無望後，邱吉爾立即下令全國的教堂在十一月十五日星期日敲鐘。有人指出鐘可能生鏽了，或說敲鐘人去服役了，他的回答是「那不要緊」。[139]當天許多人的日記和信件，都記錄了民眾聽見教堂的鐘爲眞正的勝利而響，歡喜地回應。

「我們不是在慶祝最後的勝利。」邱吉爾告訴身邊的人，「戰爭還很長。當我們打敗德國，還要再花兩年打敗日本。那也不是壞事。我們在歐洲締造和平的時候，會把美國留在我們身邊。如果我還活著，會把我們所有的東西投入太平洋。」[140]十一月十日在市長官邸的演講，他公開表達阿萊曼之役的重要性，說了會令愛德華・吉朋驕傲的格言：「現在，這還沒有結束。甚至還沒開始結尾，但這或許這是開始的結尾。」[141]

作者注

(1) 邱查特維爾的橘醬色貓咪喬克在托布魯克淪陷的同天過世，但是他們決定等邱吉爾從華盛頓回來後再告訴他。(Pawle, *Warden* p. 119)

(2) 三年後邱吉爾報了一箭之仇，他說到溫特頓，「除非未來他對議院的判斷和知識顯著優於他今天展現的模樣，否則我必須警告他，他將冒上嚴重的風險，未老先衰。」(CS VII p. 7127)

(3) 在這艱難的時期，邱吉爾依然保有幽默感。當史末資指責他對政治沒有訴諸足夠的宗教動機，他回答：「自從聖奧古斯汀以來，我任命的主教比誰都多。」(Moran, *Struggle* p. 57) 在加特遇難當天開玩笑，似乎不太得體，但是，如同他幾年後寫道：「戰爭的時候，誰不會在顱骨堆之中開玩笑呢？」(WSC, *TSWW* V p. 81)

(4) 一九二九年十二月，邱吉爾曾說史達林是托洛斯基「革命軍階的下級，機智不如他，雖然犯罪可能不會不如」。(WSC, *GC* pp. 123–5) 他在那本書的戰爭時期版本刪掉那一章。

(5) 那天，邱吉爾被要求向下議院「明確譴責」維琪首相皮耶・拉瓦爾，他開玩笑說：「恐怕我已用盡所有英語語言的可能。」(WSC, *End* p. 186)

譯者注

① 伯蘭爵是法國香檳地區的香檳酒莊。

② 明輪船 (paddle-steamer) 為一種內動力船，有蒸汽或內燃機等型，靠著兩舷大型水車狀的輪盤來撥水前進。

③ 議會之母，指的是英格蘭。出自英國政治家約翰・布萊特 (John Bright) 於一八六五年在伯明罕的一次演講。

④ 迪奇 (Dickie) 是蒙巴頓的綽號。

⑤ 每年的十一月三十日，聖安德魯為蘇格蘭的主保聖人。

⑥ 波尼・丹地 (Bonnie Dundee) 為第一代丹地子爵約翰・葛蘭姆 (John Graham, 一六四八年至一六八九年) 暨第七代克拉弗豪斯 (Claverhouse) 領主的暱稱。蘇格蘭詩人華特・司各特在一八二五年寫下同名詩歌。

28「一個大陸的救贖」1942／11—1943／9

勝利的問題比敗戰的問題令人愉快，但並非較不困難。——邱吉爾於下議院，一九四二年十一月[1]

基本上，我是這裡的指揮官。想當然耳，我不能隨心所欲，但我總能防範我所不欲。——邱吉爾致伊萬．麥斯基，一九四三年四月[2]

一九四二年十一月八日星期日，超過十萬英美聯軍，在摩洛哥海岸、奧宏、阿爾及爾兵分三路，席捲西北非沿岸。維琪政府的軍隊抵抗，導致同盟國軍隊損失八百五十名士兵，但是火炬行動勢如破竹，局勢很快就明顯底定，於是維琪的北非總指揮官上將達爾朗與艾森豪談判停火，艾森豪據此相當程度控制該地區。「溫斯頓瘋狂慶祝我們成功！」次日布魯克寫道。(1)[3] 十一月十日，邱吉爾搭著車，得意洋洋地從河岸街開到聖保羅主教座堂（St Paul's Cathedral），接著在市長官邸的午宴發表演講。「我們打了勝仗，」他告訴觀眾，「明顯確定的勝仗。閃閃動人的微光映照在我們士兵的頭盔，溫暖、鼓舞我們的內心……德軍拿著他們欺壓如此多小國的武器，被我們超越、打敗。」雖然維琪軍隊在火炬行動攻打同盟國，他相信法軍終究會幫助擊敗納粹德國：「在這個重要的場合，我在這裡告訴各位，即使現在誤入歧途與受人教唆的法國人，正對著來救他們的人開火，我在此宣布，我深信法國會再次崛起。」[4] 接著他明確談到遠東和印度：

我們加入這場戰爭不是為了利益或擴張，只為了榮譽和我們捍衛正義的責任。然而，為避免任何人誤會，請容我闡明。我們務必團結。我不是為了主持大英帝國的清算，才成為國王的首相。對於那件工作，如果必須要做，麻煩另請高明。[5]

不僅對於日本和印度國民大會黨，對於美國亦同，邱吉爾清楚表明他不相信帝國剩下的歲數寥寥無幾。事實上，在他心中，這場正在進行中的戰爭，不只爲英國，也爲帝國，而且帝國熱烈響應，不經徵詢卽提供大量人力、財力、物力。相對地，英國幫助印度抵擋日本入侵；如果印度發生如同日本入侵菲律賓那樣的屠殺，將會造成五千萬印度人死亡。邱吉爾終身對於帝國的信念將深深影響英國採取的宏觀戰略，以及戰爭後期與美國的關係。

「這支高貴的沙漠軍隊從不懷疑他們擊敗敵人的威力，」邱吉爾後來談到蒙哥馬利的軍隊和他們在阿萊曼的勝利，「然而他們曾經遭受無法理解的殘忍戰敗和災難，現在，一週內又重拾他們的熱情與自信。歷史學家也許可以解釋托布魯克，但第八軍做的更好：他們報了一箭之仇。」[6]（托布魯克本身會在十一月十三日光復。）接著他機靈地將火炬行動的概念歸功給羅斯福，儘管這原本是他的想法。「美國遭受日本、德國、義大利攻擊後，我造訪華盛頓，」他說，「羅斯福總統同意，法屬北非特別適合作爲美國干預西方戰場的地點。我們雙方完全認同這個觀點。」[7] 拉塞爾斯、伊斯梅和其他人都察覺到這個狡猾的手法，但他希望鼓勵美國人從一場七月底前美國三軍參謀長都還反對的行動裡拿取功勞。

爲了回應北非的攻擊，希特勒在十一月占領整個法國，於是法國人鑿沉他們在土倫的艦隊。如果兩年前他們在奧宏就這麼做，大可拯救一千三百條性命。十一月十一日對一次大戰世代而言是個神聖的日子，這天，邱吉爾走進下議院，宣布軸心國對大英國協在阿萊曼的死傷是五萬九千比一萬三千六百，獲得不絕於耳的歡呼。「我當然不是那些需要被刺激的人。」他說，「事實上，要說的話，我是刺激別人的人。我的問題反而在於等待結果出爐期間，需要數週的耐心和自制來面對焦慮。」[8] 解釋戰略局勢時，他說到「軸心國將他們的下腹暴露於猛烈攻擊中，尤其義大利」。[9] 他會對史達林用「柔軟」形容下腹，對上將馬克・克拉克與其他場合又再次形容，雖然在這裡他並未這麼說，但是可能暗示義大利的戰役不會太難。

十一月中起，邱吉爾再度開始利用 Ultra 解碼，這是四月他承認誤判後的第一次。蒙哥馬利追擊隆美爾的進度緩慢，邱吉爾感到挫敗，並告訴亞歷山大，解碼的號碼序列顯示「敵軍之間相當程度的虛弱與抗命狀態」。[10] 然而，亞歷山大和蒙哥馬利有所警覺，他們對德意志國防軍的反擊能力判斷正確，不允許邱吉爾干預、改變他們有條不紊、成功的進攻。結果，他利用 Ultra 解碼支持他在行動決策中的論證，這是最後一次。[11] 戰爭剩下的時間，他保持閱讀德軍密碼解譯的熱忱，但是這次之後，因爲有太多解碼，導致聯合情報委員會必須選擇他該看什麼。但是他不讓任何人懷疑 Ultra 的重要性。一九四四年八月，他告訴上將奧馬爾・布瑞德利（Omar Bradley）和 Ultra 解碼主任軍官少校亞歷山大・史丹迪許（Alexander Standish），「他寧願犧牲三個師，也不會讓這個消息走漏，而且如果任何人眞的走漏，有意或無意，他會立刻送到軍事法庭審判槍斃。」[12]

邱吉爾現在可以把注意力轉移到克里普斯身上。「現在有成功的戰果，也證實政府的政策正確，」國王寫道，「溫斯頓稱他是戰時內閣的未爆彈。」[13] 快速重組中，克里普斯改任飛機生產大臣，這項職位早已不在戰時內閣裡面，他也做到戰爭結束。伊登接替克里普斯成爲下議院領袖，同時保留外交部的職位，而克蘭伯恩勛爵接下克里普斯的另一個角色，擔任掌璽大臣。林德曼取代克蘭伯恩財政部主計長的工作，內閣又添一位密友與支持者。

此刻邱吉爾的眼光放在義大利。十一月二十二日，他告訴戰時內閣，「當一個國家在戰爭中被徹底打敗，這個國家會做出各式各樣任何人之前想像不到的事。」[14] 英美參謀長聯席尚未思考義大利本土的戰役，但邱吉爾是，而且前一年的四份備忘錄中就開始思考。他視之爲從法國西北海灘引開德軍資源的方法。(2)

十二月十日，在下議院第五次，也是最後一次的祕密會議，邱吉爾捍衛艾森豪和達爾朗的交易，維琪政府藉此持續治理突尼西亞與阿爾及利亞。解釋爲何自由的法國人這麼少、通敵的這麼多時，他說：「全能的上帝憑著無限智慧，認爲並不適合以英格蘭人的形象創造法國人。」[15] 法國上將亨利・吉羅（Henri Giraud）逃獄，抵達阿爾及利亞，卻因該由誰來當法國國家解放委員會（French Committee of National Liberation，簡稱ＦＣＮＬ）的主席，與戴高樂發生衝突。該委員會的目的是協調所有法國國內與海外反維琪政府的勢力。邱吉爾表示，「我們全都認爲吉羅上將是那個職位的人選，而且他的到來令人激動。就這點而言，吉羅上將更是毋庸置疑。」[16] 邱吉爾描述貝當元帥——他唸成「皮蛋」（Peatayne）——是古老的失敗主義者，而他坐下時獲得熱烈歡呼。

信奉法國沙文主義的戴高樂總是優先考量法國利益勝於其他盟國，而且想要破壞美國與維琪的關係，所以羅斯福愈來愈不喜歡戴高樂。「戴高樂想在法國實現一人政府，」總統告訴他的兒子艾略特，「我無法想像還有讓我更不信任的人。」[17]他錯誤懷疑戴高樂是邱吉爾的傀儡，因爲英國政府給他庇護，也支持自由法國的軍隊。「我並不比你更喜歡他，」祕密會議同天，邱吉爾在一則電報中抱怨，「但我寧願讓他待在委員會，也不要讓他像個聖女貞德和克里蒙梭的合體，大搖大擺走來走去。」[18]某次，布瑞肯說到戴高樂認爲自己是聖女貞德的化身，邱吉爾低聲咆哮：「是，但**我的**主教不會燒了他。」[19]戴高樂惹得邱吉爾既灰心又生氣，但是——雖然非常想要，而且有時幾乎就要這麼做——他從未收回對戴高樂的支持。邱吉爾眞心厭惡達爾朗，十一月的時候描述他是「討厭的豬」。[20]一九四二年平安夜，達爾朗被法國保皇派暗殺，有人歸咎於邱吉爾，但沒有多少證據。

邱吉爾必須對美國人步步爲營的，不只在與戴高樂的關係方面。美國還要求終止帝國關稅特惠制度，這點導致他對即將演說戰後殖民政策的赫伯特・摩里森說，「想想我們完全開放我們的殖民地給世界貿易七、八十年，絲毫不要求優惠，除了營收也不課任何稅，而且就是美國的高關稅政策害得世界誤入歧途，他們還眞有臉來教訓我們行爲不檢。但我不是要你引用我說的話。」[21]元旦當天，邱吉爾告訴國王未來的軍事策略：「這些事宜，我們要跟美國合作，因爲沒有他們幫助，我們辦不到。他們訓練軍隊和派遣過來都慢吞吞。」[22]

邱吉爾、羅斯福和英、美參謀長同意在卡薩布蘭加外的美軍安法（Anfa）營區會面，營區前身是觀光旅店。他們將在那裡決定，完全將軸心國逐出北非後，下一階段英、美的攻擊地點。一九四三年一月十二日，邱吉爾從皇家空軍萊納姆基地搭乘他的解放者飛機「突擊隊」⑶出發，前往代號爲「標誌」（Symbol）的會議。國王記錄當天的他，承認「他必須對羅斯福比之前更強硬，必須讓他明白，沒有他承諾給我們的幫助，我們無法繼續」。[23]他帶了波特爾、哈里曼、摩蘭、皮姆、指揮官湯米・湯普森、警探沃爾特・湯普森(4)、約翰・馬汀、索耶同行。那是一九四三年他四次長途旅行的第一次，他爲此離開英國長達四個月。當邱吉爾降落，他應該立刻坐進裝甲汽車，不讓附近在田裡工作的人發現他的身分，但他決定待在那裡爲上將伊斯梅接機，而且堅持，憑著他穿著空軍制服，可以僞裝成准將傅蘭克蘭（Frankland），不會被認出來。制服根本騙不了任何人。「儘管邱吉爾穿著制服，他的輪廓錯不了。」哈里曼回憶。[24]伊斯梅後來觀察，他還比較像個空軍准將僞裝成首相。

邱吉爾下榻米拉多別墅（Villa Mirador），是間舒適的豪華飯店，距離羅斯福更加高級的別墅兩百碼。安頓之後，上校皮姆也將地圖室設置就緒，邱吉爾便邀請喬治・馬歇爾、馬克・克拉克兩位上將共進午餐，又與上將金、哈里曼和其他人愉快地晚餐。(5)羅斯福一月十四日抵達，而且接下來九天，英美參謀長共同決定戰爭各個戰場的軍需分配。美國人還是不太接受一九四三年不發動跨海峽攻擊，而要採取地中海戰略。仇英的上將魏德邁後來抱怨他們在卡薩布蘭加一直被邱吉爾「帶到花園小徑」（led up the garden path）①。「他們可能會說我帶他們到花園小徑，」隔年邱吉爾反駁，「但在那個花園，每個階段他們都會找到美味的果實和有益健康的蔬菜。」[25]卡薩布蘭加會議決定，下個攻擊目標是西西里。「我堅決拒絕被當沙丁魚欺騙。」有人提議薩丁尼亞時，邱吉爾這麼說。[26]會議也決定，突尼西亞戰役由亞歷山大擔任艾森豪的副總指揮官，邱吉爾告訴克萊門汀，「有了實際的方向和主要的行動計畫」，而綽號「金寶」（Jumbo）②的亨利・梅特蘭・威爾森（Henry Maitland Wilson）會接下亞歷山大中東指揮官的職位。

會議尾聲，邱吉爾同意羅斯福的提議，同盟國要求德國無條件投降，就此終結與希特勒任何後繼談判和平的可能。批評者主張，一旦德國人民知道他們會輸，反而有利於納粹說服他們奮戰到底，但是邱吉爾公開表示，如此一來，勝利的人就有明確的責任。「這不代表他們有權利做出野蠻的行爲，也不代表他們希望從歐洲諸國中毀滅德國。」他回來後向下議院報告，「如果我們受到約束，就是我們憑著良心，對文明負有義務。」[27]這個要求的用意是提升同盟國的士氣，而且若非如此，史達林更會懷疑西方同盟國準備在戰爭最後的階段和德國交易，但是邱吉爾對這個要求不太高興，覺得這個轉折如此重要，羅斯福卻沒有給他足夠的警告。

會議初期，邱吉爾對克萊門汀說到「唐吉訶德」——他們私下對羅斯福的稱呼——「我感覺兩人之間充滿深厚友誼。」[28]首相和總統大多一起用餐，熬夜到很晚，而邱吉爾認爲卡薩布蘭加會議非常成功，這麼想也對。美國人同意地中海策略，先攻擊西西里，接著攻擊義大利；承諾一九四四年最終奪回緬甸所需的護航與登陸艇；增加對俄羅斯的援助；戴高樂和吉羅在鏡頭前握手（儘管短暫）；部署全球軍隊整體而言的指揮官也都談妥。所有協議中，除了羅斯福、馬歇爾、布魯克，邱吉爾是主要人物，而且對於結果非常高興。「每一方面都合乎我的希望與提議。」他告訴克萊門汀。[29]

一月二十四日最終的記者會後——「他們被我們迷住了」，邱吉爾向羅斯福保證——他和羅斯福開車到馬拉喀什。傍晚，他們抵達美國副領事摩西・泰勒（Moses Taylor）美麗的別墅。[30]邱吉爾在他的戰爭回憶錄中寫道，「城市的愉快生活，包括算命師、弄蛇人、大量的食物和飲料，以及總的來看，非洲大陸最大且最有組織的妓院。這些地方全都享有古老長久的聲望。」[31]他從別墅屋頂畫了一幅神殿稱霸四面八方的景色，也是一九三九年到二次大戰戰勝紀念日之間唯一的畫作。他把這幅名爲〈庫圖比亞清眞寺〉（*The

Tower of Koutoubia Mosque）的畫作送給羅斯福。(6)

一月二十六日上午，羅斯福離開馬拉喀什。那天晚上，邱吉爾飛到開羅，他命令英國的總指揮官在那裡集合，以最大的「智謀和資源」計劃「榮譽行動」（Operation Accolade），奪取多德卡尼斯群島（Dodecanese Islands）。[32]布魯克認爲那會分散義大利戰役的注意力，但邱吉爾希望如果英國可以重新占領克里特島並奪取多德卡尼斯群島，就可以在地中海東方限制敵人的動作，打開博斯普魯斯海峽，甚至巴爾幹半島，並且鼓勵土耳其參戰，藉此獲准使用土耳其的空軍基地，在希臘、羅馬尼亞、保加利亞打擊軸心國。[33]這項行動顯然呼應加里波利，而羅斯福與馬歇爾立即反對，拒絕參加。三天後，其中一個原本可以阻礙榮譽行動的准將，陸軍部的策畫司令魏維安・戴克斯（Vivian Dykes）死於墜機。一月三十一日，邱吉爾飛到阿達納（Adana），去葉尼取（Yenidje）附近會晤在專屬列車中的土耳其總統伊斯麥特・伊諾努（Ismet Inönü）。「請勿擔心我的人身安全。」戰時內閣發來電報請他切勿冒著被暗殺風險前往土耳其，他這麼回答，「我可以照顧自己，我很快就能察覺危險。」[34]就在出發前，想到戴克斯的死，以及自己的，邱吉爾告訴伊恩・傑各布：「我想現在的方向很明確，連內閣也做得到。」[35]

邱吉爾告訴伊諾努總統，同盟國現在確定會打贏，土耳其應該放棄中立，確保他們能從即將到來的勝利中獲利。後來他告訴戰時內閣，他和伊諾努「一見如故」，而且土耳其人「渴望我們的勝利」。[36]隔天他飛到尼科西亞（Nicosia）。後來媒體得知邱吉爾正以「布爾芬奇先生」（Mr. Bullfinch）的名字旅行，而且停留在賽普勒斯準備視察第四驃騎兵，但事實上他在偵察那年秋天適合與史達林和羅斯福會面的地點。「這座島非常完美。」他告訴麥斯基，「輕易與世隔絕。沒人打聽得到什麼。」[37]

二月二日，元帥弗里德里希・保盧斯（Friedrich Paulus）帶著二十萬軸心國軍隊於史達林格勒投降，此時邱吉爾正在開羅。他寫信恭喜史達林，同時胡亂預言一九四三年年底前土耳其會加入戰爭。「我告訴他們，就我的經驗，蘇聯從未違背約定或條約。」他告訴史達林。這句虛偽的話會嚇到一九二〇年代的邱吉爾。[38]他也告訴羅斯福，他認爲史達林應該知道他們對義大利的計畫，還說「沒人口風比他更緊」。[39]他建議他們也告訴史達林「我們計劃在八月展開跨海峽的大型行動，將備好十七至二十個英國與美國的師」。[40]但他又說天氣、船運、登陸艇會是限制因素，而且如果在西西里和義大利本島遭遇德軍強烈抵抗，就無法如願行動。

二月五日，他離開開羅前往利比亞沙漠，親自去看第八軍正式進入的黎波里，並檢閱四萬人的軍隊。「戰爭之後，如果有人被問到，他做了什麼，回答『我和沙漠大軍一同行進作戰』就已足夠。」他告訴他們，「而且當歷史寫完，所有事實公布，你們的功績將會發光閃耀，成爲歌曲與故事的題材，聚集在此的我們過世之後，依然長久流傳。」[41]布魯克注意到，第五十一高地師大步行進通過時，「響亮的風笛樂聲震耳欲聾……我轉身看著邱吉爾，看見他臉上的淚水。」[42]

二月七日，儘管他的飛機在阿爾及爾中途停留時出現引擎故障，邱吉爾仍然飛到布里斯托海峽，上午十一點降落在皇家空軍萊納姆基地。飛行途中索耶對他說，「你正坐在你的熱水袋上。那一點都不是個好主意。」「主意？」這位首相回答，「那不是主意，那是巧合。」[43]邱吉爾去了伊登的鄉村宅邸賓德頓院，他們在那裡看了最近發行的電影《北非諜影》（*Casablanca*），而且，根據伊登的日記，因爲戴高樂在標誌會議的行爲，「溫斯頓強烈斥責戴高樂」。[44]他也對於戰時內閣試圖勸阻他去土耳其發了脾氣，而且伊登記錄他說「他在國外的時候，想去哪裡就該允許他去……總之，如果他被殺了，那樣死掉也好，而且我也可以早點繼承」。

畢佛布魯克還沒放棄成爲首相，而且現在想要找來伊登、貝文組成三人團體取代邱吉爾。然而，他的計畫胎死腹中，因爲不喜歡他也不信任他的貝文立刻就告訴邱吉爾。當被問到邱吉爾在這件事情之後，如何還能與畢佛布魯克維持良好私交，貝文解釋：「呃，你看，就像這樣：彷彿那個老人娶了一個妓女。他知道她是妓女，但他愛她。」[45]畢佛布魯克有一份二十三頁的資料，由他一位研究員撰寫，題目是〈溫斯頓・邱吉爾的錯誤預言與某些經濟後果〉，條列邱吉爾據說的判斷錯誤，包括達達尼爾海峽、金本位、一九三〇年代的文章、遜位危機（當時他自己就是邱吉爾主要的盟友）、一九四〇年一月對中立國的演講、預言克里特島與托布魯克的勝利等等，資料多半出自英國議會議事錄和畢佛布魯克自己的報紙。[46]這份資料從沒拿出來用，但是畢佛布魯克蓄勢待發，等候他的老友政治上脆弱的時機。

二月九日，邱吉爾從卡薩布蘭加回來後首次走進下議院，迎接響亮的歡呼。「我們必定用盡方法要讓敵人火燒流血，事實上和理智上都有可能」，他告訴議員，「就像現在，他們沿著廣闊的俄羅斯前線，從白海到黑海放火殺人。」[47]接著他又說：「當我看著俄羅斯的所作所爲，以及蘇維埃軍隊浩瀚的成就，如果在我心中與良知中，不能確定已經用盡或即將用盡人類能力所及，以最大速度和能量、最大規模，出動英國和美國軍隊對抗敵人，我應感覺自己不夠水準。」[48]邱吉爾繼續向「勇猛可怕的上將蒙哥馬利」致敬，「這位克倫威爾級的人物，一絲不苟、嚴厲、超群、努力不懈，將生命奉獻於研究戰爭，對他的軍隊投入大量信心與忠誠。」[49]接著他朗讀亞歷山大上將擊敗隆美爾後捎來的訊息：「國王陛下的敵人，以及他們的輜重，已經完全從埃及、昔蘭尼加、利比亞、的黎波里塔尼亞（Tripolitania）消滅。現在我等候您的進一步指示。」他停頓，接著又全然輕描淡寫地說，「那麼，顯然，我們必須想想其他事情。」[50] 演說之後，他在吸菸室聚集議員。「他印象最深刻的似乎是利比亞的義大利人給他歡迎。」尼科爾森記錄，「『他們對我歡呼，』他說，『而且像這樣鼓掌』，於是他把雪茄塞進嘴裡，然後拍手，說著『咿喂哇』（Eeveever）。」[51](7)

二月十六日，邱吉爾肺的底部感染肺炎。摩蘭開了磺胺類的抗生素 M&B 給他（以製造商 May & Baker Ltd 命名），但接下來六天，首相完全無法工作。他又再次幸運地在對的時間點生病，M&B 是第一個發明治療肺炎的藥物。他身體好些後讀了《摩爾・弗蘭德斯》（*Moll Flanders*），然後在二十二日寫信給國王，國王也來契克斯別墅拜訪休養中的他。「戴高樂對這個國家充滿敵意，相較之下，我對吉羅更有信心，」他堅持，儘管還說，「他的傲慢其實愚蠢多於惡意……他現在想要巡迴他的領土，他稱爲『*mes fiefs*』③。我已經否決這件事情，因爲他只會亂搞，四處散播恐英情緒。」[52](8) 邱吉爾不讓戴高樂去敘利亞，這位上將聽了回答「Alors, je suis prisonnier」④，然後回去位於漢普斯德（Hampstead）、英國政府借他的房子。邱吉爾去電戴高樂的外交部聯絡人，並說：「要是漢普斯德的野獸跑了，就是你的責任。」[53]

「我試著說服他晚上喝點阿華田（Ovaltine），」邱吉爾的護理師桃樂絲・麥爾斯（Doris Miles）告訴她的丈夫羅傑，「但是他說他討厭『軟食』，受不了牛奶或燕麥，是那種早餐就吃『牛排和啤酒』的人。」[54] 二月二十三日，她在唐寧街寫道，「有件事情你可能會覺得好笑，就是他的液體攝取表。大概像這樣：香檳十盎司；白蘭地二盎司；柳橙汁八盎司；威士忌蘇打八盎司。你的舌頭是不是掉出來了?!」[55] 到了三月一日，邱吉爾感覺好多了，雖然依舊虛弱，而桃樂絲寫道，「他一直唱歌，音調倒是不太準，而且非常大聲。」別人幫他在床上擦澡時，他喜歡唱一首一次大戰的歌，歌詞是這樣：

用牆上的石灰水幫我洗澡，
你幫骯髒的女兒洗澡的水
別用來幫我洗澡，
用牆上的石灰水幫我洗澡。[56]

當他能夠正常洗澡時，護理師麥爾斯注意到，他很高興能在契克斯別墅用腳趾關掉水龍頭。三月初，「和兩名祕書與幾杯威士忌一起」，他終於能夠工作到午夜之後，隔著房門可以聽見不斷的笑聲，而到了三月十五日，他已經完全康復。

三月初，隆美爾在突尼西亞發動四次大規模攻擊，但都被艾森豪和蒙哥馬利遏制。三月九日，那隻「沙漠狐狸」因傷退役，回到德國就醫，事實上是避免被俘。但是，儘管在非洲的許多捷報，英國依然經常遭到納粹德國空軍轟炸。三月三日晚上，一百七十三個平民在空襲警報期間於貝思納爾綠地地鐵站身亡，許多是跌落樓梯，在恐慌推擠中喪命。邱吉爾想要封鎖那條新聞，表示他「反對這個事件成爲公衆焦點」，特別因爲「我們之前說『不要恐慌』；這很顯然『就是』恐慌。」[57]

三月二十一日，邱吉爾首次在廣播中談到英國戰後面對的挑戰，顯示出他對勝利就在眼前充滿希望。雖然二月十八日，他因重病無法參加貝佛里奇報告 (Beveridge Report) 的辯論，但那次演說是高明的分析，也有意與工黨競爭政治中間路線。他讚美威廉．貝佛里奇爵士的工作，「你們必須知道，我和我的同僚堅決支持不分階級的目標、從搖籃到墳墓的全國強制保險。」接著又說，每個人都必須工作，「無論他們來自古代的貴族或現代的財閥，或普通的酒館常客。」[58] 他若無其事地說：「我們必須在廣泛穩固的基礎上建立全民健保。讓我在這裡宣布，任何社會沒有比讓嬰兒喝奶更好的投資。健康的公民是任何國家最好的資產。」一樣激進的是，邱吉爾承諾，「能夠接受高等教育的人都不應被拒於門外。無論人文、技術、科學領域，若不花費許多時間和金錢在人民教育，則無法建立現代社會。」[59] 這全都是經典的托利民主語言，參考他的父親，並引用迪斯雷利說過的話。他也談到「重新計劃與重新建設我們的城鎮」可以提升就業率，而且毫不諱言「戰後我們也將徵收比戰前更多的稅，但我們不打算爲了我們的計畫或稅收而去除個人誘因，繼而打擊進取心和企業」。[60] 他說到經濟、復員的「四年計畫」、建立能夠「協調英、美、俄長期利益」的歐洲理事會，甚至說到電視上市。他在結語提到自己。「我試著從事件當中學習，」他說，

> 也從自己的錯誤當中學習。讓我告訴你們，我嚴肅莊重地相信，如果我們對於我們的國家，以及彼此之間，都能秉持同志情誼與忠誠行事，如果我們能讓國家企業和自由企業都為全國利益服務，並且齊心合力拉動國家馬車，那麼我們就不會跌進可怕、毀滅的退步，或者爭吵與混亂的骯髒年代，不會蔑視或揮霍四分之一世紀前得來不易的勝利。[61]

「妳要知道，永遠不要被我大聲講話嚇到，」三月二十四日，他告訴新來的祕書瑪麗安·霍姆斯（Marian Holmes），而且「帶著天真無邪的笑容」，「我不是對妳大聲，但我在思考工作。」[62] 霍姆斯馬上成爲他最喜歡的祕書。他帶著她參加許多會議，看重她的效率、勇氣，還有姣好的外貌。同年三月，在皇家空軍服役十八個月後，喬克·科爾維也回到唐寧街報到。他發現邱吉爾「一如既往精神奕奕、意志堅定，但

是外貌磨難不少」。[63]

三月二十六日星期五，蒙哥馬利包圍馬里斯線（Mareth Line）一週後，而且正當他要突破突尼西亞南方，邱吉爾把布魯克找去。「我到臨時首相府見他的時候，他在洗澡！」[64]這位保守的阿爾斯特人回憶，「不過他一從浴室出來就立刻見我，像個羅馬的百夫長，什麼都沒穿，只圍著一條浴巾！他就這副模樣，和藹地和我握手，穿衣服時叫我坐下。」布魯克覺得，這眞是「最有趣的流程」，首相穿上絲質的白色背心，接著是絲質的白色內褲，然後「穿著這套衣褲在房間走來去，看來頗像『蛋頭先生』（Humpty Dumpty），身體很圓，雙腿很細！」當白襯衫的衣領無法圍繞脖子扣上，邱吉爾索性不扣，用領結包住，「還眞像奧利佛・哈臺（Oliver Hardy）⑤」。布魯克繼續觀看，「花上不少時間整理頭髮（有多少算多少！）」，還張開一條手帕，噴上香水，在頭上摩擦，「然後才梳理稀疏的頭髮，最後噴上噴霧！」邱吉爾穿上他的長褲、背心和外套時，「這段時間都在聊著蒙哥馬利的戰役和我們打算去一趟北非的事」。雖然布魯克的日記中滿是對邱吉爾的批評和兩人之間的爭執，這個時候，「他想說的重點是，他覺得昨晚我們開會時我看起來很累，還有我該休個長週末！」[65]

儘管如此，週一布魯克還是回到倫敦，告訴戰時內閣有關隆美爾戰敗。隨著第八軍與從西方來的美軍在進攻突尼斯前會合，突尼西亞的攻擊行動持續整個四月。部分因爲長途轟炸機的緣故，一九四三年四月也見證U型潛艇的數量銳減，因此同盟國的船運損失相對減少。總計，七百九十三艘德國U型潛艇在二次大戰被毀或被俘，在上面的船員約有四萬名，其中四分之三在海上喪命。「直至三月底，確實存在敵軍切斷我們海上通訊的危險，」上將詹姆斯回憶，「但是在那之後，防守的軍隊緩慢但逐漸壓制U型潛艇。」[66]一九四三年夏季，地中海終於重開，同盟國的船運可以通過，約當托布魯克淪陷一年後。

四月八日，艾森豪暗示，德軍在西西里增援可能會排除「哈士奇行動」（Operation Husky），同盟國預計在七月發動這項行動入侵該島。邱吉爾聽了，想當然耳酸了回去。「如果認爲兩個德軍的師，就足夠對抗現在北非任何一百萬人的攻擊或兩棲行動，」他寫給三軍參謀長，「很難看出怎麼繼續打下去。數月的準備加上海上、空中充裕的軍力，兩個德國的師竟然就足以迎頭痛擊……我相信各位參謀長不會接受這種膽小和失敗主義的信念，無論是誰說的……史達林會作何感想，我無法想像有一百八十五個德軍的師在他的前線。」[67]這是少見的低估；事實上史達林面對的略多於那個數字。哈士奇行動繼續在計畫之中。

一九四三年四月十八日，德國宣布他們在卡廷的森林發現一萬四千名波蘭軍官的亂葬崗。蘇聯否認責任，直到一九九〇年他們都會繼續說著這個謊言，但是當波蘭人和紅十字會開始調查後，眞相就會立刻大白。五月底，英國駐波蘭在倫敦流亡政府的聯絡大使歐文・歐馬利（Owen O'Malley）寄給伊登一份重要文件，以驚人的細節描述俄羅斯人如何在一九四〇年三月冷血地屠殺波蘭軍官。[68]邱吉爾讀了報告，但是決定基於戰時的緊急情況，他和外交部都須三緘其口。當史達林在他們莫斯科的會議駁斥富農「消失」的事，又漠不關心的模樣，就代表不管邱吉爾可能多麼震驚，也不會完全出乎意料。邱吉爾一九一九年曾經寫過：「列寧和托洛斯基的暴行，駭人的程度根本無法比擬，比起德皇應該負責的任何事情，其規模更大、人數更多。」但是眼下和他們一樣凶殘的後繼是重要的盟友。[69]

哈洛德・尼科爾森在日記寫下，當他詢問邱吉爾關於卡廷的事，「他陰沉地露齒而笑：『最好不要談。』」[70]「即使德國的陳述證實是眞的，」四月二十三日，邱吉爾在契克斯別墅告訴麥斯基，「我對你們的態度也不會改變。你們是勇敢的民族，史達林是偉大的戰士，而且此時，我是一個士兵，只要能夠盡快打敗共同敵人，什麼我都願意商談。」[71]「戰爭之中什麼都有可能，」他又說，較低階的指揮官也能主動做出「可怕的事」。[72]兩人都知道，若非中央政治局直接指示，不可能發生如此大規模的屠殺。道德上，邱吉爾難以容忍，但是政治上，不可避免。這是他的政治生涯其中幾次，政治現實打敗道德，甚至爲了追求更大的目標，打敗體統。

到了四月中，邱吉爾深信，爲了突破與印度國民大會黨的政治僵局，需要新的總督。國大黨依然拒絕提供爲了保護印度不受日本侵略的戰爭協助。考慮艾德禮、辛克萊、克蘭伯恩與藍浦生後，他決定派安東尼・伊登去。伊登記錄他在四月二十一日晚餐後說的話：「贏了這場戰爭卻丟了印度，會是多大的災難，而且他相信只有我能拯救印度。還說我是他的左右手，而且同僚之間我是唯一親密的盟友，以及雖然他很不願意失去我……等。」[73]四天後，艾列克・哈定莒爵士去電伊登，要求他留在倫敦，以便「多少影響溫斯頓」，而且表示，邱吉爾「就算無意識」，也想要「在家有些自主權」。哈定莒也寫信給國王，信中說伊登「是唯一能以平等身分與首相對話的人，可以跟他對話而且最後不會『吵起來』！誰是首相可以託付祕密、討論事情的人，並且任何時候，不分日夜？不敢想像那可能是畢佛布魯克。」[74]那種可能太過可怕，隔天國王寫信給邱吉爾，微妙地表示不能派伊登去。

直到四月八日，與伊登「非常誠實」地討論後，邱吉爾終於必須接受，他無法說服伊登去當印度總督。一週後，他告訴伊登的妻子碧翠絲，她錯過騎大象的機會了。[75]他不要派安德森，因爲朝臣認爲他活潑的妻子艾娃不適合擔任總督夫人（雖然邱吉爾喜歡她），而辛克萊不能去，因爲那麼一來綏靖主義的赫伯特・薩繆爾爵士就會領導自由黨。所以，卽使沒人熱衷於此，更不用提邱吉爾了，這項職位落在韋維爾身上。韋維爾是個勇敢、迷人、眞誠、有教養的軍人，但是如果派出的是擅長外交的政治人物，例如伊登，與甘地和其他國大黨的領袖談判起來會更有效率。

正當軸心國卽將被逐出北非，而且義大利戰役蓄勢待發，上將金再度於美國三軍參謀長會議質疑德國優先的政策。這件事情傳回倫敦時，邱吉爾決定需要再次赴華盛頓，並且告訴國王，如果英國的總指揮官接受邀請過去那裡，他們需要「更高層級的政治支持，以免被『太平洋優先』的學派壓過」。[76] 他要讓美國人投入「雪崩行動」（Operation Avalanche），也就是一旦西西里淪陷，就入侵義大利本島的行動，並且訂下一九四四年跨海峽攻擊的日期、討論原子核議題。

大西洋戰役勝利在卽，意味反對提早在法國發動兩棲進攻的重大理由——由於U型潛艇的動作，無法再補給遠征軍——正在快速消失。一九四三年五月，所謂「空軍缺口」（Air Gap）——也就是以陸地爲基地的飛機，保護不到船隊的格陵蘭南方海域——現在終於能以特遠程飛機塡補，例如航程多達六百哩的解放者轟炸機。那個月，德國海軍指揮官上將卡爾・鄧尼茨（Karl Dönitz）必須完全撤回他在中大西洋的軍隊。

有時邱吉爾會遭到批評，說他在一九四二年與一九四三年前半年錯誤配置稀少的轟炸機中隊，偏袒轟炸機司令部多於海岸司令部。[77] 事實上，問題出在海岸司令部內部。海岸司令部直到一九四二年秋天，爲了追捕比斯開灣（Bay of Biscay）的U型潛艇，用掉需要塡補空軍缺口的多數飛機，而非在中大西洋護航船隻。[78] 一九四二年十一月，邱吉爾成立反U型潛艇作戰委員會（Anti-U-Boat Warfare Committee），並擔任主席。第一次開會時，針對塡補空軍缺口的問題，陸基和艦載兩個方案都曾考慮，並決定以陸基的飛機爲最佳方法。卽使卡薩布蘭加會議已經配置八十架特遠程飛機塡補缺口，但是把海岸司令部的解放者三代轟炸機改造爲特遠程需要時間——這些都只由位在蘇格蘭西岸普雷斯威克（Prestwick）的一家公司執行——而且四個月之後，只有兩架解放者改造完成。[79] 一九四三年春天，空軍缺口開始塡補，每次出動兩百艘U型潛艇的船隊，三月被擊沉十五艘，四月又被擊沉十五艘，五月四十一艘。[80]

五月五日，這次化名空軍准將斯賓塞旅行的邱吉爾（無疑反映他對自己姓氏的驕傲），在韋維爾和布魯克陪同下登上瑪麗皇后號。瑪麗皇后號是冠達郵輪八萬噸的豪華旗艦，曾經贏得最快橫越大西洋的藍絲帶獎（Blue Riband），現在改裝爲軍艦，漆上海軍的灰色，此時載著五千名德國戰俘，正要送去美國拘留。[81] 六天後，這艘船下錨在史坦登島（Staten Island），接著邱吉爾搭上專屬火車前往華盛頓，當晚羅斯福夫妻在那裡歡迎他們。

翌日三叉戟會議（Trident Conference）隨卽展開，持續到五月二十五日。這場會議達成數項重大決定。假設預計在七月展開的哈士奇行動成功，之後，所有地中海的軍隊都會用於入侵義大利，除了四個美國、三個英國的師會撤退，爲一九四四年五月一日的圍捕行動預備。在太平洋戰場，英國軍隊必須撤退到緬甸阿拉干（Arakan）海岸，也是大約六個月前他們出發的地點。會議並同意，義大利投降後，同盟國將聯合行動來對抗日本。五月十三日邱吉爾收到亞歷山大的電報後，全部的計畫立卽生效。那封電報寫著：「長官，我依職責向您報告，突尼西亞戰役結束。所有敵軍已經終止抵抗。我們是北非海岸的主人。」[82] 七日，美軍拿下比塞大，而英軍進入突尼斯。教堂的鐘自從阿萊曼之後，再度響徹英國。

邱吉爾下榻在羅斯福位於馬里蘭州（Maryland）的山區療養所，即人稱的香格里拉（今日的大衛營〔Camp David〕），此時克萊門汀來信，表示儘管倫道夫酗酒又欠債，而且發現帕蜜拉和哈里曼外遇這個痛苦的事實，他還是想要跟帕蜜拉復合。「我多麼希望那能成眞。」克萊門汀寫道，「也許眞的會。」[83]隔天，人依舊在香格里拉的邱吉爾收到消息，英軍「炸壩空擊行動」（Dambusters Raid）成功破壞魯爾區默訥（Möhne）、索佩（Sorpe）、埃得（Eder）三座大壩。這起行動極度困難，需要高明的技術和極大的勇氣，造成工業區五十平方哩的工廠淹水。「此次行動展現火熱、英勇的精神，組員士氣大振，」他告訴轟炸機・哈里斯，「激起從上到下的責任感。」[84]當時空軍的損失之高，統計上，轟炸機的機組人員幾乎無法完成一趟二十五個任務的航行。

五月十九日，邱吉爾在美國國會聯席會議二度演講。「漫長的人生經驗和血液中的激動，已在我的體內鍛造深刻的信念，對於世界的未來，以及戰爭與和平的正義事業，沒有什麼比我們兩個民族的兄弟情誼更重要。」他說。[85]他評價了最近在北非的戰役，透露「兩個獨裁者的非洲遠足」，花費他們九十五萬名士兵、兩百四十萬噸船運，近八千架飛機、六千兩百座炮、兩千五百五十輛坦克、七萬輛貨車，並且引用那句話：「德國佬永遠不是在你的喉嚨，就是在你的腳底。」結尾時他說，我們已經抵達「戰爭之中這座里程碑，我們可以說『一個大陸的救贖』。」[86]邱吉爾當然沒有在他的演說中加入此時他對英、美陸軍經常的抱怨。他甚至告訴上將甘迺迪，美國人「就像孔雀——尾巴翹得老高」。[87]二月初，他並未表現應有的謹慎，反而告訴麥斯基，美國的每個師有超過一萬八千名士兵，「但是如果你計算所有出席人員，是一萬五千。」[88]接著他「語氣明顯諷刺，開始列舉……兩個洗衣營、一個牛奶消毒營、一個理髮營、一個裁縫營、一個鼓勵軍隊的營，諸如此類」。[89]他確實有理——當美軍登陸非洲，他們設立三間完整的可口可樂裝瓶工廠。但是他對英國陸軍的批評也幾乎相同。「我們派了將近五十萬名戰鬥員去北非，」他說，「但是合計只有十到十一個師。」

三叉戟會議結束後，邱吉爾、布魯克、馬歇爾三人經紐芬蘭的巴特塢飛往阿爾及爾和直布羅陀，視察入侵西西里的計畫。穿越大西洋時，他們的布里斯托飛船遭到閃電擊中。「瞬間突然出現震動和撞擊。」邱吉爾回憶，「我醒來。剛才出了點事。沒有嚴重影響，畢竟在空中飛行，這是最重要的……對地面的人而言，似乎很危險。後來我才知道，那是非常令人擔心的事。」[90]比起今日，閃電對一九四〇年代的飛機更為危險。發電機可能會停止運轉，導致儀器失靈，羅盤也可能受到影響。旅行的下個階段，邱吉爾搭乘阿福羅約克（Avro York）飛機，那是英國公司的四引擎、高單翼客機，裡頭有吧檯、附菸灰缸的桌子、窗戶、書本、報紙，以及電熱廁所座椅。（邱吉爾抱怨太熱，所以拔掉插頭。）[91]

五月二十八日起，在阿爾及爾，邱吉爾住在上將康寧漢的別墅，他在那裡享受海上吹來的微風，心情很好。[92]馬歇爾和艾森豪已經準備發動哈士奇行動。「人人都會自動回應公平的競爭。」邱吉爾告訴艾德禮，「如果你對美國人好，他們永遠都會對你更好。」[93]他很高興倫道夫陪著他。他告訴克萊門汀，他們的兒子瘦了，並且「看起來非常健康」。[94]邱吉爾預計和戴高樂會面，而他告訴克萊門汀，他估計兩人會有嚴重的齟齬，因為這位上將「會盡其所能地尋釁，並伸張他的個人理想」。[95]但是對於未來的行動和影響區域，至少短期之內，會有合理程度的協議。俄羅斯人也很守規矩。當一位美國記者問到，對於史達林決定廢除致力促進全球革命的組織——共產國際，他有何看法，邱吉爾只說：「我喜歡。」[96]

這趟旅程的高潮是在迦太基的羅馬圓形競技場，他對著三千名英國士兵說話，音響效果極佳，幾乎不需揚聲器。他告訴他們，突尼斯的勝利，意謂縮短「這場頑固的戰爭，以及大步邁向和平、家園、榮耀的路」。[97]他以「上帝保佑你們全體」作結，開心揮舞手杖上的遮陽帽。「我說話的地方，是怒吼的獅子吞沒基督宗教處女的地方，而她們的叫聲劃破天空。」之後他告訴伊斯梅、布魯克、伊登、倫道夫，「但我不是獅子，當然也不是處女！」[98]伊登後來回憶，那天與隔天，對他來說是戰爭當中最快樂的兩天，和邱吉爾一起不拘禮節地閱兵，穿梭在歡呼的軍隊之間，士兵「因爲勝利而放鬆快樂，他們當然完全有權這麼做」。[99]美國軍方的報紙《星條旗報》(*Stars and Stripes*)在封面對比「英國大兵高喊支持邱吉爾，響亮的聲音迴盪在巨大的圓形廣場遺跡，象徵曾經偉大的羅馬帝國」，另一邊是突尼斯機場附近軸心國廢棄的飛機堆，「曾經廣大的墨索里尼帝國殘骸」。[100]「首相狀況很好。」邱吉爾六月五日回到英國時，馬汀寫道，「而且完全享受他的『遠征』。」[101]

六月中，時候未到，邱吉爾就向布魯克提議讓他擔任圍捕行動的最高指揮官。「他說了很多好話，表示對我信心十足等。」當時布魯克寫道，後來又說，「這個消息是戰爭期間令我最興奮的事。我覺得這就是我所有奮鬥完美的巔峰。」[102]但是這兩人當初應該認知到，誰來指揮圍捕行動(後來改名爲大君主行動)，最終決定權不在英國手上，因爲他們在這項行動中會是地位較低的伙伴。將於一九四四年七月二十五日登陸在法國的一百四十五萬兩千大軍中，五十六%來自美國，四十四%來自英國、加拿大與其他協力國家。由於美國在此行動提供最多人力，想當然耳，指揮官會是美國人。那一年度，英國生產兩萬八千架作戰飛機，德國與俄羅斯各四萬架，美國生產九萬八千架。美國的軍事工業能力令人生畏，而且戲劇性地轉變戰爭演算。國王在四月初注意到，邱吉爾在一九四三年七月想要召開帝國會議的理由之一，就是「設置團結的大英國協與帝國前線，向世界與美國展現我們是統一的整體。美國人老是說他們會領導戰後世界」。[103]

千架轟炸機首次襲擊科隆後過了一年，邱吉爾開始懷疑地毯式轟炸的政策。六月底，他在契克斯別墅看了一部皇家空軍製作的電影，內容關於轟炸西發里亞 (Westphalia) 的伍珀塔爾 (Wuppertal)。看完之後，他問：「我們是禽獸嗎？我們會不會太過分了？」[104] 他委託法官約翰・辛格頓爵士 (Sir John Singleton) 製作轟炸政策的報告，最終要求在城市強調策略性轟炸，而非地毯式轟炸。[105] 然而，夜復一夜，爲了嚴格限制第三帝國軍需生產，德國的城市持續被搗爛，而全部的代價是轟炸機司令部五萬五千名飛行員。[106]「卽使病得最重的時候，」桃樂絲・麥爾斯寫信給她的丈夫，談到邱吉爾，「他也會一大早打電話去轟炸機司令部，詢問我們有多少死傷（而非投下多少炸彈），還有多少飛機安全回來。」[107]

如果邱吉爾對於地毯式轟炸有任何疑慮，他多半藏在心裡。七月二十五日，窗式反雷達設備首次用來保護飛機，因而能以高爆炸性的風暴型大火摧毀漢堡 (Hamburg)。一九四〇年九月，邱吉爾曾經指責「這些在倫敦殘忍、肆意、無差別的轟炸」，而現下他正兌現對倫敦人的承諾，展開全面報復。有人批評他配給轟炸機司令部太多稀有資源，尤其是供應短少、但急需用在坦克和船隻的金屬。

英國戰爭物資的問題還出在別的地方。到了一九四三年五月，十字軍坦克的缺點明顯，不得不停產。卽使如此，軍需部不能如他們所願立刻停產。帝國副總參謀長上將羅納德・威易克斯爵士 (Sir Ronald Weeks) 建議，所有全新但有缺點的坦克在沒有旋轉炮塔的情況下，可以當作十七磅反坦克炮使用。邱吉爾聽了搖頭，借用自己一九二九年預算演講說的笑話，悠悠地回答：「上將，你讓我想起一個男人，早上起床後，拿著一盒餅乾在街上遊蕩，想找條狗送。」[108]他個人對軍需生產的每個面向都有濃烈興趣，經常刺激敦促。(9)

七月二日，內閣討論巴勒斯坦的議題，邱吉爾發現自己屬於少數派。一九四二年十二月，下議院爲在東歐遭納粹突擊隊滅絕的猶太人起立默哀。然而七個月後，在下議院，殖民地大臣奧利佛・史丹利指責巴勒斯坦猶太人的「極權主義、侵犯、擴張」，他們「執著於建立猶太人的國家。他們想在納粹的國界之內組織國家」。[109]「我打定主意要在巴勒斯坦建立猶太人的民族家園。」邱吉爾回答，「我們繼續這麼做；戰爭結束時，我們應該擁有足夠的軍隊強迫阿拉伯人默許我們的安排。不要因爲困難就逃避我們的責任。」[110]

艾德禮想要繼續進行巴勒斯坦戰後的政策規劃，但邱吉爾認爲時機未到，他知道那會阻礙猶太復國主義。史丹利強調「猶太人的民族家園和猶太人的國家之間的差異，而極端主義者現在要求猶太人的國家」。伊登說他不能支持「整個巴勒斯坦都是猶太人的國家」，而且認爲英美聯合宣言不久之後就會警告「極端主義者」離開那條界線。邱吉爾報告，他已經向羅斯福提出在昔蘭尼加和的黎波里塔尼亞建立猶太殖民地的想法，但是總統認爲逃離納粹的猶太人，戰後會想回去「他們出身的歐洲國家」。一位未具名的大臣甚至說，他怕「巴勒斯坦的暴力可能會重啟全世界的猶太迫害」。

伊登描述猶太人的立場是「你們出去，我們會和阿拉伯人達成協議」。埃莫里又說，政府「不能被猶太極端主義者踐踏」。克蘭伯恩主張，「猶太人和阿拉伯人都在挑撥離間我們。」韋維爾的想法是，「從大英帝國安全的觀點來看，巴勒斯坦猶太人現在的渴望，對我們在中東與後續在印度的地位，是實實在在的威脅。」「記得，在歐洲任何一個國家，當猶太人高出某個比例，」赫伯特・摩里森說，「必定會有反猶太主義。」[111]（內閣裡的猶太人比例是零。）埃莫里和利特頓又感嘆一番後，邱吉爾總結，他的意見和所有其他內閣成員相違，他說，他「寧願把武器留給他們（猶太人），讓他們奮戰到底！」，接著又說：「這些猶太人的武器會轉而對**我們**有利。」[112] 邱吉爾指派一個內閣委員會思考長遠政策；每當他被極多數壓過，就會使出這個經典手法，確保不會有所動作。

兩天後，七月四日，上將西科爾斯基在直布羅陀死於墜機。「軍人必有一死，」邱吉爾在廣播中對波蘭軍隊說到他們的領袖，這位他逐漸喜歡且相當讚賞的領袖，「但是藉由他們的死，他們滋養他們出生的國家。」[113][(10)] 次日，德國在奧廖爾（Orel）附近發動大規模的庫斯克進攻（Kursk Offensive），起初俄羅斯回以堅實的防守，後來轉爲史上最大的坦克戰役。一九四三年度，七萬名西方的軍人包括轟炸機組員在內，拚死對抗德國時，有兩百萬名俄羅斯士兵被殺，將近是三十倍。

即使大意失去新加坡，邱吉爾盡其所能地持續補給蘇聯，看來是個正確的作法。但是，如同伊恩・傑各布戰後在皇家三軍研究所（Royal United Services Institute）指出，「我們並不眞的知道俄羅斯的軍事思維，雙方幾乎沒有針對事實或想法溝通。俄羅斯根本上不信任西方，雖然因爲德國攻擊俄羅斯，我們又能即刻回應，不信任暫時減少，但是不信任很快又自行重建，到處盛行。幸運的是，俄羅斯戰場在地理上幾乎隔絕，因此能夠緩和負面影響。」[114] 史達林不去嘗試眞的交戰，反而發給邱吉爾許多電報，指責西方同盟國正盤算背叛俄羅斯。「他告訴我，他被史達林一連串無禮的電報惹得很煩。」國王在他們六月二十九日的午餐之後寫道，「雖然他、伊登或外交部都不認爲史達林考慮單獨與德國談和。」[115]

庫斯克之役發動同天，總是擅長穿梭在嚴肅與荒謬之間的邱吉爾，感謝澳大利亞的外交部長赫伯特・埃瓦特博士（Dr. Herbert Evatt）送他一隻名叫噗通（Splash）的鴨嘴獸填充玩偶，「以及一本資訊豐富的書，說明鴨嘴獸的生活和習慣」。[116] 邱吉爾把噗通放在唐寧街十號的大廳，時而說起噗通的愛情生活娛樂大眾，儼然權威的模樣。那年還有另一個四隻腳的禮物，不過這次是活的，是頭成年的獅子，名叫羅塔（Rota）。湯普森夫婦送給邱吉爾，而邱吉爾把羅塔送到倫敦動物園。「如果你的工作有什麼缺失，我就把你送去給羅塔。」他告訴其中一位缺乏幽默感的文官，「現在可是很缺肉。」[117]（那個人當真，表示首相「妄想發作」。）一九四三年八月，邱吉爾到動物園看羅塔，他也靠近天鵝，對天鵝說：「我猜你會想要餵我。」[118]

七月九日，哈士奇行動開始，十六萬同盟國的軍隊在空軍全面護航與三千艘船艦支援下，衝上西西里南方的海灘。大西洋戰役獲勝與從北非驅逐軸心國前，不可能有這樣的軍隊數字。[119] 一九四三年七月，德軍在義大利與巴爾幹半島有十二個師，那年年底已經成長爲三十個。[120] 爲了防止同盟國從義大利的機場攻擊德國南方的目標，他們被迫與義大利競爭原本最好用在庫斯克以及擊退跨海峽攻擊的資源，因此證明邱吉爾和布魯克的計畫正確。「首相極爲興奮。」[121] 瑪麗安・霍姆斯隔天在日記寫下。雖然他全心投入大君主計畫，而且不打算違背在華盛頓締結的協議，邱吉爾自然偶爾會擔心，難度極高的行動會不會成功。七月中，他告訴美國的戰爭部長亨利・L・史汀生（Henry L. Stimson），他可以看見「海峽充滿被打敗的盟軍屍體」。[122]

相對這些憂鬱的念頭，那個月，外交部反對二十歲的南斯拉夫國王彼得二世與二十二歲的表姊，即希臘與丹麥的亞歷珊卓公主結婚，(11) 理由是皇室不宜在戰時結婚，此時邱吉爾體內的浪漫又很明顯。他們宣稱那條規矩源自塞爾維亞，但是邱吉爾說他不相信像塞爾維亞這樣一個好戰的民族會不讓國王「延續他的朝代，而且無論如何，最謙遜的人類擁有實行原始本能的權利……**從表面上看來**，這似乎像是在寬恕婚外關係」。[123] 他告訴伊登，「我們也許會回到路易十四那樣的風雅生活，而非二十世紀興盛的道德敗壞……我對國王的建議……就是去最近的戶籍登記處，碰碰運氣。那又怎樣？」[124] 他們隔年結婚。

到了七月十二日，因爲戴高樂執意拒絕將同盟國的考量優於純法國的考量，邱吉爾想要和他絕交，但是作爲自由法國的領袖，伊登想要支持他。爭執從晚餐後持續到凌晨兩點，邱吉爾說「他會勇猛奮戰，至死方休」，找個較不法國利益至上的人取代戴高樂。[125] 五月，當戴高樂和吉羅在法國國家解放委員會成立各自的派系，伊登和內閣阻止邱吉爾結束英國對戴高樂的物質支持，雖然要到一九四四年十月，諾曼第登陸日後四個月，英國才會正式承認自由法國爲法國臨時政府。「我，當然，極其親法，」邱吉爾主張，「不幸的是法國人極其挑釁。」[126] 與戴高樂正面交鋒時，邱吉爾用他無人能夠模仿的英式法語說：「Si vous m'obstaclerez, je vous liquiderai !」[127]（另一個目擊者記下的是「Et, marquez mes mots, mon ami – si vous me double- crosserez, je vous liquiderai.」）[128]⑥

還不想結束爭執之夜的邱吉爾，轉向他和伊登意見一致的話題：「我們討論過保守黨，而且彼此都同意，我們多不喜歡他們，以及他們多不喜歡我們。」（是的，這兩人就是一九四〇年至一九五七年間的保守黨領導人。）「我們已經與他們不同調。」[129] 八月二日，他們又開會到凌晨，爲了攻擊亞速群島的「救生圈行動」（Operation Lifebelt）互相叫囂。邱吉爾想要執行，但伊登反對，到了最後，邱吉爾爲他的大吼大叫道歉。「恐怕我剛才也大聲喧嚷。」伊登在日記寫道。「噢，你，」邱吉爾回嘴，「你很可惡。」[130] 幾天後，邱吉爾告訴伊登，外交大臣和下議院領袖是首相職位「絕佳的訓練」。[131]

七月十九日，與艾倫・拉塞爾斯爵士（綽號「湯米」）和阿爾考特・拉馬索米・穆達利亞爾爵士（Sir Arcot Ramasamy Mudaliar）共進午餐時，邱吉爾長篇大論他最喜歡的主題之一，即大英帝國之於其原住民族的許多利益。哈定莒那個月稍早辭職後，拉塞爾斯成爲國王新的機要祕書，而穆達利亞爾偶爾代表印度出席內閣會議。「唯獨感謝英國統治印度的善行和智慧，印度才能享有比世界上任何國家還要長、不受戰爭侵擾的時期，」他說，而且印度「因此能夠成長與繁衍到這麼驚人的程度」。[132] 儘管如此，他認爲「這種龐大又毫無遠見的人口開花必須停止」，而且告訴穆達利亞爾：「你們的人民必須實施生育控制。」拉塞爾斯寫道：「溫斯頓說從前那種印度人比白人低下的觀念必須去除。」相反地，他說：「我們一定要成爲朋友。我想看見偉大閃耀的印度，就像我們爲偉大的加拿大和偉大的澳大利亞那樣，爲印度感到驕傲。」[133]

邱吉爾在二十世紀前四十年就常以印度驚人的人口成長爲例，代表帝國的成就，而在一九四二年十一月，他仍對西班牙大使阿爾瓦公爵（Duke of Alba）吹噓，「自從英國占領印度，當地人口增加一億；自從美國獨立戰爭後，紅印第安人幾乎滅絕。」[134] 但是某些詆毀邱吉爾的人會從偶爾反對印度的言論直接斷章取義，表示他利用一九四三年至一九四四年間可怕的孟加拉饑荒——估計一百五十萬人死亡，有些人甚至主張雙倍或更多——對孟加拉人執行他們所謂的「種族滅絕」。[135] 事實完全不是那樣。

一九四二年十月十六日，熱帶氣旋襲擊孟加拉和奧里薩（Orissa），摧毀稻作收成。當地依據一九三五年《印度法》選出以穆斯林爲主的政府，然而面對天災，該政府貪汙而且疏忽處置，總督林利斯哥勛爵和英屬印度的官員也未能及早控制局勢。[136] 印度的商人，尤其白米和穀物的大盤商與零售商，見到價格上升，期待繼續飆漲，因此囤貨。「貪汙與詐欺非常嚴重，」一九四三年十月當上印度總督的韋維爾寫信給印度大臣埃莫里，描述那些「不擇手段的商人」。[137]十月七日，邱吉爾在內閣表示，韋維爾身爲總督其中一項首要任務就是處理印度的「饑荒和食物問題」。[138]隔天他寫信給韋維爾，關於他所謂印度「眞正的饑荒」。「世界大戰的高度壓力，多年來首次造成匱乏，」他告訴他，「印度某些地區瀕臨饑荒。必須盡其所能解決當地的糧食短缺，即使需要調度緊急因應戰爭用途的船運。」[139]可惜的是，戰爭運輸大臣列德斯勛爵不久之後就會指出，「印度政府要求一百五十萬噸的穀物，顯然不可能達到。」[140]一九四三年十一月，邱吉爾也拒絕加拿大政府提議運送十萬噸小麥，理由是送到印度將耗時兩個月，而且「就現況而言，沒有道理添加任何額外壓力在資源運送上（尤其如果那會牽涉向美國要求更多援助）」，但是詆毀他的人不會引用同一個內閣會議的決議，他們改爲考慮「提早開會，討論載送更多穀物到印度，可能從澳大利亞」，而後來確實就是如此。[141]

較早之前的饑荒，部分不足的量會從緬甸或其他東南亞的穀倉補充，但是現在日本控制緬甸、泰國、越南、馬來亞、菲律賓，而且其實他們的軍隊就在印度本土，在那加蘭邦（Nagaland）的科希馬（Kohima）與曼尼普爾邦（Manipur）的因普哈（Imphal）。一九四二年四月起，日本在孟加拉灣布滿大批艦隊，轟炸印度東部城市。軍事情勢又因甘地逼迫英國放棄印度的抗爭而更加艱難，儘管日本的威脅迫在眼前，他也不願停止。雪上加霜的是，過去的饑荒常由北部的收成紓困，但是熱帶氣旋也擾亂北部，還破壞了運送食物到災區的鐵路。有剩餘食物的地方政府拒絕割捨，例如旁遮普，而囤積的現象，又因政府的「印度化」政策惡化，該政策阻撓總督從德里發布直接指示。[142]一九四三年六月，饑荒達到巔峰之際，旁遮普的營收大臣酋圖・拉姆爵士（Sir Chhotu Ram）指示農夫不要把他們的穀物低於某個價格賣給政府。[143]

一九四三年八月四日，邱吉爾同意運送十五萬噸的伊拉克大麥和澳大利亞小麥到孟加拉，並在九月二十四日堅持「必須做點什麼」，他也「非常強調，印度人不是這場戰爭之中唯一挨餓的民族」。[144] 這些話與其他類似的話都記錄在埃莫里的日記，聽起來殘酷但反映現實，而且說完這些話後，邱吉爾又同意額外配送五萬噸的食物。如果當時食物可得，又容易運送，邱吉爾就會送。這並不構成種族滅絕的意圖，對印度政治不正確的評論也不構成種族滅絕的動機。幾乎所有埃莫里口中邱吉爾的論述都是改述，而非直接引述，而且應該視為首相其中一位機要祕書所謂他「挑釁的幽默」。[145] 這些冒犯種族的笑話，今日看來完全不可接受，然而如同一位歷史學家所言，在當時是「當代英式幽默的部分基石，在兩次大戰之間與之後，是《諷趣》雜誌常見的特色」。[146] 無論英國政府對於饑荒的政策是什麼，這些笑話都不會發揮作用。而政策就是，能夠騰出什麼就運送什麼，同時考量日本潛水艇的威脅。

一九四四年二月初，韋維爾向倫敦要求一百五十萬噸的食物，被倫敦的內閣拒絕。內閣回答，德里政府需要在整個次大陸實施有效的配給制度，提高稅收，而且最重要的是，面對通貨膨脹課徵貨物稅。內閣也懷疑那樣的短缺「部分來自政治因素，國民大會（黨）的馬爾瓦里（Marwari，印度教）支持者想讓孟加拉此時的穆斯林政府難堪」。[147] 內閣希望總督對加爾各答的政府能更強硬。如果熱帶氣旋是在和平時期來襲，統治印度的英國也許有能力避免饑荒，如同自十九世紀中葉以來幾次成功的經驗。但是許多前線都在打仗，英國國內的食物也不足，又嚴重缺乏可得的船運。一九四三年，孟加拉開始出現大量人口挨餓，即使邱吉爾內閣一九四四年一月之前，已經確定從伊拉克運送十三萬噸的大麥、澳大利亞八萬、加拿大一萬、澳大利亞又一萬。[148]

「我當然會盡全力幫你。」一九四四年二月，邱吉爾發電報給韋維爾，「但你不能要求不可能的事。」[149]印度大臣利奧波德・埃莫里同月告訴總督，邱吉爾「並非不同情」那可怕的情況，但是單純無法在這麼多軍事行動進行期間騰出這麼多船運。邱吉爾和其他許多人需要做的道德抉擇極度困難，而將其簡化為刻意的種族滅絕是偏頗，也不符歷史。如果像韋維爾、埃莫里、印度總指揮官克勞德・奧金萊克這樣的人，有那麼一刻懷疑邱吉爾希望孟加拉人滅亡，他們就不會繼續待在各自的職位。

關於饑荒，可怕的事實是，自從戰爭開始的船運損失，意謂同盟國在一九四三年至一九四四年，壓力已經大到崩潰邊緣。而且內閣認為，俄羅斯與跨大西洋的船隊、在西西里與義大利本島對抗德國的軍需船運、在薩萊諾（Salerno）和安濟奧（Anzio）的兩棲攻擊，這三件事優先於餵飽數百萬饑餓孟加拉人的迫切需求──即使假定船隻可以安全通過孟加拉灣。解放後的義大利南部和希臘也迫切需要食物，諾曼第登陸日後的荷蘭也有人口普遍嚴重營養不良的問題，這些都須納入考量。列德斯勛爵的觀點是，德里政府必須自己解決食物分配不當的問題。韋維爾利用陸軍取得食物送到受災最糟的地區，但根本不足。

「首相表示，國王陛下的政府進一步紓困印度，將會招致其他方面的重大代價。」一九四四年四月二十四日，內閣會議紀錄寫道，「同時他對印度人民的痛苦表達無比同情。」[150]幾天後，他向羅斯福要求彌補糧食不足所需的船運，表示他「極為擔心」饑荒，解釋韋維爾還需要另外一百萬噸，雖然小麥在澳洲但是無船可運；但是他遭到拒絕，理由是船隻需要供應太平洋和諾曼第登陸日的行動。[151]到了一九四四年年底，澳大利亞和東南亞司令部已經備好一百萬噸穀物，於是有人認為，若非邱吉爾，事實上孟加拉饑荒可能會更嚴重。[152]一位研究饑荒的歷史學家的結論是，「邱吉爾和他的內閣絕不是讓印度挨餓，而是尋求各種方法，能不損壞戰力又能減輕苦難。」[153]

七月十九日，邱吉爾得知轟炸羅馬鐵路調車廠的行動展開，他說：「很好。我們有無擊中教宗？我們有無在他的三重冠上弄出個洞？」[154]這是邱吉爾經典的頑皮：他當然知道羅馬的調車場距離聖伯多祿大殿幾乎三哩半，在臺伯河另一邊。當天午餐吃到下午三點十五分，因爲邱吉爾斥責布瑞肯「你在ＢＢＣ的娘娘腔朋友，把錫拉庫斯（Syracuse）說成『舍阿庫薩』（Syr-a-cusa）。」[155]

隔天，張伯倫在首相官邸的黑貓「慕尼黑捕鼠貓」被人發現死在外交部。「溫斯頓說，他因悔恨而死，也據此選擇他的臨終之處。」伊登寫道。首相說他怕貓會被丟進火堆，本來想把他埋在官邸的花園，伊登回答：「是的，『安息吧，慕尼黑捕鼠貓』很適合那個地方！我們說著那隻貓，大笑不已。」[156]後來邱吉爾告訴拉布・巴特勒，那隻貓的敵人，也就是邱吉爾自己的貓納爾遜，對戰爭的貢獻比巴特勒還多，因爲「因爲他扮演熱水袋的角色，節省燃料和電力。」[157]

七月二十五日晚上，邱吉爾正在觀賞一九三〇年的音樂喜劇《巴黎的屋頂底下》（*Sous les toits de Paris*），此時ＢＢＣ監聽部（BBC Monitoring Service）去電契克斯別墅，表示由於哈士奇行動成功，義大利國王維克多・伊曼紐和元帥巴多格里奧（Badoglio）大膽推翻墨索里尼，並將他逮捕。「電影中斷，」瑪麗安・霍姆斯回憶，「燈光打開，首相宣布這樁好消息。所有人拍手。」[158]晚上十一點半，邱吉爾去電伊登，「慶祝一番，接著回憶內維爾和愛德華（哈利法克斯）在羅馬遭到的羞辱，然後我們討論下一步。」第一是嘗試把義大利拉到同盟國這邊。「我們眼前的事件影響重大。」邱吉爾說。[159]兩天後，他走進下議院議事廳，受到議員歡迎。「我們應該讓義大利人，」他說，「用家常的話來說，在他們自己的肉汁裡燉一會兒（stew in their own juice for a bit）⑦，然後把火開到最大，加速烹煮。」[160] 稍後BBC收到指示，義大利文的翻譯應該用「蔬菜濃湯」（minestrone）一詞，所以才沒有譯成「在他們自己的油中沸騰」。[161]

邱吉爾擔心，八月他又要在魁北克的象限會議（Quadrant Conference）與羅斯福見面，恐怕會「觸怒史達林」，儘管史達林拒絕旅行。「如果我們能夠說服美國人，今年幫我們在波蘭的谷地形成一條戰線，因此打開眞正的第二前線，」他告訴伊登，「喬（史達林）也許會再次變得比較順從。」[162] 八月五日下午六點，他和伊登搭乘瑪麗皇后號從克萊德出發，五天又五個小時後，抵達新斯科舍省（Nova Scotia）的省會哈利法克斯（Halifax）。隨行人員包括克萊門汀、瑪麗、埃夫里爾・哈里曼和他的女兒凱瑟琳、伊斯梅、龐德、布魯克、波特爾、馬汀、列德斯、蒙巴頓，他描述蒙巴頓「年輕、熱忱、三棲」。[163] 那次旅程中，他盡情享受與勇敢人物見面的愛好，聆聽中隊長蓋伊・吉布森（Guy Gibson）描述轟炸水壩的行動，以及成立欽迪特遺隊（Chindits）的准將奧德・溫蓋特（Orde Wingate）描述在緬甸深入日本前線後方作戰。他們即將離開克萊德時，溫蓋特說他會想念他的妻子洛娜（Lorna），因爲他回去叢林前的假期有限，於是邱吉爾讓他的妻子從愛丁堡搭乘南下的列車，轉搭開往加拿大的船。

橫越大西洋時，邱吉爾寫了一份備忘錄，講述祕密代號。「可能造成衆多人員死傷的行動不應用祕密代號描述，以免隱含自誇或過分自信的觀點，」他開頭寫著，

例如「勝利」，或相反地，蓄意在計畫當中注入失望的語氣，例如「遭殃」、「屠殺」、「混亂」、「麻煩」、「忐忑」、「脆弱」、「可悲」、「黃疸」……在世的人名——部會首長或指揮官——應該避免，例如

「布瑞肯」……聰明的頭腦輕易就能想出響亮的名稱，既不暗示行動的特徵，也不完全貶低行動，不會讓某些寡婦或母親說，她的兒子死在名為「蹦跳舞」或「大吹大擂」的行動。專有名詞之於祕密代號是好的。古代的英雄、希臘羅馬神話的人物、星座、著名的賽馬、英美的戰爭英雄，只要符合以上規則，都可以使用。高效與成功的政府，體現在大事與小事上。[164]

八月九日下午四點，抵達哈利法克斯後，邱吉爾搭乘加拿大國家鐵路的總統私人列車前往魁北克。群衆聚集在每個車站，首相擺出他的「V」字手勢，他們對他歡呼揮手。[165]他住在魁北克城堡，即加拿大總督的夏季住所，從高處俯瞰會議地點聖勞倫斯河。邱吉爾告訴麥肯齊・金，「他和早年來的時候已經相當不同。（他）學了不少。他在一次大戰犯下不少錯誤。因爲那些之前的錯誤，他在這次戰爭犯得較少……最重要的是他已經學會謹慎思考，戰戰兢兢」。[166]（他提議攻擊馬來亞和北蘇門答臘時，試圖勸退他的三軍參謀長可能不會同意這段話。）那天稍後，前往羅斯福在海德帕克的住所時，邱吉爾和瑪麗去了尼加拉瀑布，上次他去是一九九〇年。一位記者問：「看起來一樣嗎？」邱吉爾回答：「唔，原則幾乎一樣。水依舊往下掉。」[167]

邱吉爾和羅斯福在海德帕克的兩天，兩人同意英、美將會交換原子核資料，但排除其他國家，而且原子核武器非經另一方允許不會使用。再次，什麼都沒寫下。英國的科學家隨即開始在新墨西哥州洛色拉莫斯（Los Alamos）的原子核單位工作。邱吉爾也給羅斯福那份歐馬利祕密的卡廷屠殺報告，他稱之爲「殘忍、寫得很好的故事」，又說，總統讀完後，他要立刻拿回來，「因爲這不是正式的傳閱」。[168]

哈里・霍普金斯提出大君主行動的最高指揮官由上將馬歇爾擔任，而非布魯克，邱吉爾默許。邱吉爾從海德帕克回到魁北克時，告訴布魯克這個消息。這位帝國總參謀長，用他的話，「被失望的烏雲籠罩」，而且後來寫道，「就連一下子，他都不明白這對我而言的意義。對於必須改變心意，他絲毫沒有表現同情或遺憾，彷彿只是當成小事處理！」[169]雖然之前布魯克對邱吉爾亦有諸多批評，他對邱吉爾部分的憎惡可以歸因在這個令人徹底失望的瞬間，他的夢想被人摧毀。

八月十七日，羅斯福抵達魁北克參加象限會議時，整個西西里已經在同盟國手中，而德國的軍隊正沿著俄羅斯南方的前線撤退。伊恩・傑各布回想接著開了八天的會議，當時：

隨著一九四三年與一九四四年開展，美國的勢力逐漸增長，對於同盟國的決策產生日趨優越的影響……他們（美國人）還沒準備如同討論歐洲或印度洋那般討論太平洋未來的計畫。他們不會允許任何人插手太平洋的裝備分配……他們不會允許（蒙巴頓——他在會議當中成為東南亞的最高指揮官）控制美國空軍經「駝峰航線」（經喜馬拉雅山的危險航線）補給中國……驚人的事實是，竟然達成如此高度的合作與和諧。[170]

邱吉爾和布魯克之間可是沒有和諧可言。對於英國現在對抗日本的主要政策，應該依邱吉爾所願，集中在解放孟加拉灣周圍的英國殖民地；或依三軍參謀長所願，在太平洋幫助美國，這兩人意見不一。會議期間，布魯克在日記大罵，「一個首相就像喜怒無常的首席女高音，多疑到不可思議的地步，總是害怕軍隊聯合的勢力會威脅政治優勢……這次他比任何時候都不講理又討人厭……我納悶未來有沒有歷史學家能夠繪出溫斯頓的本色？」[171]會議一結束，邱吉爾、布魯克、波特爾就去了雪湖（Lac des Neiges）釣魚六天，住在有熱水浴缸和熾熱火爐的木屋，置身緋紅的山脈之間。「這裡一切順利。」邱吉爾離開前發電報給在倫敦的艾德禮，「我們提議，爲了促成我們三方會面，願意不辭辛勞與危險，再次長途旅行，但是史達林當然故意忽視。儘管這一切，我不認爲他火爆粗魯的表現是爲了與德國單獨談和，因爲兩個種族之間的憎恨現在已經成爲他們內在的封鎖線。」[172] 伊登和邱吉爾即將分離，邱吉爾覺得感傷。「我不知道如果我失去你們大家，該怎麼辦。」他對他說，「我可能要割喉自盡。那不只是愛，雖然當中充滿許多愛，但你們是我的戰爭機器。小布、波特爾、你、迪克。我就是不能換掉你們。」[173] 邱吉爾也許不會公開稱讚「小布」，甚至也不會當著他的面，但有布魯克在背後支持，他感謝，甚至感動。

九月三日，同盟國成功發動「雪崩行動」（Operation Avalanche），穿越美西納海峽（Straits of Messina）登陸義大利本島，此時邱吉爾人在白宮。那天，義大利國王維克多・伊曼紐三世與前非洲指揮官元帥佩特羅・巴多格里奧（Pietro Badoglio）帶領義大利軍隊，和同盟國簽訂卡西比列停戰協議（Armistice of Cassibile），五天後宣布。雖然德軍講明他們會繼續在半島上競爭，義大利自此退出戰爭，準備正式投降。對語意與文字政治脈絡一向敏感的邱吉爾，後來寫了備忘錄給伊登，鼓勵外交部統一術語：

一、我們「入侵」與我們交戰的所有國家。

二、我們「進入」希望「解放」所有被征服的同盟國土地。

三、關於我們已經與其政府簽訂停戰協議的國家，如義大利，我們先是「入侵」，但是，鑒於義大利的合作，我們必須認為所有進一步在義大利的進攻，本質上是「解放」。[174]

「首相的睡眠時間現在已經亂七八糟。」賈德幹九月四日寫信給他的妻子，「他和總統談到深夜兩點，白天理所當然花費許多時間在床上，在不當的時間沐浴，穿著浴袍在走廊上奔走。」[175]《紐約先驅論壇報》(*New York Herald Tribune*)發行人的妻子奧格登・里德(Ogden Reid)女士長期支持印度獨立。九月五日在白宮午餐後,他們坐在南邊門廊,此時,她問邱吉爾:「你打算怎麼處置那些可憐的印度人(Indians)呢?」「女士,」邱吉爾回答,「您說的是哪些印度人呢?該不會就是,在英國優良仁慈的管理下,已經極度壯大繁榮,那個地球上第二偉大的國家;或者,您說的是北美大陸,那個在你們的治理下幾乎滅絕,不幸的印第安人?」[176]安排她坐在邱吉爾旁邊、等待這種衝突的羅斯福笑到抽搐。(12)

邱吉爾在華盛頓待了十一天,比原訂計畫要長,但是義大利投降時他想跟總統在一起,也決心在他所謂「義大利高潮」發生的時候,不要被困在大西洋中間。[177]等待消息從羅馬傳來的期間,他開車去了位於馬里蘭州貝塞斯達(Bethesda)的國立海軍醫院,探望背部椎間盤滑脫的上校皮姆。他也指定菲茨羅伊・麥克連擔任與南斯拉夫共黨抵抗軍領袖元帥狄托(Tito)的聯絡官員。英國從五月起一直支持狄托的黨軍。(13)他接著提議「三巨頭」——史達林、羅斯福、他自己——以溫莎城堡作為會面場地(但沒有問過國王意見)。[178]但史達林依然堅持他不會離開俄羅斯太遠,同時伊登也提到羅斯福「無論目的,決心不同意倫敦會面,他說是選舉的緣故」。[179]伊登認為,看在邱吉爾已經拜訪羅斯福四次,這樣「幾乎是侮辱」。

在這段空檔期間,九月六日,位於麻薩諸塞州(Massachusetts)劍橋的哈佛大學頒發榮譽學位給邱吉爾。他急忙從紐約借來牛津大學羅馬法博士的帽子與長袍,約翰・馬汀覺得那套衣服讓他看來像個「和藹的亨利八世」。[180]他發表一場畢生重要的演說,傳達他對英語民族未來的願景。「在我的生命中兩度,命運的長臂越過海洋,網羅美國全體生命與男子進入一場致命的奮鬥。」他說,「『我們不想要;我們不接受。我們的祖先爲了這些糾紛離開歐洲，我們已經建立起與世隔絕的新世界。』——說這些是沒用的。一點也沒用。長臂冷酷無情地伸出，而每個人的存在、環境、前途，都經歷快速且無法抗拒的轉變。」[181]

針對英國與美國的青年，他說，

這個節骨眼上不容躊躇。我們已經到達這段旅程無法暫停的階段。我們必須繼續。世界不是失序就是井然有序。苦難與奮鬥是充斥我們年代的特色，你們將在大英國協與帝國中發現優秀的同志，你們和他們的羈絆不僅止於國家政策與公共需求。廣大來說，他們是血緣和歷史的羈絆。我是兩個世界的孩子，自然明白這些。

間接承認西方帝國來日不多時，或是對著美國反帝國主義的傳統點頭時，邱吉爾說：「未來的帝國是心智的帝國。」[182]這句話深深呼應他的英雄拿破崙曾經說過，「唯一無悔的勝利是對抗無知的勝利。」[⑭]

邱吉爾定義，連結英語民族的是「法律、語言、文學——這些是重要的因素。對於正確與正派的理解；尊崇公平競爭，尤其對於貧弱；堅信公平正義；最重要的，熱愛個人自由」。[183]這裡出現弦外之音，回溯他在《我的早年生活》描述一八九〇年代在第四驃騎兵食堂談到健康心理的宗教。對於那些認爲美國不應參戰的孤立主義者，他說，

偉大的代價是責任。如果美國人民持續停留在平庸狀態，在荒野奮鬥，沉溺在自己的事務，對於世界的發展無足輕重，他們在保護他們的海洋之外可能持續被人遺忘、不受打擾：但在許多方面，一個國家若不涉入文明世界的問題，不為其痛苦抽搐，不受其目標鼓舞，便無法躍升成為文明世界的領導社會。[184]

邱吉爾早在一九三二年就簽好《英語民族史》的合約，而且早在世紀初就刻意針對英、美團結發表多次演說。如今他將他的思緒化成結晶，表示：「共通的語言這份禮物是無價的遺產，某天也可能成爲共同的公民身分基礎。我樂於想像英國人和美國人在彼此寬廣的土地上四處走動，毫不感覺對方是外國人。」[185] 儘管因爲一九二〇年代債務和巡洋艦建造的事，又因一九四〇年運送的戰爭物資不足，邱吉爾氣惱美國，但是他早就知道，英國的未來很大程度依賴與美國的緊密羈絆。「如果我們團結，沒有什麼不可能。如果我們分裂，一切都會失敗。因此我不斷宣說我們兩個民族的血緣關聯……爲了爲人類效力的人，也爲了那些忠心爲偉大目標效力的人的榮耀。」[186] 這將是他餘生持續頌揚的教條。

終於，一九四三年九月八日，義大利投降。有那麼短暫的一刻，花園小徑看起來彷彿結滿美味的果實。邱吉爾此時不冒險猜測德國會繼續奮戰多久，但是當一位內閣大臣抱怨，他們會像綿羊般如影隨形。他回答，「噢，比那個糟糕多了；他們是**吃肉的**綿羊！」[187]

作者注

(1) 幾年後布魯克補充，「我想這是我為他工作的那整個期間，他唯一一次公開表揚或感謝我為他做的事。」(eds. Danchev and Todman, *War Diaries* p. 340) 雖然那不是真的——邱吉爾在諾曼第登陸日後的某次演說裡稱布魯克是「偉大的軍官」，另在一九四五年勝利日 (Victory Day) 演說也提到布魯克，而且授予他子爵爵位，但是確實可以從中發現，邱吉爾鮮少提到這次大戰其他傑出的英國戰略家。(CS VII p. 6976)

(2) 十二月初某個星期日，邱吉爾住在多尼伍德院 (Dorneywood)，那是工業家考陶爾德・湯姆森爵士 (Sir Courtauld

Thomson）在白金漢郡的宅院。下午，邱吉爾玩著早期的木板彈珠臺——科林斯桌球（Corinthian Bagatelle），舒緩不少壓力。他玩了三個鐘頭，拿到驚人的一千零一十五分高分。超過一千分就可以在多尼伍德院的「金氏紀錄」上留名，而當場見證的人有蒙巴頓、林德曼、哈里曼。（作者在二十一世紀初得到四位數的分數，也名列其中。）

(3) 那架飛機一九四五年在大西洋失蹤。

(4) 沃爾特・湯普森的兒子福瑞德（Fred）在轟炸機司令部探路者中隊服役，表現傑出。這個中隊負責標記目標，而福瑞德飛過敵軍領土四十三次，因此獲得飛行優異十字勳章，然而不久之後他就在行動當中陣亡，以致又一邱吉爾的親信，列入兒子死於戰爭中的長串名單中。

(5) 會議某個時間點上，邱吉爾早餐喝葡萄酒時，霍普金斯走了進去。首相解釋，他「一方面深深厭惡脫脂牛奶，另一方面對葡萄酒沒有根深柢固的偏見」。(ed. Sherwood, *Hopkins* II p. 685) 伊恩・傑各布告訴作者：「在開羅，我看見溫斯頓早餐喝一瓶白葡萄酒。」(interview with General Sir Ian Jacob, 28 October 1988) 小說家C・P・斯諾（C. P. Snow）曾說，邱吉爾不可能酗酒成癮，因為沒有足夠的酒可以那樣。

(6) 因為他之前曾為「女僕肘」所苦，所以畫畫需要費上不少力氣，雖然一般人不會將這個毛病與邱吉爾聯想在一起。即使現在康復，他還是戴著護肘。那幅畫現在為女星安潔莉娜・裘莉（Angelina Jolie）所有。（譯注：安潔莉娜・裘莉於二〇二一年售出該畫。）

(7) 其實是Evviva（萬歲！）。

(8) 一九五一年，邱吉爾的回憶錄公開這封信。第一句話完全被刪去，被刪的還有關於戴高樂多麼愚蠢，此外，「傲慢」改成「粗魯」。(WSC, TSSW IV p. 657) 關於第八軍的話也被刪掉：「如果敵人認為我們那裡全部的軍隊都和我們的美國朋友一樣吃素，可就大錯特錯了。」同樣被刪的還有對甘地絕食抗議的評論：「那個老騙子甘地，持續的時間比別人跟我們保證的還久，不知道他的絕食是不是來真的」。(RA PS/PSO/GVI/C/069/29.)

(9) 這不只涉及坦克、船隻和飛機。「我得知除了來自民用補給的貢獻外，現在還缺少軍隊與工人使用的紙牌，」一九四三年七月，他寫信給貿易局主席休・道耳吞，「在軍隊的休閒時間、荒郊野外漫長乏味的等待期間，以及船員被關在船上數個月的時候，提供娛樂的重要性不能輕忽。沒什麼比一盒紙牌更方便、好帶、耐用。」(WSC, TSSW V p. 578.)

(10) 有陰謀論指稱，邱吉爾為了相對俄羅斯弱化波蘭而暗殺西科爾斯基，這種說法沒有根據。

(11) 菲利普親王殿下（HRH Prince Phillip）暨愛丁堡公爵的姑姑。（譯注：菲利普親王是英國女王伊莉莎白二世的丈夫。）

(12) 然而，整體而言，邱吉爾對里德太太的評價很高。一九四〇年八月，他告訴瑪麗，里德太太推動「新聞史上最盛大的抗爭」，支持美國主動參戰。（CAC MCHL 1/1/2）

(13) 一位南斯拉夫的上將要求跳傘到巴爾幹半島，邱吉爾說：「我不確定我是否可以用降落傘好好降落。我會像蛋一樣破掉。」

(14) 哈佛演講的其中一部分，相當奇怪地向一個叫做基本英語（Basic English）的新語言致敬。一九三〇年由查爾斯．凱．奧格登（Charles Kay Ogden）發明，只有六百五十個名詞與兩百個動詞，而邱吉爾不知怎的說服自己「這個語言的普及對我們而言將是增益，比併吞大省更長久、更有效」。（WSC, *TSWW* V p. 571）他也在象限會議和羅斯福討論這個語言，因為這個語言符合他對英語民族發展中的觀點。「將我們的語言遍及世界是最好的方法。」一九四五年七月，他在內閣說，「這將是說英語的世紀。能在二週到四週內學成。」（'Diaries of Cabinet Secretary Sir Norman Brook', *New York Times* 22 January 2006）基本英語的詞彙量太少，無法說服羅斯福。「如果，在一九四〇年五月，你給英國人民的只有『血液（Blood）、工作（work）、眼睛水（eye water）、臉水（face water）』，據我瞭解那五個有名的詞在基本英語裡頭是這樣，」他告訴邱吉爾，「我好奇歷史的發展會是如何。」（ed. Kimball, *Complete Correspondence* III p. 154）

譯者注

① 字面意思為帶到花園小徑，引申為欺騙某人之意。

② 卡通小飛象的原型，得自他高大的體型。

③ 法文：我的封地。

④ 法文：所以我是一個囚犯。

⑤ 喜劇演員二人組「勞萊與哈臺」的成員。

⑥ 法文：「如果你阻礙我，我會清算你」；「而且，請記住我的話，我的朋友，如果你出賣我，我將清算你」。

⑦ 引申為「自作自受」之意。

29 堅硬的下腹 1943／9—1944／6

只有一件事情比和盟友一起作戰更糟，就是不和他們一起作戰！——邱吉爾於契克斯別墅，一九四五年四月[1]

別擔心，我現在死了也不要緊；勝利的計畫已經底定，只是時間的問題。——邱吉爾致莎拉，於迦太基，一九四三年十二月[2]

一九四三年九月十二日，邱吉爾住在海德帕克時，傳來令人驚愕的消息。德國的傘兵部隊大膽襲擊山頂上的監獄，將墨索里尼釋放。之後他被立爲薩羅共和國（Republic of Salò）的獨裁領袖，以加爾達湖（Lake Garda）爲根據地。瑪麗的日記清楚寫道，這並沒有破壞她父母結婚三十五週年的紀念日。邱吉爾告訴克萊門汀，「他一年比一年更愛她」。[3]返回英國的旅程，邱吉爾和他的隨從搭乘總統列車，從海德帕克到新斯科舍省的哈利法克斯。約翰・馬汀寫道，「我們經過鋪天蓋地的秋色，幾乎是不可置信的紅色與金黃，哈德遜河谷美不勝收。」[4]這群英國人在九月十四日下午三點搭乘年老的戰鬥巡洋艦名譽號（HMS *Renown*）離開哈利法克斯。船長愛德華・佩瑞（Edward Parry）隔天以炮擊練習慶祝瑪麗二十一歲生日，邱吉爾在途中玩了很多比齊克牌和撲克牌。十九日抵達英國時，伊登寫道，「他看起來很好，精神奕奕。」[5]

兩天後，邱吉爾相隔六週走進下議院，得到熱烈歡呼。他發表兩小時的演說，以午餐爲中場休息。「當我聽到人們不切實際地說著把現代武器從這裡、那裡丟在岸上，彷彿那些是扔在海灘上就忘記的大捆貨物，」他說，「我當眞震驚，現代戰爭依然充斥知識匱乏的情況。」[6]布魯克在日記對於他的描述可能也是如此。媒體近幾週對政府相當嚴厲，然而相較同盟國囊括西西里、南義大利、薩丁尼亞、科西嘉島（當月解放）和義大利艦隊，主要都是無聊的事。邱吉爾對這些批評一笑置之，表示就像有則故事，「有個水手跳進碼頭，我想是普利茅斯，搶救一個溺水的小男孩。一週後，有個女人來找這名水手，問說：『你是前幾天把我兒子從碼頭救上來的人嗎？』水手謙虛地回答：『是的，女士。』『啊，』那個女人說，『你就是我要找的人。他的帽子呢？』」[7]

「納粹暴政和普魯士軍國主義是德國活著兩個主要的元素，而且必須完全消滅。」邱吉爾宣布，「如果歐洲意欲避免第三次或更多可怕的衝突，必須徹底根除掉。」[8]關於義大利，他說：「我們絕對不能增加不必要的重量與負擔在我們的任務或軍人的肩上。衛星國家，無論受到收買或恫嚇，如果他們能夠幫忙縮短這場戰爭，也許就能通往回家的路。」[9]尼科爾森提到，邱吉爾說到「收買或恫嚇」這個片語，「舉起他的手臂，彷彿準備從他豐富的修辭軍火庫釋放霹靂」，結果只是突然放下手臂，移開眼鏡，露齒微笑然後繼續，「也許就能通往回家的路」。尼科爾森相信，「就是這個樣子，你會發現他對議院控制自如。正當華麗的詞藻飛揚，突然下降到眞誠與口語的交談。他所有的技巧中，這眞的永遠不敗。」[10]「溫斯頓的演說是大師之作，甚至對他而言也是，」伊登寫道，「而且他提前摧毀批評。」[11]

「他看起來非常好。」那天國王與他午餐後寫道，「而且對他在魁北克的成果，以及和羅斯福在華盛頓相處的時間，感到相當滿意。他確信他跟羅斯福互相信任，而且英美參謀長聯席委員會對未來的策略完全取得共識。」儘管如此，邱吉爾告訴國王：「美國人原本只想去薩丁尼亞！」[12]

九月二十一日，金斯利・伍德爵士上午起床後跌倒，不幸過世。在英國經濟險峻的時候，他身為財政大臣非常牢靠。即使一九四〇年五月，他曾幫助邱吉爾取代張伯倫，但是邱吉爾從未對他友好，因為過去他也是最親德的綏靖主義者。他過世後，邱吉爾把約翰・安德森移到財政部，艾德禮去當樞密院議長，克蘭伯恩回去當自治領大臣。畢佛布魯克因此能夠回到政府擔任掌璽大臣，而且重新和邱吉爾變得親近，再次證明首相勝利時的寬宏大量。他再也不需擔心畢佛布魯克覬覦他的工作，因為眼前戰事順利。

艾德禮的議長委員會負責許多大後方的工作，相當於張伯倫生前做過的事。總計，戰爭期間成立的內閣委員會和次委員會至少四百個，開過八千次會議，為國內生活每個領域把關，隨著需求來來去去，或組織、或解散。例如，重建委員會在一九四一年只開過四次會，但在一九四四年開過多於一百次。戰爭結束時，內閣辦公室有五百七十六名員工，而戰爭前不到五十名。[13]

十月，納粹德國空軍又開始轟炸倫敦。瑪麗的海德公園炮兵連行動頻繁。邱吉爾有時會戴著鋼盔，帶著晚餐的客人一起，無預警地去找女兒，和她的同事說話，某次也帶了布魯克。「有時我去瑪麗亞的連上，」邱吉爾寫信給倫道夫，用瑪麗在家裡的小名，「聽那個孩子下令發射炮彈。」[14] 身為父親的驕傲顯而易見。黛安娜志願加入空防隊員；克萊門汀輪值火警瞭望；莎拉在女子輔助空軍，從空軍偵察照片搜尋敵軍位置；倫道夫於一九四四年一月跳傘降落在被占領的南斯拉夫。這一切，讓斯賓賽－邱吉爾全家的個人勇氣和公益事業享譽八方。

邱吉爾無法說服美國人參加榮譽行動，即羅得島與多德卡尼斯群島的攻擊行動，這點令他受挫。「困難不是贏不了戰爭，」十月七日，他告訴祕書瑪麗安・霍姆斯，「而是說服別人讓你贏——說服笨蛋。」[15]「他似乎很沮喪，還說他感覺『幾乎要放棄』。」她在日記寫道。美國人的猜測正確，巴爾幹半島的戰役後，邱吉爾非常希望阻止俄羅斯人。布魯克相信，邱吉爾爲了奪取羅得島，幾乎就要「危害他和總統及美國人的關係，以及義大利戰役整個未來」。「我逐漸相信，老年的溫斯頓考慮愈來愈不周全！我再也無法控制他。」[16]

三叉戟會議後，邱吉爾並不如某些人認爲，想要延後原訂一九四四年五月一日的大君主行動，遑論取消。[17]一九四三年十月十四日，國王寫信給他，建議地中海比法國北部更適合行動，邱吉爾回答：「已經同意的不可能回頭。美國參謀和史達林會強烈反對我們。陛下必須記得，空軍首都戰鬥機只能從這個國家發揮其影響。我認爲兩個戰場都有資源。」[18]但是美國主導戰略也得有個限度。五天後，邱吉爾告訴國王，美國「不能在這裡（馬歇爾）和地中海（艾森豪）都有最高統帥，我們不能允許。地中海是我們的事，而且我們在那裡打了勝仗」。[19]

邱吉爾自然極爲擔心大君主行動必定牽涉的風險，尤其因爲自一九一五年來，他的兩棲攻擊紀錄就時好時壞。那個月稍後，他坦白告訴羅斯福，「比起我一直以來參與的任何戰役，一九四四年那場更令我焦慮。」[20]但是擔心一場行動能否成功，和想要延後或取消，兩者之間差異甚鉅。「當然不可能拋棄『大君主』，這個行動將是我們一九四四年的主要行動。」十月底，邱吉爾寫給伊登，「爲了不輸掉羅馬之役，登陸艇滯留地中海，可能會導致些許延遲，也許會到七月。」大君主行動確實因爲這類登陸艇的技術問題延到一九四四年六月初。[21]

十月十四日與查爾斯·伊德午餐時，邱吉爾堅決不吃第一道起司通心粉，並說「主要陣地是愛爾蘭燉肉，而我們不該爲了攻擊這些糾纏的鐵刺網而變弱」。[22]午餐時間，他數次把手伸進背心的袖洞，背靠在椅子上說，「看看今年！多好的一年！」[23]伊德準備以媒體顧問的身分前往遠東去找蒙巴頓，而邱吉爾告訴他，他認爲，短期之內關於東南亞戰爭的新聞愈少愈好。「他不希望現在這個戰爭被報導宣傳。」伊德寫道，「能被忘記最好。」[24]難怪當時正在緬甸奮鬥的第十四軍稱自己爲「被遺忘的軍隊」。邱吉爾希望美國不要爲了準備大君主行動而在一九四三年從義大利收回四個美國與三個英國的師。任何公開進度都必須針對義大利。他相信執行大君主行動與攻擊義大利北部可能並進，雖然無法加上攻擊法國南部，而他也一直反對。

十月二十一日，龐德去世。他在魁北克會議的最後一天中風，儘管他一度以爲自己可以撐過，但是到了九月八日，他必須告訴邱吉爾，他無法繼續任職。龐德死前，邱吉爾曾去看他，還保證頒給他功績勛章。「他的表情不變。」邱吉爾回憶，「他無法說話。但他握住我的手。他在特拉法加日過世。死亡是上帝賜予我們最好的禮物。」[25]龐德最好的朋友，海軍中將傑佛瑞·布雷克（Geoffrey Blake）記錄，「如我預期，首相非常難過，走出他的病榻時流著眼淚。」[26]邱吉爾說，討論戰爭整體指揮時，有四個人裨益他最深，而龐德是其中之一，其他三人則是畢佛布魯克、史末資、布瑞肯。[27]這對布魯克、伊登、波特爾而言可能難以接受，但也許是眞的。龐德第一海務大臣的職位由海軍參謀長安德魯·康寧漢爵士繼承。他也寫日記，而且就跟布魯克對邱吉爾一樣尖酸。

十月二十八日，辯論下議院戰後如何重建時，邱吉爾強烈主張應該和被轟炸前一模一樣。「我們塑造我們的建築，」他說，「之後我們的建築塑造我們。在前議事廳棲身並服務超過四十年，而且從那裡得到極大的愉悅與益處，我自然想見到下議院具備所有的必要元素，恢復其古老的形式、設備、尊嚴。」[28]他相信「議事廳長方形的格局更適合」政黨制度，「個人從左派不知不覺移動到右派，可能輕而易舉，但是跨過地板需要嚴肅考慮。這件事情我非常清楚。」[29]邱吉爾也認爲議事廳應該容納三分之二的議員就好，因爲「如果議院大得足以容納所有議員，十分之九的辯論會在幾乎空盪或只坐一半這樣灰心的氣氛中進行。好的下議院發言，精髓是以交談的方式進行，能夠快速隨性地打斷，你來我往」。[30]他在其他地方談到議員，「他們必須人擠人去搶他們的座位。而且如果是重要場合，他們必須站在走道和門口。必須要有緊張的氣氛。爲何？每個人都有位置跳舞或坐下的夜總會不會成功。」[31]

一九四三年十月三十日，邱吉爾得到兩萬英鎊的遺產（今日超過八十萬英鎊），來自他的朋友，南非礦業大亨暨金融家亨利・史崔寇許爵士（Sir Henry Strakosch）。(1)隔天，瑪麗安・霍姆斯的日記記載，邱吉爾想當然耳「心情雀躍。他唱著〈有位克魯來的小姐〉（There was a young lady of Crewe），但沒有唱完」。[32]（這樣也好，因爲這是一首下流的打油詩，不適合讓他年輕的祕書聽到。）十一月四日，第八軍拿下距離羅馬九十哩的伊瑟尼亞（Isernia），兩天後俄羅斯人又收復基輔，而且天氣總算允許莫曼斯克的船隊恢復相對安全，邱吉爾當然可以感覺正面。他告訴國王他努力強迫土耳其參戰，把國王逗樂。他說，「外交大臣問我『我該對土耳其說什麼？』我回答，『告訴他們聖誕節快到了。』」[33]

一九四三年十月，美國、蘇聯、英國的外交部成立歐洲諮詢委員會（European Advisory Commission），將德國和奧地利分爲不同占領區，並且畫出每支軍隊解放歐洲時可以進入哪裡。那些區域將由AMGOT治理，代表「同盟國被占領區域軍事政府」（Allied Military Government for Occupied Territories）。[2]柏林、布拉格與其他中歐城市由紅軍取得，明顯的理由是他們就近行動，也因爲艾森豪認爲，紅軍比西方民主國家有能力接受並吸收更多傷亡。雖然重要的中歐城市會落在蘇聯的影響範圍內，但是AMGOT確實意謂，英美軍隊解放的丹麥、荷比盧三國和德國西部將由西方國家管理，而且重要的是，戰爭結束的階段，蘇聯和西方列強不會因爲領土問題衝突。

一九四三年十一月，關於對抗日本的最佳策略，邱吉爾與三軍參謀長之間出現重大歧異。參謀長大致相信，勝利的方法就是支持美國攻擊太平洋上日本占領的島嶼，但是邱吉爾想要專注於重新取得緬甸、馬來西亞、香港這些前英國領土，恢復一九四一年十二月嚴重損失的帝國名譽。例如，他想執行「蛇炮計畫」（Operation Culverin）攻擊北蘇門答臘，並且利用英國在中東、錫蘭、印度的基地。因此，這個孟加拉灣的策略，與參謀長偏好在太平洋中與西南側較快速的勝利，根本上互相衝突。伊斯梅相信，「我們對於遠東策略的基本問題已經猶豫將近九個月。英國戰爭高階指揮紀錄整體而言還算不錯，但這將成爲其中一個汙點。」[34]

爲了建立全球的優先順序，三巨頭準備於十一月下旬在德黑蘭見面，這個地點不會讓史達林離蘇聯太遠。在那之前，邱吉爾想在開羅和中東司令部開會。十一月十二日黃昏，他在普利茅斯登上名譽號時，患了嚴重的感冒，而且因爲傷寒疫苗接種輕微發燒，幸好在旅途中，他得到臨時助理的悉心照顧，也就是他的女兒莎拉。摩蘭登上接駁船時摔倒受傷，邱吉爾樂於扮演他的醫生。他說，「生病的查爾斯拒絕吃他的藥，樣子就像知道內幕消息才不太開心。」[35]

十一月十七日抵達馬爾他後，邱吉爾和總督戈特勛爵一同住在他的官邸聖安東宮（San Anton Palace），也在那裡和艾森豪、亞歷山大、英國的參謀長、泰德開會。交戰中的馬爾他飲食皆受配給限制，而戈特堅持遵守這項制度，但是，羅倫斯・伯吉斯回憶，伊斯梅告訴他，這種「高尚的斯巴達主義實際上不太吸引首相。他反而把伊斯梅拉到一旁，楚楚可憐地懇求：『如果你要回去我們可愛的船上，務必要他們送來一磅奶油。』」[36]邱吉爾讀了一本克萊門汀之前寄給他的書，內容關於小威廉・皮特，根據莎拉，這本書「讓他樂了好幾個小時」。[37]

也是在馬爾他的期間，邱吉爾得知英國在多德卡尼斯群島戰敗，這是托布魯克以來首次重大失敗。他已經在規模縮小的榮譽行動中，要求英國軍隊增援守著群島的親同盟國義大利軍隊，而他們也在九月十五日就位。這次失敗促使九月二十六日德軍猛烈轟炸，同時取得羅得島。十一月十二日，德軍入侵列羅斯島（Leros）與多德卡尼斯其餘的群島，逼迫英國軍隊四天後撤退，六百名士兵陣亡，一百名受傷，三千兩百名被俘，三艘驅逐艦沉沒，以及一百一十五架皇家空軍在賽普勒斯基地的飛機損失。這樣的失敗規模比不上托布魯克，但如果邱吉爾當初聽美國的話，又或者也許如果美國十月底沒有從賽普勒斯調走空軍去義大利作戰，就不會發生這件事，但是他們有權這麼做，並也已經警告會這麼做。上將甘迺迪歸咎邱吉爾，說他「極力要求這整個計畫」，而且主張上將金寶・威爾森「缺乏判斷，也缺乏勇氣告訴首相，這項計畫聽起來既不合理又危險」。[38]儘管如此，甘迺迪承認，「在書面上，這一切作爲，首相擁有完全的專業背書。根據文件不能責備他。然而這件事情顯示，我們偶爾要爲他對軍事事務的無知，加上他對自己軍事判斷的自信，這兩者付出代價。」[39]

現在化名爲上校沃登（Colonel Warden）[(3)]的邱吉爾發了電報給克萊門汀，「我仍爲列羅斯等島的事痛心。雙手綁在背後作戰，眞的很可怕。」[40]莎拉在她的日記寫道，「列羅斯島的事讓他很不開心，但是偶爾他還是會自得其樂，也和一直很親切的倫道夫玩了很多比齊克牌。」[41]倫道夫並沒有親切太久。「爸爸又對倫道夫有些不滿，」隔天他們航向亞歷山卓港時，她向克萊門汀報告，「而且倫道夫對自己和爸爸都不滿。」然後她又隱晦地說：「很多人說著、解釋著一些我們沒人完全知道的故事，我納悶那眞的有所幫助。」[42]

十一月二十一日，邱吉爾抵達亞歷山卓港，接著搭乘軍用運輸機達科塔（Dakota）C–47飛往開羅。他寫信給內政大臣赫伯特・摩里森，既然敵人入侵的威脅已經解除，邱吉爾要求他支持一件極度爭議的事，就是從監獄釋放英國法西斯聯盟的領袖奧斯瓦爾德・莫斯利。自一九四〇年五月起，根據第18B條款，莫斯利未經審判而被監禁。「未依照法律起訴而將一個人關進牢裡的行政權，」邱吉爾說，「尤其無限期剝奪他受同儕審判的權利，實在令人可憎至極，而且就是極權政府的根本，無論納粹或共產主義……因爲一個人不受歡迎就監禁他，將他關在牢裡，這是民主最厭惡的事。這眞的是文明的考驗。」[43]他後來談到，面對特拉法加廣場憤怒的示威，內閣依然決定支持摩里森，「不準備做不受歡迎的事情並挑戰抗議聲浪的人，不適合在高壓時期擔任部會首長。」[44]

五天的開羅會議，代號是「六分儀」（Sextant），除了羅斯福外，還有中華民國的大元帥蔣介石，地點在距離金字塔不遠的梅那宮飯店（Mena House Hotel）。邱吉爾住在中東常駐公使理察・凱西（Richard Casey）富麗堂皇的別墅。十一月二十三日，他要莎拉去找找，有無座車可以帶羅斯福去獅身人面像。當她發現可以，「我父親跳進房間說，『總統先生，你必定要去看看獅身人面像和金字塔。我都安排好了。』」[45]那將如邱吉爾的妙語，「世上兩個最健談的人，遇上最沉默的人」。[46]當羅斯福傾身向前，雙手試著撐起身體，但又沉入座椅，邱吉爾轉過身說，「我們在車上等你。」外頭耀眼的陽光下，莎拉「看見他的眼睛閃爍淚水」。「我愛那個人。」他簡短地說。[47]

蔣夫人隨她的丈夫一起來開會。「爸爸對她印象深刻，莎拉觀察，而且她無疑是最頂尖的口譯員。」[48]布魯克回憶，「她身穿貼身的黑色綢緞連身裙，上有黃色的菊花圖案，在某個關鍵時刻，裙子露出一道縫隙，延伸到她的髖骨，露出非常勻稱的雙腿。這個畫面引起與會者一陣騷動，我甚至覺得，我聽到幾位較年輕的與會人員發出壓抑的嘶聲！」[49]莎拉告訴克萊門汀，蔣夫人「極具外國情調、陰險、圓滑、有點僞善？別當眞！」[50]邱吉爾和布魯克認爲美國對中國的印象過好，並認爲他們的表現不配羅斯福爲他們安排的戰後核心地位。這又是另一個不公平的種族假定。一九三一年至一九四五年，中國對抗日本這十四年間損失一千五百萬人，值得爲此得到認可。

十一月二十五日，羅斯福舉辦盛大的二十人感恩節晚餐，桌上有盤巨大的火雞，背後還有軍樂隊演奏。總統切了火雞，接著，如同莎拉告訴她的媽媽，「爸爸和他之後都講了一小段話。爸爸的雙頰流下淚水。」他們接著高唱〈牧場上的家〉（Home on the Range）。莎拉告訴克萊門汀，她的父親「想要派飛機去接妳！」[51]那天晚上也許可以看作羅斯福與邱吉爾之間友誼的高水位線。「沒什麼能夠超越我和Q上將

（羅斯福的化名）的友好關係，而且我們英國與美國的人員確實皆是如此。」邱吉爾告訴克萊門汀，「因此觀點差異可以透過協議化解，同時意謂行動。」[52]這些差異包括美國反對東地中海的行動、幫助狄托至任何可能開啟巴爾幹戰爭的程度、逼迫土耳其參戰。此外，羅斯福也不想討論他們到了德黑蘭時要如何接近史達林，這點令人擔憂。[53]

「現在要跳高了。」他們搭乘皇家空軍約克飛機，往德黑蘭五個半小時的旅程途中，邱吉爾如此告訴他的隨行人員，「我們會穿越四條偉大的河流，底格里斯河、幼發拉底河、約旦河、尼羅河，以及高山和荒野。」他又說：「如果我們感覺疲累，也沒有地方可以讓我們放下腳步休息。」[54]旅程行經沙漠時，莎拉的藝術慧眼注意到，「絕大部分都是焦茶的顏色，但是時而可見或紅、或碧綠的裂縫。」[55]也許是想到一九一六年一月，邱吉爾和軍官走進壕溝時，他給他們的建議，他告訴莎拉：「戰爭是笑著臉玩的遊戲，但妳認爲我的心上有笑容嗎？我們時髦地旅行，身旁盡是奢華與表面的安全，但我從不忘記在前線的人、痛苦的奮鬥，以及人們在空中、陸地、海上陣亡的事實。」[56]當他們抵達伊朗首都，那裡的保全規畫並不完美，汽車沿著壅塞的街道緩慢行進。「任何人都可以從近距離射殺我的父親，或直接丟一顆小巧的炸彈在我們大腿上。」莎拉回憶。[57]車子一度有三分鐘完全不動，人群在周圍亂轉。邱吉爾建議英國駐德黑蘭的公使瑞德・布拉德爵士（Sir Reader Bullard），未來他們後方載滿士兵的吉普車應該用敞篷式。「當然不是要他們拚命拯救我們，而是至少他們不會因爲什麼都不能做而尷尬。」[58]抵達英國公使館後，邱吉爾讀了《孤雛淚》直到半夜。

德黑蘭會議（代號「尤利卡」〔Eureka〕）見證史達林與羅斯福首次面對面，而且雙方都決心要讓這次會議成功。羅斯福甚至同意基於安全理由從美國公使館挪移到俄羅斯大使館。[59]邱吉爾不會錯過此舉的重大意義，以及美俄關係親近對英國名望與勢力的影響。「我在德黑蘭第一次發現，我們是多麼小的國家。」八個月後，邱吉爾告訴薇奧蕾・博納姆・卡特。摩蘭更直率，他寫道，「首相被自己的無能嚇到。」[60]

史達林在德黑蘭提議，一旦勝利，應該立刻槍斃五萬名德國軍官，以徹底消滅德國的軍事威力。直至今日，我們都不知道，史達林這番話刺激邱吉爾到什麼程度。當羅斯福說應該是四萬九千名，邱吉爾都認爲那是笑話，直到艾略特・羅斯福發表嚴肅的演說，同意史達林的提議。「聽了這些刺耳的話，我起身離開桌子，」邱吉爾在回憶錄寫道，「走進隔壁的房間，裡頭光線昏暗。我待不到一分鐘，就有人將手從背後放在我的肩膀，是史達林，他的身邊是莫洛托夫，兩人嘴巴笑得老開，急著澄清他們只是在開玩笑，沒有半點認眞的意思。」[61]史達林、莫洛托夫、艾略特・羅斯福不知道的是（雖然總統知道），邱吉爾讀過歐文・歐馬利關於卡廷的報告，並且知道史達林完全可以臉不紅氣不喘地犯下這種罪行。

「史達林樂此不疲『消遣我』，」邱吉爾後來寫道，「我一點也不生氣。」邱吉爾大可施展他的脣槍舌劍，但是那麼做會損壞關係，因此他展現的自制令人敬佩。邱吉爾對克萊門汀扼要描述這場會議——「氣氛相當熱絡，但是三角問題很難。」[62]儘管史達林幾次諷刺時，羅斯福確實笑了，但是羅斯福在德黑蘭並未和史達林一同排擠邱吉爾。羅斯福也「警告史達林，不要對邱吉爾提起印度問題，而史達林同意這無疑是個一碰就痛的主題」，但是邱吉爾對英屬印度的感情早就不是祕密。[63]

整體而言，德黑蘭會議相當成功。史達林首次表示，德國戰敗後，「我們應該就能一起打敗日本。」[64]他堅持西方同盟國決定誰來指揮大君主行動，而且在決定之前他不相信會執行行動，這也不是沒有道理。[65]史達林同意爲大君主行動發布假的入侵計畫，邱吉爾說了一句話逗樂史達林，「戰爭時期，眞相極其寶貴，不得不由謊言護衛。」[66]國王喬治六世送給史達林一把雪菲爾（Sheffield）鋼材鑄造的史達林格勒之劍，由邱吉爾交給史達林。史達林將劍遞給元帥伏羅希洛夫，誰知元帥隨卽讓劍滑出劍鞘，掉在地上，場面頓時尷尬。

雖然有人指稱羅斯福在德黑蘭跟史達林聯手謀反邱吉爾，但是外交部十一月三十日記錄一段在蘇聯大使館的對話指出，眞要說的話，是邱吉爾打算和史達林聯手。「首相說他是半個美國人，他對美國人有濃厚的感情。」紀錄寫道，「他說的話不得理解爲任何對美國人的貶抑，而且他對他們非常忠實，但是有些事情最好只有你知我知。」[67]他接著指出，在義大利的有十三到十四個師，其中九個或十個是英國的。「目前的選擇是維持大君主行動，或繼續進行地中海的行動。」他說，「但那不是事情的全貌。」

美國人想要執行「海盜行動」（Operation Buccaneer），這個兩棲攻擊打算在三月重新奪取孟加拉灣的安達曼群島（Andaman Islands）。邱吉爾告訴史達林他並不感興趣。「美國人要我們訂下大君主行動的日期，而且地中海的行動過去兩個月並不順利。」他解釋，「我們的軍隊因爲調走七個師，士氣有些折損。我們送了三個師回家，美國也送走他們的，都是爲了準備大君主。未能完全利用義大利淪陷的優勢，就是因爲這樣。但同時也證明我們非常認眞準備著大君主行動。」[68]邱吉爾不希望史達林認爲英國沒有使盡全力，或者他爲大君主行動的日期讓步。「如果現在脫掉我的襯衫，」翌年二月，晚餐後，邱吉爾告訴拉塞爾斯和康寧漢，「就會看到我的肚子因爲爬向那個男人而紅腫。我爲了國家好才這麼做，除此之外沒有其他理由。」[69]他感到羞辱，而且因此飽受批評，尤其當他不久之後因爲戰後波蘭與俄羅斯的邊界問題，必須霸凌英國勇敢的波蘭盟友，但是英國需要蘇聯，才能在六月發動大君主行動前繼續贏得重大勝利。

會議結束當天，正好是邱吉爾六十九歲生日。他在英國公使館設下晚宴，邀請羅斯福、史達林與他們的高階參謀參加。[70]莎拉覺得史達林「雙眼如熊，是個可怕的人物，心情愉快」。[71]她相信他有「和爸爸一樣率直敏捷的幽默感」，還覺得他說了當天最好笑的笑話。「爸爸其中一次敬酒時講『英格蘭愈來愈粉紅』，此時喬插話說『表示身體健康』。」[72]倫道夫沒為他的父親生日敬酒，莎拉為此失望。「我忍不住想，幾年前他是如此崇拜他！」她告訴他們的母親，「他變好多。」[73]儘管如此，那天晚上多次敬酒，徹夜喝個不停，包括一次邱吉爾發起的「敬無產階級」，回應史達林為保守黨敬酒。[74]羅斯福為莎拉的健康敬酒，此時史達林還起身繞過桌子和她碰撞酒杯。「每個人都很親切，」會議最後一天，邱吉爾發電報給克萊門汀，「情況大為好轉。」[75]

十二月二日，上午九點半，邱吉爾飛回開羅，在巴格達上空喝了香檳，享用了甲魚湯。那天稍後，藍浦生見到他。「他看起來非常健康，對德黑蘭會議相當滿意。」[76]兩天後土耳其的總統伊諾努帶著代表團抵達。莎拉幫邱吉爾掛上蚊帳時，發現他自顧自的傻笑，於是問他為什麼。「土耳其總統親我，而且還兩次。」他告訴她，「我的問題就是，我很有魅力。」[77]他接著又說：「可別告訴安東尼，他會吃醋。」[78]

邱吉爾希望土耳其對希特勒宣戰，但是和土耳其人的談話依舊沒有進展。不過正是在開羅，由於史達林在德黑蘭時的敦促，羅斯福覺得在華盛頓不能沒有馬歇爾，所以選擇艾森豪擔任大君主行動的指揮官。

十二月八日，邱吉爾與倫道夫、菲茨羅伊・麥克連、利奧波德・埃莫里的兒子朱利安・埃莫里（Julian Amery）在開羅大使館共進晚餐。朱利安和倫道夫一樣，再過不久就會跳傘降落在被占領的南斯拉夫。當被問到未來的政治計畫時，邱吉爾說，「我老是異想天開，而且乘著幻想的翅膀飛行。」未來的政治計畫應該留給在場的伊登，而且伊登非常關心。麥克連批評狄托的共產主義，於是邱吉爾說：「戰後你打算以南斯拉夫爲家嗎？」麥克連回答不。「我也不打算。」邱吉爾說，「既然如此，你不覺得我們應該讓南斯拉夫人思考他們自己的政府形式？眼下我們最關心的是，誰對德國的傷害最大。」[79] 那麼說很殘酷，甚至自私，但也非常實際。邱吉爾相信狄托黨羽殺的德國人比切特尼克保皇黨（Chetnik Royalists）更多，於是決定在南斯拉夫支持狄托。

史末資那晚也在，隔天他把布魯克拉到一邊，說「他一點也不高興首相的狀態。他認爲他工作過度，於是得靠酒精刺激精神。說他開始懷疑他能否持續到底，他發現他不太一樣」。[80] 十一月十一日，邱吉爾從開羅飛到突尼斯，想在繼續前往義大利找亞歷山大前，跟艾森豪相處幾天。結果，他再次感染肺炎，嚴重程度導致摩蘭立刻從開羅召集六人醫生團隊，由准將R．J．V．波維爾塔夫特（R. J. V. Pulvertaft）領導，以及兩位護理師、一臺X光機。約翰．馬汀說，當時的醫護人員之多，他甚至無法進入辦公室。邱吉爾又服用了更多M&B，摩蘭還開了毛地黃增強心臟。他從頭到尾保有他的幽默感：波維爾塔夫特要幫他抽血，他說：「你可以用我的手指，或我的耳朵，當然還有我幾乎不見邊界的屁股。」[81]

「我身、心、靈都累壞了。」邱吉爾告訴沃爾特．湯普森，「一切都已計劃就緒，還有什麼比死在這裡有更好的地點——在迦太基的遺跡。」[82] 克萊門汀立刻動身，穿著加厚的飛行服，搭乘一架沒有暖氣的解放者飛機，在濃霧中起飛。在突尼斯的莎拉朗讀《傲慢與偏見》（*Pride and Prejudice*）給邱吉爾聽，看著他入睡。在他的戰爭回憶錄中，邱吉爾表示，「任何時候我都沒有交出指揮權，要我決策的時候，我也毫不拖延。」[83]馬汀寫道，這番話「其實誇張了」，事實上「他重病好幾天」。[84]對外則說，他得了神經性喉嚨痛。「他非常頑皮，」十二月二十二日，莎拉寫信給她的情人約翰・G・懷南特，「他的恢復力和堅強的生命力，加上不喜歡任人擺布的個性，全都好好的。」[85]那天，邱吉爾開始口授醫生關於他的健康公告，還抽雪茄，儘管在他的肺部發現斑塊。[86]

聖誕節前夕，來了一大票高階指揮官，包括五位總指揮官——威爾森、泰德、艾森豪、康寧漢、亞歷山大——討論「鵝卵石行動」(Operation Shingle)，這項兩棲行動將在那不勒斯北部的安濟奧登陸，邱吉爾希望藉此在義大利取得決定性的結果，甚至能在大君主行動前取得羅馬。他穿著絲質的睡袍，上有藍色與金色的龍，在飯廳召開會議。[87]聖誕節的午餐是他在房間外面吃的第一餐。「首相想要這樣，」馬汀寫道，「敬酒敬個不停。」[88]當其他人都在享用聖誕布丁，而他吃卡士達醬時，他羨慕地說：「任何運送白蘭地到胃裡的車隊都該獲表揚。」[89]① 二十六日節禮日當天，他收到一則大好消息，沙恩霍斯號在北角海戰 (Battle of the North Cape) 中被擊沉了。

邱吉爾恢復健康後，不僅同意鵝卵石行動將於一九四四年一月展開，還有重要的人事異動。金寶・威爾森成爲地中海總指揮官，亞歷山大是義大利的總指揮官，泰德是大君主行動同盟國最高指揮官副手——三個英國人在關鍵職位上。十二月二十七日，邱吉爾飛到馬拉喀什（在一萬兩千呎高空戴著氧氣面罩），在泰勒別墅 (Villa Taylor) 療養，那裡有個超棒的法國廚師。[90]他在那裡要開羅送來陸軍少將的勛章，這樣萊斯里・霍里斯升遷的時候，可以包在他的餐巾裡面，給他一個驚喜。[91]邱吉爾也匆匆忙忙從喬克・科爾維的另一件軍服剪下星章，作爲一九三九年至一九四三年星章 (1939–1943 Star)，授予畢佛布魯克的兒子馬克斯・艾特肯，表揚這位戰鬥機的王牌駕駛。諸如此類，對身邊的人表達善意的舉動還有更多，例如怒氣不會傳到他的祕書在契克斯別墅待命的房間。這些都應作爲反例，對照邱吉爾同樣多的自私與偏執。

「在馬拉喀什休養的邱吉爾現在精神飽滿。」在倫敦的布魯克寫道，「三方來往的電報愈來愈莫名其妙。我向上帝請求他能回來控制大局。」[92] 過去五個月，邱吉爾只待在英國五週。一九四四年一月五日，爲貝奈斯總統舉辦的晚宴上（壽星正從莫斯科前往倫敦），邱吉爾問桌邊衆人，他們認爲九月三日宣戰五週年這天，希特勒是否還會掌權。邱吉爾、畢佛布魯克、科爾維認爲會；貝奈斯、史末資、摩蘭、湯米・湯普森、馬汀、霍里斯、莎拉則認爲不會。[93]

貝奈斯一直努力協調以寇松線（Curzon Line）[(4)] 爲戰後波蘭與俄羅斯的國界，而且他也強化邱吉爾反對倫敦波蘭人的心意，他們在史達林的壓力下，戰後將他們的國家往西移動數百哩，以便滿足俄羅斯，並懲罰德國。「俄羅斯在兩次大戰已經損失兩、三千萬人的生命，」一月七日，邱吉爾發電報給伊登，「他們有權利在西方國界得到無法消滅的安全……波蘭現在得到歐洲中心獨立國家的地位，擁有良好的海岸和比之前更好的領土。如果他們不接受，英國已經善盡最大責任，而且波蘭人可以自己跟蘇聯協調。」[94]

隔天，酒醉的倫道夫批評不在場的伊登擔任外交大臣相的表現，但是邱吉爾站在伊登那邊。準備帶倫道夫去接洽狄托的麥克連，之後向衆人保證，「在南斯拉夫，沒有威士忌，也沒有甘藍菜湯，不會有什麼事。」[95]

「那幫人是馬戲團。」一月十日，黛安娜・庫柏夫人寫信給兒子約翰・朱利斯。她從阿爾及爾飛回英國，她的丈夫在那裡擔任法國國家解放委員會的英國代表。「他們暫住在一座百萬富翁尋歡作樂的圓頂宮殿，全都是大理石和柳橙樹、噴泉、磁磚，是最奢華的伊斯蘭風（Mohammedan）②。我們的老寶寶穿著他的包臀衣，戴著大牛仔帽，還有破舊的東方睡袍，身體健康、充滿活力、精神奕奕。我從未看過他編織更美妙的東西，英語爲經，俚語爲緯。」[96] 俚語那點是對的；邱吉爾偶爾會冒出考克尼腔（cockney）③，告訴萊斯利・羅文，「拜託——別耍（muckin'）我！」，又對瑪麗安・霍姆斯說「我好久沒（ain't）見到妳了」，或當他不小心點到菸屁股時會講，「噢，天哪（lor'）。看看我做了什麼！」[97]

一月十二日，邀請戴高樂到馬拉喀什的午餐幾乎兩度取消，因爲戴高樂命令自由法國的上將尚・德・拉特爾・德・塔西尼（Jean de Lattre de Tassigny）不得在他缺席的場合與邱吉爾見面，後來又讓邱吉爾的朋友，前法國首相弗朗丹在阿爾及爾被捕。儘管如此，午餐還是舉行了，因爲大君主行動已經訂在今年稍後，儘管邱吉爾對戴高樂個人有多少存疑，還是希望盡可能與他相安無事。「看！我領導一個堅強不敗的國家，」邱吉爾告訴他，「但是每天早上醒來，我的第一個念頭是，我要如何取悅羅斯福總統，第二個念頭是，我要如何安撫史達林元帥。你的情況非常不同。爲什麼你的第一個念頭是要如何斥責英國和美國？」[98] 戴高樂不爲所動。邱吉爾對馬汀開玩笑，「現在這位上將的英文好到可以完全理解我的法文啦。」[99]

那天晚上，邱吉爾允許科爾維重新加入他的中隊。「你似乎認爲這場戰爭是爲了你個人好玩而戰，」邱吉爾告訴他，接著停頓，「但是，如果我在你的年紀，應該也有相同感覺，所以你可以請假兩個月去打仗。但是今年的假期就此爲止。」[100] 一月十四日，邱吉爾又爲鵝卵石行動飛到直布羅陀開會，並從那裡搭上喬治五世號航向普利茅斯。航行期間他在軍械庫回答候補軍官問題，他鼓勵他們問他任何戰爭和政治的問題。「他們根本忘了他是首相，」科爾維回憶，「而且聽他說話眞是好極了。」[101]

一月十八日早上，暌違兩個月後，邱吉爾無預警出現在下議院。哈洛德・尼科爾森見到：

對面的工黨議員驚呼連連。他們忽然跳起來，開始大叫，揮舞手上的（議程）紙張。我們也跳了起來，整個議院迸出接連不斷的歡呼，同時，氣色很好的溫斯頓反倒害羞起來，滿臉淘氣的笑容，沿著前排座椅慢慢前進，坐進他習慣的座位。他的臉頰因為興奮和激動漲紅，才剛坐下，兩道淚水就滾滾直流。他笨拙地拿出一條白色大手帕揩掉眼淚。[102]

到了首相問答環節，一位議員拍起馬屁，建議議院應該舉杯「祝所有獨裁者消失，所有解放者長存，其中首相就是第一位」，邱吉爾冷淡回應道「一大早的」。[103]

「他看起來很好，經過休養。」那天國王寫道，「雖然雙腿還是相當虛弱，眼中暫時少了一些鋒芒……多謝美國人，我們失去取得羅得島的機會，而羅馬也還不是我們的。但我們終於控制地中海。」[104]

一月二十二日，安濟奧登陸行動從義大利西岸展開，艾森豪的海軍副官上校哈里・C・布徹（Harry C. Butcher）描述得對，是「首相得意的軍事計畫」。[105] 一個英國與一個美國的師，共計三萬六千人，加上三千輛車，在德國的戰線後方、上將克拉克的第五軍前方登陸，根本通行無阻。邱吉爾告訴亞歷山大，「我很高興你在插樁立界，而非在灘頭挖掘。」[106] 但是，很快地，顯然因爲指揮官上將約翰・P・盧卡斯（John P. Lucas）太過猶豫不決，未能趁機取得優勢。「我原本希望我們對著海岸扔出一隻野貓，」十天後邱吉爾抱怨，「但我們只得到一尾擱淺的鯨魚。」[107]他想起斯托普福德慘烈的僵局，以及加里波利戰役期間蘇弗拉灣的告誡。[108]

「德軍打得很好，」一月二十七日，在另一俱樂部，邱吉爾告訴科林・庫特，「千萬不要想像他們正在崩潰。他們的人員配置極爲靈活。他們拿剩餘的人力湊成臨時軍隊，而這些軍隊就和新組織的一樣英勇。」[109]他考慮飛去安濟奧的灘頭，但被勸退。[110]

二月四日，同盟國的軍隊抵達中世紀的卡西諾山修道院（Monte Cassino），這個地點占據利里河谷（Liri Valley）以及通往羅馬的路。但是同盟國的軍隊發現無法突破德軍於整個半島頑強的抵抗。貝文在戰時內閣會議建議，邱吉爾應該傳話鼓勵亞歷山大，首相說「我會考慮」——幾乎不算保證。[111]修道院在二月中被炸彈夷爲平地。當地的指揮官認爲戰略上非常必要，然而，這是極大的文化損失，而且似乎沒有幫助；又過了三個月才終於突破。

二月十一日，邱吉爾告訴羅斯福，不該因爲保加利亞政府的和平提議就減少轟炸那個國家；確實，「如果藥眞的有效，就讓他們多吃點。」[112]開羅會議後，邱吉爾和羅斯福意見分歧的議題愈來愈多。美國人對於延長義大利的君主政體完全不感興趣，其他議題也是，像是阿根廷牛肉（羅斯福希望因阿根廷政府同情法西斯主義應加以抵制，但英國需要買）、戰後民航權利、中東石油、帝國貿易事務，以及其他非軍事的議題，邱吉爾覺得現在遠遠強大的美國處處侵犯大英帝國的權利。[113]二月二十五日，邱吉爾甚至跟布魯克談到「總統最近態度不好」。[114]他的抗議有時甚至沒有得到回答，至少不是完整的回答，而且很少由總統親自回答。戰爭期間，邱吉爾發給羅斯福的訊息，相對羅斯福發給邱吉爾的，多出三百七十三封。

自一九四一年五月以來幾次嚴重的大戰空襲中，二月二十日，唐寧街十號被炸壞了。所有窗戶和窗框都飛進屋裡，起居室天花板的灰泥碎落，留下幾個大洞。「唐寧街滿地都是玻璃，而掉在財政部角落的炸彈炸破一條主要水管。」[115]科爾維寫道。已經回到十號開會、用餐的邱吉爾被迫回到臨時首相府，大多時候都待在那裡。他從那裡廣播：「我很高興從元帥史達林那裡得知，他決心創造並維護強壯團結的波蘭爲歐洲強國。他數次公開重申這些宣言，而我深信這些宣言代表蘇維埃聯邦不變的政策。」[116]他根本並不如自己公開廣播那般相信蘇維埃。三月初，他帶著「仁慈但憂鬱的心情」，在契克斯別墅對他的賓客承認，他爲史達林對波蘭的態度心煩，想要告訴俄羅斯人，「我個人對抗暴政，無論他們穿著什麼衣服、喊出什麼口號。」[117]

在別墅大堂，他看著電影，抽著土耳其香菸，還說他從土耳其人那裡唯一得到的就是香菸。之後，首相又重提他不會活太久的話題。留聲機播著〈馬賽曲〉（La Marseillaise）和〈桑布爾與默茲團〉（Le Régiment de Sambre et Meuse），(5)他告訴他的客人，其中包括伊斯梅和麥克米倫，「比印度或殖民地或清償能力更重要的是『空中』。我們住在狼的世界——還有『熊』。」[118]他的意思是，唯有空中優勢能夠阻擋俄羅斯的威脅，而此時，距離他在密蘇里州（Missouri）福頓（Fulton）的鐵幕演說，恰恰是兩年又一天。但是他沒有憂鬱太久；幾天後，記者問他即將到來的辯論中誰會辯護政府，邱吉爾回答：「如果發生最壞、最壞的情況，我可能親自試試。」[119]

然而，三月七日，與國王午餐時，邱吉爾確實憂鬱。他抱怨羅斯福記者會上「不幸的宣言」，準備把三分之一的義大利艦隊給俄羅斯。

這件事情，以及針對寇松線俄羅斯對波蘭政府的態度，加上俄羅斯開始大肆進攻塔諾波爾（Tarnopol，西烏克蘭的帖諾波爾〔Ternopol〕），溫斯頓忍不住說，東方有隻醉倒在勝利中的熊，西方有隻東倒西歪的大象，我們英國就像夾在兩者之間，唯一知道歸途的驢子。他告訴我，戰時內閣敏銳察覺史達林危險的態度，以及強大的俄羅斯能夠怎麼傷害這個世界。我們並不想在德國戰敗後，還得對抗俄羅斯。[120]

「隨著時間接近，我愈來愈堅定，」三月十三日，邱吉爾寫信給馬歇爾，談到大君主行動，「我的意思是，即使我們在莫斯科設下的限制條件並未完全滿足，可人力所及的情況下，希望發動攻擊。」[121] 那些條件包括法國北部只有十五個德國的師，但是情報指出，現在還多出幾個。五月十五日，艾森豪引用邱吉爾在他面前複述的那句「我愈來愈堅定」，想要表示邱吉爾之前並非認眞投入大君主行動，但邱吉爾寫給馬歇爾的信完全不是如此。

邱吉爾和三軍參謀長的關係，由於太平洋的策略，在一九四四年三月底降到最低點。參謀長不甚情願投入資源在邱吉爾偏好的孟加拉灣策略，而邱吉爾也相信，他在馬拉喀什的時候，他們反而在他背後擬定其他可能的太平洋計畫草案。「我深感遺憾，三軍參謀長竟然在此事上做到這種地步，達成如此底定的結論，卻毫不力圖查明或支持他們效力的政府的意見。」他在一份長達五頁的備忘錄不客氣地說，「他們當然有義務通知身爲國防部長的我，而且確定我理解他們重視這項議題的程度。」[122] 雖然教訓三軍參謀長、要他們明白他們的憲政義務，這麼做有必要也很無禮，而且某些人，例如波特爾，已經當了五年，但是他仍想提醒他們，最終批准的是誰。

接著他改變策略，談及個人，寫道：「想起我們長期共事與經歷諸多困境所憑藉的關係和友誼，三軍參謀長對於這樣的重大議題，牽涉長期策略與眾多政治及非軍事考量，他們竟不曾想過讓我加入，讓我們一起形成我們的意見。」這裡，這麼長的一句話，是在訴諸同志之情，是在控訴他們僭越他們沒有權力干預的領域，是在哀傷邱吉爾實際上是從圈內被排擠，是在暗示原本也許可以說服他，而且最後，是在警告，他們需要對自治領和美國人口徑一致。「孟加拉灣會繼續存在，」邱吉爾的結論大膽又清楚，「直到一九四五年夏天，是英國與帝國抗日戰爭的重心所在。」[123] 在他的回憶錄草稿，邱吉爾在相關章節的結尾這麼說，他的「裁示被接受，停止討論該議題」，但是既然那顯然不是真的，他的研究人員必須提出其他結尾。控訴三軍參謀長達成「底定的結論」，沒有力圖「查明或支持他們效力的政府的意見」這個段落由於太過激憤，在出版前最後一刻刪除，該頁因此留下一大塊空白。[124]

「我們討論……如何來處理溫斯頓上一份不可能的資料才是最好。」隔天布魯克寫道，「裡頭充滿不真實的論述、錯誤的推導、有缺陷的策略。我們不能照單全收，再說我們三人一起辭職，也好過接受他的解決方法。」[125] 答覆裡頭列出邱吉爾的文件當中五項事實錯誤，而且提議參謀長應該「與首相討論該議題，並且……向他提出建議，他的行動太過輕率，並未熟知所有因素，而且，無論如何，在此階段實在沒有必要」。[126] 從布魯克的答覆顯然可見，伊斯梅可以在參謀長的答覆送出之前下評論，而他沒有修改任何內容。因此幾乎確定邱吉爾已經事先得到警告。

三軍參謀長對邱吉爾「私人且最高機密」的答覆在三月二十八日送出。開場段落看似默許——「我們相信，關於我們的觀點和提議，仍有一些誤解，而我們期待能有機會與您針對整個主題進一步討論」，這段結束後，這份文件直截了當否決邱吉爾所有的指責。[127]「我們無法接受您的控訴，」三位參謀長寫道，「表示我們未經諮詢您即令國王陛下的政府承諾任何政策。我們在六分儀[(6)]前竭盡全力解釋我們抗日的長期策略，但您的其他事務，無論是會議前或後，皆排除這點。因此我們不遺餘力地確保英美參謀長聯席會議的結論以最不承諾的措辭表達。」[128]後來，因爲諾曼第登陸日前不需要做出關鍵決定，就此避免集體辭職，火氣也下降，儘管布魯克和康寧漢火爆的日記，以及布魯克寫給迪爾的信，裡頭充滿鄙視的文字，指稱邱吉爾對基本的策略概念一無所知。[129]

「我們現在可以說，不只有望，而且合理，」三月二十六日，邱吉爾告訴全國，「我們將會有條不紊地抵達旅程終點，再者，那些威脅全世界的悲劇，那些可能熄滅世界所有光芒，猶且讓我們的子孫與後代，也許長達數個世紀，活在黑暗和束縛中的悲劇——不會發生。」[130]關於即將到來的歐洲大陸入侵行動，他說：「當信號一下，所有想要報復的國家會奮力衝向敵人，終結想要阻礙人類進步最殘忍的暴政。」[131]不高興的湯米・拉塞爾斯抱怨，「簡直是老人的演說。」[132]有個顯然不同意拉塞爾斯的人是安妮・法蘭克（Anne Frank），她在阿姆斯特丹（Amsterdam）的祕密閣樓寫的日記表示，「我們親愛的溫斯頓・邱吉爾的演講」令她喜出望外。[133]

出乎邱吉爾意料的是，三月二十八日，巴特勒的教育法案第八十二條，關於男女教師同酬，政府以一百一十七票對一百一十六票，一票之差落敗。「若是財政大臣當初可以加快速度跑來，」邱吉爾的評論是在調侃錯過投票的安德森，「政府就不會輸了。」[134]這是政府在大戰中第一次眞的被擊敗。內閣全體一致贊成將該議題轉爲信任動議，政府馬上就以四百二十五票對二十三票獲勝。「我要像隻受傷的金絲雀在我的籠裡翻滾。」邱吉爾告訴一位議員，「你把我從我的棲枝打下，現在你得把我放回我的棲枝。否則我不會唱歌。」尼科爾森寫道，就因內閣把一件次要的國內投票當成不信任，「每個人都被激怒而惱火」，「唯一眞正樂在其中的是溫斯頓自己。他笑得老開。」[135] 然而，邱吉爾確實向國王抱怨。國王記錄，「他很擔心下議院，因爲下議院經常批評政府。溫斯頓已經有夠多事情需要思考，還暗示關於戰爭，他所做的事，還有他正在做的事，都沒有得到應得的支持。」[136]

一九四四年四月，同盟國在諾曼第投下八萬噸炸彈。因爲影響擴及平民，邱吉爾堅持詳細檢討這個政策。「殺戮和法國人因此被激起的憤怒有其限度，我們不能越界。」他告訴戰時內閣。[137] 如同第二次英國遠征軍、一九四一年希臘遠征，以及最近想在美國擊敗日本之前奪回英國遠東殖民地的孟加拉灣策略，邱吉爾將政治考量置於純粹的軍事考量之前。[138] 但是如同他自己在《世界危機》寫的，「在最高點上，眞正的政治和戰略是同一件事。」[139]

「首相年老、疲憊，無法眞正掌握事情。」布魯克四月三日在日記寫道，「看他逐漸衰退，眞是令人難過。我不知道他會持續多久，我怕撐不到戰爭結束。」[140] 那只是布魯克的主觀想法，因爲沒什麼逃過邱吉爾的法眼，而且十年後，小邱吉爾九歲的布魯克早已退休多年，邱吉爾依然會在英國政治的最前線。布魯克寫下這些話的隔天，因爲伊登休假，邱吉爾接手外交部，同時要求內政大臣：「給我一份報告，說明爲何一七三五年的巫術法會用在現代的法庭。國家對這件審判付出什麼代價？」[141] 他想知道爲何法官「因爲這件過時又無聊的事忙碌不已，損害法院必要的工作」。[142] 同樣地，他寫信給交通大臣：「因爲一些新的道路工程，延遲我去契克斯別墅的時間。你沒意識到現在正在打仗嗎？請停止這種愚行。」[143]

瑪麗安・霍姆斯喜歡聽邱吉爾尖酸地評論別人，她記錄四月初時，他曾說一名上將是「寫上名字的氣囊」。[144] 有次萊斯利・羅文不得不離開房間，因爲邱吉爾的笑話令他大笑不止。首相依然固定熬夜到凌晨三點半，這點也許可以解釋布魯克嚴厲的擔憂。「他太過鞭策自己。」諾曼第登陸日兩天前，霍姆斯寫到邱吉爾，「而且他幾乎在他的文件上睡著。」[145] 雖然邱吉爾確實在他戰爭首相任期第五年的時候更容易睏倦，但他依然能夠拿出了不起的持久精力，尤其因爲每天一小時、讓他重振精神的午覺。如果他在睡覺，眼睛蒙著黑布，他的座車抵達契克斯別墅時，就必須停在前門外面，直到他醒來。[146]

一九四四年四月中，邱吉爾開始積極反對「龍騎兵行動」（前「鐵砧行動」〔Operation Anvil〕），這項行動預計攻擊法國南部，目的是在防止德國撤出軍隊去阻撓大君主行動。四月十六日，他告訴馬歇爾，在德黑蘭，他會支持鐵砧行動，是在同盟國進攻羅馬被制止於卡西諾山之前。鐵砧行動要幫大君主行動引開的軍隊，就是現下德軍投入義大利的那些師。「我們必須全心投入這場戰役，」他寫道，「若大君主行動不成功就是滅亡。」[147] 他再也不相信鐵砧行動會有所幫助。[148] 任何對大君主行動像是批評的話，例如他在外交部的會議紀錄評論「這場戰役是俄羅斯人和美國的軍隊高層強迫我們做的」，都從他的戰爭回憶錄刪除。[149] 很難不因此認爲，他故意留下一些祕密文件表達懷疑與批評，以免這項行動和他早期職業生涯當中支持過的諸多兩棲行動一樣，最後變成災難。

四月二十一日，邱吉爾慷慨激昂，在下議院爲大英帝國辯護。「這是什麼樣的奇蹟？男人從地球最遙遠的端點受到召喚前來，」他問，有些人是騎了二十天的馬才到他們的招募中心，有些軍隊必須橫越大海，航行一萬四千哩，才能到達戰場。這是什麼樣的力量、什麼樣的奇蹟？讓驕傲至高的各國政府立刻拋開所有恐懼，立刻決定幫助良善事業，並且擊敗那個共同敵人。你必須深入窺探人心，而且除非你用靈性的眼神觀看，否則尋找不到答案。接著你將懂得，支配人類的，不是物質，而是他們願意付出生命與終身志業的思想。[150]

但是五天後，他在首相問答時間，用科爾維的話來說就是「徹底失敗」，記不得來龍去脈，答非所問，忘記重要的印度土邦主姓名。[151]他確實有些狀況不佳的時候，但狀況佳的時候遠遠更多，而且他的恢復能力不可思議。

那個月，哈洛德·尼科爾森告訴瑪德·羅素，邱吉爾的「聲音聽來呆板，而且頗爲疲憊，但一旦被人打斷，他從前的速度、火焰、光芒又立刻回來」。[152]詹姆斯·斯圖亞特告訴國王的助理機要祕書埃里克·米維爾（Eric Miéville），「他不能理解溫斯頓在想什麼——他一直說得好像他快死了一樣」。[153]邱吉爾這次對布魯克說，「他不再像從前那樣跳下床，而且覺得整天待在床上也會相當滿足」。這樣的話，對於如許年紀的男人，處於這麼大的壓力下，只是自然而然。[154]

五月十五日，所有同盟國的高階軍官在蒙哥馬利第二十一軍的總部開會，聽取大君主行動的簡報，也就是他的母校，漢默斯密（Hammersmith）的聖保羅中學。國王和邱吉爾坐在扶手椅上，其他人則坐在學生的長椅上（雖然和學生不同，他們可以抽菸）。艾森豪報告三週後他希望諾曼第將如何作戰，然後邱吉爾說了半小時的話，雖然沒有記錄，在場的少將甘迺迪在日記寫道，首相講話「實在，甚至幽默，而且結尾表達他的希望和祝福。他……說起話來精力十足，要求領導者強勢攻擊，強調作戰的激情，他相信在座者也都有所感受」。[155]

卡西諾山終於在五月十八日攻破，因此可能在諾曼第登陸日（訂在六月五日）前取得羅馬。參與義大利首都攻擊行動的軍隊包括大英國協、美國、法國、波蘭，而邱吉爾要媒體經常報導英國的貢獻。否則，如同他告訴戰時內閣，「看來就像英國在這場表演落於人後」。[156]

五月底和國王的午餐，邱吉爾說他打算登上其中一艘在登陸日轟炸諾曼第的戰艦。國王聽了一點也不意外，還說他也想去，而邱吉爾「反應良好」。[157] 王后贊成這個想法，但是拉塞爾斯、伊斯梅、艾森豪都反對他們任何一人去，重要的是大君主行動的海軍整體指揮官，海軍上將拉姆齊也堅決反對，尤其邱吉爾選擇的貝爾法斯特號將轟炸法國海岸，因此可能會暴露在納粹德國空軍的反擊中。六月一日，在臨時首相府的午餐，國王、他的機要祕書與首相，三人之間出乎意料出現不少交流。基於拉姆齊和其他人的建議，國王說他們兩人都不該去。邱吉爾反對，他說他不能建議內閣讓國王去，但他自己一定要去。拉塞爾斯告訴邱吉爾，要國王在入侵法國的大型行動期間找個新首相，將會相當困難。「喔，那都安排好了。」想必他指的是他和國王曾經寫好並封緘的信，指定伊登繼承。[158] 拉塞爾斯接著主張，依照憲政制度，邱吉爾不能未經國王同意離開國家；針對這點，邱吉爾表示他是在英國的船上，不能算在國外。拉塞爾斯指出，船會離開英國海域，所以事實上他就是在國外。

「我非常擔心首相看待那件事情似乎自私的方式。」國王那天在他的日記寫道，「他似乎並不關心未來，或者多少事情依賴著他。」[159] 次日上午，他寫信給他：

我想再次請你，登陸日當天不要出海，請考慮我的立場。我比你年輕，我是船員，而且身為國王，我是三軍統帥。我最想做的事就是出海，但是我已同意留在國內；你去做我原本想親自做的事，這樣公平嗎？你昨天說，國王帶領軍隊衝進戰場是件美事，就像古老的年代；(7)如果國王不能這麼做，由首相來代替，似乎也不正確。接著是你自己的立場；你能看見的東西極少，你將冒的風險極高；重大時刻，需要做出關鍵決定時，無法聯絡到你；而且無論你可能多麼不顯眼，光是你人在船上，對於上將和船長就是極為沉重的額外負擔……我以極為懇切的心情請你重新考慮整個問題，而且勿讓你的個人希望——我非常瞭解這個希望——背離你對國家極高的責任。[160]

正在前往樸茨茅斯途中的邱吉爾並沒有立刻回覆國王，所以拉塞爾斯打電話到邱吉爾的火車，要他「難堪」地接受他不會去。[161]極爲失望的情況下，邱吉爾接著在六月三日寫了一封有點任性的信給國王：

身為首相暨國防部長，我應該獲准前往我認為履行職責有必要的地方……我相信我的判斷，並適用於許多嚴肅的事務，乃至履行吾等責任者有資格冒上的風險限制。我必須以最懇切的心情要求國王陛下，當我判斷有必要理解各個戰場情況時，不應設下任何原則限制我的行動自由。既然在這個時候，我有這等榮幸，人身安全受到國王陛下關切，我必須遵從國王陛下的希望，甚至命令。[162]

國王當天在日記寫道，「我不是在談任何憲政論點。我是以朋友的身分要他不要置身於危險，讓我也讓其他每個人都處境困難。」[163]

「我個人相信那全都是虛張聲勢，他從未眞的想去。」康寧漢在他的日記寫道。但是從這類書信往返，以及我們從其他地方得知邱吉爾畢生親臨現場的興趣，康寧漢錯了。[164]邱吉爾已經決定參加諾曼第登陸日的行動，而且因爲被阻撓，儘管他熱愛君主制度，還是氣得寫了一封幾乎犯下「不敬罪」（lèse-majesté）的信給國王。邱吉爾和史末資登上汽艇，南下南安普敦海域，穿越索倫特海峽（Solent）前往考斯鎮，看見準備參加攻擊行動的碩大艦隊後，終於在樸茨茅斯的突堤靠岸。

六月四日，就在諾曼第登陸日數個小時前，羅馬被攻克。獲得消息母國終於即將迎來解放的戴高樂，來到首相列車和邱吉爾共進午餐。伊登的機要祕書瓦倫泰恩・勞福德也在場，他的日記記錄那次午餐，「漫長又不友好……戴高樂不閒談，不對貝文（在他左邊）說出半個字，也拒絕回應邱吉爾的玩笑。某個時候，坐在椅子上的溫斯頓稍微前傾，上下左右打量這位上將，然後露出迷人的童稚笑臉。戴高樂……擺出冷淡的笑臉，一副好像某人無禮地向他求婚一樣。這兩人在一起永遠不會幸福快樂。」[165] 勞福德說得對。不久之後，這兩人針對大君主行動之後法國的治理問題起了爭執，戴高樂說邱吉爾是「流氓」，邱吉爾說戴高樂是「叛徒」。[166] 戴高樂害怕未來幾週或幾個月，英、美在法國的軍事優勢會損害法國的獨立性。他尋釁的態度不只出自驕傲尖刻的個性，還因爲四年來不斷懇求邱吉爾和羅斯福，而且依賴他們，讓他覺得有辱他高傲的「自尊心」（amour propre）。

艾森豪提議，諾曼第登陸日當天，戴高樂應該向法國人民廣播，他們解放的日子已經到來，要他們完全與同盟國的軍隊合作。隔天在戰時內閣報告火車裡的對話時，邱吉爾說，看了建議的文稿後，「戴高樂拒絕廣播。我告訴艾森豪不要擔心。如果他不會，就是不會……我幾乎已經到了極限——反正結果根本不會不同。」[167] 伊登試著解釋，戴高樂會拒絕，是因爲法國主權面對美國軍事威力的緣故，但是邱吉爾無視他的解釋，並描述戴高樂的拒絕：「他的敵意就是這麼令人厭惡……不顧共同目標……也許必須顯出他的本色──虛假自負的性格……如果他現在不廣播，我就和他絕交。誰也阻止不了我說話。」那段討論到了後來，邱吉爾重複「我不打算爲了戴高樂跟羅斯福爭執」。[168]看來似乎不可思議，即使在諾曼第登陸日前夕，戴高樂在倫敦建立自由法國四年年之後，英國和美國的領袖還是這麼不信任他。他們都很厭惡戴高樂的法國沙文主義，而且眞心害怕戰後他可能會將法國轉爲反對西方的戴高樂獨裁政權。

六月五日星期一，所有船艦和人員全都就緒，然而因爲氣候因素，攻擊必須延後二十四小時。這只是增添邱吉爾火車裡頭緊張的情緒。「首相看起來很焦慮，但是他很親切。」瑪麗安‧霍姆斯寫道。[169]「我親愛的，」克萊門汀寫信給她的丈夫，「在這個痛苦難耐的時候，我能體會你的感受──一顆心懸在那裡，害我無法爲羅馬的事高興。」[170]在內閣，埃莫里感覺「溫斯頓內心的焦躁全都顯現在外，再也耐不住性子，怪不得。這是整個戰爭最令人不安的時候」。[171]邱吉爾宣布占領羅馬，而且說他已經向亞歷山大表達內閣的祝賀，稱讚他的「管理技巧、判斷、韌性、道德勇氣──多虧有他。這是他的勝利──不是其他人的」。[172]（他不希望功勞歸給實際上取得該城的馬克‧克拉克。）埃莫里也寫道，「溫斯頓也談到，布魯克不能向他保證我們可以追上並摧毀所有從羅馬撤退的德軍，這點令他非常失望。」[173]關於大君主行動本身，他說「這個行動接下來的三、四十天，將會非常危險」，但他確實「認爲我們會登陸，建立橋頭堡」。這是爲了內閣好而說的樂觀預言。第一海務大臣安德魯‧康寧漢在他的日記寫道，「愉快的午餐，而且照例有很多酒。首相對於大君主行動非常激動，眞的幾乎歇斯底里。說了很多話。他實在是個無可救藥的樂觀主義者。我一直覺得我樂觀過頭，但他輕易就超越我。」[174]

同天，史達林在他莫斯科外的郊區別墅，對著南斯拉夫共產黨的領袖密洛凡・德熱拉斯（Milovan Djilas）露骨地說出他對羅斯福和邱吉爾的眞正態度。「也許你以爲光憑我們是英國人的盟友，我們就忘了他們是誰、邱吉爾是誰。」他說，「他們最喜歡的，莫過於愚弄他們的盟友……而邱吉爾？邱吉爾是那種，如果你不看好他，就會從你的口袋扒走一戈比（kopeck）④的人。是的，從你的口袋扒走一戈比！你沒聽錯，從你的口袋扒走一戈比！羅斯福呢？羅斯福不是那樣。他把手伸得更深，要找更大的錢幣。但是邱吉爾？邱吉爾，會爲一戈比做出那種事。」[175] 史達林對邱吉爾這種街頭小乞丐的印象，大概回溯到他對俄國內戰的干預。至於諾曼第登陸日這件事，史達林當天晚上才被通知，並說只要海峽有霧就會取消。「也許他們會遇見幾個德國人！」他繼續，又罵起同盟國的懦弱。

爲了阻止大君主行動提早發生，邱吉爾拒絕同意一九四二年的巨鎚或圍捕行動，並且鼓勵一九四三年在卡薩布蘭加的地中海戰略。「除了他沒有別人，」哈洛德・麥克米倫一九四三年十一月在日記寫道，「而且憑著過人的耐心與技巧，才能說服美國人來打歐洲的戰爭。」[176] 但是現在，大西洋之役在一九四三年夏天獲勝、一九四四年初取得空中優勢、桑椹碼頭和海底運油管就位、六千艘同盟國艦隊就緒、義大利那邊的攻擊持續削弱德軍、俄羅斯人削弱更多——這項浩浩蕩蕩、繃緊神經的計畫終於開始進行。回到臨時首相府，邱吉爾那天晚上三度走進地圖室。[177] 睡前他對克萊門汀說：「妳知道嗎？早上妳醒來時，可能已有兩萬人被殺。」[178] 這是個極度緊張的時刻，但他的樂觀主義不是做做樣子或欺瞞：是準備、判斷、決心，加上實實在在的領導能力，才有的結果。

作者注

(1) 因此又爆出迷思，表示有錢的猶太人為了未來的利益支持邱吉爾。

(2) 很快邱吉爾就問亞歷山大・賈德幹，「AMGOT」在土耳其文是不是駱駝糞的意思。賈德幹把這個問題轉給外交部的語言學家，然後回答：「土耳其文裡沒有這個字。但是，有兩個土耳其字，『Ahm』和『Kot』，英國學者若翻譯成『陰部』和『屁股』也不算錯。」(*TCD* 19 pp. 651 and n. 2) 知道這點以後，「首相後來整天心情都很好」。(ed. Russell, *Constant* p. 229)

(3) 暗示他的五港總督 (Lord Warden of the Cinque Ports) 身分。

(4) 一九一九年由寇松勛爵首次劃出，標示未來波蘭-俄羅斯的國界，而且《德蘇條約》也以此作為一九三九年至一九四一年的界線。這條線以西包括多數的波蘭民族，也是今日波蘭、烏克蘭、白俄羅斯大約的界線。

(5) 拿破崙三世第二帝國的軍隊進行曲。

(6) 一九四三年十二月第二次開羅會議。(編注：「六分儀」會議通常做為一九四三年十一月第一次開羅會議的代稱，討論日本問題也應該在第一次開羅會議，此處應為誤植。)

(7) 邱吉爾的團——第四驃騎兵，曾在一七四三年的德廷根之役 (Battle of Dettingen) 作戰，當時的國王喬治二世正是英國最後一位帶領軍隊衝進戰場的君主。

譯者注

① 白蘭地是聖誕布丁常見的材料之一。

② 原文字面意指「穆罕默德的」，為伊斯蘭教的舊稱，現已不使用。

③ 倫敦東區方言。

④ 俄羅斯的輔幣，一盧布等於一百戈比。

30 解放 1944／6—1945／1

沒有理由認為最終結果逐漸明顯，戰爭就會結束。蓋茨堡之役是北方決定性的勝利，但是之後相較之前更為血腥。——邱吉爾致下議院，一九四二年六月三十日[1]

我們參戰不是為了任何利益，但我們也不打算因此虧損。——邱吉爾致喬克．科爾維，一九四四年九月[2]

一九四四年六月六日星期二——諾曼第登陸日，當天下午，邱吉爾在下議院宣布攻克羅馬。他接著說，「我也要向議院宣布，今天凌晨與上午數個小時期間，首批軍隊開始登上歐洲大陸。」[3]有人描述議事廳的氣氛是「寂靜的敬畏」。[4]之後邱吉爾與國王在白金漢宮用餐，接著一起前往史丹摩視察空軍上將特拉福德．利—馬洛里（Trafford Leigh-Mallory）的同盟國空軍總部，又到倫敦郊外的布希（Bushey）視察艾森豪的同盟國遠征軍最高總部。他們在那裡從大張地圖上看戰爭進度。兩人都沒有提到近來爲了邱吉爾原本想去的地方而引發的爭論。

邱吉爾主要擔心的是天氣，尤其後來他描述的「翻滾的海水、洶湧的潮流、十八呎高的波浪起伏」，他怕這些會破壞攻擊行動的兩棲部分。「那是必然的部分，」他又說，「天氣隨時都可能變化，就像高懸在天空中，蓄勢待發的最嗜血禿鷹。」[5]在他的回憶錄中，他指出，「那些拿著粉筆，在我們的牆壁寫上『現在就要第二戰線』的笨蛋或無賴，過去兩年心裡從未爲這些問題煩憂。我卻爲此困擾很久。」[6]諾曼第登陸日那天，雨停了，但是強風捲起澎湃的浪潮，吞沒海峽外幾艘載著坦克的登陸艇，儘管如此，這些不足以阻礙登陸日成功。超過十六萬人於二十四小時內登上諾曼第，從飛機跳傘，或從五處海灘入侵，代號分別爲「奧馬哈」、「猶他」（美國）；「劍」、「黃金」（英國）；「朱諾」（加拿大）。雖然當天有超過九千人傷亡，其中三千人死亡，但已經是事前擔憂的最低程度。[7]然而在這些日子所有的焦慮中，邱吉爾從未失去幽默感。六月八日，某位議員要他確定勝利之後不會重演一次大戰賠款的錯誤，首相向他保證，「我們心裡非常清楚這點。我很確定，當時的錯誤不會重複。我們大概會犯其他錯誤。」[8]

六月十二日，邱吉爾登上驅逐艦克耳文號（HMS *Kelvin*）前往諾曼第。他帶著布魯克和史末資，但沒找戴高樂。他和戴高樂因爲法國臨時政府的人事安排又大吵一架，他對伊登描述戴高樂是「另一個希特勒」。[9]邱吉爾說服克耳文號的船長「拳打德國佬」，對著某些德軍的目標發射，例如飛行堡壘（Flying Fortresses）、解放者等轟炸機在頭頂上聚集時，炮轟射程僅有六千碼的炮臺。[10]他們搭乘兩噸半、六輪的兩棲裝甲車DUKW上岸，在古赫瑟勒（Courseulles）登陸。蒙哥馬利帶著吉普車隊在那裡等待他們，接著開車經過損壞的海濱、墜毀的飛機、燒焦的車輛、雷區標示、成熟的穀物，抵達位於克赫利（Creully）的總部。「我們四周都是肥胖的牲畜，手腳交叉，以性感的姿勢躺著！」邱吉爾對布魯克說。他們兩人都沒想到戰爭五年後還會看見馬、雞和悉心維護的鄉村。[11]馬汀記錄德國的轟炸機飛過頭上時，傳來防空高射炮爆炸的聲音，以及「更大的槍響（主要是海軍）從不間斷」。[12]首相如魚得水。

瞧見邱吉爾的士兵無不朝他蜂擁而來。他乘著小艇，從奧恩河（River Orne）上的阿荷芒希（Arromanches）沿著海岸航行，看著船艦卸下大批軍隊、坦克、炮彈、裝備。「肉眼可見之處，水面似乎布滿數量驚人的木筏，或大或小，從兩旁擴張數哩直達地平線。」馬汀寫道。[13]他們的距離近得可以看見卡昂（Caen）冒出的烽煙，德軍正在那裡激烈抵抗。「首相往灘頭的時候看起來精力充沛，」翌日回到倫敦，開完防禦委員會的會議後，康寧漢寫道，「有時挺像個孩子。」[14]邱吉爾告訴國王：「一週內，登陸法國的人員和物資，比起一九三九年至一九四〇年在法國人和港口幫助下登陸的，多出超過三・五倍。這是最驚人的事實，是遠征突破性的變革。」[15]

六月十五日，保守黨議員批評邱吉爾跑去前線，表示那是自我放縱又危險的舉動，此時布瑞肯反駁這位議員，而且在機智又激情的演講最後說，「這位正直英勇的議員或任何人都無法說服首相把自己包在棉花裡。無論思想、語言、行動，他都是絨毛的敵人。請容我斷言，未來幾年，一個感激且深情的民族會說，命運培養溫斯頓・邱吉爾成爲領袖。命運之子永遠不會計算過風險。」[16]

六月十九日，上將亞歷山大告訴邱吉爾，如果不要抽走他的兵力，他可以闖進波河河谷（Po Valley），「最終殲滅凱賽林（上將阿爾貝特・凱賽林〔Albert Kesselring〕）的兩支軍隊。如此一來，再也沒有什麼可以阻止我們直接進入維也納。」[17]這個計畫深深引起邱吉爾的興趣，對布魯克和馬歇爾則不然。布魯克告訴邱吉爾，加上阿爾卑斯山脈的地形和冬天的氣候，「即使亞歷樂觀地估算……我們至少有三個敵人，不是一個。」[18]馬歇爾同意，表示德軍只會從北義大利撤退到阿爾卑斯山，那裡僅需比同盟國遠較少的師就可以輕易守住。

儘管盧布爾雅那間隙（Ljubljana Gap）名為間隙，最後非常可能變成陷阱，而邱吉爾和亞歷山大夢想英國和大英國協的軍隊能超前俄羅斯抵達維也納，其實也只能夢想。若是那麼做，鐵砧行動——羅斯福在德黑蘭承諾史達林八月中攻擊南法——就必須取消，但是羅斯福和馬歇爾打算實現那項承諾。儘管如此，邱吉爾依然在三軍參謀長與羅斯福身上花費莫大精神、力氣、政治資本，希望他們採納亞歷山大的計畫，針對那件事情發出足以淹沒總統的簡報，又在防禦委員會的會議上一再重提。

六月十三日，九千五百二十一枚V－1(1)火箭中的第一枚落在英國。它們的綽號是「飛彈」和「嗡嗡炸彈」，而且逼得邱吉爾又回到臨時首相府。九月八日，總計大約一千五百枚V－2飛彈的第一枚落在英格蘭南方，持續不斷，直到一九四五年三月。V－2飛彈以每小時三千五百八十哩的速度，以及足以炸掉數條街的一噸有效載荷，無預警地襲擊。V－1和V－2相加之下，造成八千九百三十八名英國平民和兩千九百一十七名軍人死亡，並且重傷兩萬五千人，摧毀倫敦與東南十萬七千戶房屋。[19]哈維－瓦特發現許多人被迫無家可歸，邱吉爾把「無家可歸」這個詞用紅筆圈起來，寫上：「為什麼？他們必須聚在其他人的家，生一次火就足夠煮飯的地方！」[20]赫伯特．摩里森要求改變在法國的同盟國策略，調派軍隊沿著海峽岸邊攻占V型武器發射的地點，以免更重要的戰略目標遭到攻擊，邱吉爾拒絕。他不會讓V型武器改變任何戰略。「毫無疑問，這種形式的攻擊，令人難受，令人擔憂，」七月六日他告訴下議院，指的是V－1飛彈，「因為攻擊分散在整個二十四小時，但是人民就是必須習慣。」[21]六月中，上校皮姆在臨時首相府的地圖室裝上紅燈和綠燈，用以警告V－1飛彈接近，雖然唯一能採取的行動是拉上鐵捲門並警告客人。[22]

既然一旦V－2飛彈升空之後就無法防禦，邱吉爾必須思考一個額外的可能——德軍可能會在彈頭加上生化武器。「如果倫敦的轟炸眞的成爲嚴重公害，而且射程遙遠的巨大飛彈掉在許多政府官署和工廠，導致嚴重後果，」七月，邱吉爾寫信給三軍參謀長，

我應準備窮盡一切，打擊敵人，置之於死地。我當然可能必須請求你們協助我使用毒氣。我們可以澆透魯爾區的城市，以及德國許多其他城市，以致多數人口需要長期醫療照護。我們可以阻止所有飛彈發射地點的作業。我不懂為何我們總是需要忍受當紳士的所有缺點，而他們擁有當無賴的所有優點。有時也許確實是如此，但不是此刻。[23]

三軍參謀長堅決反對這個想法。邱吉爾意識到同盟國的軍隊可能會被困在他們的灘頭，無法突破更廣的法國腹地，於是他也要求參謀長考慮芥子毒氣可否用於「在諾曼第取得更多土地，以免被包圍在狹小的區域」。[24]他主張既然「幾乎每個人都會復原，假裝等量的高爆炸藥不會引發更多殘酷和痛苦也沒用」，而且將之與轟炸城市相提並論，一次大戰時不被接受，「而現在人人都認爲理所當然。這單純是風潮改變的問題，就像女性裙子或長或短。」[25]參謀長也否決這個想法，而且七月二十八日，邱吉爾不甘不願地放棄那件事，抱怨「顯然我無法同時成功反對牧師和武士」。[26]

六月十八日，一枚V－1飛彈直接落在白金漢宮旁邊鳥籠街的衛兵禮拜堂（Guards Chapel），當時在開羅會議與邱吉爾結識爲朋友的愛德華・黑伊勛爵（Lord Edward Hay）正走向那裡讀經。飛彈導致至少一

百二十一人死亡，包括黑伊。邱吉爾不久之後立刻視察中彈地點。一位年輕的威爾斯衛兵在場，他是未來的歷史學家肯尼斯・羅斯（Kenneth Rose）。他記得「現場明亮的弧光燈照射溫斯頓・邱吉爾，他站在碎礫之中，淚流滿面」。[27] 隔天國會搬回建築結構應該比國會大廈堅固的聖公會總部。這麼做似乎合理，但是，七月四日，國王在白金漢宮地下室，距離空襲避難所不遠的地方舉行典禮，頒發獎牌，之後邱吉爾告訴拉塞爾斯，他認爲政府政策不顧空襲警報，繼續「照常營業」，是在豎立不良示範；從此之後所有授銜儀式必須在地上舉行。[28]

六月二十二日清晨，當V-1飛彈開始飛越，邱吉爾正在向瑪麗安・霍姆斯口授，並問她會不會驚嚇。她說不會，而之後她在日記寫道，「在他身邊，怎麼會感到驚嚇？」[29] 她也記錄這個時候邱吉爾有多疲累；六月二十八日，他耳痛發作，索耶在幫他滴藥時，他幾乎睡著。邱吉爾喝得不凶，但他持續地啜吸加入大量蘇打水的威士忌或白蘭地，連續好幾個小時。「晚上某個時候，首相因爲我讓他的杯子見底，責備我疏於照顧他。」霍姆斯記錄。[30]「那個可惡的漂亮女孩，」之後他對約翰・佩克說，「可愛。那種女孩寧死也不會被迫洩露祕密。」[31] 從他口中不會有更好的讚美了。

一九四四年六月，發生邱吉爾之後在他的回憶錄所謂「我們和我們的美國朋友在最高戰略首次的重大分歧」。[32]（他圓滑地忘記一九四二年火炬行動的爭議。）他長期爭取放棄鐵砧行動，專注在義大利的戰役，有時也碰一鼻子的灰，但終於得到英國參謀長完全支持。然而他的主張遭到羅斯福和馬歇爾聯合反對，違背在德黑蘭的協議。「我想我必須完全與美國三軍參謀長的立場一致。」羅斯福在六月二十八日寫信給邱吉爾，「我不接受上將威爾森的提議，持續利用所有實際上在地中海的資源進攻北義大利，接著從那裡往東北。我眞的相信我們應該集中行動，而非分散。」[33] 邱吉爾認為鐵砧行動本身會分散資源，而且眞的也是。

英國拿出 Ultra 解碼向美國三軍參謀長展現，希特勒已經命令上將凱賽林，為了保護奧地利，要不計代價阻撓同盟國，不讓他們突破波河河谷。但是沒用。「你的電報讓我們非常痛心。」邱吉爾寫信給羅斯福，

地中海的戰役分裂成兩個行動，兩個都無法造成決定性的結果，依我的淺見，這是首次重大的戰略與政治過失，你我必須負責……我們首先希望最迅速有效地幫助上將艾森豪。但我們並不認為這必然需要完全毀壞我們在地中海的所有大事，而且要求我們這麼做，實在令我們痛心……我認為美國參謀長的語調武斷，且就眼前的討論，我實在看不見協議的可能。接著會如何？[34]

邱吉爾在電報中沒有提到巴爾幹半島，但羅斯福知道波河之後他想繼續前進第里雅斯特（Trieste）。「我的興趣和希望都是把艾森豪面前的德國人打敗，進入德國。」他回覆，「這裡單純為了政治考量，如果有人知道相當大的兵力被調到巴爾幹，即使『大君主』只有一點挫敗，我也承擔不起。」[35]「他絕對很氣羅斯福的回答，」國王寫道，「還說我們思考的完善計畫都被他和他的三軍參謀長忽略。」[36] 邱吉爾不把羅斯福的「不」當作回答。許多更暴躁的電報沒有公開在他的回憶錄；許多是伊斯梅說服他不要發出，然後就被銷毀的。[37]「我希望你們明白，我們必須要給美國人一種強烈的印象，我們被虧待，而且很不高興。」邱吉爾寫給三軍參謀長，「如果我們概括承受，加諸在我們身上的就會無窮無盡。」接著，提到三位美國

參謀長，他又說：「阿諾德—金—馬歇爾的組合是史上最愚蠢的戰略團隊。」[38]

邱吉爾在回憶錄中重複備忘錄的部分內容，但不包括最後一句。「溫斯頓爲此非常氣憤。」拉塞爾斯七月六日寫到鐵砧行動的決定，「而且不那麼確定他眞的喜歡F・D・R。」[39]事實上，鐵砧行動和巴爾幹半島都不具重要戰略意義，而且維也納也不會被快速攻破。一旦同盟國在一九四四年六月登陸法國西北部，法國南部和義大利北部的重要性就不如跨越萊茵河並取得魯爾區來得重要。但是邱吉爾同時看著戰後歐洲的政治——羅馬尼亞、保加利亞、南斯拉夫、波蘭、匈牙利，甚至奧地利。德國投降的時候，這些國家如果沒有同盟國的軍隊在，就會落入蘇維埃的影響範圍。再一次地，在最高點上，眞正的政治和戰略是同一件事。

七月四日，外交部接到一份報告，那年稍早，許多從匈牙利遭驅逐出境的猶太人被送去「東方未知的目的地」，其實就是納粹警察部隊在波蘭運作的奧斯維辛—比克瑙集中營（Auschwitz-Birkenau）。[40]這份報告也摘要另一份四名猶太逃亡者的報告，描述集中營裡的屠殺行爲，並且估計匈牙利裔的猶太人每日以幾乎不可置信的人數——一萬兩千人——遭到殺害。[41]猶太人的領袖哈伊姆・魏茨曼兩天後和伊登見面，要他轟炸奧斯維辛—比克瑙的鐵路路線。「有必要在內閣提出這件事嗎？」次日邱吉爾回答伊登，「盡你所能從皇家空軍弄到資源，必要的話就說是我。」[42]三天後，美國恰巧正於白天轟炸布達佩斯（Budapest），擊中數個牽涉其中的人家，幸虧匈牙利政府誤將轟炸視爲警告，於是匈牙利的攝政王上將霍爾蒂（Horthy）停止驅逐猶太人出境。[43]但是奧斯維辛和其鐵路依然需要摧毀，因爲歐洲其他各地數萬的猶太人依然被送去滅殺，而且霍爾蒂隨時可能改變心意。

猶太代表要求公開驅逐出境的事，邱吉爾表示支持。「我完全同意盡可能聲張。」他告訴伊登。[44] 關於奧斯維辛的鐵路廣播開始製作，匈牙利的鐵路工人聽到匈牙利文的警告，表示他們正在犯下戰爭罪行，將會受罰。[45] 十月的時候BBC也重複此類警告：「如果這些計畫執行，謀殺有罪的人將受到審判，並爲他們恐怖的罪行受罰。」[46] 但是，長程轟炸奧斯維辛和其鐵路線需要在白天進行，而執行白天襲擊的美國空軍六月二十六日拒絕邱吉爾的要求，接下來也數次拒絕。[47]

「這無疑是整個世界史上曾經犯下最大、最恐怖的罪行。」一九四四年七月十一日，邱吉爾寫信給伊登，當時距離隔年一月和二月解放死亡集中營還很久，「而且這個罪行是由科學的機器與表面文明的人，以偉大的國家與歐洲主要民族之名犯下。相當確定的是，與這個罪行有關的人如果落入我們手中，包括僅僅遵照命令執行屠殺的人，一旦證實與謀殺相關，就應被處死。」[48] 雖然邱吉爾想要鬆綁反對猶太人移入巴勒斯坦的一九三九年白皮書、轟炸奧斯維辛，也想對上將佛朗哥、元帥狄托和其他人施壓，要他們提供猶太人庇護，但是他在英國政府裡頭並非呼風喚雨。內閣、外交部、文官或武官幾乎都不支持他，他們多半不同情猶太人（甚至更糟）。他周圍的人一致對他的努力澆冷水。[49]「可惜AE在巴勒斯坦的議題上不可動搖。」例如安東尼・伊登的機要祕書奧利佛・哈維一九四三年四月在日記寫道，「他喜歡阿拉伯人，討厭猶太人。」[50] 一九四六年八月一日，在下議院，邱吉爾宣布：「我必須要說，我不知道在戰爭將結束的時候，已經發生恐怖屠殺，有好幾百萬人被滅殺。奮鬥結束之後，這件事情才逐漸明朗。」[51] 兩年前他寫給伊登的內容表示，他對大屠殺眞實的程度不只是略知而已，但是他終身的親猶太主義依然無法阻止。比起其他政治人物，他已經盡力，但絲毫談不上足夠。

七月六日星期四，邱吉爾醉了。「因爲在下議院演說飛彈的事，他非常疲累。」布魯克在他所謂「整個戰爭最糟糕的防禦委員會議」之後記錄，「他想靠喝酒復原，於是變得感傷脆弱、脾氣不好，發酒瘋，什麼都罵，誰都懷疑，而且極度怨恨美國人。事實上，恨到他整個戰略見解都歪曲了。」[52]他大罵蒙哥馬利，布魯克爲他辯護，也爲其他上將辯護，這場爭執持續四個小時，直至凌晨兩點，甚至扯到三軍參謀長那些與他不合的中東和遠東戰略。艾德禮、伊登、利特頓表示支持參謀長，「反而更加激怒他，他變得愈來愈沒禮貌」，最後爲了印度的未來，「眞的和艾德禮大吵一架」。[53]康寧漢也寫道，「首相的狀態不宜討論任何事情。太累，而且喝太多酒……他的心情很不好。粗魯又尖酸。」[54]伊登寫到「令人非常不快的防禦委員會議」，「表面上是爲遠東戰略召開。溫斯頓還沒讀資料，而且可能醉了……這個晚上眞是糟糕透頂，一年前不會這樣。眞的惡化了。」[55]

這份工作無法想像的壓力顯然已經影響邱吉爾，而且那次會議——戰爭兩千一百九十四天的其中一天——他瘋了。幸運的是，沒有做出任何決議，其他的作戰會議上也沒有指責邱吉爾喝醉。爭論的主軸一直是亞歷山大在義大利的策略，邱吉爾認爲應該可以更靈活地調度側翼，而非只是反覆攻擊卡西諾山超過三個月。許多今日的軍事歷史學家支持邱吉爾酒醉的論點多於布魯克清醒的發言。但是布魯克一貫的抱怨也沒錯，邱吉爾時常批評高階軍官。三天後，晚上在契克斯別墅，首相對瑪麗安・霍姆斯描述一個上將是「沒用的泡芙棒」，「只會鼓起嘴巴和噴氣。他應該在他妻子的閨房裡面打蒼蠅。我已經把另一邊臉轉過來給他摑，轉到沒臉可轉了。」[56]

卡昂防守超過一個月後，終於在七月九日被攻破。翌日，邱吉爾在戰時內閣報告，在法國的「每日卸量」現在是兩萬五千人、七千輛車、三萬噸裝備。他很擔心設置定時爆炸地雷不久之後就被俘的德國士兵，因爲他們投降之後地雷才爆炸；他要他們「負責」。到了那個階段，二十九個同盟國的師（十五個隸屬美國、十四個隸屬英國與大英國協）正跟二十三個德國的師在法國交戰。

邱吉爾曾經私下抱怨，這個時代其中一件最驚人的事是「可惜沒有夏綠蒂・科黛（Charlotte Cordays）」，指的是一七九三年刺殺洗浴中法國革命分子尚－保爾・馬拉（Jean-Paul Marat）致死的年輕女子。[57]但是一九四四年七月二十日，一小群德國將領試圖在希特勒東普魯士的總部「狼穴」（Wolfsschanze）刺殺他，雖然他們只成功撕破他的褲子。有人批評邱吉爾，戰爭期間，他並未和德國反希特勒的人士聯絡，但是英國情報單位若是有意接觸德國政治或軍事的反對人士，恐怕會引起史達林懷疑西方同盟國計劃單獨談和。[58]「希特勒先生七月二十日逃過炸彈時，他描述他大難不死是幸運。」九月，邱吉爾極爲諷刺地告訴下議院，「我想單純從軍事角度，我們全都可以同意，因爲如果在這場戰爭的最後階段，同盟國被迫失去施克爾格魯伯下士(2)這位對我們的勝利貢獻顯著的好戰天才，將會非常不幸。」[59]他後來表示，「他的某些行動，就連軍事白痴不想看到錯誤都難……我眞的認爲讓軍官好好起來造反會好得多。」他說密謀案顯示出「德意志帝國最顯著的特色就是互相殺害，或想要互相殺害，然而同盟國復仇的軍隊包圍住他們注定失敗且愈來愈狹窄的勢力。」[60]

密謀案失敗的隔天，邱吉爾去了蒙哥馬利在布萊（Blay）附近的司令部，位於諾曼第的卡瓦多斯省

（Calvados）。他視察一家醫院和一家野外烘焙坊（他長久以來堅持，可以的話，軍隊要吃到新鮮麵包，而非「合成口糧」）。他在蒂利（Tilly）附近看見正在行動的炮兵，而且一度只離前線四千碼。他也去了阿荷芒希、貝約（Bayeux）和破碎的卡昂；馬汀記錄，卡昂「被打得很慘」。[61] 回來時他告訴戰時內閣，他「從未看過如此快樂的軍隊——壯麗的軍隊」。[62]

七月底，莫斯科在盧布林（Lublin）設置波蘭民族解放委員會（Polish Committee for National Liberation），這是與流亡在倫敦的合法波蘭政府直接對立的傀儡政府。兩天後，效忠英國流亡政府的波蘭華沙家鄉軍（Poles of the Warsaw Home Army）在波蘭首都起義，對抗德意志國防軍的駐軍，爲了解放華沙，孤注一擲奮戰六十三天。最後，男人實際上都被消滅，女人和小孩則被送到集中營處決。史達林把他的軍隊停駐在華沙外，讓德軍消滅家鄉軍，譴責起義的領袖是「犯罪的投機者」，並且拒絕讓同盟國的飛機降落補給他們。邱吉爾考慮暫停開往莫曼斯克的補給船隊以表抗議，但還是決定不要。他後來寫道，「爲了廣大的目標，有時必須做出可惡，甚至羞辱人的屈服。」[63]

什麼也無法改變一個重要事實——對於東歐關係，現在史達林居主導地位。七月的「巴格拉基昂行動」（Operation Bagration）一舉成功，紅軍在白俄羅斯或殺、或傷、或俘虜了總計五十一萬德意志中央集團軍（Army Group Centre），就連諾曼第登陸日後也無法望其項背。「將德軍開膛破肚的，主要是俄羅斯。」八月二日，邱吉爾大方在下議院承認，「我向元帥史達林致敬，他是一位偉大的冠軍，而我深深相信我們和俄羅斯的二十年條約，將證實是最耐久的條約，能夠保存歐洲的和平、良好秩序、進步。」[64] 他說，俄羅斯軍隊「用他們的雙手解放波蘭。他們帶來自由、主權和獨立」——即使那個時候他知道這麼說是希望多於實際可能。[65]

八天後，邱吉爾從皇家空軍諾霍特基地，經阿爾及爾前往義大利，視察亞歷山大的第五軍，進行一趟提振士氣之旅。到了那裡，他也探望在醫院的倫道夫。七月十六日，倫道夫從義大利巴利（Bari）駕駛達科塔飛機前往南斯拉夫，卻在一百哩處失速墜機。機上十九名乘客有十名死亡；倫道夫和他的朋友小說家伊夫林・沃（Evelyn Waugh）受傷。倫道夫被送到巴利的醫院，後來又到阿爾及爾療養。「我們兩人都沒提到家裡的事。」邱吉爾向克萊門汀報告。她要他轉交一封信給倫道夫。三歲的小溫斯頓在父母婚姻破裂期間搬離契克斯別墅，克萊門汀希望倫道夫讓他回去那裡。邱吉爾沒有將信交給倫道夫。「我確定他會非常心煩，而他所有壓抑的情緒都會朝我發洩。」他寫信給她，「請原諒我未能如妳所願。此時多說無益，沉默是金。」[66]儘管如此，小溫斯頓在那個月底還是和保母回到契克斯別墅。

戴高樂除了在六月十三日曾經去了貝約二十四小時，直到八月二十日前他都沒有回到法國。他在阿爾及爾時拒見邱吉爾，根據邱吉爾的祕書，邱吉爾爲此「受到極大侮辱」，而且外交部的官員皮爾森・迪克森（Pierson Dixon）表示「憤怒有理」。[67]戴高樂不滿英、美還不承認臨時政府(3)，但是邱吉爾害怕未來的法國政府在半個世紀內會是最反英的政府。[68]

邱吉爾接著飛往那不勒斯，八月十二日在維多利亞女王的夏季別墅和元帥狄托見面。他過去極力支持狄托的黨徒，並且希望說服狄托戰爭勝利後和西方結盟，而非蘇維埃。他豪爽地告訴狄托，很可惜這幾年他老了很多，無法跳傘降落，否則他也想親自在南斯拉夫打仗。「但你派了你的兒子。」狄托回答，邱吉爾爲此溼了眼眶。[69]看見狄托兩名望而生畏的保鑣博斯科（Boško）和波亞（Prlja），他做了一件危險的事捉弄他們。邱吉爾緊抓著一個F・E・史密斯的家人給他的長方形雪茄盒，「我走向他們，在距離不到兩碼處，從口袋抽出來，彷彿那是手槍。幸運的是，他們高興地咧嘴微笑，我們成爲朋友。但我不建議在類似的情況下做出這種事。」菲茨羅伊・麥克連回憶那件事：「有那麼瞬間，我看見他們開槍的食指抽動。」[70] 不久之後他們坐下晚餐，麥克連拿出一條大手帕，揩去眉頭的汗水。雖然邱吉爾和這位南斯拉夫獨裁者的私交不錯，但是戰爭勝利後，狄托靈巧地在西方與蘇聯之間平衡、搬弄，收取漁翁之利，直到他在一九八〇年去世。

八月十四日，邱吉爾飛到科西嘉島的阿雅克肖（Ajaccio）。他想起一九一〇年自己和克萊門汀在那裡度假時，曾經參觀拿破崙童年的家。隔天他從皇家驅逐艦「金伯利號」（HMS *Kimberley*）的艦橋觀看鐵砧行動，現在重新命名爲龍騎兵行動。敵軍的槍炮在上午八點前就被消滅。「過程因此有點無聊。」他告訴克萊門汀，「我們從遠方觀看整個過程……我可以去到更接近行動海灘的地方，還是非常安全。」[71] 他繼續輕蔑地說，「我公開視察行程的原因之一，就是讓我自己和這起指揮良好但不痛不癢的行動扯上關係」，接著還告訴她他曬傷了。他恭喜羅斯福行動成功，但是從不妥協這項行動有所必要，而且在回憶錄中堅持「憑著我們被抽走的一半就好……我們大可能夠突破波河河谷，在通往維也納的路上得到所有閃閃發光的機會和獎賞。」[72]

兩天後，邱吉爾在卡西諾山和同盟國地中海區最高指揮官上將亨利・威爾森爵士（綽號「金寶」）一起野餐，他說那裡的地形令他想起年輕時的西北前線。從頭到尾，他不斷接到同盟國在法萊茲缺口（Falaise Gap）擊敗德國第七軍的消息；這裡是個重要的瓶頸，他們必須強行通過，才能深入法國各地。現在他向羅斯福提議需要在魁北克召開新的會議，如同他告訴克萊門汀，「兩國參謀長之間存在許多差異，我和美國的參謀長之間也是，必須做出決定。」[73]他直截了當地告訴克萊門汀他的意見：英國軍隊在三個地方作戰，艾森豪指揮法國，亞歷山大在義大利「被降到令人灰心的次級」，而第三個地方是緬甸，「在世界上最不健康的國家作戰，在可能是最惡劣的環境中，爲了進入美國過度看好的中國，保護他們飛越喜馬拉雅山航線。因此我們的軍力，有三分之二是爲了美國方便而不當部署，而另外三分之一聽美國指揮。」[74]爲了強調他的挫敗，他還說，一九四四年在緬甸六個月的四萬死傷，主要都是因爲疾病。

視察亞歷山大在佛羅倫斯附近的指揮總部後，邱吉爾在羅馬拜會教宗庇護十二世（Pius XII），而八月二十四日開始解放巴黎時，他在錫耶納（Siena）。他留在義大利觀看第八軍往北進攻，穿越敵軍防禦的哥德防線（Gothic Line），而且住在舒適的大篷車，裡頭有兩把「被解放的」路易十六椅。他們快到梅陶羅河（River Metauro）時，他看見他所謂「眼前壯觀的遠古世紀防禦壁壘」，經常出現的歷史感又浮上心頭。「在這裡，哈斯德魯巴（Hasdrubal）的敗仗[(4)]決定迦太基的命運，」他後來寫道，「所以我建議我們也應該跨越。」[75]德國的炮兵才停止發射十五分鐘，邱吉爾和亞歷山大就能看見坦克往前移動並發射，機關槍在前方幾百碼處動作。「有相當多的炸彈碎片飛來飛去，而且到處都埋了地雷。」亞歷山大後來回憶，「他當然愛死了。他被深深吸引——他的內在是個眞正的勇士。」[76]

八月二十九日，邱吉爾帶著攝氏三十九・四度的高燒（馬汀說四十度），還有四年內第三次肺炎，回到諾霍特。X光顯示他的肺部有另外一處小斑塊。[77]「如果眼下他出了任何事情，都會是悲劇。」康寧漢在他的日記寫道，此話完全和他最近在日記裡關於邱吉爾的任何內容相反，「儘管他犯的所有過錯（而且他是最令人惱火的男人），他為這國家貢獻良多，無人可及。」[78]生病的事並未公開。兩天後，國王來到臨時首相府探望臥病的邱吉爾，在邱吉爾的枕頭上簽了蒙哥馬利晉升元帥的命令。

三天後他的體溫恢復正常，而他又回到了科爾維所言「猛衝的狀態」。[79]他清空首相的紅色公文箱，同時找到時間告訴殖民地大臣那則古老的傳說——猴子離開岩石的時候，英國就會失去直布羅陀——「直布羅陀上的猴子應該編制二十四隻。努力盡快達到這個數字，並且日後善加維護。」[80]他告訴科爾維，他早就料到，為了等待時機成熟而延後大君主行動，必會招來批評：「也許會有不起眼的少數認為我們應該在一九四三年入侵」；但他們錯了。當康寧漢說，龍騎兵行動的成敗取決於誰來寫歷史，邱吉爾回答他「打算插上一手」。[81]那是他後來常開的玩笑，但是《世界危機》影響人們認識一次大戰的方式，令他深深相信他的二次大戰回憶錄也會。

一九四四年九月初，英國與加拿大取得安特衛普，並摧毀帕斯加萊與其他地方的V型武器。到了那個時候，邱吉爾已經開始考慮翌年二月舉行大選。「繼續延遲，光芒消逝，我們只會輸。」他告訴伊登。[82]九月五日，肺炎痊癒才過四天，他搭乘瑪麗皇后號赴魁北克參加八邊形會議（Octagon Conference）。他帶了一大票隨行人員，包括克萊門汀、莎拉、摩蘭、波特爾、布魯克、康寧漢、查威爾、列德斯、伊斯梅、霍里斯、科爾維、馬汀，以及一位精研輸血的血液專家陸軍准將萊昂內爾・惠特比（Lionel Whitby）。在船上的第一晚，享用牡蠣和香檳時，他說，如果下次選舉工黨占據多數，「就這樣吧，英格蘭人民覺得夠好，我也覺得夠好。」[83]旅途中他讀了特洛勒普（Trollope）的小說《菲尼亞士・芬恩》（*Phineas Finn*）以及《公爵的孩子》（*The Duke's Children*）。

墨西哥灣洋流周遭溫度大約攝氏二十四度，邱吉爾在義大利服用的抗瘧藥和治療肺炎的M&B發生作用，用莎拉對瑪麗說的話，「他的精神很差，狀況不是很好」。[84]他也為了義大利戰役的事和三軍參謀長大吵。他想增援，但是他們的想法沒錯，認為（依康寧漢描述）那是「次要前線」。[85]在較早的每次英美高峰會議，邱吉爾和三軍參謀長總是代表團結的英國立場，但這次，對於歐洲或太平洋的策略，他們的看法並不一致。「他的心情差到極點，」康寧漢記錄，「指責參謀長聯合起來反對他，不讓他看文件等。」[86]邱吉爾也認為共同策劃組的成員對提早勝利太過樂觀，並下「同額賭注，德軍到聖誕節還會在打。」[87]

布魯克心想，「他還會持續多久。以他目前的狀況，他可能還會造成數不清的傷害，這就是悲劇。」[88]就連忠心耿耿的科爾維也觀察到首相「極為易怒」。[89]隔天，又開了一場艱難的會議後，布魯克寫道：「我發現保持禮貌很難。奇妙的是，世界上四分之三的人口認為溫斯頓・邱吉爾是歷史聞名的戰略家、馬爾博羅再世，而另外四分之一完全不知道他對這個戰爭是多大的公害！一直以來都是。這個世界最好永遠不知道，永遠不要懷疑這個不為人知的缺點，若非如此他就是超人。少了他，英格蘭必定會輸；有了他，英格蘭屢次瀕臨災難邊緣……我從未如此同時崇拜又討厭一個人到這個程度。」[90]值得記住的是，過去布魯克自己完全支持邱吉爾的政策，卽邱吉爾在一九四一年十二月前往華盛頓途中寫下的四頁主要策略，包括延後跨海峽攻擊，直到地中海的策略開花結果，也就是後來的火炬、哈士奇、雪崩行動，以及將軸心國逐出北非，讓義大利人（如果不是地理上的義大利本身）退出戰場。布魯克的敵意蒙蔽了他，甚至認為邱吉爾需要為發動策略挑負政治責任。

九月十日午餐後，「瑪麗皇后號」停在新斯科舍省的省會哈利法克斯。群衆已經聚集，高聲歡呼，並唱著〈提珀雷立的路途遙遠〉(It's a Long Way to Tipperary)、〈收起你的煩惱〉(Pack Up your Troubles)、〈天佑吾王〉。邱吉爾和克萊門汀興高采烈地加入。[91]一行人搭乘火車前往魁北克，此時邱吉爾的體溫又升高，他服下阿斯匹靈後臥床休息。隔天早上富蘭克林與艾蓮娜・羅斯福夫婦在魁北克火車站等待他們，帶他們到魁北克城堡。總統看起來不甚安康，而且和上次見面相較，顯然瘦了很多。邱吉爾告訴科爾維，他恐怕總統現在「非常孱弱」。[92]然而，看不出來羅斯福每況愈下的健康在任何方面影響他在魁北克或接著在雅爾達（Yalta）的決定；他的心智一如往常堅強。

同一天，美國軍隊穿越德軍在特里爾（Trier）的前線。在城堡和羅斯福夫婦與麥肯齊・金共進午餐時，邱吉爾提起美國軍事優勢的話題。根據麥肯齊・金的日記，「邱吉爾論總統，他是當今陸、海、空，軍事最強國家的首領。總統說，他很難意識那點，因爲他自己並不喜歡。他沒有同感。」[93]爲了平衡他們整體戰爭時期貢獻的相對重量，其中物資方面大大偏向美國，而且爲了維持英國的影響，邱吉爾又說，「其他國家都在陸續準備的時候，如果英國起初不如當時那樣戰鬥……美國可能就得爭取本身的存亡。如果當初希特勒進入英國，而且某個通敵的政府讓他們擁有英國海軍，加上他們得到的法國艦隊，什麼也無法拯救這個大陸，而且日本已經準備攻擊。總統傾向同意，他們可能無法及時準備。」[94]邱吉爾的訊息非常清楚，善良溫和的羅斯福也沒有與他爭論：今日美國提供最大部分的人力物力，而在一九四〇年至一九四一年，英國（隱含加拿大）也在當時扮演同樣重要的角色。

九月十三日上午十一點四十五分，第一次全體出席的八邊形會議展開，邱吉爾的開幕致詞概覽自十二月開羅會議以來的事件。當他表示「他一直提倡跨越孟加拉灣進攻，收復新加坡；喪失新加坡對英國的名譽一直是悲痛羞恥的打擊，必定要復仇」，他心中的帝國主義者又站到前方。「在和平會議上收復新加坡還不夠好。我們必須在戰爭中收復。」他甚至爲龍騎兵成功而恭喜美國，「得到最令人欣慰的結果」，但他其實根本不那麼認爲。[95]確實，邱吉爾大致而言活力充沛，觀察到「我們處處點石成金，而且過去七週，出現接二連三的軍事成功」。[96]

需要討論的問題中，最重要的是打敗德國後，英國在太平洋戰爭應該扮演的角色，此外，既然巴黎已經被攻破，德軍往法國東部撤退，義大利戰役未來如何發展；持續《租借法》的船運規模；進入德國時應採取的整體軍事策略，英、法應該占領那個國家哪個部分；還有美國財政部長亨利・摩根索（Henry Morgenthau）提出關於德國去工業化的計畫，以免他們在二十世紀發動第三次世界大戰。這些主要問題，全體出席的會議僅僅四天就全都做出決定，每個問題都是邱吉爾領頭。

他願意提供英國艦隊在中太平洋對抗日本，甚至讓美國指揮，但是上將金想要僅以美國海軍在那裡執行整個行動，而且實際上也開口這麼說。「我已表示願意提供。」邱吉爾說，「你願意接受嗎？」「願意。」總統回答，凌駕他所知的上將希望。[97]康寧漢對此相當驚訝，因爲這樣似乎違背邱吉爾的孟加拉灣策略，以及他想解放新加坡與英國遠東屬地的渴望。而其理由就在邱吉爾的提議並無時程。美國人同意亞歷山大可以繼續在義大利作戰，以便抵擋凱賽林的師，這個讓步被描述爲「最後殘存的周邊策略」。[98]

邱吉爾想要警告羅斯福「俄羅斯人快速入侵巴爾幹半島，以及俄羅斯之後在該區危險的影響」，但是美國人拒絕提供必要的登陸艇，表示另有用途，藉此阻止他派軍隊進入伊斯特里亞半島（Istria）作爲進入巴爾幹中途站。邱吉爾想要主張巴爾幹半島是「公共池塘」，而且英國已經專注在其他地區，但他沒有辯贏。「即使戰爭突然結束，」他曾在去年八月底告訴史末資，「我們的裝甲也沒有理由不該悄悄送進（維也納）。」[99]事實上有兩個主要理由：一、缺乏美國支持；二、德國防禦山口的能力，如同他們已經在卡西諾山下的利里河谷展現。美國幾乎沒有回應，以致官方會議紀錄只寫著，「巴爾幹半島：我們的空軍行動和突擊形式行動繼續。」[100]對羅斯福和馬歇爾而言，巴爾幹半島不值得任何一名美國傘兵犧牲他們健康的身體。戰略上，在戰爭的那個階段，這是對的：同盟國必須專心對抗德國。但是那也意謂，如同邱吉爾害怕的，巴爾幹半島許多地區於冷戰時期落入蘇維埃控制。

在魁北克某次參謀長會議最後，邱吉爾告訴波特爾，他需要討論預定占領德國的區域。科爾維知道首相還沒讀過簡報資料，所以在他泡澡時朗讀給他聽。「他接受這個奇怪的程序，」科爾維寫道，「但問題是他不時會完全沉入水裡，因此聽不見某幾段。」[101]儘管如此，英、美同意互換德國南北的占領區，地理上而言也較合理。

邱吉爾和羅斯福的私交也從鐵砧／龍騎兵行動時的低點復原。關於戰略廣泛的討論當然也遍布社交場合。某場宴會上，克萊門汀得和七百人握手。「我以爲我的手要斷了。」她告訴莎拉。[102]馬汀記錄，「首相和總統一起用餐，而且關於安排會議，兩人可以說個不停，也不會爭吵。」[103]總統的想法，或說摩根索提出，而且總統非常支持，以致提到正式會議討論的想法，就是消滅「魯爾和薩爾（Saar）的戰爭製造工業」，因此將德國轉爲「以農牧爲主的國家」。[104]邱吉爾甚至在恐德的林德曼說服下，針對摩根索計畫，在九月十五日發起備忘錄。但是當布魯克指出，未來對抗俄羅斯還需人口眾多的德國作爲盟友，邱吉爾馬上改變心意。從此之後他開始不贊成這個計畫，道德考量是眾多理由之一，而且再也沒聽說這個計畫。

艾森豪想要發動大規模行動包圍魯爾區，輔以進攻波昂（Bonn）和史特拉斯堡（Strasbourg），他的想法得到許可，然而，想要直接攻進魯爾區的蒙哥馬利，以及想要往柏林的美國第三軍指揮官喬治・S・巴頓（George S. Patton），都不滿包圍的策略，但是對抗反擊能力相當健全的敵人，這才是正確的作法。

九月十六日中午，最後一次全體出席的場次結束後，邱吉爾和羅斯福穿著麥基爾大學（McGill University）榮譽學位的學位服，在城堡屋頂舉行聯合記者會。邱吉爾告訴記者，第一次魁北克會議做的決定「現在刻在歷史的紀念碑上」，包括大君主行動，已經解放「這麼久以來被德國佬的足跟踐踏下親愛、美麗的法國土地」。關於對日戰爭，邱吉爾告訴美國人，「你們不能拿走所有好處。你們必須分享。」[105]

翌日，蒙哥馬利發動「市場花園行動」（Operation Market Garden，這個名稱完全不符合邱吉爾心中英勇或古典的代號標準）。這起兩棲行動計劃拿下荷蘭愛因荷芬（Eindhoven）、奈梅亨（Nijmegen）、阿納姆（Arnhem）周圍的橋梁，然而英國第一空降師（1st Airborne Division）卻慘遭失敗，七千人傷亡或被俘。[106]這個結果更加增強艾森豪包圍魯爾區，建立「廣大前線」的侵德策略，勝過蒙哥馬利和巴頓希望更快更深入柏林的「狹窄推進」取向。然而，雖然邱吉爾非常熱衷策略，同盟國在諾曼第登陸日上岸後，他卻極少參與歐洲戰場的決策。到了一九四五年三月，羅文認爲首相甚至「失去對戰爭的興趣，因爲他對軍事事務再也沒有控制權。直到大君主行動，他都視自己爲馬爾博羅，所有軍事決策的最高權威歸屬於他。現在，除了廣大長期的策略，由於局勢之故，他幾乎像個旁觀者」。[107]他並非故意站到邊緣，而且如果他根本上不同意整體方向，大可興風作浪，但艾森豪是同盟國的最高指揮官，不需要邱吉爾的意見，即使是在應該採納「廣大前線」或「狹窄推進」入侵德國這種根本問題。

九月十八日，邱吉爾住宿在海德帕克，溫莎公爵與公爵夫人前來共進純社交的午餐。邱吉爾事先詢問國王是否需要代為轉達對兄長的問候，但只收到一封電報寫著：「凡是關於他的未來，或許你可以轉達我的信念，如你所知，就是住在美國。這是促進他的幸福的最佳方法。複述，美國。」[108]邱吉爾對科爾維口授時提到，這是「相當傷人的回答」，但是，如同他經常的作法，他接著銷毀那封電報。[109]儘管他們之間所有尊敬與友好，兩人心中顯然還殘存遜位危機引發的情緒。最後，邱吉爾採取較懷柔的方式回答，表示他並未轉達這個訊息，以免溫莎夫婦反其道而行。

羅斯福和邱吉爾在海德帕克發起原子核合作協議，堅決拒絕國際之間控制原子核科技。共享原子核科技的想法由原子核物理學家約翰・安德森和尼爾斯・波耳提倡。那年稍早，波耳從丹麥逃出後，林德曼帶他去見邱吉爾，但是那次見面失敗，因為邱吉爾討厭波耳認為世界應該共享所有原子核知識，邱吉爾認為那是天真得危險。他甚至一度考慮拘留波耳，以免他把原子核祕密洩漏給蘇聯。這項協議將是英美原子核合作的基礎，直到美國突然且實際上毫無預警地在一九四六年八月以《麥克馬洪法》（McMahon Act）終止合作。

九月二十日上午九點十五分，邱吉爾在紐約登上瑪麗皇后號，吃著軟殼蟹與大塊牛排，「似乎健康而且對自己很滿意」，還說艾森豪相信「德軍崩潰的日子不遠了」。[110]他豐富的幽默感只在當他對著列德斯、康寧漢、伊斯梅談起戴高樂時才會覆上陰霾。他說近年來「我對法國人的錯覺已經腐蝕大半」。[111]戴高樂上個月在巴黎市政廳（Hôtel de Ville）明顯忘恩負義的演講，表示首都「自己解放自己，首都的人民在法國軍隊協助下，在整個法國的支持與幫助下解放——奮戰的法國，僅僅只靠法國」。[112]戴高樂也不管勒克萊爾（Leclerc）的自由法國師隸屬美國上將李奧納德・傑羅（Leonard Gerow）的團，直接命令他們。

大西洋上有艘U型潛艇，瑪麗皇后號被迫往南轉向，邱吉爾爲此心煩，因爲他希望國會休會結束前能回到下議院。他們以時速三十浬航行，他及時趕了回去，雖然那意謂幫他們護航的柏立克號爲了跟上，不能採取反U型潛艇的鋸齒狀預防措施。科爾維注意到，邱吉爾比過去還常追憶往事。

九月二十八日，邱吉爾在下議院演說，盡可能粉飾阿納姆的災難。「『並非徒勞』也許就是那些倖存者的驕傲與那些陣亡者的墓誌銘。」他如是說。[113] 對於那些認爲蒙哥馬利搞砸行動的人——他確實是——邱吉爾又說：「我們不能忘記，我們應該感激那些德國出的錯誤，極大的錯誤。我永遠痛恨將拿破崙與希特勒比較，因爲那似乎是在侮辱偉大的皇帝與戰士，任意將他與那位骯髒的黨團首領和屠夫相連。但在一個方面，我必須將兩人並列。這兩人的性格喜怒無常，在他們狂熱的事業顛峰，無法放棄任何細碎的領土。」[114] 接著他舉出許多拿破崙在一八一三年至一八一四年的策略，將之比爲「過去希特勒成功地將德國軍隊散布在整個歐洲，但是自從史達林格勒與突尼斯起，直到此時此刻，頑固的他已經逐漸褪去自己的那些威力，專注在最終博鬥的力氣」。[115] 哈維－瓦特說這場演講「好極了」，但又說某些議員認爲他看起來疲憊，而且「午餐休息後他的聲音沒那麼好」。[116]

隨著德國於一九四四年九月被逼出羅馬尼亞，十月南斯拉夫，十二月匈牙利，注意力轉向何種形式的政府即將取而代之。戴高樂的法國國家解放委員會，最後終於在那個月被同盟國承認爲合法的法國政府，但是情勢顯然指向，那些被俄羅斯占領的東邊國家中，唯有親莫斯科的傀儡才會得到許可。邱吉爾希望元帥巴多格里奧能夠維持在義大利的權力，但是羅斯福不那麼認爲。羅斯福下個月就要面對總統大選，不想顯現出希望被解放的國家不採取開明制度，而採取君主制度。

十月二日華沙起義最終崩潰，預示波蘭難以施行民主。邱吉爾對內閣描述波蘭人是「英勇的人民，三百年來因爲拙於政治事務而受累」。[117]即使他們原本非常機靈，超過一百萬名紅軍士兵進駐在他們的土地，也很難看出他們如何能夠重獲獨立。往南，希臘共產黨人的政治派系「民族解放陣線」（EAM），以及他們的軍事派系「人民民族解放軍」（ELAS），準備在希臘奪權，同時阻撓希臘國王喬治二世和流亡政府的自由派首相喬治・巴本德里歐（Georgios Papandreou）回到希臘。(5)

邱吉爾告訴國王，此時迫切需要與在莫斯科的史達林開會討論波蘭、巴爾幹半島，尤其希臘，並且解釋，史達林必須理解「這不是我和羅斯福在一邊，而俄羅斯人在另一邊的問題」。[118]邱吉爾的想法是一廂情願。史達林就是認爲資本主義的強權共謀，而且在莫斯科再次親自開會也不會消除這個長久以來的觀點。但是如同邱吉爾在八邊形會議的記者會上說過，電報「比起親自接觸，只是死的、空白的牆壁」。[119]他告訴拉塞爾斯，「下次我們一定要讓喬・史達林在某處和**我們**見面——也許在海牙（The Hague）——雖然他總是哀怨他的健康，假裝身體不適，無法旅行。」[120]十月八日，邱吉爾午夜離開諾霍特，在那不勒斯和開羅中途停留後——「我們低空飛過維蘇威火山，」約翰・馬汀記錄，「最近一次爆發的黑色熔岩宛如漫長溪流，還在悶燒。」——九日中午，他們抵達莫斯科。這場會議的代號幾乎無法理解，叫作「托爾斯泰」（Tolstoy）。

在克里姆林宮第一次會議最後，邱吉爾傾向桌子對面，遞給史達林半張紙，他說是份「不乖的文件」。[121]他親筆畫了他所建議的戰後東歐勢力範圍劃分，分爲俄羅斯和西方同盟國。上面寫著：

羅馬尼亞：俄羅斯九十％，其他國家十％。
希臘：英國包含美國九十％，
其他俄羅斯十％。
南斯拉夫：五十％，五十％。
匈牙利：五十％，五十％。
保加利亞：俄羅斯七十五％，其他國家二十五％。[122]

原始文件中劃掉的字和倉促加上的「包含美國」，顯示既然羅斯福不想參與接下來對抗EAM／ELAS的鬥爭，邱吉爾起初幾乎把希臘當成英國的保護國。史達林沒有表示意見，但是拿起一枝藍色的鉛筆，在「羅馬尼亞」旁邊打了一個大勾，但顯然同意整張文件。①

「之後是漫長的沉默。」邱吉爾回憶，「用鉛筆畫過的紙放在桌子中央。終於我說，『對於數百萬人來說這麼重要的事情，如果我們如此輕率處理，會不會被認爲太過自私？我們燒掉這張紙吧。』『不，你留著。』史達林說。」[123]史達林並不在乎他是否自私；他已經得到他想要的，而且西方和蘇聯平分匈牙利與南斯拉夫控制權的眞正機會其實是零。邱吉爾很高興地拿回那張紙，而且這個事件並未寫在英國的官方紀錄。[124]

考量一九四四年十月中的整個政治地理局勢，當時俄羅斯已經完全控制保加利亞與羅馬尼亞，匈牙利也即將落入他們手中，同時狄托似乎被拉進親莫斯科的陣營，而史達林可以輕易武裝、指揮、資助在希臘的共產主義叛變，這個情況下，所謂的「百分比協議」(Percentage Agreement) 對英國和西方而言代表不錯的交易。[125]希臘沒有於一九四五年消失在鐵幕之後，得歸因於邱吉爾。少了美國人在場（哈里曼幾乎每晚都和邱吉爾打比齊克牌，但不出席與史達林的雙邊會議），邱吉爾清楚意識到，每一步都需要通知羅斯福。「我一直與總統保持聯絡，而這就是棘手的部分。」他告訴克萊門汀，稱她爲「肯特太太」，並署名「肯特上校」。[126]但是當他寫信給羅斯福，他並沒有提到「不乖的文件」。「我和那頭老熊相談甚歡，」他對克萊門汀談到史達林，「我愈見他愈喜歡。現在他們在這裡也尊重我們，而且我確定他們希望與我們合作。」[127]十月十六日，他離開莫斯科的三天前，邱吉爾相當有信心，史達林會遵守百分比協議，於是命令中將理查・斯科比（Richard Scobie）帶著英國軍隊占領雅典，必要時候對ELAS黨員開槍。

百分比協議中明顯未列的國家，當然就是波蘭。邱吉爾相信，波蘭與俄羅斯的邊界約略維持在寇松線上，對波蘭是相當公平的約定，或者至少是波蘭人實際上無法要求更多的界線。在倫敦的流亡波蘭政府首相斯坦尼斯瓦夫・米科瓦伊奇克（Stanisław Mikołajczyk）十月十四日在莫斯科告訴邱吉爾，他們無法接受寇松線，而且那會導致太多波蘭民族爲主的城市落在俄羅斯，但是根據波蘭對此談話的會議紀錄，邱吉爾回答的口氣「非常粗暴」，「你們這些無情的人想要毀掉歐洲。我應該讓你們解決自己的麻煩。你們想要拋棄家鄉人民的時候毫無責任感，對他們的苦難漠不關心。」[128]他又說：「你們根本無法面對事實。我這輩子從沒看過這樣的民族……你們痛恨俄羅斯人。」[129]他說的最後一句話無疑是對的。當他主張蘇聯的性質已經「改變」時，顯然是天真（再次），亦可能是玩雙面派。他警告米科瓦伊奇克，他和他的人民如果不接受新的國界，就會被俄羅斯「清算」，到這個時候他已經默認史達林的政權根本沒有改變。一九五三年摩蘭問他，波蘭是否公平記錄他說的話，邱吉爾承認：「你要知道，當時我們都很生氣。」[130]

俄羅斯人在東歐現正占有壓倒性的軍事實力，而且此時已經在盧布林建立波蘭傀儡「政府」，聲稱代表所有波蘭人。「我們倫敦這群，如國王陛下所知，是正直但虛弱的愚人，」邱吉爾寫信給國王提到波蘭流亡政府，「但是在盧布林的代表似乎可以想像是最大的反派。」倫敦與盧布林的波蘭人，兩者之間的和解，若無羅斯福政府主動協助，勢必很難達成。但是有鑑於波蘭裔的美國選民有數百萬名，這項議題在美國政治又是非常敏感，提前協議可能不大，既然如此「我們應該不談這個議題，盡可能延後到總統選舉」。[131]那就是實際發生的情況。

在托爾斯泰會議上，布魯克對俄羅斯最高司令部解釋艾森豪的歐洲策略，而美國上將約翰・R・迪恩（John R. Deane）報告太平洋的跳島戰略。迪恩說，日本在島上被繞過的士兵會「被迫在日本戰敗前靠椰子和魚生存」。邱吉爾補充：「他們會腐爛，他們會腐爛。」[132]（這也是他對海峽群島德國駐軍的態度，那裡直到一九四五年五月才解放，因為他不想負責餵養那裡的兩萬八千德軍。）[133]

與會人員經歷六個小時、十四道菜、無數次舉杯致敬的晚宴（某次宴會，約翰・馬汀數到第二十次就不數了），並且施放煙火慶祝紅軍勝利。在莫斯科大劇院（Bolshoi Theatre），邱吉爾接受十五分鐘的起立鼓掌。「邱吉爾愛死了，而且掌聲快要停滯時，又適時做出『V』字手勢帶動。」一位旁觀者說，「燈一暗下，史達林就退出包廂，但是十分鐘後又回來和邱吉爾一起接受掌聲。」[134]十九日上午十點四十五分，史達林在莫斯科機場送別邱吉爾，這在蘇聯幾乎是史無前例的光榮。[135]「他看起來很好，不會太累。」國王在二十四日寫道，（事實上莫斯科之旅的尾聲，他又發了高燒，在他回家不久前才退燒。）「他告訴我，儘管在莫斯科有許多直到深夜的宴會，他瘦了兩公斤。他說他發現史達林比較願意說話，也不再這麼多疑。」[136(6)]

十月二十七日，邱吉爾告訴下議院，親自與俄羅斯人、南斯拉夫人談判比透過電報好得多：「面對面，距離不能克服的困難往往就不再阻擋我們的道路。」[137] 哈洛德・尼科爾森寫道，他「純眞可愛、臉色紅潤、堅定且大聲激昂」。(7) 四天後，他要求國會自行延長一年，但說他一旦認爲對德戰爭勝利，事實上國會可能會更快結束。他告訴下議院，他不會在戰爭勝利的餘波中召開選舉。「所有對民主的讚揚底下，是一個個渺小的人，」邱吉爾說，「走進小小的投票間，拿著小小的鉛筆，在一張小小的紙上劃個小小的叉——多大量或多華麗的討論都不可能減損那件事情巨大的重要性。」[138] 儘管早期的民調顯示，他可以利用曾向伊登說的「勝利光環」，但他現下已經決定，不會像一九〇〇年的索茲伯里、一九一八年的勞合喬治那樣，舉行「卡其色」大選。② 邱吉爾因此獲得讚揚。「我從未有如今天早上那樣讚賞溫斯頓的道德態度。」尼科爾森寫道。[139]

十一月四日，邱吉爾邀請哈伊姆・魏茨曼到契克斯別墅。他說戰爭可能還要再持續三到六個月，而且雖然因爲保守黨反對，他不能宣布巴勒斯坦爲猶太人的國家，但是如果猶太人能夠「取得整個巴勒斯坦，會是好事一樁」。[140] 他又說他的朋友沃爾特・吉尼斯，即現在的莫恩勛爵暨中東常駐公使，已經改變心意贊成這個想法，而且魏茨曼應該去開羅與他見面。[141] 兩天後，莫恩在使館外的座車內，被名爲萊希 (Lehi) 的錫安恐怖組織槍殺。邱吉爾極爲憤怒，莫恩一直是另一俱樂部的會員，曾經招待克萊門汀到他的遊艇，他的兒子布萊恩・吉尼斯 (Bryan Guinness) 從一九二〇年底起一直是倫道夫的好友。「如果我們對錫安主義的夢想得在手槍暗殺的煙硝中結束，而我們爲其未來的努力只是製造相當於納粹德國的新幫派，」十一月十七日，他告訴下議院，「許多和我一樣的人，必須重新考慮我們過去長期堅持的立場。」[142]

然而，儘管他的憤怒，殖民地部緊接在暗殺後提議減少猶太人移民至巴勒斯坦，還是被他否決，而且他也拒絕從兩位反對錫安主義的資深保守黨員中選出繼任莫恩的人。雖然復仇不是他的天性，但是當他知道埃及政府打算延後刺殺者的處決，他在一月底去電藍浦生，警告此舉將會「造成英國與埃及之間顯著的裂縫」。[143] 暗殺者在三月被處決。

一九四四年十一月七日，羅斯福總統史無前例四度當選，以四百三十二張選舉人票、三十六州、兩千五百六十萬張全民投票，勝過共和黨候選人托馬斯・E・杜威（Thomas E. Dewey）的九十九張選舉人票、十二州、兩千兩百萬張全民投票。邱吉爾很高興，而且鬆了一口氣。三天後，他飛到巴黎參加一次大戰紀念日遊行，並受邀住在奧賽堤岸。上次他來到這裡是四年前，當時他們趕在德意志國防軍抵達前在庭院焚燬資料。十一月十一日，他和戴高樂一起走下香榭麗舍大道——他們似乎已經遺忘兩人之間的齟齬——經過無邊無際、欣喜若狂、朝他們洶湧而來的群眾。伊斯梅後來告訴瑪德・羅素，巴黎之旅對邱吉爾來說「非常危險」，他「根本就不該允許他去，但沒人可以阻止他。從數百扇窗戶射殺他是輕而易舉的事」。[144] 伊斯梅緊跟在他後方，嚴陣以待，準備一旦發生槍擊就將他絆倒，按在地上。「他說，首相非常激動，雙腳一踏上法國就啜泣起來，同時因為悲傷和喜悅而哭。」他們降落在他沒去過的機場；戴高樂來接他們時，伊斯梅以為他會很感興趣，問很多問題，「但他忙著哭。他們走過巴黎街道的時候，他淚流滿面。」[145]

伊登的機要祕書瓦倫泰恩・勞福德在日記寫道，「群眾對著戴高樂和邱吉爾歡呼，不知疲憊，我印象中沒見過這麼多張快樂的臉，他們就圍繞在我們身邊，或在大道兩側的陽臺。」[146]在香榭麗舍大道和尼古拉二世大道（今日的溫斯頓・邱吉爾大道）轉角，邱吉爾在克里蒙梭的雕像放上一個花圈，對克里蒙梭的女兒說了幾句話，接著搭車前往榮軍院（Les Invalides），距離拿破崙墳前不遠的地方，在元帥福煦的墳上同樣放上一個花圈，並和福煦的遺孀見面。「溫斯頓沒有一刻不流淚。」伊登告訴尼科爾森，「而且他收到巴黎榮譽市民的時候，早就已經哭滿好幾桶……他們爲邱吉爾喊叫的模樣眞的是他從未見過的。」[147]

次日，邱吉爾在巴黎市政廳對著廣大的群衆演講。「我要警告你們；小心一點，」他開口，「因爲我打算、或者說我要試著說法語，這是非常可怕的任務，將會考驗你們對英國的友誼。」[148]十五分鐘的演講，他說著流利但完全不合文法的法語，部分還帶著眼淚。之後，他和戴高樂搭著總統列車前往位於邁什（Maîche）的法國陸軍總部。部分行程由於大雪必須縮短，而且車子一度困在雪堆之中，需要副官下去推車。邱吉爾堅持在雪中和戴高樂一起視察某些法國陸軍分隊，雖然拍了幾張不錯的宣傳照，可因爲他最近幾次肺炎發作，他的隨從非常擔心。「我認爲戴高樂帶著W在雪中開車，那段**糟糕的**旅程絕對是犯罪。」查爾斯・波特爾寫信給帕蜜拉・邱吉爾（現在他們兩人正在外遇，倫道夫、哈里曼、邱吉爾都不知情），「沒害死他算我們幸運。」[149]視察完艾森豪在蘭斯（Rheims）附近的前進司令部，邱吉爾搭乘飛機回到諾霍特。那天他收到消息，德軍剩餘的最大戰艦鐵必制號在挪威峽灣被蘭開斯特轟炸機擊沉。

回到倫敦，他繼續對大小事情作出指示。大事就是努力幫助艾森豪進攻，爲他送去目前放在多佛的十二吋、十三・五吋、十五吋重炮，這些可以放在法國的登山鐵道上。但他也寫信給陸軍大臣詹姆斯・格里格，告訴他：「聽好了，確保每週有四品脫的啤酒，在後方喝到一滴前送到作戰的部隊。」[150]他現在較不如之前擔心V－2飛彈攻擊，雖然依然發生，但死亡人數比他原本害怕的少得多。「雖然我們應該準備見我們的創造者，」康寧漢記錄邱吉爾說的話，「但我們應該記得，發生的機率是六十萬分之一！！」[151]三天後，那個機率在倫敦東南方突然大增，一枚V－2飛彈擊中德普特福德（Deptford）的沃爾沃斯超市（Woolworths Supermarket），死了一百六十八人。

一九四四年春天以前，大英帝國在全球對抗軸心國的師，大約比美國多出四分之一至三分之一，但是到了一九四五年一月，美國多出六十％。[152]美軍的優勢漸增，以致邱吉爾在十一月老實寫給羅斯福，「你會有世界最強的海軍。你會有，我希望，最強的空軍。你會有最強的貿易。你會有所有的黃金。但想到這些我並不害怕，因爲我確定美國人民在你再次連任下，不會允許自己抱持極度虛榮的野心，而且正義和公平競爭會成爲引導他們的燈塔。」[153]事實上，那個階段的邱吉爾還不是非常確定，但他希望羅斯福能繼續引導戰後的美國。他在戰爭回憶錄中沒有轉載這封信。

到了那個時候，儘管他們私下友好，兩位領袖政策方面的分歧其實更多。例如，美國人有意破壞上將佛朗哥在西班牙的政權，但邱吉爾反對。他覺得雖然佛朗哥是法西斯主義者，但他也是反共主義者，而且在一九四〇年至一九四二年這段危險期間，他的中立立場値得稱讚。相同地，邱吉爾發給羅斯福的電報中，十一月二十二日那封可以發現間接的責備，他說：「你們要我去談無條件投降，我也會準備。」[154]一封來自羅斯福、關於民航權利的電報，因爲與持續的《租借法》供應有關，似乎帶有科爾維描述「純黑函」的威脅。約翰・G・懷南特因此覺得非常尷尬，甚至不想留在契克斯別墅午餐，但邱吉爾開心地堅持「即使宣戰也不該阻止他們用餐愉快。」[155]

十一月三十日，邱吉爾在他生日這天告訴拉塞爾斯說「七十歲眞是可惡」，並在國會開幕請假，爲了準備政府計畫的演說，而且他想在床上準備。[156] 克萊門汀同時煩惱是否要花每人六先令爲他舉辦生日晚會。他收到大量信函與電報，其中來自波斯的沙阿、藝人哈里・勞德、瑪麗王后和卡文迪西飯店（Cavendish Hotel）傳奇的所有人羅莎・路易斯（Rosa Lewis）③，在在見證他交友廣闊。⑻ 翌年三月，聽見保守黨中央辦公室規定超過七十歲的人不得參加下次競選，邱吉爾寫信給保守黨主席拉爾夫・阿什頓（Ralph Assheton），「我自然希望盡快知道這項規定是否適用於我。」[157]

十二月三日，希臘發生全面的共產主義叛亂，在雅典當街作戰。英國軍隊支持希臘臨時政府對抗共產主義的ＥＡＭ政治運動，及其準軍事分支ＥＬＡＳ。保皇派要國王喬治從倫敦歸返，雖然許多希臘人希望東正教的總主教達馬基諾斯（Damaskinos）至少暫時能夠攝政。英國左派不喜歡邱吉爾和上將斯科比的行動，因爲希臘共產黨員曾經勇敢對抗德國。就連克萊門汀也力求丈夫，看在希臘共產黨人展現的勇氣，不要公開譴責他們。羅斯福政府則基於共和原則，反對義大利和希臘的保皇派系，不支持同盟國直接介入任一國家。

邱吉爾看見更大的目標，就是民主的希臘。致斯科比的一封電報中，他寫道「把雅典當成被征服的城市」，意思就是，他應該暫時實施英國法律。科爾維忘了在電報寫上「守衛」（Guard）一詞，這是外交部不讓美國人看的代碼，所以這封電報也傳到美國在義大利卡塞塔（Caserta）的總部。從那裡電報又被送到國務院（State Department）和白宮，從白宮立刻又被洩漏給恐英的《華盛頓郵報》專欄作者德魯．皮爾森（Drew Pearson），激怒已經相當反對邱吉爾立場的英、美媒體。科爾維承認過失時，邱吉爾從容地說，是他的錯，讓科爾維加班到那麼晚。[158] 這是邱吉爾領導守則正直的部分，不讓屬下頂罪。

邱吉爾對希臘的政策其實帶有某種未竟之業的意思。一九三九年，英國為了波蘭宣戰，但他幫不了波蘭人，現在他決心拯救一九四一年沒能成功保護的希臘人。因此，他在十二月五日又對斯科比下令，他在電報劃上底線強調，又在回憶錄以斜體顯示：「**我們必須守住並控制希臘，如果你能做到這點又不血流成河，將是美事一樁，但若必要，仍須激戰。**」[159] 斯科比果斷介入幾乎變成內戰的鬥爭，阻止EAM／ELAS奪權。

儘管如此，邱吉爾對結果並不樂觀。「如果，而且有可能，邪惡的勢力遍及希臘，我們必須準備見到俄羅斯領導的準布爾什維克巴爾幹半島，而且可能蔓延到匈牙利與義大利。」那個月後來他告訴史末資，「因此，我在這些地區見到世界極大的危機，但我沒有力量有效阻止，因為那將造成政府極大壓力，也會和美國爭執。」[160] 十二月八日的另一次不信任動議辯論，質疑他對義大利和希臘民主的投入程度，對此他尖刻回應。「民主不是街上的妓女，輕易就和帶著衝鋒槍的男人湊合。」他說，「我相信人民，廣大的人民，幾乎所有國家的人民。但我得確定是人民，不是山上或鄉下一幫盜匪，認為憑著暴力可以推翻合法政權，而且某些情況是古老的國會、政府、國家。」[161] 安奈林．貝凡領導下議院的親EAM派，回應他的其中一則演說時，邱吉爾說：「幾乎不可能更準確地說明事實的相反……他不需要因為議院嘲笑他而這麼生氣；他應該高興，當他們只是嘲笑他而已。」[162] 對於伊曼紐爾．欣韋爾，他又說：「我不挑戰這位正直的閣下，因爲有時事實會不經意從他身上洩漏。」[163] 他以兩百七十九票對三十票贏得辯論。某次接見工黨希臘議題的代表團，邱吉爾要求，在他用完午餐上樓之前讓他們在內閣會議室就坐，僅僅因爲這樣可以避免和貝凡握手。

十二月十五日，國王提議頒發嘉德勛章給邱吉爾。國王在他的日記寫道，邱吉爾「頓時不能自己」，儘管如此，邱吉爾拒絕這份殊榮，因爲歐洲的戰爭尚未勝利。[164] 十二月十六日發生的事立即充分說明他的理由——德軍在阿登發動攻勢，希特勒的三十九個師突然反擊，即所謂突圍之役（Battle of the Bulge）。

平安夜下午五點半，邱吉爾和伊登決定，他們必須飛到雅典，雖然他們不確定那裡有什麼。他們沒有經過戰時內閣允許，也沒有警告美國，而且瑪麗回憶，「我的母親，儘管一向非常堅忍，習慣被擺在次要順序，她仍非常失望，而且哭了。」[165] 首相與外交大臣在聖誕節搭乘凌晨一點的飛機出發。下了雅典機場後，他們經過某個早上才被ＥＬＡＳ轟炸的管制站。接近希臘首都時，他們待在定錨於比雷埃夫斯港（Piraeus Harbour）的皇家海軍亞查克斯號。船長告訴他，他希望他不需要開火，但若需要支援陸軍，可能還是會。邱吉爾「聽到那個可能似乎相當高興」，而且回答，「船長，請記得，我來這裡的身分，是輕聲咕咕叫的和平鴿，喙上叼著春天的槲寄生——但我不會阻擋必要的軍事行動。」[166]

在亞查克斯號上的計畫會議，英國代表團——包括陸軍上將斯科比、陸軍元帥亞歷山大、同盟國軍隊司令部常駐公使哈洛德．麥克米倫、英國駐希臘大使雷金納德・里波（Reginald Leeper）——他們必須決定如何接近保皇派的首相喬治・巴本德里歐、即將攝政的達馬基諾斯總主教，以及共和派的反共上將尼古拉斯・普拉斯蒂拉斯（Nikolaos Plastiras）。（他們也邀請ＥＬＡＳ的代表團在十二月二十六日來開會，儘管持續和他們作戰。）「好了，各位，」邱吉爾說，「看來我們只能把賭注下在上將石膏屁股（Plaster-arse）④，希望他的腳不是泥土做的。」[167](9) 邱吉爾後來稱呼滿臉黑鬍子的達馬基諾斯爲「狡猾的中世紀教長」，以及「中世紀危害社會的教士」，但是他被說服，爲了預先阻止全面的內戰，不讓共產黨員上岸，並且準備民主選舉，有必要讓總主教參與。亞查克斯號的船員穿上各色服裝慶祝聖誕節，他們把身穿黑色衣服、蓄著黑色鬍子、戴上主教法冠幾乎高達七呎的達馬基諾斯當成化裝舞會的一員，差點釀成尷尬的國際事件。[168]

十二月二十六日，邱吉爾走到亞查克斯號的後甲板，可以看見比雷埃夫斯港西邊的戰火，聽見炮彈和機關槍發射的聲響。他看著皇家空軍的標緻戰鬥機（Beaufighters）猛烈掃射位於雅典周圍群山其中一邊的ＥＬＡＳ據點。[169] 那天後來邱吉爾在亞查克斯號上對著瑪麗安・霍姆斯口授時，一枚炮彈震撼船艦。「喂！」他大叫，「你沒打中！來吧，再試一次！」[170] 他正要搭乘小艇靠岸，此時另一枚炮彈掉落在相當靠近的地方，由於迫擊炮射擊，船艦必須重新停在一哩外。[171] 邱吉爾前往英國大使館感謝那裡的職員，接著下午四點出發前往希臘外交部和所有代表開會。電源被切斷，會議靠著防風煤油燈進行。

會議開始後，三名ＥＬＡＳ的代表——科爾維描述爲「衣衫襤褸的亡命之徒」，經過徹底搜身，確認沒有暗藏武器後，進入參與會議。邱吉爾自然的反應是去握他們手，但是亞歷山大「起身介入」，因此他無法那麼做。[172] 儘管如此，之後他還是去握手，並告訴克萊門汀，「他們看起來絕對比盧布林那個傀儡好多了。」[173] ＥＬＡＳ的戰士向邱吉爾致敬，稱他爲「我們了不起的盟友」，雖然因爲頭上的標緻戰鬥機，無法完全聽淸楚他們說的話。會議進行了一整天和隔天，但是不見同意跡象。然而，到了最後，邱吉爾和伊登決定改變英國的支持對象，從原本的國王喬治與巴本德里歐，轉向達馬基諾斯和普拉斯蒂拉斯。至少短期之內，這是從共產主義手中拯救希臘最好的方法。

十二月二十七日午餐前，長程機關槍忽然在邱吉爾頭上三十呎的牆壁掃射，又將他陷入槍林彈雨中，而且街上一位婦人慘遭殺害。（邱吉爾想爲雅典大使館所有女性職員爭取大英帝國勛章，但是拉塞爾斯拒絕，表示在英國的每一個人也一樣勇敢。）[174]盡了全力後，邱吉爾和伊登於十二月二十八日離開雅典，前往那不勒斯。「這些希臘人之間的仇恨眞是可怕。」他寫信給克萊門汀，「一邊（ELAS）擁有我們給他們打擊德國全部的武器，另一邊，雖然人數是好幾倍，但什麼都沒有。如果我們退出，必定會颳起腥風血雨。」[175]邱吉爾和伊登回到倫敦，他們試圖說服希臘國王喬治接受達馬基諾斯攝政，而他斷然拒絕。經過徹夜「暴風雨般」的會議，邱吉爾從座位起立，面帶微笑，將他的手放在國王的肩膀說：「閣下，我們不應像這樣對您說話。請多喝點白蘭地。」[176]邱吉爾讓達馬基諾斯正式攝政，而他在一九四五年十月自行任命爲首相，並在次年九月召回國王。

「希臘事件從頭到尾，邱吉爾比戰爭任何時候都還要孤單，」伊恩・傑各布回憶，「但是他從不放棄，從不懷疑自己的判斷。」[177]英國沒有撤退，加上在百分比協議下，蘇聯沒有支持希臘共產黨員，這兩個事實，意謂ELAS在一九四五年一月十一日投降，而希臘維持在民主的道路上。「現在淸楚的是，」萊斯利・羅文在四分之一個世紀後寫道，「若非邱吉爾的勇氣和對重點的把握能力，希臘不會是個自由國家。」[178]

邱吉爾支持保皇黨、教士和「保守分子」，而非共產黨員和「進步分子」，導致他在英國和美國飽受抨擊。H．G．威爾斯將他另一俱樂部的同志情誼放到一旁，公開譴責邱吉爾會是「未來的英國希特勒」。他在各方面都極爲聰明，除了這個愚蠢的評論外。[179](10)一九四五年元旦，《泰晤士報》攻擊政府的希臘政策。邱吉爾寫了一封凶狠的信回應報紙，但是一如既往，決定不寄出去。儘管如此，一年後，他可以引用《撒迦利亞書》（Zechariah）的話告訴克萊門汀，「中歐、東歐、南歐所有內閣都在蘇聯的控制中，唯獨雅典。我在聖誕節當天從火中抽出一根柴。」[180](11)

邱吉爾說到德軍在阿登的反擊行動幾乎抵達默茲河（River Meuse），表示他「寧願要一隻頭伸出來的烏龜，即使看起來像要咬他」。[181]一九四五年一月，蒙哥馬利發動北方反擊，加上美國人在巴斯托涅（Bastogne）英勇的防禦與上將巴頓猛力推進，那個月月底之前逼迫德軍退回他們的前線。那場戰役的代價極高：六萬名美國人傷亡。那個月，上將麥克阿瑟入侵呂宋島，上將威廉．斯利姆（William Slim）在緬甸穿過伊洛瓦底江（Irrawaddy）並解放阿恰布（Akyab，今實兌〔Sittwe〕），此時，俄羅斯拿下華沙，而且幾乎完全占領東普魯士。這一切在在說服邱吉爾，暨一九四三年第一次後，需要再次召開三巨頭會議。當羅斯福說他只能在那裡花五、六天的時間，邱吉爾告訴科爾維他很「不滿」。他寫信給羅斯福，「我看不出來有什麼方法，能在五、六天內實現我們對於世界組織的希望。就連老天也要花上七天。」[182]兩天前他已經說了，「在這個時刻，偉大的盟友如此分歧，戰爭的陰影在我們面前拉長，這場會議也許將是極爲重要的會議。此時我認爲戰爭的結局也許會比上次大戰更令人失望。」[183]羅斯福對前美國駐莫斯科大使約瑟夫．E．戴維斯（Joseph E. Davies）說，邱吉爾「愈來愈像維多利亞時代中期的人，愈退愈遠，退到上個世紀的思維。」[184]那不是眞的，但他確實開始在內閣會議漫談，現在動輒開上四、五小時的會，伊登、艾德禮、賈德幹和其他許多人都注意到了。情況嚴重到艾德禮個人——基於安全理由——打了一封非常直接的信給邱吉爾，批評他「在內閣冗長的專題論述」，說的往往是他顯然還沒讀過的資料。艾德禮也抱怨，畢佛布魯克和布瑞肯的意見常常勝過相關的內閣委員會。邱吉爾大爲光火，寫了一封尖酸的回應，改了又改，後來冷靜下來，寄出一封禮貌的認可。

一如既往，每當有人開始看衰邱吉爾，他就會使出畢生準備的演說技巧，完美演出，顯示泰然自若的風範。一月十五日，邱吉爾朝床鋪丟出一個玻璃杯，瑪麗安・霍姆斯只好去擦拭假牙上的威士忌蘇打，但是三天後，儘管感冒喉嚨痛，他在下議院發表整個戰爭最長的演講，長達兩個小時，超過一萬兩千字，不僅觀衆聽得如癡如醉，他也徹底擊敗所有批評他的人，例如貝凡和共產黨的議員威廉・蓋拉赫。「軍事勝利也許遙遠，而且代價必定高昂，但是已經毋須存疑。」他說，「我們的敵人早年猛攻我們的物理與科學力量已經換邊，而大英國協、美國和蘇聯，毫無疑問擁有能力，將製造戰爭的國家與密謀攻擊我們那極爲巨大的勢力，粉碎在地，化爲灰塵。」[185]既然巴靈頓－沃德就在下議院的觀衆席上，邱吉爾決定是時候攻擊《泰晤士報》。「我的經驗中從未發生過這種事，我在戰時經驗中更沒有。英國政府，在自己的國家中，被重要的媒體如此汙衊，動機如此受到詆毀，」他說。而且他問，英國怎麼能夠抱怨美國報紙，既然「當我們在這個國家，親眼見到某些我們歷史最悠久、最負責任的報章雜誌，提供如此不值得這些形容詞的憂傷新聞。」[186]熱烈的歡呼不絕於耳，根據《泰晤士報》官方的歷史表示，「巴靈頓－沃德擔任編輯以來首次沉重打擊」。[187]

「我們在這場戰爭已經犧牲一切。」邱吉爾說，「目前我們比其他任何勝利的國家更挫敗和貧窮，未來我們將會擺脫困境。以其自由意志對德宣戰的國家中，唯一完整無缺的是聯合王國與大英國協。」[188]考量美國的協助，邱吉爾借用蓋茨堡演說的話，表示他對希臘的計畫是「民有、民治、民享的政府，建立在自由與普選的基礎，投票保密且不受脅迫」。[189]他在暗示，如果美國國務院不願支持，美國原則只是空洞。兩天後的晚上，邱吉爾邀請首相官邸所有打字員、司機、僕人一起觀賞貝蒂・戴維斯（Bette Davis）、亨弗萊・鮑嘉（Humphrey Bogart）、隆納・雷根（Ronald Reagan）的電影《黑色的勝利》（*Dark Victory*）。邱吉爾當然永遠不會知道，那部電影當中其中一位明星，竟然幫助摧毀他像納粹一樣痛恨的蘇維埃暴政。

一九四五年一月二十四日，邱吉爾告訴科爾維，他的父親已經過世半個世紀。科爾維心想著，倫道夫勛爵、他的兒子溫斯頓、他的孫子倫道夫三人有什麼共同之處，並且決定那就是他們不容否認、「完全不講理的能力」。[190]

作者注

(1) 代表 *Vergeltungswaffe* 武器，報復之意。

(2) 希特勒的祖母名叫瑪利亞・施克爾格魯伯（Maria Schicklgruber），而希特勒的父親阿婁伊斯（Alois）原本也姓施克爾格魯伯，後來經過法定程序改名。

(3) 那個月稍早在華盛頓，戴高樂得到代表高階將領的十七響禮炮，而非國家元首的二十一響。

(4) 梅陶羅河戰役（Battle of the Metaurus，公元前二〇七年）是第二次布匿戰爭的關鍵戰役。

(5) 有這麼多要緊的議題，邱吉爾卻還記得找到時間確認唐寧街十號的洗手間有新的梳子，導致科爾維說：「身為偉人，他對瑣事的要求往往不尋常。」（Colville, *Fringes* p. 522）

(6) 邱吉爾和世紀巨人其中一位商談了全球策略回來後，馬上回到平凡的國內政治，他發現保守黨為了反對城鎮規畫法案動亂不已。與布瑞肯「激烈但善意」的討論中，邱吉爾威脅，如果保守黨議員多數投票反對政府，他就要辭去黨魁，但後來他們沒有。（Colville, *Fringes* p. 526）

(7) 「柯林斯，」邱吉爾在他的演說之後對著下議院的酒保說，「請給我威士忌加蘇打水——淡的。」他坐下後又立刻起立，走回吧檯說：「柯林斯，刪掉『淡的』，改成『濃的』。」（ed. Nicolson, *Diaries and Letters II* p. 409.）

(8) 他知道他的傳記作者會需要材料，於是保留了所有卡片，並保留畢生所有信件。甚至還有一張機要祕書寫的便條，未標注日期，內容不過就是「帝國總參謀長急著明天見你，十分鐘。應該可以安排在下午一點。」（CAC CHAR 20/139B/174）

(9) 湯米・拉塞爾斯後來告訴一位朋友，「我寧願說過那句話，也不要寫格雷（Gray）的《輓歌》（*Elegy*）。」（ed. Hart-Davis, *King's Counsellor* p. 282 n. 1）

(10) 儘管這樣的抨擊，邱吉爾在一九四六年為他逝世貢獻紀念碑時，說他「非常看重且尊敬」威爾斯。（Cherwell Papers K69/11）

(11) 《阿摩司書》（Amos）第四章第十一節與《撒迦利亞書》第三章第二節。

譯者注

① 此文件即是著名的「百分比協議」。

② 卡其色為軍服的顏色，衍生為受到戰時或戰後情緒感染，嚴重影響的全國大選。

③ 據說廚藝精湛，備受國王愛德華七世稱讚，而且兩人曾經交往。

④ 上將普拉斯蒂拉斯姓氏的諧音。

31 勝仗與敗仗 1945／1—1945／7

這一定就是就是漫長戰爭的終點，也是辛勞之後的休憩與光榮。所有一切都應立椿標記。沒有什麼應被忽視，沒有什麼應被溢扣。——邱吉爾，《馬爾博羅》[1]

英語民族總是突然批評那些艱難之中為他們鞠躬盡瘁的人。——邱吉爾致約翰・科爾維，一九四四年十二月[2]

一九四五年一月二十九日星期一，突圍之役才在上週勝利終結，邱吉爾搭乘他的天空大師（Skymaster）C-54飛機從皇家空軍諾霍特基地出發。他帶著莎拉當他的副官，去馬爾他跟羅斯福開個簡短的會議（代號「板球」〔Cricket〕），之後，他們兩人又前往克里米亞半島的雅爾達開三巨頭會議（代號「阿爾戈」〔Argonaut〕）。「如果我和史達林一個禮拜可以一起吃一次飯，就完全不會有麻煩。」一年前，邱吉爾告訴科林・庫特，「我們兩個相處起來像房子起火。」[3]他們一月三十日清晨四點三十分降落（現在他們可以飛越法國，大大縮短旅行時間），邱吉爾發著攝氏三十九度的高燒，所以他一直待在機上，六小時後才改乘巡洋艦獵戶座號（HMS *Orion*）。[4]摩蘭幾乎要找從布里斯托找來血液學家萊昂內爾・惠特比。「首相把我們全都嚇壞了。」馬汀寫信給科爾維。[5]

雖然板球會議多數時間邱吉爾都躺在床上，隔天，他恢復到可以開會討論的程度，[6] 與會人員包括陸軍元帥亞歷山大、上將馬歇爾、海軍上將金、哈里・霍普金斯、美國國務卿愛德華・斯特蒂紐斯。霍普金斯、伊登、賈德幹也在場，而邱吉爾告訴克萊門汀，「會議整個討論都非常友善、愉快。」[7] 他說得沒錯，就連和倫道夫的談話也是。還在療養墜機傷勢的倫道夫從巴利飛來。(1)

二月一日，另一架飛往會議的飛機在蘭佩杜薩島（Lampedusa）墜機，罹難的人包括外交官彼得・洛斯利（Peter Loxley）、布魯克的副官少校巴尼・查爾斯沃斯、上校皮姆的地圖室組員中校比爾・紐威（Bill Newey）、伊登的醫生和其中一位維安人員。如果約翰・馬汀沒有勸退邱吉爾多帶一名機要祕書去開會，喬克・科爾維也會在那架飛機。即使納粹德國空軍已經完全離開地中海，長途飛行還是存在風險。那架飛機和邱吉爾過去飛到北非、義大利、德黑蘭、莫斯科的飛機是同一機型。

邱吉爾前一陣子在讀一本近期發行的書，名爲《評判印度》（*Verdict on India*），作者是之前的反戰主義者、後來又同情法西斯主義的貝弗利・尼科爾斯（Beverley Nichols），他也是一九三〇年代同在地平線城堡作客的客人。「這本書確實展現印度人的眞實性格，以及我們對我們的任務失去信心導致的遺憾處境。」邱吉爾告訴克萊門汀，

閱讀有關印度的書籍讓我心情沮喪，因為我看見醜陋的暴風雨逼近那裡，那暴風雨……可能會追上我們。好一段時間以來，我對英國和印度的關係都有某種絕望的感覺，而且如果這個關係突然破裂，我會更加絕望。與此同時，我們堅守這個龐大的帝國，從中什麼也沒有得到，只有來自世界和我們國人愈來愈多的欺侮和批評。而印度人不斷收到極其惡劣的政治宣傳，以致對我們的仇恨不斷

增加，對此我們無法回應。無論如何，我的悲觀感受以外，仍然重新燃起決心，盡可能持續奮鬥，確保在我掌舵的時候，旗幟不會降落。我同意這本書，也同意其中的結論——巴基斯坦。[8]

尼科爾斯主張，英國離開後，唯有在印度次大陸西北建立以穆斯林爲主的國家，才能保護穆斯林少數人口的權利。

二月二日，羅斯福搭乘美國重型巡洋艦昆西號（USS *Quincy*）抵達瓦萊塔港（Valletta Harbour）。「總統的船緩慢經過我們前方的停泊處，整個港口呈現相當壯觀的場面，」約翰・馬汀寫道，「儀隊立正站好，〈星條旗之歌〉的樂聲在水面飄揚。」[9] 昆西號和獵戶座號的水手列隊，全都站在甲板上。總統坐在艦橋對邱吉爾揮手，邱吉爾揮了回去，同時馬爾他人擠滿港口的屋頂。莎拉看見索耶不斷鞠躬，「優雅地揮手回應」，彷彿歡呼是朝著他來，而其他人立正站好。

「我的朋友抵達，他的身心狀況絕佳。」邱吉爾告訴克萊門汀。[10] 其實不是眞的，而且令人費解；對馬爾他和雅爾達會議寫下回憶錄或紀錄的人幾乎都提到羅斯福看來多麼憔悴。一九四四年三月，他被診斷出高血壓與冠狀動脈疾病，接下來一整年病況持續惡化。英國外交官格拉德溫・傑布回憶，「他的氣色，說眞的，非常糟糕，令人非常難過。」[11] 莎拉那天後來也得隱藏她的訝異，德黑蘭會議後，羅斯福變了很多。「非常明顯看得出來，他病得很重。」她寫道，「明亮的魅力與勇氣、寬廣的心胸不變，但是他的模樣令我父親非常難過，其實每個人都是。」[12] 羅斯福崩壞的健康狀況——十週內他就會過世——不可能不影響會議進行。「以前儘管雙方領袖會有許多意見不合，仍然擁有相當的默契，但是這次我的父親和所有英國代表都覺得那種默契不在了。」莎拉回憶。[13] 然而，這種情況並未延伸到嚴肅的討論；邱吉爾向霍普金斯抱怨，他和羅斯福沒有討論任何重要議題；羅斯福在他們預計出發前往雅爾達的前一天才抵達，而且沒有興趣在和史達林開會之前擬定英、美的聯合策略。

從馬爾他到雅爾達的旅程非常辛苦，先搭七個小時的飛機，又耗費同樣長的時間搭車翻山越嶺，雖然途中在黑海岸邊休息，在那裡，馬汀回憶，「桌面堆滿魚子醬，而香檳不斷開瓶，像機關槍發射。」[14](2) 搭車時，身穿第四驃騎兵榮譽上校制服、頭戴黑色皮毛高帽的邱吉爾背誦了一小時的詩歌，主要是拜倫的《恰爾德．哈羅爾德遊記》，並且睡了三十分鐘。當他抵達英國代表住宿的沃龍佐夫宮（Vorontsov Palace），踏進富麗堂皇的蘇格蘭式大廳，立刻就上床睡覺。

英國人不喜歡那座宮殿，床和電子設備都有蟲子（bug）①，還有災難性的擁擠、簡陋管線。（德國占領克里米亞時，這裡曾是元帥曼施坦因的住所，但是已經遭到嚴重破壞。）某個時候，莎拉記下三位元帥爲了打一桶水排隊。因爲無所不在的蒼蠅和糠蚊，邱吉爾稱雅爾達爲「冥府的度假勝地」。[15] 但是，二月四日，史達林拜訪他的時候，邱吉爾完全沒提這些事。「他比我以爲的更陰沉，」瓦倫泰恩．勞福德寫下，「而且說話時不會看著對方的眼睛。」[16]

雅爾達當然就是戰爭時期最大的會議，共有七百五十人參加。舉辦地點在雅爾達里瓦幾亞宮（Livadia Palace）的宴會廳，這裡也是美國代表的住所，提供羅斯福最好的無障礙設施。這座皇宮於一九一一年爲羅曼諾夫家族而建，布爾什維克黨人於一九一八年殺了這個家族。兒童遊憩室在二樓，勞福德覺得宮殿因此「瀰漫某種神祕的悲傷氣氛」。[17] 會議在前宴會廳的白色大圓桌進行。[18] 重要的議題包括：納粹最終的毀滅、俄羅斯在日本戰爭中的角色（兩國自一九三九年起維持緊張的和平）、未來維持和平的新「聯合國組織」、南斯拉夫的處置、英國對希臘的責任、柏林占領區、非德國籍戰俘的命運、波蘭與其他東歐國家的統一與獨立、難民問題、戰後經濟結構概觀。

很多人認爲，邱吉爾和羅斯福純粹中了史達林設下的諸多陷阱，相信他的謊話，天真地讓他在雅爾達予取予求，但這種想法是錯的。羅斯福的隨行人員中，有幾個美國官員暗中幫蘇聯工作，即美國國務院的阿爾傑・希斯（Alger Hiss）和財政部的哈里・迪克特・懷特（Harry Dexter White），但是他們影響會議結論的說法非常稀少。當時的情況非常複雜細微，協議中的每個部分都會影響其他部分。一切的背後，從來不變的最主要事實是，史達林在東歐擁有超過六百萬人的軍隊，包括當時波蘭每個地區的軍隊。西方同盟國認爲，一旦對德戰爭結束，他們需要俄羅斯以對日宣戰，因爲他們不能確定原子彈能不能成功，而且他們顯然不能談論這件事情。

聯合國作爲全球的組織，可以實現《大西洋憲章》「建立廣大長遠的總體安全體系」之承諾，邱吉爾和羅斯福希望俄羅斯能夠參與聯合國的工作並有所貢獻。邱吉爾提出安全理事會的概念，最終可以控制世界大國。史達林同意俄羅斯會是新組織的創立會員，而這個理事會的祕書長是英國外交官格拉德溫・傑布。當羅斯福屈服於俄羅斯的要求，同意在之後規劃的聯合國大會，讓俄羅斯的衛星國家烏克蘭與白俄羅斯擁有各自代表（得以投票），英國外交部的反應，根據傑布的說法，「非常憤慨」，卻無能爲力。[19]許多指控，例如勞福德表示，羅斯福「有點糊塗軟弱」，其實錯了，他的心智能力依然強大如昔，是他孱弱的身體無以爲繼。[20]

雅爾達八場會議中，至少七場的議程有波蘭。既然對於與波蘭的東方邊界，俄羅斯並不打算接受任何少於寇松線的提議，就傑布看來，「就算我們有能力，也不太可能抗拒那個提議。」[21] 邱吉爾主張併吞德國再少一點，表示「塞給波蘭鵝滿滿的德國糧食，結果卻消化不良而死，就太可惜了」，儘管如此，民族上與歷史上都屬於德國的西邊領土，還是劃給波蘭，而且直到今日仍是。[22] 到了一九五〇年，約一千兩百萬至一千四百萬的德國人從這些歷史上屬於德國的領土遷移到新的德國邊界裡面，是現代歐洲史上最大宗的人口移動。

另一個問題是俄羅斯人明顯想在華沙的政府安插盧布林的波蘭人。勞福德寫道，「不能保證波蘭人能自由且不受法規約束選舉，我們也不能回家。」[23] 二月十一日，邱吉爾和羅斯福說服史達林簽署《歐洲解放宣言》(Declaration on Liberated Europe)，承諾「所有民族擁有權利選出他們需要的政府」，以及「恢復人民遭侵略者強制剝奪的主權與自治政府」，同時三巨頭會「共同協助」普選權與不記名投票的「自由選舉」。[24] 英國並未承諾任何波蘭西邊明確的邊界，而且唯有波蘭滿意自己的政府組成，才會承認新的波蘭政府。

伊登不滿在雅爾達沒有英、美共同同意的議程，而且對勞福德抱怨，他發現「溫斯頓（唉，還有羅斯福）嘮叨半天，卻不知道我們來這裡討論什麼」。但是那個禮拜邱吉爾和羅斯福的成就推翻伊登的話。[25] 此外，一般認爲對德戰爭可能延長到一九四五年秋天，而對日戰爭會在歐洲勝利之後繼續十八個月，也許直到一九四七年春天。[26] 因此，邱吉爾和羅斯福聯手讓史達林承諾，一旦德國投降，蘇聯就會盡快對日宣戰，這麼做是意想不到的成功。此外，會議也同意，如果依戴高樂要求，將法國歸爲戰勝國，而非戰敗國，法國在德國的占領區將從英、美的占領區分割出來，而非俄羅斯的。

邱吉爾承諾持續地毯式轟炸德國，此時德國依然對著英國發射V－2飛彈。二月五日，俄羅斯高階參謀要求轟炸德國的鐵路要塞德勒斯登（Dresden），防止德意志國防軍從西線跨到東線。因此，八天後，在倫敦的艾德禮簽名後，皇家空軍協助徹底破壞德勒斯登。鐵路調度場是正當的目標，但是地區領袖能力不足，沒有提供該市人民避難場所，於是造成大約兩萬八千個平民死亡。儘管如此，那次襲擊在當時並非不尋常，而且邱吉爾從未向科爾維提起；如果是不尋常的事，他當然會提起。

在雅爾達有理想主義，有現實政治，但也有致命的決定。數萬個爲希特勒打仗，但已經或正在向上將亞歷山大投降的俄羅斯人，許多是哥薩克人。二月十日的會議討論這些人的命運。英國不想收留這些戰俘，一方面害怕養不起，一方面認爲，如果和狄托黨人的關係惡化，他們可能會成爲軍事上的阻礙。邱吉爾問史達林想怎麼處置他們；史達林回答，「希望盡快把他們送到俄羅斯……蘇維埃政府把他們當成蘇維埃公民……幫德國打仗的那些人可以等帶回來俄羅斯後再處置。」[27] 邱吉爾說英國「非常希望這些戰俘會被遣返」。那天稍晚，伊登和莫洛托夫簽署戰俘協議，史達林的希望隨即生效。雖然伊登、麥克米倫、亞歷山大對於協議執行參與甚深，但是最終該負責的是邱吉爾，而且也是他另一個偶發的無情，因爲他當然知道那些戰俘最後的命運。

一九四五年五月十八日至六月二日，隸屬占領奧地利南方省分卡恩坦（Carinthia）英國第五軍團（British V Corps）的英國第一警衛軍旅（1st Guards Brigade），以及英國其他數個單位，交付大約四萬名反蘇聯的哥薩克人給紅軍，包括許多從來就不是蘇聯公民的人。無獨有偶地，雖然沒有合約義務，三萬名對抗元帥狄托的南斯拉夫人也被送去給他。這些哥薩克人與南斯拉夫人多數都在一抵達就遭到清算；其他人則被監禁並嚴刑對待多年。歷史學家譴責，涉入的英國外交部官員「爲了更大的目標，強迫那些俄羅斯人回去，他們的犧牲非常不幸，但不可避免」。[28] 唉，所謂更大的目標——與蘇維埃的良好關係——也沒有達到，而且有鑑於史達林的意識形態與妄想，也許本來就不可能達到。這不是邱吉爾最光輝的時刻，雖然在雅爾達會議發生當下，如同克萊門汀告訴他：「這個極棒的結果，等同重大的軍事勝利或整場戰役大勝。」[29]

「我們談了許多議題，」他寫信給她，「而且我很滿意我們達成的決議。」[30] 雅爾達會議也成立賠償委員會，而邱吉爾希望能從一次大戰記取教訓，不要求償太多，如同他告訴羅斯福：「如果你要馬幫你拉車，得給牠點乾草。」[31] 希臘只在史達林說他「不想干預」那個國家的事務時提及，於是邱吉爾回答他「悉聽尊便」。[32] 關於南斯拉夫也有決議，史達林承諾他會利用對狄托的影響舉行自由選舉，讓戰爭前的政黨都能參加。邱吉爾說他能「倚賴元帥史達林的善意」，而史達林回答「他說到做到」。[33]

二月七日夜，莎拉跟他的父親道晚安時，邱吉爾說：「我不認爲歷史上有任何時刻，世界的痛苦曾經如此巨大或廣泛。今晚太陽下山時的苦難比世界其他時候都還要多。」[34] 雅爾達會議並未大幅減少苦難，但在當時沒人發現。談到羅斯福和史達林來沃龍佐夫宮晚餐的那天晚上，冷嘲熱諷的瓦倫泰恩・勞福德寫下，「當然，溫斯頓總是傾向揮灑白蘭地的眼淚，他若認爲其他了不起的伙伴釋出什麼善意，就會感激不盡，」不過勞福德也說，「但是我們和俄羅斯人的關係可能會眞的開始改善。」[35] 但是其實不會。「我們滿懷希望的設想很快就會破滅。」十年後，邱吉爾在他的戰爭回憶錄承認，「儘管如此，當時只能如此設想。」[36]俄羅斯軍隊已經在華沙三週，而且此時在奧得河（Oder）的岸邊；史達林在雅爾達所做的空洞承諾全都基於這個實實在在、無可爭議的事實。

三巨頭在八天之內已經改造世界，但是十一日下午四點半，儘管已經安排隔天離開，邱吉爾忽然毫無來由決定，他想立刻前往瑟瓦斯托波爾（Sevastopol，他當然堅持唸成瑟巴斯托波爾〔Sebastopol〕）。他只給他的祕書和管家一個小時打包所有東西，然後就要出發，衆人措手不及。剛剛才被人看到「那天一大早和俄羅斯女僕在走廊跳起小步舞曲」的索耶，坐在一個行李箱上，雙手抱著「異常粉紅的頭」，哭喊道：「他不能這樣對我！」[37]在瑟瓦斯托波爾，邱吉爾花了三天晚上在冠達郵輪法蘭科尼亞號（*Franconia*）上工作。途中他造訪巴拉克拉瓦（Balaclava）的戰場②，那是第四驃騎兵加入輕騎旅一起衝鋒的地點。他提到遇到的俄羅斯人，「他們不是以爲他們贏了那場戰役，就是從沒聽過那場戰役。」[38]在法蘭科尼亞號上，莎拉問他累不累。「說也奇怪，不會。」他回答，「但是我感覺責任比以往更加重大，而且內心十分擔憂。」[39]

二月十四日，早餐後，邱吉爾離開瑟瓦斯托波爾，開了三個半小時的車到薩基（Saki）機場，轉搭飛機前往雅典。飛行途中經過「荒涼、覆滿白雪的國家，目睹許多戰爭景象」，包括一列毀壞的火車突出於被炸毀的橋梁缺口，吊掛在高聳的堤岸。[40]飛越達達尼爾海峽時，有人指著斯基羅斯島山頂一個白點，表示那是邱吉爾的朋友魯珀特・布魯克的葬身之地。他們即將降落時，看見雅典衛城（Acropolis）。爲了歡迎他的到來，當天晚上，自德軍占領以來，衛城首次點燃泛光燈。

邱吉爾和攝政總主教達馬基諾斯⑶一同搭著敞篷車到憲政廣場，對著大約四、五萬人透過麥克風簡短即席演講，衆人予以莫大的熱情與不斷的歡呼。[41]「我從沒見過這麼多人擠在一起。」之後他告訴內閣，

「如果在那裡舉行補選，候選人是安奈林・貝凡和我，他絕對沒有機會。」[42]

翌日邱吉爾飛去亞歷山卓港，並在那裡登上美國的昆西號，和羅斯福總統午餐。「總統似乎非常平靜，而且虛弱。我感覺他和生命的接觸非常單薄。」他後來寫道，「我們情深意重地道別。」[43] 他懷疑那是最後一次見到他，他的懷疑不錯。接著他飛到開羅，是二十八小時內第四個城市，而且儘管倫道夫的行爲，如藍浦生所言「刻意在襯托他的父親」，邱吉爾的妙語「在許多場合機靈得不得了：一次又一次，他像臺人類發電機，比以往更令我驚訝」。[44]

接下來兩天，邱吉爾都在金字塔附近，接著在法尤姆綠洲 (Fayoum Oasis) 和衣索比亞皇帝海爾・瑟拉西、埃及國王法魯克一世、敘利亞總統舒克里・庫瓦特利 (Shukri al-Quwatli)、沙烏地阿拉伯國王伊本・沙烏地開會。[45] 伊本・沙烏地眾多的隨員有一位占星家、一位食物試毒師、一位咖啡儀式主持人，以及「各式各樣的奴隸、廚師、挑伕、僕役」。[46] 他們搭乘英國的驅逐艦，載著羊，從吉達 (Jeddah) 過來，並在船上宰殺要吃的羊。邱吉爾描述伊本・沙烏地是個「外表華麗的人……他吹噓自己的陽剛之氣，多常造訪後宮……他必定有個卡片索引」。[47] 國王敦促邱吉爾喝麥加水。雖然他不常單純喝水，邱吉爾事後說「那樣的場合我不反對」。皇室內臣告訴他，根據《可蘭經》，國王在場時不得抽菸、喝酒，邱吉爾回答：「我的宗教規定，用餐前後，若有必要則用餐期間也是，以及每餐之間，抽菸、喝酒是絕對神聖的儀式。」[48] 他提到，內臣的回應是「完全投降」。[49]

當邱吉爾問伊本・沙烏地，能否透過一個以他爲首的中東協會，其中巴勒斯坦的猶太人會以完整但自治的身分參加，協助推動「猶太人與阿拉伯人之間明確且長久的和解」，然而國王絲毫沒有讓步的意思，直接拒絕這個想法。會議完畢，回程的車上，邱吉爾堅持停車，仔細檢查儀仗隊的駱駝。「他記得《河上之戰》所有關於駱駝的事。」藍浦生寫道。[50]晚餐時，邱吉爾查看國王送他的禮物，包括鑽石戒指、寶石長劍和匕首、異國嗅香、一大卡車的華麗袍服，價值總共三千五百英鎊（超過今日十二萬英鎊），這些他全都要繳回財政部。爲了回禮，邱吉爾成功說服財政部送給國王價值一百英鎊的嗅香。接著藍浦生幫他著裝，穿上袍服、長劍、戒指、頭飾、匕首，邱吉爾樂不可支。「他的氣勢眞是不得了。」藍浦生記錄，但是竟然沒有留下任何照片！[51]

二月十九日，飛行十四小時後，邱吉爾降落在皇家空軍威爾特郡（Wiltshire）的萊納姆基地。「他的精神非常好。」克萊門汀告訴瑪麗。[52]整個內閣都在唐寧街十號的走廊歡迎他回家，並跟著他走進內閣會議室，聽他描述這趟旅程。「我一定要說，全都非常愉快。」邱吉爾後來總結他的旅程，「我從莫斯科帶了一些金魚回來放在我的水池，而且我們抵擋那些蟲子。」[53]儘管如此，他要求衣服都要蒸薰，以免在雅爾達沾上某些「不速之客」。[54]隔天他在下議院接受喝采。一小群保守黨人，包括鄧格拉斯勛爵，反對雅爾達的協議，認爲沒有保障波蘭獨立與完整，雖然他們也沒有解釋應該如何保障。邱吉爾之後讓黛安娜・庫柏夫人和薇內蒂亞・蒙塔古試穿伊本・沙烏地送他的華麗袍服，「黛安娜夫人穿著紫色，擺出誇張的姿勢」。[55]

「首相想到某天俄羅斯可能會對我們翻臉，就頗爲沮喪，」科爾維那個週末在契克斯別墅寫道，「並說他現在相信史達林，就像張伯倫相信希特勒一樣（雖然他認爲情況不同）。」[56]愛德華・布里奇斯和轟炸機・哈里斯也在那裡。晚餐前，科爾維問哈里斯，襲擊德勒斯登的效果如何。轟炸機司令部司令回答：

「德勒斯登？沒有德勒斯登這個地方。」[57]戰爭勝利、德國被摧毀後，邱吉爾沉思，「俄羅斯的白雪和多佛的白色懸崖之間隔著什麼？」[58]也許俄羅斯人不想「橫掃直至大西洋，或者什麼東西可能阻止他們，就像成吉思汗意外死亡阻止蒙古騎馬的弓箭手，他們撤退之後再也沒有回來」。哈里斯問，俄羅斯人是否想要稱霸歐洲，邱吉爾說：「誰知道呢？也許他們不想。但是許多人的心裡都有不明說的恐懼。」[59]那天晚上，邱吉爾在大廳聽著留聲機播放《日本天皇》（*The Mikado*），他說這齣歌劇令他想起維多利亞時代，那個時代「會和安敦尼時代（Antonine age）並列在我們的島上歷史」，也就是公元九十六年至一八〇年間羅馬和平穩定的時代。

他向國王報告此行時，也是類似的心情。「史達林的話可以相信嗎？」午餐後國王寫道，「還待證實，但我們必須姑且一試。」[60]邱吉爾大約在這個時候告訴休・道耳吞：「可憐的內維爾・張伯倫相信他可以信任希特勒。他錯了，但我不認為我看錯史達林。」[61]但是他顯然懷疑，說不定他也一樣，所以他監視著蘇維埃是否背棄他們在雅爾達做出的承諾，而且不久之後就背棄了。邱吉爾必須相信，但是過去長期反共的他會提高警覺，小心驗證。事實很簡單，史達林在雅爾達對邱吉爾和羅斯福謊稱戰後他會保證波蘭獨立與東歐自由選舉，以及戰後他會在東歐施加影響。然而，無論當時他們兩人多麼懷疑，都無法明確知道，而且就算知道，也無能為力。但是，他被欺騙這點，次年當他譴責蘇維埃時，讓他更加生氣。

儘管如此，公開場合上，邱吉爾都說他信任俄羅斯人。「我在克里米亞，以及我所有的聯絡人給我的感覺，」二月二十七日，他告訴滿座的下議院，「就是元帥史達林和蘇維埃的主要官員希望與西方民主建立尊敬的友誼與平等。我也覺得他們的話就是他們的保證。據我所知，沒有政府比俄羅斯蘇維埃政府更堅持遵守義務。我絕對拒絕在這裡討論俄羅斯的決心。非常明顯的是，這些事情關係整個世界的未來。」[62]話雖如此，邱吉爾個別發給任何不想回家的波蘭人英國公民身分。如同他對哈洛德・尼科爾森和德拉瓦爾勛爵所言，在波蘭的俄羅斯軍隊「就在現場；雄壯威武的大英帝國也無法叫他們離開」。[63]他也相信，因爲史達林沒有支持希臘叛亂，他對波蘭的承諾也許可以信任。隔天二十五名議員，多數是保守黨，在《雅爾達協議》（Yalta Agreement）的辯論投下反對票，也有幾人棄權，但有三百九十六名議員支持。

三月二日至六日之間，邱吉爾走訪西線，進入德國，視察蒙哥馬利的總部。但是他還是忙著批閱公文。「絕對不能減少製造威士忌的大麥。」他這麼告訴農業大臣，「大麥要花上幾年才會成熟，是可賺進鈔票的寶貴出口商品……若不保持這個英國典型優越的要素，將是非常目光短淺。」[64]當他抵達齊格菲防線（Siegfried Line），也就是德軍的防禦工事，俗稱「西牆」，他暫停二十多輛的汽車與吉普車車隊，下車告訴攝影記者：「這個與這次大戰相關的行動，絕對不能再次生動地如法炮製。」[65]接著他轉身尿尿在希特勒的牆上。「我永遠忘不了，在那個重大時刻，他低頭時，滿臉幼稚的笑容，稱心如意至極！」布魯克寫道。那趟旅程，邱吉爾在一顆炮彈的外殼用粉筆寫下「希特勒，衝著你」，然後拉下炮繩發射。[66]他從艾森豪在蘭斯的總部回去倫敦；次日，美軍在雷瑪根（Remagen）越過萊茵河。

三月二十三日至二十六日，邱吉爾再次視察前線，這次是去看蒙哥馬利在威瑟爾（Wesel）附近跨越萊茵河的「戰利品行動」（Operation Plunder）。科爾維回到蒙哥馬利的戰略總部時，上衣染著血跡，原來是一顆八點八厘米的炮彈落在十碼外，碎片割斷吉普車駕駛的動脈。蒙哥馬利責備他靠得太近，但是邱吉爾告訴他的機要祕書，「我很嫉妒。你做到我沒做到的事。明天什麼都不能阻止我。」然後他用詩意的句子結尾：「沉睡吧，原本你會睡得更沉。」[67]

三月二十五日，同盟國軍隊跨越萊茵河兩天後，邱吉爾也在艾森豪位於萊因貝格（Rheinberg）總部北方六哩的布德利斯（Büderich）搭乘登陸艇，跨越大約四百碼寬的河。「行動開始的時候，首相過去和蒙哥馬利會合。」國王寫道，「這陣子他總是坐立不安，無法忍受置身局外。」[68]「能把溫斯頓安全帶回來，眞是好險。」布魯克回憶，「我知道他總是想要處在最暴露的位置。坦白說我相信，他眞的想在這個成功的時候在前線被殺。他常對我說，最好的死法就是血流乾、人無感那樣戰鬥到昏厥。」[69]邱吉爾對納爾遜的崇拜，部分就是他在勝利的時候光榮死去。當邱吉爾的表妹愛妮塔・萊斯利（Anita Leslie）告訴他，他堅持站在河岸炮彈最多的地方才能「看得更清楚」，這可讓他的屬下慌亂不安地「害怕他會出事」，邱吉爾對此只是露齒一笑，回答：「這個嘛，我是個老人，而且努力工作。爲什麼不能讓我找點樂子？」[70]

邱吉爾告訴科爾維，他覺得他看到的德軍，臉上表情都「非常緊張」，讓他「覺得動搖又難過」。[71]過去六年，他想方設法轟炸、擊潰、剝奪同樣一群人，至今說這些也許顯得虛僞，但是同情弱勢是他本性的直覺反應。倘如轟炸機・哈里斯在契克斯別墅說的，俄羅斯覬覦歐洲霸權，邱吉爾則意識到，需要盡速重建沒有納粹的德國，而且那個國家不該被支解，更不能農牧化。一直以來，對他而言，勝利之後以德報怨，不僅符合人道精神，更是好的戰略。「是時候來檢討，拿其他理由爲藉口，其實單純只爲增加恐懼而轟炸德國城市。」三月底，國會和自由派媒體開始抗議德勒斯登襲擊時，邱吉爾在會議紀錄中告訴伊斯梅，「否則我們最後會控制一片廢墟……同盟國的轟炸行爲中，破壞德勒斯登一直是個嚴重的問題。」[72]那次襲擊引發英國教會和上議院攻擊政府的轟炸政策，而邱吉爾的會議紀錄在空軍部又備受爭議，必須撤回並修飾，移除所有德勒斯登的指涉。

三月二十七日，最後一枚V－2飛彈掉落在倫敦這天，邱吉爾送走現任紅十字會俄羅斯救援基金的會長克萊門汀，她展開前往蘇聯的漫長旅程。同天，他得知，儘管史達林簽下安全保證協約，十四名代表非共產主義政黨的波蘭領袖，包括前波蘭家鄉軍的指揮官、英勇的卡齊米日・奧庫利斯基（Kazimierz Okulicki），在華沙附近被紅軍逮捕。沉默數週後，有人透露他們將被送往莫斯科審判。[73]如果有那麼一刻，邱吉爾被迫承認史達林在雅爾達根本在撒謊，而且德國投降之後可能開始與俄羅斯出現裂縫，就是這個時候。他在回憶錄中描述這是「邪惡的事件」。[74]五月五日，史達林宣稱邱吉爾的「態度排除波蘭問題達成共識的可能」，邱吉爾次日立刻寫信給華盛頓，要求「我們軍隊在南斯拉夫、奧地利、捷克斯洛伐克、美國的主要前線、英國的主要前線，遠至呂貝克（Lübeck），包括丹麥，已經取得或正在取得的既有位置，必須堅定守住……我感覺我們必須非常嚴肅考慮我們對待蘇維埃人的態度，向他們展現我們有多大能耐。」[75]對於十四名波蘭人艱難的處境，美國人並不願意和邱吉爾站在同一陣線，而當中十一個人被判監禁，刑期從四個月到十年。

「溫斯頓告訴我，波蘭的事他必須放慢腳步，」三月中某次對話後，國王寫道，「因爲他不能讓美國和他步調一致，而沒有美國撐腰，我們不能承諾波蘭任何事情。」[76]此時羅斯福命在旦夕，短期之內不能有所期待。「眼下妳是英俄關係的希望。」四月二日，邱吉爾告訴在莫斯科的克萊門汀。[77]他覺得現在聯合國組織成功的機會非常低，因爲俄羅斯「對於波蘭的事完全不合作」。[78]

三月二十六日，大衛・勞合喬治去世。在下議院的悼詞中，邱吉爾讚美他的特質，正是人民讚美邱吉爾自己最甚的。「他立即賦予一股新的力量、衝勁，當時無人能比，」他說到一九一六年他領導戰爭，「而且指揮整個戰時政府，每一部分他都同等重視。」邱吉爾說到勞合喬治「活在當下卻不短視，其次，能夠化不幸爲未來成功的利器。這位具有行動力、資源、創意能量的人，在他的鼎盛時期沒有對手。他的姓名，在大英國協國家之間家喻戶曉。」[79] 邱吉爾當然沒有提到勞合喬治曾經拜訪希特勒，甚至更不名譽的，他在一九四〇年反對英國繼續作戰。兩天後，他決定在床上吃午餐，卻把醋倒進杯子，把威士忌倒進沙丁魚。當索耶處理善後時，他說：「我一定是瘋了！」[80]

邱吉爾當然知道歐洲諮詢委員會的區域，儘管如此還是告訴艾森豪，「我們應該盡可能往東跟俄羅斯人握手，我認爲這點非常重要。」[81] 既然紅軍光是在柏林就遭受三十萬死傷，艾森豪不打算撕毀在雅爾達和之前與蘇維埃的協議。四月初，美國國務院建議，關於希臘重整軍備的事應該諮詢蘇聯。邱吉爾對美國的怨恨油然而生，以致寫道：「這就是美國國務院慣常的方式，抱持完全疏離的態度，發表完全無益的評論，對於後果負最少的責任。」[82]

四月初，邱吉爾警告各個自治領有關蘇維埃違背承諾的問題。某次戰時內閣，與會人員包括史末資、紐西蘭總理彼得・弗瑞澤、印度政府的費羅茲・汗・努恩爵士（Sir Feroz Khan Noon）、總督韋維爾與澳大利亞副首相，他說（根據伯吉斯一字不漏但零碎的筆記）：「雅爾達重大的不幸之後……從那時起，整個精神不復存在。史達林與莫洛托夫不是他們表面裝出的主人，而是幕後的智囊人物。已經改變他們的立場——粗魯的訊息——希望度過這個時期……我們不是沙灘上面最大的石頭——俄羅斯和美國擁有壓倒性的外在力量——非常嚴肅的想法。芬蘭、波蘭、捷克斯洛伐克——德國被打敗——奧地利、匈牙利、巴爾幹國家——隔離線——被蘇維埃主導。」[83]除了史達林和莫洛托夫可能並不控制蘇維埃政策這個荒謬的想法，這是對於急速擴大的裂縫發出明顯警告，邱吉爾表示唯有透過大英國協團結才有可能克服。

當史達林控訴英國和美國在瑞士伯恩（Bern）祕密與德國談判，英國與俄羅斯的外交關係因此更趨敗壞，但是事實上亞歷山大做的只是通知凱賽林如何進行無條件投降。[84]史達林的不信任與妄想再清楚不過。四月四日，羅斯福對史達林強硬回應，打破他在生命最後幾個月對蘇聯態度軟弱的迷思——「坦白說我不能避免對你們的線民深深感到不滿……他們對我的行動竟有如此惡劣的不實陳述。」[85]邱吉爾很高興，但也劇烈意識到，美國在世界事務上已經占領優勢。「當然，我看見我們的軍隊比他們小這麼多，便感到心痛。」他告訴克萊門汀，「我一直希望能保持平等，但是相對這麼強大的國家，人口是三倍之多，又怎麼可能？」[86]那個週末，他和史末資在契克斯別墅吃著鴴鳥蛋、喝著南非白蘭地時，他畢恭畢敬站著告訴史末資，「歷史上沒有比美國軍隊展現的力量更了不起，他們左手在阿登打仗，右手越過一個又一個島嶼進攻日本。」[87]（他和史末資的關係從未如此親密和機密。「史末資和我就像兩隻愛鳥一起在枝上換羽，」他告訴南非在倫敦的高階專員喬治·海頓·尼科爾斯〔George Heaton Nicholls〕，「但還是能互啄。」）[88]

「現在怎麼處置希特勒才是最好？」四月初，邱吉爾在契克斯別墅的午宴詢問眾人，暗示那位元首可能會像魯道夫·赫斯飛到英國，並說「我來負責；報復在我身上，但饒了我的人民。」[89]馬爾博羅公爵夫人回答：「這種情況下，唯一的處置就是帶他回去，叫他跳傘下去德國。」針對此時在義大利和希臘的行動，邱吉爾想借鑑歷史，告訴外交部，如果當時哈布斯堡王室（Habsburgs）和霍亨索倫王室

（Hohenzollerns）不是因爲「受到美國和現代化的壓力影響」而退位，戰爭就不會發生。由於「製造這些眞空，等於我們提供機會，讓希特勒這隻野獸從下水道爬出來，登上空的王座。毫無疑問這些觀點非常不合時宜」。[90] 確實，但不合時宜不代表錯誤。

邱吉爾希望他的多黨政府也許可以持續直到戰勝日本，但是四月九日，他必須接受工黨不想繼續參與，而且儘管他之前承諾會避免大選，德國投降之後還是必須舉辦。他對回歸政黨政治並沒有興趣，而且克萊門汀力勸他乾脆不要參選。「你不該再次讓他們利用你的盛名得逞。」她說的是那些保守黨員，「他們沒那個資格。」[91] 但這不符合邱吉爾的戰鬥天性，此外，他雖然掌握大權，他並未從大選當中得到首相職位的授權。

一九四五年四月十二日星期四，富蘭克林．D．羅斯福在喬治亞州（Georgia）溫泉鎮（Warm Springs）過世。「他非常難過。」科爾維寫到邱吉爾，「美國偉大的國際人物在這個時間點殞落，還眞不是時候。」[92] 隔天上午邱吉爾的悲痛明顯可見。「失去羅斯福，對我的每個方面都是重大打擊。」他告訴上校皮姆。[93] 這幾年來他和總統的齟齬，都是針對戰略與政策的合理爭論，但是他們的友誼層次更高，而且在戰爭重要的時刻，羅斯福對英國幫助極多，舉凡一九四〇年二十五萬枝步槍、大西洋中部巡邏、五十艘驅逐艦、《租借法》、托布魯克戰役之後的謝爾曼坦克、延遲圍捕行動並支持火炬行動、地中海策略等。「他是我們了不起的朋友。」邱吉爾告訴沃爾特．湯普森，「在我們最需要的時候，他提供的幫助無法衡量。」[94]「羅斯福過世，對我們是巨大的打擊。」伊登在他的日記寫道，「杜魯門什麼都不懂，（即將上任的國務卿）伯恩斯（James F. Byrnes）也差不多。」[95]邱吉爾還沒見過新的總統哈瑞・S・杜魯門，而且他之後會寫到「羅斯福總統的影響消退，與杜魯門總統對重大世界問題的掌握程度，兩者之間出現致命的斷層。在這段哀傷的空虛中，一個總統無法行動，另一個則是不懂。」[96]隨著歐陸的戰爭接近尾聲，許多重大議題必須迅速決定，加上許多重要的大臣不在國內，因此國王和拉塞爾斯說服邱吉爾不要飛去紐約參加羅斯福的喪禮，儘管這麼做也許可以增進與杜魯門私下接觸的機會。邱吉爾在預定出發前四十五分鐘決定改派伊登參加。「如果能夠出席富蘭克林的喪禮，我會得到莫大安慰，」他寫信給哈里・霍普金斯，「但是這裡的每個人都認爲我下週的職責在國內。」[97]

羅斯福的追思儀式於四月十七日在聖保羅主教座堂舉辦。薯條・香農注意到約翰・懷南特(4)陪伴著流淚的邱吉爾來到門口。「轉身離開聖保羅時，」香農寫道，「我們看見溫斯頓，他沒戴帽子，站在門廊兩根大柱之間啜泣，陽光直落在他的臉上，相機快門聲此起彼落。」[98]之後他在下議院發表情緒激動的悼詞，邱吉爾引用朗費羅的詩句「邦國之舟，揚帆前進吧！」，並且描述《租借法》是「歷史上任何國家最無私、最慷慨的財政法」。[99]他又說，但也許更像在說自己，

他的去世多麼令人羡慕！他已經帶領他的國家度過最嚴峻的危險與最沉重的苦難。勝利已經在他身上投射穩固持續的光芒。平靖時期，他擴大並穩定美國生活與團結的基礎。戰爭時期，他號召偉大共和的實力、威能、榮譽，直達歷史上任何國家都未達到的顛峰……我們只能說，富蘭克林・羅斯福從新世界帶給舊世界幫助與安慰，而他的離世，代表我們失去一位最了不起的美國友人、最了不起的自由鬥士。[100]

四月二十一日，邱吉爾戴著有點歪斜的學位帽，在布里斯托大學授予歐內斯特・貝文和A・V・亞歷山大榮譽學位。他談到他對英國人民的信心，而且就是憑著這股信心，他一直相信英國會打贏這場戰爭，即使頭兩年他尚未明確知道如何可能。「我們曾經犯錯、曾經軟弱、曾經失敗，」他說，「但是在這場這個島嶼民族的戰爭中，如果不是困難之最，如果在英國胸口燃燒的自由精神不是十分純粹、耀眼、不可熄滅的火焰，現在我們也許還沒走到這場戰爭的盡頭。」[101] 馬汀提到，這段演講是少見的即興演出。儘管布里斯托所有的街道或多或少都被毀壞，邱吉爾還是可以告訴克萊門汀有「絕佳的群眾與欣喜的歡迎」。[102] 二十三日聖喬治日，他在下議院的議員餐廳演說，內容關於英語民族。「可能有人說，因爲我們特別自我壓抑、害羞、寡言，所以我們不總是站在最前方宣告勝利，」他說，「但是我們幾乎總是如願解決問題。」[103] 同天他又重提外國地名發音的話題。「我不認爲在英格蘭世代熟悉的名字，應該因爲住在那些地方的外國人一時興起而更易。」他在給外交部的備忘錄寫道，「君士坦丁堡不應更名，雖然爲了愚蠢的人，後面可能括弧伊斯坦堡……改變城市名稱的人總是遭逢厄運……如果我們不堅守立場，BBC將會把『Paris』唸成『Paree』。外國地名是爲英格蘭人取的，不是英格蘭人去配合外國的名稱。此備忘錄日期爲聖喬治日。」[104]

四月二十五日，當美國和俄羅斯的軍隊在易北河的托爾高（Torgau）相遇時，柏林已經被紅軍包圍，而且布亨瓦德（Buchenwald）與貝爾森（Belsen）集中營的報導與照片震驚世界。那天，海因里希・希姆萊（Heinrich Himmler）透過瑞典國王的堂弟伯納多特伯爵（Count Bernadotte）傳話，表示願意有條件帶著德國北部所有軍隊向西方同盟國投降。訊息當中也提到希特勒「因大量腦出血而瀕臨死亡」，但那不是事實。[105] 邱吉爾立刻召集內閣和三軍參謀長，拒絕投降請求，並通知史達林。儘管如此，他還是說，那表示「他們結束了」。(5)

四月二十八日，墨索里尼被黨人逮捕，並在科莫湖（Lake Como）槍斃，而四月三十日，希特勒自殺，他的遺體在帝國總理官邸的庭院被焚化。當德國電臺宣布希特勒「用最後一口氣與布爾什維克主義搏鬥」，邱吉爾說：「我必須要說，我認爲他確實是那樣死的。」[106] 畢佛布魯克只說「他顯然不是」。

五月一日下午，下議院的議事廳滿座，期待邱吉爾宣布勝利，但是在那個階段，他只是說，「對於歐洲的戰爭局勢，我沒有什麼特別要說，除了現在比起五年前，絕對令人滿意許多。」[107] 五月二日，他終於可以宣布德國在義大利的軍隊無條件向陸軍元帥亞歷山大投降，但其他進展看來不祥。蘇維埃單方面在維也納建立傀儡政權，而且即將對土耳其施壓。南斯拉夫的電臺宣布狄托已經在俄羅斯的支持下，從義大利人手中拿下第里雅斯特（雖然這是假消息，拿下的人是亞歷山大）。美國事實上占領大部分德國，而蒙哥馬利握有漢堡和呂貝克。邱吉爾請克萊門汀「向史達林轉達我個人的友好，以及我的決心與信心，英語世界和俄羅斯之間將會達到完全共識，並長期持續，因爲這是世界唯一的希望。」[108] 當她以邱吉爾的名義，親自送上一支金色墨水鋼筆給史達林，史達林沒禮貌地回答，「我只用鉛筆寫字。」[109]

「首相非常累、非常忙，但還是很幽默，」瑪麗安・霍姆斯在五月三日的日記寫道，「向我道晚安時，他咧嘴一笑，並說：『贏了很好，對吧？』」[110] 好消息持續湧進。五月四日，荷蘭的德軍全向蒙哥馬利投降；五日，美軍抵達林茲（Linz），艾森豪並報告，現在所有德軍都在投降邊緣。但是如同邱吉爾那天告訴克萊門汀，「妳也知道，這些勝利底下藏著惡性的政治鬥爭與致命的國際對立。」[111]他叫她回家，不要晚於八日，英、美現在將歐洲戰勝日訂爲八日，雖然俄羅斯要將他們的戰勝日延到次日。[112]有傳言表示，俄羅斯要在蒙哥馬利之前派出傘兵解放丹麥，並且占領波羅的海的要塞卡特加特海峽。這也是不實消息，但是可以看出信任消失得多快。[113]

五月七日星期一，邱吉爾醒來時，上校皮姆帶來消息，德軍上將阿弗雷德・約德爾於上午兩點四十一分，在艾森豪的總部正式簽署全面投降。戰爭將在五月八日星期二午夜正式結束。邱吉爾讀了電報，在上面簽名，還給皮姆，「回想過去三、四年，皮姆大部分都帶來壞消息，而現在他終於帶來戰爭最好、最受歡迎的消息，挽回自己的顏面」。[114]

政府宣布一九四五年五月八日星期二這天爲國定假日。邱吉爾整個上午都在床上工作。他正準備出門前往白金漢宮時，看見他的廚師喬芝娜・蘭德梅爾從廚房上樓觀看慶祝活動。他突破將他團團包圍的隨從，過去跟她握手，謝謝她這些年把他照顧得這麼好。與國王共進午餐後，他回到唐寧街十號。就在下午三點內閣會議室的勝利廣播前，邱吉爾打了個噴嚏，瑪麗安・霍姆斯形容那是「好極了的號角」，而且因爲那天出了大太陽，他還要求拉下百葉窗。[115]

邱吉爾首先告訴英國人民，約德爾已經簽下無條件投降書，而且「對德戰爭就此結束」。特拉法加廣場與國會廣場的歡呼聲傳進內閣會議室。他談到，一九四一年，俄羅斯和美國都參戰後，「幾乎整個世界終於都來對抗歹徒，而現在他們伏首在我們面前。」在國會廣場的哈洛德・尼科爾森記錄，「群衆聽到那句話，全都倒抽一口氣」。「我們也許可以容許自己短暫慶祝，」邱吉爾繼續，「但我們時時刻刻都不能忘記前方還有辛苦的任務。背信又貪婪的日本尚未被征服。他們對英國、美國與其他國家造成的傷害，以及他們可恨的殘暴，號召正義與報應。現在我們必須投入所有力量與資源，完成我們的任務，無論在家，還是在外。前進吧，不列顛尼亞！自由萬歲！天佑吾王！」[116]霍姆斯在內閣會議室看著邱吉爾，發現當他說到最後一句，因爲激動稍微破音。

因爲大批群衆沿路團團圍繞，邱吉爾的敞篷車只能從唐寧街的後門開到國會大廈。議事廳裡的議員興奮之情不下於外面的群衆。每個人都起立歡呼，並且揮舞手帕或議事日程表（除了代表辰斯福德〔Chelmsford〕、新的大衆財富黨〔Common Wealth Party〕議員歐內斯特・密靈頓〔Ernest Millington〕）。[117]邱吉爾也對他們發表一樣的演說，多數議員已經從國會廣場響亮的貨車喇叭聽過。接著他謝謝下議院過去五年來「崇高的支持」——即使議院的支持，事實上一直都是勉勉強強、不冷不熱，而且附帶許多條件。[118]他建議議院應該去馬路對面的聖瑪格麗特教堂，如同一次大戰之後那樣感恩祈禱。在那裡，議長唸出二十一名戰爭期間去世的議員，包括邱吉爾的朋友隆納・卡特蘭、維克特・卡薩列（Victor Cazalet）。回到下議院時，一個小男孩從群衆之間衝了出來，在中央大廳歡呼，並問：「先生，能不能請您簽名？」邱吉爾花了不少時間拿出眼鏡，擦擦眼鏡後在本子上簽名，並且揉揉那個男孩的頭髮說：「這會讓你記住光榮的一天。」[119]

下午四點半，邱吉爾前往白金漢宮，偕同三軍參謀長和戰時內閣，與國王、王后、兩位公主站上露臺，接受林蔭路上擁擠的人民歡呼。這是當天皇室應群衆要求八次現身的其中一次。布魯克在日記指出，「首相遲到很久，因爲他堅持搭敞篷車來！」[120]邱吉爾接著前往內政部，與三軍參謀長和戰時內閣再次站上另一個露臺，接受從陸軍部延伸到國會廣場的群衆歡呼。[121] 那天晚上，他從衛生部的陽臺俯瞰國會街和白廳。「這是你們的勝利。」他開口，接著群衆大聲回答：「不——是你的！」他繼續說，「這是以自由爲目標的每片土地獲得的勝利。在我們所有漫長的歷史中，從未見過比今天更偉大的一天。每個人，男人或女人，都全力以赴。人人都努力奮鬥。漫長的年月、危險、敵軍猛攻，都無法減少英國堅定的決心。上天保佑你們全體。」[122]

邱吉爾在臨時首相府與他的家人跟坎羅斯勛爵吃過晚餐後，國會街和白廳的群衆再次要求他出來演說，於是晚上十點半，他又回到衛生部的露臺，而且用手勢提醒群衆，一九四〇年敦克爾克到一九四一年希特勒侵略俄羅斯，這極爲危險的一年。「當時我們隻身抵抗，」他說，「有誰想要投降？」群衆大喊「沒有！」——「我們灰心嗎？」「沒有！」他們聲嘶力竭地回答。——「現在我們從一場致命的奮鬥當中突破重圍，可怕的敵人已經被打倒在地，等待著我們的審判與我們的寬恕。」[123]

隔天又是國定假日。還在俄羅斯各地的克萊門汀，力求邱吉爾確保群衆的欣喜持續到俄羅斯的歐洲戰勝紀念日。拜訪完美國、蘇維埃、法國的大使館後，邱吉爾回到衛生部的露臺，帶領群衆高唱〈統治吧，不列顛尼亞！〉，「你們從不讓前線的人失望。」他告訴群衆，

沒有人因為倫敦正在受苦就求和。倫敦，就像一頭勇猛的犀牛，一頭勇猛的河馬，說著：「讓他們使壞吧，倫敦可以承受。」倫敦什麼都能承受。我的心向著倫敦東區。今天恰巧在這裡的遊客，代表許許多多，和我們在這場戰爭中並肩作戰的偉大國家，當我說「老好倫敦！」，他們也呼應我⋯⋯在漫長、單調的日子，在暗如地獄的夜晚，你們從不軟弱，對此我回以衷心感謝。上帝保佑你們全

體。願你們常為偉大輝煌城市的市民……願你們常為大英帝國的心臟。[124]

勝利到達巔峰的那個時刻，他漫長人生最棒的一天，他想到的是他畢身奉獻的帝國，他政治生涯最濃烈與最長久的摯愛。

五月十三日，邱吉爾發表另一次撼動的廣播，讓聽眾瞭解戰爭概況，讚揚英國人民與盟友的勇氣。(6)但是，他確實想讓愛爾蘭共和國的領袖因爲不負責任的行爲得到公開譴責。「由於瓦勒拉先生的行爲，」邱吉爾說，「原本南愛爾蘭的港口與機場是可以輕易幫助防守的水道，卻被敵軍的飛機和U型潛艇封鎖。這確實是我們生命之中極爲危險的時刻，若不是北愛爾蘭的忠誠與友誼，我們已經被迫與瓦勒拉先生近距離作戰，或者從地球上永遠滅亡。」[125]與其必須侵略愛爾蘭共和國，他說：「我們讓瓦勒拉政府盡情和德軍鬼混，之後再和日本代表，直到他們心滿意足。」「鬼混」最差勁的示範之一，就是在邱吉爾演講幾天前，瓦勒拉越過都柏林前往德國公使館，爲了在希特勒的公祭簿上簽名。這個舉動出乎意料之極，如同當時《新政治家》所寫，「我們可以看見文明的信念與標準墮落至此，才會產生希特勒與他的納粹政權。」邱吉爾又說：「我只能祈禱，在我無法見到的歲月，這種羞恥會被遺忘，光榮會持續，而且不列顛群島的人民，以及大英國協的國家會於相互理解與寬恕中並肩同行。」[126]他口述「在我無法見到的歲月」時又哭了。[127](7)

歐洲戰爭結束，邱吉爾也精疲力盡。邱吉爾擔任戰時首相期間，唯一從頭到尾爲他效力的機要祕書約翰・佩克在幾年後寫道，「難以描述或想像，處於溫斯頓・邱吉爾那個位置的孤獨感受，以及他背負的責任。而且他很清楚，無論如何分配或授權，做出最終決定的是他。」[128] 到了一九四五年五月，雖然他在公開場合依舊展現精力，可以看見責任的重擔正在耗損他，身邊的人都明顯發覺他的疲憊跡象。(8)「首相看起來很累，必須使勁拿出精神處理來到眼前的問題。」科爾維寫道。邱吉爾必須處理大量公函，幾乎比戰時還多，他告訴科爾維「他懷疑自己是否還有力氣繼續」。[129] 對於另一場三巨頭的會議，他又特別感覺「力不從心」。會議預計在七月於波茨坦（Potsdam）舉行，而且他「被責任與不確定性壓得喘不過氣」。[130] 他告訴其他政黨領袖——艾德禮、辛克萊以及多黨自由黨領袖歐內斯特・布朗，他希望他們留在多黨政府，直到日本被打敗，但是如果無法，就要快點舉行大選，因爲政府無法在「派系與準競選的氣氛中」繼續。

五月十八日，艾德禮從黑潭的工黨大會來電，表示多黨政府必須立刻終止。五月二十二日，邱吉爾寫信給國王「以留下檔案」，表示在預定七月五日舉辦的大選前，他需要成立純粹保守黨的政府(9)。[131] 艾德禮已經發現，儘管保守黨的領袖在國內極受歡迎，這個政黨其實非常虛弱。一九四四年一月和二月兩次補選中，他們分別輸給大眾財富黨和獨立工黨。科爾維記錄，「政府遭受沉重打擊，首相痛心疾首，籠罩在漆黑的陰霾中。」[132] 哈洛德・尼科爾森認爲邱吉爾對選舉而言可能已經成爲負債而非資產，他在布萊克希斯（Blackheath）地鐵站的廁所塗鴉看到「邱吉爾是混蛋」，而且從皇家空軍一位中校那裡聽說，「我們到處都可見到，潮流已經轉變。」尼科爾森把這個現象歸因於人性。「一旦到了大海，」他寫道，「我們就忘了暴風雨時如何緊緊抓著駕駛。」[133] 一九四五年四月，保守黨在辰斯福德的補選慘敗，左翼的大眾財富黨候選人再次獲勝，而保守黨的得票從一九三五年的七十％跌到四十二％。除了邱吉爾自己，保守黨沒有眞正受歡迎的候選人。

「鐵幕（Iron Curtain）已經在他們面前落下。」五月十二日，邱吉爾寫信給杜魯門談到蘇維埃，這是他第一次使用這個詞，「我們不知道幕後在進行什麼。」[134]他警告，如果美國退出，「俄羅斯占領的數百哩遼闊土地，將從波蘭開始與我們隔離……如果俄羅斯人決定，他們極短的時間內就會前進，直抵北海與大西洋的海水。」事實上，俄羅斯人遵守莫洛托夫在歐洲諮詢委員會同意的條件，許多個月後紅軍前進卽以此爲界線。「鐵幕」一詞並非邱吉爾創造；一九一八年起就有此說法，而且出現在一九二〇年菲利普・斯諾登的妻子艾絲爾・斯諾登女爵（Dame Ethel Snowden）關於布爾什維克主義的著作，但他把這個引人聯想的詞儲存在容量異常的記憶長達四分之一世紀，到了一九四六年才援用這個詞，發揮最大的效果。

五月二十二日，邱吉爾收到一封寫著「最高機密」的備忘錄（紅字大寫），來自戰時內閣的共同策畫組。他們認爲，如果美國持續完全投入在太平洋戰爭，蘇維埃將能輕易占領西歐，並對英國造成威脅，屆時英國將會發現自己處於和一九四〇年相同的情況，依賴海軍與空軍驅逐侵略，只是這次的敵人比德軍擁有更多飛彈，甚至更多人力。[135]爲了避免這種結果，邱吉爾指示這份備忘錄的作者（但不是三軍的部會參謀，因爲報告太過敏感）撰寫一份備忘錄，探討大英帝國、美國、波蘭、德國的軍隊，爲了讓俄羅斯「公平交易波蘭」，若須在一九四五年七月與日俄聯軍作戰，會是什麼情況。[136]

六月八日，詳盡的報告出爐，除了分析整個可能情況外，附錄並包括地圖、敵對軍力，並且恰如其分地命名爲「難以想像行動」（Operation Unthinkable）。報告指出，在歐洲俄羅斯軍隊相對西方同盟國的數量優勢是三比一，然後探討戰爭在那裡及中東、印度、遠東的結果。報告的結論是，那將是場「漫長且代價昂貴」的戰爭，而且「極爲懷疑我們能夠取得少數且快速的成功」。[137] 難以想像行動的資料並不意味邱吉爾是個反共成癮的戰爭販子，反而顯示他對所有可能事件有所預備，無論多麼不可能或不討喜。這些資料也強調，對西方國家而言非常重要的是，原子彈眞的能夠使用。

五月二十三日星期三午間，邱吉爾辭去多黨政府首相一職。四個小時後，他又前往白金漢宮，國王要求他組織一個保守黨政府。這個「最後一個相信國王神聖權利的人」（根據克萊門汀的描述），讓自己再跑一趟的原因是，他想要顯示那項有點神祕的憲政觀點——選擇召見誰的人是國王。國王利用二次會面再次提議頒發嘉德勛章給邱吉爾，但是邱吉爾再度拒絕，這次的理由是現下正在等待選舉。在所有多黨政府部會首長的祝勝宴會上，邱吉爾淚流滿面地告訴他們，「歷史的光芒將會照耀在他們全體的頭盔。」（又是刻意仿古的軍事用語，畢竟大臣戴的是帽子。）[138]

邱吉爾在他的看守政府指派了當時爲獨立議員的霍爾－貝利沙擔任國民保險大臣，儘管霍爾－貝利沙曾在一九四二年嚴厲批評過他，這也是邱吉爾寬宏大量另一個重要例子。布瑞肯和邱吉爾因爲貿易政策「好好吵了一架」後，拒絕貿易局的職位，改任第一海軍大臣。（「我很討厭這些場面。」伊登寫道。「簡直就是浪費時間，而且我父親狂怒之後，[10] 這些風雨只讓我覺得無聊。」）[139] 一九四四年三月，保守黨議員泰爾瑪・卡扎萊－凱爾（Thelma Cazalet-Keir）發起女性教師同酬的抗爭行動，那幾乎是整個戰爭期間政府在下議院唯一失敗的一次，但是邱吉爾同樣寬容地請她擔任教育大臣的國會祕書。「親愛的，非常感謝你。」她回覆，「那是美事一樁。」[140]

五月二十八日，杜魯門的特別顧問約瑟夫・戴維斯來到倫敦，向伊登表示，總統想在不久後的波茨坦會議前私下與史達林見面。邱吉爾簡潔地解釋美國兩個戰時盟友之間的差異，並說杜魯門第一次與史達林見面，若排除英國，英國會「受到傷害」。「蘇維埃政府的哲學不同，也就是共產主義，而且充分發揮警察政府的方法，他們也將這個方法運用在所有淪爲他們解放臂膀下受害的國家。」他寫道，

首相無法接受，美國所持的立場，竟是英國與俄羅斯只是兩個外面的國家，半斤八兩、不相上下，要和他們一起收拾剛剛結束的戰爭。先不談軍力，對與錯之間根本就不平等。英國和美國所承受、獲勝的偉大目標與原則，並非僅是權力平衡。事實上是救贖世界。[141]

雖然三大強權中，蘇聯的傷亡占了九十%，邱吉爾不希望美國擺出那種樣子，彷彿史達林的極權獨裁政府和西方民主具有某種相等的道德分量。儘管如此，杜魯門還是私下去見了史達林。

史達林在東歐的新政權相當粗暴，讓邱吉爾非常擔心，而且他又習慣動不動就提到納粹，這兩點不幸從他的競選修辭流露出來。六月四日他從契克斯別墅的小書房廣播，他告訴全國，「任何執政的社會主義政府都無法容忍國內自由、銳利或激烈的言辭表達不滿情緒。他們必然回歸某種蓋世太保的形式，最初的階段無疑將會以極人道的方式來指導。這將會扼殺意見的萌芽，在批評抬頭之際就先扼殺，並且聚集所有權力於至高無上的政黨與政黨領袖。領袖會像巨大的尖礁，從他們廣大的官僚公僕體系升起，然

而公僕再也不會爲民服務。」[142]溫文儒雅的克萊門．艾德禮，從頭到尾忠實且盡心地效力多黨政府，擔任首相副手，此時卻被比爲蓋世太保，顯然荒謬至極，保守黨的選票也隨著流失。人們臆測，畢佛布魯克或布瑞肯可能貢獻了那些詞句，但是他們沒有。這段演說的原稿後來被科爾維捐給哈羅公學，上面可見邱吉爾大幅修改，並在空白處增添許多詞句，但是沒有修改最糟糕的蓋世太保部分。[143]克萊門汀曾經要求他刪掉那句，但是當時他讀了海耶克（Friedrich von Hayek）的《到奴役之路》（*The Road to Serfdom*），所以保留那個部分。[144]那次演說時，科爾維也在那間書房，「注意到他對著麥克風的手勢，就和他對著眾多聽眾發表政治演說一樣激動，而且手勢比他平日說話更多，我看了覺得有趣……他第一次對著時鐘說話這麼急躁。」[145]邱吉爾下一個月對查爾斯．伊德說，總有一天，這段演說「會被視爲他發表的偉大演說」，但是那天至今還沒到來。[146]

今日許多歷史學家相信蓋世太保的演說不會改變大選結果，而且多數英國人民完全能夠區分，他們在競選集會所圍繞偉大的戰時首相，以及他們心平氣和投票反對的保守黨黨魁，是兩個不同的邱吉爾。瑪莉・貝洛克・朗茲相信勞工階級會投票給工黨，理由還是和以前相同。對她而言，那和邱吉爾沒有關係，但和「不滿這個政府在住房、煤礦、非常昂貴的生活開銷等種種作爲」有絕對關係。[147]

因爲邱吉爾在埃平的選區被分爲伍德福德與埃平兩個選區，他便以保守黨與多黨候選人的身分在伍德福德參選。他告訴他的選民，「我在此由衷謝謝你們，在我政治荒野那十一年間，若非你們堅定支持，我當不會受到徵召，在國家存亡之際，承擔領導國家的重責大任。」[148]邱吉爾完全忘記桑頓－肯姆斯利和他在契格威爾、納斯英與其他地方的支持者帶來的危險。「我感覺我的能力與活力如同往常充沛。」他寫道，「因此，除非國家解除我的職務，我不能對於派給我的工作退縮。戰爭本身還沒結束。」[149]

六月二十日與國王午餐時，邱吉爾說他相信「三軍裡所有的年輕男女都不會投票給他」。[150] 他大致說對了：三百萬之多的軍人選票浩浩蕩蕩湧向工黨，希望能夠建立一九四三年貝佛里奇報告當中承諾的福利國家。工黨提出國民保險、廣泛興建住宅、眷屬津貼、國有化，此外這也是一個機會，投票反對曾經支持綏靖政策的張伯倫派議員。一九四三年邱吉爾在德黑蘭的生日派對上，其中一次祝酒時他說「英格蘭愈來愈粉紅」，眞的就是如此。[151] 工黨跟戰爭時期平等與「公平分享」的社會思潮較爲同調。他們的宣言吸引廣大群衆，而他們的選舉機器不再遜於保守黨。選民也都知道，他們的領袖，例如艾德禮、貝文、道耳吞、克里普斯、摩里森，在戰爭時期擔任重要角色，並且值得信賴。

但是，當邱吉爾在利茲、布瑞福、普雷斯頓、格拉斯哥、愛丁堡對著大批熱情民衆演說時，他相信自己會贏，即使如同科爾維明智地指出，這是國會選舉，不是總統選舉。畢佛布魯克、保守黨中央辦公室與多數評論家都預測保守黨會多贏一百席，只有布瑞肯認爲保守黨會輸。七月四日，投票前一天，邱吉爾告訴布魯克，自從波耳戰爭逃獄後，沒有比競選巡迴活動讓他更累的事。[152]

七月五日投票結束後，爲期三週、從世界各地收集三軍選票的程序也開始，邱吉爾去了庇里牛斯山昂代（Hendaye）附近畫畫休假。「首相像隻和善的河馬浮在水上，爲了保護他而穿上泳衣的法國警察圍成一圈將他包圍。」科爾維寫道。[153] 儘管如此，一位曾在戰時通敵的法國伯爵夫人還是想要游過去和他說話。（她被穿著泳衣的警察攔下。）邱吉爾出國前請杜魯門發電報給他，告知鈽彈在新墨西哥州阿拉莫戈多（Alamogordo）的實驗結果：「讓我知道是砸鍋，還是『砰！』」[154] 他已經同意，如果原子彈試射成功，美國可以用來與日本作戰。隔年五月，他和威廉·麥肯齊·金討論那個決定性的道德問題，告訴他，「他將必須向上帝解釋，也得向自己的良心解釋，爲何做出那個將會殺掉這麼多婦孺的決定。」[155]他強調，沒有原子彈，戰爭可能還要繼續一年，導致更多人死亡，並且「一點一點毀滅文明」。對於他所謂「受到正義與權利的道德法則治理的宇宙」，他相信他「做了正確的事」。

七月十五日，邱吉爾從波爾多飛到柏林參加波茨坦會議（代號「終點」〔Terminal〕）。遊覽希特勒的總理官邸遺跡時，一群德國人認出他。除了一個老人不以爲然地搖頭外，其他人都朝他歡呼。「我的恨意隨著他們的投降而消失，而且他們的表現深深觸動了我，」之後邱吉爾寫道，「他們憔悴的容貌和破爛的衣服也是。」[156]他去看了希特勒位於主樓的辦公室，以及底下那位元首開槍自盡的地堡。愛娃·布勞恩（Eva Braun）的房間桌上還放著一個插著樹枝的花瓶，不久之前才開花。在戰爭回憶錄，邱吉爾寫到他如何「走到地底下去看他和他的情婦⑾自殺的房間，然後我們上來時，他們帶我們去看他的屍體被人燒掉的地方。」[157]他總算追到那頭野獸的巢穴。

七月十七日，邱吉爾得知阿拉莫戈多的測試是響亮的「砰！」。一個月後，他告訴議員，「那個急切等待的消息……令非常少數得知的人放下心中所有懷疑，在我們眼前的，是人類事務的新要素，而且擁有無法抵禦的威力。」[158]「火藥是什麼？」幾天之後他問亨利·史汀生，「微不足道。電力是什麼？沒有意義。原子彈是基督狂怒再臨。」[159]隨著波茨坦會議開幕，杜魯門也能正式告訴史達林關於原子彈的存在。史達林表現應有的驚訝，沒有透露他的間諜早就一五一十地告訴他，而且已經在嘗試研發自己的原子彈。邱吉爾見到杜魯門後印象深刻，描述他是「充滿無比決心的人。他根本不在意脆弱的土地，只是直接把他的根牢牢種在上面。」[160]

波茨坦會議從七月十七日開到八月二日。邱吉爾被安排住在環城大道二十五號，他的臥房搭了蚊帳，而且晚上很熱。湯米·拉塞爾斯的兒子約翰氣沖沖地向羅文抱怨邱吉爾在他的車子揮舞皇室旗，他向他保證那其實是五港總督的三角旗。雖然伊登和賈德幹都嚴重批評他沒有更深入參與波茨坦會議，邱吉爾知道他會在七月二十五日為了選舉結果回到英國，而且會議的下半部分可能不再是首相。[161]因此他帶了艾德禮一起去，工黨勝選的話，可以直接取代他。

較不容易理解的是他在波茨坦對伊登說到史達林——「我喜歡那個人」，猶且是在那個俄羅斯的獨裁者各種沒有良心的作為之後，包括德蘇協議、卡廷大屠殺、華沙暴動、逮捕奧庫利斯基等。一九三一年那個譴責史達林「早上死亡令之計畫」的邱吉爾呢？又或一九四五年五月，那個教訓約瑟夫·戴維斯，共產主義的作為和西方不能劃上道德等號的邱吉爾呢？個人吸引力無法解釋，而且他的感覺並未長久持續。當時，邱吉爾對會議到處出現的記者有諸多強烈怨言，他寫信給克萊門汀，他被「一堆記者圍攻，那些記者常常因為不能在我們之間橫行而生氣。如果不能有個安靜又隱密的環境，根本不可能處理重大的事務。」[162]

七月二十六日星期四，上午十點，邱吉爾穿著警報裝，坐在臨時首相府的地圖室，和畢佛布魯克、馬傑森一起等待選舉結果。一旦中央辦公室通知他們，接著收報機確認後，上校皮姆便將結果依照選區逐一張貼在螢幕上。半小時後，結果顯然並不理想。布瑞肯以六千五百票極大的差距輸了帕丁頓北區。

「我父親坐在桌子前端，每聽到一個結果就點一下頭，沒有任何評論。」莎拉回憶，「結果愈來愈明顯是一面倒，但他還是不改天生的幽默，儘管非常表面。」[163]到了中午，已然清楚工黨將會大勝。「我所能想像最沉重的氣氛。」瑪麗安・霍姆斯那天寫道，「辦公室的每個人都非常震驚。」[164]

鄧肯・桑迪斯輸了諾塢，哈洛德・麥克米倫輸了斯托克頓（Stockton）。其他輸掉席次的部會首長包括利奧波德・埃莫里、珀西・格里格爵士、理查・勞、內政大臣唐納德・索莫威爾爵士，且還不僅這些。「直到死的那天，我都不會忘記，敗選之後那個最不愉快的午餐，您所展現的勇氣和寬容。」不久之後馬傑森寫信給邱吉爾，「您完美展現如何毫不畏縮，無怨無悔地接受。」[165]午餐時，克萊門汀說，那對他可能是偽裝的福氣（a blessing in disguise）③，邱吉爾則回答，「目前看來，偽裝得可真好。」[166]那天見到邱吉爾比任何官員都久的萊斯利・羅文寫道，「他的嘴巴完全沒吐出一字一句譴責。」[167]摩蘭後來說到人民多麼忘恩負義，邱吉爾回答：「噢，不。我不會那麼說。他們的日子很不好過。」[168]他倒是非常驚訝，在伍德福德與他競爭的獨立參選人得到一萬零四百八十八票，雖然他自己得到兩萬七千六百八十八票。

工黨贏得三百九十三席，保守黨兩百一十三席，自由黨十二席（不包括輸了凱斯內斯〔Caithness〕的辛克萊），其他黨則分有剩下的二十二席。工黨過去從未得到全體多數席次，更不用說多出一百四十六席。全民投票方面，他們得到一千一百九十九萬票，相對保守黨九百九十九萬票，自由黨兩百二十五萬票，共產黨十萬兩千八百票。保守黨占全民投票數三十九・八%，對該黨得到的少數席次而言並不嚴重。下午四點，邱吉爾在臨時首相府接見了拉塞爾斯。「他看起來似乎不沮喪，」拉塞爾斯寫道，「說起話來也不會。他將他的敗選歸因於人民對過去五年受苦的反應——他們承受戰爭所有的恐怖與不適，自然而然，將此發洩在那段苦日子當權的政府。」[169] 拉塞爾斯轉達國王的訊息，表示國王會非常想念他，邱吉爾變得「激動」。他寫信給艾德禮，「我祝福你，成功擔起即將承負的重擔」，熱衷文法的拉塞爾斯寫道，他的意思是「成功扛起重擔」。[170]

那天晚上，邱吉爾前往白金漢宮辭職。「我在下午七點見了溫斯頓，那是非常傷心的會面。」國王寫道，「我告訴他，人民在戰爭中得到他的領導，如今非常忘恩負義。他很冷靜，並說，看在社會主義者相對其他政黨占的多數，加上小心經營的話，他們可以執政多年。」[171] 邱吉爾拒絕國王第三度提出授予嘉德勛章，據說後來他說，「人民才剛授予我解雇勛章，我怎能從國王陛下那裡接受嘉德勛章？」[172] 他回到臨時首相府後，謝謝每個在地圖室爲他工作的人——在邱吉爾辭職的受勛者名冊，皮姆將會得到爵士頭銜，而且他告訴羅倫斯・伯吉斯：「我不會閒著，我會寫作，我會廣播，而且我還是個議員，雖然我永遠不會再回到十號。」[173] 翌日，他準備搬出唐寧街時，在內閣會議室告訴安東尼・伊登：「我的人生有三十年都在這個房間度過。我應該再也不會坐在這裡。你會，但我不會。」[174]

「我必須坦白，我覺得星期四的事頗爲奇怪，」敗選三天後，觀察敏銳的邱吉爾寫信給修・西賽爾（現在是奎克斯伍德勛爵〔Lord Quickswood〕），「尤其所有階級這麼熱情歡迎我之後。英國人民的內心鬱積了二十年，需要抒發。全都又像一九〇六年了。」[175] 也有其他人對選舉結果非常震驚，尤其外國人。帕蜜拉・邱吉爾的現任情人，美國空軍第八航空隊少將費德里克・路易斯・安德森（Frederick Lewis Anderson）寫信給她，「溫斯頓敗選的事簡直把我嚇壞了。我感覺非常失落，而且爲這位私下重視的朋友感到相當不公。」[176] 埃夫里爾・哈里曼想要安慰邱吉爾，於是對他說，就比例代議制度，保守黨和自由黨聯合起來，他依然會是首相；但是邱吉爾憤而否決那個想法，他說：「我會使盡全力對抗邪惡的比例代議制度」，並且解釋唯有人民知道哪個政黨可以爲政府的決策負責，民主才會成功。[177]

在契克斯別墅的最後一個週末，莎拉注意到，邱吉爾打開政府公文箱的鑰匙，一九三九年以來一直繫在錶鍊上，如今不在了。「我想念那些箱子。」他告訴她。契克斯別墅的訪客名錄上，一九四五年七月三十日那一頁的底部，簽名的是「克萊門汀・S・邱吉爾」和「溫斯頓・S・邱吉爾」。下方是邱吉爾的手寫筆跡，只有一個字——「終」。

作者注

(1) 倫道夫對於沒有受邀前往雅爾達的事很不高興，但是還好他拿伊登出氣，令他父親鬆了一口氣。

(2) 「沒有香檳我不能過活。」一九四六年，邱吉爾告訴他的朋友歐蒂特・保-羅傑（Odette Pol-Roger），「勝利的時候我應得，失敗的時候我需要。」他描述她在埃佩爾奈（Épernay）香檳區四十四大道的家是「世界上最適宜飲酒的地址」。(*CIHOW* p. 537.)

(3) 邱吉爾正確稱呼他為「總主教尊下」（His Beatitude）。達馬基諾斯有個習慣，當他不想被打擾，就會在門口貼上告示：「總主教尊下正在禱告」；邱吉爾得知後說：「我也想在唐寧街試試，但我怕沒人相信。」(Fishman, *Clementine* p. 100)

(4) 懷南特沒比羅斯福活多久；一九四七年十一月，他因憂鬱與債務問題自殺，年僅五十八歲。

(5) 如同往常，這些重大事件同天總是伴隨者極為日常的瑣事，就這一天而言，他還寫了便條給當時的工務大臣鄧肯・桑迪斯，提到「因為民眾不走在石子路上，導致聖詹姆斯公園的草皮嚴重損壞」，並且要求他加強告示。(CAC CHUR 20/209)

(6) 口述這段廣播開頭的草稿時，他把雪茄點燃的那頭放進嘴巴，結果「慌亂地吐著口水又怒吼」，但他向周圍的人保證他沒燒到舌頭。他那天甚至比平時還要愛哭，「淚流滿面」地背誦丁尼生的詩句，還告訴霍姆斯：「死亡是唯一的民主制度——人人都會遭遇。」(Marian Holmes's Diaries p. 12.)

(7) 這次演說因為沒有提到轟炸機司令部而被批評，而為他的戰爭回憶錄也沒有提到策略性轟炸進攻的細節，又因為轟炸機．哈里斯是唯一沒有獲得爵位的高階指揮官，還因為沒有為轟炸行動製作特殊獎章，所以有人認為，當時邱吉爾下令轟炸機司令部摧毀德國人，令他心生罪惡，於是刻意貶低轟炸機司令部的角色。邱吉爾確實在一九五三年頒發準男爵位給哈里斯，但是許多人認為太少，也太晚。

(8) 四月三十日，佩克注意到邱吉爾手上的雪茄菸灰掉在他的寢居外套，導致衣領冒了好幾陣煙。「抱歉，長官，」佩克說，「您著火了，我能幫您撲滅嗎？」「是的，有勞。」首相回答。(Marian Holmes's Diaries p. 21.)

(9) 即，看守政府。

(10) 第七代準男爵威廉．伊登爵士曾在某個下雨天，在他的鄉間宅邸門前怒摔一只晴雨錶，因為那只錶預報當天是可以打獵的好天氣。他還怒吼：「親眼看看吧，你這笨蛋！」

(11) 這麼說是誹謗愛娃．布勞恩，因為她死的時候已是希特勒夫人。

譯者注

① Bug，除了缺陷之外，也有竊聽器的涵義。

② 一八五四年十月二十五日，克里米亞戰爭的其中一場戰役。

③ 又譯為因禍得福。

32 反對黨 1945／8—1951／10

整個世界的苦難令我充滿恐懼，愈加害怕新的鬥爭會從我們成功終結的事物興起。——邱吉爾致克萊門汀，一九四五年二月[1]

社會主義是失敗的哲學、愚昧的教條、嫉妒的福音。——邱吉爾於伯斯（Perth），一九四八年五月[2]

邱吉爾曾經問過他的演員女兒莎拉，「表演結束後，妳會心煩嗎？」「噢，會的，非常。」她回答。「我也會。」他說。[3]到了一九四五年，他已經完成他在哈羅公學預言自己的任務——拯救倫敦。但是儘管已經七十歲，而且沒有執政，他還是無法讓自己退出政治。他唯一一次以黨魁身分力拚的大選已遭全體選民否決，無論他怎麼解釋，還是耿耿於懷。他告訴查爾斯．伊德，他「不能在保守黨失敗的時候捨棄他們」，但是他又大笑，說了更真實的話，「政治是他的命根子」。[4]戰爭之後，許多人建議興建他的紀念碑，甚至募集五萬英鎊，要在多佛白崖雕刻高達兩百呎的臉孔，還得附上一根雪茄，尾端長久點上紅燈，以維船隻安全。[5]但是，一九四五年選舉慘敗後，他最想要的紀念碑是大選勝利，即使那樣意味安東尼．伊登的希望還要再落空十年。

邱吉爾自費請斯賓克拍賣行（Spink & Son）做了一百三十六面直徑四吋的銅質勛章，送給每位曾經爲他效力的部會首長，以及三位參謀長、史末資、蒙巴頓、元帥蒙哥馬利與亞歷山大、內閣祕書愛德華・布里奇斯、巴哥・伊斯梅、威廉・麥肯齊・金[(1)]，還有一面致贈已故的上將杜德利・龐德，由他擔任海軍軍官的長子接受。每面勛章都刻著「向一九四〇年至一九四五年偉大的聯盟致敬」。「非常適合當紙鎮。」邱吉爾告訴了同時也收到一面的國王。[6]

某方面而言，敗選對邱吉爾而言確實是僞裝的福氣。政府目前面對的問題，例如印度獨立、退出帝國、復員、重建、財務緊縮、住房、英鎊區退役，這些都不是會令他感到興奮、或使得上力的問題。「接下來兩年將會出現前所未見的行政困難，」他告訴修・西賽爾，「而且其實工黨政府比我們更有機會解決這般困難。」[7]他和瑪麗安・霍姆斯相互淚眼汪汪道別時也承認同樣的事。「也許他們可以做得比我更好，尤其在住房和礦業方面。」他說，接著感謝她保守祕密，搭飛機前往各個會議，「忍受我所有的壞脾氣」。[8]

不執政還有其他好處。如果邱吉爾每天還是必須處理與蘇聯的外交事務，他就不能針對蘇維埃共產主義發出警告。離開唐寧街十號，也讓他人生第一次將錢的煩惱拋在腦後。他會著作一共六卷長達四千兩百頁的《第二次世界大戰》，收到大筆的預付稿費，這是他當首相永遠沒有時間做的事。

邱吉爾沒被敗選打倒，部分因爲他是歷史學家，熟知許多先例。他的英雄馬爾博羅在安妮女王轉向保守黨時，也曾遭遇這位第一代公爵所謂「我的國人卑鄙的忘恩負義」。[9]另一位英雄克里蒙梭，儘管贏了一次大戰，一九二〇年也沒有當選總統。邱吉爾在《傑出的同代人》寫到他，「勝利之後，在外國人眼中，法國看似不知感恩。」[10]回到一九四一年八月，他曾告訴科爾維，「他不期待如果他爲我們贏了戰爭，還能維持大受歡迎。在他之前也有威靈頓(2)和迪斯雷利(3)等先例」。[11]因此一九四五年的敗選完全符合宏觀的歷史主調——英勇行爲成功之後，被不知感恩的人民驅逐。

邱吉爾也知道自己精疲力盡，雖然他不能公開承認此事，而且他非常需要時間放鬆並重拾精力。在他擔任首相與國防部長的一千九百天，他曾旅行十一萬哩，搭乘船、火車、飛機，去過開羅四次、華盛頓與莫斯科各三次、魁北克兩次，還有百慕達、德黑蘭、卡薩布蘭加、義大利、諾曼第、巴黎、馬爾他、雅爾達、雅典、比利時、柏林。早在一九四四年八月，他就告訴羅文「最近我只剩半條命」，而且在一九四五年十一月，他承認要是他贏了選舉，「現在非常可能已經是個死人」。[12]接下來反對黨的時光，邱吉爾爲了再次進攻首相之位累積力氣，尤其遠離英國的冬天，在數個溫暖的地方花上數月，以半休假的狀態畫畫和寫作。(4)

邱吉爾完全憑著自己的意思擔任反對黨的領袖。「我們的領袖不常現身爲我們增光，」保守黨的大黨鞭詹姆斯．斯圖亞特回憶，「而是依據自己的原則，參加他想參加的辯論。」[13]邱吉爾在英國時，他會主持每週的影子內閣，正式的名稱是黨魁諮詢委員會，其中成員不固定，而且保密，此外他每兩週也會和黨的領導人物午餐。[14]工黨占有一百四十六席多數的情況下，爲反對而反對沒有意義。爲了彌補沒有文官提供詳細專業知識的空缺，拉布．巴特勒在保守黨中央辦公室成立一個效率高超的研究部門，成員有伊安．麥克勞德（Iain Macleod）、雷金納．穆德寧（Reginald Maudling）、以諾．鮑威爾（Enoch Powell）等，他們開始提供經過充分討論、合乎事實的新鮮思維。

大選之後邱吉爾第一次進入下議院，當時的下議院仍在上議院開會，所有保守黨議員都起立高唱〈他是一個好人〉（For He's a Jolly Good Fellow）①。人數遠遠更多的工黨議員見狀，許多人湧向在野黨的座椅，擠到第一排的通道，他們跳了起來高唱〈紅旗〉（The Red Flag）。「那是第一次，也是最後一次，那首荒唐的黨歌在上議院的議事廳演唱。」新當選的工黨議員伍卓・懷亞特（Woodrow Wyatt）在日記寫道，「之前唯一紅色的只有長椅。所有人都非常興奮。」[15]

一九四五年八月六日，一顆原子彈落在日本廣島，造成超過十萬人死亡。「自然奧祕的啟示，長久為了人類仁慈地保留，」艾德禮的政府朗讀邱吉爾敗選前起草的宣言，「應當喚起心靈最肅穆的反省，以及所有人類能夠理解的良知。我們確實必須祈禱，那些恐怖的武器能夠貢獻國家之間的和平，而且與其在整個地球引發無限混亂，它們可能成為世界長年繁榮的基礎。」[16] 三天後，另一顆原子彈掉落在長崎，導致超過四萬人死亡，日本被迫投降。邱吉爾告訴下議院，唯一的替代方法就是「犧牲一百萬美國人與二十五萬英國人的生命」。[17]

「杜魯門和我本人在波茨坦決定使用原子彈，」八月十六日，邱吉爾告訴下議院，「而且我們核准那項計畫，釋放恐怖、被壓抑的力量。」[18] 自從一九二四年，他就知道核分裂的威力，並且投入金錢、時間、專業知識，努力打造原子彈；為了讓政治人物的良心感到寬慰而犧牲數十萬軍人的生命，並不可接受。當時，這個想法受到大眾壓倒性的支持，尤其軍隊。(5)

邱吉爾後來確實數次思考投下原子彈這個決定的道德性，而且不只告訴麥肯齊・金。一九四六年七月，他提出他的觀點，在他的職業生涯中「決定投下原子彈也許是歷史會嚴肅探究的唯一一件事……我甚至可能被我的造物主詢問爲何使用原子彈，而我將強烈爲自己辯護，說——『祢爲何在人類發動憤怒的戰役時，將這個知識透露給我們？』」[19]如同他在一九四五年八月十六日的辯論說過，「原子彈帶來和平，但是人類本身可以維持那份和平，而且從今以後，如果他們無法維持和平，原子彈將成爲懲罰，不只威脅文明存亡，也威脅人類本身存亡。」[20]

一九四五年八月中，邱吉爾在下議院批評艾德禮政府給波蘭太多德國西里西亞（Silesia）地區，作爲補償以寇松線爲波蘭和俄羅斯領土分界的損失。「波蘭人的優點很多，」他風趣地說，「而且他們沒能避免犯的錯誤也很多。」[21]當然，邱吉爾自己在波茨坦能爲波蘭人爭取的，不太可能比艾德禮多，但現在他是在野黨的領袖，隨時製造政黨的政治資本是他的職責。他也首次在公開場合使用「鐵幕」一詞，關於數百萬德國人被從新波蘭逐出：「極大規模的悲劇，正在將歐洲一分爲二的鐵幕背後展開，並非毫無可能。」[22]邱吉爾關切數百萬被逐出家園的德國人，他們只能靠推車拉著家當上路，這樣的作法完全符合邱吉爾相信勝利之後應該寬宏大量。他也已經在譴責共產主義政府的殘暴行爲，包括波蘭、匈牙利、南斯拉夫、羅馬尼亞、保加利亞，這些國家的祕密警察晚上去「敲門」，然後市民就不見了。[23]

一九四五年九月二日，日本正式投降那天，邱吉爾搭乘元帥亞歷山大的達科塔飛機，飛到義大利科莫湖度假畫畫，隨行的有莎拉、摩蘭、祕書伊莉莎白・雷頓、兩名警探、索耶，住在拉羅沙別墅（Villa La Rosa），這裡曾是墨索里尼支持者的財產。與此同時，克萊門汀完成海德公園門（Hyde Park Gate）二十八號的購屋手續，這是邱吉爾餘生在倫敦的住處。「我對自己感覺好多了，」他告訴她，「而且什麼都不擔心……這是好多年來第一次，我感覺好極了。」[24]有件事情，雖然他可能並不擔心，但是，一八九三年他在溫伯恩跳下橋，至今才發作的疝氣，導致一九四七年六月兩個小時的手術⑹之前，他都必須穿著支架，確實很不方便。[25]

元帥亞歷山大休閒時也喜歡作畫，而且有時他和邱吉爾會畫相同的場景。「過來，亞歷，過來。」邱吉爾會站在這棟法西斯主義者的別墅，對著牆上一幅俗氣的畫作說，「看看這個，我們真的畫得比畫這幅畫的混帳要好。」[26]某個溫暖的夜晚，邱吉爾遠望寧靜的湖水，只有遠方山羊的鈴聲劃破寂靜，此時他告訴兩位當時和他在一起的年輕陸軍軍官：「經過漫長的人生和豐富的歷練，我能給你們最寶貴的建言就是，把握當下。」他們其中一位回答：「長官，那就是我現在努力做的。」[27]

邱吉爾在義大利非常放鬆，甚至放棄午睡，而且，竟然從此以後完全放棄。但是他並不考慮放棄政治。他寫信給克萊門汀談到他的影子內閣，「我們全都聚集時，絕對不缺討論的話題。」[28]但是他回去後，發現他真正感興趣的政治議題相對稀少，只有印度和巴勒斯坦的分割、緬甸的未來、與俄羅斯的核武關係。一般來說，他很樂於把其他所有事務交給伊登、巴特勒、伍爾頓、利特頓、麥克米倫。

邱吉爾持續將炮口朝著社會主義和國會中的工黨，嘲笑政府的配給機制是「Q托邦」（Queuetopia）②。「資本主義的先天缺陷是好運並不公平分享，」他在十月的辯論說，「社會主義的內在優點則是苦難公平分享。」[29]他老是喜歡攻擊安奈林・貝凡。「我今日宣布，除非這位尊敬的閣下，在絲毫無延誤的情況下，改變他的政策、方法、行動，」他在十二月針對貝凡攻擊私人建商時這麼說，「否則他將成為這個國家平靖時期最大的詛咒，如同他在戰爭時期是骯髒的公害。」[30]被記者問到為何艾德禮沒去莫斯科見史達林，邱吉爾回答，「他不敢離開家裡的內閣。他非常清楚，山中無猴子，老虎稱大王。」[31] 前工黨內閣大臣威弗瑞・佩靈（Wilfred Paling）對著邱吉爾大喊：「骯髒的狗！」他聽到後回答：「尊敬的議員應該記得骯髒的狗會在木樁（paling）上做什麼事。」[32] 描述斯塔福・克里普斯，他說，「他把敏銳度與積極性都投入在傷害這個國家實力和福利的議題。」[33] 諸如此類層出不窮的妙語和俏皮話，以及他擔任在野黨黨魁的聲望，意味著有邱吉爾在的議事廳總是滿座。

邱吉爾最有名的妙語（尤其可惜的是，其實他從來沒有說過，如果他是阿斯特夫人的丈夫，會喝了她下毒的咖啡），是在一九四六年，工黨議員貝絲・布瑞鐸克（Bessie Braddock）對他說：「溫斯頓，你很醉，而且醉得很噁心。」接著邱吉爾回答：「親愛的貝絲，妳很醜，而且醜得很噁心。但是明天我就會清醒，但妳還是醜得很噁心。」[34] 瑪麗・索姆斯不相信這件事，因爲他的父親對待女人從未這麼無禮，而那天晚上邱吉爾的警探被問到時，確認邱吉爾沒有喝醉，更沒有醉得很噁心，只是「累了，走路不穩」。[35] 此外，在一九三四年W・C・菲爾茲（W. C. Fields）的電影《禮物》（*It's a Gift*），幾乎可以一字不差找到同樣的笑話，只是把「醉」換成「瘋」。如果眞有此事，布瑞鐸克的話對邱吉爾當然是個禮物，邱吉爾留聲機的記憶容許他在整個經典當中說出最有名的俏皮話。

一九四六年二月，邱吉爾把保守黨交給伊登負責，自己去了古巴，下榻哈瓦那的國家飯店（Hotel Nacional），並在記者會說：「在我的國家，人民可以爲所欲爲，雖然常常發生一種情況，就是他們並不喜歡自己做過的事。」[36] 接著他去華盛頓拜訪艾森豪，住在英國大使館，並於二月二十六日成爲邁阿密大學的法學博士，這也是一九二六年至一九五四年之間頒給他的十六個榮譽學位其中之一。「我很訝異在我老的時候，會接受這麼多學位，但我小時候對於考試眞的很不拿手。」他在邁阿密說，「事實上，幾乎可以說，沒有人通過這麼少的考試，又拿到這麼多的學位。」[37] 演講的核心訊息是：「各位年輕男女，切勿因爲早年缺乏成就而灰心，應該專注勤勉，彌補失去的時間，」此外，「專業知識，儘管不可或缺，也無法取代以寬廣的心胸理解人類歷史，包括其中所有悲傷與所有無法熄滅的希望。」[38]

邱吉爾之前曾經去過美國，因爲總統的故鄉，密蘇里州福頓的西敏學院（Westminster College）要頒發榮譽學位給他。杜魯門親手背書邀請函，加上可望在他的陪伴下增加行程，於是邱吉爾接受。邱吉爾和杜魯門一起去了密蘇里的傑佛遜城（Jefferson City），在總統的火車斐迪南・麥哲倫號（*Ferdinand Magellan*）上過夜。他告訴杜魯門的副官克拉克・克利福德（Clark Clifford），「有個國家，人們知道他在那裡有無限未來：美國；雖然我強烈反對你們某些習俗……你們吃飯不喝酒了。」[39]

從邱吉爾的祕書喬・斯特迪（Jo Sturdee，後來的昂斯洛伯爵夫人〔Countess of Onslow〕）從火車上寄給父母的信，明顯可見身爲邱吉爾的屬下是什麼情況。她說她在大使館想把接受榮譽學位的演講稿打字出來，他卻不斷轟炸她：「快，快。我全部的電報呢？有沒有英格蘭來的？一定有我可以看的報紙。妳把我的紅筆拿去哪了？告訴大使我想見他。索耶在哪裡!?妳看信箱了沒？」[40]

打字完畢後，杜魯門說他沒有意見，也沒有修改。他反而說：「克萊門．艾德禮前幾天來找我。我很訝異，他是個非常謙虛的人。」邱吉爾回嘴道：「他可以謙虛的事情很多。」[41] 他這麼說，倒不是因爲他眞有那個意思，而是因爲這樣調侃政治對手顯得機智幽默。私底下邱吉爾往往不會批評艾德禮，因爲他對拉下張伯倫有功，又基於愛國情操在他底下效力這麼久。確實，一九四六年三月，弗雷迪・伯肯赫德問邱吉爾，之前工黨的同僚中，他最尊敬誰。他原本完全預期邱吉爾會說貝文，「出乎我的意料，他毫不遲疑說『艾德禮』。」[42]

邱吉爾在福頓的演說，官方題名是〈和平砥柱〉（The Sinews of Peace），但很快就被稱爲「鐵幕演說」。「此時美國站在世界權力的顚峰。」他在西敏學院碩大的體育館開始演說，「對美國民主而言，這是肅穆的時刻。因爲至高的權力伴隨對於未來令人敬畏的責任。若你環顧四周，你必定不只感到責任，也會感到焦慮，唯恐未能達到水準。」[43]關於聯合國，他說：「我們必須確保聯合國的工作有所成果；那是眞相而非假象；那是行動的力量，不只是空談；那是和平眞正的殿堂，在那裡，許多國家的盾牌某天會被高舉，不只是巴別塔裡的鬥爭場所。」[44]接著他說他已經「來到我此行演說的核心。倘若缺乏我長久以來所謂的英語民族的兄弟情誼，無論確實預防戰爭，或者持續發展世界組織，都將無法實現。這意味著大英國協與帝國和美國的特殊關係。」[45]他希望這個關係長遠發展，包括「共用世界各地兩國分別持有的所有海空基地」。[46]

目前爲止一切似乎都很正面，大致就和一九四三年九月他在哈佛的演說無異。但是接著他發出一項警告，就和綏靖政策時期關於納粹發出的警告一樣莊重，一樣具有先見之明。他來到本次演說的眞正核心，發表隨卽遭到全球指責的言論，重點在於與俄羅斯的關係，而非英語民族。「從波羅的海的什切青（Stettin）到亞德里亞海的第里雅斯特，」他宣布，一道鐵幕已經橫越歐陸降下。鐵幕背後是中歐與東歐古老的各國首都：華沙、柏林、布拉格、維也納、布達佩斯、貝爾格勒、布加勒斯特（Bucharest）、索非亞（Sofia），這些知名的城市與圍繞其中的人口，構成我必須這麼稱呼的蘇維埃領域，而且全體以這種或那種形式，不僅受制於蘇維埃影響，許多情況中，受到來自莫斯科極高、不斷增加的高壓控制……共產黨，過去在這些東歐國家為數甚少，現今已然崛起，占據遠遠超越他們人數的地位與權力，並在所有地方伺機取得極權主義的控制。警察政府於這些國家幾乎無所不在，而且目前為止，除了捷克斯洛伐克外，沒有真正的民主。[47]

「上一次，我看到大戰來臨，我對著自己的國人和世界大聲呼喊，但是沒有人注意。」邱吉爾繼續，

直到一九三三年，或者甚至一九三五年，或許還能把德國從追上他們的厄運拯救出來，而且我們全體也許都能免遭希特勒加諸人類的苦難。歷史上從來沒有一場戰爭，與其等待地球如此廣大的地區都被悽慘毀滅，不如及時採取行動容易預防。我相信原本可以不開一槍就阻止，而且德國今日可能也會強大、興盛、光榮；但是沒人聽得進去，於是我們一個接著一個，被捲進可怕的漩渦。我們切勿讓此事再次發生。[48]

邱吉爾說，那個戰爭並非迫在眉睫，而且蘇維埃也不想要戰爭，但是「他們想要戰爭的成果，也想無限擴張權力與教條」。他主張，這些危險不會因爲安撫俄羅斯就解除。「從戰爭期間對我們俄羅斯朋友與同盟的見解，我深深相信，沒有什麼比威力更讓他們崇拜，沒有什麼比軟弱，尤其軍事軟弱，更讓他們輕蔑。」他敦促，因此，「權力平衡的古老學說是謬誤」，而且相反地，英、美必須以「兄弟情誼」聯合，「不只爲我們，也爲所有人，不只爲我們的時代，也爲下一個世紀」保衛自由。[49]

這場演說立刻引起幾乎一致的譴責。羅斯福總統的遺孀艾蓮娜・羅斯福表示憤慨。聯合國祕書長特呂格韋・賴伊（Trygve Lie）告訴駐聯合國英國大使，那場演說落入莫斯科反西方分子的圈套。[50] 美國國會的民主黨暴怒。英、美的媒體，不僅站在左派，而且全部倒向負面評價，更別說其他地方。超過一百位議員簽署動議譴責那場演說。伊登試著勸阻邱吉爾，別再「進一步與史達林爭論」。[51] 杜魯門表示自己事前完全不知道演說內容，而且美國國務次卿迪安・艾奇遜雖然已經答應歡迎邱吉爾的晚會邀請，後來又拒絕出席。[52]

普遍譴責道邱吉爾是個反動的戰爭販子，不懂感激俄羅斯在戰爭中的犧牲，以及「喬叔叔」仁慈的本性。直到今天，修正主義的歷史學家偶爾還是會歸咎邱吉爾，表示他的鐵幕演說開啟冷戰，而不是去指出，有一場冷戰已經開打，而且西方正在戰敗。此時的外交大臣歐內斯特・貝文，以及即將代表共和黨角逐總統的托馬斯・杜威，是極少數沒有否決邱吉爾的人，因爲他們自己對於史達林的動機也得到類似結論。

邱吉爾並不在乎對他的攻擊，事實上，兩天後在《時代》雜誌的午餐吃著魚子醬時，他說「喬叔叔」自一九四一年起就固定送他魚子醬，但他不會再期待收到更多。[53]「假設當時有人證明邱吉爾的預言有誤，」一九六八年萊斯利・羅文寫道，「他可能會一輩子爲此難堪，但是他勇敢堅持他的信念。」[54] 如同在一九三〇年代，蘇維埃不久之後的行動會證明他是對的，而且批評他的大軍完全錯誤，此時那些猛烈的詆毀和譴責，只是更加襯托邱吉爾的清白。與一九三〇年代不同的是，現在他會損失的名譽更多，即使如此也無法阻撓他。

三月十二日邱吉爾去了羅斯福葬於海德帕克的墳墓致意，轉身時「眼淚盈眶」，從墓地離開時，有人聽見他說：「上帝，我多麼愛那個人」——和戰爭時期他在金字塔前對莎拉說的話幾乎一樣。[55]他的老戰友和新總統之間的差異，就在八月一日杜魯門簽署《麥克馬洪法》的時候顯露出來。該法令終止其他國家取得美國核武資訊，就連曾經參與曼哈頓計畫的英國和加拿大亦同。核武合作結束，該法直到一九五八年才修正。邱吉爾兩次在海德帕克的協議都未能訴諸文字，導致英國必須斥資建立自己的原子彈。

一九四六年八月，伊登向克蘭伯恩勛爵抱怨，「邱吉爾顯然傾向盡其所能持續所有事物……與其說我們意見不同，當然我們確實如此，倒不如說我們的頭腦在不同星球運作。戰爭的時候不是這樣，但現在是。」[56]儘管邱吉爾所有的過錯、缺席、缺乏準備、經常保守的觀點，但他是世界歷史的要角、國際舞臺的巨人，並且依然是保守黨吸票機。若不是他，保守黨可能在一九四五年就消滅了。伊登可憐的地方是，以上這些他完全沒有，還經常重病。（例如，他的潰瘍之嚴重，以致無法參加一九四五年的大選。）所以儘管長久以來他都是明顯的繼承者，而且保守黨的其他階層都希望邱吉爾在一九四七年退休，他們也不能如此堅持；如果他們的心意被人發現，情況可能會更壞。[57]邱吉爾憑著權力的直覺與政治的聲望洞悉這點，猶且似乎相當享受。當詹姆斯・斯圖亞特終於向他打聽退休的事，「他的反應非常激動，拿手杖猛敲地板」。[58]（他顯然並不知道，他對手杖的依賴也是他們做文章的題材。）不久之後，他告訴他的選民，他會「堅持下去」，直到他趕走社會主義者。

五月，接受西敏市的榮譽市民時，邱吉爾重複他從一九三〇年代便已開始主張的觀點：「印度和歐洲大陸一樣大，人口更多，而且種族和宗教的分割，深刻程度不亞於歐洲。比起歐洲，印度不會更團結，除了過去一百五十年在我們統治與指導之下創造的表面團結。」[59]八月一日，他公開提出警告，工黨致力的印度獨立會導致極多生命喪失，尤其在這塊次大陸的西北地區。他在一九四二年十一月堅定地宣布他不是「爲了主持大英帝國的淸算才成爲國王的首相」，而現在他可以從旁批評。「我們自己宣布準備放棄偉大的帝國和印度大陸，放棄過去兩百年所有付出的努力，放棄我們主權不容置疑的領土。」他告訴下議院，「這個政府，顯然已經準備讓四億印度人墮入恐怖血腥的內戰——巴勒斯坦可能發生的任何內戰，相較之下都是微不足道。大象的戰爭比上老鼠的戰爭。」[60]

「將印度政府託付給印度教的階級，也就是尼赫魯先生（Jawaharlal Nehru），是根本的錯誤。」一九四七年三月，邱吉爾又在下議院說，「他有大好的理由，成爲最邪惡的敵人，反對印度與大英國協之間任何聯繫。」[61][(7)]維多利亞女王時代過後，邱吉爾不會踏上印度，而且對於次大陸的想法，除了「繼續撐下去」以外，沒有其他方案。但是他從未眞正收回他說過的話，底下這段話概括工黨於次大陸的作爲給他的感覺：「耀眼的大英帝國，以及帝國之於人類所有的貢獻，此時正在逐漸瓦解，我看著好生心痛。我相信，我們不久之前勝利的時候，我們具有解決困難的能力，原本可以光榮長久。許多人保衛英國抵禦敵人，卻沒有人能夠保衛英國自己對抗自己。」[62]

一九四六年十月，在保守黨大會的演講，邱吉爾似乎也預知印度北部的事件。一九四七年八月，英國遞交政權給印度和巴基斯坦兩國，所造成的人口遷徙，導致旁遮普和西北邊境省分發生大屠殺，許許多多的印度教徒、穆斯林、錫克教徒喪命。他將此歸咎工黨政府。「英國統治之下創造的印度統一將會立刻湮滅，」他說，「而且無人可以丈量將有多少苦難和殺戮追上數百萬卑微無助的人民，或者他們的未來和命運將會受制於什麼新的勢力。這一切每天、每小時都在發生。大船正沉入平靜的海裡。那些原本應該付出全力維持船在水面上的人，反而打開了船底的活栓。」[63]對於一九四七年後期有多少人民在英屬印度分裂為印度與巴基斯坦時喪命，歷史學家依然沒有定案：多數估計超過五十萬人，但有些認為兩倍，並造成至少一千六百萬人就此流離失所。

邱吉爾並未提出可行的替代方法，眞要說的話，他修飾了他的批評，因為巴哥・伊斯梅是印度總督蒙巴頓的參謀長。但他說對了一件事，蒙巴頓時機不佳、監督不足的分裂計畫，造成廣大的痛苦和殺戮。「五十萬人喪生，以及數百萬人的苦難，這種事件，就連最無情、最殘酷的人也不會描述為小事，亦無法和某些假設作法相提並論。」邱吉爾在一九四七年十月底說，「這不是小事；這是恐怖，與此有關的人都應該感到悲痛並深刻反省。」[64]次月，政治人物費羅茲・汗・努恩為巴基斯坦請求英國政府，允許巴基斯坦購買武器保衛自己。邱吉爾認為這份請願書「極其感人」。[65]

一九四六年九月十九日，邱吉爾發表另一場非常重大的演說，這次是在蘇黎世大學（Zurich University）禮堂豪華的紫色大理石講臺。他重提一九四四年四月一場演講中說到未來的歐洲合眾國。[66]邱吉爾發現他的人生當中兩大悲劇都來自德法戰爭，因此誓言建立新的德法友好關係，作為歐洲統一這條道路必要的第一步，此外，他也希望歐洲統一會是蘇維埃共產主義的平衡錘。在蘇黎世，他說的話是，「讓歐洲崛起！」[67]這是福頓演說的西歐版。他熱情地演說，支持歐洲統一，今日依然廣為流傳。他在結語一如往常地清楚表達——無論公開或私下的立場都是如此——他不希望英國加入歐洲合眾國：「這項要緊的工作，必須由法國和德國帶頭。大英、大英國協國家、強大的美國，必須成爲新歐洲的朋友與贊助者，必須支持其長久繁榮的權利，而且我相信蘇維埃俄羅斯亦同，因爲屆時一切將會很好。」[68]

一九四七年五月十四日，邱吉爾在阿爾伯特音樂廳歐聯組織（United Europe）重要的會議上，再次激動呼籲建立統一的歐陸。他說，德國和法國在新的戰後世界「將會形成主要的區域實體」，「美國及其所有的從屬國、蘇維埃聯邦、大英帝國與大英國協，還有英國深刻融入的歐洲——這是世界神殿四根主要的梁柱。」如他所言，他希望英國成爲歐聯的朋友與贊助者，並且「深刻融入，雖然不是構成整體的部分」。一九四八年五月，他在海牙的歐洲代表大會（Congress of Europe）開幕式上再次提倡相同訊息。英國駐布魯塞爾（Brussels）的代表格拉德溫・傑布很早就發現，「邱吉爾本人顯然完全不是『歐洲人』。倘如他所願，英國會與從里斯本（Lisbon）延伸到布雷斯特－里托夫斯克的歐洲『合伙』，但本身永遠不會是其中一部分。爲何當時歐洲聯邦主義者一度顯然以爲邱吉爾打算讓英國成爲歐洲聯邦的會員，一直以來我都不懂。他總是說得很清楚，英國，如果與他相關，必定會採保持距離。」[69] 傑布說得對，因爲如同邱吉爾一九四八年十二月十日在外交政策辯論表示，

> 歐洲運動中，我們並非意欲篡奪政府的功能。我一再努力對各國領袖表明這點。我們要求成立歐洲大會，但不要求執行的權力。我們希望憑藉情感與文化，忘卻宿怨，撤下或消融國家之間的各種藩籬，逐漸提升「一個好的歐洲」意識——我們希望這些全部將是最後、終究、不可抗拒的溶劑，化解現下為歐洲帶來厄運的種種難題。憲法結構、經濟問題的解決方法、軍事層面——這些屬於各國政府。我們不會僭越他們的領域。[70]

邱吉爾經常倡議與嶄新、民主的德國友好。⑻「德國人呢？」一九四九年在史特拉斯堡，他瞪大眼睛環顧歐洲理事會諮詢大會（Consultative Assembly），低聲說。（他很清楚下次會議就會邀請德國，但藉機演戲。）工黨議員理查・斯托克斯（Richard Stokes）整個戰爭期間都在批評邱吉爾，但是現在他也提倡與德國友好。他們走出下議院吸菸室時，他問邱吉爾是否原諒他。「我當然原諒你了。」邱吉爾說，「眞的，我非常同意你關於德國的見解。非常好。我留在心中的怨恨——而且不是很多——我寧願爲未來保留，不爲過去。」他接著離開，又對他的隨從說：「嗯，明智又節約地使用怒氣。」71

出自慷慨與欽佩，邱吉爾一小群親近且富裕的朋友做出一項驚人之舉。坎羅斯勛爵發起集資，在一九四七年以八萬五千英鎊（約今日兩百五十五萬英鎊），買下查特維爾，並將之捐給國民信託（National Trust）③，附帶條件是邱吉爾和克萊門汀餘生能夠免費居住。邱吉爾收到五萬英鎊，而國民信託收到三萬五千英鎊。事實上，邱吉爾過世後，克萊門汀很快就搬了出去。但那表示他鍾愛的房屋安然無恙，而且他收到大筆的錢，讓他可以花在更高級的貴族生活，不只包括豪華假期、在蒙地卡羅賭博，很快也包括賽馬。戰後不久，邱吉爾把查特維爾一間避暑屋改爲蝴蝶屋，放進許多蝴蝶幼蟲，例如紅紋蝶、翠鳳蝶、龜甲蝶、紋黃蝶、小紅蛺蝶、優紅蛺蝶。他會坐在裡頭好幾個小時，看著蝴蝶從蛹裡爬出，然後他會釋放牠們，並爲此歡喜。「肯特郡部分地區見到大量蝴蝶再現，」鱗翅學家修・紐曼記錄，「要感謝邱吉爾先生。」72

一九四七年二月十一日，瑪麗和克里斯多佛・索姆斯（Christopher Soames）結婚。索姆斯是伊頓公學校友、前冷溪衛隊的軍官，曾經在附屬自由法國的中東受傷，因此獲得英勇十字勛章，之後在巴黎擔任助理軍事外交專員。這是一段非常幸福的婚姻，但是結婚典禮十二天後，傑克・邱吉爾因爲心臟疾病過世。弟弟傑克生病的時候，邱吉爾每天都去看他，而且直到最後都陪著他。「現在他不在了，我覺得孤單。」他告訴修・西賽爾，「六十七年的兄弟之愛啊。」[73] 他回憶起五歲那年，他的父親告訴他，他要當哥哥了，以及戰爭時期傑克搬來唐寧街和他住在一起。「他完全不害怕，也不痛。」邱吉爾告訴修・西賽爾，「在道路的終點，死亡似乎非常容易。你認爲我們能被允許長眠嗎？我希望是。」對傑克的兒子，他說：「強尼，我會取代你的父親。有困難就來找我。我來當你的父親。」[74] 父親的慈愛，無論在或不在，一直是他這個人的重要元素。小溫斯頓回憶，在查特維爾，「他在拌他的『泥巴』時——他總是這麼說他的沙和水泥——我會遞給他磚頭。我不懷疑，正是因爲他和他父親不太快樂的關係，所以祖父對我如此寵愛。」[75]

一九四七年五月，保守黨的《工業章程》(*Industrial Charter*) 手冊發行，其中許多內容向工黨的計畫靠攏，包括福利國家，以及多數已經開始的國有化。這本書賣了兩百五十萬本，十月也被黨大會採用，幫助保守黨再次有機會被人民選擇。邱吉爾對章程起初的反應，如同他告訴主要作者巴特勒，「這本書任何一個字我都不同意」，但是他也知道對保守黨而言，避免看似保守有多重要。[76] 與此同時，伍爾頓勛爵強行通過黨內改革，把年輕有爲的議員帶進黨內，取代自一九三五年起加入的年老張伯倫派。

「如果我今天重複福頓的演說，」邱吉爾九月告訴他的選民，「會被當成討厭的陳腔濫調。」[77] 史達林在蘇維埃的衛星國家進行司法處決、打壓民主政黨、推翻選舉、經常侵犯等作爲，證明邱吉爾是對的，但是那場演說後來成爲關鍵，將美國輿論轉向接受杜魯門實在的親民主主義；後來幾年的馬歇爾計畫（美國大量資助重建西歐經濟體制），以及柏林封鎖的空投補給、北大西洋公約組織都支持這個主義。一九四八年，蘇維埃暗中顛覆捷克斯洛伐克，只是更加承認邱吉爾一直都是對的。

邱吉爾對共產主義的先見之明呼應他對納粹主義的見解，但是這次他有能力暫停綏靖政策，否則又會成爲西方預設的機制。一九四七年底，邱吉爾在海德公園門和新的保守黨議員固定午餐時，其中一位問起原子彈。「唔，」他回答，「如果俄羅斯眞的攻擊，我應該讓他們過來，然後我應該在背後丟幾顆原子彈，砰！砰！砰！砰！」他的手指用力戳著桌面，在桌布留下印記，還說：「他們將永遠不會再來！」[78]

一九四七年十月二十八日的辯論，邱吉爾明確提出托利自由主義，作爲社會主義的替代方案，而且出現另一段流傳下來的話。「建立生活和勞動的基本標準，提供所有人必要的基本食物。」他說，「做到以後，馬上放人民自由。不要擋路，讓他們全部發揮最大的本領，爲他們的家庭或國家贏得各種獎賞……唯有這樣，才能建立活潑、獨立、擁有財產的民主制度（property-owning democracy）。」[79] 從此以後，保守黨每位首相，從安東尼・伊登到瑪格麗特・柴契爾（Margaret Thatcher）都使用「擁有財產的民主制度」這個術語。受到海耶克的《到奴役之路》影響，他似乎正在採用自由市場取代他長久以來的托利民主家長主義。

十一月五日，邱吉爾攻擊緬甸獨立法案，尤其翁山（U Aung San）(9) 的行動。翁山是緬甸民族主義領袖，他曾支持日本，而且用邱吉爾的話：「組織我們所謂的賣國軍隊，尾隨日本，幫助日本征服這個國家。他的軍隊犯下許多殘忍行徑。他們不太會打仗，倒是很會報復忠誠的緬甸人——那些基於愛國，跟英、印軍隊一起作戰，抵抗日本侵略緬甸土地的緬甸人——因爲他們幫助我們抵抗日本人，所以對這些人做出殘忍的行徑。」[80]

回應邱吉爾的是伍卓・懷亞特，他說：「今天下午，我們聽到代表伍德福德尊敬的議員了不起地說明，保守黨員對帝國眞實的信念，到底是什麼意思。保守黨員對帝國的信念意謂，『由我們主宰，如果你不喜歡，走開。』」辯論之後，邱吉爾在吸菸室外遇到懷亞特。懷亞特記錄，「『那眞是優秀的辯論演說』，他低吼，那個聲音在戰時讓世界狂喜激動，而現在讓我狂喜激動。我咕噥了一些話，大概是說希望剛才沒有太失禮。『我不指望你會放過我。』他停頓，『我也不會怨恨。』你怎能不喜歡這樣一個男人？」[81]

「沒有人假裝民主是完美或完全明智的。」十一月十一日，國會法案二讀，修正並加強下議院對上議院的權力，邱吉爾這麼說，「確實，有人說，除了所有其他偶爾會被嘗試的政府形式，民主是最差的政府形式；但是我們的國家有這種普遍的感受，就是人民應該治理，持續治理，而且以各種憲政工具表達的民意，應當形塑、指導、控制部會首長的行動。他們是人民的僕人，不是人民的主人。」[82]接著他固執地回到「蓋世太保」選舉致詞的語調，又說：「作爲生而自由的英格蘭人，我恨的是任人處置或任人欺壓的感覺，無論那個人是希特勒或艾德禮。在這個國家，我們非常接近獨裁制度，我要誠實告訴各位，既不犯罪也沒效率的獨裁制度。」[83]既然邱吉爾指派艾德禮當他的副首相，他很清楚那麼說很荒唐。

十一月二十日，伊莉莎白公主和菲利普・蒙巴頓王子（Prince Philip Mountbatten，前丹麥與希臘王子）在西敏寺結婚。邱吉爾照常遲到，並在走下中殿時接受衆人起立鼓掌，這當然也不是唯一一次他爲了盛大登場而遲到。在福頓的時候，他會阻礙整個車隊，直到他找到一根火柴點燃他的雪茄，而且有時他甚至會「拿捏」雪茄抽了多少，確保記者拍照時剩餘的部分夠長。[84]這種善於賣弄的特質一直是他政治職業的一部分。

十一月底，與倫道夫、莎拉在查特維爾共進家庭晚餐時，莎拉指著一張空的椅子，問她父親：「如果可以讓任何人坐在那裡，你會邀請誰？」她以爲他會說馬爾博羅、凱薩或拿破崙。「噢，當然是我的父親。」他立刻回答。[85] 他告訴倫道夫和莎拉，他夢見他的父親來他的畫室找他，於是他們鼓勵他寫下來。幾個月後，他口述一篇文章暨短篇故事，題名爲〈夢〉(The Dream)。[86] 一開始稱爲「私人文章」，只打算給家人看，而且他在遺囑中把這篇文章遺贈給克萊門汀。

「一九四七年十一月，某個多霧的晚上，我在查特維爾下坡農舍的畫室作畫。」故事這麼開頭。[87] 有人給他一張父親的肖像，「雖然我對畫人臉感到害羞」，但他想要複製一張。他繼續，「我正嘗試在他的鬍子畫個彎兒，忽然有種奇怪的感覺。我拿著調色板轉身，結果我的父親就坐在我的紅色皮革扶手椅上。他的樣子如同我在他的顛峰時期所見，也和我在書裡讀到他短暫成功的時間一樣（一八八五年至一八八六年）。他個頭不高，體格清瘦，臉上蓄著我剛剛才在畫的鬍子，散發明亮、迷人、時髦的氣質。他的雙眼一閃一閃發亮。他顯然心情正好。」

但是那個鬼魂說的第一件事，差不多就是他不認爲他的兒子「可以那樣謀生」，指的是繪畫。[88] 他的心情可能正好，但依然在貶低他的兒子。「一八九四年後的事情我什麼都記不得。」那個鬼魂說到他去世前一年，「那年我很混亂。」簡單來說就是倫道夫勛爵的病。那個鬼魂想要討論政治，並問皇室是否依然存活，於是邱吉爾可以說，皇室「比維多利亞女王時代更爲強壯」。那個鬼魂接著問到卡爾頓俱樂部，邱吉爾說正在重建，但是因爲鬼魂並不知道曾經發生兩次世界大戰，他以爲是因爲破舊，而非因爲那個位於帕爾摩爾街一百號的維多利亞石頭建築於一九四〇年十月十四日晚上被德國的炸彈摧毀，於是他說，「我以爲那棟建築會持續很久，那個結構看起來相當堅固。」[89] 在此，溫斯頓營造出這篇故事的核心理念——他的父親從沒猜到這個兒子是個打贏戰爭的大政治家，反而以爲他不比他在一八九四年厲害多少。

他們繼續討論賽馬、美式用語「OK」，「成員再也沒有增加的」櫻草花聯盟。看著溫斯頓的畫，那個鬼魂「臉上有種好奇、探詢的笑容，讓人立刻卸下防備，感到尷尬」。[90] 他們討論英格蘭教會，而邱吉爾透露「我們有個社會主義的政府，占了極大多數」，但是沒有提到這個政府打敗了誰。他們又討論阿瑟・貝爾福，溫斯頓說他在「選舉悽慘落馬」，但沒有提到他自己必須負上部分責任。邱吉爾又說到工黨，「你知道的，爸爸，雖然他們愚蠢，但相當可敬，而且愈來愈布爾喬亞。他們根本不像老激進派那樣凶狠。」[91] 說到女性投票，他告訴他吃驚的父親，女人「是保守黨的強力支柱」，而且「結果沒有如我以爲的糟」。[92]

溫斯頓告訴他的父親，他靠寫作爲生，而且布倫海姆宮依然在他們家族手裡，雖然多數都被軍情五處占領，那是戰爭時期成立的政府部門。「你說戰爭？有戰爭？」「自從民主當家以來，我們什麼都沒有，只有戰爭。」邱吉爾說。[93] 此時，那個鬼魂談到他的兒子，「我永遠不會跟一個像你這樣的男孩談政治。在學校墊底！考試從沒通過，除了騎馬打仗！寫給我的信又生硬。我看不出來你要怎麼靠我留給你和傑克的那點錢過活，還有你母親走後才有的錢……但是當然當時你非常年輕，而且我深愛你。老人對年輕人總是很沒耐性。父親總是期待他們的兒子擁有他們的優點，沒有他們的缺點。」[94]

他得知溫斯頓已經是義勇騎兵隊的少校——不知爲何，邱吉爾並未告訴他，他在壕溝時已經是中校——「他似乎不是多高興。」談到世界大戰，邱吉爾表示英國兩次都贏，而且「我們甚至讓他們無條件投降」。「不應該要求任何人那麼做。」那個鬼魂說，「偉大的民族忘記苦難，但不會忘記羞辱。」「唔，事情就是那樣，爸爸。」[95]這句話是否透露一絲批評，暗示羅斯福在卡薩布蘭加，無適當預警就強迫邱吉爾接受的事？邱吉爾必須向他的父親解釋，英國再也不像他的年代，當時是世界最強的國家，而現在美國才是。「我不介意。」那個鬼魂說，「你自己是半個美國人。」[96]接著他們談到和加拿大、澳大利亞、紐西蘭的手足之情，但當鬼魂問到印度和緬甸時，溫斯頓必須承認，「唉！盡付東流！」他的父親聽了「發出痛苦的呻吟」。[97]

被問到俄羅斯，邱吉爾說，還是有沙皇，但不是羅曼諾夫家族的人：「他強大多了，而且專制多了。」他接著告訴父親關於戰爭的大屠殺：「上一次的戰爭中，七百萬人被冷血地殺掉了，多數是德國人幹的。他們把人關進圍欄殺掉，像芝加哥的家畜圈。」[98]他父親的鬼魂接著說：「我從未想過你會如此羽翼豐滿。當然你現在太老了，無法思考這樣的事，但是我聽你講話，不敢相信你沒踏入政治……你說不定已經赫赫有名。」[99]鬼魂接著點燃一根菸，火柴一燒起來，他就不見了。「那個幻影不見了……但是我的幻想太過生動，我累得無法繼續。而且，我的雪茄熄了，灰燼掉滿畫作。」[100]

這篇文章很有趣，且滿是諷刺。「工黨和工會不只把皇室看作國家的，也看作國有化的機構。」他寫道，「他們甚至去白金漢宮參加派對。那些原則極端的人會穿運動衫。」[101]裡頭提到「愚蠢」的工黨、把戰爭歸咎民主、印度盡付東流、「專制」的史達林，全都意味「私人文章」必須保持私密，而且直到他死後第一個週年才公開。儘管如此，明顯可見邱吉爾希望得到父親死後的肯定，這份心理需求依然溫熱：倫道夫勛爵過世超過半個世紀，他讓他說出「我沒想過你會如此羽翼豐滿」以及「我深愛你」。[102]每當朋友問到「那個夢」是不是虛構的，他會「笑著說『不盡然』」。[103]

〈夢〉也可以解讀爲悲嘆英國的威力與維多利亞時代的自信之消逝，這點在大英帝國失去皇冠上的寶石那年，深深刺痛邱吉爾，他永遠將之視爲悲劇。文章在一九四七年十一月底構思成形也非巧合，當時印度西北邊界與旁遮普的大屠殺正値高峰。印度的權力轉移對他造成深刻傷害，而〈夢〉幾乎可以視爲治療。

邱吉爾的父親深信他的人生會失敗，而這則故事，最重要的，就是邱吉爾遲來的巧妙回應。邱吉爾並未向他的父親提及他已經當過首相，而且是西方文明其中一位救世主，表面上看似謙遜，但是讀者仍不免認爲，邱吉爾在波濤洶湧的二十世紀達到的成就，遠遠勝過他的父親在相對安寧平靜的十九世紀。閉口不談反而突顯這個觀點。其背後隱藏的是一個男孩敏感的內心，總是渴望著父親的肯定，卻從未獲得。

邱吉爾的文學經紀人埃莫里・里維斯（Emery Reves，他從反綏靖的抗爭時期就認識）幫他談到驚人的合約，《第二次世界大戰》的版權以一百四十萬美元賣到美國（約今日一千六百一十萬英鎊），英國則是五十五萬五千英鎊（約一千六百七十萬英鎊）。邱吉爾寫這本書的時候已經七十幾歲，初稿極需文書助理幫助。「孩子，你的任務，就是從混沌創造宇宙。」他在查特維爾的檔案室對其中一位文書助理丹尼斯・凱利（Denis Kelly）說。他把大批戰爭時期的備忘錄和資料搬到那間檔案室，並視爲私人財產，儘管許多顯然屬於英國國王陛下的政府。[104] 內閣祕書諾曼・布魯克指示文官確保邱吉爾和他的助理「獲得所有可能的工具與協助」。[105] 這件事情被人批評爲嚴重徇私，但是該書成爲英國在美國與世界的極佳宣傳。

一九四七年十二月中，邱吉爾接受美國出版商招待，前往馬拉喀什，住在馬穆尼亞飯店一個月。他帶了另一位文書助理威廉・迪金同行。迪金曾經爲了聯繫狄托，跳傘降落在被占領的南斯拉夫。這次他要修訂《第二次世界大戰》的第一卷，之後會命名為《風雲緊急》。這些寫作和繪畫的假期常有家人、朋友、祕書、索耶、文書助理與其他諸多工作人員相伴。某次假期瑪麗數了數行李，一共超過一百件。[106]就連皇室現在旅行也沒有這麼大的排場。

平安夜，邱吉爾和莎拉去了馬拉喀什一間夜總會，他注意到有位美麗的女士獨自用餐。「她的男伴得回家。」莎拉解釋。「妳怎麼知道？」他問。「男士通常不都回家找他們的家人？」她回答。[107]於是他站起來，和莎拉繞著地板跳舞，直到他們靠近另一頭那位「孤單但驕傲」的女士，此時邱吉爾對她說：「您是聖誕節的精靈，有榮幸邀請您跳舞嗎？」他們跳舞，然後邱吉爾在她的桌邊向她告辭。警探擔心她可能是間諜。隔天他收到一封電報，寫著：「您永遠不會知道我的姓名，但我很榮幸能與溫斯頓・邱吉爾共舞。」

邱吉爾的美國出版商沃特・格雷納（Walter Graebner）回憶，他們造訪亞特拉斯山脈時，邱吉爾特別喜歡野餐這項習俗，而且他很快就將之「提升為正式的儀式」。[108]其中之一是老印度軍的敬酒。野餐尾聲，每個人會起立為該日敬酒：星期天敬「不在的朋友」，星期一敬「男人」，星期二敬「女人」，星期三敬「宗教」，星期四敬「我們的刀劍」，星期五敬「我們自己」，星期六敬「妻子和愛人」。「你知道的，多數人到了天堂會非常訝異。」這次旅行邱吉爾告訴格雷納，「他們期待遇到了不起的人物，像是拿破崙或凱撒。但是可能永遠找不到他們，因為那裡也會有好幾百萬人，印度人、中國人等等。人人在天堂的權利平等。那會是真正的福利國家。」[109]

雖然邱吉爾在摩洛哥的多數時間都跟迪金忙著工作，但他可以遠離倫敦的冬天，在陽光和新鮮空氣中工作。「我不需要休息。」他告訴克萊門汀，「但是換個地方能提振精神。」[110]邱吉爾突然染上支氣管炎，摩蘭與克萊門汀爲此搭機前往，以免擴大爲肺炎，而且傳言邱吉爾命在旦夕。拉塞爾斯甚至擬了國王回應此事的聲明草稿。[111]喬・斯特迪覺得好笑，大批記者「搭上各種特殊飛機」從世界各地飛到馬拉喀什，「希望他死的時候在場，卻只發現那隻老狐狸坐在飯廳的老位置，和平常一樣體態圓潤、安然無恙」。[112]

一九四八年六月，記述著一戰結束到一九四〇年五月的《風雲緊急》，在美國由霍頓・米夫林出版社（Houghton Mifflin）發行，同年十月才由卡塞爾出版社（Cassell & Co.）在英國發行。（英國版因爲版權相關因素，隔了幾個月才問世。）該書馬上成爲熱門的暢銷書籍，確實也是邱吉爾至今最暢銷的書。初版銷量是《世界危機》的二十五倍，而且賣得更快。全世界有八十本雜誌連載，並在五十個國家以二十六種語言發行。

一九四八年一月某次外交事務辯論，邱吉爾宣布，「就我而言，我認爲所有政黨都會發現，把過去留給歷史會更好，尤其我打算親手書寫那段歷史。」[113]此話引來笑聲，而且他的書特別強調，目的不在客觀講述二次大戰。「這不是歷史，」他不遺餘力地向迪金和其他人強調，「這是我的具體情況。」[114]有些歷史學家抱怨，戰爭某些面向邱吉爾沒有直接參與，於是著墨不足，但是他們沒有想到，儘管《第二次世界大戰》這部著作看似客觀，而且書名涵蓋廣大，但這六卷的目的，如他所言是邱吉爾的歷史，並有文件作爲證據，就像《世界危機》。作爲邱吉爾的歷史，這部著作盛大成功，不只是書籍的銷售量，那次戰爭的策略和經過，直到今日仍是受歡迎的著作題目。

邱吉爾對第一代馬爾博羅公爵極爲少數的批評就是他從沒寫過回憶錄：「他似乎確定事實會不證自明。」[115]邱吉爾自己的紀念碑不會是由「巨石層層相疊」，而是由這些戰爭回憶錄。初稿許多部分是由天才的文書團隊撰寫，他暱稱爲「組稿中心」(the Syndicate)，包括凱利、迪金、巴哥·伊斯梅、陸軍中將亨利·鮑納爾、海軍准將戈登·艾倫 (Gordon Allen)、皇家空軍上將蓋伊·加洛德 (Guy Garrod)、牛津大學的教師莫利斯·阿什利。邱吉爾全部修訂後，把初期的草稿轉爲定稿。這是個艱辛的過程。多數章節經歷十多個版本，最後五個是「暫訂準最終」、「暫訂最終」、「幾乎最終」、「最終」、「留待充分自由的校對修正」。

邱吉爾曾在一九一九年被要求爲一本法國戰爭回憶錄提詞；他提議，「戰時暴怒，敗時違抗，勝時寬容，平時親善」。[116]但這句話被否決，所以現在他用這句話作爲「這份工作的精神」，並把「暴怒」改爲「堅決」。出版當月，史達林封鎖西柏林，所以食物和補給必須空投，與此同時，捷克共產黨在布拉格發動政變。《風雲緊急》因此及時譴責悄然發生的極權主義。

不是每個人都爲此高興。「我認爲黨內非常氣憤他對慕尼黑大肆批評。」薯條·香農寫道。[117]斯坦利·鮑德溫於一九四七年十二月去世，但是他的朋友極度不滿邱吉爾寫他只是「保守黨有史以來最偉大的政黨經理」，而且在索引當中宣稱，一九三五年眞正大選前的一次假想大選中，鮑德溫坦承對於重整軍備的事，他將政黨置於國家之前。[118]伊登向克蘭伯恩抱怨邱吉爾搞錯他對墨索里尼的政策，但是最狠的是伊曼紐爾·欣韋爾，直接把他的書貶爲「小說」，而新當選的工黨議員邁克爾·富特 (Michael Foot)[(10)]寫道，雖然相較希特勒的《我的奮鬥》(*Mein Kampf*)，他的著作「遠更有趣且具啟示」，但是又說「自負與自大，兩者有些相似」。[119]雖然那麼說完全不對，但是書中的萊茵蘭危機有誤導之虞，而當然邱吉爾儼如一副無所不知的姿態，可其實他不是。[120]

一九四九三月，邱吉爾出版《最光輝的時刻》，是戰爭回憶錄的第二卷，包含一九四〇年五月至一九四一年一月的事件。（法文版的標題是《悲慘時刻》〔*L'Heure tragique*〕）。[121] 裡頭當然沒有提到 Ultra 解碼，此外，第二卷比起第一卷與之後幾卷較少爭議。「縱觀這座島上歷史的所有世紀，之前可有這樣的主題符合這樣的文筆？」《旁觀者》評論。總計，邱吉爾六卷的戰爭回憶錄共有兩百萬字，迄今仍可當成歷史，也可當成文學著作閱讀。

一九四八年七月四日，衛生大臣安奈林・貝凡描述保守黨「連害蟲都不如」，長久以來對貝凡反感的邱吉爾當然會回應。六天後在伍德福德，他說：「我們所謂的衛生大臣，難道不該稱作疾病大臣，因爲病態的憎恨，不也是精神疾病、道德疾病的一種，而且具有高度傳染力？確實，說到國民保健署的啟用，我想不到更好的方法，比一個如此明顯需要精神治療關注的人來當第一位病人，還要具有宣傳意義。」[122]（後來某個場合，針對貝凡仇富的事，邱吉爾說：「憎恨是不好的指導。一直以來，我完全不認爲自己擅長憎恨別人——雖然我發現憎恨無時無刻激發好鬥的欲望。」）[123]

八月，在普羅旺斯的艾克斯（Aix-en-Provence）尋找他所謂「能夠畫畫」的地方時，邱吉爾明白告訴布思比，處在柏林封鎖那樣的危機中，如果他在唐寧街十號，就會利用西方原子核的獨占權。「我現在就把他們治得服服貼貼。」他說到蘇維埃，「如果我們不這麼做，可能就會發生戰爭。我會對他們說，而且很有禮貌地說，『我們放棄柏林的那天，你們必須放棄莫斯科。』我不認爲有必要解釋原因。」他相信美國人已經讓俄羅斯政府以爲他們已經放棄原子核這個選項，但是「只要我在，他們就無法非常確定」。[124]

這不是他願意公開說的話，但是只要他稍微碰觸一點點，左翼媒體，甚至《泰晤士報》，就會立刻譴責他是戰爭販子。

十月九日，在威爾斯的蘭迪德諾（Llandudno）舉行的保守黨大會上，邱吉爾公開他的想法，把英國當成「自由國家與民主政權三大區域」的連結——大英帝國與大英國協、美國、歐聯，且將蘇維埃指爲「凶猛的歹徒」，並說「和平唯一確定的基礎，與防患戰爭於未然，皆須依靠力量」。他譴責捷克政變，而且這場政變可能導致他的朋友，卽捷克外交部長揚・馬沙伊遭人謀殺：「史達林一九四八年發動的侵略，跟一九三九年，九年前，希特勒進軍布拉格是一樣的行爲……這些都淸楚地擺在我們眼前，如同希特勒在他的著作《我的奮鬥》裡頭告訴我們他的計畫。我希望西方國家，尤其我們自己的國家與美國，不會再次落入相同陷阱。」[125] 隔天欣韋爾回覆這番話：「邱吉爾先生是位偉大的戰爭領袖，他當然是。所以他想再次發動戰爭。」[126]

《眞理報》（*Pravda*）④稱邱吉爾爲「英國反對黨的野牛」，《每日工人報》說他是「原子流氓」，而《泰晤士報》描述他的觀點「簡單得危險」。[127] 邱吉爾並不動搖，一九四九年一月在一場辯論中，他明確地說：「我認爲終有一天，不只在議院的一邊，而是整個文明世界，有件事情會毫無懷疑地得到認同，就是如果布爾什維克主義一出生就被掐死，原本會是對人類種族無可限量的庇佑。」[128] 私底下，他不斷提倡利用西方原子核的獨占權，直到蘇維埃於一九四九年八月成功試驗他們的原子彈，此時他很快就重新評估，明白與他們以原子核對決，這下是不可能了。現在唯一的解決方法可能是談判妥協，終止武器競爭，同時繼續於意識形態施壓，希望共產主義內部能夠崩潰。

就在一九四八年十一月他的七十四歲生日前，邱吉爾騎著馬，和老薩里與伯斯陶（Burstow）狩獵隊一起從查特維爾農場出發，展現持續不變的體力。「那眞是非常了不起的成就，」瑪麗回憶，「但是，溫斯頓證明他的能力後，沒有養成再騎一次的習慣，我們都大大鬆了口氣。」[129] 儘管如此，一九四九年，在克里斯多佛・索姆斯鼓勵下，邱吉爾開始賽馬，並採用他父親的比賽顏色粉紅色，搭配巧克力色的袖子和帽子。買了名爲殖民者二號（Colonist II）的灰色法國小公馬後，接下來幾年他又投資三十七匹賽馬。比賽前他會跟他的馬兒說話，而且當殖民者二號某次得到第四名，他說：「我告訴他，這是非常大的比賽，而且如果他贏，他就永遠不用再跑，餘生會有女性快樂地陪伴。殖民者二號沒有專心比賽。」[130] 國王有匹馬，名爲光明正大（Above Board）。一九五〇年五月，殖民者二號在赫斯特園（Hurst Park）打敗光明正大，邱吉爾寫信給伊莉莎白公主，「我眞的希望我們兩人都能贏，但是那樣莊家就沒有理由興奮和激動了。」[131] 他過世的時候，獲勝紀錄是七十場。賽馬爲他帶來興奮與樂趣，雖然克萊門汀從未完全贊同。赫斯特園獲勝幾年後，有人建議把殖民者二號轉爲種馬，他表示，「有沒有人說大英國的首相靠著馬匹不道德的收入生活？」[132] 以色列在一九四八年五月建國，這是邱吉爾一直樂見的事。一九四九年一月，他向懷疑的下議院和依然不認同以色列的工黨政府描述，這是「世界史上的事件，不應以一個世代或一個世紀的眼光看待，而當以一千年、兩千年，甚至三千年的眼光去看待。我們快速變化的心情和我們生活的時代不斷咔嗒作響，那樣的世俗價值或時間價值標準似乎極不符合。」[133] 兩個月後，他赴美國與杜魯門總統見面，並在麻省理工學院（Massachusetts Institute of Technology）演講，他告訴紐約的聽眾，絕大多數是猶太人，「記得，那段黑暗的歲月中，許多我非常傑出的國人反對，然而，有別於他們，我支持自由獨立的以色列。

所以在你們光榮的時候，一刻都不要認爲，我有一丁點拋棄你們的想法。」[134]

三月二十五日，在《時代》與《生活》雜誌創辦人亨利・魯斯（Henry Luce）於紐約舉辦的晚宴上，邱吉爾說，蘇維埃政治局「相當邪惡，但是比希特勒更可怕，因爲希特勒僅是從事種族統治和反猶主義……他沒有中心思想。[(11)]但是克里姆林宮裡的十四個人有他們的階級制度，還有共產主義專家組成的教會，他們的傳教士就像第五縱隊一樣，遍布每個國家」。[135] 他回想福頓演說創造的激情，並說，「我記得我還是個小頑童的時候，我父親說的話。我記得他說，不能承受痛擊的人不值得在乎。這個嘛，我一直試著奉行那句話，而且整體而言那是相當健康的過程。」但是，他又說：「打擊一個人，就是要他的心理狀態進步。」[136]

邱吉爾接著問，福頓演說以來，是誰創造那個已經改變的世界，並說，「除了史達林先生，沒有人可能做得到。就是他。」[137] 波茨坦彼時「我喜歡那個人」那種話，不復存在。此時他說，「我告訴你，跟共產主義者爭論是沒用的。改變共產主義者，或說服他，都是白費工夫。」相反地，唯一要做的事就是「說服蘇維埃政府相信你的力量更強大」，同時要讓他們知道「你不會受到任何道德的束縛，如果情況需要，你會使用完全冷酷無情的力量。這是實現和平的最大機會，也是通向和平不容置疑的道路。」[138]

「我們哪猜想得到，所謂平民時代，顯著的特色會是見證平民拿著更厲害的武器互相殺戮，而且比起世界史上任何五個世紀相加起來更多。」三月三十一日，邱吉爾在波士頓的麻省理工學院[(12)]演說。[139] 共產主義在歐洲滅亡的四十年前，邱吉爾便已預言：

公正或不公正的法律可能控制人民的行為。暴政可能限制或規範他們的言論。政治宣傳的機器可能以謊言包裹他們的心靈，阻止他們得到真相，長達許多世代。但是因此處於恍惚或長期凍結的人類靈魂能夠因為神來一筆得到喚醒，而且那個時候，整個謊言與壓迫的結構就會接受存亡的審判。受到束縛的人民永遠不需絕望。[140]

柏林還被封鎖、空運依然繼續的時候，這是相當正面的訊息。一九五三年一月，他預測科爾維會活著見到共產主義失敗，他幾乎說對了；科爾維死於一九八七年，距離柏林圍牆倒塌只差兩年。[141]

一九四九年八月二十四日，在法國南部度假時，邱吉爾不幸輕微中風，是接下來數年多次的其中一次。凌晨兩點，他在打牌時，注意到右腿和右手抽筋，那天早上起床時還是如此，而且書寫困難。不過他的語言沒有受到影響，而摩蘭告訴他，「一個很小的血塊堵塞一條很小的動脈。」[142]這件事情被當成祕密保守，但是回想起來，這是邱吉爾離開下議院、交棒給下個世代的好時機。然而，五天後，蘇聯成功測試他們自己的原子彈，這件事情讓他覺得有必要繼續留在政治前線。

從一九四九年初起，隨著緊縮政策持續苦惱人民，配給制度也不見解除跡象，工黨政府的聲望已經開始衰退。一位黨工告訴他，那年二月在漢默斯密的補選投票意向「雜亂無章」，邱吉爾問：「那是什麼意思？有多雜亂，有多無章？」[143]結果保守黨在那裡多了五．二％的得票率，雖然不夠勝選，卻是個好徵兆。九月十八日，斯塔福．克里普斯宣布英鎊貶值三十一％，從四．〇三美元到二．八〇美元，嚴重打擊工黨政府經濟能力的信譽。（雖然翌年一月的時候，邱吉爾不得不私下向克萊門汀承認，「貶值的禍害尚未眞正出現，只是在路上。」）[144]一九四七年起擔任財政大臣的克里普斯，曾經九次否認他會讓英鎊貶值——爲了保護英鎊，他當然得那麼做——因此招來邱吉爾不公平的訓斥，說他欺騙國會。克里普斯回應邱吉爾，指控邱吉爾墮落爲「野孩子政治」，那年稍後還拒絕接受他所頒發的布里斯托大學榮譽博士學位。

「溫斯頓稚氣的一面總是迷人。」薯條・香農一九四九年九月二十八日寫下，

今天我看到他走進議員大廳……（要了）鼻菸，服務人員從一只銀盒裡頭遞給他。接著，驚奇的是，溫斯頓看著警衛官的座椅（他必定知道這張座椅四十年），彷彿這輩子從沒見過，坐了上去，在上面待了整整五分鐘，對著其他議員頷首微笑……像個小男孩般開玩笑……但是，幾分鐘後，他就對著擁擠又焦急的議院，發表十分偉大的演說（關於英鎊貶值）。[145]

邱吉爾拒絕接受規矩和慣例的態度，也擴展到無視所有「禁止吸菸」的標示；他也持續打賞下議院的工作人員，儘管工黨控制的茶水間委員會禁止任何小費。

那年十一月，邱吉爾接受《泰晤士報》文學獎時表示「寫書是個冒險」，「一開始是玩具、娛樂；然後變成情婦，然後是主人，接著又變成暴君，最後，就在一個人快要向他的奴役狀態妥協時，他殺了那頭野獸。」[146]這段玩笑話不斷出現在那個月後來在海德公園門舉辦的七十五歲生日派對。攝影師表示他希望也能爲邱吉爾的百歲派對拍照。「我覺得沒有問題，年輕人，」邱吉爾說，「你看起來還算健壯。」[147]被問到怕不怕死，他說：「我準備好見我的創造者。但是接見我會是巨大的苦難，我的創造者是否準備好，又是另一回事。」[148]

一九五〇年一月十一日，艾德禮突然爲了二月二十三日的選舉解散國會，邱吉爾在馬德拉（Madeira）的假期因此縮短。邱吉爾打電話給黨的領導階層，並於九個小時內共同徹底討論競選宣言，主要以《工

業章程》爲基礎。⒀《道路在此》(*This is the Road*)承諾「維持並改善保健服務」，同時從「專橫的國家控制與官僚管理的束縛中」釋放「國家生產能量」。「我爲國家感到沮喪，因爲無論誰贏，都會只有痛苦和衝突，」他告訴克萊門汀，「就像人們在一隻分崩離析的木筏上野蠻地打鬥。」[149]至於結果「全都是未知。然而，如果我們在開頭就知曉結局，人生就失去樂趣了」。[150]

邱吉爾全心投入競選活動，二月初在卡地夫的演講攻擊早期的政治正確用語，

我希望你們全都對於政府社會主義的術語駕輕就熟，這是我們的主人希望我們學的，他們就是如此稱呼自己。你們切勿使用「貧窮」一詞，應該描述為「較低收入團體」。談到凍結工人薪資的問題，財政大臣說是「個人收入停止增加」……關於住房和家庭，有個可愛的說法。他們之後會被說成「住宿單位」。我不知道要怎麼唱我們那首古老的歌〈我的家庭真可愛〉(Home Sweet Home)。「我的住宿單位真可愛。沒有地方比得上我們的住宿單位。」我希望活著看到英國的民主制度從嘴巴吐出所有這種垃圾。[151]

六天後，他同樣幽默地告訴愛丁堡的觀眾，「我懷疑一般的社會主義者是不是樂得很。他早上醒來對自己說，『唷喝，我擁有英格蘭銀行，我擁有鐵路，我擁有礦山。』但是如果他眞的從中獲得任何樂趣，他必定付出許多代價。」[152]

他知道自己很有可能被指責煽動戰爭，而且深深警覺蘇俄現在是擁有核武的國家，邱吉爾說到俄羅斯人的時候創了一個新詞：「這個想法吸引我的地方在於，這麼努力是爲了連結兩個世界，如此一來，即使沒有友誼可言，兩邊也可以好好過他們的生活，不帶任何冷戰的怨恨。你們一定要記住我的話，因

爲到頭來我並不老是說錯。不太容易見到事情透過高峰會議（summit）討論後還會更加惡化，如果這種事情眞有可能。」[153] 工黨譴責那個想法是「噱頭」，但是邱吉爾就是有能力把這樣的詞彙普遍化，例如「照常營業」與「鐵幕」，從此所有領袖對領袖的會議都被稱爲「高峰會議」。

邱吉爾和他的政黨有座可畏的高山要爬。一九四五年至一九五〇年的國會通過至少三百四十七項國會法案，完全執行貝佛里奇報告與《一九四六年國民保險法》、《一九四八年國民救助法》，成立國民保健署，興建超過一百萬棟新房屋，提高國民義務教育年齡至十五歲。工黨也將礦業、鐵路、天然氣、電力、物流、英格蘭銀行國有化，賦予印度、巴基斯坦、錫蘭、緬甸獨立地位，退出巴勒斯坦，協助成立北大西洋公約組織。這些許多都是實在的成就，但代價是物資短缺、配給制度、緊縮政策、高稅額、政黨分裂、英鎊貶值，以及徹底精疲力盡的內閣——貝文和克里普斯都會在兩年內過世。

不執政的期間，保守黨養精蓄銳，現在能夠組成強壯的前座團隊，包括安東尼·伊登、哈洛德·麥克米倫、拉布·巴特勒、奧利佛·史丹利、奧利佛·利特頓。邱吉爾能夠選擇他喜歡且尊敬的影子內閣，二十人中有六人曾獲軍功十字勛章，八人是另一俱樂部的會員。從會議紀錄可見他們的討論相當不正式、學院化，甚至閒聊。[154]

這場選舉投票率達八十四%，是一九〇六年以來最高，再也沒有超越。而工黨贏得三百一十五席、保守黨兩百九十八席、自由黨九席，其他黨三席；議長不計算在內，艾德禮只有多出五席。保守黨得到數量龐大的八十五席（四十%的實際成長）。工黨獲得一千三百二十七萬票，保守黨一千兩百五十萬票，自由黨兩百六十二萬票。「溫斯頓今天在國防辯論演說超過一個小時，精神似乎非常亢奮。」香農在三月中寫道，「他才不是死火山。」[155]

邱吉爾一直深思蘇維埃原子彈，以及後來稱作「保證互相毀滅」（mutually assured destruction）的概念影響，三月底，他在下議院一場超然的演說中分享他的想法。「道德家可能會發現一個令人感傷的事實，和平無法找到比互相威脅更偉大的基底。」他說。[156] 他重述福頓演說的某些想法，結論表示：「人在個人歷史的此時，比起以前夢寐以求的，已經大大超越自然的力量。他已經擁有輕鬆解決物質生存問題的能力。他已經征服野獸，他甚至征服昆蟲和微生物。如他所願，在前方的，是和平進步的黃金年代。全都在手中。最後，他唯一必須戰勝的，而且最凶的敵人，是自己。」[157] 如同他五年後所言，他擔心「對於心思如希特勒那種瘋子或獨裁者，當他發現自己處在最後一個防空洞，嚇阻也不會有用」。[158]

一九五〇年四月，邱吉爾出版《偉大的同盟》（*The Grand Alliance*），是《第二次世界大戰》的第三卷，內容包括蘇聯和美國加入戰爭。不意外地，看在主題與作者的分上，某些書評將這本書與尤利烏斯．凱撒的《高盧戰記》相連。[159]「我必須在歷史面前證明我自己。」邱吉爾在查特維爾工作時，某位保守黨官員在那裡等他，邱吉爾向他坦承。[160] 光是在美國《生活》雜誌連載的權利就爲他賺進五十萬美元（大約今日五百二十五萬英鎊）。「我不是在寫書。」他說，「我在蓋房子。」[161]

六月，邱吉爾有點虛僞地攻擊工黨杯葛「舒曼計畫」（Schuman Plan）的會議，這項計畫預示未來的歐洲煤鋼共同體，而且兩個月後在史特拉斯堡，他支持歐洲陸軍成立，雖然伊登告訴克蘭伯恩，「集合法國與德國可能有用，而溫斯頓從不打算更進一步。」[162] 但是那一個月，在下議院的逼問下，邱吉爾承認他「此時」無法預見英國成爲「限於歐洲聯邦的平凡會員」。[163]他進一步解釋，主要因爲英國「作爲大英帝國與大英國協中心」的地位，以及「我們與美國在英語世界的兄弟情誼」。反對黨當然有義務反對，但是很快就會明白，他批評工黨拒絕做的事，他自己當權時也沒有意願去做。

「在我們的歐洲運動中，我們一直和聯邦主義者合作，」同一個場合，他告訴下議院，「而且我們一直清楚表示，雖然他們跟我們在同一條路上前進，我們並不承諾他們的結論。」[164]英國的親歐派對他感到絕望；傑布抱怨「邱吉爾決定魚與熊掌兼得」，再次認定，「他不是真的……支持加入任何類似超國家的歐洲。」[165]傑布是對的，且在一九四八年八月十二日，邱吉爾就曾告訴薇奧蕾・博納姆・卡特，說「聯邦的解決方法」沒有用，因爲「歐洲議會不太可能行得通」。[166]

一九五〇年六月底，史達林鼓勵北韓共產主義領袖金日成侵略南韓，藉此測試西方國家的意志。杜魯門和艾德禮強硬回應，捍衛南韓。「那位老人家對我非常好。」邱吉爾告訴一位律師議員，也是未來的內政大臣大衛・麥斯威爾・菲夫爵士（Sir David Maxwell Fyfe），「如果我在艾德禮的位置，我無法處理這個情況。我一定會被說成戰爭販子。」[167]既然杜魯門比邱吉爾年輕十歲，麥斯威爾・菲夫的問題也不奇怪——「爲什麼叫他老人家？」邱吉爾的回答是「天哪，唐納爵士」。我們只能猜測爲何邱吉爾老是把大衛爵士叫成唐納爵士。

九月十一日，八十歲的元帥史末資辭世，邱吉爾延續在朋友的悼詞談論自己的傳統，告訴另一俱樂部，史末資之前一直是「我們還在世者最偉大的會員」。[168]他半個世紀前認識了史末資，而且毫不保留地讚賞他，接受他的建言；除了克萊門汀以外他一概不接受其他人的建言，唯獨史末資。[169]從前波耳戰爭的敵人，後來變成摯友與信任的顧問，不只因爲邱吉爾知道史末資並不覬覦他的工作。如今他與一次大戰世代僅存的聯繫，幾乎只剩畢佛布魯克。

十一月，他的戰爭回憶錄第四卷《命運的關鍵》（*The Hinge of Fate*）出版，涵蓋時期從珍珠港事件後日本猛攻，到突尼斯淪陷。隨著此時冷戰急速升溫，邱吉爾盡可能輕描淡寫他在一九四二年與美國的戰略齟齬。他對戴高樂也很大方，而戴高樂在一九五八年會再次成爲法國總統：「永遠如此，即使在他言行最差的時候，他似乎體現法國的性格——一個偉大的國家，充滿驕傲、權威與企圖。」[170] 因爲喬治・馬歇爾是美國國防部長，而外界認爲艾森豪有意競選總統，雖然邱吉爾自己只要再加把勁就會回到唐寧街，他意識到自己某天可能會與這三人共事。這卷回憶錄，雖然依舊是佳作，然而並未鑽牛角尖在與同盟國內部洶湧的爭執。也有人批評，這卷不夠重視奧金萊克在第一次阿萊曼之役的防禦，同時過度強調蒙哥馬利在那裡的第二次攻擊。[171(14)]

十二月中，針對國際情勢的辯論上，邱吉爾突然讚美起綏靖主義，至少某些情況上。艾德禮表示不能姑息俄羅斯，邱吉爾回答：「綏靖政策本身可好可壞，端看情況。出於軟弱和恐懼的綏靖政策無用且致命；出於力量的綏靖政策慷慨而高貴，可能是最穩當的，而且也許是通往世界和平的唯一道路。」[172] 他接著譴責愈來愈興盛的運動——「不率先使用」原子核武器；他認爲那意謂，「除非你被射死，否則永遠不該開槍。對我來說那無疑是句蠢話，更是非常不明智的立場。此外，這樣的決心無疑會將戰爭拉得更近。」香農注意到，當邱吉爾的意見被「上百個火大、怒吼的社會主義者喝倒采」，「我的印象是，他故意製造這種回應。」[173]

邱吉爾重返馬穆尼亞飯店過聖誕節，而當他回到倫敦，這次關於他去世的謠言更多，到處流傳。「到處有人告訴我，聽說我今天早上死了。」二月中時，邱吉爾說，「那不是眞的。然而這是一個良好範例，表示造謠活動已經開始進行。如果這個謠言可以保留到投票當天會更精彩。」[174] 幽默樂觀的邱吉爾與明顯疲憊的政府形成極大差異，所以他繼續保持下去。當史達林針對韓戰和重整軍備控訴艾德禮是戰爭販子時，邱吉爾說，因爲工黨打算在下次大選說他是戰爭販子，所以「史達林有罪，不只說的不是事實，還侵犯著作權」。[175]

雖然貝凡在戰爭時期確實是個「骯髒的公害」，一九五一年四月，他卻對保守黨非常有用。他和其他兩位大臣，包括未來的首相哈羅德．威爾森（Harold Wilson），因爲重整軍備期間對保健服務強徵費用而辭職。邱吉爾在阿爾伯特音樂廳告訴觀衆，「艾德禮先生的眼界有限，抵抗性格頑強。他現在重獲指揮權，領導那群非常勇敢的帽貝（limpet）⑤，他們不計任何代價，就算犧牲名譽和他們國家的財富，也要守住職位，而且靠他們的權力，用盡一切手段，盡可能拖延面對我們民主的選民。」[176] 這番演說略帶一九〇五年他攻擊貝爾福政府的影子。七月在伍德福德，邱吉爾又說出另一段極不公正的誇大言論，表示：「社會主義政府執政六年，對我們財政與經濟的打擊，比希特勒的能耐更大。」[177] 那完全不是眞的——二次大戰幾乎花去英國三分之一的淨財富——儘管這番言論吸引衆人目光，還是不值得邱吉爾說出這種話。

九月十九日，艾德禮宣布大選日期訂於十月二十五日，希望增加他的國會多數席次高出五席。影子內閣的口號是「讓英國強大又自由」，並且承諾三年內建造三十萬棟房屋。邱吉爾邀請當時擔任自由黨議員的薇奧蕾．博納姆．卡特爲保守黨人發表一段競選轉播，希冀兩黨也許甚至合併。[178] ⑮ 她代表自由黨拒絕，而遊說三天後，邱吉爾放棄。然而這件事情一度是個嚴肅的可能，也是一個跡象，他將他的托利民主政治思想置於短命的自由主義信念之前。（「我們從來不是保守黨人，我們永遠也不會是！」幾年前喝醉的倫道夫對伍卓・懷亞特大吼，「我們只是利用保守黨。」）[179]

十月六日，邱吉爾面對戰爭販子的控訴，告訴埃塞克斯的觀眾，「我很確定我們不希望任何手指扣在扳機上……我不相信第三次世界大戰不可避免。我甚至認爲在美國大規模重整軍備前，這種危險比以前還小。但是我現在必須告訴你們，無論如何，扣下第三次世界大戰扳機的，不會是英國。」[180] 兩天後，邱吉爾在電臺廣播支持這段話，他說：「我不認爲我們應該爲了打仗重整軍備。我認爲我們應該爲了談和重整軍備。」他在普利茅斯的演說重申：「如果我在這個關鍵時刻繼續擔任公職，是因爲（和平）……是我最終想要贏得的獎項。」[181] 儘管如此，投票前一天，工黨支持的《每日鏡報》在頭版刊出一張左輪手槍，頭條寫著「誰的手指在扳機上？」另一個工黨的競選口號則是，「投票給邱吉爾，去拿你的步槍。投票給工黨，邁向黃金年代。」然而，邱吉爾還是有辦法把工黨說成軟弱的政黨，因爲他們允許伊朗首相穆罕默德・摩薩臺（Mohammed Mossadegh）暗中顛覆伊朗的沙阿，並且國有化屬於英國的石油建設，包括英伊石油公司的阿巴丹煉油廠，對英國在中東是重大羞辱。[182]

一九五一年十月二十五日星期四，保守黨贏得三百二十一席，工黨二百九十五席，自由黨六席，其他黨三席。工黨贏得一千三百九十五萬票，保守黨一千三百七十二萬票，自由黨七十三萬票。儘管得票少於工黨，保守黨因此以微小但足夠的十七席多數贏得選舉，也是戰後至今唯一一次出現這樣的結果。一九四五年，多數評論者相信工黨會至少執政十年，某些預測二十年，但他們僅僅當權六年。[183] 邱吉爾在小說《薩伏羅拉》的結局寫道，「吵鬧消逝後，人民的心再次轉向傑出的被流放者。他曾爲他們贏得自由，也在勝利的時候被他們拋棄。」[184] 這本書出版五十一年後，邱吉爾的人生就是照著自己的創作走。

作者注

(1) 大概是因為他主辦了兩次魁北克會議，因為澳大利亞和紐西蘭的總理不在名單上。

(2) 儘管贏了滑鐵盧之役，還是輸掉選舉的首相。

(3) 一八八〇年輸了大選，雖然他在兩年前於柏林會議救了英國。

(4) 邱吉爾夫婦剛剛搬出唐寧街十號和契克斯別墅，在倫敦找到新的住所之前下榻在克拉里奇飯店。某天晚上等車時，他對著門僮背誦一段老蒂沃利歌廳秀（Tivoli Music Hall）歌曲的副歌：「我去過北極，我去過南極，東極、西極，以及各式各樣的極，理髮師的極，滑溜溜的極，而現在我受夠了極，因為解雇我的飯店叫單極。」（Churchill, *Tapestry* p. 88.）「滑溜溜的極」指的是迪斯雷利說過的話，為了抵達首相之位，你必須爬到政治的高點，那根滑溜溜的柱。（譯注：理髮師的極（barber's pole）指理髮院的三色柱標誌；滑溜溜的極（greasy pole），引申為難以達到的事業顛峰。）

(5) 同一場演講，他一如往常點亮晦暗的心情，告訴新的國會：「我有個朋友，一位軍官，上次大選的結果傳來時，他人在札格勒布（Zagreb）。一位老太太告訴他，『可憐的邱吉爾先生！我想現在他會被槍斃。』我的朋友成功地向她保證不會。他說那個句子也許可以改為國王陛下子民想得到的各種苦力形式。」（CS VII p. 7215）

(6) 在他身上留下八吋的傷疤。

(7) 到了一九五五年，他一百八十度大轉彎，寫信給當時已是大英國協國家的印度總理尼赫魯，「我希望你會想想『亞洲之光』這個詞。在我看來，也許除了你以外，沒人能夠領導印度，至少在思想的領域，遍及亞洲，將個人的自由與尊嚴，而非共產黨的操練手冊，視為理想。」（OB VIII p. 1094）不愧是邱吉爾，他自己甚至對於自己完全改變之前的立場，俏皮地說：「我這輩子經常吃下自己話（eat my words，譯注：認錯道歉之意），而且我必須坦白，我一直覺得那是有益身體健康的飲食。」

（ed. Wheeler-Bennett, *Action* p. 28）

⑻ 紐倫堡大審受理審判二十二位最主要的納粹高層，最終在一九四六年十月對其中十二名行使絞刑。這件事情引發邱吉爾對巴哥・伊斯梅說：「那表示一旦參戰，勝利真的極為重要。如果我們戰敗，你我就慘了。」（Ismay, *Memoirs* p. 157）

⑼ 翁山蘇姬的父親。

⑽ 富特在普利茅斯（德文波特〔Devonport〕）選區擊敗倫道夫，這也是倫道夫最後一次參選國會議員。

⑾ 邱吉爾信奉中心思想。「拿走這個甜點！」一九五〇年代他曾經告訴一位侍者，「這個甜點沒有中心思想。」（Christopher Soames in *Finest Hour* no. 50 p. 16.）

⑿ 正是邱吉爾在麻省理工學院正面的經驗，以致他要求在劍橋大學成立科技學院紀念他。

⒀ 當他找來選舉學家，普林斯頓大學的大衛・巴特勒博士（Dr. David Butler），進行四個鐘頭的選舉研商，他被巴特勒只有二十五歲這件事情嚇到。「最好快點，年輕人。」他告訴他，「拿破崙越過洛迪（Lodi）的橋時只有二十六歲。」巴特勒回憶：「我相當敬畏。我不是保守黨的支持者，但我知道我站在世界偉人面前。」（*Daily Telegraph* 7 April 2015.）

⒁ 奧金萊克的一位參謀軍官，陸軍少將艾瑞克・都爾門・歐高文（Eric Dorman O'Gowan），甚至提出誹謗告訴，迫使邱吉爾後來再版需要修飾對奧金萊克的批評。

⒂ 因為邱吉爾在一九四九年的電視試鏡表現極差，他立刻深深討厭那個媒介，於是保守黨唯一的大選政治電視播出是由更為上鏡的伊登完成。「雖然我們必須下降到這個層級，」邱吉爾說到電視，「我們總得與時俱進。」（*CIHOW* p. 474.）

譯者注

① 英國童謠，常在慶祝的場合演唱。

② 為「排隊」（Queue）和烏托邦（Utopia）的合體。

③ 英國知名慈善團體，主要以保護具歷史價值和自然美的土地與建築為目標。

④ 一九一八年至一九九一年蘇聯共產黨的官方報紙。

⑤ Limpet，有兩種意涵。其一是「帽貝」，一種依附在岩石上的貝類。另一則是「吸附雷」，一種可以固定在目標物上引爆的炸彈。

33 秋老虎 1951／10—1955／4

許多人說戰爭之後我早就應該退休，變成某種老政治家，但我怎麼能？我奮鬥了一輩子，現在不能放棄！——邱吉爾致R・V・瓊斯，一九四六年[1]

他依然控制著內閣，現在比較像佛陀，不像阿基里斯。——約翰・科爾維論邱吉爾二次任首相[2]

一九五一年十月二十六日星期五，距離他的七十七歲生日還有一個月，邱吉爾再度當上首相。一九四五年大選失敗過了六年，經過一段波濤洶湧、歷史聞名的首相任期後，他再度當選完整任期的首相職位。他的英雄——馬爾博羅、威靈頓、迪斯雷利、克里蒙梭、勞合喬治，亦無這樣的成就。如同戰爭期間，他也親自擔任國防部長，而伊登擔任外交大臣。雖然伊登想要擔任副首相，就像過去艾德禮和摩里森那樣，但是內閣祕書諾曼・布魯克和艾倫・拉塞爾斯爵士主張，那樣會侵害皇室特權，而儘管有過前例，邱吉爾仍支持他們。喬克・科爾維成為邱吉爾聯合機要祕書的主要祕書，而儘管違背自己的判斷，伊斯梅勛爵和查威爾勛爵（林德曼教授）仍同意加入內閣。

拉布・巴特勒擔任財政大臣，凱恩斯主義者哈洛德・麥克米倫主管住房，此外，律師沃爾特・蒙克頓爵士（Sir Walter Monckton）擔任勞動大臣，主要任務就是不計代價維持產業和平。托利民主，也就是這個政府「一國」（One Nation）①的本質，也就藉由這些人事安排突顯出來。鮑德溫的政府幾乎因爲大罷工脫軌；這次無論付出多少，都要收買工會。[3] 雖然沃爾特・埃利奧特想要擔任衛生大臣，但是他和他的太太因爲出門遛狗所以沒接到唐寧街十號的電話。[4] 邱吉爾一直都不太喜歡這位之前的綏靖主義者，所以這項職位改由戰爭期間擔任郵政總長的哈利・克魯克襄克（Harry Crookshank）擔任。布瑞肯再度當上議員，但是他的鼻竇炎太嚴重，以致無法擔任閣員；不久之後他會受封貴族爵位，但是從來沒有去當上議院議員。德利爾（De L'Isle）子爵當上空軍大臣的原因似乎主要因爲他曾獲維多利亞十字勳章。[5] 鄧肯・桑迪斯去了軍需部。另一名另一俱樂部的會員，大衛・勞合喬治的兒子葛威利・勞合喬治（Gwilym Lloyd George）擔任重要的糧食大臣，他受命盡快廢除配給制度。

邱吉爾還是希望把自由黨拉進多黨政府，於是邀請他們的黨魁克萊門特・戴維斯擔任教育大臣（他在一九四〇年幫助邱吉爾當上首相，但在一九四二年七月對邱吉爾投下不信任票）。戴維斯基於政治理由必須拒絕時，邱吉爾含淚讚美他的克己。[6] 政府組織的過程持續一個星期；邱吉爾忘記他要給尼格爾・伯奇（Nigel Birch）什麼職位（是空軍次長），而且花了一個鐘頭讓約翰・波伊德－卡朋特（John Boyd-Carpenter）當財政部金融祕書，因爲他回憶起自己曾在一九〇五年拒絕這項職位。

邱吉爾有個想法，如果能夠任命監督跨部門政策協調的大臣，他就可以組織小一點的內閣。[7] 於是他任命伍爾頓勛爵爲樞密院議長，監督農業、漁業、糧食部；列德斯勛爵則協調交通、民航、燃料動力部門；林德曼接下科學與原子研究、發展、製造的責任，並且監督邱吉爾的統計辦公室。這三位勛爵（很快就被取了「大勛爵」的綽號）在戰爭期間於這些職位表現相當優異，但在和平時期非常不同的政治環境，他們的表現都令人失望。他們的角色究竟是執行，還是僅僅顧問？他們與各部會專責的大臣是什麼關係？憲法上是否對國會負責，或只對內閣？這幾個方面令人混淆。他們沒有足夠人力扮演干預的角色——如果他們想干預的話，至少伍爾頓並不想。此外，這三人都是貴族，在下議院不具立法權力。在野黨、文官體系、部會首長，都極不喜歡這個新制度，而且以邱吉爾在西敏和白廳多年的工作經驗，應該能夠預見在政府裡頭額外創造一個階層會有什麼問題。這個制度終究在一九五三年九月廢除。

一九五二年三月二十三日在契克斯別墅，邱吉爾總結他的部會計畫是「房屋、肉、不要沉船」。[8] 某些保守黨人抱持激進主義，相信如果英國不於貿易與工業大肆變革，一九五〇年代過後就會嚴重落後他們全球的競爭者，例如德國、日本，但是邱吉爾的政府避開這個取向。國內而言，麥克米倫於房屋建造與國庫作對，邱吉爾支持他，因此三年內眞的蓋了三十萬棟房屋，而且到了一九五五年蓋了一百萬棟。廢除配給制度方面，邱吉爾的起點是極大的錯誤認知，他不知道糧食情況變得多壞。他叫葛威利・勞合喬治展示每個英國成人實際的配額，所以勞合喬治帶著一大罐魚罐頭，又拿了一張肉的圖畫、一小堆假裝的糖等，去了唐寧街十號。「這樣一餐還不錯。」邱吉爾說，看似頗爲滿意。「但這不是一餐或一天的額度，」勞合喬治說，「這是一週的。」「一週！」邱吉爾大怒，「那麼人民都在挨餓。一定要調整。」[9] 雖然邱吉爾經常爲此心煩，努力改善，而且非常清楚此事的政治意義重大，但是，由於國際收支危機，配給制度還是持續。政府終於在一九五四年七月完全廢除配給制度，這也是一項極爲驕傲的政績。鋼鐵和公路運輸產業紛紛去國有化，但是除此之外，艾德禮政府的作爲多數未有改變。邱吉爾確實贊成打破

BBC壟斷的廣播事業，長久以來他一直認爲BBC政治上是左翼，而且認爲一九三〇年代他努力反對綏靖政策的時候，BBC一直排擠他。商業媒體「獨立電視臺」（ITV）於一九五五年九月開播。

邱吉爾發現和平時期的問題——經濟、公路運輸、貿易爭議、國際收支等——比戰爭時期的問題無聊多了。除了「房屋、肉」，他將大部分的精力放在外交政策，雖然他於韓戰的涉入相對有限，因爲即使許多英國軍隊在那裡英勇作戰，那場戰爭多數由美國主導。有人說中國可能遭到入侵，他的意見相當正確，「那是最蠢的事，會像蒼蠅撲向捕蠅紙。」[10]他敏銳的歷史判斷正確告訴他，在後來所謂的「秋老虎」首相任期，趣味不及戰爭任期一%，以出版角度看甚至一‰，而且他常常陷入懷舊的情緒。他偶爾會語帶幽默說出反動的評論，而且當時多半就是故意在開玩笑，例如他說，「我一直認爲，內燃機取代馬，是人類進步一個非常憂鬱的里程碑。」[11]

雖然他的健康狀態對他這個年齡而言相當不錯，但是逐漸重聽是個問題，而且最後在內閣會議室，他面前的桌上必須放置擴音器，幫助他聽到。蒙巴頓勛爵回憶某次他以北大西洋公約組織地中海指揮官的身分到唐寧街拜訪的情況，「他插上耳機，戴在頭上，打開擴音機，按個一、兩下，拿著十五分鐘。」[12]邱吉爾只在輪到蒙巴頓回答時關掉擴音機。「我今天看到溫斯頓，手靠著耳朵，在投票廳聽一位議員同僚講話。」薯條・香農在這時候寫道，「當他想要擺脫無聊，或不想被人糾纏，就會耍耍詭計，假裝比實際還聾。」[13]有個記者注意到，邱吉爾在野的時候首次必須憑藉助聽器，當時他不太情願在公共場合使用，「但是，那次之後，他就把助聽器當成辯論時的武器，就像他的眼鏡。」[14]

邱吉爾曾經驚人的記憶容量也開始讓他失望。他任命某個內閣的次長後，馬上就忘記那個人的姓名，更不可能期待他記得他的後座議員。但還是可以開他們名字的玩笑；說到阿弗雷德・保頌姆爵士（Sir Alfred Bossom），他告訴伊登，「但那很好笑；不是這個，也不是另一個。」[15]②為了幫助自己，他善用綽號；例如托馬斯・帕德摩爾爵士（Sir Thomas Padmore）是「波茨坦」，而上將內維爾・布朗約翰爵士（Sir Nevil Brownjohn）是「短角牛」。[16]儘管如此，有時他還是會以記憶力驚豔議會，例如他被問到威爾斯事務次長的姓名，答對之後，他又以流利的威爾斯語說「Môr o gân yw Cymru i gyd」（整個威爾斯是歌曲之海）。[17]後來他解釋，那是他在超過三十年前和勞合喬治一起參加威爾斯詩人大會時學的。

「他意識到很多人覺得他老得無法組織政府，」哈洛德・麥克米倫觀察部會初期，「他利用那段時間展現精力和活力。每次分邊表決他都參與；接連發表數次精湛的短篇演說；展現他幽默和挖苦的本領。豐盛的早餐（上午七點半）是顛峰，包括雞蛋、培根、香腸、咖啡，之後接著大杯的威士忌蘇打和大根雪茄。後者的壯舉應得眾人讚賞。」[18]邱吉爾私下說他打算當一年首相後就交給伊登。「他說，他只是想要時間重建和美國的親密關係……」科爾維寫道，「以及在國內重建被戰時的限制與之後的社會主義措施侵蝕的自由。」[19]過去六年，工黨將這個國家五分之一的國內生產毛額國有化，解除社會主義措施顯然需要超過一年的時間。此外，他重視外交政策，不可避免與伊登發生衝突。他尊敬伊登的勇氣、正直、活力，但不總是尊敬對方的判斷。在他的秋老虎首相任期，邱吉爾傾向聽取他提拔至另一俱樂部的克里斯多佛・索姆斯和諾曼・布魯克，反而沒那麼常聽取伊登。

邱吉爾和伊登之間的關係，另一個問題是克萊麗莎・邱吉爾，她是傑克美麗迷人的女兒。當時伊登已經和他的第一任妻子碧翠絲離婚，經常和克萊麗莎外出約會。雖然伊登年長克萊麗莎二十三歲，他們在一九五二年八月結婚，並在唐寧街十號設宴。邱吉爾利用克萊麗莎傳話給他的姪女婿，就如那年十一月，伊登的機要祕書在日記寫道：「首相告訴克萊麗莎他想放棄。她說他在尋找機會，請安東尼多多包涵。」[20]結果一年變成三年半；如果邱吉爾真對他的姪女這麼說，也太不真誠了。就在隔月，在契克斯別墅，伊登直接問他打算何時卸任，沉默良久之後，邱吉爾回答：「我常在想，如果我不是首相，我想說什麼、或發表什麼演講，往往會較容易。」[21]那幾乎是說謊。

邱吉爾已經放棄戰爭時期午睡的習慣，也不在深夜閱讀隔天報紙的第一版，但他還是抽一樣多的雪茄。在科爾維的記憶中，「雖然他從沒喝醉（而且，確實，每餐之間只喝威士忌調味的蘇打水），他還是會在午餐或晚餐喝夠多的香檳和白蘭地，較弱的男人大概就沒有辦法繼續工作，但他一點都不受影響。」[22]一九五二年一月他告訴國王，「現在我的規矩變成，『年輕的時候，我立下一道規矩，午餐前絕不喝烈酒。』[23]早餐前絕不這麼做。」

邱吉爾也把握時間拒絕那些希望英國加入歐洲一體計畫的人，包括他的兩個女婿鄧肯・桑迪斯和克里斯多佛・索姆斯。一九五一年十一月二十九日，他針對羅貝爾・舒曼（Robert Schuman）歐洲煤鋼共同體的願景計畫寫了一份備忘錄。舒曼的計畫是後來歐洲經濟共同體的基礎，而邱吉爾的備忘錄明確表示，

對於舒曼文中進一步的經濟發展，我們的態度就和我們之於歐洲陸軍的態度相同。我們幫助，我們投入，我們參與，但我們不會併入，也不會喪失我們孤立或大英國協的特色。我們首要的目標是大英國協的統一與團結……第二，與英語世界的「兄弟關係」；第三，對於歐聯，我們是分開、緊

密且關係特別的盟友與朋友……一旦統一歐洲的計畫採取聯邦形式，我們就無法參與，因為我們無法使自己或對於英國政策的控制從屬於聯邦的政府。[24]

「我們站在哪裡？」十八個月後，他問下議院，

我們不是歐洲防禦共同體的會員，我們也不打算併入聯邦的歐洲系統。我們覺得我們對兩者都有特殊關係。這點可以用介係詞的「與」(with)，而非「其中之一」(of)來表達——我們與他們同在，但不是他們的其中之一。我們有我們自己的大英國協和帝國……我們應該和北大西洋的聯盟一起，繼續完全且主動參與西歐的政治、軍事、經濟組織。[25]

當權不久後，邱吉爾減少他自己和部會首長的薪資，爲國家設立自願經濟的模範。此事遭到伍卓・懷亞特批評爲「低級的煽動手法」，但似乎受到國民讚賞。「我認爲尊敬的閣下是低級煽動手法的評審，」他回覆懷亞特，「但是評審不總是能夠成功做到這些手法。」[26]另一個火速的作爲就是提供英勇的波蘭上將塔杜什・波爾－科莫羅夫斯基（Tadeusz Bór-Komorowski）退休年金。波爾－科莫羅夫斯基曾經領導華沙起義，但是此時住在英格蘭，以販賣家具爲生。他也頒發爵位給喬治・傑佛瑞斯爵士，也就是他在壕溝時的指揮官。

雖然邱吉爾在他的秋老虎首相任期和所有政治人物一樣，喜歡駁倒他的對手，但是大致來說，他也避免黨派偏見。一九五一年十二月六日國防辯論時，他表揚艾德禮，甚至欣韋爾，之於徵兵、原子彈、重整軍備等愛國作爲。麥克米倫記錄，他說這些話時「眼中帶淚」。[27]同一場答辯，邱吉爾甚至拐彎抹角

讚美安奈林・貝凡，「時機偶然，動機可能不是最好，特別稱讚他剛好做對了」。[28]拋開因意識形態而產生的黨派偏見，最常出現在他對工會的態度。一九四〇年十二月，他曾告訴科爾維，戰後「他不想領導一個政黨、或一個階級，對付現在在他手下表現這麼優異的工黨」。[29]這種情感延續到和平時期，而且勞工組織完全利用這點，政府愈妥協，他們要求愈多。工會聯合會的主席湯姆・歐布萊恩（Tom O'Brien）會在邱吉爾於南法度假時去拜訪他，而由於政府決定幾乎不計一切代價追求產業和平，導致工資協議膨脹；公部門的工會甚至一度要求與私人公司相當的薪資，而政府沒有突顯兩者之間的差異，尤其在工作穩定方面。秋老虎政府期間發生一連串所謂「產業的《慕尼黑協定》」，例如邱吉爾去電巴特勒，吹噓他已經避免一九五四年聖誕節鐵路罷工的威脅。財政大臣自然問了，依照誰的條件解決爭議？「他們的，老兄！」首相輕鬆地回答。[30]

如果不是邱吉爾，而是伊登來當首相，也不太可能非常不同。因爲人事安排看起來就像重現戰爭的黃金時期，如同邱吉爾評論鮑德溫一九二四年至一九二九年的內閣，這是個「能幹、沉著的政府」。[31]褪色的「卽日辦理」紅色標籤，在邱吉爾回歸那天被擺在內閣的桌上，但從此再也沒有用過，又被放回抽屜裡面。

「我們決心讓這座島具有償付能力，能夠自行謀生、自行付費。」十二月的時候，邱吉爾前往美國參加高峰會議前在廣播這麼說，「我們不能保證任何其他人會把英國雄獅當成寵物。」[32]他在新年前夕於南安普敦搭上瑪麗皇后號，隨行人員令人想起大戰期間多次越洋之旅，包括伊登、伊斯梅、林德曼、威廉・斯利姆爵士（帝國總參謀長）、科爾維。結果船的錨鏈纏在一起，他們必須在港口過夜，此時蒙巴頓從他在附近布羅德蘭斯（Broadlands）的鄉村宅邸過來，但是，根據科爾維，他「淨講些政治廢話……首相笑他，但是，巴哥・伊斯梅覺得還不夠冷落他」。[33]

越洋途中，人人都對著疊成山的文件努力工作，除了邱吉爾。他說他去美國是要「重建關係，不是去做生意」。[34]事實上不止如此；埃及要求英國放棄在蘇伊士運河區的基地，邱吉爾希望美國支持英國反對埃及，此外，重新建立因《麥克馬洪法》中斷的英美原子核合作協議。

邱吉爾住在華盛頓的英國大使館，會議在白宮舉辦。杜魯門私下一如既往地友善，但是對於蘇伊士或原子核議題他都不會動搖。一月十日，邱吉爾搭乘火車去渥太華，科爾維幫他寫了演講稿，要在加拿大國會上下兩院演說。「用那個講稿，可能讓我覺得綁手綁腳，」邱吉爾告訴他，「若是如此，將是我職業生涯第一次用某人的講稿。」[35]最後他還是自己寫了。得知加拿大政府已經決定，加拿大海軍或空軍不再播放〈統治吧，不列顛尼亞！〉，他幾乎取消這趟行程。克萊門汀勸他不要，而且根據科爾維所記，她威脅如果他取消，就要「關閉查特維爾，搬到布萊頓海邊的公寓」。[36]當他抵達渥太華，從車廂走出來，皇家加拿大空軍隨即演奏〈統治吧，不列顛尼亞！〉。不用說，邱吉爾哭了。

一月十七日回到華盛頓，邱吉爾在美國國會聯席會議發表第三次，也是最後一次演說。（他臨行前還在大使館的床上準備演說，而且抵達國會大廈時只剩兩分鐘的時間。）他說：「我的信念是，我們應該盡可能聚集各種遏止攻擊的要素，才能抵擋令人害怕的災難，免於損壞地球所有民族進步並遮蔽生活光明的恐懼。」[37]他又說到韓戰，「我們兩國同意，倘若意欲的停戰協定破裂，我們將會迅速、堅決、有效地回應。」[38]這一席話在美國得到良好迴響，但回到國內，工黨批評，他似乎在提倡對中國發動核武戰爭。

邱吉爾強調，「迅速、堅決、有效」這些字眼沒有原子彈的暗示，而且「當然，如果依照一般理解，那些詞比『緩慢、怯懦、愚昧』要好」。[39]

針對蘇伊士的問題，邱吉爾的立場和伊登完全相反。伊登認爲，英國應該單邊放棄運河區域，藉此和埃及打好關係。邱吉爾因此對科爾維開了玩笑，說他「之前從來不知曉，慕尼黑位在尼羅河」。他私下描述伊登外交大臣當得很失敗，「疲累、生病、被細節綁住」。[40]他一直覺得遺憾，自己當過所有重要的部會首長，唯獨外交大臣，而且他告訴科爾維，如果伊登因爲蘇伊士的事辭職，他會親自接下外交部。

一九五二年二月六日，國王喬治六世在桑德令罕府（Sandringham）於睡眠中辭世，年僅五十六歲。他是邱吉爾的朋友與聖騎士——國王曾在日德蘭半島之役作戰——哀傷地早逝。上午九點十五分，國王的助理機要祕書愛德華・福德（Edward Ford）在邱吉爾的床榻見到被文件淹沒的他，告訴他，「首相，我有個壞消息」，然後說出國王逝世的事。「壞消息？」邱吉爾自問自答，「是最壞的。」福德回憶：「他震驚得癱軟，明顯深受打擊。接著他把身邊的文件推開，並說『這些事情顯得多不重要』。」[41]邱吉爾去電伊登，「安東尼，想像世界上最糟糕的事……」[42]不久後，科爾維發現邱吉爾獨自坐著，眼中含淚，看著前方，不看他的公文也不看報紙。「我過去不明白國王對他意義多大。」他寫道，「我試著鼓勵他，說他和新的女王會相處得很好，但他只是說他不知道，說她只是個孩子。」[43]

「最後這幾個月，國王與死亡同行，彷彿死亡是個同伴、相識的人，他認得但不害怕。」同天晚上邱吉爾在廣播裡說，「最後，死亡以朋友的身分而來。過了快樂的一天，享受陽光與運動，並向他摯愛的人道過晚安後，他睡著了，如同每個在這個世上唯敬畏上帝的男女所希望。」[44]

如同聽見國王的死訊於是哭了，邱吉爾向祕書珍・波特爾（Jane Portal，空軍元帥的姪女）口述國王的悼詞也哭了，接著排練廣播又哭。新任的女王伊莉莎白二世和愛丁堡公爵從肯亞回國，邱吉爾在希斯洛機場迎接時也哭，二月十五日在溫莎城堡的國王喪禮也哭。[45] 更不尋常的是，喪禮後他拒絕在總鐸區（Deanery）喝威士忌蘇打。[46] 放在國王棺木上方的紙條，邱吉爾寫了「以彰英勇」（For Valour），這也是維多利亞十字勳章的頒發標準。

在國王逝世的廣播尾聲，邱吉爾以正面的訊息作結，極少人能像他那樣援引歷史：「我的青春在莊嚴、穩固、寧靜的維多利亞榮光中度過，再次援引這句禱告與國歌時，我依然感到激動——『天佑女王！』」此時，二月十一日在下議院，他談到年輕的女王，「新的君王上任，我們全體必定都對未來充滿希望。青春佳人，集公主、妻子、母親於一身，繼承在她的父親時代達到顛峰的，我們所有的傳統與榮耀；也繼承和平時期達到顛峰的，我們所有的困惑與危險；她也繼承我們所有團結的力量與忠誠。」[47] 女王當時二十五歲，但是邱吉爾早已發現她的潛力。一九四四年一月，邱吉爾曾經提議，女王那年四月滿十八歲時應該授予她威爾斯公主伊莉莎白的頭銜。國王拒絕這個想法，但是由此可見邱吉爾對她的能力一直充滿信心。邱吉爾和新的君主很快就相處得非常融洽，所有隨行人員立刻發現，跟女王在一起時，他變得痴迷。

「溫斯頓每週在白金漢宮的弓廳（Bow Room）覲見女王，」拉塞爾斯在日記寫道，「我帶他進去後，會坐在隔壁的房間等他出來，然後花半個鐘頭，一起喝杯威士忌蘇打。我聽不見他們談什麼，但經常聽見斷斷續續宏亮的笑聲，而且通常溫斯頓出來時都在揩眼淚。『She's en grande beauté ce soir』，某天晚上他用他小學程度的法文這麼說。」[48]③又有一次他告訴摩蘭：「全世界的電影人，就算他們走遍地球，也不會找到這麼適合這個角色的人。」[49]

一九五二年二月二十一日，邱吉爾早上醒來，發現難以找到想說的詞。他再次出現腦動脈痙攣；如同研究邱吉爾健康的歷史學家所言，「證據指出，供應左腦側邊大面積的血液普遍不足。」[50]摩蘭警告，這「可能是急性中風的前兆；不然，就是明白的警告，如果未能解除壓力，六個月或更短的時間內，就會出現可怕的結果。」[51]因此，邱吉爾將國防部的工作交給元帥亞歷山大（現在是伯爵），但是，摩蘭建議他放棄首相一職，他不予理會，而且重要的是克萊門汀沒有堅持要他放棄。

很快地，如同過去經常見到，他再度展現驚人的復原能力。那個月稍後，眾人在唐寧街十號爲即將接下北大西洋公約組織祕書長的伊斯梅舉辦派對，伊斯梅在他的演說中說，他後悔拋下他在格洛斯特郡（Gloucestershire）的澤西牛群。「簡單！」邱吉爾起鬨，「早上擠牛奶，飛去巴黎，下午擠美國人的奶！」[52]（拉塞爾斯緊張地確認在場沒有美國人。）被問到陸軍應該用比利時、英國或美國的自動步槍，威廉・斯利姆爵士說：「我想我們最後應該會用某種雜種混血的武器，一半英國，一半美國。」「請注意你的措辭，元帥。」邱吉爾說，「你說的就是我。」[53]

開會的時候，隨著午餐時間接近，邱吉爾不喜歡大臣們早他一步離開，但他覺得無聊時，自己會想辦法早退。年輕的內閣部會首長約翰・波伊德—卡朋特回憶某次防禦委員會，他突然打斷，手指著窗戶，大聲說，「那是什麼鳥？」大臣、將領、其他人開始努力辨認。某人說，「首相，我認為那是松鴉。」另一個人說，「大隻的海鷗，首相。」疑惑的他從座位上起來，準備離開內閣會議室。他經過我身邊時，我頗大膽地說，「首相，我沒看到鳥。」「根本就沒有鳥。」他說，同時咧開嘴巴大笑，高高興興走了出去。他顯然很高興看到這些赫赫有名的人，為了取悅他而做出一些蠢事。[54]

（這個伎倆在戰爭期間應該不會奏效，因爲布魯克是傑出的鳥類學者，而且完全懶得取悅他。）

邱吉爾的修辭有時會從公開集會和國會滿溢出來，流進他的日常對話。一九五二年三月，軍需部導引武器與電子的負責人史都華・米契爾爵士（Sir Steuart Mitchell）給邱吉爾和克萊門汀看一部導引飛彈的電影。邱吉爾告訴克萊門汀，「**這個新發明的玩意兒**（Contraption），尋找敵軍。嗅出他的位置。而且不需要人類協助，就能包辦敵人的滅亡。」[55]他的冷幽默總是在首相問答環節展現。一九五二年，一位自視甚高的議員瑞蒙・高爾（Raymond Gower）要求設置全國禱告日，並問：「首相能否向議會保證，當我們妥善照顧國防的物質需求與其他問題時，不應忽略過去啟發這個國家的精神資源？少了這個，最高貴的文明就會衰退。」邱吉爾回答：「我不認爲那是專屬我的責任。」[56]

工黨議員發現讓邱吉爾難堪並不容易，即使他相當明顯自我矛盾。當未來的工黨首相詹姆斯・卡拉漢（James Callaghan）指出，邱吉爾曾經反對地中海的同盟國海軍指揮官一職，但在政府說的又是另一回事，邱吉爾只是笑了，並說：「我的觀點是個調和的過程，這樣的過程將觀點與現今事件的進展相連。」[57]有數個工黨議員總是想要絆倒邱吉爾，主要是貝凡、欣韋爾、卡拉漢、懷亞特和埃莫里・休斯（Emrys

Hughes)，但是到了一九五四年，他的反駁竟然可以集結出版，收錄他對付他們的各種形容。「我可以向尊敬的閣下保證，我的政治對手當中那幾位正當中年的閣下，他們喧囂和狂怒的盛況其實相當提振我的精神。」他告訴赫伯特．摩里森。[58]

一九五二年四月，查特維爾的常客蒙哥馬利要邱吉爾定義「偉人」，並問，以希特勒爲例，算不算偉大。「不。」邱吉爾回答，「他犯了太多錯誤。」[59]蒙哥馬利繼續問他拿破崙，並描述拿破崙是「十九世紀的希特勒」，可惜邱吉爾對於那項謬傳的反駁沒被記錄下來。「那麼，偉大的宗教領袖當然是偉人囉？」蒙哥馬利繼續，「首相說，他們的偉大不容置疑，但那是不同的偉大。基督的故事無與倫比，他用生命拯救罪人無法超越，此外，〈登山寶訓〉也是最好的倫理。」邱吉爾不是完全承認基督的神性，但是關於釘死在十字架上拯救罪人是他最接近的論述。

五月二十三日，邱吉爾漫長的政治生涯中，第一次演說別人寫的講稿。那次是稅務督察的晚宴，而寫了這篇講稿的科爾維，把此當成「逐漸衰老的跡象」。[60]邱吉爾絕對還沒衰老，雖然他當然能夠拿他的年老來開玩笑。當某位工黨議員說，首相提供議會的資訊，比格萊斯頓在克里米亞戰爭時期還少，他回答：「恐怕我並非完全熟悉格萊斯頓先生在克里米亞戰爭參與的角色，那甚至在我出生之前。」[61]他持續把嚴重的批評轉爲下議院的笑聲，走道兩邊都是。

到了六月，邱吉爾發現德懷特・艾森豪可能參加十一月的總統選舉，於是又有了繼續擔任首相的理由——再次促成三巨頭的高峰會議，他可以在會議中協調與俄羅斯長久的和解。否則，如同他告訴科爾維，「愈來愈沒意思了。」[62]他在查特維爾的工作書房裝了魚缸，養了許多色彩鮮豔的熱帶魚，科爾維抱怨道「常要中斷重要的工作」去餵那些魚。[63]七月，畢佛布魯克出資在查特維爾裝了電梯，可以上升一個樓層，從地面到二樓邱吉爾的臥房和書房。

一九五二年夏天，坎特伯里的「赤色教長」休威特・強森（Hewlett Johnson）從蘇聯與共產主義的中國回來，帶著他所謂的「鐵證」，證明美國在韓國進行細菌戰。邱吉爾拒絕要他出面應詢的要求，並說：「言論自由伴隨所有愚蠢、不悅、怨恨之惡，但是整體而言，我們必須無奈接受，而非拋開。」[64]（那個證據最後證實爲假。）邱吉爾成功說服杜魯門和他一起針對穆罕默德・摩薩臺八月的反西方立場發出嚴正警告。這是一九四五年來美國第一次和英國站在同一陣線對抗第三勢力。當時在度蜜月的伊登同意。

九月，邱吉爾出版回憶錄的第五卷《緊縮包圍圈》（*Closing the Ring*），內容關於諾曼第登陸日。當時正值美國總統競選期間，裡頭對於共和黨的候選人艾森豪完全沒有微詞。「我的桌上不要有任何對美國的批評。」邱吉爾在唐寧街十號的午餐說，「美國人批評自己已經太多。」[65]驚人的是，邱吉爾私下希望民主黨的候選人阿德萊・史蒂文森（Adlai Stevenson）擊敗他的老戰友，因爲他相信艾森豪是「凶狠的仇俄人士」，而且不會希望和蘇聯開會商談各種事宜，但是對邱吉爾而言，這就是他渴望的政治生涯偉大終章就是這個。[66]邱吉爾沒有明白的是，美國和蘇聯當時都無意協議，而且即使他們有意，也不需要他來促成。

一九五二年十月三日上午九點十五分，一顆原子彈在太平洋蒙泰貝洛群島（Monte Bello Islands）爆炸，威力比摧毀廣島和長崎的原子彈相加更大，稱爲「颶風行動」（Operation Hurricane），英國因此成爲世界第三個核武國家。邱吉爾已經準備好兩封電報給原子能源研究建設中心的主任威廉・潘尼爵士（Sir William Penney）：如果失敗，就是「謝謝你，潘尼博士」；如果成功，就是「做得好，威廉爵士」。[67]邱吉爾得知這椿消息人在巴爾摩羅，某些檔案影片錄下他在那裡和查爾斯王子聊天，以及和皇室家庭外出釣魚探險時，他揮舞一根棍棒狀的浮木。（查爾斯王子後來回憶，邱吉爾說「他在等待尼斯湖水怪」。）[68]很快原子核的科技就突發猛進，發展爲熱核氫彈，潛在威力比長崎和廣島的原子彈相加大上數百倍，而且一九五四年六月，邱吉爾下令建造英國的版本，並於一九五七年測試成功。他告訴科爾維，「我們現在與原子彈世紀的距離，就如同原子彈與弓箭的距離。」[69]

一九五二年十一月四日，德懷特・艾森豪當選總統。「私下告訴你，」邱吉爾告訴科爾維，「我很傷腦筋。我認爲戰爭的可能性因此更高。」[70]甚至艾森豪還沒就職，邱吉爾就決定像去年一樣再去一次華盛頓。「他愈來愈累，而且看得出來年老。」科爾維寫道，「他發現構思演講相當費力，想法也不再源源不絕。」[71]然而，邱吉爾前往美國之前，還得處理十二月初的不信任動議。「今天我得面對譴責動議，」他說，「因此，如果我沒能將自己完全保持在平常那樣無爭議的方式，請多見諒。」[72]他不能不奚落貝凡就讓這個機會溜走，他說他「恢復他高尚的憤慨角色，並加上他著名的惡言」。貝凡在戰爭期間要求邱吉爾辭職，還說保守黨人「連害蟲都不如」，難怪首相常常狠狠訓斥他。就連和貝凡沒有直接相關的議題，邱吉爾也會攻擊貝凡。例如，想起一九四九年，貝凡建議承認共產主義的中國，邱吉爾說：「你承認任何人，不代表你喜歡他。例如，我們全都承認這位厄布威（Ebbw Vale）的議員，這位尊敬的閣下。」[73]

十二月三十日，邱吉爾再次登上瑪麗皇后號航向紐約，同行的有克萊門汀、瑪麗與克里斯多佛・索姆斯。他在往南安普敦的火車上談到一八一二年的戰爭④，以及巴基斯坦的未來。他想和當選的總統進行廣泛的**總覽**，包括摩薩臺、歐洲陸軍、韓戰、蘇伊士，以及茅茅組織（Mau Mau）的恐怖主義，也就是在英屬肯亞反抗白人農夫的基庫猶部落。他說他打算「向艾森布道，『從韓國到基庫猶，並從基庫猶到加萊』，英美共同前線極高的重要性」。[74] 這位當選的總統有沒有心情繼續聽邱吉爾布道，則是另一回事。

這趟旅途中，邱吉爾向科爾維感慨，因爲艾森豪勝選，他必須刪減《勝利與悲劇》(*Triumph and Tragedy*)，也就是他的戰爭回憶錄完結的末卷。此卷內容陳述「美國爲了取悅俄羅斯，贈送他們占領的大批歐陸土地，而且他請求他們警覺時，他們多麼懷疑」。[75] 他表示，一九四五年的大選占據他許多注意力，他不能阻止「這波致命的浪潮」，而且如果羅斯福活著，「他就會及時看見這個紅燈，並且確認美國的政策，畢竟，杜魯門沒有經驗，被接二連三的事件和他不曾料到的責任給弄糊塗了。」這般歷史見解是錯的。歐洲諮詢委員會和《雅爾達協議》都發生在杜魯門的總統任期前，而且一九四五年的時候，邱吉爾滿懷希望並充滿信心表示波蘭將會維持完整與獨立。同盟國幾乎無法爲波蘭做些什麼，因爲紅軍完全占領東歐，而在倫敦的合法政府面對監禁或更壞的威脅，無法回到華沙。邱吉爾意圖修改歷史，轉爲對自己有利、對杜魯門不利，雖然他必定知道科爾維知道事實，所以只是在發洩他的不滿。

在瑪麗皇后號的凡倫達餐廳 (Verandah Grill) 用過晚餐後，科爾維劈哩啪啦地問了邱吉爾三十個問題，這些是他抵達紐約在記者會上可能會被問的問題，例如：

科爾維：「邱吉爾先生，您對韓國目前的僵局有何看法？」

邱吉爾：「僵局總比將死局好。」

科爾維：「您怎麼解釋，英格蘭財務這麼窘迫的情況下，您們的女王加冕典禮花了這麼多錢？」

邱吉爾：「要去見女朋友的時候，每個人都喜歡帶一朵花。」

科爾維：「英國在波斯的政策是否將波斯送進共產主義之手？」

邱吉爾：「如果英國和美國拒絕拆伙，什麼壞事都不會發生。」[76]

一九五三年一月五日上午，瑪麗皇后號停靠紐約，邱吉爾住在伯納德・巴魯克位於第五大道的公寓。艾森豪於下午五點來訪，距離他就職還有十五天。「溫斯頓說，原生質是無性別的。」科爾維寫道，「然後分成兩個性別，在適當的時候，爲了他們共同的利益和滿足，以不同方式再次結合。英格蘭和美國的故事也應該如此。」[77] 艾森豪的日記寫道，邱吉爾「一如既往迷人又有趣，但是確實看得出來他受到年歲影響」。[78] 關於英國熱衷加入歐洲一體計畫的事，他寫道：「若要實現這項計畫，（英國展現）領導能力非常重要，但是想讓溫斯頓明白這點，眞的非常挫敗……他已經抱持幾乎像個小孩的信心，英美合伙就是所有問題的答案……溫斯頓想要重回二次大戰的時光。」這次的實質談話，對於中南半島、伊朗、撤出蘇伊士運河區、英國加入提議的歐洲陸軍等，兩人的意見也不相同，尤其對於與俄羅斯訂定防止核武擴散的約定。邱吉爾承諾要向艾森豪布道的內容並未得到青睞，雖然兩人還是懷念起從前戰爭的時光。那趟旅途中，邱吉爾也在紐約見了溫莎公爵與公爵夫人，但只有匆匆半個鐘頭。他們在戰爭期間的作爲，已經終結任何邱吉爾曾經對他們還逗留的情感。

一九五三年一月七日，在艾森豪建議下，即將宣誓國務卿的約翰・福斯特・杜勒斯（John Foster Dulles），直截了當地告訴邱吉爾，他在二月初，在艾森豪總統任期的開頭造訪華盛頓，是個「極爲不幸」的想法，因爲美國人已經認爲邱吉爾過分影響美國的外交政策。「之後溫斯頓坐下，並且低吼。」[79] 科爾維記錄。邱吉爾睡覺前，「關於共和黨整體，尤其針對杜勒斯，說了非常難聽的話」，科爾維和索姆斯覺得「對兩者都不公平，而且危險」。他說再也不想和杜勒斯有任何牽連，他「既討厭又不信任」杜勒斯「那張大臉」。[80]才過幾天，邱吉爾就描述艾森豪是「眞正的男人，有限的聲望」。[81]自從伯爾克・卡克蘭，而且當然自從一九二〇年代，邱吉爾就同情民主黨在美國政治的處境。

一月八日，邱吉爾在華盛頓英國大使館與總統杜魯門晚餐，距離杜魯門任期結束不到兩週。邱吉爾發表了親錫安主義的演說，所有在場的美國人其實都不喜歡，雖然他們向科爾維承認道「因爲衆多的猶太選票，他們不會公開反對」。[82]正是那一次，邱吉爾對杜魯門說：「當你我站在聖彼得面前，祂說『據我所知，你們兩位要爲發射那些原子彈負責』，希望你已準備好答案。」[83]在杜魯門回答之前，美國國防部長羅伯特・洛維特（Robert Lovett）插話：「首相，您確定會和總統在同一個地方接受詢問？」「洛維特，」邱吉爾回答，「憑著我對這位宇宙造物主無比的尊敬，以及數不清的他人向我保證，祂不會未經聽證就譴責一個人。」

總統離開後，那些美國人，其中幾位例如哈里曼、艾奇遜、上將沃爾特・比德爾・史密斯（Walter Bedell Smith），聯合起來詢問邱吉爾可能成立的歐洲陸軍。他們全都支持，但是，根據科爾維的紀錄，邱吉爾描述那是「『爛糊的綜合體』，比起偉大同盟當中的各國軍隊，效果差多了」。[84]他反對在北大西洋公約組織之外融合歐洲各國的軍隊爲一體。他們問不下去，這件事情也從未實現。

邱吉爾關於聖彼得的一番話，是他在那個時期典型的想法；一月二十四日上午，刮鬍子的時候他對科爾維說，「今天是我父親死去的日子，也應該是我死去的日子。」[85]

一九五三年三月五日，喬瑟夫・史達林於莫斯科逝世，意味邱吉爾是三巨頭中最後在世的人，而且他的年紀最大。「所謂冷戰不是一個法律術語，而且繼續進行。」那天他說，「我們面對的不是凶猛的急退，而是延長的拉鋸。我們必須創造能夠眞正遏阻攻擊的軍隊，而且一旦戰爭發生，能夠確實防禦。」[86]次日史達林的死訊宣布後，他發電報給艾森豪，催促他利用莫斯科的新局勢，並說他自己願意親赴他所謂「孤獨的朝聖之旅」，前去看看西方和蘇聯能否寫下歷史新的扉頁，「不是世界分裂的兩邊，在多次互相接觸時發生一連串隨機且危險的事件，而是前後較爲一致的歷史」。[87]

四月，膽囊手術曾經失敗的伊登，如今在波士頓治療手術的後遺症，秋天之後才會回來。他病得很重，以致《觀察家報》的編輯大衛・阿斯特（David Astor）想請克蘭伯恩勳爵（已經在一九四七年成爲第五代索茲伯里侯爵）撰寫訃文。[88]邱吉爾認眞考慮搬進外交部，在那裡工作，就像第三代侯爵當首相時那樣。五月，邱吉爾沒有徵詢內閣或外交部，更別說艾森豪和杜勒斯，便利用伊登生病期間，在下議院發表驚人的宣言。「主要強國應該盡快召集最高層級的會議，」他宣布，「最壞的情況，與會人員……將會建立更緊密的聯繫。最好的情況，我們可能會有一個和平的世代。」[89]內閣某些大臣因爲這次未經授權的外交照會考慮辭職，而爲了抵銷衝擊，艾森豪匆忙於六月在百慕達召集會議，另讓邱吉爾懊惱的是，他也邀請法國參加。當時沒人知道，但那是首相五個月內最後一次在國會演說。

一九五三年四月，邱吉爾終於接受嘉德勳章，因此兩個月後的女王加冕典禮，肩上的披風令他看起來威風凜凜（裡頭穿著五港總督的制服）。現在他是「溫斯頓爵士」，而且能夠開玩笑說：「這下克萊米終於得當個淑女了。」[90]⑤在授銜儀式上，他配戴和一七〇二年第一代馬爾博羅公爵一樣的徽章。埃莫里．休斯在下議院問，現在他是不是要去「另一個地方」，指的是上議院；邱吉爾回答：「如果『另一個地方』是使用在國會的嚴格意義，我會樂意予以保證。」[91]

一九五三年六月二日，如同鮑德溫在上次加冕典禮那樣，女王伊莉莎白二世的加冕典禮似乎是邱吉爾退休的另一個時機，但是因爲伊登不在，所以他沒有辦法，而且他還是想要實現結束冷戰的夢想。「我很高興當時我錯了。」此時邱吉爾說到遜位危機，「我們不可能有更好的國王。而且現在我們有位傑出的女王。」[92](1)

加冕典禮不久後出現一個問題，瑪格麗特公主，也就是女王的妹妹，能不能和她已故父親的侍從武官，卽離過婚的空軍上尉彼得．湯森（Peter Townsend）結婚。「這非常重要。」邱吉爾告訴湯米．拉塞爾斯，「只要一場車禍，這位年輕女士可能就是我們的女王。」[93]（事實上還必須是同時殺了查爾斯王子和安妮公主的車禍。）雖然感情上邱吉爾樂見英俊勇敢且參與過英國戰役的戰鬥機飛官與美麗的公主結爲連理，但是某次拉塞爾斯在查特維爾向他指出，某些大英國協國家可能不會接受離婚者的後代成爲他們未來的君主，他便決定如果瑪格麗特公主想要和湯森結婚，必須放棄王位繼承權。[94]他強調，重要的是對女王可能的痛苦和焦慮需要減到最低。那段關係結束了，而瑪格麗特公主責怪拉塞爾斯毀了她的人生。事實上是邱吉爾；他諮詢過索茲伯里勛爵和拉布．巴特勒，但沒有問離過婚的伊登，而且他還在波士頓。

一九五三年六月二十三日，爲義大利首相阿爾契德．加斯貝利（Alcide De Gasperi）在唐寧街十號舉辦的晚宴結束後，邱吉爾才剛卽席演說義大利對文明的貢獻，隨卽就中風了。[95]「他坐下，然後幾乎動不了。」科爾維寫道，「客人離開後，他重重地靠在我的手臂，但設法走到他的房間。」[96] 似乎沒人警覺首相說話含混、雙腳不穩，這是享受飲酒的名聲帶來的好處之一。摩蘭診斷爲中風，但邱吉爾驚人的體魄讓他次日上午繼續主持內閣會議，因爲他的心智並未受到影響。[97] 他的神經科醫生，名字這麼巧地就叫羅素・布蘭爵士（Sir Russell Brain，後來的布蘭勛爵）⑥，在他的診療紀錄上表示，邱吉爾持續且相對快速地恢復，雖然當時確實相當令人擔憂。

「我當然什麼也沒注意到，除了他看起來很蒼白。」哈洛德・麥克米倫回憶六月二十四日的內閣會議，「他的話很少，可相當清楚。」[98] 巴特勒同意，沒人注意到任何怪異，除了首相比平日安靜。[99] 但是會議紀錄顯示，討論的五項不同主題中，他至少針對四項分別說了一段話。[100]

隔天中午邱吉爾被送到查特維爾。「我必須告訴你，令人非常難過的是，首相病得很重。」當天下午科爾維寫信給林德曼，

星期二加斯貝利的晚宴後，他出現動脈痙攣，且可能有血塊。他的語言和動作嚴重受到影響，而除非——不無可能——接下來四十八小時出現奇蹟般的復原……否則他必須放棄職位。他的勇敢令人讚嘆，克萊米的也是；但是來到這裡，看見他的身體狀態不由自主惡化，令人非常心碎。他發現說話非常困難，而且今天早上開始，其他地方都好，可卻完全無法控制左手。[101]

摩蘭害怕他可能活不過週末。

知道邱吉爾中風的人有拉塞爾斯（表示女王也知道）、伊登、諾曼・布魯克、索茲伯里、巴特勒、林德曼、一九四八年接下大黨鞭的派崔克・布臣─赫本（Patrick Buchan-Hepburn），差不多就是戰爭時期的

知密標準，但是此外，消息完全沒有外露，直到一年後邱吉爾自己在下議院的演說隨口提到。[102]這也歸功邱吉爾和所有主要報社大亨長期緊密的友誼，尤其是畢佛布魯克、布瑞肯、坎羅斯、埃斯蒙德・羅斯米爾，可見另一個他無意之間長期準備的試煉。他的朋友憑著緘默法則通過測試。

接下來三週，當邱吉爾在查特維爾靜養，內閣將會面對數個重要主題，包括韓戰、東西方貿易、中國海上的英國船運、歐洲防禦共同體、與利比亞的和約、糧食價格、攝政法案、波斯灣的謝赫國（酋長國）、電視轉播國會開幕大典、任命皇家媒體委員會、鐵路票價、蓋特威克機場（Gatwick Airport）開發案、埃及情勢。[103]由於伊登再次接受膽囊手術，中風後的週一就由巴特勒主持內閣會議，表示首相「過度勞累」，需要「減輕業務至少一個月」，但是「會繼續批閱較重要的公文」。[104]

一週後，邱吉爾開始進步，雖然科爾維寫道，「他的專注力顯弱，而且偏愛閱讀特洛勒普的政治小說多於工作。」[105]克里斯多佛・索姆斯協助繼續政府的業務，閱讀通常不准區區國會祕書過目的機密內閣資料。（那個時候，根據科爾維精闢的心理描述，索姆斯「填補了邱吉爾內心長久以來為倫道夫預備，但倫道夫始終不能進駐的位置」。）[106]這種不符合憲政體制的狀態，其中首相的女婿和未經選舉產生的機要祕書（喬克・科爾維），透過同樣未經選舉產生的內閣祕書，掌握英國實際的執行權力（即使他們並未運用這個權力），持續數週，直到七月底。到了那個時候，邱吉爾已經復原到足夠積極處理國家大事的程度。[107]

摩蘭和布蘭同時簽署一份不痛不癢且誤導的新聞稿，毫無提及中風，但是表示邱吉爾因為加冕典禮的壓力，「需要好好休息」。美國人也沒有被告知為何百慕達會議現在需要延後整整六個月的實情。回想起來，邱吉爾經歷這麼嚴重的健康問題，還能繼續任職將近兩年，似乎不可思議。克萊門汀或女王都可以插手阻止，但兩人都沒有；內閣的大臣也沒有任何人希望密謀反對他。雖然伊登在七月十四日寫信給索茲伯里，「我承認我頗爲吃驚，他沒有做出最後決定」，但是他缺乏發動攻擊需要的冷酷無情。[108]

摩蘭在他（不是非常可靠）的日記寫到，中風十三天後，邱吉爾就能慷慨激昂地吟誦朗費羅的詩〈西西里王羅波〉（King Robert of Sicily）前三十四行，超過兩百五十個詞只錯了六個。[109]但是邱吉爾多數的隨從相信，爲了讓自己的證詞有眞實價值，摩蘭過度編造且誇大，而且布蘭勛爵一九六六年在《泰晤士報》的文章寫道：「摩蘭勛爵提出的所有診斷，準確度方面我不能接受。」[110]摩蘭記錄的事某些確實爲眞，例如邱吉爾在七月二日說他「不相信另一個世界；只是披著黑色的絲絨——永遠沉眠」。[111]邱吉爾也提到詹姆斯・古斯里爵士（Sir James Guthrie）的團體肖像畫〈一次大戰的政治家〉，當中十七位政治人物，他是唯一仍在世的。⑵隔天，邱吉爾說到他的慢性愛哭病，說他甚至因爲《菲尼亞士・芬恩》哭了，「雖然那完全不是感人的故事」。[112]一九五二年四月，他在斯塔福・克里普斯的追思會上哭了，儘管他並不喜歡他。[113]

到了一九五三七月二十四日，邱吉爾的身體大致恢復健康，但他抱怨他的記憶受到影響。他打算在十月辭職，但還是熱切希望「化解與俄羅斯的難題……並與馬林科夫（Georgy Malenkov，史達林的繼承人）面對面」。[114]儘管韓戰結束，至少已經停戰，邱吉爾還是不看好艾森豪政府，而且惋惜去年阿德萊・史蒂文森敗選。他告訴女王，如果他發現自己十月無法在馬蓋特（Margate）的保守黨大會發表黨魁演說就會辭職。儘管如此，他還是經常能夠展現幽默；索姆斯說哈利・麥克森（Harry Mackeson）不該繼續當海外貿易局主席，而且不值得貴族爵位，邱吉爾回答：「不值得，但也許可以給他消失爵位（disappearage）⑦。」[115]（他得到準男爵爵位。）

中風八週後，八月十八日，邱吉爾主持內閣會議，進行順利。隔天他決定，一旦完成《第二次世界大戰》（最後一卷預定十一月出版），他打算開始出版他的《英語民族史》，這本書從一九三九年起就暫停書寫。「我應該一年下一顆蛋。」他說，「每十二個月一卷，應該不算繁重的工作。」——即使對一位曾經中風的首相來說。[116]八月十九日，美國中情局和英國軍情六處支持的德黑蘭政變推翻摩薩臺的伊朗政府，並爲沙阿歸位鋪路。這件事情將會深深影響國際局勢，即便到今日。「年輕人，」他告訴籌劃這件事情的中情局職員，據說是西奧多・羅斯福的孫子小科米特・羅斯福（Kermit Roosevelt Jr.），「如果我再年輕個幾歲，什麼都不想，只想在你麾下參與這次冒險。」[117]因爲這次干預伊朗國內政治，邱吉爾備受批評，但是此舉也將該國緊緊留在西方陣營超過四分之一世紀，沒有政治家預料得到這麼久。

十月十日，邱吉爾在馬蓋特的黨大會發表長達一個小時的優秀演說，證實他已康復，同時終結退休傳言。事前他吃了一顆苯丙胺，他暱稱爲「摩蘭」，事後他問：「那顆藥丸好厲害，裡面是什麼？」[118]答案是安非他命，但是劑量不明。[119]他在演講中說，過去幾個月「是我政治生涯第一次保持沉默這麼久」，但卻沒有解釋原因。[120]他歡迎德國「回到世界列強的行列」，並說：「如果我暫時繼續留任，肩負我的年齡重擔，不是因爲貪戀權力或祿位，兩者我皆已享受足夠。如果我留任，是因爲我感覺，或許我能在我最重視的事情上發揮影響，就是建立確定長久的和平。」[121]摩蘭勛爵同時寫道，其他中風病人想的只有活著，相較之下，「邱吉爾似乎從沒想過這件事」。[122]

十月十五日，邱吉爾得知他得到諾貝爾獎。「是你嗎，安東尼？」他去電在巴黎的伊登，「你好嗎？

我想告訴你，我剛剛得了諾貝爾獎。」然後，過了一陣沉默和竊笑，他又說：「親愛的，不用擔心，是文學獎，不是和平獎。」[123] 邱吉爾已經寫了三十七本書，評審特別列出七本——《河上之戰》、《倫道夫・邱吉爾勛爵》、《世界危機》、《馬爾博羅》、《思想與冒險》、《我的早年生活》、《傑出的同代人》。不幸的是，頒獎典禮與改期到十二月的百慕達會議撞期，因此克萊門汀前往奧斯陸代表他領獎。他選擇在得獎感言中敲響對世界局勢的警鐘。「在行動的領域裡，從未有過如此矮化人格的事件。」她對著瑞典學院朗讀，「在歷史上，鮮少有過如此控制思想的殘暴事實，或者如此鋪天蓋地的個人價值觀，以致整體焦點如此昏暗。可怕的問題來到我們面前：我們的問題是否超出我們的控制？無疑地，我們正在經歷也許正是如此的階段。」[124] 他的處方是「容忍、變通、冷靜」。

十月二十日，睽違十七週後，邱吉爾第一次赴下議院進行首相問答環節，開始之前他吞了一顆「摩蘭」。伍卓・懷亞特說，「首先容我請問首相，他是否意識到……下議院少了他變得比較無聊？」這句話如實反映議事廳的氣氛。[125]

十一月三十日，七十九歲生日當天，邱吉爾出版《勝利與悲劇》。他在書名頁就揭示本書主旨：「偉大的民主國家如何勝利，又是如何恢復幾乎讓他們以生命為代價的愚行。」回到八月，邱吉爾和蒙哥馬利當時列出五項他們認為美國人在戰爭犯下的「致命錯誤」，而且絕大多數歸於艾森豪。[126](3) 但是《勝利與悲劇》完全沒有批評艾森豪，而隔天邱吉爾就飛去百慕達和他見面。法國總理喬瑟夫・拉尼埃（Joseph Laniel）也要過去。出發時有人拍到邱吉爾帶著C・S・佛瑞斯特的小說，標題是《法國人之死》（*Death to the French*）。（場景設定為半島戰爭，其中第四驃騎兵表現精湛。）

抵達百慕達首都漢密爾頓（Hamilton）後，皇家威爾斯燧發槍團帶著他們的吉祥物列隊行進，而邱吉爾發電報給人在斯德哥爾摩的克萊門汀，「旅途愉快。一切順利。好極了。」[127] 當邱吉爾發現黑人賓客未被受邀參加議院的宴會，他堅持應該邀請他們。[128]

在百慕達，邱吉爾試著說服艾森豪和杜勒斯，與馬林科夫及蘇聯新的領導班子見面會有諸多好處，但他完全失敗。十二月四日首場全體出席的會議，他說到與蘇聯的「緩和」取向，而且因爲己方處於強勢立場，所以不是綏靖政策。艾森豪卻回以蘇聯是「街上的女人，無論她的衣服是新的、或破舊的，底下還是不折不扣同一個妓女。」[129] 聽到這句話，科爾維注意到，「四周盡是痛苦的表情」，但法國人支持美國人。[130] 休會之前，伊登問下次會議應該何時舉行，對此艾森豪回答：「我不知道。我的要有威士忌加蘇打水。」[131]

邱吉爾和艾森豪之前討論過，如果北韓違反七月二十七日簽訂的停戰協議將會如何，而且這個協議在缺乏和平條約的情況下終止戰爭。當美國人宣布，如果中國再度支持北韓，他們傾向使用原子彈，邱吉爾和伊登強烈反對，畢竟現在西方國家已經不再獨占原子彈。[132] 十二月五日至八日的其他討論，關於美國威脅輸送武器到埃及，或關於中南半島、關於歐洲陸軍，相較核武議題都黯然失色。艾森豪要求英國應該投入軍隊支持法國在中南半島的勢力，對此邱吉爾回答，他年屆八十，從沒聽過「柬埔寨」這個詞，也不打算現在開始憂心那個地方。[133]

十二月七日，又結束一場會議後，至少根據摩蘭，邱吉爾說到杜勒斯，「十年前我大可對付他。即使現在這樣，我也不是被這個王八蛋打敗——我是被我自己的衰老羞辱。」[134]（雖然邱吉爾通常不太罵髒話，瑪麗・索姆斯證實，「情況需要的時候，他也可以很粗魯。」）[135] 次日午餐前艾森豪離開了百慕達，沒有同意邱吉爾說服他讓德國加入北大西洋公約組織，反過來總統也沒說服他歐洲陸軍的優點。「我感覺像一架航程將盡的飛機，」回來不久後，邱吉爾告訴巴特勒，「黃昏之中，用盡燃料，尋找安全的降落地點。」[136]

「許多有色人種在這裡定居會出現問題。」一九五四年二月三日，邱吉爾告訴內閣，「我們要讓自己承擔英國的人種問題嗎？他們被福利國家吸引。一旦超出某個界線，英國輿論不會容忍。」[137] 儘管如此，邱吉爾認爲應該允許大英國協的外來移民繼續進入英國，而且需要時間「讓輿論繼續發展，之後再採取行動」。[138] 當時英格蘭的人口是三千八百六十萬，其中外國出生占據六萬。雖然邱吉爾並不喜歡他如此深愛並爲之奮鬥的帝國內爆，並且譴責他所謂的「喜鵲社會」⑧，但他無意限制外來移民，相關規定要到一九六〇年代初期才會實施。關於西印度群島的外來移民，某次他告訴內閣，有句好的口號叫作「保持英格蘭的白色」，表示他的種族觀點自成年以來一直未有實質改變。[139]

「記得，我們不能期待靠著十八人的多數就想糾正整個世界。」邱吉爾告訴內閣祕書諾曼・布魯克。[140] 他似乎不只意識到自己缺乏政治熱情。一九五四年三月，在下議院的男士洗手間，站在伍卓・懷亞特旁邊，他「悲傷地笑著」，然後說：「可憐的小鳥。牠甚至再也無法跳出自己的巢。」[141] 到了一九五四年五月，邱吉爾在阿爾伯特音樂廳的保守黨女性大會致詞之前，甚至吃了安非他命。

因爲一九五六年十月必須舉行大選，所以伊登愈來愈堅持邱吉爾訂下辭職日期，而且遵守到底，如此他可以盡早進入唐寧街，確立自己的地位。六月的時候，邱吉爾告訴伊登，他將在秋天辭職，但是突然之間，艾森豪似乎好像改變反對和蘇聯對談的心意，於是露出一線曙光——至少在邱吉爾心中，在西方與諸國的蘇維埃代理人之間，這些國家包括敘利亞、越南、伊朗、泰國、匈牙利、英屬幾內亞、中非，他可能眞的可以成爲冷戰的橋梁。

六月二十四日，他從希斯洛機場飛往華盛頓，帶著伊登、林德曼、摩蘭、科爾維、索姆斯去推廣「高峰會議」的想法，並如科爾維所言，提供「淨化空氣、創造美好感受的場合」。[142]會議議程因此也會包括中南半島、德國、埃及。這次邱吉爾受邀住在白宮，而且會議的第一天，艾森豪似乎同意，在與俄羅斯人進一步對談之前，英、美、德三國先在倫敦召開會議取得共識。六月二十六日，邱吉爾告訴參、衆議院議長「見面動口總比動武好」（後來被重述爲「吵架總比打架好」）。[143]

但是，正當邱吉爾以爲會有實際的重大突破時，六月二十七日，杜勒斯卻貶低倫敦會議的想法，認爲英國單純與俄羅斯雙邊會談即可，對此美國不會反對。[144]邱吉爾私下說到杜勒斯，「他是我唯一知道，把瓷器櫥背在身上的蠻牛。」[145]（他後來把杜勒斯的姓氏做詞尾變化「dull, duller, Dulles」。）[146]⑨英國代表團一無所獲地從華盛頓回來。

一九五四年七月，邱吉爾心不甘情不願地允許英國撤出蘇伊士的基地，但是埃及從來就不是帝國直接治理的屬國，而且對於肯亞的茅茅組織叛亂，他決定頑抗到底，此外也強力支持上將傑拉爾德·坦普爾爵士（Sir Gerald Templer）在馬來亞緊急狀態期間對抗共產黨游擊隊。⑩在肯亞，情況惡化爲骯髒的戰爭，雙方都犯下惡行，約有一萬兩千人喪命。邱吉爾看得出來戰後的氣氛轉爲反對殖民主義。「爲了保衛大英帝國，我可以與所有人爲敵，」後來他告訴一位副官，「除了英國人民。」[147]他守住一九四二年的承諾，沒有主持大英帝國的清算，他擔任首相期間沒有任何國家獨立，但是他卸下職位隔年，蘇丹獨立，接著迦納（Ghana）和馬來亞（今馬來西亞）在一九五七年、肯亞在一九六四年獨立。

七月初，邱吉爾去華盛頓的目標並沒有達成，他便訂下一九五四年九月二十日為預定交棒給伊登的日子。在那之前，八月初他會去莫斯科提議裁軍以及其他措施，期能促進全面緩和冷戰。現在私下希望邱吉爾辭職的內閣，對於向俄羅斯讓步的行為感到懷疑，而且更尊敬美國領導階層的作法，於是他們聯合反對邱吉爾與莫斯科接洽，索茲伯里更為此威脅辭去樞密院議長。不過邱吉爾私下說，就算索茲伯里辭職，他「根本也不在乎」。「你爺爺恨我。」某次去哈特菲爾德時，他告訴七歲的羅伯特・西賽爾（後來的第七代索茲伯里侯爵）。那不是眞的，雖然索茲伯里確實討厭如他告訴伊登的，「溫斯頓把這個政策丟給內閣的方式」。[148]

一八八六年，倫道夫・邱吉爾勛爵曾說格萊斯頓是「著急的老人」，現在溫斯頓・邱吉爾也是，而且邱吉爾向科爾維承認，他「準備不擇手段地安排與俄羅斯人的會議」。[149] 七月二十三日星期五那場重要的內閣會議上，索茲伯里（再次）和克魯克襄克威脅，如果邱吉爾邀俄羅斯人開會，他們就要辭職。為了邱吉爾會不會辭職而分裂的內閣和黨，那個週末完全處於緊張的氣氛之中。七月二十五日星期日，俄羅斯人自己解決了這個問題，他們要求召開三十二位外相的會議，討論泛歐洲的安全計畫。「世界的外交大臣聯合，」邱吉爾說得妙，「除了你的工作，沒什麼好損失的。」[150(4)]

週一的內閣會議因此毫無爭議的度過，索茲伯里勛爵「又笑了」，而邱吉爾「覺得至少他已努力了」。[151] 提議會議的人是伊登而非邱吉爾時，俄羅斯人的反應不是很熱情，於是這件事情也就消失在背景之中。「這個世界極為有趣，充滿新鮮事。」邱吉爾對著羅倫斯・伯吉斯諷刺自己無能阻止原子核擴散，「我們幾個活不了多久的人，祝福你們好運。」[152]因爲在內閣受到壓倒性的反對，既失望又生氣的他，八月初時改變在秋天交棒給伊登的心意。他享受擔任首相，眞心認爲與後史達林時代的政治局可以締造外交突破，而且愈來愈懷疑伊登會是有所作爲的繼承人。他知道，如科爾維所言，「他們想拉他下臺，又不想毀了下次大選的機會，非常困難。」[153]在查特維爾，他抱怨從來沒有首相「只因副手想要那個工作」就把他趕下臺。他寫信給伊登，修改了六次，表示他決定繼續擔任首相，直到一九五五年十一月大選。信中強調伊登接下新的部會將有多好，而且甚至想要說得好像他在幫助伊登。邱吉爾寄了一份副本給克萊門汀，他知道她希望他能更早退休的，並說：「我希望妳會給我妳的愛。」[154]「伊登非常沮喪，」科爾維記錄，「但事實上他也無能爲力。」[155]十一月邱吉爾八十大壽時，從三萬張卡片和九百份禮物可見出他受歡迎的程度。

爲了紀念這個日子，國會上下兩院送給邱吉爾一幅肖像畫，由葛蘭姆・薩瑟蘭（Graham Sutherland）所繪。邱吉爾刻意含糊其詞，在西敏廳的上下議院聯合會議描述那幅畫是「傑出的現代藝術之作，確實結合力量與坦率」。[156]事前克萊門汀與薩瑟蘭共進午餐時，曾經拍下那幅肖像的照片給邱吉爾看，他對著他的律師安東尼・莫伊爾「幾乎咆哮」地說：「這是或不是誹謗？我不會接受。我不會以那副模樣走進歷史。」[157]他對新來的，也是最後一任機要祕書安東尼・蒙塔格・布朗說：「我看起來像個落魄的酒鬼，被人從河岸街的水溝撿起來。」[158]一九四四年九月，在海德帕克時，克萊門汀發現一幅保羅・梅茲畫的邱吉爾，她覺得那是「恐怖的諷刺畫」。如同她告訴莎拉，「我大膽告訴議長，我不喜歡，而他說『我也不喜歡』。於是我說，『會曝光嗎？』，他說『會』，所以現在那幅畫被摧毀了。」[159]同樣地，約於一九五五年或一九五六年，葛瑞絲・漢伯林（現在是克萊門汀的祕書）與葛瑞絲的哥哥在查特維爾燒了薩瑟蘭的畫。既然克萊門汀曾向邱吉爾保證「那幅畫將永遠不見天日」，我們可以說這個對於異端的判決順了他的意。[160]

在西敏廳的典禮上，邱吉爾重申，他認爲戰爭時期的英國人民，「他們的意志堅定頑固，而且，如同後來所見，無法征服。我有責任表達這點，而且如果我的用詞正確，你們必須記得，一直以來我都靠我的筆和舌頭吃飯。這個國家與民族居住在世界各地，擁有獅子的心。我何其有幸受到召喚，發出怒吼。」接著，關於他對主要戰略的貢獻，他又說：「我也希望我有時能向獅子建議使用爪子正確的地方。」[161]在這段與其他演說中，例如一九四九年與一九五〇年他在阿萊曼對著萬名宿將團聚的演說，邱吉爾小心避免那種自負又難以控制，且會貶抑蒙哥馬利和蒙巴頓等人聲譽的自吹自擂與誇大。

邱吉爾的生日派對當晚，唐寧街共有兩百五十人。一位賓客回憶，「謁見廳富麗堂皇至極，擺設貴重的飾品與萬紫千紅的花朵；女士們穿著美麗的裙裝，配戴奪目的珠寶。」[162]午夜，巴哥・伊斯梅爲邱吉爾的健康祝酒，邱吉爾回應：「沒有我親愛的克萊米幫助，我永遠不可能來到這裡，或待在這裡。」[163]這顯然又是一個宣布辭職的時機，但他又再次略過。此時伍卓・懷亞特稱他是「自己人生中的古老紀念碑」；更優美地說，「邱吉爾」這個名字已經增色各種花朵——黃菊、雛菊、海棠、劍蘭、風信子、香豌豆及玫瑰。[164]

「那雙饑餓的眼睛，那雙饑餓的眼睛！」邱吉爾對著雕刻家奧斯卡・尼蒙開玩笑地說著他未來的繼承者，「我眞的應該辭職。總不能期待安東尼永遠活著。」[165]張伯倫在一九三九年和一九四〇年的時候當然可能說過邱吉爾同樣饑餓的雙眼，雖然當時邱吉爾完全不是順理成章的繼承人。一九五四年十二月二十一日，伊登寫道，邱吉爾在與伊登「不情願」的對話中，表示一九五五年六月或七月會辭職。「那個老頭子討厭我，」伊登寫道，「但我也沒有辦法。同僚們一致認爲內閣會議拖拖拉拉，無法作出結論，整體氣氛是 *après moi le déluge* ⑪，而且某人必須退位。」[166] 當然諷刺之處在於，邱吉爾**之後**，確實因爲伊登處理不當，而在一九五六年的蘇伊士危機帶來**洪水**。相反地，邱吉爾的秋老虎任期展現他有修復關係的能力——歡迎從前的敵人戴・瓦勒拉和尼赫魯到唐寧街，並協助結束韓戰，此外，更經常屈服工會對於工資和工作條件的要求，努力洗刷階級鬥士的名聲。

一九五五年二月一日，再次討論交接日期時，邱吉爾告訴伊登他會在那年四月五日星期二離開。三月一日，他撕毀外交部給他的簡稿，在滿座的下議院最後一次大型演說，他告訴衆人，在核武的時代，「恐怖會帶來堅實的安全，存活和毀滅是孿生兄弟。」[167] 他又說：「我認爲，最重要的是，我們必須永遠不讓英、美之間高昇的團結意識和兄弟情誼受到傷害或消滅……當公平競爭、同胞之愛、對公平與自由的尊敬，讓受到折磨的世代得到寧靜與喜悅，並從我們居住的可怕時代邁開步伐，就是黎明到來的日子。同時，永遠不要畏縮、厭倦、灰心。」[168] 這番話公開承認後來英、美雙方都確定損壞的關係，也是他最後一次在政治生涯的重大政治干預，而且是極爲嚴肅的一次。

三月十一日星期五，英國駐華盛頓大使羅傑・馬金斯爵士（Sir Roger Makins）報告，艾森豪提議五月初在巴黎和邱吉爾與阿登瑙（Adenauer）⑫討論和俄羅斯人開會的事，於是邱吉爾決定他四月五日之後還是必須留任，並且如科爾維記錄，把此當作另一個「機會，逃脫愈來愈無味的時刻表」。[169] 伊登果不其然大怒，便在週一的內閣會議大膽問首相他打算何時辭職。邱吉爾冷冷地說，「這不是他需要請教他人，或內閣會議應該討論的事。」[170]同天稍晚，美國駐倫敦大使溫斯羅普・阿爾德里奇（Winthrop Aldrich）證實，艾森豪完全不考慮和俄羅斯人見面。邱吉爾告訴克萊門汀，那件事情「解除我繼續的責任，讓我可以餵食饑餓的人」。[171]邱吉爾不知道的是，而且科爾維後來才意外發現，伊登在外交部的常務次長伊馮・科克派屈克和阿爾德里奇說過「悄悄話」。[172]所以伊登背著首相去找美國人，最後終於將邱吉爾請出唐寧街。

邱吉爾痛恨離職。「那是第一次死」，克萊門汀告訴瑪麗，「而且對他來說，人生已死。」[173]他產生了某種科爾維所謂「對伊登冰冷的恨意」，而且「想要說服他親密的朋友，他被追殺下臺」。[174]他也說，從政將近六十年，要他放棄，是「極度的悲痛」。[175]甚至晚至三月二十八日，他還試著扭轉必須要走的事實。當他得知馬林科夫的繼承人尼古拉・布爾加寧（Nikolai Bulganin）表示支持四國對談，他告訴科爾維，碼頭在罷工，報業在罷工，[(5)]預算和大選日期待決，「這個時候，他不能只是爲了滿足伊登對權力的饑渴而離開」，並且威脅針對此事舉辦政黨會議。[176]

科爾維再次展現敏銳的心理洞見，他建議伊登，「一定要把和藹可親當作格言」，因爲「首相遇到反對和決戰就會鬥志高昂，但是他永遠無法抗拒和藹可親」。[177]三月二十九日，邱吉爾跟伊登共進晚餐後，考慮了那個決定，隔天早上四度改變心意，同意在四月五日離職。科爾維認爲，那個決定讓邱吉爾變成「悲傷的老人」。[178]他曾經嘲諷艾德禮政府遞交政權時像吸附在岩石上的帽貝，但是帽貝的韌性在八旬老人邱吉爾旁邊也失色。

他離職前一晚，女王和菲利普親王來到唐寧街十號晚餐，對一個首相而言是前所未見的光榮。倫道夫喝醉了，而西敏公爵夫人把腳放在克萊麗莎的拖裙——愛丁堡公爵開玩笑，「撕破了，多重意義下」

——但是撇開這些，是非常成功的晚餐。[179] 那天晚上，邱吉爾坐在他的床上，戴著他的嘉德勛章和功績勛章，穿著他的及膝短褲，突然激動地對科爾維說：「我不相信安東尼做得到。」[180] 對一個擔任得力助手長達十五年的人——英國政治史上待命最久的繼承人——這麼說殘忍且不公平，卻被他說對了。

一九五五年四月五日星期二，最後一次內閣會議，前往白金漢宮辭職前，他穿上長禮服，對他的同僚發表哲學思想——「人即精神」。[181] 他也給他們務實的建議，「永遠不要和美國人分開」。[182] 他接著道別，說「他相信，他們能夠繼續推動英國已經開始重建的社會安定與經濟強健，並與大英國協的國家交織更緊密的連結，或如同他更喜歡稱呼的，帝國」。[183]

驚人的是，這些話和一八九七年十二月，年僅二十三歲的他寫給母親的信中條列的政治信念吻合：「我將奉獻我的人生保存這個偉大的帝國，竭力維持英格蘭民族之進步。」[184] 邱吉爾的秋老虎首相任期見證韓戰結束、一百萬棟房屋興建、配給制度廢除、撙節結束，國家也開始恢復繁榮。英國已經成為核武強國；大英帝國沒有任何部分遭到清算；加冕典禮盛大成功；人類征服聖母峰。[185] 回溯之下，儘管對工會讓步，一九五〇年代的前半可謂英國的黃金年代，而那樣的年代，至少某些部分必須歸功於當時的首相。

在國外，他已經盡了最大努力阻止大英帝國解體。迪斯雷利「帝國與自由」的信念與他父親的托利民主縱貫他的職業生涯，而且儘管改變黨籍，他從不改變這些。[186] 鮮少有政治人物擁護相同的指導原則長達五十八年，而且他最後對內閣說的話正好就是關於帝國。

女王想要頒給他公爵爵位，但她的幕僚私下瞭解，他會婉拒。他不希望妨礙倫道夫和孫子溫斯頓的政治事業，而且如同他告訴科爾維：「認眞的，我希望以溫斯頓・邱吉爾的身分死在下議院。」[187] 邱吉爾出生那年創立西敏公爵之前，沒有非皇室的公爵爵位，而且在平民時代，那樣的觀感也不佳，但是難以想像有誰比溫斯頓・邱吉爾更應得那樣的榮譽。他喜歡開玩笑說，如果當時他接受了會怎樣；買下緊鄰查特維爾、一百二十英畝的巴鬥格斯農莊（Bardogs Farm）後，他說：「巴鬥格斯公爵聽起來不錯，倫道夫可以當查特維爾侯爵。」[188] 他曾告訴科爾維：「我應該當查特維爾公爵，倫道夫當圖列多侯爵（Marquis of Toodledo）。」[189] 事實上他也許會接受倫敦公爵，紀念他在倫敦大轟炸期間的反抗。

契克斯別墅的大廳有幅巨大的畫作，是魯本斯的〈獅子與老鼠〉（The Lion and the Mouse），描繪伊索寓言的場景。辭職前最後一個週末，邱吉爾叫人把畫拿下。「溫斯頓爵士一直覺得很煩，」葛瑞絲・漢伯林回憶，「因爲他看不見那隻老鼠。」[190] 所以他拿起畫筆，想要改善彼得・保羅・魯本斯（Peter Paul Rubens）的畫，把那隻老鼠畫得更清楚。[191]「如果那不叫勇敢，」蒙巴頓後來說，「我不知道什麼叫勇敢！」[192]

作者注

(1) 五月二十七日，在西敏廳的加冕典禮午宴前，邱吉爾給一位年輕的美國學生極為睿智的建議：「去讀歷史，去讀歷史。所有治國之道的竅門盡在歷史裡頭。」（OB VIII p. 835）

(2) 前澳大利亞首相威廉・休斯（William Hughes）前一年過世。

(3) 一、第一次他們不讓亞歷山大進去突尼斯，當時他輕易就可以進去。二、他們在安濟奧做了斯托普福德在蘇弗拉灣做的事情：緊緊守著海灘，沒能在內陸占據位置，但他們明明可以……。三、他們堅持鐵砧行動，因此阻撓亞歷山大拿下第里雅斯特和維也納。四、艾森豪在大君主行動拒絕讓蒙哥馬利集中在左翼進攻。他堅持廣泛進攻，而這樣做難以得到支援，導致倫德施泰特（Rundstedt）在阿登反攻，因此延長戰爭，得到痛苦的政治後果，直到一九四五年春天。五、艾森豪讓俄羅斯人占領柏林、布拉格、維也納，這些地方美國人當初大可進去。（Colville, *Fringes* pp. 674–5）

(4) 科爾維的義大利廚師，因為夜晚在維洛納（Verona）的街上和男人私通，那個月挺著孕肚來工作時，邱吉爾開玩笑說：「顯然不是兩位紳士其中之一。」（Colville, *Fringes* p. 701）（譯注：這邊邱吉爾指得是莎士比亞的喜劇《維洛那二紳士》〔*The Two Gentlemen of Verona*〕）

(5) 意味報紙不會報導這個辭職。

譯者注

① 講求務實，強調化解社會分裂、階級互助的政治形式，十九世紀中期由迪斯雷利首度提出。

② 意思是，不是bosom（乳房），也不是blossom（開花）。

③ 法文意為「她今晚很美」。

④ 美國第二次獨立戰爭。

⑤ 爵士的妻子頭銜為Lady，亦有淑女之意。

⑥ Brain這個姓氏正巧是「大腦」的意思。

⑦ 邱吉爾取「消失」（disappear）和「貴族爵位」（peerage），創造「消失爵位」一詞。

⑧ 歐洲童話故事中常把喜鵲描繪為撿拾各種東西回去築巢的小鳥。

⑨ dull則為沉悶之味之意。

⑩ 馬來亞緊急狀態是指一九四八年至一九六〇年間馬來亞共產黨與大英國協軍隊之間的衝突時期。

⑪ 法文意為「我之後的洪水」，引申為對死後發生的事漠不關心。

⑫ 時任西德總理。

34 漫長的日落 1955／4—1965／1

把感傷浪費在人類生命結束的階段，實為愚蠢。高貴的靈魂自然樂意臣服於漸暗的暮色，任其帶著他們前往更好的世界或被人遺忘。——邱吉爾論第一代馬爾博羅公爵之死。[1]

他的心靈鑄造「激情、高尚、勇敢」。他活的人生是他唯一可能活的人生，他必須走到最後。——邱吉爾，《薩伏羅拉》[2]

「我帶著令人愉快的緊張，期待空閒時間。」邱吉爾告訴藝術歷史學家約翰・羅騰斯坦（John Rothenstein），「在寫作、閱讀、繪畫、砌磚，以及三、四件其他我想做的事情之間選擇，眞是困難。」[3]除了在肯特郡充實的生活，每次他去下議院，議員們就在吸菸室或酒吧將他團團包圍，聆聽他的意見，這樣他們就能說自己曾和在世的傳奇說話。年輕的保守黨議員安格斯・穆德（Angus Maude）回憶他曾告訴他們一群人，例如，「喝酒的祕訣就是每次都有點喝太多。」[4]

安東尼・伊登隨即於一九五五年五月二十六日召開大選，保守黨贏得三百四十四席，工黨兩百七十七席，自由黨六席；保守黨得到一千三百三十萬票，工黨一千兩百四十萬票，賦予伊登五十九席的多數——這是向邱吉爾的治理致敬。邱吉爾以一萬五千八百零八票的多數連任伍德福德的議員。

七月十一日，牛津大學的教師A・L・羅斯博士（Dr. A. L. Rowse）到查特維爾拜訪邱吉爾，邱吉爾派了他的車到諸靈堂接他，車上可見五港總督的三角旗飛揚。「幸運地，我寫下所有他對我說的話。」羅斯寫道，「回想那次，我反而覺得他希望我那樣，他本人極有歷史意識。」[5] 羅斯環顧圖書館，並在其中看見歷史、傳記、政治回憶錄、華特・司各特（Walter Scott）、薩謬爾・詹森（Samuel Johnson）、麥考利、馬爾博羅與倫道夫・邱吉爾勛爵的信件往返，以及最近出版的伊登傳記。身為工黨的支持者，羅斯很訝異，邱吉爾「最重要的是，完全不以黨員的身分說話。他說到保守黨時會說『他們』」。邱吉爾聽起來幾乎像是自由主義者，說到國有化和賦稅，「你不能光靠拿取其他人的財富來創造財富。對人民應該有個最低標準，那個標準以上——自由發揮。」[6] 他們午餐前喝了哈維斯布里斯托奶油雪利酒（Harvey's Bristol Cream sherry），用餐時則喝了高級的霍克酒（hock），之後邱吉爾又勸他喝波特酒搭配起司⑴，最後再以君度橙酒（Cointreau）搭配咖啡。

午餐後，「有點喝醉」的羅斯上樓，在邱吉爾的書房討論國王查理一世，並讓邱吉爾閱讀一本羅斯的書稿，論早期的邱吉爾家族，也是這次來訪的原因。關於詹姆斯一世處決沃爾特・雷利爵士的事，邱吉爾說，「我一直認為，對於那位奢侈的雞姦者①，那是其中一個最糟糕的汙點。」（他顯然不知道羅斯本身的性傾向。）說到第一代馬爾博羅公爵和查理二世的情婦卡色曼夫人（Lady Castlemaine）的戀情，他評論道，「十六歲（其實是二十一歲）就被國王的情婦誘惑，必定是非常有趣且寶貴的經驗。」[7] 接著他餵金魚，他說那是他的「寶貝」。邱吉爾給他看波耳戰爭的懸賞海報，「二十五鎊，我就值這麼多。」之後羅斯一直記得「那是我生命中最美好的一天」。[8]

邱吉爾喜歡邀請客人來查特維爾；某次他問一位摩門教徒要不要喝威士忌加蘇打水，對方回答：「溫斯頓爵士，我可以喝水嗎？獅子喝水。」「驢子也喝水。」他這麼回應。另一個在場的摩門教徒說：「烈酒像大蛇狂怒且螫人。」「我一直在尋找那樣的飲料。」邱吉爾回嘴。在他晚年一直擔任機要祕書的安東尼・蒙塔格・布朗後來讚美那些機敏的對答，邱吉爾露齒一笑並說，「那些都不是我想的。都是我從歌舞雜耍表演學的。」[9] 他很喜歡拿禁酒主義者開玩笑。一九四四年十月，大主教威廉・坦普爾（William Temple）去世。邱吉爾因爲坦普爾的左翼觀點所以不喜歡他，甚至開了一些科爾維所謂「粗鄙」的笑話。[10]「看吧，才六十三歲，禁酒主義者，」他說到這位大主教，「再看看我，不是禁酒主義者，七十歲。」[11] 身爲飲酒者、抽菸者、肉食者，卻比禁酒主義者和素食主義者活得更久，這點總是帶給邱吉爾極大的滿足。

一九五五年八月，蒙哥馬利來拜訪他，重溫戰爭時光，而奧斯卡・尼蒙爲他製作雕像，此時邱吉爾已經再次開始著作《英語民族史》。一九三九年底他在海軍部的時候幾乎完成，但那之後就一直忙著其他的事。起初他在一九三二年十月簽下合約時（兩萬英鎊），曾經說過這本書會涵蓋英語民族的「爭執、他們的不幸與他們的妥協」，而且本書的「目的是強調英國和美國民族共同的繼承，藉此強化他們的友誼」。[12] 一九五五年底，在莫利斯・阿什利、威廉・迪金、丹尼斯・凱利協助下，他完成這本書。「他體內的美國血統幫助形塑他的書，」阿什利寫道，「而且他的貴族習性從不減損對民眾的同情，即使他將過去的成就歸功於偉人而非眾人。」[13] 那是一本令人振奮的書，甚至把阿爾弗烈德大帝（Alfred the Great）燒焦麵餅的傳說當成歷史事實。② 迪金指出那幾乎確定是假的，邱吉爾告訴他，「在危機的時候，神話有其歷史重要性。」——這番對阿爾弗烈德大帝之於維京戰爭的評論，就和對一九四〇年與一九四一年一樣充滿洞察力。[14]第四卷暨最後一卷停在一九〇一年維多利亞女王逝世，以及邱吉爾所謂「暴風雨悲劇的世紀」，而他在《世界危機》和《第二次世界大戰》已經完整書寫這個世紀。儘管邱吉爾對羅伯特·E·李與南方邦聯身爲軍人相當讚賞，但是最後一卷的英雄是亞伯拉罕·林肯，他並描述美國內戰是「最高貴，而且之前信史的大型戰爭中最無法避免的」。[15]

寫作之餘，邱吉爾持續狼吞虎嚥地閱讀，而倫敦圖書館提供他狄更斯、吉卜林、奧斯汀、康拉德，以及佛瑞斯特、史蒂文森、菲尼莫爾·庫柏 (Fennimore Cooper) 的冒險故事，還有H·C·麥克尼爾 (H. C. McNeile) 鬥犬杜蒙 (Drummond) 的故事（「薩珀」(Sapper) 系列小說）。他也常常閱讀莎士比亞放鬆心情。(2) 雖然他在查特維爾每天都會散步，而且持續砌磚，到了八十五歲，邱吉爾體力自然下滑。「我爲那些運動一輩子的朋友抬棺時，就是我的運動。」他說。[16]他還是經常去倫敦。蒙塔格·布朗帶他去布鐸斯俱樂部 (Boodle's Club) 的時候，邱吉爾說：「我確實喜歡這個俱樂部；你們的會員多數是規矩的鄉紳。」當布朗道出一半的人都在炒股票，邱吉爾憤慨地說：「你不該這樣說你的會員伙伴！真的，朋友，你必須避免這種悲觀判斷的嗜好。」[17]

一九五六年一月，邱吉爾第一次去埃莫里·里維斯和溫蒂·羅素 (Wendy Russell) 美麗的家，名爲「拉帕薩」(La Pausa)。這裡位於羅克布呂訥 (Roquebrune)，靠近蒙地卡羅，原本是班德·西敏幫他的情婦可可·香奈兒 (Coco Chanel) 蓋的。之後邱吉爾還會多次拜訪。里維斯夫婦直到一九六四年才結婚，克萊門汀不想和他們見面，稱他們的事實婚姻「不合慣例，是令人不愉快的同居」，雖然除了她自己的感覺，其餘沒什麼好不愉快。[18]邱吉爾對人們的關係從來不會過分拘謹，而且他更享受陽光、奢華的招待、紙牌，以及娛樂朋友的機會。二月六日，他登上克里斯蒂娜號（*Christina*）用餐，這是極為富裕的希臘船東亞里斯多德·歐納西斯（Aristotle Onassis）的遊艇。克萊門汀反對丈夫和這樣的財閥來往，但邱吉爾覺得辛苦了一輩子，他在老年值得一些樂趣和奢侈的生活。

四月二十三日聖喬治日，邱吉爾出版《不列顛的誕生》（*The Birth of Britain*），是《英語民族史》共四卷中的第一卷，克萊門．艾德禮說，這部著作其實應該叫作「歷史當中我感興趣的事」。[19] 哈洛德·尼科爾森在《紐約時報》的書評中寫道，邱吉爾認為「歷史命運幾乎所有關鍵的轉折，都是因為困惑的世紀突然出現特異現象，以及偉大的歷史人物衰敗」，例如阿爾弗烈德大帝、伊莉莎白一世、小皮特。[20] 邱吉爾寫道，「阿爾弗烈德成功地防禦島嶼家園」，他讚美國王阿爾弗烈德研讀歷史，並說正是他「卓越的力量使他從艱困的環境中崛起，於勝利或失敗皆能保持公正，面對災難依然堅忍不拔，以冷靜的目光迎接回歸的命運，多次遭遇背叛仍對人抱持信心」。[21] 雖然最後一卷結束在維多利亞女王崩逝，但對他的讀者而言，女王顯然是英雄的光譜上最後一位人物。這本書賣得極好，並被翻譯為十一種語言。十一月，為答謝邱吉爾送他第二卷，大衛·麥斯威爾·菲夫，現在是基爾姆爾勛爵（Lord Kilmuir），精闢地寫道：「我永遠相信，時常保有歷史意識是一位政治人物的必要條件。你的書本不僅確認這點，也會為無數的人創造這種意識。」[22]

一九五六年六月初，依據伊登在邱吉爾首相任內談判的結果，最後一批英國軍隊離開蘇伊士運河區，而三週後，上校阿布杜拉·納瑟（Abdul Nasser）當選埃及總統。接著，七月二十六日，納瑟無預警地將英、法擁有的運河國有化，運河持有者和使用者頓時捲入巨大危機。邱吉爾一開始支持「大膽行動，必要的話使用武器」，以扭轉決定並推翻納瑟，而且如此告訴伊登。他也告訴克萊門汀，他害怕隨著艾森豪競選連任，伊登可能會「等待美國，他們可能會第三度姍姍來遲」。[23]回想起來，伊登當初如果那麼做，反而是明智的選擇，而且也會符合邱吉爾給內閣的最後一項建議：「永遠不要和美國人分開。」[24]但是伊登不顧那項建議，猶且在夏季與秋季這段期間，沒有警告艾森豪的情況下，與法國、以色列締結聯盟對抗埃及，而艾森豪就如邱吉爾洞悉到的，正在競選連任。十月二十日，邱吉爾再度輕微中風，在英法軍隊占領蘇伊士運河三天前，從拉帕薩搭機返國。十一月六日，艾森豪連任；他安全回到白宮，反對英法軍事行動的立場卻完全不見軟化。

無論邱吉爾是否真的跟摩蘭說了「安東尼活該。他承繼了他把我捲入的事。」，很難不察覺，邱吉爾對伊登之於蘇伊士運河的事件幸災樂禍。[25]他當然確實說了蘇伊士的行動「是最不經思考、最失敗的行動……如果是我，永遠不敢；但是如果我敢，更不敢停下來。」[26]美國威脅，如果他們繼續占領運河將會制裁英鎊，以致最後一支英國軍隊必須蒙受羞辱退出埃及，但是甚至在此之前，邱吉爾依然試著重建英、美的特殊關係。「這個世界已經沒什麼需要我做的，我不希望、也無精力再讓自己介入當前的政治壓力與紛擾。」十一月底他寫信給艾森豪，「但是我確實相信，以我堅決的信念，戰爭以來，今日的英美聯盟比任何時候更加重要。」[27]

儘管如此，邱吉爾私人對艾森豪的感受一如既往負面。翌年九月，住在拉卡彭奇納（La Capponcina）時（畢佛布魯克位於法國南部卡代〔Cap d'Ail〕的別墅），他說到內佛・舒特（Nevil Shute）剛剛出版的災難預言小說《世界就是這樣結束的》(*On the Beach*)③，內容關於原子核戰爭的後果。「我想地球很快就會被摧毀。」邱吉爾說，「而且如果我是上帝，我不會重建，以免下次他們連祂也一起毀滅。」[28]他認爲他可能會送一本給蘇聯新的領袖尼基塔・赫魯雪夫(Nikita Khrushchev)，但被問到艾森豪時，他說，那是「浪費錢」。

「中東是世界上最困難的地區之一，」邱吉爾在一九五八年告訴蒙塔格・布朗，「長久以來皆是兵家相爭之地。唯有當強權建立堅固的勢力，展現貫徹的意志，和平才能盛行。你的朋友必須充滿精力，且無可避免地定會遭到報復。武力，或者甚至武力加上賄賂，是唯一受到尊重的事物。這很傷心，但我們最好全都承認。現下我們的友誼不被重視，我們的敵意不被畏懼。」[29]中東的災難導致伊登於一九五七年一月九日辭職。對邱吉爾而言，這個悲劇不僅牽涉政治，也波及家庭，因爲克萊麗莎是他的姪女。「他們勇敢承受他們的命運。」邱吉爾告訴克萊門汀。[30]哈洛德・麥克米倫繼承伊登，他是個強健的反綏靖主義者，邱吉爾一直都喜歡他、提攜他。

費德里克・林德曼，也就是教授暨查威爾勛爵，一九五七年七月三日於睡夢中去世。基於三十六年的友誼，又與F・E・史密斯和布蘭登・布瑞肯並列邱吉爾生命最親近的人，邱吉爾出席他在牛津基督學院的喪禮，而且儘管身體虛弱，他仍堅持陪伴棺木到墓地。「他的性格獨特，擁有極大的外在體魄與道德勇氣。」邱吉爾在另一俱樂部說。[31]下一個月，莎拉的前夫安東尼・博尚(Anthony Beauchamp)自殺，她爲此大受打擊，再次沉溺酗酒。此時倫道夫依舊飲酒無度，而黛安娜自己也不好過。[32]邱吉爾四個未亡的子女中，只有瑪麗不受偉人之子帶來的壓力所傷。

一九五八年，劍橋大學開始募集基金成立邱吉爾學院，專門研究科學與技術。被問到是否可以用他的名字命名，邱吉爾說：「再怎麼說，他們把我的名字放在三一學院旁邊。」[33]他希望學院能以同等條件錄取女性學生。「當我想到女性在戰爭的貢獻，」他說，「我很確定她們值得相同待遇。」[34]四十年前他曾目光短淺地反對女性參政，這或許能夠視為遲來的道歉。

一九五八年前半，邱吉爾二月在拉帕薩感染肺炎，三月復發，然後四月跌倒後又得了肋膜炎。羅伊・豪威爾斯（Roy Howells）成為他的全職隨從。「你知道嗎？你對我很粗魯。」某次邱吉爾告訴他。「是，但您也很粗魯。」豪威爾斯回答。於是邱吉爾「臉上淺淺一笑」說，「是，但我是偉人。」[35]

一九五八年八月初，邱吉爾三度去西敏醫院探望因食道癌生命垂危的布蘭登・布瑞肯。八月八日，得知布瑞肯過世，得年只有五十七歲的消息時，他和畢佛布魯克在法國的里維埃拉。「告訴我一件事情，派。」邱吉爾問陪伴布瑞肯到最後的朋友派崔克・亨內西（Patrick Hennessy），「他是否勇敢地死去？」聽到布瑞肯勇敢面對死亡時，邱吉爾「淚流滿面」，只說：「好可憐哪，親愛的布蘭登。」[36]布瑞肯曾經預言自己，「我會死得早，然後被遺忘。」抽了一輩子的菸，他確實死得早，然而他是邱吉爾「忠實的門徒」、最信任的政治顧問、陪伴邱吉爾度過荒野歲月的人、二次大戰成功的情報大臣、當今《金融時報》與《今日歷史》（*History Today*）的創辦人，沒有被人遺忘。僅僅略多於一年的時間，邱吉爾失去兩個最好的朋友。十一月二十日，他在另一俱樂部說，「我們遭受巨大、強烈的打擊。布蘭登走了。我們全都記得，在黑暗的歲月，他的精神、他的魅力與機智，如何超越個人傷痛與重大事件。他以勇氣和耐心承受他的病苦。現在他不在了，而我們全都因為失去他而備感落寞。」[37]

一九五八年九月二十二日至十月十日，邱吉爾第一次登上克里斯蒂娜號，接下來五年他一共會搭乘八次，而且非常享受每次旅程。他的外孫女西莉雅・桑迪斯（Celia Sandys）回憶那些旅程「極度豪華」。[38]他在地中海、加勒比海航行，還有一次去紐約，雖然那次他病得無法下船。瑪麗計算，從一九五六年到一九六二年，他的父親一年平均花十七週在船上，享受晴朗的氣候。「人生終結的日子既黯淡又乏味，」一九五八年十月十四日，邱吉爾告訴克萊門汀，「我很幸運有妳在我身邊。」[39]一九五〇年代結束時，邱吉爾的記憶開始褪色：他必須要問誰是赫伯特・摩里森，而且雖然他記得拉布拉他河之役的時候他是第一海軍大臣，但想不起來是哪一場戰爭。[40]當他出席下議院的辯論，他坐在通道底下角落的座位，也是他在荒野歲月時坐的位置，而一九五九年他成爲下議院元老（Father of the House），代表當時連續服務最久的議員，儘管年資因爲一九二〇年代初期離開國會而中斷。

一九五九年，他搭乘克里斯蒂娜號去了尼斯（Nice）、蒙地卡羅、義大利的里維埃拉、希臘島嶼、伊斯坦堡（他當然還是稱之爲「君士坦丁堡」）。他帶著鄧肯・桑迪斯送他的虎皮鸚鵡「托比」同行。[41]歐納西斯的女朋友，歌劇女伶瑪麗亞・卡拉絲（Maria Callas）也在船上，而西莉雅・桑迪斯記得，當邱吉爾唱著他最喜歡的歌廳秀歌曲，「瑪麗亞・卡拉絲假裝高興地跟著唱『黛西，黛西』，看起來不太協調。」[42]在蘇尼翁角（Sounion）的波賽頓神殿（Temple of Poseidon），也就是拜倫將姓名刻在柱子上的地方，邱吉爾背誦《唐璜》。在羅得島，他當然愛極了蝴蝶谷。

「我們趁著夜色從士麥納航行經過達達尼爾海峽，」西莉雅寫道，「以免海峽引發座上賓客不好的回憶。」[43]但是，事實上，邱吉爾「非常清楚此時此地的情況。那天晚餐他提到達達尼爾海峽，但是沒有執著在那個話題，其他人也是」。[44]他們航行經過數個地方，壯觀的場景隨之變換，「看得出來令他激動」。他也沒有失去訓斥的本領。一九一九年和他表弟結婚的黛西・費羅斯住在卡代，某天晚上，她對著幾乎睡著的邱吉爾說出「這麼偉大的人，衰頽之年卻和歐納西斯、溫蒂・里維斯爲伍，眞是可惜」，卻聽到一聲大吼，接著這樣的話：「黛西，溫蒂有三樣東西妳永遠不會有。她很年輕，她很美麗，她很善良。」[45]

一九五九年一月和二月，邱吉爾最後一次造訪馬拉喀什，他在那裡畫畫。「天氣一直相當美好，」蒙塔格・布朗在假期最後一天從馬穆尼亞飯店寫信給畢佛布魯克，「但是他愈來愈疲憊倦怠，雖然不能說是憂鬱，但對周遭事物愈來愈不感興趣。」[46]那個月，邱吉爾出版他最後的親筆著作，是刪減爲一卷的《第二次世界大戰》，並且附上一九四五年至一九五七年的後記。三月，他在皇家學院的個人畫展極爲成功，相較前一年達文西的素描，吸引幾乎兩倍的觀賞人數。

一九五九年四月十九日，邱吉爾再次輕微中風，導致說話疼痛困難。[47]但是只過了三天，他就出席另一俱樂部，而且又過了幾天，他在伍德福德選區會議致詞，宣布他會參選國會議員，獲得熱烈歡呼。下一個月他在紐約被民衆包圍。有人在人群中高舉他們的小孩，這樣一來小孩長大後就可以說他們看過溫斯頓・邱吉爾。

他在白宮住了三晚，第一次搭乘噴射機。他也寬宏大量地探望癌症病重的約翰・福斯特・杜勒斯，以及因爲中風無法說話的喬治・馬歇爾。馬歇爾那年十月過世。艾森豪見過邱吉爾後，這位總統對他的兒媳說：「眞希望妳在他的全盛時期認識他。」[48]搭機返家途中，邱吉爾注意到右手小指陣陣抽痛，結果是血液供給中斷，原因可能是他的圖章戒指意外成了止血帶，小指指尖因爲壞疽必須切斷。

一九五九年九月二十九日，邱吉爾在伍德福德的競選活動發表最後一次政治演說。「我們的社會主義對手嚴重搞錯了。」他說，「他們某些人認爲私人企業是該被射殺的老虎，其他人則當成可以擠奶的乳牛。」[49]說出這句話的時候，他做出拉扯乳牛乳房的手勢。「只有少數幾人看清其眞正樣貌——強壯樂意的馬匹，拉動整臺馬車。」他的競選傳單宣布，「我們永遠不能忘記，我們在大英國協與帝國的核心地位，以及在大西洋聯盟的主要角色。」[50]他在八十四歲連任第十五次國會議員，也是最後一次，得到幾乎一萬五千票多數，而麥克米倫和保守黨政府獲得一百席多數。十月三十一日，他在伍德福德爲他的雕像揭幕，發表最後一次公開演說。他的主題是英國人民。「憑藉我們的勇氣、我們的毅力、我們的智慧，我們在世界不斷前進，通往人類長久的福祉。」他說，「切莫失去信心。深深盼望未來。」[51]

一九六〇年代，邱吉爾自己眼中的未來，事實上是憂傷與沮喪。「我一直非常努力工作，也達到相當多的成就，」他經常告訴蒙塔格・布朗和其他人，「但到頭來是一場空。」[52]他指的可能是無能化解冷戰，但更可能是反省蘇伊士運河之事後，英國向世界暴露弱點，以及他鍾愛並誓言保護的大英帝國逐漸鬆動。繼蘇伊士運河後，他僅干預一次國際事務。一九六一年，他試圖說服麥克米倫延後女王訪問迦納，理由是迦納的第一任首相夸梅・恩克魯瑪（Kwame Nkrumah）是仇英的獨裁主義者。[53]女王依照計畫訪問，而且相當成功。

一九六一年一月，虎皮鸚鵡托比在蒙地卡羅的巴黎飯店從窗戶飛出邱吉爾的房間，再也沒有回來。「我確實爲托比傷心。」他告訴克萊門汀，「我一直存著一線希望，會聽到牠安全回來的消息。」[54]他在那裡賭博賭得很開心，尤其輪盤。他到了桌前，其他客人就會拍手。根據他的維安人員艾德蒙・莫瑞

(Edmund Murray) 回憶，「他們自動自發，滿懷敬意，許多人眼中帶淚。」[55] 四月十九日，他搭乘克里斯蒂娜號抵達紐約，看著瑪麗皇后號離開冠達郵輪的碼頭，展開跨洋之旅，旅程如同他在一九四三年和一九四四年歷史性的戰爭時期，兩天後他又飛回家。

一九六二年，邱吉爾畫了最後一幅畫，名爲〈查特維爾的金魚池〉，並送給莫瑞。六月二十八日，他在巴黎飯店的臥房跌倒，導致左髖骨和大腿骨裂開。X光顯示一八九三年他從溫伯恩橋上跳下的裂痕，而這也是最後一次，他被人送上飛機回家。「記得，我想死在英格蘭。」他告訴蒙塔格・布朗，「答應我你會確保這件事。」[56] 不顧法國的醫生建議他不能移動，隔天哈洛德・麥克米倫派出皇家空軍彗星號（RAF Comet）救護機。邱吉爾在米德塞克斯醫院住了五十五天，蒙哥馬利去探望他，發現他一邊抽雪茄，一邊「抗議英國提議加入共同市場」。[57] 邱吉爾的家人指責蒙哥馬利告訴媒體這件事情，而蒙塔格・布朗寫了一封他後來所謂的「騎牆信」（fence-sitting letter）給媒體，但是沒人真的否認邱吉爾那樣說過。同時，據報垃圾桶裡發現雪茄的菸蒂。

漫長的時光中，邱吉爾經歷諸多意外，全部從他五歲跌落三輪車開始——從馬和樓梯上摔下、數次汽車和飛機碰撞、住家火災、從橋上跳下、差點溺水和差點被車撞——在摩納哥跌倒是最後一次。一八九九年他在久德浦摔下樓梯時，他對他的母親開玩笑，「我相信我的不幸會安慰諸神，祂們因爲我在其他地方的成功和好運不悅。」[58] 諸神要求的，必定是完全公平的安慰，而摩納哥這一摔，大大損傷他的狀態，以致一九六四年九月，他再也不認得蒙哥馬利。

多年來，邱吉爾在查特維爾種植各種灌木，尤其爲了吸引他所引進的諸多蝴蝶品種。天晴的時候，他會坐在椅子上，如同瑪麗回憶，「刻意坐在茂盛綻放的醉魚草前面，陶醉地看著斑斕炫目的蝴蝶——優紅蛺蝶、翠鳳蝶、小紅蛺蝶——在滿覆花蜜的紫色花朵上振翅、歡食。」[59]他曾在古巴觀賞蝴蝶，在印度蒐集蝴蝶，在南非的監獄為牠們著迷，在東非和加州旅行時書寫蝴蝶。隨著他的心智逐漸流逝，蝴蝶是他漫長人生中許多嗜好的最後一項。

一九六三年四月，甘迺迪總統在華盛頓宣布他為美國榮譽市民，他從閉路電視收看倫道夫朗讀他的演說。十月十九日，黛安娜因為服用安眠藥過量去世；邱吉爾從查特維爾寫信給克萊門汀表達他們的悲痛，也表達他們的愛。[60]一個月後，他看見電視報導他相當讚賞的總統甘迺迪遭到刺殺，於是落淚。

一九六四年七月二十七日，邱吉爾最後一次進入國會。隔天，首相亞歷克・道格拉斯—霍姆爵士與其他資深政治人物在海德公園門午餐，頒發一致通過的決議——擔任國會議員超過六十載後，邱吉爾退休。他在海德公園門慶祝九十歲生日，十天後他最後一次出席另一俱樂部。「過去曾經那麼鮮活的那道火花，如今愈來愈難喚醒，」蒙塔格・布朗的著作《漫長的日落》(*Long Sunset*) 描述邱吉爾最後十年，非常感人，「只能說，他知道他人在哪裡，而且很高興在那裡。」[61]

一九六四年十二月底，邱吉爾出現大腦動脈痙攣。他最後條理清楚的話，是對克里斯多佛・索姆斯說：「我好厭倦這一切。」[62]一九六五年一月九日晚上，他大範圍中風，從此再也沒有恢復意識。儘管如此，他還是躺在搬到海德公園門二十八號客廳的床上，活了十五天。他的貓喬克也躺在那裡，周圍有鮮花和蠟燭。一九六五年一月二十四日星期日，上午八點一過，溫斯頓・斯賓賽—邱吉爾爵士高尚的心臟最後一次跳動。

邱吉爾曾在一九五三年告訴喬克・科爾維，他會在他父親的忌日去世，他確實就是。那也不是他對父親最後的致敬：邱吉爾原本想要葬在查特維爾的槌球草地底下，但是看過他父親、母親、弟弟位於布雷登聖馬丁教堂的墳墓，從那裡可以望見布倫海姆宮，於是一九五〇年代後期，他改變心意，決定跟他們葬在一起。今日倫道夫・邱吉爾勛爵的墳墓有個標示寫著「父親」；他曾如此低估他的兒子，許多方面甚至可謂瞧不起，如今卻因父子關係爲人紀念，著實諷刺。

「英國再也不是強國。」一九五九年起擔任法國總統的戴高樂，聽見邱吉爾的死訊時喃喃自語。[63] 邱吉爾過世時，工黨政府正考慮撤回所有蘇伊士以東的英國軍隊，實際結束大英帝國。「巨人的時代就此逝去。」歷史學家亞瑟・布萊恩爵士（Sir Arthur Bryant）在《倫敦新聞畫報》（*Illustrated London News*）寫道。小說家V・S・普里切特（V.S.Pritchett）寫道，「我們正看著完全無法挽回的過去。」[64]

女王指示司禮大臣諾福克公爵，邱吉爾的喪禮應當「符合他的歷史地位」，確保將是一八五二年威靈頓公爵以來最隆重的非皇家喪禮，甚至勝過一八九八年格萊斯頓的。因爲邱吉爾的長壽不斷更新，這項行動計劃多年，代號爲「希望不要」（Operation Hope Not）。邱吉爾本人對於這個場面的規畫參與極少，雖然他向哈洛德・麥克米倫保證說會有「生動的讚美詩」，而且告訴蒙塔格・布朗說「記得，我要很多軍樂隊」——後來至少有九個。

邱吉爾的棺木覆蓋米字旗，上面放著他的嘉德勛章。他的遺容在西敏廳供人瞻仰三日三夜，超過三十二萬人排隊弔唁，靈柩每個角落由立正不動的三軍軍人守衛，他們的頭恭敬低垂。[65]「今晚有兩條河安靜流過倫敦，」一位旁觀者寫道，「其中一條由人民聚集而成。漆黑、沉靜，如同夜晚的泰晤士河，這條河穿越西敏廳，在名為邱吉爾的巨石底下渦流。」若非溫度降到零度以下，可能會有更多民眾前來；確實，喪禮當天，天氣之冷，以致騎警發生一些意外。全國降下半旗，報紙刊登長篇訃文，配戴黑色臂章，足球比賽延期，商店關門，全國校長協會甚至取消罷工。

「得知尊敬的溫斯頓・邱吉爾爵士逝世，印度政府與人民深感悲痛。他是我們所知最偉大的英格蘭人。」印度總統薩瓦帕利・拉達克里希南（Sarvepalli Radhakrishnan）寫信給女王，「他的人格魔力，以及嫻熟的文字能力，在二次大戰極為艱困的時光，重新點燃對於自由的信心。他在歐洲以及世界留下他的印記。他的奉獻令人難以忘懷，將會受到長久珍惜。我謹向女王陛下、英國政府與英國人民，對於您們重大的損失，表達我們最深的同情。千百萬世人與您同哀，願您曉知，並得到安慰。」[66]

喪禮地點顯然是在聖保羅主教座堂，戰爭期間至少二十八顆炸彈掉落在此，其中一顆重達五百磅。儘管如此，克里斯多佛・雷恩爵士（Sir Christopher Wren）④的大師之作奇蹟似地捱過。此外，納爾遜和威靈頓的喪禮都在這裡舉行。破例的是女王決定親自參加喪禮，依照慣例君王並不出席非家族成員的喪禮。當天共有六位君王、六位總統、十六位首相出席。

喪禮於一月三十日上午舉行。棺木於九點四十五分離開西敏廳，大笨鐘同時敲響，但是之後整日安靜。載送靈柩的，是一九〇一年載送維多利亞女王同樣一座炮架。靈柩由一百零四位皇家海軍水兵拉過倫敦街道，呼應邱吉爾兩次擔任第一海軍大臣。一位觀眾將靈柩離開西敏的景象比作偉大的戰艦出港。隊伍中其他的軍隊，包括至少十八支軍隊分隊，反轉步槍行進。炮架後方，四位女王皇家愛爾蘭驃騎兵少校（承襲第四驃騎兵的團）護送邱吉爾所有獎章與勛章。

送葬隊伍經過白廳的陣亡將士紀念碑，戰時各國發起抵抗的男男女女，包括法國、丹麥、挪威、荷蘭，此時高舉手中的旗幟，最後一次敬禮。棺木經過後，一群丹麥地鐵戰士將百合花圈放在紀念碑下。一位記者詢問他們的姓名，其中一位回答道「戰爭時我們沒有姓名，現在也應如此」，接著消失在人海中。

如同邱吉爾曾經承諾，眞的有許多「生動」的讚美詩。他母親的出生地、他和羅斯福總統的友誼、他對英語民族恆常的信念，都反映在〈共和國戰歌〉(The Battle Hymn of the Republic)⑤，而〈要瞻仰勇士的人〉(Who Would True Valour See) 和〈爲主奮勇〉(Fight the Good Fight with All thy Might) 則代表他的個性和事業。棺木由布倫海姆宮的英格蘭橡木製成，八名穿戴白手套的衛兵將棺木抬上聖保羅西側的階梯。典禮結束後，靈柩在〈上主是人千古保障〉(O God, our Help in Ages Past) 的樂聲中離開主教座堂。盛大的喪禮莊嚴、至善、崇高。邱吉爾成爲史上唯一接受皇家炮兵在聖詹姆斯公園鳴放九十響禮炮的平民。

大約三億五千萬人透過全世界的電視觀看喪禮，美國的觀眾甚至比十五個月前甘迺迪總統的喪禮還多。至少一百一十二個國家派遣代表出席，只有共產主義的中國拒絕派出代表，而只有愛爾蘭共和國沒有實況轉播喪禮。典禮之後，前總統艾森豪與羅伯特・孟席斯爵士發表廣播致意。

靈柩被送上海文格號測勘船 (*Havengore*)。測勘船往上游啟程時，十六架閃電戰鬥機俯衝，低空飛過，紀念他成立皇家空軍與不列顛戰役的功績。一九六五年，倫敦仍是世界數一數二的海港，倫敦港區裡頭數不清的碼頭可見許多大型起重機。海文格號測勘船經過時，起重機的操作員逐一將吊車垂下，彷彿就連這些巨大的起重機也鞠躬哀悼這位已故的國家元首。

外國訪客見到傳聞拘謹的英國人公然哭泣，紛紛感到驚訝。「戰爭之後從沒見過這樣的情緒。」小說家洛里・李（Laurie Lee）寫道。特別為這場典禮來到英國的美國歷史學家記錄，「群眾依然胸懷一九四〇年的精神，英格蘭人偉大的民主情緒高漲，戴著禮帽的男士、優雅的女士與東區居民、碼頭裝卸工人站在一起。」靈柩在節日碼頭（Festival Pier）離開海文格測勘船，接著由近衛步兵抬上靈車，開往滑鐵盧車站的穿堂，送上火車。火車行經鄉間，民眾站在火車站或田野脫帽致敬。羅斯博士在牛津郡見到「西方天空布滿冬日夕陽血紅的光芒，太陽沉落在大英帝國」。[67]

在布雷登，邱吉爾的墳上放著兩個花圈，其中一個寫著「致我親愛的溫斯頓。克萊米」，另一個寫著「英國與大英國協致上感激與懷念。伊莉莎白・R」。在場所有人和一位記者表示，克萊門汀「舉手投足就像皇后」。精疲力盡、情緒激動的一天結束後，她躺在床上休息，驕傲地告訴女兒瑪麗，「那不是喪禮，那是勝利！」[68] 一九七七年十二月，克萊門汀九十二歲去世時，她的骨灰撒在他的墳上。

作者注

(1) 「斯提爾頓起司和波特酒就像丈夫與妻子，」邱吉爾說，「永遠不能分開。」（Graebner, *My Dear Mr Churchill* p. 61）

(2) 李察・波頓（Richard Burton）就不覺得放鬆。一九五三年邱吉爾去老維克劇院（Old Vic）看波頓演出《哈姆雷特》。演出的時候，他大聲跟著唸出臺詞，而且之後跑到後臺問：「哈姆雷特大人，我能借用你的廁所嗎？」（*FH* no. 141 p. 29）

譯者注

① 指詹姆斯一世。

② 阿爾弗烈德大帝為躲避維京人而藏匿在農家，農婦要他看著爐上的麵餅，結果他只顧想著自己的事而讓麵餅烤焦，因此受到農婦斥責。

③ 依照臺灣出版書名。

④ 一六三二年至一七二三年，聖保羅主教座堂的建築師。

⑤ 美國的愛國歌曲，曲調活潑高昂，歌詞傳達愛國、宗教和慶賀自由。

結語「與命運同行」

我認識更傑出的人物、更睿智的哲學家、更通情達理的性格，但沒有更偉大的人。——總統德懷特・D・艾森豪論邱吉爾，一九五四年十二月[1]

他是天之驕子。他崇拜傳統，但是嘲笑慣例。——上將伊斯梅勛爵論邱吉爾[2]

一個人的好運減少時，必須擴大他的精神來填補空洞。——邱吉爾從壕溝致克萊門汀，一九一五年十二月二十日[3]

「關於我的事，已經寫的、正在寫的，都太多了。」邱吉爾如此告訴林德曼教授，而且是在一九二〇年代的時候。[4] 儘管所有的文學活動（至今仍不減弱），陸軍上將艾倫・布魯克爵士在一九四三年八月寫道，「我納悶未來可有歷史學家能夠繪出溫斯頓的本色？」[5] 一九六〇年，伊斯梅勛爵開始寫他的回憶錄，他告訴艾森豪，客觀的邱吉爾傳記至少要到二〇一〇年才能寫出。確實直到近十年，研究者才得到拼圖的最後幾塊——國王喬治六世和伊萬・麥斯基完整的日記、羅倫斯・伯吉斯逐字的戰時內閣會議報告、邱吉爾子女的私人文件以及其他許多。邱吉爾逝世五十年後，終於可能接近本色描繪他。

「爲了公平對待偉人，」邱吉爾自己寫道，「有鑑別力的批評乃爲之必要。溢美之詞雖教人滿足，卻總顯乏味。」[6]本書不乏批評，而且我希望是有鑑別力的。邱吉爾出生那年，上將嘉納德・沃爾斯利爵士（Sir Garnet Wolseley）簽下和約，強迫被打敗的阿善提國王科非（King Koffee of the Ashanti）終止人祭；邱吉爾去世那年，太空船雙子星五號（Gemini V）繞地球運行，披頭四（The Beatles）發行歌曲〈旅行車票〉（Ticket to Ride）。九十年間，我們從後見之明可以發現，可合理質疑邱吉爾的判斷次數之多，包括他反對女性投票、私人跑去悉尼街的圍攻、開除上將布里奇曼的態度、一次大戰任命「傑奇」・費雪與二次大戰任命羅傑・奇斯、一九一五年三月之後繼續加里波利行動、在愛爾蘭動用準軍事的黑棕部隊、恰納克危機的冒險政策、提議十年規則、重返金本位制度、遜位危機中支持愛德華八世、挪威戰役處置不當、讓比利時國王利奧波德三世當代罪羔羊、一九四〇年至一九四一年幫助希臘、未能認識日本的軍事能力、描述義大利半島是「柔軟的下腹」、低估斯圖卡飛機對船隻和坦克的威力、硬逼斯坦尼斯瓦夫・米科瓦伊奇克接受寇松線爲波蘭戰後的國界、要求一九四三年的十二群島（Dodecanese，即多德卡尼斯群島）戰爭、將被驅逐出克里米亞的哥薩克人交給了史達林，反狄托的斯拉夫人交給狄托、一九四五年大選的「蓋世太保」演講、設置「大勛爵」制度、秋老虎任期對工會讓步、一九五三年中風後繼續擔任首相，以及其他等等。但是如同他在一次大戰時從壕溝告訴克萊門汀，「如果我沒犯錯，我也成就不了大事。」[7]這些過錯部分出自他堅持親眼看到現場的習慣；他也經常因此遇上麻煩，如同在納塔爾、悉尼街、安特衛普，但他往往得到更重要的洞見。「一個人在政治上犯了多少錯誤並不重要，只要他繼續犯錯。」他曾這樣告訴羅斯伯里勛爵，「就像把嬰兒丟給狼群；一旦你停止，狼群就會趕上雪橇。」[8]

克萊門・艾德禮在為邱吉爾寫的悼詞說：「他最了不起的特質，與其說是智慧、務實判斷、遠見，不如說是活力。」[9] 那樣說公平嗎？人稱「邱吉爾缺乏判斷」，終其職涯都掛在他的脖子，然而，有時候，如我們已經知道，是出自好的理由。當西方文明面對三個致命威脅——一九一四年普魯士軍事主義、一九三〇年代至一九四〇年代納粹主義、二戰之後蘇維埃共產主義，邱吉爾的判斷遠高於人們曾經嘲笑他的。在那三個攸關性命的時刻，邱吉爾的判斷證實正確，而他身邊的那些人，改編其中一位他最喜歡的詩人吉卜林，「亂了分寸」，而且歸咎於他。① 二次大戰前，艾德禮自己依然反對重整軍備與徵兵，但邱吉爾老早就已要求。論真正攸關英國、大英帝國與大英國協性命的事，誰才更有「智慧、務實判斷、遠見」呢？

一個受人注目三分之二世紀的人、在許多重要事情決策的人、對眼前所有事務發表意見的人，犯錯是理所當然，有時甚至是嚴重的錯，而且他的態度，許多不符今日普遍認為的。但是相對他的失敗與錯誤，他的成功是更長且更重要的清單。希臘詩人阿爾基羅庫斯 (Archilochus) 寫道，「狐狸知道許多的事，但刺蝟知道一件重要的事。」詆毀邱吉爾的人描述他是刺蝟，依照平均律，恰巧做對一件重要的事——希特勒和納粹主義興起，但是犯下無數錯誤。然而他們錯了。「他對歷史趨勢的判斷全都非常敏銳，且往往深入。」亨利・季辛吉 (Henry Kissinger) 寫到邱吉爾，「二次大戰前，邱吉爾發現法國再也無能獨自抵抗德國，而英國需要拋棄歷史的隔離，與法國形成同盟。一九二〇年代，他勸說柏林放下《凡爾賽和約》的仇恨，想把德國拉進世界秩序。」[10] 邱吉爾也是一九一四年戰爭爆發前把大艦隊準備好的人；坦克之父；首先提倡社會法案，緩解愛德華時代英國極貧苦難的人；改革、自由派的內政大臣；幫助愛爾蘭自由邦成形的其中一人；創立約旦國家的人。他解決一次大戰的債務，大罷工後提倡寬宏大量，擬定減稅預算，而且是和平時期建造一百萬棟房屋與廢除配給制度的首相。最重要的，他是第一位看出共產主義和納粹主義兩個孿生極權災害的重要政治人物，他也提出應對兩者最好的方法。邱吉爾是典型的狐狸，知道並做了許多的事，非爲刺蝟。

邱吉爾從他的錯誤中學習，巧妙利用教訓。達達尼爾海峽的災難教他不要推翻參謀；大罷工與湯尼潘帝教他在二次大戰期間把產業關係交給工黨的歐內斯特・貝文；金本位的慘劇教他增加通貨以鼓勵貿易，並如同戰爭時期的緊急情況，在金融系統保留許多流動資金。他也從他的成功學習。一次大戰海軍部四十號房的密碼破譯，教他支持艾倫・圖靈和 Ultra 的密碼分析員；一九一七年對抗U型潛艇之戰教他護航艦系統的優點；他對坦克的擁護，鼓勵他推動新武器發明，由上將哈伯德和軍情處擔任先鋒。他一直都知道毛瑟槍優於長矛。

邱吉爾寫道，他過去所有的人生都是爲了戰時首相這個試煉而準備，他說得一點不錯。他早年精通「貴族」英語，擔任陸軍中尉時廣泛閱讀，因此能夠產出了不起的戰時演說。他在古巴的時光教他戰火底下保持冷靜，以及如何藉由午睡延長工作時間。他在波耳戰爭見識將領的缺失。他當飛行員與空軍部大臣的經歷令他早在不列顛戰役前就提倡成立皇家空軍。著作《馬爾博羅》讓他提前知道盟國間的決策需要同步。他總是喜歡親赴行動現場，例如悉尼街圍攻、安特衛普，因此大轟炸期間走遍英國提振士氣。他熱愛科學，又受到與林德曼的友誼助長，以致抓住機會應用核分裂於軍事武器。他書寫伊斯蘭基進主義，因此後來認出納粹的狂熱主義。他憑著對於布爾什維克主義正確的先見之明立下鐵幕演說的基礎；他在一次大戰前與勞合喬治引進國民保險與老人年金，因此二次大戰結束後能打造福利國家。最重要的，他在一次大戰的經驗——整頓海軍、達達尼爾海峽失敗、在壕溝的時期、任軍需大臣——賦予他極爲重要的洞見，而他也運用在第二次世界大戰。

他變幻莫測。邱吉爾其中一位傳記作者羅伯特・羅德斯・詹姆斯（Robert Rhodes James）描述他是一位「政治人物、運動員、藝術家、演說家、歷史學家、國會議員、新聞記者、散文家、賭徒、軍人、戰地記者、冒險家、愛國者、國際主義者、夢想家、務實主義者、戰略家、錫安主義者、帝國主義者、君主主義者、民主人士、自我中心者、享樂主義者、浪漫主義者」。[11]他確實全部都是，但除此之外還可以加上蝴蝶收藏家、大獵物獵人、愛動物的人、報紙編輯、間諜、砌磚師傅、幽默家、飛行員、馬術師、小說家、愛哭鬼（最後一個是溫莎公爵與公爵夫人幫他取的綽號）。這所有之中，深刻的情緒對他的影響大於理性分析，因此他絕大多數的人生才讓人們相信他缺乏判斷。例如，他強烈（而且錯誤）相信，他的父親被保守黨殘忍虧待；他相信他的自由貿易原則能夠合理化他跨過議會地板；他相信（再次錯誤）他會英年早逝，所以需要貪圖方便，以求早日達到成就。他強烈希望當個將軍，最好是另一個拿破崙。他深深相信（興許也是錯的），他可以藉由強行進入達達尼爾海峽，提早成功結束一次大戰。

他愛克萊門汀和他的子女（甚至倫道夫）；他愛他的嗜好（往往奢侈）。他忠誠地愛他的朋友，儘管許多人早逝，而且多數在某個階段都跟他吵過架。他從骨子裡痛恨列寧、托洛斯基、希特勒，但此外幾乎不恨其他人。邱吉爾極度自負，本能地好鬥，傾向刻意誇大其詞，而且他一再低估這些特色帶給人們的負面印象。讀者在本書將會發現不只幾個邱吉爾自私、麻木不仁、冷酷無情的例子。「沉浸在自己的事情，」他在整個二次大戰期間的助理湯米・湯普森寫道，「對許多人而言他似乎就是莽撞、自視甚高、心胸狹窄、盛氣淩人。」[12]他有時也是特立獨行、頑固、愛插手的控制狂。但是，他會化這些缺點爲力量，而且某些對於他在戰爭或和平時期度過眼前的危機確實必要。當然，如果順他的意，他也可以非常討人喜愛。不具備強烈自我的頂尖政治人物非常罕見，但是他的情況，加上他的天才，那樣的自我並非沒來由地膨脹。

邱吉爾在這段期間，以及人生其他期間，例如加里波利戰役，深深陰暗的心情並不意味他是憂鬱症患者，更不是躁鬱症或雙極障礙。本書第十章討論過他只有一次提到「黑狗」；邱吉爾是憂鬱症患者的迷思，就像同樣普遍的嗜酒成癮迷思，兩者都缺乏根據。讓他憂鬱的事也會讓任何人憂鬱，而且他就像一九三〇年代的其他人一樣喝得很凶。（他也不如別人估算的，一輩子抽了十六萬根雪茄。）一次大戰邱吉爾向他的營部道別時，宣稱道：「無論他們如何評論我這個軍人，至少品酒方面，沒有人可以說我失敗。」[13]讀者必定同意他對自己飲酒的估算：「我從酒那裡得到的，比酒從我這裡得到的還多。」[14]

一九三二年七月，爲了慶祝喬治・華盛頓（George Washington）兩百週年誕辰，邱吉爾在維多利亞的大會堂演講，他問：「說到勇氣，說到華盛頓在每個場合展現的個人與公民膽量這件事，比起過去戰爭的烽火之下，現代和平時期所面對的焦慮與危險之下，難道就不那麼需要嗎？」[15]看在希特勒再過六個月就要當上德國總理，當然需要。邱吉爾自己畢生展現驚人的外在體魄與道德勇氣，因爲如同他在《傑出的同代人》寫道：「人與王必須在他們生命的試驗關頭受到評價。勇氣被推崇爲人類品格之首一點不錯，因爲……擔保其他所有人的正是這個品格。」[16]除了一九三九年之前他經歷五次戰爭表現的勇氣，其他勇氣不證自明的時候，就是二次大戰期間他離開英國的旅程——不下二十五次的來回旅程，涵蓋超過十一萬哩，比任何其他戰時領袖還多。某些是快速危險的穿越海峽之旅，分別在一九四〇年、一九四四年、一九四五年，其他則是延續數週，且需要跨越大陸與海洋。[17]他從事這些時已經年近七十，而且體重過重、體格不佳的他，需要搭乘不適、充滿噪音、無增壓的飛機，有時還是處於可能被撞或被擊落的巨大危險中。戰爭時期死於飛行的重要人物包括陸軍上將戈特、海軍上將伯特蘭・拉姆齊、奧德・溫蓋特、上將瓦迪斯瓦夫・西科爾斯基、肯特公爵、日本海軍大將山本五十六、演員萊斯利・霍華與格倫・米勒（Glenn Miller）。但是這些旅程都值得承擔風險，因爲他藉此認識其他世界領袖，比其他人互相認識還深。只有一九四三年在德黑蘭，以及一九四五年在雅爾達，羅斯福、史達林、邱吉爾三人全都聚在一起。邱吉爾見過羅斯福十一次，而邱吉爾見過史達林三次，但是除了兩次三邊會議的空檔，羅斯福和史達林從未單獨見面。邱吉爾二次戰爭期間的旅行促成三巨頭聚首。

除了外在體魄和道德的勇氣，邱吉爾也是極爲寬宏大量的政治家，無論對於被擊敗的敵對國家，或個人對手。費雪曾在一九一五年五月嘗試擊敗他，但他次年提議任命他爲第一海務大臣，而且兩人持續友好的通信，直到費雪過世前。博納・勞曾經堅持將他逐出海軍部，但他們也維持良好的私人關係。阿弗雷德・道格拉斯勛爵在日德蘭半島之役後因爲公報惡意誹謗他，但邱吉爾說：「告訴他，我說『既往不咎』。」[18]一九三四年調查曼徹斯特商會事件時，德比勛爵嚴重誤導特權委員會，但邱吉爾也原諒他。科林・桑頓－肯姆斯利想在《慕尼黑協定》後否決他的埃平選區議員資格，但是戰爭爆發時，邱吉爾寫道：「就我看來，既往不咎。」[19]他退還埃利奧特・克勞斯伊－威廉斯一九四〇年失敗主義的信，得以「燒掉而且忘掉」。[20]他原諒畢佛布魯克和克里普斯在二次大戰期間公然爭奪首相職位，也原諒勞合喬治「等著溫斯頓失敗」。邱吉爾在內維爾・張伯倫、勞合喬治、斯塔福・克里普斯喪禮上的悼詞，以慷慨的心胸忽視過往的輕視、爭執、冤枉。一九四五年他問萊斯里・霍爾－貝利沙願不願意擔任內閣職位，一九五一年他也這麼問克萊門特・戴維斯，儘管這兩人在一九四二年「命運的關鍵」這年投票解除他的首相職位。

因爲他不相信報復國內的政治對手，反而相信他所謂「明智、節約地清除膽汁」。[21] 他對待出身較不具優勢的人往往善良，此乃出於他天生的慈悲和強烈的「貴族義務」。那與他的托利民主觀點一致，而且在他這一輩子經常可以看見。

邱吉爾的熱情比他的同代人更極端，也更過度。他的同代人從政，原因可能是社會義務、野心、意識形態，或單純想要過上有趣的生活。對邱吉爾而言，單純是爲去世的父親澄清，猶且如他所言：「再次舉起破爛的旗幟。」這點賦予他相對他們的優勢，尤其在一九四〇年與一九四一年，他有機會將所有能力、經驗、熱情導向毀滅「那個人」。

一九四〇年五月，邱吉爾承諾英國人民「鮮血、苦幹、眼淚、汗水」，他已經準備奉獻這四項，而且如我們所見，第三項尤其。他的熱情與激情常常召喚淚水浸潤他的雙眼；確實就像他的幽默，他可以利用他的眼淚，有時幾乎作爲政治武器。「我很愛哭，你知道的。」他告訴最後一位機要祕書安東尼・蒙塔格・布朗，「你要習慣。」[22] 布朗回憶，邱吉爾的眼淚常常因爲「英雄的故事……勇敢的狗兒跋涉雪地去找牠的主人也會把他惹哭。那很感人。我覺得完全可以接受。」邱吉爾認爲他的愛哭幾乎是個醫學問題，他告訴他的醫生，他回溯這個毛病是從一九二四年開始，他在西敏寺的補選以四十三票落敗。但是在那之前他也哭了很多次；更正確的診斷應該是，他是容易動情的人，確實是多愁善感的攝政時期貴族，生在維多利亞時代末期，也生在一個獎勵堅忍不拔的階級之中。一八〇六年一月，八位爲霍雷肖・納爾遜抬棺的上將都不假掩飾地哭泣。

本書的中心主旨一直是邱吉爾的父親對他的影響。他爲倫道夫勛爵著作兩卷傳記；他的國會處女演說關於父親，之後的辯論也經常提及父親。爲了澄清父親的作爲，他踏上政治之路，而且即使他在自由黨推行福利國家，他相信他更進一步發展倫道夫勛爵的托利民主原則（這是倫道夫勛爵自己從班傑明・迪斯雷利那裡繼承來的）。他盼望贏得父親肯定，從他一九四七年的短篇故事〈夢〉可以清楚見得，並且這樣的執著不因父親過世減少。他以父親的名字爲自己唯一的兒子命名，採用許多父親個人的習慣動作，甚至做到死在同一天，可謂終極的讚美，而且在那個時候，他的成就早已遠遠超過父親。如果邱吉爾認爲自己是在與他冷漠疏遠的父親競爭，也是可以理解，但是他人格的偉大之處部分在於，他反而認爲自己是在宣揚父親的理念，推廣父親的原則。「我是下議院的小孩。」一九四一年十二月他告訴美國國會，「在我父親教養下，我相信民主。『相信人民』就是他傳達的訊息。回到貴族的維多利亞時代，我曾看見他接受歡呼，無論在集會、或在街頭接受工人群衆擁戴，而當時的世界，如同迪斯雷利曾經說過，是爲少數人，而且是極少數的人而存在。」[23]

因爲許多家族成員早逝，邱吉爾相信自己也活不久，而且在戰場或其他地方，他與死神擦肩而過的次數，令他深信自己是命運的主宰。劍橋大學邱吉爾檔案庫資料如此龐大的原因就是他什麼都保留；他從小相信他會成爲偉人，在歷史偉大的時刻，爲當時歷史上最偉大的帝國做出偉大的決定。他甚至保留從愛德華時期開始的家庭支出（我們由此得知他至少從一九〇八年起就喝保羅傑香檳〔Pol Roger champagne〕）。他留著關於寵物的書信，乃至他收到的禮物（包括戰爭時期從古巴國家菸草委員會收到後拿去試毒的雪茄），以及菜單和座位表。大量的文件、資料、演說稿、出版物，讓邱吉爾得到「人類工作最豐富的紀錄」之名。[24]

邱吉爾的寫作生產也是同樣龐大。他共出版三十七部著作、六百一十萬字，比莎士比亞和狄更斯相加還多，而且發表五百萬字的公開演說，這還不包括他眾多信件和備忘錄。部分因爲他是如此博學的人，又如此多產，所以似乎也是一團矛盾。他的《大西洋憲章》宣布相信民主，但不擴及印度獨立；他爲弱勢發聲，但是短暫相信優生學；他是公爵的孫子但終止貴族的否決權；他下令轟炸機聯合進攻，但是熱愛蝴蝶；因爲他的「角質層敏感」，他是粗壯的軍人但穿著絲質內衣；他轉換黨籍，不是一次而是兩次。若要解釋他於政治上多數表面的矛盾，可以說，他的托利民主原則內含慈悲的保守主義，而且靈活變通；另外，實際上，在擴大的「帝國與自由」名稱傘下可以容納任何事物。其他則可以從他一九二七年的宣言解釋——「一個人在變動的環境中，唯一可以維持前後一致的方法，就是隨著環境改變，同時保存同一個主要目的。」[25]

一九五六年，爲答謝邱吉爾贈送《英語民族史》第二卷，基爾姆爾勛爵寫信給邱吉爾：「我永遠相信，時常保有歷史意識是一位政治人物的必要條件。」[26] 本身也是歷史學家的邱吉爾，認爲如何對於他在內維爾・張伯倫的悼詞中所謂「歷史最令人悲傷的查究」面前抗辯，這件事情非常重要。邱吉爾寫道，一八九五年離開桑德赫斯後，這三十五年是「無止盡的電影，某人就是其中的演員」。[27] 他知道會有人書寫他——至少不是由他自己——而且在乎不要「落到水準之下」。他在自己的戲劇演出，而且知道他會爲讀者重述這些場景。[28] 如他的女兒瑪麗所言：「他看見事件和人們，如同在舞臺上，而他自己的歷史知識，以及他對命運和事件推展的炙熱感受，照亮這個舞臺。」[29] 克萊門・艾德禮在爲邱吉爾寫的訃文說：「事實上，他永遠都在問自己——『英國必須做什麼，歷史的判決才會讚許？』」[30]一九四〇年六月，他們和法國的領袖開完會後，回家的途中抵達布希亞赫機場，伊斯梅請求，因爲法國就在投降邊緣，出發增援法國的師應該低調延後。「當然不行。」邱吉爾回答，「如果我們做了任何這樣的事，歷史上會很難看。」[31]

那次伊斯梅是對的，但其他多數的時候，邱吉爾時常保持的歷史意識，尤其他有能力從英國的過去引用合適的類比，相當裨益他和他的國家。他因此察覺綏靖主義者偏離英國外交政策的傳統，意卽世紀以來，這個傳統爲了防止任何國家在歐洲大陸取得霸權，一直積極主動、尋釁好鬥，而且有時也像海盜。他也能將英國一九四〇年至一九四一年的困境放置在適當的歷史脈絡，告訴英國人民這種困境他們已然經歷過，並且最終取得勝利。他的演說提到德瑞克制止無敵艦隊、納爾遜阻擋拿破崙入侵，這些事件由身兼歷史學家與傳記學家的首相口中說出來更加有力。他的歷史想像強大，但也相當務實，目的在於指示與教導。他所寫的每一部歷史著作皆是如此，部分也能解釋爲何他死的時候，已經賣出比任何其他歷史上的歷史學家更多歷史書籍。

部分正是因爲時常保有歷史意識，鼓勵他試著與羅斯福總統複製馬爾博羅公爵和歐根親王在西班牙王位繼承戰爭期間愉快的關係。有人主張，一九四二年在英國陸軍部，過去從來沒有將主權間接集合在聯合參謀這樣的事。邱吉爾的看法不同，如同一九三四年他爲偉大祖先著作的傳記中，描述馬爾博羅與歐根親王的友誼：「這些章節描述的種種傑出行動是如此複雜、如此漫長，而且許多情況有違既定的戰爭原則，若無聯盟司令部這個新的事實，永遠不可能達成。」[32]

邱吉爾和羅斯福兩人關係中的緊張，從每週二邱吉爾覲見國王，對著國王喬治六世冗長的抱怨可見一斑，明顯透露在戰爭的關鍵時刻，對於他最重要的盟友，他心懷多麼深的怨恨。然而一九四四年十一月羅斯福連任總統，邱吉爾和國王都鬆了一口氣，甚且非常高興；翌年四月總統去世，邱吉爾對他的悼詞也是前所未見，並記錄在國王的日記。崇拜一個人，同時又對他感到失望與生氣，不無可能，而且儘管私下的口頭譴責，沒有理由懷疑邱吉爾至少三次提及羅斯福時說「我愛那個人」。

如同羅斯福，邱吉爾來自他的社會的最高階層。「從不回頭看看祖先的人，」他喜歡引用埃德蒙·伯克（Edmund Burke）的話，「也就不會企盼後代。」[33] 邱吉爾不斷回頭看他自己的祖先。他的貴族背景和他今日民主救星的形象並不相稱，但若非因爲他的階級背景帶來那份無法征服的自信，也許他在一九三〇年代就會順應他的政治環境，而非鄙視當時的想法。他從來不似中產階級順從，也沒有社會焦慮，理由單純，因爲他不是中產階級，而且受人尊敬的中產階級在想些什麼，對降生在布倫海姆宮的小孩並不重要。亞歷克·道格拉斯－霍姆是最後一個擔任首相的貴族，但是他得到的多數席次很少，是完全不同的名流，並且在唐寧街十號的任期不到一年。邱吉爾是最後一位治理英國的貴族。

但是，儘管他的貴族譜系，他絕不是勢利的人。他最親近的朋友來自廣泛的地理與社會背景，包括一位加拿大牧師的兒子（畢佛布魯克）、威爾斯的學校教師（勞合喬治）、愛爾蘭的建築工人（布蘭登·布瑞肯）、伯肯赫德的不動產仲介（F·E·史密斯）、亞爾薩斯的工程師（教授林德曼）。他（錯誤地）相信史密斯有吉卜賽人的血統。[34] 他和馬爾博羅公爵（他的堂哥）與西敏公爵友好也是事實，但是眞正勢利的人不會結交來自這麼廣大社會環境的朋友。他把這樣優異且廣泛的交友能力好好利用在政治方面，如同一九四〇年五月與之後另一俱樂部支持他的方式所見。

「我可以看見巨大的變化朝著此時和平的世界而來，」邱吉爾向他的朋友莫蘭・埃文斯預言，「巨大的動盪、激烈的鬥爭；無法想像的戰爭；而且我告訴你，倫敦將會陷入危險，並亟需由我保衛倫敦……我看見未來。然而，這個國家會受到重大的侵略，是什麼方式我不知道，但我告訴你，我會發號施令保衛倫敦，而且我將從災難之中拯救倫敦和英格蘭……我複述——倫敦會陷入危險，而我應登上高位，將由我來拯救首都與帝國。」[35]邱吉爾說這些話的時候，不是一九三一年、一九二一年、一九一一年，或甚至一九〇一年，而是在一八九一年，當時他只有十六歲。他在青少年時期就看見自己的命運，猶且達成自己的命運。他在六十五歲，許多人——包括希特勒——認為他已經過氣的時候，登上首相之位，從事半個世紀前他為自己設定的目標。

即使那些不相信命運的人也必須承認，邱吉爾幸運得不得了，就連失敗的時候也是。本書多處可見競選失利或其他挫折將他從棘手的政治情況解救出來，允許他重新定位自己，例如一九二二年至一九二四年間他三次競選議員失敗，因此能從自由黨轉向保守黨，而一九三一年麥克唐納沒讓他入閣，一九三五年鮑德溫亦同，他因此能譴責綏靖主義。「我做過許多愚蠢但結果很好的事，也做過許多明智但結果很壞的事。」一九三二年三月，他在紐約哥倫比亞廣播公司的訪談中說過，「今日的不幸可能通往明日的成功。」[36]一九三〇年代，政府相繼拒絕任用他，當下看似打擊沉重，但是後來他感覺「隱形的翅膀」保護他，免於捲入他深深反對的政治合謀，何況那樣的政治合謀後來重重傷害他的國家。荒野歲月雖然有用，可卻令人心痛。「在國家存亡之際，信念如此堅定又如此正確的我，」他寫道，「卻無法讓國會和國家聽從警告、或接受事實採取行動，是最痛苦的經驗。」[37]

邱吉爾整個人生都爲某個如同一九四〇年的危機準備，但是也是恰逢其時。如果比他年輕十五歲的希特勒延遲德奥合併和捷克危機幾年，邱吉爾可能早已不在政壇前線，之後也不能讓自己成爲不可或缺的角色。邱吉爾在二次大戰不可或缺，因爲他散發其他資深人物沒有的勝利信心，而且他能提供內維爾・張伯倫無法給的——希望。

歷史學家J・H・普朗（J. H. Plumb）在邱吉爾死後不久卽觀察到「邱吉爾遠遠不只是歷史書籍的作家」，他也是「英格蘭秉承天命這個歷史主題最後一位絕佳的實踐家」。[38]這不光是出於他的自信，還有對於英國人民（他自己稱之英國「種族」）以及他們的帝國先天的信念，並認爲大英帝國永遠是人類歷史最偉大的力量。「在這個小小島國的我們，必須做出至高犧牲，以保持我們的地位，」一九五二年，他告訴哈羅公學的男孩們，「而我們不朽的天才賦予我們這個地位。」[39]物種種族主義——社會達爾文主義的思想，人類以種族區分階級，白人位居頂端——在邱吉爾成長的十九世紀末期被當成科學事實。卽使堅定的左翼人物，如碧翠絲・韋伯、休・道耳呑、H・G・威爾斯也相信，而這個世紀較早的卡爾・馬克思（Karl Marx）也是。今日我們看來雖然荒謬，但邱吉爾認識世界的時候，這樣的思想被視爲理所當然。

還有另一個令人不愉快的事實，邱吉爾畢生相信，英國人民較其他人民優越。因此當他身邊的人想要追求和平，他深信對抗德國人是正確的，最終得以實現民主的目標。他在演說中不斷提及英國種族（他常說成英格蘭），當時其他可能的首相不會這麼說。例如，西蒙、哈利法克斯、霍爾是三位主要倡議印度成爲自治領的領袖，後來也是三個主要對德國讓步的人，這點並非巧合。他們傾向迴避對邱吉爾而言自然而然的方言，而邱吉爾的思維包括他的記憶、他的歷史知識以及他的種族和帝國假設。有時那些假設也讓他失望，例如誤導他判斷加里波利土耳其人與一九四一年日本人的戰力。

一九三〇年代，邱吉爾曾與西蒙、哈利法克斯、霍爾就印度的事爭執，而且當時雖然他完全輸了，他不介意就綏靖政策的事和他們再辯論一次。邱吉爾閱讀並引用埃德蒙・伯克；伯克在《對法國大革命的反思》(*Reflections on the Revolution in France*) 論述「偏見」的話，表示偏見「並不讓人在抉擇、懷疑、困惑、不果斷的時刻猶豫……透過公平的偏見，人的責任變成部分天性」。邱吉爾相信英國比世界所有其他國家優越——包括德國，這點絕對是無可質疑的偏見，但是一九四〇年的危機讓其他人「懷疑、困惑、不果斷」。因爲有這種偏見，他對德國的判斷沒有絲毫猶豫。

「邱吉爾幾年來不止一次告訴我，」伊萬・麥斯基一九四一年五月在他的日記寫道，「而且我沒有理由不相信他，大英帝國是他的起始與終末。」[40] 邱吉爾對大英帝國的信念不只是政治的，也是精神的。對基督宗教懷疑如他，帝國是他的信仰。他已經創造一個歷史進步的理論，多半由於閱讀輝格黨歷史學家的著作，認爲英語民族因爲採行《大憲章》、一六八九年《權利法案》、美國憲法、國會制度，因此站在人類文明發展的高峰，而這樣的過程被小心擴展到全世界帝國地圖塗上粉紅色的地方。喬克・科爾維說得對，「邱吉爾支持的帝國主義存在強烈的利他因素。」[41] 這份對於帝國的愛與信念解釋爲何他數次寧願破壞自己的政治事業，也要採取他認爲對帝國而言正確的行動，例如一九三〇年代初期反對印度自治這個注定失敗的立場。他相信他的年代會被未來世代讚揚，理由就是帝國。他的父親將緬甸加入地圖塗上粉紅色的部分；他自己則在印度、蘇丹、南非的戰場爲帝國奮鬥；他廣泛在帝國旅行；在殖民地部時他努力改善帝國；他的許多好友，例如畢佛布魯克、史末資出身於帝國版圖；而且二次大戰，他堅持由英國軍隊，而非美國，從日本手中解放東方。在他第二次的首相任期，帝國沒有任何部分獨立，然在他的生命尾聲，他還是因爲沒有成功捍衛帝國而認爲自己的事業失敗。

「印度的士兵和軍官，穆斯林和印度教徒皆同，他們無可超越的勇氣，在戰爭的年鑑上永遠發光。」邱吉爾在戰爭回憶錄中寫道，「多達兩百五十萬名印度人自願加入軍隊服役……印度各個民族的迴響，不亞於他們的軍人，在我們印度帝國的故事寫下光榮的尾頁。」[42] 詆毀邱吉爾的人說他痛恨印度人，然而痛恨印度人的人不會寫出這樣的文字。但是人不能挑選部分的邱吉爾；不是全部接受，就是全盤否認。（如同費雪在其他脈絡寫的『完完全全』〔totus porcus〕。）挑戰希特勒且宣揚自由價值的人，和聖雄甘地討厭的是同一個人。人不能單純譴責他的頑固和倔強，因爲一九三〇年代之於印度的，和一九四〇年之於納粹的，是相同的頑固和倔強：這都是同一個人，而且在他心中，他是在捍衛同一個帝國。「我們希望天才有識別力且不失節制，有點像我們其他人，」歷史學家曼弗瑞德・韋宏（Manfred Weidhorn）寫道，「但是罕有天才如此。邱吉爾自有其優點帶來的缺點。」[43]

歷史學家和傳記作家經常主張邱吉爾當初不該把他的政治資本浪費在一九三〇年代的印度，反而應該用來反對綏靖政策。事實上，他在一九四〇的政治信譽與民眾對他的看法緊密相連，人們認爲他會按照自己看法，道破不受歡迎的眞相、追隨自己內心、捍衛帝國，而且最重要的，他不像其他政治人物那般算計。反對印度自治的他，跟其他方面抗爭勝利的他完全是同一個人。民眾信任他，並且很快就在一九四〇年代愛上他的理由，不是因爲他們相信過去他是對的，而是因爲他們相信他對自己的信念始終忠實，相反地，許多其他整個一九三〇年代在位的政治人物並非如此。

邱吉爾在一九四〇年的重要作爲不是阻止德國入侵，而是阻止英國政府求和。如果邱吉爾當時不是首相，毫無疑問會是哈利法克斯，而且至少當時他希望知道希特勒可能提出的條件。邱吉爾的問題在假定那些條件——至少宣稱他假定——會非常困難。事實上可能非常合理，如同那位德國元首最後只想和蘇聯在一個前線打仗。哈利法克斯絕對不是有時被人描述的半個叛徒，當時法國即將淪陷，蘇聯是德國的盟友，義大利也即將是，而美國完全沒有對德宣戰的心情，他單純無法想像英國如何可能在被逐出歐陸後還能打勝仗。哈利法克斯只是一個合乎常理的理性主義者，然而當時需要一個頑固、激動、浪漫的人。邱吉爾明白德國在東方獲勝，馬上就意味英國的災難，而且簽下卑微的和約將會重挫英國的士氣，還會摧毀美國的信任，未來回顧歷史也會非常難看。希特勒入侵俄羅斯、日本襲擊珍珠港、一九四一年德國向美國宣戰前，邱吉爾無法向英國人提出實際的勝利計畫，但是他把英國留在戰爭裡頭。一九一六年三月，他向克萊門汀描述他可能會死在壕溝，因爲「英國打仗的能力極爲貧乏，這樣的能力，從來沒人知道、計量或哀痛」。[44]到了一九四〇年，顯然他對英國打仗的能力貢獻極大。

邱吉爾拒絕求和的立場至關重要，但是其他方面遭到諸多批評。如同陸軍上將約翰・甘迺迪所言，「邱吉爾偉大勇敢的領導才能，彌補他糟糕的戰略判斷。」[45]根據這般分析，戰略的功勞僅有三軍參謀長應得，而邱吉爾說得好聽是個刺激，說得難聽是個危險——這絕對是布魯克的觀點，從他的日記明顯可見。但是一九四四年九月，邱吉爾對著喬克・科爾維將二次大戰的主要策略比爲鬥牛，在非洲和義大利的行動「就像開場，由副手騎馬鬥牛士（Picador）及助手（banderillero）上陣。接著是大君主行動，鬥牛士（Matador）在關鍵時刻登場，動手屠牛，等待蠻牛的頭低垂、力氣漸弱」。[46]西方同盟國採「地中海戰略」是對的，如此一來，便能最佳利用英、美的戰力，分散德國的戰力，延後第二前線，直到出現較佳的成功機率。[47]

這就是邱吉爾在一九四一年十二月橫渡大西洋時告訴三軍參謀長的戰略，也是他們全心同意的戰略。這也是一九四二年與一九四三年他頻繁與美國人協調的戰略，而布魯克自己永遠無法說服美國人採納。多數戰鬥都要在東方前線進行，在那裡，每五個德國人就有四個陣亡。但是，若要說是羅斯福和史達林贏了第二次世界大戰，而邱吉爾只是沒有輸掉，這是不對的。[48]事實上邱吉爾和布魯克的戰略是贏得戰爭的關鍵，只不過布魯克的日記裡頭許多抱怨，容易令人忘記那項戰略的眞實要義，而且他和邱吉爾不僅看法一致，爲了執行，兩人也迫切需要彼此。布魯克計劃了一九四三年的地中海戰略，而這項戰略需要邱吉爾說服美國人同意。「美國加入彌補一切，」二次大戰期間邱吉爾會這麼說，「而且時間和耐心會換來確定的勝利。」[49]他能這麼說，部分因爲美國四十八州中，行遍二十八州的他比任何同時代的英國政治人物更瞭解那個國家。

甘迺迪的批評也應和伊恩・傑各布的話對照，傑各布說：「如果三軍參謀長極力堅持某件他們認爲對的事，他會同意他們的看法。」[50]他曾提議攻打潘泰萊里亞島、蘇門答臘北部、挪威北部與其他地方，而三軍參謀長反對，結果參謀長的意見勝出。同樣地，參謀長也計劃並同意所有後來的敗仗內容，例如挪威、達卡、希臘、新加坡。雖然歷史學家強調布魯克對邱吉爾的指責，然而戰後布魯克也寫道：「感謝上帝賜我這個機會，和這等人物共事，並讓我見識到，這樣的超人偶爾會存在於這個地球。」[51]

邱吉爾在英國人民最需要時刻爲他們的靈魂注入鋼鐵，與這樣至高的貢獻相較，他犯的錯誤必定只是輕於鴻毛。一九五四年十一月三十日，在西敏廳的八十歲生日演說，他重複一句之前常說的話：「這個國家與民族居住在世界各地，擁有獅子的心。我何其有幸受到召喚，發出怒吼。」[52]但那是否屬實？假戰期間，和平主義運動依然盛行，而且共產黨和英國法西斯聯盟都反對戰爭。如果當初哈利法克斯在一九四〇年夏天與希特勒談判和平條約，上下兩院將會多數通過，御准也無法否決。邱吉爾在西敏廳過分謙虛了。事實上，擁有獅心並怒吼的人是邱吉爾，而且這麼做的同時，引導英國人民重新發掘他們內在隱藏的獅心。九年後，邱吉爾說「如果我在這個領導國家的關鍵時刻支吾其詞，早該被趕下臺。」但是他沒有顫抖，而且他的領導能力確保英國繼續奮鬥。[53]

一九三八年十一月，希特勒嘲笑，「也許上天把民主政治的鑰匙交給像邱吉爾這樣的人？」[54]答案是，沒錯。一八九七年，邱吉爾接受上級表揚，是因爲他的「勇氣與決心」，並且「在關鍵時刻發揮功能」。[55]四十三年後也是。

「明理的人適應世界，」蕭伯納在〈革命者手冊〉（The Revolutionist's Handbook）寫道，「不明理的人要世界適應自己。因此所有進步有賴不明理的人。」無視規則的作風讓學生時期的邱吉爾捲入無止盡的麻煩，一九四〇年，他在白廳依然輕蔑對待升遷和採購慣例、「紳士戰爭」的想法、政治，乃至皇家禮節、陸軍部的程序等，這點反而成爲彌足珍貴的特質。從一九二二年勞合喬治下臺，到一九四〇年內維爾・張伯倫辭去首相，兩人之間主宰英國政治的所有政黨，展現冷靜、謹慎的風格，通常是中產階級商人與政治家所謂的「體面傾向」，而邱吉爾「即日辦理」的風格，跟他們存在深刻差異。英國有種本能高尚的行爲，稱爲「禮節」，持續灌輸這個觀念的團體包括公學、牛津與劍橋、BBC、文官系統、宮廷、倫敦金融圈、英格蘭教會、紳士俱樂部、政黨，但是邱吉爾並不遵守。以上這些團體，邱吉爾最多保持利害兼具的關係，或者完全沒有關係。

就那層意義而言，邱吉爾是現代了不起的個人主義者，因爲他一輩子接近任何事物都是以個人身分，而非某個團體成員，從一八九九年他離開軍官的食堂開始。他輕視學校，從沒讀過大學；沒做過一般行業，也沒在文官體制或殖民地工作；服役經歷六個團（因此從未乖乖效忠任何一個）；被一個俱樂部投票反對他加入，又被另一個強迫他退出；離開過保守黨也離開過自由黨；從來不是有意義的基督宗教信徒。儘管是財政大臣的兒子，也是公爵的孫子，他是反其道而行的人，也是局外人。他甚至拒絕接受可以貼上「體面傾向」社會標籤的集體反猶太主義，相反地是個活躍的錫安主義者。他的同代人認爲他極爲剛愎的原因所在，就是他確實是。

他也不在乎成爲少數。一九二七年二月，以財政大臣的身分在下議院談到工會立法時，他回憶過去的日子，當時「軍隊裡面流行，軍事法庭召開時，犯人被帶進去，應該被問是否反對被主席或其他法庭內的軍官審判。某次一位罪犯非常不服，以致回答，『你們全部的人我都反對』」。[56] 邱吉爾在一九三〇年代也有這種全盤違抗的態度，不屈服於英國建制派幾乎完全一致安撫希特勒和納粹的意見。一九四〇年代，他憑著相同態度，思考高於建制派的作戰方式。

他過人的**幽默**（esprit）尤其可見於他在他和國家性命危急時說的笑話：一九四〇年五月，國王任命他爲首相時；他在土爾試著說服法國人繼續奮戰時；一九四二年兩次不信任動議時；多次戰時演說，以及和三軍參謀長開會時。邱吉爾會說幽默且往往自貶的笑話。確實情況愈差，他愈好笑。一九四二年七月，信任動議期間，萊斯里・霍爾－貝利沙針對A22坦克失敗一事攻擊他，他回答：「如同可預料的，坦克有許多缺失和初創的問題，而當這些問題變得明顯，那臺坦克就可以重新命名為『邱吉爾』。」[57]有些人譴責他把輕浮當幽默，其他人說他把玩世不恭當成武器以博得歡迎，但事實上他的幽默反應壓力之下異常的沉著，拒絕沮喪（至少拒絕長期），以及他相信危機期間，有必要透過展現自信以維持士氣。他是個媲美奧斯卡・王爾德、諾爾・寇威爾、薩謬爾・詹森的諷刺詩人，與他們不同的是，他機智的同時，也在世界大戰期間領導他的國家。

網際網路發明後，邱吉爾的姓名也與修正主義的「黑色傳說」連上，表示他須為眾多歷史事件負責，包括鐵達尼號與盧西塔尼亞號的沉船事件、湯尼潘帝的礦工屠殺事件、下令轟炸掃射無辜的愛爾蘭示威者、對伊拉克部落成員施放毒氣、宣揚反猶主義、刻意任憑考文垂毀滅而不出手拯救、刺殺海軍上將達爾朗與陸軍上將西科爾斯基等人、饑荒期間令孟加拉人種族滅絕等不盡其數。這些多半出自原始資料（有時刻意）的錯誤理解、或除去脈絡的斷章取義，有些單純是憑空捏造。回歸原始檔案與資料，如本書所示，便會揭開那些只是迷思，然而是會永遠留在網際空間的迷思。

二〇〇八年對三千名英國青少年的調查顯示，其中超過二十%的受訪者認為溫斯頓・邱吉爾是虛構人物。[58]同一項調查中，五十八%認為夏洛克・福爾摩斯、四十七%認為艾蓮諾・瑞比（Eleanor Rigby）②是眞人。）當然這是學校教材刪除邱吉爾的明顯結果，但某方面而言，也是一種致敬，表示人們愈認識他，愈加覺得他的人生故事不可能是眞的，他宛如神話中的人一般。一個人能活出這麼不可思議的人生，似乎根本不太可能是真的。「他是巨人的種族」，馬卡倫・斯科特這麼描述他，這句話在一九〇五年看來必定就像聖徒傳記，但是四十年後再看，只能讚嘆他的先見之明。[59]斯科特在邱吉爾的首部傳記結尾寫道：「他挑戰高風險，但是他沉著冷靜、眼光清明。無論如何他將勇敢奮戰，而那一戰將是他人生的目標與見證。」[60]這就和邱吉爾自己的預測一樣精準。

「人即精神。」一九五五年四月辭職之前，他告訴他的政府大臣。[61]那句話的意思是，有了精神——他所謂的精神是衝勁、聰明、努力、堅持、極大的外在體魄與道德勇氣，以及最重要的，畢生存在他體內的鋼鐵意志——儘管外在限制，還是可能成功。儘管父母冷落、同輩責難、曾身陷囹圄、十多次與死亡擦肩、政治公開譴責、不穩定的財務狀況、軍事慘敗、媒體與輿論揶揄、同僚暗算、不斷的不實陳述，甚至來自某些地方長達數十年的憎惡，以及其他數不盡的阻礙。憑著足夠的精神，他相信我們可以超越一切，創造我們人生當中真正偉大的事物。他的英雄，馬爾博羅公爵約翰・邱吉爾，打贏了不起的戰爭，建立布倫海姆宮。他的另一個英雄拿破崙，打贏更多戰爭，建立帝國。邱吉爾比他們任何一位還要傑出：他打贏的戰爭，拯救了自由。

譯者注

① 出自〈如果〉一詩。

② 英國樂團披頭四於一九六六年發行的單曲名稱。

引用書目

檔案、書籍、文章和未出版品的清單。所有書籍均在倫敦出版，例外者皆有說明。完整的參考書目請參考網站 www.andrew-roberts.net。

檔案

Viscount Addison	Bodleian Library, Oxford
A. V. Alexander	Churchill Archives Centre, Cambridge
Viscount Allenby	Liddell Hart Centre, King's College London
Julian Amery	Churchill Archives Centre, Cambridge
Leopold Amery	Churchill Archives Centre, Cambridge
Sir John Anderson, Viscount Waverley	Bodleian Library, Oxford
Lord Ashburnham	Parliamentary Archives, House of Lords, London
Herbert Asquith	Bodleian Library, Oxford
Joan Bright Astley	By kind permission of the late Mrs Astley
Clement Attlee	Bodleian Library, Oxford and Churchill Archives Centre, Cambridge
Stanley Baldwin	Cambridge University Library, Cambridge
Arthur Balfour	British Library, London
Harold Balfour	Parliamentary Archives, House of Lords, London
Group Captain Stephen Beaumont	Liddell Hart Centre, King's College London
Lord Beaverbrook	Parliamentary Archives, House of Lords, London
Ernest Bevin	Churchill Archives Centre, Cambridge
2nd Earl of Birkenhead	By kind permission of Mr John Townsend
Sol Bloom	New York Public Library
Brendan Bracken	Churchill Archives Centre, Cambridge
Sir Edward Bridges	New York Public Library
Patrick Buchan-Hepburn, Lord Hailes	Churchill Archives Centre, Cambridge
Lawrence Burgis	Churchill Archives Centre, Cambridge
Sir Alexander Cadogan	Churchill Archives Centre, Cambridge
Sir Henry Campbell-Bannerman	British Library, London
Andrew Bonar Law	Parliamentary Archives, House of Lords, London
Violet Bonham Carter	Bodleian Library, Oxford
Lord Hugh Cecil, Lord Quickswood	Hatfield House, Hertfordshire
Lord Robert Cecil, Lord Cecil of Chelwood	British Library and Hatfield House, Hertfordshire
Austen Chamberlain	Cadbury Research Library, Birmingham University
Neville Chamberlain	Cadbury Research Library, Birmingham University
Joseph Chamberlain	Cadbury Research Library, Birmingham University
Clementine Churchill	Churchill Archives Centre, Cambridge
Randolph Churchill	Churchill Archives Centre, Cambridge
Lord Randolph Churchill	Cambridge University Library, Cambridge

Sarah Churchill	Churchill Archives Centre, Cambridge
Winston Churchill	Churchill Archives Centre, Cambridge
William Bourke Cockran	New York Public Library
Sir John Colville	Churchill Archives, Cambridge
Lt-Col. James Connell	Liddell Hart Centre, King's College London
Conservative Party	Bodleian Library, Oxford
Alfred Duff Cooper, 1st Viscount Norwich	Churchill Archives Centre, Cambridge
Lady Diana Cooper	Churchill Archives Centre, Cambridge
Wing Commander Maxwell Coote	Liddell Hart Centre, King's College London
Sir Stafford Cripps	Bodleian Library, Oxford
Sir Henry Page Croft	Churchill Archives Centre, Cambridge
Admiral Lord Cunningham	British Library, London
J. C. C. Davidson	Parliamentary Archives, London
Geoffrey Dawson	Bodleian Library, Oxford
William Deakin	Churchill Archives Centre, Cambridge
Field Marshal Sir John Dill	Liddell Hart Centre, King's College London
Charles Eade	Churchill Archives Centre, Cambridge
Anthony Eden	Cadbury Research Library, Birmingham University
General James Edmonds	Liddell Hart Centre, King's College London
Emrys Evans	British Library, London
King Edward VII	Royal Archives, Windsor
King Edward VIII	Royal Archives, Windsor
Admiral Lord Fisher	Churchill Archives Centre, Cambridge
Fladgate	Fladgate LLP, London
King George V	Royal Archives, Windsor
King George VI	Royal Archives, Windsor
Admiral J. H. Godfrey	Churchill Archives Centre, Cambridge
Sir (Percy) James Grigg	Churchill Archives Centre, Cambridge
Earl of Halifax	Private collection
Grace Hamblin	Churchill Archives Centre, Cambridge
General Sir Ian Hamilton	Liddell Hart Centre, King's College London
Pamela Harriman	By kind permission of Mrs Luce Churchill
Roy Harrod	British Library, London
Samuel Hoare, Lord Templewood	Cambridge University Library, Cambridge
Marian Holmes	By kind permission of Tom, Simon, Sarah and Joe Walker
Leslie Hore-Belisha	Churchill Archives Centre, Cambridge
Thomas Inskip, Lord Caldecote	Churchill Archives Centre, Cambridge
General Lord Ismay	Liddell Hart Centre, King's College London
Sir Ian Jacob	Churchill Archives Centre, Cambridge
Gladwyn Jebb, Lord Gladwyn	Churchill Archives Centre, Cambridge
Admiral Lord Jellicoe	British Library, London
Major-General John Kennedy	Liddell Hart Centre, King's College London
Admiral Lord Keyes	British Library, London
Sir Alan Lascelles	Churchill Archives Centre, Cambridge

Valentine Lawford	Churchill Archives Centre, Cambridge
Sir Shane Leslie	Churchill Archives Centre, Cambridge
Sir Basil Liddell Hart	Liddell Hart Centre, King's College London
Frederick Lindemann, Lord Cherwell	Nuffield College, Oxford
George Lloyd, Lord Lloyd	Churchill Archives Centre, Cambridge
Hugh Lunghi	Churchill Archives Centre, Cambridge
Oliver Lyttelton, Lord Chandos	Churchill Archives Centre, Cambridge
Harold Macmillan, 1st Earl of Stockton	Bodleian Library, Oxford
Ian Malcolm	Parliamentary Archives, House of Lords, London
David Margesson	Churchill Archives Centre, Cambridge
Sir Edward Marsh	Churchill Archives Centre, Cambridge
Sir Charles Masterman	Cadbury Research Library, Birmingham University
Lucy Masterman	Cadbury Research Library, Birmingham University
David Maxwell-Fyfe, Lord Kilmuir	Churchill Archives Centre, Cambridge
Paul Maze	Liddell Hart Centre, King's College London
Lady Alexandra Metcalfe	Private collection
Sir Oswald Mosley	Cadbury Research Library, Birmingham University
Oscar Nemon	Churchill Archives Centre, Cambridge
1922 Committee	Bodleian Library, Oxford
Lord Normanbrook	Churchill Archives Centre, Cambridge
Lord Northcliffe	British Library, London
The Other Club	By kind permission of Sir Nicholas Soames MP
Sir Eric Phipps	Churchill Archives Centre, Cambridge
Admiral Sir Dudley Pound	Churchill Archives Centre, Cambridge
Lt-Gen. Sir Henry Pownall	Liddell Hart Centre, King's College London
Admiral Sir Bertram Ramsay	Churchill Archives Centre, Cambridge
Admiral Sir John de Robeck	Churchill Archives Centre, Cambridge
Field Marshal Sir William Robertson	Liddell Hart Centre, King's College London
3rd Marquess of Salisbury	Hatfield House, Hertfordshire
4th Marquess of Salisbury	Hatfield House, Hertfordshire
5th Marquess of Salisbury	Hatfield House, Hertfordshire
Herbert Samuel	Parliamentary Archives, House of Lords, London
Duncan Sandys, Lord Duncan-Sandys	Churchill Archives Centre, Cambridge
Vincent Sheean	New York Public Library
Archibald Sinclair, Viscount Thurso	Churchill Archives Centre, Cambridge
Field Marshal Lord Slim	Churchill Archives Centre, Cambridge
F. E. Smith, 1st Earl of Birkenhead	By kind permission of Mr John Townsend
Lord (Christopher) Soames	Churchill Archives Centre, Cambridge
Admiral Sir James Somerville	Churchill Archives Centre, Cambridge
General Sir Louis Spears	Churchill Archives Centre, Cambridge
Frances Stevenson	Parliamentary Archives, House of Lords, London
John St Loe Strachey	Parliamentary Archives, House of Lords, London
Jo Sturdee, later Countess of Onslow	Churchill Archives Centre, Cambridge

R. W. Thompson	Liddell Hart Centre, King's College London
Lord Trenchard	Churchill Archives Centre, Cambridge
Lord Vansittart	Churchill Archives Centre, Cambridge
Cecil Vickers	By kind permission of Mr Hugo Vickers
Sir George Harvie Watt	Churchill Archives Centre, Cambridge
Ava, Viscountess Waverley	Bodleian Library, Oxford
Woodrow Wyatt	By kind permission of Hon. Petronella Wyatt

書籍

Addison, Paul, *Churchill on the Home Front 1900–1955* 1992

——, *Churchill: The Unexpected Hero* 2004

eds. Addison, Paul, and Crang, Jeremy, *Listening to Britain: Home Intelligence Reports on Britain's Finest Hour – May to September 1940* 2010

Aldrich, Richard J., and Cormac, Rory, *The Black Door: Spies, Secret Intelligence and British Prime Ministers* 2016

Alexander, Earl, *The Memoirs of Field Marshal Earl Alexander of Tunis* 1962

Alldritt, Keith, *Churchill the Writer* 1992

Amery, L. S., *My Political Life: The Unforgiving Years* 1955

Andrew, Christopher, *Defence of the Realm* 2009

——, and Mitrokhin, Vasili, *The Mitrokhin Archive* 1999

Arnn, Larry P., *Churchill's Trial* 2015

Ashley, Maurice, *Churchill as Historian* 1968

Aspinall-Oglander, Cecil, *Roger Keyes* 1951

Asquith, Henry Herbert, *Memories and Reflections* 2 vols. 1928

Astley, Joan, *The Inner Circle*, 1971

Atkins, J. B., *Incidents and Reflections* 1947

Attenborough, Wilfred, *Churchill and the 'Black Dog' of Depression* 2014

Attlee, C. R., *As It Happened* 1954

Balfour, Arthur James, *Chapters of Autobiography* 1930

ed. Ball, Stuart, *Parliament and Politics in the Age of Baldwin and MacDonald*, 1992

——, *Conservative Politics in National and Imperial Crisis* 2014

Baring, Maurice, *Puppet Show of Memory* 1922

eds. Barnes, John, and Nicholson, David, *The Empire at Bay: The Leo Amery Diaries 1929–1945* 1988

Barnett, Correlli, *The Audit of War* 1986

Beaverbrook, Max, *Politicians and the War* 1928

ed. Becket, Ian, *The Memoirs of Sir James Edmonds* 2013

Beevor, Antony, *D-Day: The Battle for Normandy* 2014

——, *Arnhem: The Battle for the Bridges 1944* 2018

Beiriger, Eugene Edward, *Churchill, Munitions and Mechanical Warfare: The Politics of Supply and Strategy New York* 1997

Bell, Christopher M., *Churchill and Sea Power* 2013

——, *Churchill and the Dardanelles* 2017

Bell, Henry Hesketh, *Glimpses of a Governor's Life* 1946

Bennett, Richard, *The Black and Tans* 2001

Berlin, Isaiah, *Mr Churchill in 1940* 1949

Best, Geoffrey, *Churchill: A Study in Greatness* 2001

Bew, John, *Citizen Clem: A Biography of Attlee* 2016

Bew, Paul, *Churchill and Ireland* 2016
Birdwood, Field-Marshal Lord, *Khaki and Gown: An Autobiography* 1941
Birkenhead, 1st Earl of, *Contemporary Personalities* 1924
Birkenhead, 2nd Earl of, *The Prof in Two Worlds: The Official Life of Professor F. A. Lindemann, Viscount Cherwell* 1961
——, *Churchill 1874–1922* 1989
Birse, A. H., *Memoirs of an Interpreter New York* 1967
Black, Conrad, *Franklin Delano Roosevelt* 2003
Black, Jonathan, *Winston Churchill in British Art* 2017
Blake, Robert, *The Unknown Prime Minister: The Life and Times of Andrew Bonar Law* 1955
eds. Blake, Robert and Wm. Roger Louis, *Churchill* 1993
eds. Bland, Larry, and Stevens, S. R., *The Papers of George Catlett Marshall* vols. III, IV and V 1996
Bloch, Michael, *Operation Willi* 1986
Blunt, Wilfrid Scawen, *My Diaries* 2 vols. 1932
Bond, Brian, *The Diaries of Sir Henry Pownall* vols. I and II 1974
Booth, A. H., *The True Story of Winston Churchill* Chicago 1958
Boothby, Robert, *I Fight to Live* 1947
——, *My Yesterday, your Tomorrow* 1962
Borneman, Walter R., *MacArthur at War* 2016
Bossenbroek, Martin, *The Boer War* 2017
Bowra, Maurice, *Memories* 1966
Boyd-Carpenter, John, *Way of Life* 1980
Boyle, Andrew, *Poor, Dear Brendan* 1974
Brendon, Piers, *Winston Churchill* 2001
——, *Edward VIII* 2016
ed. Brett, Maurice, *Journals and Letters of Reginald, Viscount Esher* 4 vols. 1934
eds. Brock, Michael and Eleanor, *H. H. Asquith: Letters to Venetia Stanley* 1982
——, *Margot Asquith's Great War Diary 1914–1916* 2014
Brodhurst, Robin, *Churchill's Anchor: The Biography of Admiral of the Fleet Sir Dudley Pound* 2000
Brown, David, *The Grand Fleet* 1999
Browne, Anthony Montague, *Long Sunset* 1995
Bryant, Arthur, *The Turn of the Tide* 1957
——, *Triumph in the West* 1959
Buczacki, Stefan, *Churchill and Chartwell* 2007
Buell, Thomas, *Master of Sea Power*
Bullock, Alan, *Ernest Bevin* 2002
Butcher, Harry C., *Three Years with Eisenhower* 1946
Butler, David, *British Political Facts* 1994
Butler, R. A., *The Art of Memory* 1982
ed. Butler, Susan, *My Dear Mr Stalin: The Complete Correspondence of Franklin D. Roosevelt and Joseph V. Stalin* New Haven 2005
Calder, Angus, *The Myth of the Blitz* 1992
Callwell, Sir C. E., *Field Marshal Sir Henry Wilson* 2 vols. 1927
Campbell, John, *F. E. Smith, First Earl of Birkenhead* 1983
Cannadine, David, *The Decline and Fall of the British Aristocracy* 1992
——, *In Churchill's Shadow* 2002
——, *Heroic Chancellor: Winston Churchill and the University of Bristol* 2016
——, *Churchill: The Statesman as Artist* 2017

eds. Cannadine, David, and Quinault, Roland, *Winston Churchill in the Twenty-First Century* 2004
Carlton, David, *Churchill and the Soviet Union* 2000
Carr, John, *The Defence and Fall of Greece 1940–1941* 2013
Carter, Violet Bonham, *Winston Churchill: As I Knew Him* 1965
Cawthorne, Graham, *The Churchill Legend: An Anthology* 1965
Chandos, Oliver, *The Memoirs of Lord Chandos* 1962
Chaplin, Charlie, *My Autobiography* 1964
Chaplin, E. D. W., *Winston Churchill and Harrow* 1941
Charmley, John, *Churchill: The End of Glory* 1993
Chisholm, Anne and Davie, Michael, *Beaverbrook* 1992
Churchill by his Contemporaries: An Observer Appreciation 1965
Churchill, John, *Crowded Canvas* 1961
Churchill, Randolph S., *Twenty-One Years* 1964
——, The Official Biography:
Vol. I: *Winston S. Churchill: Youth 1874–1900* 1966
Vol. II: *Winston S. Churchill: Young Statesman 1901–1914* 1967
Churchill, Sarah, *A Thread in the Tapestry* 1967
——, *Keep on Dancing* 1981
Churchill, Winston S., *The Story of the Malakand Field Force* 1898
——, *The River War* 2 vols. 1899
——, *Ian Hamilton's March* 1900
——, *London to Ladysmith via Pretoria* 1900
——, *Savrola: A Tale of the Revolution in Laurania* 1900
——, *Mr Brodrick's Army* 1903
——, *For Free Trade* 1906
——, *Lord Randolph Churchill* 2 vols. 1906
——, *My African Journey* 1908
——, *Liberalism and the Social Problem* 1909
——, *The People's Rights* 1909
——, *The World Crisis* 5 vols. 1923–31
——, *My Early Life* 1930
——, *Thoughts and Adventures* 1932
——, *Marlborough: His Life and Times* 2 vols. Chicago 2002 (first published in 4 vols. 1933–8)
——, *Great Contemporaries* 1937
——, *Arms and the Covenant* 1938
——, *While England Slept: A Survey of World Affairs 1932–1938* 1938
——, *Into Battle* 1941
——, *Great Contemporaries* 1942
——, *The Unrelenting Struggle* 1942
——, *The End of the Beginning* 1943
——, *Onwards to Victory* 1944
——, *The Dawn of Liberation* 1945
——, *Secret Sessions Speeches* 1946
——, *Victory* 1946
——, *Maxims and Reflections* 1947
——, *Step by Step 1936–1939* 1947
——, *The Second World War* 6 vols. 1948–54
——, *The Sinews of Peace* 1948
——, *Europe Unite: Speeches 1947 & 1948* 1950

——, *In the Balance* 1951
——, *Stemming the Tide: Speeches, 1951 and 1952* 1953
——, *A History of the English-Speaking Peoples* 4 vols. 1956–8
——, *The Unwritten Alliance* 1961
——, *India: Defending the Jewel in the Crown* 1990
——, *Painting as a Pastime* 2013
Churchill, Winston S. (grandson), *His Father's Son: The Life of Randolph Churchill* 1996
ed. Churchill, Winston S. (grandson), *The Great Republic: A History of America* 2002
——, *Never Give In! The Best of Winston Churchill's Speeches* 2003
Citrine, Walter, *Men and Work* 1976
Clarke, Peter, *The Cripps Version: The Life of Sir Stafford Cripps 1889–1952* 2002
——, *Mr Churchill's Profession: Statesman, Orator, Writer* 2012
——, *The Locomotive of War: Money, Empire, Power and Guilt* 2017
Clarke, Tom, *My Lloyd George Diary* 1939
Clifford, Sir Bede, *Proconsul* 1964
ed. Cockett, Richard, *My Dear Max: The Letters of Brendan Bracken to Lord Beaverbrook* 1990
Cohen, Ronald I., *Bibliography of the Writings of Sir Winston Churchill 3 vols.* 2006
Collier, Basil, *Brasshat: A Biography of Field Marshal Sir Henry Wilson* 1961
Collingham, Lizzie, *The Taste of War: World War Two and the Battle for Food* 2011
Colville, John, *Footprints in Time* 1976
——, *The Churchillians* 1981
——, *The Fringes of Power* 1986
Coombs, David, and Churchill, Minnie, *Winston Churchill: His Life through his Paintings* 2003
Coote, Colin, *The Other Club* 1971
Coughlin, Con, *Churchill's First War* 2013
ed. Coward, Harold, *Indian Critiques of Gandhi* New York 2003
Cowles, Virginia, *Winston Churchill: The Era and the Man* 1953
ed. Cowley, Robert, *The Great War* 2004
Cowling, Maurice, *Religion and Public Doctrine in Modern England* vol. 2 1985
——, *The Impact of Hitler* 2005
Croft, Rodney, *Churchill's Final Farewell* 2014
ed. Cross, Colin, *Life with Lloyd George: The Diary of A. J. Sylvester 1931–45* 1975
Dalton, Hugh, *The Fateful Years: Memories 1931–1945* 1957
eds. Danchev, Alex, and Todman, Daniel, *Field Marshal Lord Alanbrooke: War Diaries 1939–1945* 2001
Dardanelles Commission, Part I: *Lord Kitchener and Winston Churchill* (2000)
——, Part II: Defeat at Gallipoli (2000)
Davenport-Hines, Richard, *Ettie: The Intimate Life and Dauntless Spirit of Lady Desborough* 2008
Davis, Richard Harding, *Real Soldiers of Fortune* 1906
de Gaulle, Charles, *The Complete War Memoirs* 1972
Dean, Joseph, *Hatred, Ridicule or Contempt* 1953
Deane, John R., *The Strange Alliance: The Story of our Efforts at Wartime Co-Operation with Russia* 1947
Dennis, Geoffrey, *Coronation Commentary* 1937
D'Este, Carlo, *Warlord: A Life of Winston Churchill at War* 2008
Dilks, David, *Sir Winston Churchill* 1965
——, *Neville Chamberlain*, 1984
——, *The Great Dominion: Winston Churchill in Canada 1900–1954* 2005

——, *Churchill and Company* 2012
ed. Dilks, David, *The Diaries of Sir Alexander Cadogan* 1971
——, *Retreat from Power: Studies in Britain's Foreign Policy of the 20th Century* vol. I 1981
Dimbleby, Jonathan, *The Battle of the Atlantic* 2015
Dix, Anthony, *The Norway Campaign and the Rise of Churchill* 2014
Djilas, Milovan, *Conversations with Stalin* 1962
Dockter, Warren, *Winston Churchill and the Islamic World* 2015
ed. Dockter, Warren, *Winston Churchill at the Telegraph* 2015
ed. Domarus, Max, *The Essential Hitler* 2007
Donaldson, Frances, *Edward VIII* 1974
Downing, Taylor, *Churchill's War Lab* 2010
Dugdale, Blanche, *Arthur James Balfour* vol. II 1936
Dundonald, The Earl of, *My Army Life* 1934
ed. Eade, Charles, *Churchill by his Contemporaries* 1955
Eden, Anthony, *Full Circle* 1960
——, *Facing the Dictators* 1962
——, *The Reckoning* 1965
Egremeont, Max, *A Life of Arthur James Balfour* 1980
'Ephesian' (Carl Eric Bechhofer Roberts), *Winston Churchill* 1927
eds. Esher, Oliver, and Brett, M. V., *Journals and Letters of Reginald Viscount Esher* 3 vols. 1938
ed. Evans, Trefor, *The Killearn Diaries* 1972
Farmelo, Graham, *Churchill's Bomb: A Hidden History of Science, War and Politics* 2013
Farrell, Brian, *The Defence and Fall of Singapore* 2005
Feiling, Keith, *The Life of Neville Chamberlain* 1946
ed. Fergusson, Bernard, *The Business of War: The War Narrative of Major-General Sir John Kennedy* 1958
Fenby, Jonathan, *Alliance: The Inside Story* 2006
ed. Ferrell, R. H., *The Eisenhower Diaries* 1981
Fisher, Lord, *Memories* 1919
Fishman, Jack, *My Darling Clementine: The Story of Lady Churchill* 1963
Fitzroy, Sir Almeric, *Memoirs* 2 vols. 1923
Fleming, Peter, *Invasion 1940* 1957
Foot, Michael, *Aneurin Bevan* vol. I 2009
Foot, M. R. D., *SOE* 1984
Forbes-Robertson, Diana, *Maxine* 1964
Fort, Adrian, Prof: *The Life and Times of Frederick Lindemann* 2003
——, *Wavell: The Life and Times of an Imperial Servant* 2009
Foster, R. F., *Lord Randolph Churchill* 1988
ed. Frank, Otto, *Anne Frank: The Diary of a Young Girl* 1997
Fraser, Lady Antonia, *My History: A Memoir of Growing Up* 2015
French, Sir John, *1914* 2009
Freudenberg, Graham, *Churchill and Australia* 2008
Gaddis, John Lewis, *On Grand Strategy* 2018
Gallup, George H., *The Gallup International Public Opinion Polls* 1976
Gardiner, A. G., *Pillars of Society* 1913
——, *Prophets, Priests and Kings* 1917
Gardner, Brian, *Churchill in his Time: A Study in a Reputation 1939–1945* 1968
George, William, *My Brother and I* 1958
Gibb, A. D., 'Captain X', *With Winston Churchill at the Front* 2016

Gilbert, Martin, *Winston Churchill: The Wilderness Years* 1981
——, *Churchill's Political Philosophy* 1981
——, *Churchill: A Life* 1991
——, *In Search of Churchill* 1994
——, *Churchill at War: His 'Finest Hour' in Photographs, 1940–1945* 2003
——, *Continue to Pester, Nag and Bite: Churchill's War Leadership* 2004
——, *D-Day* 2004
——, *Churchill and America* 2005
——, *Churchill and the Jews* 2007
——, *Winston Churchill and The Other Club* (privately published) 2011
——, *Churchill: The Power of Words* 2012
——, The Official Biography:
Vol. III: *Winston Churchill: The Challenge of War 1914–1916* 1971
Companion Volume III (in two parts)
Vol. IV: *Winston Churchill: World in Torment 1916–1922* 1975
Companion Volume IV (in three parts)
Vol. V: *Winston Churchill: The Coming of War 1922–1939* 1976
Vol. VI: *Winston Churchill: Finest Hour 1939–1941* 1983
Churchill War Papers (in three parts)
Vol. VII: Winston Churchill: Road to Victory 1941–1945 1986
The Churchill Documents vol. 17: *Testing Times* 2014
Vol. VIII: *Winston Churchill: 'Never Despair' 1945–1965* 1988
eds. Gilbert, Martin, and Arnn, Larry P., *The Churchill Documents* vol. 18: *One Continent Redeemed* 2015
——, *The Churchill Documents* vol. 19: *Fateful Questions* 2017
——, *The Churchill Documents* vol. 20: *Normandy and Beyond* 2018
——, *The Churchill Documents* vol. 21: *Shadows of Victory* 2018
Gillies, Donald, *Radical Diplomat: The Life of Archibald Clark Kerr, Lord Inverchapel* 1999
Gilmour, David, *Curzon* 1994
Gladwyn, Lord, *Memoirs* 1972
Golland, Jim, *Not Winston, Just William?: Winston Churchill at Harrow School* 1988
Gooch, John, *The Plans of War: The General Staff and British Military Strategy c. 1900–1916* 1974
ed. Gorodetsky, Gabriel, *The Grand Delusion: Stalin and the German Invasion of Russia* 1999
——, *The Maisky Diaries: Red Ambassador to the Court of St James's 1932–1943* 2015
——, *The Complete Maisky Diaries* 3 vols. 2018
Gough, Barry, *Churchill and Fisher at the Admiralty* 2017
Gough, General Sir Hubert, *Soldiering On* 1954
'Gracchus' [Michael Foot and Frank Owen], *Your MP* 1944
Graebner, Walter, *My Dear Mr Churchill* 1965
Greenberg, Joel, *Gordon Welchman* 2014
Gretton, Peter, *Former Naval Person: Winston Churchill and the Royal Navy* 1968
Griffiths, Richard, *What Did You Do during the War?* 2016
Grigg, John, *Lloyd George: War Leader 1916–1918* 2002
Grigg, P. J., *Prejudice and Judgment* 1948
ed. Guedalla, Philip, *Slings and Arrows: Sayings Chosen from the Speeches of the Rt Hon. David Lloyd George* 1929
Habsburg, Otto von, *Naissance d'un continent: une histoire de l'Europe* Paris 1975
Halle, Kay, *Winston Churchill on America and Britain* 1970
——, *Randolph Churchill: The Young Unpretender* 1971

——, *The Irrepressible Churchill* 2010
Hamilton, Ian, *Listening for the Drums* 1944
Hamilton, Nigel, *Monty*, vol. III: *The Field Marshal 1944–1976* 1986
——, *The Mantle of Command: FDR at War 1941–1942* 2014
Hancock, W. K., and Gowing, M. M., *British War Economy* 1949
Hanfstaengl, Ernst, *Hitler: The Missing Years* 1957
Hanson, Victor Davis, *The Second World Wars: How the First Global Conflict was Fought and Won* 2017
Harriman, W. Averell, *Special Envoy* 1975
Harris, Frank, *My Life and Loves* 1924
ed. Hart-Davis, Duff, *End of an Era: Letters and Journals of Sir Alan Lascelles 1887–1920* 1986
——, *King's Counsellor: Abdication and War: The Diaries of Sir Alan Lascelles* 2006
ed. Harvey, John, *The Diplomatic Diaries of Oliver Harvey* 1970
Hassall, Christopher, *Edward Marsh* 1959
ed. Hassall, Christopher, *Ambrosia and Small Beer: A Correspondence between Edward Marsh and Christopher Hassall* 1964
Hastings, Max, *Nemesis: The Battle for Japan 1944–45* 2008
——, *Finest Years: Churchill as Warlord 1940–45* 2009
——, *Inferno: The World at War 1939–1945* 2011
——, *Catastrophe : Europe Goes to War* 1914 2014
ed. Hastings, Max, *The Oxford Book of Military Anecdotes* 1985
Henriques, Robert, *Sir Robert Waley-Cohen* 1966
Herman, Arthur, *Gandhi and Churchill* 2008
Higgins, Trumbull, *Winston Churchill and the Dardanelles* 1963
Hinsley, F. H., *British Intelligence in the Second World War* 4 vols. 1979–88
Holderness, Diana, *The Ritz and the Ditch: A Memoir* 2018
Holland, James, *The Rise of Germany* 2017
Hossack, Leslie, *Charting Churchill: An Architectural History of Winston Churchill* 2016
Hough, Richard, *Former Naval Person: Churchill and the War at Sea* 1985
Howard, Anthony, *Rab: The Life of R. A. Butler* 1987
Howard, Michael, *The Mediterranean Strategy in the Second World War* 1968
——, *Grand Strategy* vol. IV 1970
——, *Captain Professor* 2006
Howarth, Patrick, *Intelligence Chief Extraordinary: The Life of the Ninth Duke of Portland* 1986
Howells, Roy, *Simply Churchill* 1965
Hyam, Ronald, *Elgin and Churchill at the Colonial Office* 1968
ed. Ingram, Bruce, *The Illustrated London News Eightieth Birthday Tribute* 1954
Irving, David, *Churchill's War* 2 vols. 1987, 2001
Ismay, Hastings, *Memoirs of General the Lord Ismay* 1960
Jablonsky, David, *Churchill and Hitler* 1994
Jackson, Ashley, *Churchill* 2011
Jackson, Julian, *A Certain Idea of France: The Life of Charles de Gaulle* 2018
James, Lawrence, *Churchill and Empire* 2013
James, Robert Rhodes, *Lord Randolph Churchill* 1959
——, *Memoirs of a Conservative: J. C. C. Davidson's Memoirs and Papers 1910–37* 1969
——, *Churchill: A Study in Failure* 1972
——, *Gallipoli* 1984
——, *Bob Boothby: A Portrait* 1991
——, *A Spirit Undaunted: The Political Role of George VI* 1999

ed. James, Robert Rhodes, *'Chips': The Diaries of Sir Henry Channon*, 1967
——, *Winston S. Churchill: His Complete Speeches 8 vols.* 1974
——, *Churchill Speaks* 1981
Jenkins, Roy, *Churchill* 2001
Jerrold, Douglas, *The Royal Naval Division* 1923
Johnsen, William T., *The Origins of the Grand Alliance* 2016
Johnson, Boris, *The Churchill Factor* 2014
Johnson, Paul, *Churchill* 2009
ed. Jolliffe, John, *Raymond Asquith: Life and Letters* 2018
Jones, Christopher, *No. 10 Downing Street* 1985
Jones, Thomas, *A Diary with Letters* 1954
Karslake, Basil, *1940: The Last Act: The Story of the British Forces in France after Dunkirk* 1979
Keegan, John, *The Second World War* 1997
——, *Intelligence in War* 2003
ed. Keegan, John, *Churchill's Generals* 1991
Kennedy, John, *The Business of War* 1957
ed. Kennedy, Paul, *Grand Strategies in War and Peace* New Haven 1991
Kersaudy, François, *Churchill and de Gaulle* 1982
——, *Norway 1940* 1990
Kershaw, Ian, *Hitler : Hubris 1889–1936* 1998
——, *Hitler: Nemesis 1936–1945* 2000
——, *Making Friends with Hitler: Lord Londonderry and Britain's Road to War* 2004
——, *To Hell and Back: Europe 1914–1949* 2015
Keynes, John Maynard, *The Economic Consequences of Mr Churchill* 1925
Kimball, Warren, *The Most Unsordid Act: Lend-Lease Baltimore* 1969
——, *Forged in War: Churchill, Roosevelt and the Second World War* 1997
ed. Kimball, Warren, *Churchill and Roosevelt: The Complete Correspondence* 3 vols. 1983
Klepak, Hal, *Churchill Comes of Age: Cuba 1895* 2015
Kotkin, Stepen, *Stalin: Waiting for Hitler* 2017
Lacouture, Jean, *De Gaulle: The Rebel 1890–1944* 1990
——, *De Gaulle: The Ruler 1945–1970* 1991
Laird, Stephen, and Graebner, Walter, *Hitler's Reich and Churchill's Britain* 1942
Lamb, Richard, *Churchill as War Leader: Right or Wrong?* 1991
Langworth, Richard, *A Connoisseur's Guide to the Books of Sir Winston Churchill* 1998
——, *Churchill and the Avoidable War* 2015
——, *Churchill: Myth and Reality* 2017
ed. Langworth, Richard, *Correspondence: Winston S. Churchill to Christine Lewis Conover* 1996
——, *Winston Churchill: The Dream* 2005
——, *Churchill in His Own Words* 2012
Layton, Elizabeth, *Mr Churchill's Secretary*
Leasor, James, *War at the Top* 1959
Lee, Celia, *Jean, Lady Hamilton* 2001
Lee, John, *A Soldier's Life: General Sir Ian Hamilton* 2000
Lee, John and Celia, *Winston & Jack: The Churchill Brothers* 2007
——, *The Churchills* 2010
Lees-Milne, James, *A Mingled Measure: Diaries 1953–1972* 1994
Lehrman, Lewis E., *Churchill, Roosevelt and Company* 2017
Leslie, Anita, *Train to Nowhere* 2017
Lewin, Ronald, *Churchill as Warlord* 1973

Lloyd George, David, *The Truth about the Peace Treaties* vol. I 1938
Lloyd George, Robert, *David & Winston: How the Friendship between Churchill and Lloyd George Changed the Course of History* 2005
ed. Lochner, Louis, *The Goebbels Diaries* 1948
Longford, Elizabeth, *Winston Churchill* 1978
Lough, David, *No More Champagne: Churchill and his Money* 2015
ed. Louis, William Roger, *More Adventures with Britannia* 1998
Lowenheim, Francis, et al., *Roosevelt and Churchill: Their Secret Wartime Correspondence* New York 1975
ed. Lowndes, Susan, *Diaries and Letters of Marie Belloc Lowndes 1911–1947* 1971
Lucy, Sir Henry, *The Balfourian Parliament* 1906
Lysaght, Charles Edward, *Brendan Bracken* 1979
Lysaght, Charles, and White, Trevor, *Churchill and the Irishman: The Unbelievable Life of Brendan Bracken* 2016
Macaulay, Thomas Babington, *The History of England from the Accession of James the Second* 5 vols. 1800–1859
McDonald, Iverach, *The History of the Times* vol. V 1984
McDonough, Frank, *Neville Chamberlain, Appeasement and the Road to War* 1998
McGinty Stephen, *Churchill's Cigar* 2007
McGowan, Norman, *My Years with Churchill* 1958
Macintyre, Ben, *SAS: Rogue Heroes: The Authorized Wartime History* 2016
eds. Mackenzie, Norman and Jeanne, *The Diary of Beatrice Webb* vol. II 1983
McMenamin, Michael, and Zoller, Curt J., *Becoming Winston Churchill Westport, Conn.* 2007
Macmillan, Harold, *Winds of Change* 1966
——, *The Blast of War* 1967
——, *Tides of Fortune* 1969
——, *Riding the Storm* 1971
——, *War Diaries*: *The Mediterranean 1943–1945* 1984
Makovsky, Michael, *Churchill's Promised Land* 2007
Mallinson, Allan, *Too Important for the Generals: Losing and Winning the First World War* 2016
ed. Marchant, James, *Winston Spencer Churchill: Servant of Crown and Commonwealth* 1954
Marder, Arthur, *From the Dreadnought to Scapa Flow: The Royal Navy in the Fisher Era 1904–1919* 5 vols. 1961
——, *Winston is Back* 1972
——, *From the Dardanelles to Oran: Studies of the Royal Navy in War and Peace 1915–1940* 1974
ed. Marder, Arthur, *Fear God and Dread Nought: The Correspondence of Admiral Lord Fisher* 3 vols. 1952–9
Marsh, Edward, *A Number of People: A Book of Reminiscences* 1939
Marsh, Richard, *Churchill and Macaulay Ann Arbor* 2015
——, *Young Winston Churchill and the Last Victorian Church of England Anti-Ritual Campaign* n.d.
Martin, Hugh, *Battle: The Life Story of the Rt Hon. Winston Churchill* 1932
Martin, Sir John, *Downing Street: The War Years: Diaries, Letters and a Memoir* 1991
Massie, Robert, *Castles of Steel: Britain, Germany and the Winning of the Great War at Sea* 2003
Masterman, Lucy, *C. F. G. Masterman: A Biography* 1939
Mayo, Katherine, *Mother India* 1935
Meacham, Jon, *Franklin and Winston: An Intimate Portrait of an Epic Friendship* 2003
Mee, Charles, *Meeting at Potsdam* New York 1975

Meehan, Patricia, *The Unnecessary War: Whitehall and the German Resistance to Hitler* 1992
ed. Middlemas, Keith, *Thomas Jones: Whitehall Diary* 3 vols. 1969–71
Middlemas, Keith, and Barnes, John, *Baldwin* 1969
ed. Midgley, Peter, *The Heroic Memory: Memorial Addresses to the Rt. Hon. Sir Winston Spencer Churchill Society, Edmonton, Alberta, 1965–1989* Edmonton 2004
Millard, Candice, *Hero of the Empire* 2016
Miller, Russell, *Boom: The Life of Viscount Trenchard* 2016
Milton, Giles, *The Ministry of Ungentlemanly Warfare: Churchill's Mavericks* 2016
Mitter, Rana, *China's War with Japan 1939–1945* 2013
Moggridge, D. E., *British Monetary Policy 1924–31: The Norman Conquest of $4.86* 1972
Montgomery, Viscount, *The Memoirs of Field Marshal Montgomery* 1958
Moran, Lord, *Winston Churchill: The Struggle for Survival* 1966
Morgan, Ted, *Churchill: The Rise to Failure 1874–1915* 1983
Morley, Lord, *Recollections* vol. II 1917
——, *Memorandum on Resignation* 1928
Mukerjee, Madhusree, *Churchill's Secret War: The British Empire and the Ravaging of India during World War II* 2010
ed. Muller, James W., *Churchill as Peacemaker* 1997
——, *Winston Churchill: Thoughts and Adventures* 2009
——, *Winston Churchill: Great Contemporaries* 2012
——, *Winston Churchill: The River War* 2017
Murray, Edmund, *I Was Churchill's Bodyguard* 1987
Nel, Elizabeth, *Mr Churchill's Secretary* 1958
——, *Winston Churchill by his Personal Secretary* 2007
Nichols, Beverley, *Verdict on India* 1944
——, *All I Could Never Be* 1949
Nicolson, Sir Arthur, *The First Lord Carnock* 1937
Nicolson Harold, *King George V* 1984
Nicolson, Nigel, *Alex: The Life of Field Marshal Earl Alexander of Tunis* 1973
ed. Nicolson, Nigel, *Harold Nicolson: Diaries and Letters* 3 vols. 1966–8
Niestlé, Axel, *German U-Boat Losses during World War II* 2014
Nolan, Cathal J., *The Allure of Battle: A History of How Battles Have Been Won and Lost* 2017
ed. Norwich, John Julius, *The Duff Cooper Diaries* 2005
——, *Darling Monster: The Letters of Lady Diana Cooper to her Son John Julius Norwich 1939–1952* 2013
Ogden, Christopher, *Life of the Party: The Life of Pamela Digby Churchill Hayward Harriman* 1994
Oliver, Vic, *Mr Showbusiness* 1954
Orange, Vincent, *Dowding of Fighter Command: Victor of the Battle of Britain* 2008
Ossad, Stephen L., *Omar Nelson Bradley* 2017
Overy, Richard, *The Air War 1939–1945* 1981
——, *The Bombing War: Europe 1939–1945* 2013
Owen, David, *Cabinet's Finest Hour: The Hidden Agenda of May 1940* 2016
Owen, Roderic, *Tedder* 1952
Pakenham, Thomas, *The Boer War* 1979
Parker, R. A. C., *Churchill and Appeasement*, 2000
ed. Parker, R. A. C., *Winston Churchill: Studies in Statesmanship* 2002
Pawle, Gerald, *The War and Colonel Warden* 1963
Pearson, John, *Citadel of the Heart: Winston and the Churchill Dynasty* 1991
Peck, John, *Dublin from Downing Street* 1978

Pelling, Henry, *Winston Churchill* 1974
Penn, Geoffrey, *Fisher, Churchill and the Dardanelles* 1999
Petrie, Sir Charles, *The Carlton Club* 1955
eds. Pickersgill, J. W., and Forster, D. F., *The Mackenzie King Record vols.* II and III 1968, 1970
Pilpel, Robert H., *Churchill in Ame*rica New York 1977
Pimlott, Ben, *Hugh Dalton: A Life* 1985
ed. Pimlott, Ben, *The Second World War Diary of Hugh Dalton* 1986
Ponting, Clive, *Churchill* 1994
Postan, M. M., *British War Production* 1952
Potter, John, *Pim and Churchill's Map Room* 2014
ed. Pottle, Mark, *Champion Redoubtable: The Diaries and Letters of Violet Bonham Carter 1914–1945* 1998
——, *Daring to Hope: The Diaries and Letters of Violet Bonham Carter 1946–1969* 1999
ed. Pottle, Mark, and Bonham Carter, Mark, *Lantern Slides: The Diaries and Letters of Violet Bonham Carter 1904–1914* 1996
Ramsden, John, *The Age of Churchill and Eden 1940–1957* 1995
——, *Man of the Century: Winston Churchill and his Legend since 1945* 2002
ed. Ranft, B., *The Beatty Papers* 2 vols. 1993
Read, Sir Herbert, *English Prose Style* 1928
Reade, Winwood, *The Martyrdom of Man* 1945
Reynolds, David, *In Command of History: Churchill Fighting and Writing the Second World War* 2004
——, *From World War to Cold War* 2006
——, *Summits: Six Meetings That Shaped the Twentieth Century* 2007
——, *The Long Shadow: The Legacies of the Great War in the Twentieth Century* 2014
Reynolds, Quentin, *All About Winston Churchill* 1964
Ricks, Thomas E., *Churchill and Orwell: The Fight for Freedom* 2017
Riddell, Lord, *Lord Riddell's Intimate Diary of the Peace Conference and After* 1933
——, *Lord Riddell's War Diary* 1933
——, *More Pages from my Diary* 1934
ed. Riff, M. A., *Dictionary of Modern Political Ideologies Manchester* 1990
Roberts, Andrew, *The Holy Fox: A Life of Lord Halifax* 1991
——, *Eminent Churchillians* 1994
——, *Salisbury: Victorian Titan* 1999
——, *Hitler and Churchill* 2003
Rogers, Anthony, *Churchill's Folly: Leros and the Aegean* 2003
Roosevelt, Elliot, *As He Saw It* New York 1946
Rose, Jill, *Nursing Churchill: Wartime Life from the Private Letters of Winston Churchill's Nurse* 2018
Rose, Jonathan, *The Literary Churchill: Author, Reader, Actor* 2014
Rose, Norman, *Churchill: An Unruly Life* 1994
ed. Rose, N. A., *Baffy: The Diaries of Blanche Dugdale 1936–1947* 1973
Roskill, Stephen, *Hankey: Man of Secrets* 3 vols. 1970–74
——, *Churchill and the Admirals* 1977
Rowntree, B. Seebohm, *Poverty* 1903
Rowse, A. L., *The Later Churchills* 1958
Ruane, Kevin, *Churchill and the Bomb* 2016
Rumbelow, Donald, *The Houndsditch Murders and the Siege of Sidney Street* 1973
Russell, Douglas S., *The Orders, Decorations and Medals of Sir Winston Churchill* 1990
——, *Winston Churchill, Soldier: The Military Life of a Gentleman at War* 2008

ed. Russell, Emily, *A Constant Heart: The War Diaries of Maud Russell* 2017
Sandys, Celia, *From Winston with Love and Kisses* 1994
——, *Churchill: Wanted Dead or Alive* 1999
——, *Chasing Churchill: The Travels of Winston Churchill* 2003
——, *Churchill: A Short Biography* 2003
——, *We Shall Not Fail: The Inspiring Leadership of Winston Churchill* 2003
Sandys, Edwina, *Winston Churchill: A Passion for Painting* 2012
Sandys, Jonathan, and Henley, Wallace, *God and Churchill* 2015
Schroeder, Christa, *He Was my Chief: The Memoirs of Adolf Hitler's Secretary* 2009
Scott, Alexander MacCallum, *Winston Churchill in Peace and War* 1916
Scott, Brough, *Galloper Jack* 2003
——, *Churchill at the Gallop* 2017
Sebestyen, Victor, *1946: The Making of the Modern World* 2016
Seldon, Anthony, *Churchill's Indian Summer: The Conservative Government 1951–55* 1981
ed. Self, Robert, *The Neville Chamberlain Diary Letters* vols. I, II, III and IV 2005
Shakespeare, Geoffrey, *Let Candles Be Brought In* 1949
Shakespeare, Nicholas, *Six Minutes in May: How Churchill Unexpectedly Became Prime Minister* 2017
ed. Shawcross, William, *Counting One's Blessings: Selected Letters of the Queen Mother* 2012
Sheean, Vincent, *Between the Thunder and the Sun* 1943
Sheffield, Gary, *The Chief: Douglas Haig and the British Army* 2011
Shelden, Michael, *Churchill: Young Titan* 2013
Sheridan, Clare, *Nuda Veritas* 1934
ed. Sherwood, Robert, *The White House Papers of Harry L. Hopkins* 2 vols. 1949
——, *Roosevelt and Hopkins* 2008
Shuckburgh, Evelyn, *Descent to Suez: Diaries 1951–56* 1986
Singer, Barry, *Churchill Style: The Art of being Winston Churchill* 2012
Sitwell, William, *Eggs or Anarchy: The Remarkable Story of the Man Tasked with the Impossible: To Feed a Nation at War* 2016
Skidelsky, Robert, *Oswald Mosley* 1975
——, *John Maynard Keynes, vol. II: The Economist as Saviour 1920–1937* 1992
——, *John Maynard Keynes, vol. III: Fighting for Britain 1937–1946* 2000
ed. Smart, Nick, *The Diaries and Letters of Robert Bernays* 1996
ed. Smith, Amanda, *Hostage to Fortune: The Letters of Joseph P. Kennedy* 2001
Snyder, Timothy, *Black Earth: The Holocaust as History and Warning* 2016
Soames, Mary, *A Churchill Family Album* 1982
——, *Winston Churchill: His Life as a Painter* 1990
——, *Clementine Churchill* 2002
——, *A Daughter's Tale* 2012
ed. Soames, Mary, *Speaking for Themselves: The Personal Letters of Winston and Clementine Churchill* 1999
Spears, Sir Edward, *Assignment to Catastrophe* 2 vols. 1954
Spence, Lyndsy, *The Mistress of Mayfair: Men, Money and the Marriage of Doris Delevingne* 2016
Stacey, Colonel C. P., *The Victory Campaign: Operations in North-West Europe 1944–1945* (Official History of the Canadian Army in the Second World War, vol. III) Ottawa 1966
Stafford, David, *Churchill and Secret Service* 1997
Stargardt, Nicholas, *The German War: A Nation under Arms 1939–45* 2015
Stelzer, Cita, *Dinner with Churchill: Policy-Making at the Dinner Table* 2013
Stewart, Andrew, *The First Victory: The Second World War and the East Africa Campaign*

2016
Strachan, Hew, *The First World War* 2003
ed. Stuart, Charles, *The Reith Diaries* 1975
Stuart, James, *Within the Fringe: An Autobiography* 1967
Symonds, Craig L., *Neptune: The Allied Invasion of Europe and the D-Day Landings 1944* 2014
Taylor, A. J. P., *Beaverbrook* 1970
ed. Taylor, A. J. P., *Lloyd George: A Diary by Frances Stevenson* 1971
——, *W. P. Crozier: Off the Record: Political Interviews* 1973
——, *My Darling Pussy: The Letters of Lloyd George and Frances Stevenson* 1975
Taylor, Robert Louis, *Winston Churchill: An Informal Study of Greatness* New York 1952
Templewood, Viscount, *Nine Troubled Years* 1954
Thomas, David, *Churchill: The Member for Woodford* 1995
Thompson, Julian, *Gallipoli* 2015
Thompson, Laurence, *1940* 1968
Thompson, R. W., *The Yankee Marlborough* 1963
——, *Churchill and Morton* 1976
Thompson, Walter, I *Was Churchill's Shadow* 1951
——, *Sixty Minutes with Winston Churchill* 1953
Thomson, George Malcolm, *Vote of Censure* 1968
ed. Thorne, Nick, *Seven Christmases: Second World War Diaries of Lt-Commander Vivian Cox* 2010
Thornton-Kemsley, Colin, *Through Winds and Tides* 1974
eds. Thorpe, Andrew, and Toye, Richard, *Parliament and Politics in the Age of Asquith and Lloyd George: The Diaries of Cecil Harmsworth MP* 2016
Tillett, Ben, *The Transport Workers' Strike 1911* 1912
Todman, Daniel, *Britain's War, vol. I: Into Battle 1937–1941* 2016
Tolppanen, Bradley, *Churchill in North America 1929* Jefferson, NC 2014
Tolstoy, Nikolai, *Victims of Yalta* 1977
Toye, Richard, *Lloyd George and Churchill: Rivals for Greatness* 2007
Travers, Tim, *Gallipoli 1915* 2001
Tree, Ronald, *When the Moon was High* 1975
Tunzelmann, Alex von, *Indian Summer: The Secret History of the End of an Empire* 2007
United States Department of State, *Foreign Relations of the United States, Diplomatic Papers, 1942*, vol. I: *General; the British Commonwealth; the Far East*, Washington, DC 1942
Udy, Giles, *Labour and the Gulag* 2017
Vickers, Hugo, *Cocktails and Laughter: The Albums of Loelia Lindsay (Loelia, Duchess of Westminster)* 1983
——, *Cecil Beaton* 1985
ed. Vincent, John, *The Crawford Papers: The Journals of David Lindsay, Twenty-Seventh Earl of Crawford and Tenth Earl of Balcarres during the Years 1892 to1940* 1984
Waldegrave, William, *A Different Kind of Weather: A Memoir* 2015
The War Book of Gray's Inn 1939–45 2015
ed. Ward, Geoffrey C., *Closest Companion* New York 1995
Watt, Donald Cameron, *How War Came: The Immediate Origins of the Second World War 1938–1939* 2001
Watson, Alan, *Churchill's Legacy: Two Speeches to Save the World* 2016
Weeks, Sir Ronald, *Organisation and Equipment for War* Cambridge 1950
Weidhorn, Manfred, *Churchill's Rhetoric and Political Discourse* 1987
ed. Wheeler-Bennett, John, *Action This Day: Working with Churchill* 1968

Willans, Geoffrey, and Roetter, Charles, *The Wit of Winston Churchill* 1954
Williams, Susan, The People's King: The *True Story of the Abdication* 2004
Wilson, John, *CB: A Life of Sir Henry Campbell-Bannerman* 1973
Wilson, Stephen Shipley, *The Cabinet Office to 1945* 1975
ed. Wilson, Trevor, *The Political Diaries of C. P. Scott* 1970
Windsor, The Duke of, *A King's Story* 1953
Winterton, Lord, *Orders of the* Day 1953
ed. Wolf, Michael, *The Collected Essays of Sir Winston Churchill* 4 vols. 1974
Wright, Robert, *Dowding and the Battle of Britain* 1969
Wrigley, Chris, *Winston Churchill: A Biographical Companion* 2002
ed. Young, Kenneth, *The Diaries of Sir Robert Bruce Lockhart*, vol. II: *1939–1965* 1980
Ziegler, Philip, *King Edward VIII* 1990
Zoller, Curt, *Annotated Bibliography of Works about Sir Winston Churchill* 2004

文章和論文

Addison, Paul, 'The Three Careers of Winston Churchill' *Transactions of the Royal Historical Society* vol. 11 2001
Adelman, Paul, 'The British General Election 1945' *History Review* issue 40 September 2001
Alkon, Paul, 'Imagining Scenarios: Churchill's Advice for Alexander Korda's Stillborn Film "Lawrence of Arabia" ' *Finest Hour* no. 119 Summer 2003
Ball, Stuart, 'Churchill and the Conservative Party' *Transactions of the Royal Historical Society* vol. XI 2001
Barclay, Gordon, 'Duties in Aid of the Civil Power' *Journal of Scottish Historical Studies* forthcoming
Baxter, Colin, 'Winston Churchill: Military Strategist?' *Military Affairs* vol. XLVII no. 1 February 1983
Bell, Christopher M., 'Air Power and the Battle of the Atlantic' *Journal of Military History* vol. 79 no. 3 July 2015
Blake, Robert, 'Churchill and the Conservative Party' Crosby Kemper Lecture, Westminster College, Fulton, Mo. April 1987
Bose, Sugata, 'Starvation amidst Plenty: The Making of Famine in Bengal, Honan and Tonkin, 1942–45' *Modern Asian Studies* vol. 24 no. 4 October 1990
Bridge, Carl, 'Churchill, Hoare, Derby and the Committee of Privileges, April to June 1934' Historical Journal vol. 22 no. 1 1979
Cannadine, David, 'Churchill and the British Monarchy' *Transactions of the Royal Historical Society* vol. XI 2001
Capet, Antoine, 'Scientific Weaponry: How Churchill Encouraged the "Boffins" and Defied the "Blimps" ' *Churchillian* Winter 2013
Charmley, John, 'Churchill's Darkest Hour: Gallipoli 100 Years On' *Conservative History Journal* vol. IIIssue 4 Autumn 2015
Churchill, Winston S., 'Man Overboard!' *Harmsworth Magazine* vol. 1 no. 6 1898–9
Cocks, Paul, 'The Improbable Three: Virtual History, Spirituality and the Meaning of May 1940' *Agora* vol. 51 no. 4 2016
Cohen, Eliot, 'Churchill at War' *Commentary* vol. 83 no. 5 May 1987
Colville, John, 'Churchill's England: "He Had No Use for Second Best"' *Finest Hour* no. 41 Autumn 1983
Coombs, David, 'Sir Winston Churchill, His Life and Painting: An Account of the Sotheby's Loan Exhibition' *Finest Hour* no. 100, Autumn 1998
Corfield, Tony, 'Why Chamberlain Really Fell' *History Today* vol. 46 issue 12 December 1996
Courtenay, Paul, 'The Smuts Dimension' Sixteenth International Churchill Conference 24 July 1999
Deakin, William, 'Churchill and Europe in 1944' Crosby Kemper Lecture, Westminster College, Fulton, Mo. March 1984

Devine, Richard, 'Top Cop in a Top Hat: Churchill as Home Secretary' *Finest Hour* no. 143 Summer 2009
Dilks, David, ' "The Solitary Pilgrimage": Churchill and the Russians 1951–1955' Address to the Churchill Society for the Advancement of Parliamentary Democracy November 1999
——, '"Champagne for Everyone": The Greatness of Bill Deakin' *Finest Hour* no. 131 Summer 2006
——, 'The Queen and Mr Churchill' Address to Royal Society of St George, City of London Branch 6 February 2007
——, 'Churchill and the Russians, 1939–1955' Second World War Experience Centre Lecture, October 2016
Dockter, Warren, and Toye, Richard, 'Who Commanded History? Sir John Colville, Churchillian Networks and the "Castlerosse Affair" ' *Journal of Contemporary History* March 2018
Encer, Craig, 'Churchill in Turkey 1910' *Finest Hour* no. 126 Spring 2005
Feldschreiber, Jared, '"Emotional Intelligence" in Churchill's View of Jewish National Sovereignty' *Churchillian* Autumn 2012
Foster, Betsy, 'The Statesmanship and Rhetoric of Churchill's Maiden Speech' *Finest Hour* no. 126 Spring 2005
Foster, Russ, 'Wellington, Waterloo and Sir Winston Churchill' *Waterloo Journal* vol. 38, no. 3 Autumn 2016
Gardiner, Nile, 'Forever in the Shadow of Churchill?: Britain and the Memory of World War Two at the End of the 20th Century' International Security Studies, Yale University, Occasional Paper No. 9 1997
Gilbert, Martin, 'What Did Churchill Really Think about the Jews?' *Finest Hour* no. 135 Summer 2007
——, 'Churchill and Bombing Policy' *Finest Hour* no. 137 Winter 2007–8
——, 'Churchill and Eugenics' *Finest Hour* no. 152 Autumn 2011
Hatter, David, 'The Chartwell Visitors Book' *Finest Hour* no. 130 Spring 2006
Hennessy, Peter, 'Churchill and the Premiership' *Transactions of the Royal Historical Society* vol. XI 2001
Herman, Arthur 'Absent Churchill, India's 1943 Famine Would Have Been Worse', *Finest Hour* no. 149, Winter 2010–11
Heyking, John von, 'Political Friendship in Churchill's *Marlborough' Perspectives on Political Science* vol. 46 2017
Ives, William, 'The Dardanelles and Gallipoli' *Finest Hour* no. 126 Spring 2005
Jacob, Ian, 'Principles of British Military Thought' *Foreign Affairs* vol. 29 no. 2 January 1951
——, 'The High Level Conduct and Direction of World War II' *RUSI Journal* vol. CI no. 603 August 1956
——, 'The Turning Point: Grand Strategy 1942–43' *Round Table* vol. 62 no. 248 October 1972
James, Robert Rhodes, 'Churchill, the Man' Crosby Kemper Lecture, Westminster College, Fulton, Mo. April 1986
Jones, R. V., 'Churchill as I Knew Him' Crosby Kemper Lecture, Westminster College, Fulton, Mo. March 1992
Karsh, Yousuf, 'The Portraits That Changed my Life' *Finest Hour* no. 94 Spring 1997
Keohane, Nigel, 'Sitting with the Enemy: The Asquith Coalition through a Conservative Lens' *Conservative History Journal* vol. IIIssue 4 Autumn 2015
Kimball, Warren, ' "Beggar My Neighbor": America and the British Interim Finance Crisis, 1940–1941' *Journal of Economic History* vol. XXIX no. 4 December 1969
Langworth, Richard, 'Churchill and Lawrence' *Finest Hour* no. 119 Summer 2003
——, 'Feeding the Crocodile: Was Leopold Guilty?' *Finest Hour* no. 138 Spring 2008
——, 'Churchill and the Rhineland' *Finest Hour* no. 141 Winter 2008–9
——, 'Myth: "Churchill Caused the 1943–45 Bengal Famine"' *Finest Hour* no. 142 Spring 2009
——, 'Blood, Sweat and Gears' *Automobile* August 2016
Liddell Hart, Basil, 'Churchill in War' *Encounter* April 1966

Lippiatt, Graham, 'The Fall of the Lloyd George Coalition' *Journal of Liberal History* issue 41 Winter 2003
Mallinson, Allan, 'Churchill's Plan to Win the First World War' *History Today* vol. 63 no. 12 December 2013
Masterman, Lucy, 'Winston Churchill: The Liberal Phase' *History Today* vol. 14 nos. 11 and 12 November and December 1964
Mather, John H., 'Sir Winston Churchill: His Hardiness and Resilience' *Churchill Proceedings* 1996–7
——, 'Lord Randolph Churchill: Maladies et Mort' *Finest Hour* no. 93 Winter 1996–7
Maurer, John H., ' "Winston Has Gone Mad": Churchill, the British Admiralty, and the Rise of Japanese Naval Power' *Journal of Strategic Studies* vol. 35 no. 6 2012
——, 'Averting the Great War? Churchill's Naval Holiday' *Naval War College Review*, vol. 67 no. 3 Summer 2014
Maynard, Luke, 'Tory Splits over Revolutionary Russia 1918–20' *Conservative History Journal* vol. IIIssue 4 Autumn 2015
Messenger, Robert, 'Churchill's Friends and Rivals' *New Criterion* October 2008
Muller, James W., '"A Good Englishman": Politics and War in Churchill's Life of Marlborough' *Political Science Reviewer* vol. 18 no. 1 1988
——, 'Churchill's Understanding of Politics' in eds. Mark Blitz and William Kristol, *Educating the Prince* Lanham, MD 2000
Newman, Hugh, 'Butterflies to Chartwell' *Finest Hour* no. 89 Winter 1995–6
Nicholas, Sian, 'Churchill's Radio Impostor' *History Today* vol. 51 issue 2 February 2001
O'Connell, John F. 'Closing the North Atlantic Air Gap' *Air Power History* 59 Summer 2012
Pearce, Robert, 'The 1950 and 1951 General Elections in Britain', *History Review* issue 60 March 2008
Phillips, Adrian, 'MI5, Churchill and the "King's Party" in the Abdication Crisis', *Conservative History Journal* vol. IIIssue 5 Autumn 2017
Philpott, William J., 'Kitchener and the 29th Division' *Journal of Strategic Studies* vol. 16 no. 3 September 1993
Plumb, John, 'The Dominion of History' Crosby Kemper Lecture, Westminster College, Fulton, Mo. May 1983
Powers, Richard, 'Winston Churchill's Parliamentary Commentary on British Foreign Policy, 1935–1938' *Journal of Modern History* vol. 26 no. 2 1954
Quinault, Roland, 'Churchill and Democracy' *Transactions of the Royal Historical Society* vol. XI 2001
——, 'Churchill and the Cunarders' *History Today* vol. 65 no. 8 August 2015
Ramsden, John, ' "That will Depend on Who Writes the History": Winston Churchill as his own Historian' Inaugural Lecture at Queen Mary and Westfield College October 1996
——, 'How Winston Churchill Became "The Greatest Living Englishman" ' *Contemporary British History* vol. 12 no. 3 Autumn 1998
Reynolds, David, 'Churchill's Writing of History' *Transactions of the Royal Historical Society* vol. XI 2001
——, 'Churchill the Historian' *History Today* vol. 55 no. 2 February 2005
Rowse, A. L., 'A Visit to Chartwell' *Finest Hour* no. 81, Fourth Quarter 1993
Sáenz-Francés San Baldomero, Emilio, 'Winston Churchill and Spain 1936–1945' in ed. David Sarias Rodríguez, *Caminando con el destino: Winston Churchill y España* Madrid 2011
Sandys, Edwina, 'Winston Churchill: His Art Reflects his Life' Crosby Kemper Lecture, Westminster College, Fulton, Mo. March 1993
'Scrutator', 'An Eye-Witness at the Dardanelles' *Empire Review* vol. XLVII no. 329 1928
Searle, Alaric, 'J. F. C. Fuller's Assessment of Winston Churchill as Grand Strategist, 1939–45' *Global War Studies* vol. 12 no. 3 2015
Smith, Richard W., 'Britain's Return to Gold' Harvard University thesis 1974
Soames, Mary, 'Winston Churchill: The Great Human Being' Crosby Kemper Lecture, Westminster College, Fulton, Mo. April 1991
Soames, Nicholas, 'Winston Churchill: A Man in Full' Address to the Churchill Society for the Advancement of Parliamentary Democracy November 1998

Sterling, Christopher, 'Getting There: Churchill's Wartime Journeys' *Finest Hour* no. 148 Autumn 2010
Strauss, Leo, 'Churchill's Greatness' *Weekly Standard* vol. 5 no. 3 January 2000
Tolppanen, Bradley P, 'Churchill and Chaplin' *Finest Hour* no. 142 Spring 2009
——, 'The Accidental *Churchill*' *Churchillian* Winter 2012
Vale, Allister, and Scadding, John, 'Did Winston Churchill Suffer a Myocardial Infarction in the White House at Christmas 1941?' *Journal of the Royal Society of Medicine* vol. 110 no. 12 2017
——, 'Winston Churchill . . . Treatment for Pneumonia in March 1886' *Journal of Medical Biography* https://doi.org/10.1177/096777201875464 6
Vego, Milan, 'The Destruction of Convoy PQ17' *Naval War College Review* vol. 69 no. 3 Summer 2016
Warner, Geoffrey, 'The Road to D-Day' *History Today* vol. 34 issue 6 June 1984
Wrigley, Chris, 'Churchill and the Trade Unions' *Transactions of the Royal Historical Society* vol. XI 2001
Ziegler, Philip, 'Churchill and the Monarchy' *History Today* vol. 43 issue 3 March 1993

縮寫條目

一般

AP	Avon Papers at Birmingham University Archives
BIYU	Borthwick Institute, York University
BL	British Library
Bod	Bodleian Library, Oxford
BU	Birmingham University Archives
CAC	Churchill Archives at Churchill College, Cambridge
CHAR	Chartwell Papers at the Churchill Archives, Cambridge
CHUR	Churchill Papers at the Churchill Archives, Cambridge
CIHOW	ed. Richard Langworth, *Churchill in His Own Words* 2012
CS	ed. Robert Rhodes James, *Winston S. Churchill: His Complete Speeches*, published in New York in eight volumes in 1974
CUL	Cambridge University Library
CV	*Companion Volumes* to the Official Biography (OB)
CWP	The three volumes of *Churchill War Papers* companion volumes published by Martin Gilbert between 1993 and 2000:
CWP I	*At the Admiralty* 1993
CWP II	*Never Surrender* 1995
CWP III	*The Ever-Widening War* 2000
FH	*Finest Hour*, the quarterly magazine published by the International Churchill Society
FRUS	*Foreign Relations of the United States*
Hansard	House of Commons Parliamentary Debates
Hatfield	The Archives of the Marquesses of Salisbury and Cecil family at Hatfield House, Hertfordshire
JC	Joseph Chamberlain Papers at Birmingham University Archives
LHC	Liddell Hart Centre at King's College London
NA	National Archives at Kew
NC	Neville Chamberlain Papers at Birmingham University Archives

NYPL	New York Public Library
OB	The Official Biography of Sir Winston Churchill. Vols. I and II by Randolph S. Churchill and vols. III to VIII by (Sir) Martin Gilbert, published in eight volumes between 1966 and 1988:
OB I	*Winston S. Churchill: Youth 1874–1900* 1966
OB II	*Winston S. Churchill: Young Statesman 1901–1914* 1967
OB III	*Winston S. Churchill: The Challenge of War 1914–1916* 1971
OB IV	*Winston S. Churchill: World in Torment 1916–1922* 1975
OB V	*Winston S. Churchill: The Coming of War 1922–1939* 1976
OB VI	*Winston S. Churchill: Finest Hour 1939–1941* 1983
OB VII	*Winston S. Churchill: Road to Victory 1941–1945* 1986
OB VIII	*Winston S. Churchill: 'Never Despair' 1945–1965* 1988
PA	Parliamentary Archives, House of Lords
RA	Royal Archives at Windsor Castle
TCD	The five volumes of *The Churchill Documents* edited by Martin Gilbert and Larry P. Arnn, published by Hillsdale College Press, Michigan:
TCD 17	*The Churchill Documents* vol. 17: *Testing Times* 2014
TCD 18	*The Churchill Documents* vol. 18: *One Continent Redeemed* 2015
TCD 19	*The Churchill Documents* vol. 19: *Fateful Questions* 2017
TCD 20	*The Churchill Documents* vol. 20: *Normandy and Beyond* 2018
TCD 21	*The Churchill Documents* vol. 21: *Shadows of Victory* 2018
TLS	*Times Literary Supplement*
WSC	Books by Winston S. Churchill (see below)

邱吉爾作品

Arms	*Arms and the Covenant* 1938
Balance	*In the Balance* 1951
CE	ed. Michael Wolf, *The Collected Essays of Sir Winston Churchill* 4 vols. 1974
Dawn	*The Dawn of Liberation* 1945
Dream	*ed. Langworth, The Dream* 2005
End	*The End of the Beginning* 1943
GC	*Great Contemporaries* 1937
HESP	*A History of the English-Speaking Peoples* 4 vols. 1956–8
India	*India: Defending the Jewel in the Crown* 1990
Liberalism	*Liberalism and the Social Problem* 1909
L to L	*London to Ladysmith via Pretoria* 1900
LRC	*Lord Randolph Churchill* 2 vols. 1906
MAJ	*My African Journey* 1908
Marl	*Marlborough: His Life and Times* 2 vols. Chicago 2002 (first published in 4 vols. 1933–8)
MEL	*My Early Life* 1930
MFF	*The Story of the Malakand Field Force* 1898
Onwards	*Onwards to Victory* 1944
Painting	*Painting as a Pastime* 1948
RW	*The River War* 2 vols. 1899
Savrola	*Savrola: A Tale of the Revolution in Laurania* 1900

Secret	*Secret Sessions Speeches* 1946
Sinews	*The Sinews of Peace* 1948
Stemming	*Stemming the Tide: Speeches, 1951 and 1952* 1953
Step	*Step by Step 1936–1939* 1947
Thoughts	Thoughts and Adventures 1932
TSWW	*The Second World War*, published in six volumes:
TSWW I	*The Gathering Storm* 1948
TSWW II	*Their Finest Hour* 1949
TSWW III	*The Grand Alliance* 1950
TSWW IV	*The Hinge of Fate* 1951
TSWW V	*Closing the Ring* 1952
TSWW VI	*Triumph and Tragedy* 1954
Unite	*Europe Unite: Speeches 1947 & 1948* 1950
Unrelenting	*The Unrelenting Struggle* 1942
Unwritten	*The Unwritten Alliance* 1961
Victory	*Victory* 1946
WC	*The World Crisis*, published in five volumes:
WC I	*1911–1914* 1923
WC II	*1915* 1923
WC III	*1916–18* Parts 1 and 2 1927
WC IV	*The Aftermath 1918–1922* 1929
WC V	*The Eastern Front* 1931
WES	*While England Slept: A Survey of World Affairs 1932–1938* 1938

1 出身名門 1874／11－1895／1

1. WSC, *Marl* I p. 33 | 2. James, 'Churchill, the Man' p. 5 | 3. OB I p. 2 | 4. CAC EADE 2/2 | 5. Plumb, 'Dominion' p. 2 | 6. *CS* VII p. 6869 | 7. WSC, *Marl* I p. 740 | 8. BU Avon Papers 20/1/24 | 9. OB I p. 19 | 10. CAC EMAR 2 | 11. CV V Part 2 p. 820 | 12. Birkenhead, *Churchill* p. 115 | 13. Murray, *Bodyguard* p. 92 | 14. Browne, *Sunset* p. 118 | 15. *CV* I Part 1 p. 192 | 16. OB I p. 171 | 17. Marian Holmes's Diary p. 3 | 18. WSC, *TSWW* I p. 65 | 19. Carter, *Knew Him* p. 24 | 20. ed. Hart-Davis, *King's Counsellor* p. 93 | 21. *CV* V Part 3 p. 1325 | 22. WSC, *MEL* p. 1 | 23. Ibid. p. 2 | 24. Ibid. p. 7 | 25. Gilbert, *A Life* p. 2 | 26. Sheridan, *Nuda Veritas* p. 14 | 27. Brendon, *Churchill* p. 8 | 28. Jenkins, *Churchill* p. 10 | 29. CAC CHAR 28/43/42 | 30. Ibid. | 31. Ibid. | 32. Ibid. | 33. WSC, *MEL* p. 3 | 34. CAC CHAR 28/44/ 2–8 | 35. Langworth, *Myth* p. 13 | 36. CAC CHAR 28/44/5–7 | 37. CAC CHAR 28/44/7 | 38. Baring, *Puppet Show* p. 71 | 39. Muller, 'Churchill's Understanding' p. 293 | 40. WSC, *MEL* p. 19 | 41. *CV* I Part 1 p. 221 | 42. WSC, *MEL* p. 87 | 43. Ibid. p. 9 | 44. Churchill, *Tapestry* p. 43 | 45. Jackson, *Churchill* pp. 14–15 | 46. CAC CHAR 28/44/ 9–10 | 47. *CIHOW* p. 519 | 48. Sandys, *From Winston* p. 70 | 49. Addison, *Unexpected* p. 12 | 50. *CS* VII p. 7357 | 51. Vale and Scadding, 'Pneumonia' p. 2 | 52. Ibid. passim | 53. James, *Lord Randolph Churchill* p. 207 | 54. WSC, *MEL* p. 12 | 55. Jablonsky, *Churchill and Hitler* p. 206 | 56. Foster, *Randolph* p. 216 | 57. Ibid. p. 270 | 58. CAC CHAR 28/11/ 42–3 | 59. Roberts, *Salisbury* p. 288 | 60. WSC, LRC II p. 301 | 61. RA GV/PRIV/GVD/1887: 8 August | 62. OB I p. 97 | 63. Gilbert, *A Life* p. 17 | 64. Colville, *Fringes* p. 444 | 65. ed. Eade, *Contemporaries* p. 18 | 66. WSC, *MEL* p. 27 | 67. Ibid. p. 52 | 68. Harrow School Archives Box H4/8 | 69. ed. Eade, *Contemporaries* p. 18 | 70. Jones, 'Knew Him' p. 3 |

71. WSC, *MEL* p. 15 | 72. *CIHOW* pp. 58–9 | 73. OB I p. 179 | 74. ed. Nicolson, *Diaries and Letters* III p. 268 | 75. ed. Eade, *Contemporaries* p. 19 | 76. Ibid. p. 20 | 77. Harrow School Archives Box H4/8 | 78. Gardiner, *Prophets* p. 235 | 79. Harrow School Archives Box H4/8 | 80. Ibid. | 81. Ibid. | 82. Ibid. | 83. Ibid. | 84. Ibid. | 85. Gilbert, *Search* p. 215 | 86. *CS* VIII p. 8425 | 87. ed. Eade, *Contemporaries* p. 19 | 88. Ibid. p. 18 | 89. *CV* I Part 1 p. 227 | 90. OB I p. 174 | 91. Ibid. p. 130 | 92. Ibid. p. 131 | 93. Ibid. p. 163 | 94. Ibid. pp. 163–4 | 95. Ibid. p. 164 | 96. Ibid. p. 165 | 97. Ibid. p. 167 | 98. *FH* no. 140 p. 18 | 99. OB I pp. 112–13 | 100. Ibid. | 101. WSC, *MEL* p. 17 | 102. Golland, *Not Winston* p. 31 | 103. WSC, *MEL* p. 24 | 104. Ibid. p. 30 | 105. Ibid. p. 18 | 106. Ibid. p. 29 | 107. Ibid. pp. 34–5 | 108. *CV* I Part 1 pp. 390–91 | 109. Blake, 'Conservative' p. 2 | 110. Mather, 'Maladies' pp. 24, 26 | 111. OB I p. 198 | 112. Ibid. p. 200 | 113. Birkenhead, *Contemporary Personalities* p. 113 | 114. WSC, *MEL* p. 34 | 115. Scott, *Churchill at the Gallop* passim | 116. *CV* I Part 1 p. 413 | 117. OB I pp. 219–20 | 118. WSC, *MEL* p. 43 | 119. *CV* I Part 1 p. 531 | 120. Browne, *Sunset* p. 122 | 121. WSC, *MEL* p. 42 | 122. Carter, *Knew Him* p. 27 | 123. Harrow School Archives Box H4/8 | 124. WSC, *MEL* p. 51 | 125. Searle, 'Fuller' p. 46 | 126. WSC, *MEL* p. 56 | 127. Churchill, *Crowded Canvas* p. 181 | 128. CUL Add 9248/4526 | 129. CUL ASH/B/32/6a and 6b | 130. WSC, *LRC* II p. 820 | 131. Gardiner, *Prophets* pp. 230–31 | 132. ed. Muller, *Thoughts* pp. 31– 2

2 戰火下的野心 1895／1－1898／7

1. WSC, *RW* I p. 37 | 2. Gardiner, *Prophets* p. 228 | 3. Lough, *Champagne* pp. 35–6 | 4. WSC, *MEL* p. 76 | 5. BL RP 6688/19 | 6. WSC, *MEL* p. 57 | 7. CAC CHAR 28/152A/53–4 | 8. OB I p. 259 | 9. Clarke, *Lloyd George Diary* pp. 97–8 | 10. ed. Muller, *Thoughts* pp. 49–50 | 11. McMenamin and Zoller, *Becoming Winston Churchill* p. 15 | 12. Gilbert, *Search* p. 269 | 13. Ibid. | 14. *New York Times* 27 March 1893 | 15. OB I pp. 282–3 | 16.*CV* I Part 1 p. 597 | 17. Ibid. p. 599 | 18. Ibid. p. 600 | 19. WSC, *MEL* p. 91 | 20. Ibid. p. 73 | 21. Russell, *Churchill's Decorations* p. 17 n. 17 | 22. WSC, *MEL* p. 96 | 23. Klepak, *Comes of Age* p. 129 | 24. WSC, *MEL* p. 75 | 25. Ibid. p. 75 | 26. Ibid. p. 78 | 27. ed. Midgley, *Heroic Memory* p. 12 | 28. Sandys, *Chasing Churchill* p. 33 | 29. WSC, *MEL* p. 79 | 30. Ibid. p. 107 | 31. *CV* I Part 1 p. 676 | 32. Ibid. | 33. WSC, *MEL* p. 91 | 34. Ibid. p. 116 | 35. Ibid. pp. 101–2 | 36. Jackson, *Churchill* p. 53 | 37. *Daily Telegraph* 9 October 1897 | 38. Marian Holmes's Diary p. 6 | 39. WSC, *MEL* pp. 98, 100 | 40. CAC CHAR 28/23/ 10–11 | 41. Birkenhead, *Personalities* p. 115 | 42. CAC CHAR 28/23/ 10–11 | 43. Bod Bonham Carter Papers 298/7 | 44. *CV* I Part 2 pp. 757–68 | 45. Ibid. p. 760 | 46. CAC Churchill's *Annual Register* 1874 p. 2 | 47. Ibid. p. 94 | 48. Ibid. 1875 pp. 48–9 | 49. Ibid. p. 51 | 50. Ibid. pp. 56, 119 | 51. Ibid. 1877 p. 64 | 52. *CV* I Part 2 p. 762 | 53. Ibid. p. 766 | 54. CAC Churchill's *Annual Register* 1881 pp. 58, 68, 72, 109 | 55. Ibid. 1885 pp. 119–20 | 56. Ibid. p. 134 | 57. *CV* I Part 2 p. 763 | 58. Ibid. p. 765 | 59. A reference to a chapter in William James, *The Varieties of Religious Experience* (1902) | 60. Cowling, *Religion and Public Doctrine* p. 285 | 61. WSC, *MEL* p. 103 | 62. OB VIII p. 1161 | 63. Best, *Greatness* p. 10 | 64. *CV* I Part 2 p. 697 | 65. Ibid. p. 1044 | 66. Lough, *Champagne* p. 68 | 67. WSC, *MEL* p. 119 | 68. Ibid. p. 114 | 69. WSC, *MFF* p. 9 | 70. *CV* I Part 2 p. 696 | 71. Ibid. | 72. *CS* I p. 27 | 73. Ibid. p. 28 | 74. WSC, *MEL* p. 185 | 75. Ibid. p. 110 | 76. *CV* I Part 2 p. 833; WSC, *MEL* p. 110 | 77. Coughlin, *First War* p. 207 | 78. *CV* I Part 2 p. 807 | 79. Gilbert, *A Life* p. 79 | 80. *CV* I Part 2 p. 793 | 81. WSC, *MEL* p. 119 | 82. Coughlin, *First War* p. xiv | 83. Gilbert, *A Life* p. 80 | 84. OB I pp. 355–6 | 85. *CV* Part 2 pp. 816–18 | 86. OB I p. 293 | 87. Gilbert, *A Life* p. 173 | 88. Gardiner, *Pillars* p. 62 | 89. *CV* I Part 2 p. 819 | 90. Ibid. | 91. Ibid. p. 820 | 92. Ibid. pp. 816–20 | 93. Ibid. p. 821 | 94. Ibid. | 95. Ibid. p. 839 | 96. Gilbert, *A Life* p. 86 | 97. *CV* I Part 2 p. 839 | 98. Ibid. p. 856 | 99. Gough, *Soldiering On* p. 62 | 100. OB I p.

371 | 101. *CV* I Part 2 p. 879 | 102. WSC, *MFF* pp. 117, 97 | 103. Ibid. p. 294 | 104. *The Times* 1 October 1897 | 105. Coughlin, *First War* p. 1 | 106. Ibid. p. 21 | 107. WSC *MFF* pp. 26–7 | 108. *CV* I Part 2 p. 936 | 109. WSC, *MEL* p. 137 | 110. Sheffield, *The Chief* p. 34 | 111. WSC, *WC* I p. 234 | 112. *CV* I Part 2 p. 971 | 113. WSC, *MEL* p. 149 | 114. Hatfield 3M/E41 | 115. WSC, *MEL* p. 151

3 從恩圖曼，經普里托利亞到奧丹 1898／8－1900／10

1. WSC, *Savrola* p. 114 | 2. Riddell, *More Pages* p. 139 | 3. WSC, *MEL* p. 153 | 4. Jackson, *Churchill* p. 65 | 5. OB I p. 402; *CV* I Part 2 p. 968; WSC, *RW* II pp. 34–7 | 6. WSC, *MEL* p. 157 | 7. Ibid. p. 160 | 8. Ibid. p. 163 | 9. ed. Langworth, *Conover* p. 23 | 10. WSC, *RW* II pp. 72–3 | 11. WSC, *MEL* p. 166 | 12. My thanks to Ben Strickland; the original is in 17th/21st Lancers Museum | 13. WSC, *MEL* p. 171 | 14. Ibid. p. 172 | 15. Ibid. | 16. Ibid. p. 174 | 17. ed. Midgley, *Heroic Memory* p. 13 | 18. WSC, *MEL* p. 175 | 19. OB I p. 414 | 20. WSC, *MEL* pp. 192–3 | 21. WSC, *RW* II pp. 221, 222 | 22. Blunt, *Diaries* II p. 280 | 23. OB I pp. 438–9 | 24. Blunt, *Diaries* II p. 417 | 25. WSC, *MEL* p. 177 | 26. Moran, *Struggle* p. 556 | 27. *CV* I Part 2 p. 989 | 28. Lough, *Champagne* p. 68 | 29. Ibid. p. 56 | 30. Colville, *Churchillians* p. 112; Lough, *Champagne* p. 68 | 31. OB I pp. 438–9 | 32. CAC CHAR 28/26/5, CHAR 28/152B/168 | 33. Mather, 'Hardiness and Resilience' pp. 83–97 | 34. ed. Langworth, *Conover* p. 23 | 35. Ibid. p. 24 | 36. Hatfield House 3M/E41 | 37. WSC, *RW* I p. 156 | 38. Ibid. p. 116 | 39. Ibid. p. 6 | 40. Ibid. pp. 280–81 | 41. Ibid. p. 290 | 42. Davis, *Real Soldiers* p. 108 | 43. WSC, *RW* II p. 162 | 44. Ibid. pp. 248–50 | 45. Harrow School Archives Box H4/8 | 46. ed. Vincent, *Crawford* pp. 54–5 | 47. ed. Langworth, *Conover* p. 26 | 48. *CS* I p. 43 | 49. OB I p. 449 | 50. Ibid. p. 446 | 51. WSC, *MEL* p. 240 | 52. Ibid. | 53. ed. Langworth, *Conover* p. 25 | 54. BL Add MS 62516 | 55.OB I p. 449 | 56. BU JC10/9/70 | 57. Atkins, *Incidents* p. 122 | 58. Ibid. p. 123 | 59. Pakenham, *Boer War* p. 157 | 60. Atkins, *Incidents* p. 124 | 61. Ibid. p. 125 | 62. Ibid. p. 126 | 63. Pakenham, Boer War p. 171 | 64. Atkins, Incidents p. 128 | 65. Pakenham, *Boer War* p. 172 | 66. Ibid. p. 73 | 67. Ibid. p. 278 | 68. Ibid. p. 172 | 69. Scott, *Churchill* p. 43 | 70. Atkins, *Incidents* pp. 193–5 | 71. Courtenay, 'Smuts Dimension' p. 55 | 72. OB I p. 477 | 73. WSC, *L to L* p. 134 | 74. Pilpel, *America* p. 30 | 75. WSC, *MEL* p. 273 | 76. RA VIC/MAIN/W/25/92 | 77. OB I pp. 487–8 | 78. eds. Barnes and Nicholson, *Empire at Bay* p. 50 | 79. *Strand Magazine*, December 1923 | 80. WSC, *L to L* pp. 176–7 | 81. *CS* I p. 63 | 82. WSC, *L to L* pp. 195–7 | 83. *CS* I p. 405 | 84. Churchill, *Crowded Canvas* p. 106 | 85. *CS* I p. 63 | 86. Millard, *Hero* pp. 223–4 | 87. ed. Pottle, *Daring* pp. 317–18 | 88. *Natal Mercury*, 25 December 1899 p. 5; *FH* no. 88 p. 43 | 89. BL RP 6515 | 90. WSC, *MEL* p. 271 | 91. OB I p. 507 | 92. Dundonald, *Army Life* pp. 117–18 | 93. Ibid. p. 147 | 94. WSC, *L to L* p. 292 | 95. Jackson, *Churchill* p. 81 | 96. WSC, *L to L* p. 137 | 97. Ibid. p. 376 | 98. Bossenbroek, *Boer War* p. 208 | 99. WSC, *MEL* p. 341 | 100. Jackson, *Churchill* p. 82 | 101. Hamilton, *Listening* p. 248 | 102. Ibid. p. 249 | 103. ed. Langworth, *Conover* p. 18 | 104. ed. Eade, *Contemporaries* p. 69; WSC, *MEL* p. 139 | 105. WSC, *Savrola* p. 42 | 106. ed. Eade, *Contemporaries* pp. 69–79 | 107. WSC, *Savrola* p. 344 | 108. *CV* I Part 2 p. 1162 | 109. BL Add MS 49694 fols. 20–21 | 110. James, *Failure* pp. 20–21 | 111. *CS* I p. 61 | 112. Millard, *Hero* p. 313 | 113. ed. Blake, *Churchill* p. 9 | 114. Hatfield 3M/E41 | 115. Gardiner, *Pillars* p. 61

4 跨過地板 1900／10－1905／12

1. *CWP* I p. 833 | 2. WSC, *Marl* I p. 322 | 3. *CV* II pp. 1043–4 | 4. *CS* I p. 61 | 5. Hamilton, *Listening* p. 250 | 6. NYPL Churchill Papers Microfilm 1 | 7. Pilpel, *America* p. 36 | 8. *New*

York Times 9 December 1900 p. 28; FH no. 149 p. 40 | 9. Pilpel, *America* pp. 36–7 | 10. Gilbert, *Churchill and America* p. 36 | 11. OB I pp. 542–3 | 12. Pilpel, *America* pp. 54–5 | 13. *CV* I Part 2 p. 1225 | 14. Ibid. p. 1231 | 15. *Daily Telegraph* 11 March 2016 | 16. Stuart, *Within* p. 124 | 17. Jackson, *Churchill* p. 280 | 18. WSC, *MEL* p. 377 | 19. Ibid. pp. 378–80 | 20. *CS* I pp. 65–6 | 21. Ibid. p. 66 | 22. Ibid. p. 65 | 23. Ibid. p. 68 | 24. Ibid. p. 70 | 25. Ibid. | 26. Lucy, *Balfourian Parliament* pp. 62–4 | 27. *CS* I p. 83 | 28. Ibid. p. 79 | 29. Ibid. p. 80 | 30. Ibid. p. 83 | 31. *CIHOW* p. 113 | 32. Mallinson, *Too Important* p. 28 | 33. BUJC/11/9/3 | 34. Halle, *Irrepressible* p. 61 | 35. *CS* I pp. 110, 107 | 36. *CV* II Part 1 pp. 104–5 | 37. Rowntree, *Poverty* pp. 304–5 | 38. *CV* II Part 1 p. 111 | 39. Ibid. | 40. eds. Mackenzie, Norman and Jeanne, *Diary of Beatrice Webb* II p. 287 | 41. Ibid. pp. 287–8 | 42. OB II p. 35 | 43. WSC, *GC* p. 178 | 44. James, *Failure* p. 16 | 45. ed. Eade, *Contemporaries* pp. 86–7 | 46. *CS* I p. 112 | 47. Halle, *Irrepressible* p. 50 | 48. Ibid. p. 49 | 49. Ramsden, 'Greatest' p. 13 | 50. WSC, *MEL* p. 385 | 51. OB II p. 47 | 52. BL Add MS 49694 fols. 39–40 | 53.Blake, 'Conservative' p. 4 | 54. *CS* I pp. 197–8 | 55. BL Add MS 49694 fols. 41–2 | 56. ed. Muller, *Thoughts* p. 10 | 57. *CS* I pp. 192–3 | 58. CAC EADE 2/2 | 59. *CS* I p. 215 | 60. Willans and Roetter, *Wit* p. 40 | 61. BL Add MS 62156 fol. 7 | 62. *Monthly Review* no. 13 November 1903 pp. 28–9 | 63. *CV* II Part 1 p. 243 | 64. Blunt, *Diaries* II p. 77 | 65. Gardiner, *Pillars* p. 58 | 66. *CS* I p. 221 | 67. Ibid. p. 224 | 68. Ibid. p. 236 | 69. Ibid. p. 237 | 70. Ibid. p. 259 | 71. Ibid. p. 261 | 72. Jackson, *Churchill* p. 93 | 73. Blake, 'Conservative' p. 4 | 74. Gardiner, *Prophets* p. 228 | 75. *CS* I p. 270 | 76. Ibid. pp. 272–3 | 77. Hansard vol. 133 cols. 958–1012 | 78. Jackson, *Churchill* p. 88 | 79. Carter, *Knew Him* p. 115 | 80. *CS* I p. 293 | 81. Ibid. p. 441 | 82. Carter, *Knew Him* p. 116 | 83. *CV* I Part 2 p. 104 | 84. George, *My Brother* p. 210 | 85. *CS* I p. 368 | 86. Carter, *Knew Him* p. 116 | 87. Pawle, *Warden* p. 179 | 88. Rowse, *Later Churchills* p. 454 | 89. James, *Failure* p. 21 | 90. *CIHOW* p. 408 | 91. ed. Muller, *Thoughts* p. 10 | 92. Birkenhead, *Contemporary Personalities* p. 118 | 93. OB II p. 92 | 94. Ibid. p. 93 | 95. *The Times* 31 May 1904 | 96. *Manchester Guardian* 31 May 1904 p. 5 | 97. Gilbert, *Churchill and the Jews* p. 1 | 98. Ibid. p. 13 | 99. Ibid. p. 3; *CV* II p. 975 | 100. CAC CHUR 1/55; Gilbert, *Churchill and the Jews* p. 14 | 101. Gilbert, *Churchill and the Jews* p. xvi | 102. Ibid. p. 9 | 103. Scott, *Churchill* p. 240 | 104. *CS* I p. 346 | 105. Ibid. p. 414 | 106. Ibid. pp. 416–17 | 107. Scott, *Churchill* pp. 1–2 | 108. *CV* II Part 1 p. 393 | 109. Gilbert, *A Life* p. 171; Petrie, *Carlton* p. 145 | 110. *CS* I p. 482 | 111. Ibid. p. 483 | 112. James, *Failure* p. 21 | 113. ed. Brett, *Esher* II p. 92 | 114. ed. Vincent, *Crawford* p. 83 | 115. *CS* I p. 503 | 116. Marsh, *Number* p. 149 | 117. Ibid.

5 自由派的帝國主義者 1906／1－1908／4

1. WSC, *LRC* I p. 217 | 2. Brendon, *Churchill* p. 43 | 3. *CV* II Part 1 p. 423 | 4. WSC, *LRC* I p. 11 | 5. Foster, *Randolph* p. 383 | 6. D'Este, *Warlord* p. 74 | 7. Foster, *Randolph* p. 395 | 8. Ibid. | 9. Ibid. pp. 396–9 | 10. Ibid. | 11. Johnson, *Churchill* p. 26 | 12. WSC, LRC I p. 217 | 13. Ibid. II p. 489 | 14. Gilbert, *Churchill and the Jews* p. 13 | 15. *CS* I p. 553 | 16. Marsh, *Number* p. 150 | 17. *CS* I p. 523 | 18. Ibid. | 19. Ibid. pp. 530–31 | 20. Ibid. p. 545 | 21. Foster, *Randolph* p. 383 | 22. Lord Winterton in *The Illustrated London News Eightieth Birthday Tribute* p. 3 | 23. Hyam, *Elgin* p. 208; Gilbert, *A Life* p. 183 | 24. *CS* I p. 605 | 25. Gilbert, *Other Club* p. 203 | 26. *CS* I p. 658 | 27. *TCD* 18 p. 59 | 28. Courtenay, 'Smuts Dimension' pp. 55–6 | 29. RA GVI / PRIV/DIARY/COPY/1942: 14 October | 30. *CS* I p. 562 | 31. Ibid. p. 571 | 32. Best, *Greatness* p. 25 | 33. *CS* I p. 598 | 34. Marsh, *Number* pp. 151–2 | 35. Winterton, *Orders* p. 19 | 36. Wilson, *CB* p. 503 | 37. *National Review* no. 287 January 1907 p. 758 | 38. OB II p. 185 | 39. BU NC1/15/3/83 | 40. *CS* I p. 649 | 41. Ibid. p. 669 | 42. Ibid. p. 693 | 43. Morgan, *Rise to*

Failure p. 202 | 44. OB II p. 196 | 45. Ibid. | 46. WSC, *Liberalism* p. 163 | 47. *CS* I p. 677 | 48. Ibid. pp. 674–7 | 49. Ibid. p. 677 | 50. Campbell, *FE* p. 461 | 51. *FH* no. 56 p. 17 | 52. OB V p. 374 | 53. Bod Bonham Carter Papers 298/6 | 54. Carter, *Knew Him* p. 15 | 55. Bod Bonham Carter Papers 298/7 | 56. Carter, *Knew Him* p. 19 | 57. RA VIC/MAIN/W/7/80 | 58. *CS* I p. 714 | 59. Ibid. p. 715 | 60. Ibid. p. 807 | 61. Ibid. pp. 808–9 | 62. George, *My Brother* p. 211 | 63. *CS* V II p. 7357 | 64. WSC, *MAJ* p. 101 | 65. Gardiner, *Prophets* p. 228 | 66. WSC, *MAJ* pp. 11–12 | 67. Ibid. pp. 121, 104 | 68. Ibid. p. 112 | 69. Ibid. p. 14 | 70. Ibid. p. 15 | 71. Ibid. p. 21 | 72. Ibid. p. 42 | 73. Ibid. p. 94 | 74. Ibid. | 75. Ibid. p. 84 | 76. Jackson, *Churchill* p. 101 | 77. Bell, *Glimpses* p. 167 | 78. Ibid. p. 168 | 79. Ibid. pp. 179–80 | 80. Ibid. p. 170 | 81. OB II pp. 228–9 | 82. Ibid. p. 51 | 83. Ibid. p. 46 | 84. Ibid. pp. 23–4 | 85. Ibid. pp. 25–6 | 86. Ibid. p. 127 | 87. Ibid. p. 27 | 88. Ibid. | 89. Ibid. p. 56 | 90. Ibid. pp. 56–7 | 91. RA VIC/MAIN/W/8/87 | 92. WSC, *MAJ* p. 60 | 93. Ibid. pp. 122–3 | 94. Ibid. p. 124; Marsh, *Number* p. 162 | 95. *CS* I p. 860 | 96. Ibid. p. 863 | 97. Ibid. p. 868 | 98. Ibid. p. 903 | 99. Ibid. | 100. *FH* no. 137 p. 58 | 101. Addison, *Unexpected* p. 43 | 102. Masterman, *Masterman* p. 97 | 103. Ibid. p. 98 | 104. Ibid. pp. 97–8 | 105. ed. Soames, *Speaking* p. 5; Birkenhead Papers 65/A3 | 106. Best, *Greatness* p. 28 | 107. Colville, *Fringes* p. 195 | 108. OB I p. 252 | 109. ed. Soames, *Speaking* p. 6 | 110. Birkenhead Papers 65/A3

6 愛與自由主義 1908／4－1910／2

1. ed. Soames, *Speaking* p. 37 | 2. *CS* II p. 1099 | 3. Marsh, *Number* p. 163 | 4. CS I p. 944 | 5. Ibid. p. 945 | 6. ed. Soames, *Speaking* p. 7 | 7. Ibid. p. 8 | 8. Ibid. p. 9 | 9. OB II p. 451 | 10. RA GV/PRIV/GVD/1908 | 11. Ramsden, *Man of the Century* p. 39 | 12. ed. Soames, *Speaking* p. 9 | 13. *CS* I p. 1025 | 14. Ibid. p. 1027 | 15. Shelden, *Titan* p. 176 | 16. *CS* I p. 1041 | 17. Lough, *Champagne* p. 67 | 18. Carter, *Knew Him* p. 230 | 19. Singer, *Style* p. 54 | 20. *CIHOW* p. 579 | 21. Gilbert, A *Life* p. 195 | 22. *CS* II p. 1060 | 23. ed. Soames, *Speaking* p. 10 | 24. Marsh, *Number* p. 166 | 25. *The Times* 7 August 1908 p. 11; Tolppanen, 'Accidental' p. 10 | 26. Birkenhead Papers 65/A3 | 27. ed. Soames, *Speaking* p. 13 | 28. OB II p. 267 | 29. ed. Soames, *Speaking* p. 12 | 30. Ibid. p. 14 | 31. Ibid. | 32. Dilks, *Dominion* p. 31 | 33. Soames, *Clementine* p. 30. | 34. Ibid. p. 45 | 35. ed. Soames, *Speaking* p. 15 | 36. Ibid. p. 16 | 37. Ibid. p. 17 | 38. *CV* II Part 2 p. 810 | 39. Riddell, *More Pages* p. 1 | 40. Soames, *Clementine* p. 49 | 41. BU CFGM 4/1/2/4 | 42. *CV* II Part 2 p. 820 | 43. ed. Soames, *Speaking* p. 19 | 44. Birkenhead Papers 65/A3 | 45. Ibid. | 46. Best, *Greatness* p. 29 | 47. BU Lucy Masterman Papers CFGM 29/2/2/2 | 48. *CS* II p. 1099 | 49. Ibid. p. 1102 | 50. Ibid. p. 1105 | 51. OB II p. 322 | 52. *CS* I pp. 1151–2 | 53. 'Gracchus', *Your MP* p. 26 | 54. *CS* II p. 1252 | 55. *CV* II Part 3 p. 1874 | 56. Gilbert, 'Churchill & Bombing Policy' | 57. *CS* II p. 1257 | 58. James, *Failure* p. 35 | 59. ed. Soames, *Speaking* p. 21 | 60. *CS* II p. 1273 | 61. Nicolson, *Carnock* p. 23 | 62. *CS* II pp. 1254–5 | 63. Ibid. pp. 1258–9 | 64. ed. Soames, *Speaking* p. 23 | 65. Birkenhead Papers 65/A3 | 66. BU Lucy Masterman Papers CFGM 29/2/2/2 | 67. Toye, *Lloyd George and Churchill* p. 59 | 68. *CS* II p. 1322 | 69. Ibid. p. 1324 | 70. James, *Undaunted* p. 200 | 71. *CV* II Part 2 p. 908 | 72. Marsh, *Number* p. 167 | 73. ed. Vincent, *rawford* p. 134 | 74. ed. Soames, *Speaking* p. 30 | 75. *CV* II Part 2 pp. 958–61 | 76. Blunt, *Diaries* II p. 289 | 77. *CS* II p. 1339 | 78. ed. Soames, *Speaking* p. 32 | 79. Ibid. p. 35 | 80. Ibid. p. 36 | 81. Ibid. pp. 37–8 | 82. Ibid. p. 37 | 83. Gilbert, *A Life* p. 210; *The Times* 15 November 1909 | 84. Gilbert,

A Life p. 210; *The Times* 15 November 1909 | 85. *Butler, British Political Facts* p. 266 | 86. ed. Brett, *Esher* II pp. 404–5, 422–3 | 87. *CS* II p. 1382 | 88. Ibid. p. 1422 | 89. Ibid. p. 1424 | 90. Ibid. p. 1429 | 91. Addison, *Unexpected* p. 46 | 92. BU Lucy Masterman Papers CFGM 29/2/2/2 | 93. Birkenhead Papers 65/A3 | 94. Ibid. | 95. Colville, *Fringes* p. 444 | 96. OB II p. 365

7 內政大臣 1910／2－1911／9

1. Donaldson, *Edward* VIII p. 78 | 2. Kersaudy, *Churchill and de Gaulle* p. 200 | 3. Lee, *Lady Hamilton* p. 197 | 4. OB II p. 418 | 5. Addison, *Home* p. 119 | 6. Blunt, *Diaries* II p. 416 | 7. OB II p. 418 | 8. Riddell, *More Pages* p. 29 | 9. Lee, *Lady Hamilton* p. 197 | 10. Blunt, *Diaries* II p. 461 | 11. Ibid. p. 288 | 12. Colville, *Fringes* p. 519 | 13. ed. Vincent, *Crawford* p. 153 | 14. Gilbert, *Other Club* p. 11 | 15. BU CFGM 29/2/2/2 | 16. ed. Soames, *Speaking* p. 50 | 17. Devine, 'Top Cop' p. 21 | 18. OB II p. 358 | 19. Addison, *Home* p. 128 | 20. Ibid. p. 132 | 21. Devine, 'Top Cop' p. 22 | 22. OB II p. 1453 | 23. *CS* II p. 1583 | 24. BU CFGM 29/2/2/2 | 25. *CS* II p. 1587 | 26. OB II p. 341 | 27. *CS* I p. 1598 | 28. OB II p. 373 | 29. Addison, *Home* p. 114 | 30. OB II p. 387 | 31. Devine, 'Top Cop' p. 23 | 32. Addison, *Unexpected* p. 52 | 33. OB II p. 391 | 34. CAC EADE 2/2 | 35. CAC EMAR 2 | 36. Higgins, *Dardanelles* p. 19 | 37. *CV* II Part 2 p. 1023 | 38. Blunt, *Diaries* II p. 336 | 39. Gilbert, 'Eugenics' p. 45 | 40. Bod Asquith Papers MS 12 fols. 224–8 | 41. Devine, 'Top Cop' p. 21 | 42. Ibid. | 43. ed. Eade, *Contemporaries* p. 369 | 44. Ibid. p. 367 | 45. Ibid. p. 370 | 46. James, *Failure* p. 38 | 47. *CS* II p. 1872 | 48. Hansard vol. 26 col. 1015 | 49. *Tillett, Transport Workers' Strike* p. 35 | 50. BU CFGM 4/2/3 | 51. OB II p. 399 | 52. Ibid. p. 400 | 53. Ibid. | 54. Ibid. p. 401 | 55. *CS* II p. 1630 | 56. Ibid. pp. 1630–31 | 57. BU CFGM 29/2/2/2 | 58. Ibid. | 59. Ibid. | 60. *CV* II Part 2 pp. 1030–33 | 61. *CS* I p. 794 | 62. Martin, *Battle* p. 85 | 63. Devine, 'Top Cop' p. 21 | 64. Martin, *Battle* p. 87 | 65. Ibid. p. 88 | 66. *CV* II Part 2 p. 1033 | 67. Ibid | 68. Brendon, *Churchill* p. 58 | 69. *CV* II Part 2 p. 1033 | 70. BU CFGM 29/2/2/2 | 71. James, *Failure* p. 19 | 72. Rumbelow, *Houndsditch* p. 152 | 73. Hansard vol. 21 cols. 44–122 | 74. WSC, *Thoughts* p. 67 | 75. OB II p. 418 | 76. Ibid. p. 423 | 77. Ibid. | 78. *CS* II p. 1711 | 79. ed. Vincent, *Crawford* p. 179 | 80. *CS* II p. 1744 | 81. ed. Soames, *Speaking* p. 43 | 82. Gilbert, *Other Club* pp. 33, 31 | 83. Coote, *Other Club* p. 111 | 84. Gilbert, *Other Club* p. 239 | 85. Ibid. p. 70 | 86. CAC RDCH 1/2/46 | 87. Ibid. | 88. Interview with Minnie Churchill 7 November 2017 | 89. ed. Soames, *Speaking* p. 45 | 90. Ibid. p. 50 | 91. Ibid. p. 54 | 92. Ruane, *Bomb* p. 5 | 93. ed. Soames, *Speaking* p. 52 | 94. NA CAB 38/19/50 | 95. Mallinson, *Too Important* p. 26 n. 1 | 96. WSC, *WC* I p. 58 | 97. Collier, *Brasshat* p. 119 | 98. Mallinson, *Too Important* pp. 27–8 | 99. Ibid. p. 29 | 100. PA Lloyd George Papers C/3/15/12 | 101. Bod Bonham Carter p. 249

8 第一海軍大臣 1911／10－1914／8

1. WSC, *WC* I p. 188 | 2. Ibid. pp. 13–14 | 3. Higgins, *Dardanelles* p. 31 | 4. Hough, *Former Naval Person* p. 47 | 5. Higgins, *Dardanelles* p. 15 | 6. WSC, *WC* I p. 73 | 7. *CV* II Part 3 p. 1929 | 8. Fisher, *Memories* pp. 209–14 | 9. Callwell, *Wilson* I p. 109 | 10. Jackson, *Churchill* p. 121 | 11. Roskill, *Hankey* I p. 104 | 12. Jackson, *Churchill* p. 128 | 13. WSC, *WC* I pp. 107–8 | 14. Brown, *Grand Fleet* p. 23 | 15. ed. Eade, *Contemporaries* p. 142 | 16. BU CFGM 29/2/2/2 | 17. ed. Marder, *Fisher Correspondence* I p. 437 | 18. Ibid. p. 469 | 19. *CV* II Part 3 p. 1549 | 20. BL Add MS 49694 fol. 84 | 21. Riddell, *More Pages* p. 82 | 22. Best, *Greatness* p. 46 | 23. ed. Nicolson, *Diaries and Letters* III p. 193; *CIHOW* p. 77 | 24. Hanson, *Wars* p. 149 | 25. Blunt, *Diaries* II p. 415 | 26. WSC, *WC* II p. 280 | 27. ed. Soames, *Speaking* p. 58 | 28. ed. Eade, *Contemporaries* p. 142 | 29. ed. Soames, *Speaking* p. 62 | 30. Carter, *Knew Him*

p. 262 | 31. *CV* II Part 3 p. 1678 | 32. *CS* II p. 2042 | 33. RA PS/PSO/GV/C/G/414/18 | 34. Roskill, *Churchill and the Admirals* pp. 20–21; Hough, *Former Naval Person* pp. 36, 42–6 | 35. Gilbert, *Other Club* p. 48 | 36. Thompson, *Yankee* p. 180 | 37. BL Add MS 49694 fol. 62 | 38. RA PS/PSO/GV/C/F/285/1 | 39. RA PS/PSO/GV/C/F/285/5 | 40. *CV* II Part 3 p. 1665 | 41. RA PS/PSO/GV/C/F/285/13 | 42. Gretton, *Naval Person* p. 88 | 43. RA PS/PSO/GV/C/F/285/1 | 44. Massie, *Castles* p. 781 | 45. ed. Soames, *Speaking* p. 66 | 46. Addison, *Unexpected* p. 125 | 47. ed. Soames, *Speaking* p. 59 | 48. Ibid. p. 60 | 49. *CS* II p. 1907 | 50. Riddell, *More Pages* p. 37 | 51. Ibid. | 52. James, *Failure* p. 44 | 53. Bew, *Churchill and Ireland* passim | 54. OB II p. 473; Gilbert, *A Life* p. 250 | 55. *CS* II p. 1928 | 56. Maurer, 'Averting' p. 29 | 57. Ibid. 58. WSC, *WC* II p. 112 | 59. Maurer, 'Averting' p. 29 | 60. WSC, *Step* p. 155 | 61. ed. Soames, *Speaking* p. 65 | 62. CAC CSCT 2/5/4 | 63. ed. Soames, *Speaking* p. 62 | 64. Soames, *Clementine* p. 93 | 65. Riddell, *More Pages* p. 51 | 66. Ibid. p. 103 | 67. CAC RDCH 1/2/46 | 68. ed. Nicolson, *Diaries and Letters* II p. 451 | 69. CAC NEMO 3/3 | 70. Riddell, *More Pages* pp. 130–31 | 71. BU CFGM 29/2/2/2 | 72. Ibid. | 73. OB II p. 554 | 74. Riddell, *More Pages* p. 131 | 75. George, *My Brother* p. 203 | 76. *CS* II p. 2110 | 77. Ibid. p. 2111 | 78. *CV* II Part 3 pp. 1744–5 | 79. OB II p. 557 | 80. RA GV/PRIV/GVD/1913, 18 September | 81. ed. Soames, *Speaking* p. 76 | 82. Gilbert, *Other Club* p. 52; Bew, *Churchill and Ireland* passim | 83. Gilbert, *Other Club* p. 53 | 84. Maurer, 'Averting' p. 33 | 85. Ibid. p. 30 | 86. *National Review* no. 369 November 1913 p. 368 | 87. Addison, *Unexpected* p. 63 | 88. Riddell, *More Pages* p. 186 | 89. ed. Soames, *Speaking* p. 78 | 90. Ibid. p. 79 | 91. Ibid. p. 80 | 92. Ibid. p. 82 | 93. Miller, *Boom* p. 98 | 94. Gilbert, *A Life* p. 259 | 95. ed. Soames, *Speaking* p. 89 | 96. Ibid. p. 90 | 97. Ibid. p. 91 | 98. Ibid. p. 92 | 99. Beaverbrook, *Politicians* p. 25 | 100. *CS* VIII p. 8137 | 101. Riddell, *More Pages* pp. 192–3 | 102. Ibid. p. 193 | 103. Henriques, *Waley-Cohen* p. 189 | 104. Ibid. pp. 189–90 | 105. Riddell, *More Pages* p. 197 | 106. Ibid. p. 198 | 107. Ibid. p. 199 | 108. *CS* III p. 2245 | 109. Ibid. p. 2251 | 110. Ibid. p. 2253 | 111. Scott, *Galloper* p. 145 | 112. *CS* III p. 2233 | 113. Amery, *My Political Life* I pp. 444–5 | 114. OB II p. 498 | 115. Blake, 'Conservative' p. 5 | 116. Scott, *Galloper* p. 147 | 117. Gough, *Soldiering On* p. 110 | 118. Blake, *Unknown Prime Minister* p. 189 | 119. ed. Vincent, *Crawford* p. 327 | 120. Ibid. p. 332 | 121. James, *Failure* p. 48 | 122. *Daily Mail* 6 April 1914 | 123. OB II pp. 499–500 | 124. eds. Thorpe and Toye, *Parliament* p. 157 | 125. *CS* II p. 2294 | 126. Fitzroy, *Memoirs* I pp. 290, 544 | 127. Bew, *Churchill and Ireland* passim | 128. WSC, *CE* I p. 275. | 129. Jackson, *Churchill* p. 136 | 130. WSC, *WC* I pp. 192–3 | 131. Gilbert, *A Life* p. 265 | 132. Morley, *Memorandum on Resignation* p. 4 | 133. Ibid. p. 5 | 134. George, *My Brother* p. 242 | 135. WSC, *WC* I pp. 212–13 | 136. ed. Soames, *Speaking* p. 96 | 137. Gilbert, *A Life* p. 269 | 138. ed. Soames, *Speaking* p. 96 | 139. Ibid. | 140. Ibid. p. 100 | 141. Hastings, *Catastrophe* p. 85 | 142. Ibid. p. 88 | 143. Gilbert, *Other Club* p. 54 | 144. RA GV/PRIV/GVD/1914: 29 July | 145. ed. Soames, *Speaking* p. 97 | 146. Beaverbook, *Politicians* p. 86 | 147. WSC, *WC* I pp. 216–17; ed. Eade, *Contemporaries* p. 142 | 148. BL Add MS 51073 fol. 99 | 149. Gilbert, *A Life* p. 274 | 150. *The Times* 4 August 1914 | 151. WSC, *WC* I p. 224 | 152. Gilbert, *A Life* p. 275 | 153. WSC, *WC* I p. 122 | 154. Lee, *Lady Hamilton* p. 114 | 155. Hastings, *Catastrophe* p. 115 | 156. Gilbert, *A Life* p. 275 | 157. Gardiner, *Pillars* pp. 58, 63 | 158. Ibid. pp. 57–8

9「這壯麗美妙的戰爭」1914／8－1915／3

1. *CS* III p. 2331 | 2. Ibid. p. 2343 | 3. ed. Roskill, *Hankey* I pp. 143–4 | 4. Hastings, *Catastrophe* p. 385 | 5. Callwell, *Wilson* I p. 163 | 6. ed. Taylor, *Lloyd George* p. 41 | 7. Riddell, *Intimate* p. 15 | 8. Jerrold, *Naval Division* p. xvii | 9. Ibid. p. xv | 10. Gilbert, *A Life* p. 279 | 11. Stafford,

Secret Service p. 60 | 12. Hastings, Catastrophe pp. 364ff | 13. eds. Brock, Asquith Letters p. 203 | 14. Brendon, Churchill p. 64 | 15. CV III Part 1 p. 97 | 16. CS III p. 2331 | 17. Ibid. | 18. WSC, Thoughts p. 95 | 19. Ibid. p. 99 | 20. TLS 5 December 1997 p. 28 | 21. Hastings, Catastrophe p. 97 | 22. CS III p. 2337 | 23. ed. Eade, Contemporaries p. 143 | 24. Riddell, War Diary p. 14 | 25. Ibid. | 26. Olsen, 'Antwerp Expedition' p. 19 | 27. eds. Brock, Asquith Letters pp. 258, 262 | 28. Olsen, 'Antwerp Expedition' p. 36 | 29. eds. Brock, Asquith Letters p. 260 | 30. Mallinson, Too Important p. 72 | 31. Marder, Dreadnought to Scapa II p. 85; Addison, Unexpected p. 74 | 32. OB III pp. 111–12 | 33. CV III Part 1 p. 166 | 34. Mallinson, Too Important p. 72 | 35. Halle, Irrepressible p. 68 | 36. Olsen, 'Antwerp Expedition' p. 32 | 37. Scribner's Magazine January 1915 | 38. OB III p. 111n. | 39. Best, Greatness p. 56 | 40. eds. Brock, Asquith Letters p. 271 | 41. ed. Taylor, Lloyd George p. 5 | 42. OB III p. 124 | 43. CV III Part 1 p. 178 | 44. eds. Brock, Asquith Letters pp. 266–7; Asquith, Memories II pp. 45–6 | 45. PA Bonar Law 37/4/21 | 46. eds. Brock, Asquith Letters p. 275 | 47. Morning Post 23 October 1914 | 48. WSC, Thoughts pp. 11–12 | 49. ed. Eade, Contemporaries p. 145 | 50. ed. Vincent, Crawford p. 279 | 51. Massie, Castles p. 175n. | 52. RA GV/PRIV/GVD/1914: 29 October; WSC, WC I p. 177 | 53. WSC, WC I p. 360; Brodhurst, Anchor p. 27 | 54. CV II Part 2 p. 932 | 55. Thompson, Gallipoli p. 3 | 56. ed. Wilson, Scott pp. 110–12 | 57. ed. Eade, Contemporaries p. 143 | 58. Strachan, First World War p. 77 | 59. CS III p. 2340 | 60. Ibid. p. 2348 | 61. CV III Part 1 p. 25 | 62. Travers, Gallipoli p. 20 | 63. CV III Part 1 p. 361 | 64. Strachan, First World War p. 113 | 65. Gooch, Plans of War p. 259 | 66. Strachan, First World War p. 113 | 67. Ibid. p. 114 | 68. Bew, Citizen Clem pp. 13, 86 | 69. ed. Cowley, Great War p. 182 | 70. OB III p. 233 | 71. Ibid. p. 236 | 72. Ibid. p. 234 | 73. CV III Part 1 pp. 377–8 | 74. WSC, WC II p. 71 | 75. NA CAB 41/1/12 | 76. Penn, Fisher p. 124 | 77. Ibid. | 78. eds. Brock, Margot p. 68 | 79. Penn, Fisher p. 124 | 80. WSC, WC II pp. 102, 121–2 | 81. Penn, Fisher p. 125 | 82. eds. Brock, Asquith Letters p. 375 | 83. Roskill, Hankey I p. 265 | 84. eds. Brock, Asquith Letters p. 374 n. 6 | 85. WSC, WC II p. 543; Penn, Fisher p. 126 | 86. CS III p. 2396 | 87. Penn, Fisher p. 127 | 88. Bell, Dardanelles p. 359 | 89. WSC, WC II p. 91 | 90. Bell, Dardanelles p. 85 | 91. eds. Brock, Asquith Letters p. 118 | 92. Ibid. p. 375 | 93. Ibid. p. 376 | 94. ed. Taylor, Lloyd George p. 21 | 95. Penn, Fisher p. 126 | 96. WSC, WC II p. 551 | 97. Marder, Fear God III p. 133 | 98. Ibid. pp. 141–2 | 99. PA LG/C/4/11/3 | 100. Ibid. | 101. ed. Taylor, Lloyd George p. 7 | 102. PA LG/C/4/11/3 | 103. Bell, Dardanelles p. 234 | 104. CS III p. 2397 | 105. ed. Brett, Esher III p. 212 | 106. OB III p. 273 | 107. James, Failure p. 71 | 108. Ibid. p. 70 | 109. ed. Brett, Esher III p. 217 | 110. ed. Pottle, Champion p. 25 | 111. Ibid. | 112. James, Failure p. 69 | 113. NA CAB 42/1/47 | 114. Philpott, '29th Division' pp. 384–407 | 115. WSC, Thoughts p. 12 | 116. BL Add MS 82379 fol. 1 | 117. Bell, Dardanelles p. 112 | 118. ed. Cowley, Great War p. 183 | 119. WSC, WC II p. 272

10 加里波利 1915／3－1915／11

1. WSC, Savrola p. 317 | 2. WSC, GC p. 131 | 3. ed. Cowley, Great War p. 183 | 4. Thompson, Gallipoli p. 5 | 5. WSC, WC II p. 244 | 6. Ibid. I pp. 254–76; Bell, Dardanelles p. 356; Strachan, First World War p. 116; ed. Cowley, Great War p. 183 | 7. Roskill, Hankey I p. 168 | 8. Ives, 'Dardanelles and Gallipoli' p. 3 | 9. WSC, WC I pp. 254–76 | 10. John Lee in 4, vol. 64, no. 2 April 2000 | 11. WSC, RW I p. 235 | 12. CV III Part 1 p. 559 | 13. James, Failure p. 75 | 14. ed. Roskill, Hankey I p. 182 | 15. Bell, Dardanelles p. 357 | 16. Thompson, Gallipoli p. 6 | 17. NA CAB 42/2/17 | 18. BU NC7/11/8/6 | 19. ed. Taylor, Lloyd George p. 41 | 20. BL Add MS 49694 fols. 108–10 | 21. Bell, Dardanelles p. 157 | 22. The Times 26 April 1915 | 23. NYPL

Berg Collection Winston Churchill | 24. Jerrold, *Naval Division* p. xvii | 25. James, *Failure* p. 76 | 26. Lee, *Soldier's Life* p. 162 | 27. *Morning Post* 29 May 1915 | 28. Soames, *Clementine* p. 138; Charmley, 'Churchill's Darkest Hour' p. 47 | 29. eds. Brock, *Margot* pp. 107–8 | 30. Ibid. p. 108 | 31. Langworth, *Myth* pp. 69–73 | 32. *CV* III p. 501 | 33. WSC, *WC* III p. 166 | 34. eds. Brock, *Margot* pp. 109–10 | 35. Ibid. p. 113 | 36. Addison, *Unexpected* p. 78 | 37. French, *1914* p. 357 | 38. WSC, *WC* II p. 350 | 39. ed. Taylor, *Lloyd George* pp. 49–50 | 40. OB III p. 431; CAC FISR 1/24/35 | 41. OB III p. 884 | 42. ed. Cowley, *Great War* p. 121; eds. Brock, *Margot* p. 114 | 43. Brodhurst, *Anchor* p. 28 | 44. Marder, *Fear God* III p. 328 | 45. Nicolson, *George V* p. 263 | 46. ed. Taylor, *Lloyd George* p. 50 | 47. eds. Brock, *Margot* p. 116 | 48. Ibid. p. 84 | 49. James, *Failure* p. 54 | 50. ed. Taylor, *Lloyd George* p. 53 | 51. PA Bonar Law 37/2/33 | 52. eds. Brock, *Margot* p. 118 | 53. Carter, *Knew Him* p. 19 | 54. ed. Brett, *Esher* III p. 237 | 55. Hamilton, *Listening* p. 253 | 56. eds. Brock, *Margot* p. 118 | 57. Ibid. p. 120 | 58. ed. Taylor, *Lloyd George* p. 51 | 59. Ibid. | 60. Lee, *Lady Hamilton* p. 123 | 61. ed. Taylor, *Lloyd George* p. 52 | 62. Ibid. | 63. Ibid. | 64. Ibid. | 65. OB III p. 456. | 66. Bell, *Dardanelles* p. 186 | 67. *CV* III Part 2 p. 911 | 68. Bod Asquith Box 27 fols. 172–5 | 69. eds. Brock, *Margot* pp. 133–4 | 70. OB III p. 459; Soames, *Clementine* p. 142 | 71. Best, *Greatness* p. 71 | 72. OB III p. 457 | 73. *CV* III Part 2 pp. 922–4 | 74. Ibid. p. 924 | 75. Ibid. pp. 925–6 | 76. Ibid. pp. 925–7 | 77. Roskill, *Hankey* I pp. 174–5 | 78. RA GV/PRIV/GVD/1915: 22 May | 79. Carter, *Knew Him* pp. 427–8 | 80. WSC, *WC* I p. 234 | 81. Ibid. II pp. 374–5 | 82. James, *Failure* p. 80 | 83. *Observer* 23 May 1915 | 84. Soames, *Clementine* p. 142 | 85. CAC RDCH 1/2/46 | 86. Soames, *Painter* p. 20 | 87. Thompson, *Gallipoli* p. 32 | 88. *CS* III p. 2380 | 89. CAC THSO 1/1/2 | 90. ed. Taylor, *Lloyd George* p. 59 | 91. NA CAB 37/130/14 | 92. NA CAB 37/130/16 | 93. *CV* III Part 2 p. 1042 | 94. CAC CHAR 28/43/42 | 95. OB VIII p. 1154 | 96. Soames, *Painter* p. 24 | 97. WSC, *Thoughts* p. 336 | 98. *CIHOW* p. 458 | 99. Sandys, *From Winston* p. 141 | 100. WSC, *Thoughts* pp. 331–2 | 101. *CIHOW* p. 455 | 102. ed. Soames, *Speaking* p. 111 | 103. Lee, *Lady Hamilton* p. 129 | 104. CAC THSO 1/1/3 | 105. OB III p. 473 | 106. Soames, 'Human Being' p. 3; Birkenhead Papers 65/A3 | 107. ed. Soames, *Speaking* p. 53 | 108. Attenborough, *Black Dog* pp. 214–15 | 109. Ibid. pp. 212–13 | 110. *CV* IV Part 1 p. 8 | 111. CAC THSO 1/1/3 | 112. BU Austen Chamberlain C18/4/8 pp. 50–111 | 113. ed. Taylor, *Lloyd George* p. 57 | 114. Roskill, *Hankey* I p. 215 | 115. ed. Taylor, *Lloyd George* p. 59 | 116. Roskill, *Hankey* I p. 222 | 117. ed. Wilson, *Scott* p. 142 | 118. *CV* III Part 2 p. 1204 | 119. WSC, *WC* II p. 489 | 120. NA CAB 37/136/12 | 121. Roskill, *Hankey* I p. 232 | 122. ed. Taylor, *Lloyd George* p. 74 | 123. *CV* III Part 2 pp. 1249– 50 | 124. ed. Taylor, *Lloyd George* p. 74 | 125. Roskill, *Hankey* I p. 230 | 126. *CV* III Part 2 p. 1255 | 127. *CS* III pp. 2400–401 | 128. Ibid. p. 2399 | 129. Ibid. p. 2401 | 130. WSC, *WC* II p. 4 | 131. WSC, *TSWW* II p. 3 | 132. ed. Soames, *Speaking* p. 149 | 133. D'Este, *Warlord* p. 295 | 134. CAC RCDH 1/2/46 | 135. Fraser, *My History* p. 109 | 136. *The Times* 16 November 1915

11 從普洛街邁向勝利 1915／11－1918／11

1. WSC, *Thoughts* p. 111 | 2. WSC, *WC* IV p. 304 | 3. Ibid. II p. 500 | 4. WSC, *Thoughts* p. 110 | 5. ed. Smart, *Bernays* p. 124 | 6. ed. Soames, *Speaking* p. 113 | 7. Ibid. p. 114 | 8. Ibid. pp. 114–15 | 9. Ibid. p. 115 | 10. Ibid. p. 114 | 11. WSC, *Thoughts* p. 110 | 12. ed. Soames, *Speaking* p. 123 | 13. OB III pp. 578–81 | 14. ed. Soames, *Speaking* p. 119 | 15. Ibid. p. 115 | 16. Ibid. p. 128 | 17. Jeffrey, *1916* pp. 15–16 | 18. Beckett, *Attlee* p. 61 | 19. ed. Soames, *Speaking* pp. 152–3 | 20. Ibid. p. 116 | 21. WSC, *Thoughts* p. 114 | 22. ed. Soames, *Speaking* pp. 118–19 | 23. WSC, *Thoughts* p. 116 | 24. ed. Soames, *Speaking* p. 119 | 25.

WSC, *Thoughts* p. 116 | 26. ed. Soames, *Speaking* p. 119 | 27. Ibid. p. 133 | 28. Ibid. p. 124 | 29. ed. Pottle, *Champion* pp. 25–6 | 30. ed. Soames, *Speaking* p. 120 | 31. Ibid. | 32. Ibid. p. 121 | 33. Colville, *Fringes* p. 127 | 34. CAC SPRS 1/76 | 35. ed. Hunter, *Winston and Archie* passim | 36. ed. Soames, *Speaking* p. 132 | 37. WSC, *WC* II p. 87 | 38. ed. Soames, *Speaking* p. 132 | 39. Ibid. p. 130 | 40. Ibid. pp. 132–3 | 41. Ibid. p. 137 | 42. Ibid. p. 139 | 43. Ibid. pp. 141–2 | 44. Sheffield, *The Chief* p. 324 | 45. WSC, *WC* III Part 1 p. 193 | 46. ed. Soames, *Speaking* p. 142 | 47. Ibid. p. 143 | 48. Ibid. p. 148 | 49. *CV* III Part 2 p. 1354 | 50. Gibb, *Winston* p. 68 | 51. Ibid. p. 139 | 52. OB III p. 658 | 53. Gibb, *Winston* p. 106 | 54. Ibid. p. 117 | 55. Ibid. p. 115 | 56. ed. Soames, *Speaking* p. 156 | 57. Ibid. p. 143 | 58. CAC RCDH 1/2/46 | 59. ed. Soames, *Speaking* pp. 163–4 | 60. Ibid. p. 164 | 61. Gibb, *Winston* p. 71 | 62. ed. Soames, *Speaking* p. 166 | 63. Ibid. pp. 167–8 | 64. *CV* III Part 2 p. 1416 | 65. ed. Soames, *Speaking* p. 169 | 66. *Strand Magazine* March 1931; WSC, *Thoughts* p. 7 | 67. ed. Soames, *Speaking* p. 175 | 68. *CV* III Part 2 pp. 1432–3 | 69. George, *My Brother* p. 253 | 70. *CS* III p. 2410 | 71. eds. Brock, *Margot* p. 242; Gilbert, *Other Club* p. 63; Bod Dawson Papers 66/ 35–6 | 72. Bod Bonham Carter Box 323 pp. 45–6 | 73. Ibid. p. 47 | 74. Carter, *Knew Him* p. 454 | 75. Bod Bonham Carter Box 323 pp. 48–50 | 76. ed. Soames, *Speaking* p. 195 | 77. Ibid. p. 196 | 78. *CV* III Part 2 p. 1467 | 79. ed. Soames, *Speaking* p. 196 | 80. Ibid. p. 198 | 81. Ibid. p. 199 | 82. Ibid. p. 200 | 83. Ibid. p. 202 | 84. ed. Hart-Davis, *Era* pp. 196–7 | 85. *CS* III p. 2421 | 86. Ibid. p. 2341 | 87. WSC, *WC* III Part 1 p. 112; Hastings, *Catastrophe* p. 357 | 88. Dean, *Hatred, Ridicule* p. 40 | 89. Lee, *Lady Hamilton* p. 137 | 90. Hamilton, *Listening* pp. 253–4 | 91. ed. Roskill, *Hankey* I p. 286 | 92. WSC, *WC* III Part 1 p. 187 | 93. Best, *Greatness* p. 89 | 94. ed. Roskill, *Hankey* I p. 286 | 95. Bod Asquith Papers Box 129 fols. 15–17 | 96. WSC, *GC* p. 99 | 97. ed. Jolliffe, *Raymond* pp. 297–8 | 98. WSC, *WC* II p. 21 | 99. *Daily Mail* 3 October 1935 | 100. *CV* III Part 2 p. 1533 | 101. *CS* III p. 2485 | 102. Ibid. p. 2503 | 103. OB III pp. 801–2 | 104. Gilbert, *A Life* p. 367 | 105. *The Spectator* 2 September 1916 | 106. Keohane, 'Sitting' p. 56 | 107. James, *Davidson* pp. 53–4 | 108. Gilbert, *Other Club* p. 67 | 109. Eden, *Reckoning* p. 277 | 110. WSC, *GC* p. 185 | 111. Dardanelles Commission Part I pp. 105–6 | 112. Ibid. p. 78 | 113. Ibid. p. 160 | 114. CAC FISR 8/12/4726 | 115. OB IV p. 10 | 116. NA CAB 19/1 | 117. *CS* III p. 2539 | 118. ed. Lowndes, *Belloc Lowndes* p. 80 | 119. WSC, *WC* III Part 1 p. 214 | 120. WSC, *Thoughts* p. 137 | 121. Other Club Betting Book | 122. OB IV p. 17 | 123. Ibid. pp. 5, 16–17 | 124. Gardiner, *Prophets* p. 228 | 125. ed. Brett, *Esher* IV p. 121 | 126. Birkenhead Papers 65/A3 | 127. Ibid. | 128. *Morning Post* 18 July 1917 | 129. *CV* IV Part 1 p. 107 | 130. Ponting, *Churchill* p. 207 | 131. Blake, *Unknown* p. 361 | 132. Beiriger, *Munitions* passim | 133. WSC, *WC* III Part 2 p. 300 | 134. Roskill, *Hankey* I p. 415 | 135. BL Add MS 48992 fol. 97 | 136. BL Add MS 82379 fols. 109–22; Brodhurst, *Pound* p. 38 | 137. Brodhurst, *Pound* p. 38 | 138. WSC, *WC* III p. 339 | 139. *History Today* January 2015 pp. 36–7 | 140. Birkenhead, *Contemporary Personalities* p. 121 | 141. OB IV p. 38 | 142. Jackson, *Churchill* p. 164 | 143. Churchill Museum, London | 144. Marsh, *Number* p. 252 | 145. Ibid. | 146. Ibid. p. 257 | 147. Ibid. p. 259 | 148. Ibid. p. 256 | 149. Sassoon, *Siegfried's Journey* p. 78 | 150. Ibid. p. 79 | 151. Ibid. | 152. Ibid. | 153. OB IV p. 268 | 154. Reynolds, *Long Shadow* p. 71 | 155. WSC, *WC* II p. 511 | 156. Lloyd George, *The Truth* p. 325 | 157. *CS* III p. 3011 | 158. Ibid. p. 2583 | 159. Miller, *Boom* p. 192 | 160. ed. Soames, *Speaking* p. 205 | 161. WSC, *WC* III Part 2 p. 293 | 162. RA GV/PRIV/GVD/1918: 19 April | 163. WSC, *WC* III Part 2 p. 410 | 164. Colville, *Fringes* p. 574 | 165. ed. Soames, *Speaking* p. 206 | 166. Ibid. | 167. ed. Muller, *Contemporaries* p. 297 | 168. Ibid. p. 298 | 169. Ibid. p. 299 | 170. Ibid. p. 300 | 171. Ibid. | 172. Gilbert, *A Life* pp. 389–90 | 173. WSC, *WC* III Part 2 p. 371 | 174. CAC THSO 1/1/26 | 175. Ibid. | 176. ed. Soames, *Speaking* p. 207 | 177. *The Lady* 20 April 1999 p.

49 | 178. Lee, *Lady Hamilton* pp. 198–9 | 179. *CS* III p. 2615 | 180. Ibid. | 181. Ibid. pp. 2613–16 | 182. CAC THSO 1/1/26 | 183. ed. Muller, *Contemporaries* p. 300 | 184. ed. Kimball, *Complete Correspondence* I p. 355 | 185. Roskill, *Hankey* I p. 424 | 186. Ibid. p. 425 | 187. ed. Soames, *Speaking* p. 214 | 188. Hassall, *Marsh* p. 456 | 189. WSC, *WC* IV p. 273 | 190. NA CAB 23/14 | 191. WSC, *WC* III Part 2 pp. 541–4 | 192. Ibid. II p. 6 | 193. Ibid. pp. 52–4 | 194. Ibid. p. 22 | 195. Ibid. p. 20

12 多黨政治 1918／11－1922／11

1. WSC, *CE* III p. 28 | 2. OB V II p. 1008 | 3. WSC, *MEL* p. 73 | 4. Ibid. p. 37 | 5. Marsh, *Number* p. 156 | 6. *CS* III p. 2615 | 7. *CV* IV Part 1 p. 422 | 8. *CS* III p. 2645 | 9. *The Times* 27 November 1918 | 10. WSC, *WC* IV p. 47 | 11. OB IV p. 278 | 12. Ibid. p. 179 | 13. Ibid. pp. 179–80 | 14. Hansard vol. 113 col. 72 | 15. Riddell, *Intimate* pp. 15–16 | 16. Borthwick Institute, York, Lord Halifax Diary 30 November 1941 | 17. Miller, *Boom* p. 241 | 18. CAC TREN 1 | 19. Ibid. | 20. Miller, *Boom* p. 235 | 21. Roskill, *Hankey* II p. 47 | 22. Callwell, *Wilson* II p. 165 | 23. *CV* IV Part 1 p. 479 | 24. Maynard, 'Tory Splits' p. 25 | 25. James, *Failure* p. 110 | 26. WSC, *WC* IV pp. 128–9 | 27. *CS* III p. 2671 | 28. Maynard, 'Tory Splits' p. 25 | 29. *CS* IV in speeches delivered on 3 January 1920, 28 July 1920, 20 September 1924, 21 October 1924, 27 October 1924, 29 November 1925, 19 June 1926, 22 June 1926 and 23 July 1927 | 30. 'Gracchus', *Your MP* p. 16 | 31. James, *Failure* p. 112 | 32. *CS* IV p. 2798 | 33. James, *Failure* p. 117 | 34. ed. Soames, *Speaking* p. 219 | 35. Ibid. p. 220 | 36. Hansard vol. 131 cols. 1725–30 | 37. *CS* III p. 3009 | 38. Ibid. p. 3010 | 39. *CV* IV p. 649 | 40. ed. Middlemas, *Whitehall Diary* I p. 86 | 41. CAC BRGS 1/2 | 42. WSC, *WC* IV p. 41 | 43. James, *Failure* p. 109 n. 1 | 44. Miller, *Boom* p. 243; CAC CHAR 1/132/12 | 45. CAC SPRS 1/76 | 46. Miller, *Boom* p. 243 | 47. James, *Failure* p. 119 | 48. *CV* IV Part 2 p. 869 | 49. Ibid. p. 870 | 50. Ibid. pp. 870, 871 | 51. Ibid. pp. 871–2 | 52. Ibid. pp. 873–4 | 53. Ibid. p. 907 | 54. Ibid. p. 874 | 55. Ibid. p. 918; James, *Failure* p. 121 | 56. *CS* III p. 2868 | 57. Ibid. p. 2871 | 58. WSC, *WC* IV p. 74 | 59. James, *Failure* p. 123 | 60. WSC, *WC* IV p. 377 | 61. WSC *MEL* pp. 60–61 | 62. Gilbert, *Other Club* p. 80 | 63. WSC, *WC* IV pp. 287, 289 | 64. *CV* IV Part 2 p. 1135 | 65. Bennett, *Black and Tans* p. 37 | 66. WSC, *WC* IV p. 290 | 67. *Illustrated Sunday Herald*, 8 February 1920 | 68. Ibid. | 69. Addison, *Unexpected* p. 99 | 70. Thompson, *Shadow* p. 17 | 71. Udy, *Labour* p. 52 | 72. Ibid. pp. 53–4 | 73. Roskill, *Hankey* II p. 173 | 74. *CV* IV Part 2 pp. 1260–61 | 75.Ibid. p. 1261 | 76. ed. Soames, *Speaking* p. 224 | 77. Ibid. p. 228 | 78. Ibid. p. 225 | 79. OB IV p. 528 | 80. ed. Soames, *Speaking* p. 230 | 81. *CV* IV Part 2 p. 1355 | 82. CAC SPRS 1/76 | 83. WSC, *GC* p. 117 | 84. LHC Coote Papers Box 1 | 85. Ibid. | 86. Ibid. | 87. *FH* no. 89 p. 17 | 88. ed. Eade, *Contemporaries* p. 164 | 89. *CS* V I p. 5715 | 90. *FH* no. 89 p. 16 | 91. LHC Coote Papers Box 1 | 92. Ibid. | 93. Ibid. | 94. Ibid. | 95. OB IV p. 559 | 96. *CS* III p. 3085 | 97. Ibid. IV p. 3349 | 98. *FH* no. 90 p. 13 | 99. ed. Taylor, *Lloyd George* p. 210 | 100. Ibid. p. 219 | 101. Roberts, *Holy Fox* p. 13 | 102. ed. Soames, *Speaking* p. 281 | 103. *CV* IV Part 3 p. 1532 | 104. Ricks, *Orwell* p. 7 | 105. *CV* IV Part 3 p. 1525 | 106. CAC RDCH 1/2/46 | 107. Ibid. | 108. ed. Soames, *Speaking* p. 239 | 109. Churchill, *Tapestry* p. 21 | 110. ed. Soames, *Speaking* p. 239 | 111. Ibid. p. 245 | 112. Jones, 'Knew Him' p. 7 | 113. Ibid. p. 8 | 114. Moran, *Struggle* p. 729 | 115. Churchill, *Tapestry* p. 37 | 116. Birkenhead, *Prof* p. 162 | 117. Cherwell Papers K62/2 | 118. ed. Soames, *Speaking* p. 238 | 119. *CS* III p. 3133 | 120. ed. Muller, *Thoughts* pp. 161–2 | 121. WSC, *WC* IV pp.305–6 | 122. Ibid. p. 317 | 123. *CS* III p. 3199 | 124. Ibid. V p. 348 | 125. OB IV p. 499 | 126. *CV* IV Part 2 p. 1055 | 127. ed. Soames, *Speaking* p. 258 | 128. Gilbert, *A Life* p. 375 | 129. BL Add MS 52516 | 130. James, *Failure* p. 143 | 131. Nel, *Personal Secretary* p. 187 | 132. Roskill, *Hankey* II p. 287 | 133. ed. Vincent, *Crawford* p. 440 | 134. OB V p. 865 n.

1 | 135. Stuart, *Within* p. 85 | 136. *CIHOW* p. 409 | 137. Chisholm and Davie, *Beaverbrook* p. 190 | 138. OB IV p. 873 | 139. Bod Conservative Party Archive [CPA] PUB 229/2/16/fol. 11 | 140. ed. Soames, *Speaking* p. 264 | 141. Ibid. p. 265 | 142. ed. Muller, *Thoughts* p. 180 | 143. *CV* IV Part 3 p. 2161 | 144. Ibid. | 145. *Strand Magazine* September 1931; ed. Muller, *Thoughts* p. 154

13 贖罪 1922／11—1926／5

1. *CS* IV p. 3871 | 2. *CIHOW* p. 518 | 3. CAC RDCH 1/2/46 | 4. Churchill, *Tapestry* p. 28 | 5. ed. Soames, *Speaking* p. 268 | 6. WSC, *WC* II p. vii | 7. Bell, *Dardanelles* p. 369 | 8. Dugdale, *Balfour* II p. 337 | 9. WSC, *WC* I p. 322 | 10. ed. Taylor, *Darling Pussy* pp. 154, 161 | 11. OB V p. 7 | 12. Read, *Prose* p. 192 | 13. Bell, *Dardanelles* p. 369; LHC Edmonds Papers II /3/6 | 14. ed. Beckett, Edmonds p. 463 | 15. Ibid. | 16. LHC Edmonds Papers II /3/passim | 17. LHC Edmonds Papers II /3/16 | 18. Ibid | 19. LHC Hamilton Papers 13/24 | 20. Riddell, *Intimate* p. 409 | 21. Colville, *Churchillians* p. 63 | 22. Bowra, *Memories* pp. 205–6 | 23. ed. Soames, *Speaking* p. 267 | 24. Dean, *Hatred, Ridicule* p. 41 | 25. Ibid. p. 45 | 26. Mather, 'Maladies' p. 28 | 27. ed. Soames, *Speaking* p. 271 | 28. Ibid. | 29. Ibid. | 30. Ibid. p. 239 | 31. Churchill, *Tapestry* p. 23 | 32. *CIHOW* p. 13 | 33. CAC HAMB 1/2/6 1/6 | 34. Soames, 'Human Being' p. 4 | 35. CAC HAMB 1/1/17; WSC, *TSSW* I p. 62 | 36. *FH* no. 130 pp. 34–6 | 37. ed. Soames, *Speaking* p. 259 | 38. Soames, 'Human Being' p. 3 | 39. Cherwell Papers K63/15 | 40. Cherwell Papers K63/16 | 41. Cherwell Papers K63/18 | 42. Peck, *Dublin from Downing Street* p. 71; *CIHOW* p. 534 | 43. Churchill, *Tapestry* p. 28 | 44. *CIHOW* p. 535 | 45. Soames, 'Human Being' p. 3; Pawle, *Warden* p. 119; Churchill, *Tapestry* p. 99 | 46. CAC HAMB 1/1/20 | 47. Churchill, *Tapestry* p. 27 | 48. Howells, *Simply Churchill* p. 123; CAC HAMB 1/1/17 | 49. Buczacki, *Chartwell* p. 188 | 50. *FH* no. 67 p. 4 | 51. CAC BRGS 1/2 | 52. ed. Soames, *Speaking* pp. 370, 371 n. 3 | 53. Ibid. p. 275 | 54. Lysaght and White, *Irishman* p. 36 | 55. Ibid. p. 14 | 56. ed. Cockett, My *Dear Max* p. 2 | 57. Ibid. p. 7 | 58. ed. Ball, *Conservative Politics* p. 407; ed. Pimlott, *Dalton Diary* p. 358 | 59. CAC BBKN 2/3 | 60. Stuart, *Within* p. 107; CAC NEMO 3/3 | 61. Stuart, *Within* p. 106 | 62. ed. Muller, *Thoughts* p. 13 | 63. *CS* IV p. 3399 | 64. Ibid. p. 3423 | 65. ed. Muller, *Thoughts* p. 13 | 66. *CS* IV p. 3396 | 67. *The Times* 18 January 1924 | 68. ed. Soames, *Speaking* p. 280 | 69. James, *Davidson* p. 194 | 70. Bod CPA PUB 229/1/2/fol. 9 | 71. Ibid. | 72. CAC SPRS 1/76 | 73. James, *Failure* p. 153 | 74. WSC, *Thoughts* p. 13 | 75. *CS* V II p. 7315 | 76. Ibid. IV p. 3453 | 77. ed. Muller, *Thoughts* p. 274 | 78. Ibid. | 79. Bod CPA PUB 229/4/9/fol. 56 | 80. OB V p. 57; CAC CHAR 2/136/4 | 81. Feiling, *Chamberlain* p. 110 | 82. OB V p. 59 | 83. Moran, *Struggle* p. 612 | 84. OB V p. 60 | 85. ed. Soames, *Speaking* p. 290 | 86. ed. Middlemas, *Whitehall Diary* I p. 303 | 87. Cowles, *Era* p. 257 | 88. OB V p. 91 | 89. James, *Conservative* p. 213; ed. Middlemas, *Whitehall Diary* II p. 28 | 90. *CS* IV p. 3505 | 91. Halle, *Irrepressible* p. 53; Colville, *Fringes* p. 345 | 92. Birkenhead, *Contemporary Personalities* p. 113 | 93. Ibid. p. 114 | 94. Ibid. p. 115 | 95. *CS* V I p. 6862 | 96. James, *Failure* p. 158n; Grigg, *Prejudice* pp. 174–7 | 97. James, *Failure* p. 156 | 98. ed. Middlemas, *Whitehall Diary* I p. 307 | 99. BBC Broadcast 'Personality and Power' 24 November 1970 | 100. *CV* V Part 1 p. 305; CAC CHUR 18/2 | 101. *CV* V Part 1 p. 305; CAC CHUR 18/2 | 102. BU Austen Chamberlain Papers 51/67 | 103. *CV* V Part 1 p. 306 | 104. Ibid. p. 385 | 105. Ibid. p. 366 | 106. Maurer, 'Mad' p. 776 | 107. ed. Ranft, *Beatty Papers* II p. 277 | 108. NA FO 371/10634 and 371/10965/5787 | 109. Roskill, *Hankey* II p. 402 | 110. Maurer, 'Mad' passim | 111. Ibid. p. 793 | 112. Jackson, *Churchill* p. 189 | 113. WSC, *TSWW* I p. 20 | 114. *CV* V Part 1 p. 334 | 115. ed. Soames, *Speaking* p. 288 | 116. OB V p. 82 | 117. *CV*

V Part 1 p. 339 | 118. *The Times* 6 March 1925 | 119. Rowse, *Later Churchills* p. 439 | 120. Roskill, *Hankey* II p. 411 | 121. *CV* V Part 1 p. 437; Grigg, *Prejudice* pp. 182–3 | 122. Skidelsky, *Economist as Saviour* pp. 199–200 | 123. Keynes, Economic Consequences p. 10 | 124. *CV* V Part 1 p. 412 | 125. *CS* IV p. 3599 | 126. Ibid. p. 3634 | 127. Smith, 'Return to Gold' p. 66 | 128. Moggridge, *Monetary Policy* p. 233 | 129. Smith, 'Return to Gold' p. 64 | 130. Grigg, *Prejudice* p. 185 | 131. Moran, *Struggle* p. 303 | 132. Hansard vol. 183 cols. 71–83 | 133. *CS* IV p. 3570 | 134. *CV* V Part 1 p. 473 | 135. ed. Guedalla, *Slings* p. 204 | 136. ed. Middlemas, *Whitehall Diary* I p. 316 | 137. BU AP 20/1/5/p118 | 138. BU AP 20/1/2/p217 | 139. *CV* V Part 1 p. 533 | 140. ed. Soames, *Speaking* p. 293 | 141. Gilbert, *Other Club* p. 92 | 142. *CS* IV p. 3821 | 143. Ibid. p. 3824 | 144. Ibid. p. 3849 | 145. ed. Soames, *Speaking* p. 295 | 146. Ibid. p. 297 | 147. Ibid. p. 298 | 148. *CS* IV pp. 3952–3 | 149. Middlemas and Barnes, *Baldwin* p. 411 | 150. James, *Davidson* p. 242 | 151. Brendon, *Edward V III* p. 32 | 152. Blake, 'Conservative' p. 8 | 153. *British Gazette* 5 May 1926 | 154. James, *Failure* p. 172 | 155. James, *Davidson* p. 245 | 156. ed. Ball, *Conservative Politics* p. 39; James, *Davidson* p. 243 | 157. ed. Stuart, *Reith Diaries* p. 96 | 158. Charmley, *Glory* p. 219 | 159. ed. Middlemas, *Whitehall Diary* II p. 41 | 160. ed. Ball, *Conservative Politics* p. 28 | 161. *CV* V Part 1 p. 717 | 162. *New Statesman* 22 May 1926 | 163. Earl of Birkenhead Papers Box 1

14 衝撞 1926／6－1931／1

1. WSC, *TSWW* I p. 21 | 2. *CV* V Part 1 p. 1444 | 3. CAC CHAR 1/196/30 and 39 | 4. *The Times* 26 February 1920 | 5. Marian Holmes's Diary | 6. *CS* IV p. 4034 | 7. Ibid. | 8. ed. Ball, *Conservative Politics* p. 76 | 9. Ibid. pp. 77–8 | 10. Ibid. p. 242 | 11. OB V p. 185 | 12. Ibid. p. 218 | 13. 'Ephesian', *Churchill* p. 267 | 14. ed. Soames, *Speaking* p. 302 | 15. Ibid. | 16. CAC RDCH 1/2/46 | 17. Toye, *Lloyd George and Churchill* p. 302 | 18. OB V p. 226 | 19. BL Add MS 82379 fol. 28 | 20. WSC, *WC* III Part 1 pp. 53–4 | 21. Ibid. Part 2 pp. 541–4 | 22. OB V p. 229 | 23. *CV* V Part 1 p. 1291 | 24. Ibid. p. 985 | 25. *CS* IV p. 4189 | 26. ed. Midgley, *Heroic Memory* p. 15 | 27. *CS* IV p. 4223 | 28. *CV* V Part 1 p. 1082 | 29. Addison, *Unexpected* p. 125 | 30. *CV* V Part 1 p. 1033 | 31. Ibid. p. 1342 | 32. ed. Roskill, *Hankey* II p. 455 | 33. Ibid. p. 456 | 34. ed. Ball, *Conservative Politics* p. 172 | 35. Ibid. p. 173 | 36. Ibid. p. 176 | 37. BL Add MS 51073 fol. 132 | 38. ed. Ball, *Conservative Politics* p. 176 | 39. *CV* V Part 1 p. 1154 | 40. ed. Ball, *Conservative Politics* p. 239 | 41. *CV* V Part 1 p. 1169; CAC CHUR 18/85 | 42. CAC RDCH 1/3/1 | 43. ed. Soames, *Speaking* p. 318 | 44. Ibid. p. 320 | 45. Ibid. p. 321 | 46. Ibid. p. 320 | 47. *CS* IV p. 4403 | 48. *CV* V Part 1 p. 280 | 49. Ibid. p. 1274; CAC CHUR 18/76 | 50. *CV* V Part 1 p. 1278; CAC CHUR 18/76 | 51. NA CAB 23/15 | 52. James, *Failure* p. 167 | 53. ed. Soames, *Speaking* pp. 327–8 | 54. *CV* V Part 1 p. 1333 | 55. ed. Soames, *Speaking* p. 325 | 56. Kershaw, *Making Friends* p. 306 | 57. ed. Soames, *Speaking* p. 328 | 58. *CV* V Part 1 pp. 1349–50 | 59. ed. Soames, *Speaking* p. 329 | 60. Ibid. | 61. Ibid. p. 331 | 62. Ibid. p. 332 | 63. Gilbert, *Other Club* p. 95 | 64. Other Club Betting Book | 65. WSC, *WC* IV p. 451 | 66. OB V p. 319 | 67. *CS* V p. 4575 | 68. OB V p. 325 | 69. Ibid. p. 1464 | 70. OB V p. 325 | 71. Bod CPA PUB 229/5/10/fol. 73 | 72. Ibid. | 73. WSC, *MEL* p. 87 | 74. Cherwell Papers K64/7 | 75. ed. Middlemas, *Whitehall Diary* II pp. 186, 191 | 76. BU NC/7/11/22/1 | 77. eds. Barnes and Nicholson, *Empire at Bay* p. 48 | 78. Gilbert, *Search* p. 227; eds. Barnes and Nicholson, *Empire at Bay* p. 50 | 79. Gilbert, *Search* p. 227 | 80. OB V p. 373 | 81. eds. Barnes and Nicholson, *Empire at Bay* p. 49 | 82. Ibid. pp. 49–50 | 83. OB V p. 341 | 84. ed. Soames, *Speaking* p. 338 | 85. Gilbert, *A Life* p. 493 | 86. Churchill, *Crowded Canvas* p. 67 | 87. ed. Soames, *Speaking* p. 338 | 88. *CV* V Part 2 pp. 61–2 | 89. Churchill, *Crowded Canvas* p. 69 |

90. *CV* V Part 2 p. 96 | 91. Pilpel, *Churchill in America* p. 89 | 92. Chaplin, *Autobiography* p. 332 | 93. Tolppanen, 'Churchill and Chaplin' p. 17; Chaplin, *Autobiography* p. 335 | 94. OB V p. 348 | 95. CAC CHAR 1/208/92 | 96. ed. Soames, *Speaking* p. 345 | 97. Ibid. | 98. Ibid. p. 340 | 99. *CS* V p. 4980 | 100. Clarke, *Profession* p. xiv | 101. Vickers da Costa Ledger Nos. 9, 12, 13, 16 and 25 | 102. Lough, *Champagne* p. 187 | 103. Ibid. p. 158 | 104. Vickers da Costa Ledger No. 13 | 105. *News of the World* 20 June 1937 | 106. ed. Soames, *Speaking* p. 349 | 107. OB V p. 350 | 108. Stuart, *Within* p. 28 | 109. *New York Times* 26 October 1929 | 110. Lough, *Champagne* p. 199 | 111. Ibid. p. 199 | 112. ed. Pimlott, *Dalton Diary* p. 126 | 113. Blake, 'Conservative' p. 9 | 114. OB V p. 600 | 115. *CV* V Part 2 p. 1042 | 116. Mayo, *Mother India* pp. 285–6, 287–314, 346–62 | 117. Tirthankar Roy, book review in *Cambridge Review of International Affairs*, 2018 | 118. Mayo, *Mother India* pp. 139–64, 165–200, 226–42 | 119. *CS* V p. 4689 | 120. ed. Eade, *Contemporaries* p. 149 | 121. Ibid. 122. James, *Failure* p. 168 | 123. *CS* V p. 4800 | 124. BL Add MS 71183 fol. 1 | 125. *CS* V pp. 4853–4 | 126. ed. Ball, *Conservative Politics* p. 334 | 127. Addison, *Home Front* p. 300; Clarke, *Lloyd George Diary* p. 95 | 128. Addison, *Home Front* p. 301 | 129. Gilbert, *Wilderness* p. 36 | 130. *Strand Magazine* April 1931; WSC, *GC* p. 163 | 131. Gilbert, *Other Club* pp. 100–101 | 132. *News of the World* 1 March 1936 | 133. Birkenhead Papers 65/A3 | 134. Ibid. | 135. ed. Ball, *Conservative Politics* p. 366 | 136. ed. Vincent, *Crawford* p. 542 | 137. *The Times* 20 October 1930 | 138. Ramsden, *Century* p. 205 | 139. CAC CHAR 8/286/1 | 140. *CIHOW* p. 195; WSC, *MEL* p. 346 | 141. WSC, *MEL* p. 81 | 142. Ibid. p. 59 | 143. Ibid. p. 75 | 144. Ibid. p. ix | 145. James, Davidson p. 356 | 146. Addison, *Unexpected* p. 134 | 147. Ibid. | 148. James, *Davidson* p. 355 | 149. Ibid. | 150. ed. Pottle, *Champion* p. 25 | 151. CAC SPRS 1/76

15 荒野歲月 1931／1－1933／10

1. *Sunday Chronicle* 8 November 1931 | 2. WSC, *TSWW* I p. 9 | 3. ed. Nicolson, *Diaries and Letters* I p. 67 | 4. *CS* V p. 4965 | 5. Ibid. p. 4971 | 6. Ibid. p. 4968 | 7. Ibid. p. 4972 | 8. Cherwell Papers K64/ 9–10 | 9. Cherwell Papers K64/14 | 10. Thomas, *Woodford* p. 55 | 11. *CS* V p. 4985 | 12. Thomas, *Woodford* p. 55 | 13. ed. Soames, *Speaking* p. 354 | 14. ed. Muller, *Thoughts* p. 9 | 15. *Strand Magazine*, March 1931; ed. Muller, *Thoughts* p. 10 | 16. CV V Part 2 pp. 282–3 | 17. James, *Davidson* p. 172 | 18. *CS* V p. 5007 | 19. Ibid. p. 5008 | 20. ed. Ball, *Conservative Politics* p. 417 | 21. *CS* V p. 5011 | 22. Ibid. p. 5017 | 23. Ibid. p. 5019 | 24. ed. Muller, *Thoughts* p. 15 | 25. *CS* V p. 5023 | 26. CAC EMAR 2 | 27. WSC, *TSWW* I p. 29 | 28. ed. Muller, *Contemporaries* p. 235 | 29. *CIHOW* p. 3 | 30. ed. Muller, *Contemporaries* p. 34 | 31. Wrigley, *Biographical Companion* p. 28 | 32. Bod CPA PUB 229/6/9/fol. 22 | 33. Ibid. | 34. *CV* V Part 2 p. 699 | 35. ed. Muller, *Thoughts* p. 200 | 36. Ibid. p. 199 | 37. Ibid. p. 289 | 38. Ibid. p. 294 | 39. Ibid. | 40. Ponting, *Churchill* p. 351; Jenkins, *Churchill* p. 457 | 41. ed. Muller, *Thoughts* p. 294 | 42. CAC THRS II 85/3 | 43. Tolppanen, 'Accidental' p. 12 | 44. WSC, *CE* IV pp. 90–91 | 45. *Daily Mail* 5 January 1932 | 46. Tolppanen, 'Accidental' p. 12 | 47. Ibid | 48. CAC THRS II 85/3 | 49. Cherwell Papers K65/4 | 50. WSC, *CE* IV p. 94 | 51. My thanks to Henry and Benita Black for this information | 52. Clifford, *Proconsul* p. 188 | 53. Ibid. p. 189 | 54. CAC CHAR 1/400A/46 | 55. OB V p. 425 n. 1 | 56. *Chicago Tribune* 3 February 1932 | 57. Gilbert, *Churchill and America* p. 140 | 58. CAC CHAR 1/399A/ 66–79 | 59. Ibid. | 60. Ibid. | 61.*CV* V Part 2 p. 442 | 62. Ibid. p. 394n | 63. Lough, *Champagne* p. 478 n. 15 | 64. KCL Hamilton Papers 13/25 | 65. Other Club Betting | 66. *CS* V pp. 5193–4 | 67. eds. Blake and Louis, *Churchill* p. 21 | 68. *CV* V Part 2 p. 475 | 69. *CIHOW* p. 539 | 70. WSC, *TSWW* I p. 65 | 71. Hanfstaengl, *Hitler* p. 184. | 72. WSC, *TSWW* I p. 65 | 73. Ibid. | 74.

CS V pp. 5199–200 | 75. ed. Smart, *Bernays* p. 30 | 76. Ibid. p. 45 | 77. Parker, *Appeasement* p. 320 | 78. *CS* V II p. 7251 | 79. LHC Liddell Hart Papers 1/171/22 | 80. *CS* V p. 5220 | 81. Hatfield House QUI Bundle 63 | 82. *CS* V p. 5220 | 83. OB V p. 457 | 84. *CS* V p. 5220 | 85. ed. Smart, *Bernays* p. 55 | 86. *CS* V p. 5236 | 87. ed. Eade, *Contemporaries* p. 23 | . *CS* V p. 5263 | 89. Ibid. | 90. Ibid. p. 5261 | 91. Ibid. p. 5268 | 92. Ibid. | 93. Ibid. p. 5267 | 94. ed. Smart, *Bernays* p. 85 | 95. OB V pp. 480–81 | 96. Other Club Dining Book vol. 1 | 97. Ibid. | 98. Ibid. | 99. Ibid. | 100. Gilbert, Other Club p. 116 | 101. Ibid. | 102. Muller, 'Good Englishman' pp. 89–90 | 103. OB I p. 198 | 104. *FH* no. 164 p. 19 | 105. Coote, *Other Club* p. 112 | 106. Ashley, *Historian* pp. 143–4 | 107. WSC, *Marl* I pp. 19, 132 | 108. Ibid. II p. 485 | 109. Ibid. I p. 774 | 110. Ibid. I p. 905 | 111. Ibid. pp. 740–41 | 112. Ibid. pp. 570–71 | 113. Ibid. p. 59 | 114. Ibid. p. 108 | 115. Ibid. II p. 135 | 116. Ibid. I p. 264 | 117. Ibid. | 118. ed. Soames, *Speaking* p. 370 | 119. WSC, *Marl* I p. 309 | 120. Ibid. | 121. *FH* no. 140 p. 43 | 122. Rose, *Literary Churchill* passim | 123. WSC, *Marl* I p. 364 | 124. Ibid. p. 773 | 125. Muller, 'Englishman' p. 86 | 126. Halle, *Irrepressible* p. 6 | 127. Ibid. | 128. *CV* V Part 2 p. 693

16 警鈴大作 1933／10－1936／3

1. *CS* V p. 5377 | 2. Bod CPA PUB 227/7/9/fol. 40 | 3. James, *Davidson* p. 398 | 4. *CS* V p. 5297 | 5. ed. Smart, *Bernays* p. 87 | 6. Ibid. | 7. *CS* V pp. 5302–3 | 8. Todman, *Into Battle* p. 67 | 9. *CS* V p. 5324 | 10. Ibid. | 11. Ibid. p. 5325 | 12. ed. Smart, *Bernays* p. 119 | 13. Gilbert, *Wilderness* p. 106 | 14. *CS* V p. 5343 | 15. ed. Smart, *Bernays* p. 122 | 16. OB V p. 51 | 17. Bridge, 'Privileges' p. 217 | 18. Templewood, *Troubled Years* pp. 91–9 | 19. Bridge, 'Privileges' passim | 20. Hansard vol. 290 col. 1738 | 21. ed. Smart, *Bernays* p. 142 | 22. ed. Evans, *Killearn Diaries* p. 41 | 23. *CV* V Part 2 p. 843 | 24. Ibid. p. 678 | 25. *History of the Times* IV Part II p. 887 | 26. *CS* V p. 5377 | 27. Gilbert, *Wilderness* p. 113 | 28. Todman, *Into Battle* p. 68 | 29. Interview with Jasper Rootham 22 October 1988 | 30. ed. Gorodetsky, *Maisky Diaries* p. 28 | 31. Ibid. p. 50 | 32. ed. Soames, *Speaking* p. 360 | 33. ed. James, *Chips* p. 234 | 34. Forbes-Robertson, *Maxine* p. 208 | 35. Nichols, *All I Could* p. 101 | 36. Pearson, *Citadel* p. 234 | 37. ed. Soames, *Speaking* p. 362 | 38. Jackson, *Churchill* p. 234 | 39. Halle, *Irrepressible* p. 77 | 40. ed. Smart, *Bernays* p. 160 | 41. CAC MCHL 1/1/2 | 42. *CV* V Part 2 p. 923 | 43. *CS* V pp. 5434–5 | 44. BL Add MS 82379 fol. 47 | 45. Hansard vol. 295 col. 863 | 46. *CS* V p. 5443 | 47. Ibid. p. 5449 | 48. Ibid. | 49. Carter, *Knew Him* p. 149; ed. Russell, *Constant* p. 93 | 50. ed. Soames, *Speaking* p. 390 | 51. Ibid. | 52. Ibid. p. 366 | 53. Ibid. p. 368 | 54. Ibid. p. 366 | 55. Ibid. p. 370 | 56. Ibid. p. 376 | 57. Ibid. | 58. WSC, *CE* III p. 176 | 59. Soames, *Speaking* p. 374 | 60. Ibid. | 61. Ibid. p. 376 | 62. Ibid. p. 395 | 63. Spence, *Mistress* pp. 101–2 | 64. CAC CHOH/3/CLVL/Tape 2/Side 3 | 65. ed. Soames, *Speaking* pp. 415–16 | 66. Vickers, *Cocktails* p. 68 | 67. https://spectator.org/ the-churchill-marriage-and-lady-castlerosse/ and also https://www.winstonchurchill.org/publications/ churchill-bulletin/bulletin-117-mar-2018/an-affair-not-to-remember/ | 68. ed. Soames, *Speaking* p. 416 | 69. Sheean, *Thunder* pp. 78, 48 | 70. CAC CHAR 1/299/77 | 71. Dockter and Toye, 'Who Commanded History?' passim | 72. Piers Brendon in *FH* no. 180 p. 49 | 73. Spence, *Mistress* p. 179 | 74. ed. Muller, *Contemporaries* p. 289 | 75. James, *Davidson* p. 403 | 76. Cowling, *Impact of Hitler* p. 215 | 77. James, *Davidson* p. 403 | 78. Ibid. | 79. ed. Soames, *Speaking* pp. 390–91 | 80. *CS* V p. 5551 | 81. ed. Self, *Diary Letters* IV p. 119 | 82. WSC, *TSWW* I p. 96 | 83. Ibid. p. 110 | 84. Pawle, *Warden* p. 212 | 85. Todman, *Into Battle* p. 74 | 86. ed. Soames, *Speaking* p. 396 | 87. Ibid. p. 399 | 88. Ibid. | 89. *CS* V I p. 5592 | 90. *CV* V Part 3 p. 143 | 91. Hansard vol. 301 col. 666 | 92. *CIHOW* p. 249 | 93. CAC CHAR 2/235/ 79–86. |

94. *CV* V Part 2 pp. 1169–70. | 95. ed. Vincent, *Crawford* p. 562 | 96. OB V pp. 618–19 | 97. *CV* V Part 2 pp. 1244–5 | 98. *CS* V I p. 5662 | 99. Ibid. pp. 5653–56 | 100. Ibid. pp. 5662–3 | 101. Roskill, *Hankey* II p. 407 | 102. Cherwell Papers F8/1/1 | 103. Cherwell Papers F8/1/6 | 104. Hansard vol. 303 cols. 540–50 | 105. *CS* VI p. 5680 | 106. Ibid. p. 5681 | 107. Hansard vol. 305 col. 368 | 108. Bod CPA PUB 227/7/9/fol. 40 | 109. Ibid. | 110. WSC, *TSWW* I p. 141 | 111. OB V p. 587 | 112. ed. Muller, *Contemporaries* p. 258 | 113. *Strand Magazine* November 1935 | 114. ed. Soames, *Speaking* p. 402 | 115. Ibid. p. 408 | 116. CAC RDCH 1/3/1 | 117. ed. Soames, *Speaking* p. 407 | 118. Gilbert, *Wilderness* p. 13 | 119. Gilbert, *Churchill and the Jews* p. 136 | 120. Oliver, *Mr Showbusiness* p. 100 | 121. ed. Soames, *Speaking* p. 404 | 122. Ibid. p. 412 | 123. Ibid. | 124. Ibid. p. 410 | 125. RA EDW/PRIV/MAIN/A/2853 | 126. Todman, *Into Battle* p. 94

17 綏靖的極致 1936／3－1938／10

1. WSC, *L to L* pp. 172–3 | 2. *CS* V p. 5721 | 3. Kershaw, *Nemesis* p. xxxv | 4. WSC, *TSWW* I pp. 153–4 | 5. *CS* V p. 5701 | 6. Gilbert, *A Life* p. 552 | 7. *CS* V I p. 5699 | 8. Ibid. p. 5701 | 9. Ibid. p. 5703 | 10. Ashley, *Historian* pp. 163–4 | 11. James, *Davidson* p. 410 | 12. ed. Soames, *Speaking* p. 414 | 13. WSC, *TSWW* I p. 156 | 14. ed. Self, *Diary Letters* IV p. 179 | 15. ed. Nicolson, *Diaries and Letters* I p. 251 | 16. Langworth, 'Rhineland' pp. 20–21 | 17. ed. Gorodetsky, *Maisky Diaries* p. 68 | 18. BU AC 41/3/77 | 19. *CS* V p. 5721 | 20. Ibid. | 21. Hansard, vol. 310 col. 2489 | 22. BL Add MS 51073 fols. 140–41 | 23. Ibid. fol. 142 | 24. Churchill, *Tapestry* p. 32 | 25. OB V p. 723 | 26. ed. Nicolson, *Diaries and Letters* p. 258 | 27. *CS* VI pp. 5734–5 | 28. Hansard, vol. 310 col. 2307 | 29. ed. Vincent, *Crawford* p. 570 | 30. ed. James, *Chips* p. 62 | 31. *CS* VI p. 5755 | 32. Ibid. p. 5757 | 33. OB V p. 741 | 34. ed. Gorodetsky, *Maisky Diaries* p. 70 | 35. Ibid. | 36. *CS* V p. 5765 | 37. Cherwell Papers F8/1/12 | 38. Cherwell Papers F8/1/14 | 39. Cherwell Papers F8/5/6 | 40. ed. Nicolson, *Diaries and Letters* II p. 266 | 41. Ibid. | 42. *CV* V Part 3 p. 113 | 43. Baldomero, 'Spain' passim | 44. WSC, *Step* pp. 38–40 | 45. *CS* VI p. 5783 | 46. Ibid. p. 5785 | 47. Ibid. p. 5717 | 48. Ibid. pp. 5718–19 | 49. Langworth, *Myth* p. 76 | 50. CAC SCHL 1/1/5 | 51. Ibid. | 52. ed. Soames, *Speaking* p. 404; Churchill, *Keep on Dancing* p. 47 | 53. PA LG/G/19/16/8 | 54. Gilbert, *A Life* p. 581 | 55. Addison, *Unexpected* p. 144 | 56. *News of the World* 26 May 1935; ed. Muller, *Contemporaries* p. 104 | 57. Browne, *Sunset* pp. 201–2 | 58. Alkon, 'Imagining Scenarios' p. 37 | 59. Ibid. p. 38 | 60. Ibid. p. 39 | 61. Ibid. | 62. Ibid. p. 41 | 63. *CS* VI p. 5801 | 64. CAC CHAR 2/260/93 | 65. Hansard vol. 317 cols. 309–19 | 66. *CS* V I p. 5809 | 67. Ibid. p. 5813 | 68. Coote, *Other Club* p. 86 | 69. *CS* V I p. 5813 | 70. Middlemas and *Barnes*, Baldwin p. 972 | 71. OB V p. 799 | 72. WSC, *TSWW* I p. 615 | 73. *CV* V Part 3 p. 1307 | 74. ed. Soames, *Speaking* pp. 418–19 | 75. ed. Vincent, *Crawford* p. 575 | 76. ed. Lowndes, *Diaries and Letters* p. 155 | 77. ed. Hart-Davis, *King's Counsellor* p. 270 | 78. Zeigler, 'Churchill and the Monarchy' passim | 79. ed. Hart-Davis, *King's Counsellor* p. 414 | 80. Williams, *People's King* passim | 81. Taylor, *Beaverbrook* p. 370 | 82. WSC, *TSWW* I pp. 217–18; *Daily Telegraph*, 11 March 1965; Citrine, *Men and Work* p. 357 | 83. ed. James, Chips p. 90 | 84. RA EDW/PRIV/MAIN/A/3045 | 85. ed. Hart-Davis, *King's Counsellor* p. 414 | 86. Stuart, *Within* p. 132 | 87. WSC, *MEL* p. 380 | 88. ed. James, *Chips* p. 95 | 89. Winterton, *Orders of the Day* p. 223 | 90. James, *Failure* p. 275 | 91. James, Davidson p. 415 | 92. ed. Nicolson, Diaries and Letters II p. 284 | 93. Bod CPA PUB 1922/3/109 | 94. *CS* VI p. 5822 | 95. *CV* V Part 3 p. 521 | 96. OB V p. 829 | 97. Windsor, *A King's Story* p. 373 | 98. OB V p. 828 | 99. Brendon, *Edward VIII* p. 64 | 100. Colville, *Fringes* p. 196 | 101. ed. James, *Chips* p. 116 | 102. James, *Boothby* pp. 166–7 | 103. Owen, *Cabinet* p. 47 | 104. Boothby,

Fight to Live p. 164; McDonough, *Chamberlain* p. 108 | 105. ed. Soames, *Speaking* p. 431 n. 6 | 106. RA EDW/PRIV/MAIN/A/3098 | 107. RA PS/PSO/GVI/C/069/01 | 108. Bodleian MS Eng c 2708/42 | 109. OB V p. 834 | 110. ed. Soames, *Speaking* p. 420 | 111. Oliver, Mr *Showbusiness* p. 110 | 112. Ibid. p. 107 | 113. Ibid. p. 110 | 114. Ibid. p. 116 | 115. Ibid. p. 142 | 116. ed. Soames, *Speaking* p. 426 | 117. WSC, *Marl* I p. 243 | 118. CAC PJGG 2/4/55 | 119. *CIHOW* p. 254 | 120. *CS* VI p. 5826 | 121. *CV* V Part 3 pp. 604–5 | 122. Ibid. p. 616 | 123. https://richardlangworth.com/churchill-anti-semite/ | 124. *CS* V I p. 5850 | 125. *Guardian* 28 November 2002 | 126. WSC, *CE* II p. 395 | 127. *CS* V I p. 5854 | 128. ed. James, *Chips* p. 119 | 129. Gilbert, *Other Club* p. 131 | 130. CAC RMSY 7/6 | 131. Ibid. | 132. Soames, *Clementine* p. 274 | 133. CAC CHAR 2/300/39 | 134. RA EDW/PRIV/MAIN/A/3266 | 135. RA EDW/PRIV/MAIN/A/3475 | 136. Gilbert, *Churchill and America* p. 157 | 137. ed. Soames, *Speaking* p. 341 | 138. *CS* VI p. 5857 | 139. Blake, 'Conservative' pp. 10–11 | 140. ed. Rose, *Baffy* p. 39 | 141. Dilks, *Dominion* p. 265 | 142. Halle, *Irrepressible* p. 134 | 143. *CS* VI p. 5858 | 144. Ibid. | 145. ed. Soames, *Speaking* p. 427 | 146. ed. Muller, *Contemporaries* p. 275 | 147. Ibid. p. xii | 148. Ibid. p. 10 | 149. Ibid. p. xxv | 150. Ibid. | 151. Ibid. p. xxvi | 152. Ibid. p. 59 | 153. WSC, *GC* p. 302 | 154. WSC, *Step* p. 156. | 155. ed. Muller, *Contemporaries* p. xxvi | 156. WSC, *CE* IV p. 397. | 157. WSC, *Step* p. 174 | 158. Interview with John Forster, Blenheim Archivist 22 March 2017 | 159. Gilbert, *Other Club* p. 133 | 160. Ibid. p. 134 | 161. Other Club Betting Book | 162. *CS* VI pp. 5908–9 | 163. WSC, *Step* pp. 189–90 | 164. WSC, *TSWW* I p. 199 | 165. Cherwell Papers K67/8 | 166. Sheean, *Thunder* p. 62 | 167. Ibid. pp. 61, 66 | 168. ed. Soames, *Speaking* p. 433 | 169. Ibid. | 170. WSC, *TSWW* I p. 201 | 171. Feiling, *Chamberlain* p. 306 | 172. BU AP 20/1/23 | 173. BU AP 20/1/21 | 174. ed. James, *Chips* 0 | 175. Blake, 'Conservative' p. 11 | 176. ed. Nicolson, *Diaries and Letters* I p. 377 | 177. CAC EMAR 2 | 178. *CS* VI p. 5924 | 179. Ibid. pp. 5925–7 | 180. Ibid. p. 5927 | 181. ed. Nicolson, *Diaries and Letters* I p. 332 | 182. Interview with Jasper Rootham 22 October 1988 | 183. ed. Gorodetsky, *Maisky Diaries* p. 107 | 184. Ibid. | 185. Ibid. p. 108 | 186. Ibid. | 187. Ibid. pp. 108–9 | 188. Ibid. p. 110 | 189. Hansard vol. 333 cols. 1405–46 | 190. *CS* V I p. 5943 | 191. WSC, *WES* p. 403; WSC, *Arms* pp. 465–6 | 192. ed. Smart, *Bernays* p. 348 | 193. WSC, *Arms* pp. 465–6 | 194. ed. Self, *Diary Letters* IV p. 312 | 195. McDonough, *Chamberlain* p. 60; Hansard vol. 332 cols. 235–47 | 196. *CS* VII p. 7326 | 197. ed. James, *Chips* p. 155 | 198. Bew, *Churchill and Ireland* p. 152 | 199. Amery, *My Political Life* III p. 245 | 200. Other Club Betting Book | 201. *CS* VI pp. 5955–6 | 202. WSC, *CE* II p. 185 | 203. Ibid. IV p. 438 | 204. Ibid. | 205. CS VI pp. 5972–3 | 206. Ibid. p. 5973 | 207. *FH* no. 179 p. 41 | 208. OB V p. 952 | 209. ed. Self, *Diary Letters* IV p. 332 | 210. Gilbert, *Other Club* p. 139 | 211. Gilbert, *Wilderness* p. 184 | 212. Ibid | 213. *CV* V Part 3 p. 1117 | 214. *CV* V Part 3 p. 1119 | 215. Ibid. p. 1121 | 216. WSC, *Step* pp. 264–5 | 217. Kershaw, *Making Friends* p. 243 | 218. CAC INKP 1 p. 13 | 219. ed. Self, *Diary Letters* IV pp. 348–9 | 220. Langworth, *Avoidable War* p. 58; Meehan, *Unnecessary War* p. 178 | 221. ed. Rose, *Baffy* p. 104 | 222. Jenkins, *Churchill* p. 525 | 223. ed. Nicolson, *Diaries and Letters* I pp. 370–71 | 224. OB V p. 987 | 225. KCL Liddell Hart Papers 1/171/31 | 226. *Daily Telegraph* 12 March 1965 | 227. Ibid. | 228. WSC, *CE* IV p. 444 | 229. OB V p. 898 | 230. Gilbert, *Other Club* p. 140 | 231. Ibid. | 232. Cooper, *Old Men Forget* p. 241 | 233. Gilbert, *Other Club* p. 141 | 234. James, *Undaunted* p. 143 | 235. Hansard vol. 339 cols. 29–40 | 236. CAC DUFC 2/14 | 237. Hansard vol. 110 col. 1394 | 238. Ibid. col. 1397 | 239. *CS* VI p. 6004 | 240. Ibid. pp. 6004–5 | 241. Ibid. p. 6005 | 242. Ibid. p. 6007 | 243. Ibid. p. 6009 | 244. Ibid. p. 6008 | 245. Ibid. p. 6010 | 246. Ibid. pp. 6008–9 | 247. Ibid. p. 6011 | 248. Ibid. p. 6013; CAC CHAR 9/130/ 354–79 | 249. ed. James, *Chips* p. 173; ed. Barnes and Nicholson, *Empire at Bay* p. 527; Thomas, *Woodford* pp. 92–3 | 250. ed. Self,

Diary Letters IV p. 351 | 251. Gardner, *Churchill in his Time* p. 11 | 252. Thomas, *Woodford* p. 93 | 253. ed. Self, *Diary Letters* IV pp. 351–2 | 254. ed. Muller, *Contemporaries* p. 297

18 清白 1938／10－1939／9

1. WSC, *Marl* I p. 919 | 2. *CS* VI p. 6030 | 3. Ibid. p. 6017 | 4. Ibid. p. 6016 | 5. Ibid. | 6. Ibid. p. 6017 | 7. Ibid. p. 6016 | 8. Griffiths, *What* p. 76 | 9. *CS* VI pp. 6018–19 | 10. Ibid. p. 6019 | 11. ed. Eade, *Contemporaries* p. 209 | 12. Ibid. p. 210 | 13. *CV* V Part 3 p. 1264 | 14. ed. Vincent, *Crawford* p. 591 | 15. Kershaw, *Making Friends* p. 260 | 16. Watt, *How War Came* p. 89 | 17. *CV* V Part 3 p. 1277 | 18. *CS* V I pp. 6020–21 | 19. *CV* V Part 3 p. 1280 | 20. *CS* VI p. 6047 | 21. ed. Self, *Diary Letters* IV p. 369 | 22. *CV* V Part 3 p. 1305 | 23. The letter is not in the companion volumes to the official biography but among Randolph's recently opened private papers: CAC RDCH 1/3/1 | 24. *CV* V Part 3 p. 1305 | 25. CAC RDCH 1/3/1 | 26. *CV* V Part 3 p. 1309 | 27. CAC DSND 11 | 28. Ibid. | 29. ed. Soames, *Speaking* p. 443 | 30. Ibid. p. 442 | 31. *CV* V Part 3 p. 1316 | 32. Ibid. p. 1318 | 33. Ibid. p. 1325 | 34. Ibid. p. 1320 | 35. *CS* V I p. 6004 | 36. *CV* V Part 3 p. 1332 | 37. Ibid. p. 1213 n. 3 | 38. *New Statesman* 7 January 1939 | 39. ed. Soames, *Speaking* p. 446 | 40. Ibid. p. 448 | 41. *CV* V Part 3 p. 1345 | 42. ed. Soames, *Speaking* p. 449 | 43. Gilbert, *Search* p. 23 | 44. *CV* V Part 3 pp. 1349–50 | 45. Ibid. p. 1349 | 46. ed. Domarus, *Essential* p. 579 | 47. Hatfield House 5M/62/1 | 48. Thomas, *Woodford* p. 98 | 49. Ibid. | 50. Thornton-Kemsley, *Winds and Tides* p. 96 | 51. Thomas, *Woodford* p. 100 | 52. Ibid. p. 101 | 53. Ibid. p. 102 | 54. Ibid. p. 104 | 55. OB V pp. 1043 and 1043 n. 2 | 56. Ibid. p. 1044 | 57. *CS* VI p. 6082 | 58. Ibid. | 59. ed. Gorodetsky, *Maisky Diaries* p. 163 | 60. *CS* VI p. 6095 | 61. Ibid. | 62. Macmillan, *Winds* p. 592 | 63. ed. Self, *Diary Letters* IV p. 403 | 64. *CS* V I p. 6105 | 65. ed. Self, *Diary Letters* IV p. 407 | 66. Ibid. | 67. ed. James, *Chips* p. 194 | 68. Hansard vol. 346 col. 497 | 69. ed. James, *Chips* p. 195 | 70. WSC, *Step* p. 344 | 71. Addison, *Unexpected* p. 154 | 72. James, *Davidson* p. 424 | 73. Ibid. | 74. ed. Pickersgill, *Mackenzie King* p. 78 | 75. *CS* V I p. 6123 | 76. Ibid. pp. 6123–4 | 77. Ibid. p. 6125 | 78. ed. Nicolson, *Diaries and Letters* I p. 403 | 79. Ibid. | 80. OB V p. 866 | 81. Ibid. p. 1103 n. 1 | 82. ed. Gorodetsky, *Maisky Diaries* p. 206 | 83. ed. Self, *Diary Letters* IV p. 431 | 84. OB V p. 1081 | 85. Ibid. p. 1082 | 86. Gilbert, *Other Club* p. 148 | 87. Hansard vol. 350 col. 2440 | 88. ed. Self, *Diary Letters* IV pp. 437–43 | 89. Hatfield House 5M/62/1 | 90. *CS* VI p. 6151 | 91. Pawle, *Warden* p. 42 | 92. OB V p. 1101 | 93. Ibid. p. 1102 | 94. ed. Soames, *Speaking* p. 451 | 95. WSC, *TSWW* III p. 316 | 96. Thompson, *Shadow* p. 11 | 97. Ibid. p. 15 | 98. Ibid. p. 14 | 99. Ibid. | 100. Ibid. p. 16 | 101. Ibid. p. 17 | 102. Hansard vol. 351 col. 35 | 103. CAC INKP 2 p. 38 | 104. Watt, *How War Came* p. 580 | 105. Ibid. p. 579 | 106. *CV* V Part 3 p. 1603 | 107. Watt, *How War Came* p. 588 | 108. Pawle, *Warden* p. 81 | 109. WSC, *TSWW* I p. 319 | 110. Thompson, *Shadow* p. 19 | 111. *CS* VI p. 6152 | 112. Ibid. p. 6153 | 113. ed. Self, *Diary Letters* IV p. 445 | 114. Addison, *Unexpected* p. 154 | 115. WSC, *TSWW* I p. 320 | 116. Thompson, *Shadow* p. 20 | 117. Oliver, *Mr Showbusiness* p. 126 | 118. Ibid. pp. 126–7 | 119. ed. Vincent, *Crawford* p. 603 | 120. *Life* 3 September 1939 | 121. ed. Eade, *Contemporaries* p. 397 | 122. WSC, *TSWW* I p. 321 | 123. Pawle, *Warden* p. 19 | 124. OB V p. 1115 | 125. Ibid.

19「溫斯頓回來了！」 1939／9－1940／5

1. WSC, *GC* p. 137 | 2. Longford, *Churchill* p. 205 | 3. Hanson, *Wars* p. 149 | 4. ed. Eade, *Contemporaries* p. 150 | 5. Ibid. p. 151 | 6. Ibid. | 7. Pawle, *Warden* p. 39; *CWP* I pp. 487, 914 | 8. Marder, *Dardanelles to Oran* p. 110 n. 10 | 9. Ibid. p. 110 | 10. Colville, *Fringes* p. 368 | 11. Brodhurst, *Pound* p. 133 | 12. BL Add MS 52565 | 13. NA ADM 205/4, ADM 199/1928 | 14.

Brodhurst, *Pound* p. 132 | 15. *CWP* I p. 497 | 16. WSC, *TSWW* I p. 365; Brodhurst, *Pound* p. 132 | 17. Potter, *Pim* p. 1 | 18. Ibid. p. 2 | 19. Pawle, *Warden* p. 30 | 20. Ibid. | 21. Ibid. | 22. *The Churchillian* Spring 2014 | 23. Colville, *Fringes* p. 129 | 24. Fort, *Prof* p. 201 | 25. Pawle, *Warden* p. 31 | 26. RA GVI /PRIV/DIARY/COPY/1939: 5 September | 27. Fleming, *Invasion* p. 146 n. 1 | 28. ed. Self, *Diary Letters* IV p. 448 | 29. *CWP* I pp. 111–12 | 30. ed. Kimball, *Complete Correspondence* I p. 24 | 31. McGowan, *My Years* p. 120 | 32. CAC BRGS 1/3 | 33. Ibid. | 34. Roberts, *Holy Fox* p. 177 | 35. ed. Self, *Diary Letters* IV p. 448 | 36. ed. Eade, *Contemporaries* p. 150; CAC INKP 2 pp. 52–3 | 37. ed. James, *Chips* p. 220 | 38. Pawle, *Warden* p. 29 | 39. Ibid. | 40. Shakespeare, *Let Candles* pp. 230–32 | 41. CAC CHUR 19/3 | 42. Baxter, 'Military Strategist' p. 8 | 43. CAC INKP 2 p. 54 | 44. *CV* V Part 3 pp. 13–37; CAC INKP 2 p. 56 | 45. ed. Nicolson, *Diaries and Letters* II p. 37 | 46. Ibid. | 47. ed. James, Chips p. 222 | 48. ed. Vincent, Crawford p. 603 | 49. *CS* V I p. 6159 | 50. ed. Nicolson, *Diaries and Letters* II p. 37 | 51. Ibid. p. 36 | 52. Ibid. p. 38 | 53. *CS* V I p. 6161 | 54. Ibid. | 55. Davenport-Hines,*Ettie* p. 334 | 56. RA GVI /PRIV/DIARY/COPY/1939: 2 October | 57. Carlton, *Soviet Union* p. 1 | 58. ed. Nicolson, *Diaries and Letters* II p. 38 | 59. A recurring feature of the writings of the revisionist historians Maurice Cowling, Alan Clark and John Charmley | 60. Gilbert, *A Life* p. 627 | 61. ed. Russell, *Constant* p. 70 | 62. ed. Gorodetsky, *Maisky Diaries* p. 230 | 63. Ibid. | 64. Ibid. p. 231 | 65. Ibid. | 66. Ibid. p. 232 | 67. Ibid. | 68. RA GVI /PRIV/DIARY/COPY/1939: 9 October | 69. Roberts, *Holy Fox* p. 177 | 70. ed. James, *Chips* p. 223 | 71. Ibid. p. 224 | 72. CAC INKP 2 p. 77; Brodhurst, *Pound* p. 129 | 73. Thompson, *Shadow* p. 23 | 74. Colville, *Fringes* p. 310 | 75. Ibid. p. 170 | 76. Gilbert, *Other Club* p. 153 | 77. Thompson, *Shadow* p. 26 | 78. ed. Eade, *Contemporaries* p. 396 | 79. BU NC 18/1/1125 | 80. CAC INKP 2 pp. 78–9 | 81. Ibid. p. 79 | 82. Pawle, *Warden* p. 28 | 83. Halle, *Irrepressible* p. 159 | 84. ed. Eade, *Contemporaries* p. 150; Pawle, *Warden* p. 28; Gladwyn, *Memoirs* p. 96 | 85. ed. Taylor, *Crozier* p. 105 | 86. ed. Gorodetsky, *Maisky Diaries* p. 237 | 87. Ibid. p. 238 | 88. Ibid. p. 239 | 89. Gilbert, *Other Club* p. 155; Pawle, *Warden* p. 38; Thompson, *Shadow* p. 24 | 90. Pawle, *Warden* p. 40 | 91. CAC MCHL 1/1/2 | 92. Pawle, *Warden* p. 40 | 93. *CS* VI p. 6193 | 94. Ibid. | 95. Ibid. | 96. Thompson, *Shadow* p. 34 | 97. WSC, *TSWW* I pp. 432–3 | 98. ed. Eade, *Contemporaries* p. 396 | 99. Ibid. p. 398 | 100. RA GVI /PRIV/DIARY/ COPY/1940: 16 January | 101. *CS* V I p. 6184 | 102. Ibid. | 103. ed. Self, *Diary Letters* IV p. 492 | 104. Roberts, *Holy Fox* p. 189 | 105. ed. Self, *Diary Letters* IV p. 492 | 106. CAC MCHL 1/1/2 | 107. *CS* V I p. 6185 | 108. Ibid. pp. 6185–6 | 109. Ibid. p. 6184 | 110. *CWP* I pp. 668–9 | 111. Ibid. p. 679 | 112. *CIHOW* p. 305 | 113. ed. Thorne, *Seven Christmases* p. 89 | 114. Niestlé, *U-Boat Losses* p. 188 | 115. Ibid. pp. 189– 97 | 116. *CWP* I p. 1134 | 117. CAC GDFY 1/7/ 327–8 | 118. Waldegrave, *Weather* p. 193 | 119. *CS* VI pp. 6186–9 | 120. Ibid. p. 6187 | 121. Thompson, *Shadow* p. 32 | 122. Pawle, *Warden* p. 46 | 123. ed. Vincent, *Crawford* p. 613 | 124. ed. Dilks, *Cadogan* p. 252 | 125. CAC AVAR 5/4/1 | 126. Pawle, *Warden* p. 46 | 127. CAC GDFY 1/7/326 | 128. ed. Dilks, *Cadogan* p. 264 | 129. CAC CHAR 9/143/ 107–14 | 130. Ibid. | 131. ed. James, *Chips* p. 234 | 132. ed. Vincent, *Crawford* p. 614 | 133. Hansard vol. 358 cols. 411–529 | 134. *CWP* I p. 914 | 135. BU AP/20/1/20 | 136. Pawle, *Warden* p. 49 | 137. *CWP* I pp. 925–6 | 138. ed. Taylor, *Crozier* p. 155 | 139. Ibid. | 140. *CS* V I p. 6199 | 141. Ibid. p. 6200 | 142. Griffiths, 'What' pp. 66–7 | 143. BU AP/20/1/20 | 144. Gilbert, *Other Club* p. 158 | 145. ed. Russell, *Constant* p. 268 | 146. ed. Wheeler-Bennett, *Action* p. 250 | 147. Butler, *Facts* 0 | 148. Dix, *Norway* p. 206 | 149. Ibid. p. 83 | 150. CAC INKP 2 p. 104 | 151. Robert Blake in *TLS* 22 April 1994 | 152. ed. Eade, *Contemporaries* p. 153 | 153. Kersaudy, *Norway* passim; Shakespeare, *Six Minutes* passim | 154. Pawle, *Warden* p. 50 |

155. Marder, *Winston is Back* p. 54 | 156. WSC, *TSWW* I p. 495 | 157. Ibid. p. 480 | 158. Dix, *Norway* p. 204 | 159. BU AP/20/1/20 | 160. CAC INKP 2 p. 105 | 161. *CS* V I p. 6209 | 162. ed. Gorodetsky, *Maisky Diaries* pp. 270–71 | 163. RA GVI /PRIV/DIARY/COPY/1940: 17 April | 164. *CWP* I p. 1152 | 165. ed. Self, *Diary Letters* IV p. 520 | 166. Ibid. | 167. ed. Nicolson, *Diaries and Letters* II p. 73 | 168. RA GVI /PRIV/DIARY/COPY/1940: 24 April | 169. Gilbert, *Other Club* p. 156 | 170. ed. James, *Chips* p. 242 | 171. ed. Self, *Diary Letters* IV p. 522 | 172. ed. Nicolson, *Diaries and Letters* II p. 74 | 173. RA GVI /PRIV/DIARY/COPY/1940: 30 April | 174. ed. Self, *Diary Letters* IV pp. 526–7 | 175. *CWP* I p. 1169 | 176. ed. James, *Chips* p. 243 | 177. Colville, *Fringes* p. 115 | 178. ed. James, *Chips* p. 244 | 179. Ibid. | 180. CAC GLLD 5/9 Part I | 181. Dix, *Norway* p. 205 | 182. ed. Self, *Diary Letters* IV p. 527 | 183. Ibid. p. 528

20 抓住首相大位 1940／5

1. Scott, *Churchill* p. 153 | 2. ed. Muller, *Contemporaries* p. 141 | 3. Hansard vol. 360 col. 1290 | 4. Roberts, *Holy Fox* p. 196 | 5. Hansard vol. 360 cols. 1075, 1082 | 6. Ibid. col. 1081 | 7. Ibid. cols. 1093–4 | 8. Ibid. cols. 1173, 1296 | 9. Ibid. cols. 1127–8 | 10. Ibid. cols. 1129–30 | 11. Ibid. col. 1150 | 12. Ibid. col. 1165 | 13. Ibid. cols. 1252, 1263 | 14. Ibid. col. 1266 | 15. Ibid. col. 1281 | 16. Ibid. cols. 1282–3 | 17. Roberts, *Holy Fox* p. 265 | 18. Hansard vol. 360 col. 1283 | 19. Ibid. cols. 1307–8 | 20. ed. Nicolson, *Diaries and Letters* II p. 78 | 21. Ibid. pp. 78–9 | 22. ed. James, *Chips* p. 246 | 23. Ibid. | 24. Hansard vol. 360 col. 1361 | 25. Ibid. cols. 1361–2 | 26. ed. Gorodetsky, *Maisky Diaries* p. 274 | 27. ed. Stuart, *Reith Diaries* p. 249 | 28. CAC ATLE 1/16 | 29. Amery, *My Political Life* p. 368 | 30. RA GVI /PRIV/DIARY/COPY/1940: 8 May | 31. CAC MCHL 1/1/2 | 32. ed. Gorodetsky, *Maisky Diaries* p. 275 | 33. Ibid. | 34. ed. Nicolson, *Diaries and Letters* II p. 79 | 35. ed. James, *Chips* p. 246 | 36. Colville, *Fringes* p. 310 | 37. Lysaght, *Bracken* p. 172 | 38. PA BBKN 2/3 | 39. BIYU Halifax Diary | 40. Gilbert, *Other Club* p. 175 | 41. BU AP/20/1/20, AP 20/1/23 | 42. BU AP 20/1/23 | 43. BIYU Halifax Diary 9 May 1940 | 44. Roberts, *Holy Fox* p. 199 | 45. Feiling, *Chamberlain* p. 422 | 46. ed. Taylor, *Crozier* p. 175 | 47. Thompson, *1940* p. 91 | 48. CAC ATLE 1/16 | 49. Thompson, *1940* p. 87 | 50. Attlee, *As It Happened* p. 113 | 51. RA GVI / PRIV/DIARY/COPY/1940: 9 May | 52. ed. Dilks, *Cadogan* p. 280 | 53. WSC, *TSWW* I p. 523 | 54. Thompson, *1940* p. 85 | 55. PA BBK/G/11/11 | 56. Ibid. | 57. BU AP/20/1/20 | 58. ed. Smith, *Hostage to Fortune* p. 476 | 59. BIYU Halifax Diary 31 March 1942 | 60. ed. Evans, *Killearn Diaries* p. 234 | 61. Moran, *Struggle* p. 323 | 62. Stuart, *Within* p. 87 | 63. Pawle, *Warden* p. 53 | 64. RA GVI /PRIV/DIARY/ COPY/1940: 10 May | 65. ed. Self, *Diary Letters* IV p. 407 | 66. Gilbert, *Search* p. 215 | 67. *CWP* I p. 1264 | 68. BU AP/20/1/20 | 69. *CV* V I Part 1 p. 1276 | 70. Roberts, *Holy Fox* p. 207 | 71. BU AP 20/1/23 | 72. CAC ATLE 1/16 | 73. ed. James, *Chips* p. 249 | 74. Ibid. | 75. RA GVI /PRIV/DIARY/COPY/1940: 10 May | 76. WSC, *TSWW* I p. 525 | 77. RA GVI /PRIV/DIARY/COPY/1940: 10 May | 78. Thompson, *Shadow* p. 37 | 79. CAC ATLE 1/16 | 80. Colville, *Fringes* p. 122 | 81. Ibid. | 82. Halle, *Irrepressible* p. 135 | 83. ed. James, *Chips* p. 248 | 84. Ibid. p. 250 | 85. Howard, *Rab* p. 94 | 86. Bod Dawson Papers 56/89 | 87. WSC, *TSWW* I pp. 526–7 | 88. Moran, *Struggle* p. 324

21 法國淪陷 1940／5－1940／6

1. ed. Soames, *Speaking* p. 475 | 2. WSC, *TSWW* II p. 105 | 3. WSC, *RW* II p. 162 | 4. *CS* I p. 83 | 5. *CS* I pp. 197–8 | 6. *CV* II Part 3 p. 1874 | 7. *CS* III p. 2245 | 8. WSC, *TSWW* I p. 124 | 9. OB IV p. 38 | 10. WSC, *Thoughts* p. 264 | 11. WSC, *WC* III Part 1 p. 193 | 12. Jackson,

Churchill p. 162 | 13. *CS* III p. 2331 | 14. Ibid. p. 2348 | 15. Ibid. V p. 5203 | 16. Ibid. III p. 2341 | 17. WSC, *Marl* II p. 485 | 18. Gilbert, *A Life* pp. 389–90 | 19. Jackson, *Churchill* p. 130 | 20. WSC, *Marl* I p. 774 | 21. *CS* V p. 5268 | 22. ed. Muller, *Contemporaries* p. 300 | 23. WSC, *TSWW* I p. 328 | 24. ed. Self, *Diary Letters* IV p. 530 | 25. Lysaght, *Bracken* p. 176 | 26. Dalton, *Fateful Years* p. 321; ed. Young, *Bruce Lockhart* p. 532; Lysaght, *Bracken* p. 176; ed. Gorodetsky, *Maisky Diaries* p. 280 | 27. Colville, *Fringes* p. 128 | 28. OB V I p. 454 | 29. ed. Gorodetsky, *Maisky Diaries* p. 239 | 30. ed. James, *Chips* p. 257; PA BBK G/11/11 | 31. Moran, *Struggle* p. 26 | 32. *CIHOW* p. 324 | 33. Ibid. | 34. Gilbert, *Other Club* p. 175 | 35. BU AP/20/1/20 | 36. ed. Stuart, *Reith Diaries* p. 251 | 37. Colville, *Fringes* p. 130 | 38. ed. Eade, *Contemporaries* p. 274 | 39. James, *Boothby* pp. 245–6 | 40. *CS* V I p. 6333 | 41. PA LG F/9/1/5 | 42. Harriman, *Special Envoy* p. 59 | 43. ed. Stuart, *Reith Diaries* p. 250 | 44. WSC, *TSWW* II p. 15 | 45. Boothby, *Fight to Live* p. 145 | 46. Bew, *Citizen Clem* p. 23 | 47. ed. Eade, *Contemporaries* pp. 68–9 | 48. Jacob, 'High Level' p. 365 | 49. WSC, *TSWW* II p. 20 | 50. Colville, *Fringes* p. 129 | 51. Soames, *Daughter's Tale* p. 153 | 52. Ismay, *Memoirs* p. 116 | 53. ed. James, *Chips* p. 252 | 54. ed. Nicolson, *Diaries and Letters* II p. 85 | 55. Foot, *Bevan* I p. 316 | 56. ed. Gorodetsky, *Maisky Diaries* p. 277 | 57. Blake, 'Conservative' p. 12 | 58. BIYU Halifax Diary 13 May 1940 | 59. Hansard vol. 360 cols. 1502 | 60. ed. Nicolson, *Diaries and Letters* II p. 85 | 61. *CS* VI p. 6219 | 62. ed. James, *Chips* p. 252 | 63. Hansard vol. 360 col. 1511 | 64. ed. Cross, *Life with Lloyd George* p. 281 | 65. ed. Gorodetsky, *Maisky Diaries* p. 521 | 66. ed. Dilks, *Cadogan* p. 283 | 67. Pawle, *Warden* p. 57 | 68. *CV* V I Part 2 p. 32 | 69. WSC, *CE* I pp. 394–5 | 70. Ibid. pp. 424–5 | 71. Wright, *Dowding* p. 10 | 72. Ibid. | 73. Lewin, *Warlord* p. 31 and n | 74. Ibid. p. 31 | 75. Wright, *Dowding* p. 112 | 76. Owen, *Cabinet* p. 97. | 77. ed. Dilks, *Cadogan* p. 264 | 78. ed. Kimball, *Complete Correspondence* I p. 37 | 79. Ibid. | 80. Ibid. | 81. Ibid. pp. 37–8 | 82. RA GVI /PRIV/DIARY/COPY/1940: 16 May | 83. ed. Harvey, *Diaries* p. 359 | 84. WSC, *TSWW* II p. 42 | 85. Owen, *Cabinet* pp. 97–8 | 86. Spears, *Assignment* I p. 148; Colville, *Fringes* p. 261; Ismay, *Memoirs* pp. 128–9 | 87. Spears, *Assignment* I p. 148 | 88. Colville, *Fringes* pp. 177, 261 | 89. Pawle, *Warden* p. 57 | 90. LHC Dill Papers 3/1/8 | 91. Ibid. | 92. ed. Dilks, *Cadogan* p. 285 | 93. Colville, *Fringes* p. 134 | 94. Ibid. p. 132 | 95. *CWP* II p. 62 | 96. Colville, *Fringes* p. 133 | 97. Ibid. | 98. Ibid. p. 134 | 99. Karslake, *1940* p. 82 | 100. ed. Dilks, *Cadogan* p. 285 | 101. Karslake, *1940* p. 83 | 102. ed. Nicolson, *Diaries and Letters* II p. 86 | 103. ed. Self, *Diary Letters* IV p. 531 | 104. Ibid. p. 532 | 105. Ibid. pp. 535–7 | 106. RA GVI /PRIV/DIARY/COPY/1940: 17 May | 107. Colville, *Fringes* p. 135 | 108. NA PREM 4/19/5 | 109. Colville, *Fringes* pp. 134–5 | 110. ed. Dilks, *Cadogan* p. 286 | 111. BU AP/20/1/20 | 112. Colville, *Fringes* p. 135 | 113. Ibid. | 114. *CS* VI pp. 6222–3 | 115. eds. Addison and Crang, *Listening to Britain* p. 12 | 116. ed. Dilks, *Cadogan* p. 287 | 117. ed. Kimball, *Complete Correspondence* I p. 40 | 118. Ibid. | 119. *CV* VI Part 2 p. 93 | 120. Colville, *Fringes* p. 136 | 121. *CWP* II p. 97 | 122. Colville, *Fringes* p. 137 | 123. Ibid. p. 138 | 124. PA BBK C/92 | 125. ed. Dilks, *Cadogan* p. 288 | 126. Colville, *Fringes* p. 177 | 127. WSC, *TSWW* V p. 635 | 128. Griffiths, 'What' pp. 97–8 | 129. eds. Blake and Louis, *Churchill* p. 422 | 130. Christopher Andrew in *Literary Review* June 2006 p. 16 | 131. Hinsley, *British Intelligence* I p. 160 and Appendix 6 | 132. eds. Blake and Louis, *Churchill* p. 410 | 133. ed. Dilks, *Cadogan* p. 288 | 134. Owen, *Cabinet* p. 116 | 135. Potter, *Pim* p. 5 | 136. Ibid. | 137. RA GVI /PRIV/DIARY/COPY/1940: 23 May | 138. *CWP* II pp. 138–9 139. WSC, *TSWW* II p. 53 | 140. *CWP* II p. 139 | 141. WSC, *TSWW* II p. 73 | 142. Ibid. | 143. Colville, *Fringes* p. 213 | 144. *FH* no. 136 p. 51 | 145. NA CAB 66/7 WP (40) 168 | 146. ed. Dilks, *Cadogan* p. 289 | 147. Ibid. p. 290 | 148. Ibid. | 149. Ibid. | 150. NA CAB 65/13 WM 142 (40) | 151. BU NC 2/24A; NA CAB 65/13 Confidential annexes | 152. BU NC 2/24A | 153. Owen, *Cabinet*

p. 21 | 154. WSC, *TSWW* II p. 157 | 155. NA CAB 65/13 WM 142 | 156. Owen, *Cabinet* p. 127 | 157. *CWP* II p. 168 | 158. ed. Dilks, *Cadogan* p. 291 | 159. Langworth, 'Feeding the Crocodile' passim | 160. RA GVI /PRIV/DIARY/COPY/1940: 30 May | 161. Colville, *Fringes* p. 182; Habsburg, *Naissance* p. 175; RA GVI /PRIV/DIARY/COPY/1940: 30 May | 162. *CWP* II pp. 169–80 | 163. Colville, *Fringes* p. 141 | 164. ed. Dilks, *Cadogan* p. 291 | 165. Colville, *Fringes* p. 141 | 166. Ibid. | 167. *CS* VI p. 6224 | 168. RA GVI /PRIV/DIARY/COPY/1940: 28 May | 169. NA CAB 65/13 WM 145 (40) 1 | 170. OB V I p. 419 | 171. ed. Dilks, *Cadogan* p. 290 | 172. WSC, *TSWW* II p. 81 | 173. CAC BRGS 1/3 | 174. Reynolds, *World War* p. 82 | 175. *CWP* II pp. 182–3, 183 n. 2 | 176. Thompson, *Shadow* p. 56 | 177. Pawle, *Warden* p. 59; Browne, *Sunset* p. 204 | 178. Plumb, 'Dominion' p. 2 | 179. Colville, *Fringes* p. 344 | 180. Rowse 'Visit' pp. 8–13 | 181. WSC, *TSWW* II p. 88 | 182. Potter, *Pim* p. 6 | 183. Ibid. p. 11 | 184. LHC Dill Papers 3/1/8 | 185. Colville, *Fringes* p. 143 | 186. *CWP* II p. 200 | 187. ed. Harvey, *Diaries* p. 374 | 188. Thompson, *Shadow* p. 41 | 189. Karslake, *1940* p. 122 | 190. Pawle, *Warden* p. 59 | 191. ed. Harvey, *Diaries* p. 375 | 192. ed. Dilks, *Cadogan* p. 293 | 193. OB VI p. 449; NA PREM 7/2 | 194. Colville, *Fringes* p. 145 | 195. Karslake, *1940* p. 122 | 196. Colville, *Fringes* pp. 146–7 | 197. Holland, *Rise of Germany* p. 308 | 198. Jackson, *Churchill* p. 269; RA GVI / PRIV/DIARY/COPY/1940: 9 June | 199. Pawle, *Warden* p. 68 | 200. *CS* VI p. 6226 | 201. Ibid. p. 6227 | 202. Ibid. | 203. Ibid. p. 6229 | 204. Ibid. | 205. Ibid. p. 6230 | 206. ed. James, *Chips* p. 256 | 207. ed. Nicolson, *Diaries and Letters* II p. 93 | 208. Ibid. | 209. Ronald Golding to Richard Langworth, 1985 | 210. ed. Dilks, *Cadogan* p. 294 | 211. Colville, *Fringes* pp. 148–9 | 212. Ibid. p. 149 | 213. Gilbert, *D-Day* p. 24 | 214. Colville, *Fringes* p. 152 | 215. Ibid. p. 163 | 216. Pawle, *Warden* p. 62 | 217. Karslake, *1940* p. 173; LHC Dill Papers 3/1/8 | 218. *TCD* 19 p. 573 | 219. Pawle, *Warden* p. 62 | 220. RA GVI /PRIV/DIARY/COPY/1940: 12 June | 221. Pawle, *Warden* p. 63 | 222. RA GVI /PRIV/DIARY/COPY/1940: 12 June | 223. Ismay, *Memoirs* p. 139 | 224. Ibid. p. 140 | 225. Ibid.; LHC Ismay Papers 2/1/25 | 226. Ismay, *Memoirs* pp. 141–2 | 227. OB VI p. 522 | 228. Ismay, *Memoirs* p. 142 | 229. eds. Blake and Louis, *Churchill* p. 249 | 230. Colville, *Fringes* p. 175 | 231. RA GVI /PRIV/DIARY/COPY/1940: 12 June | 232. Colville, *Fringes* p. 154 | 233. Thompson, *Shadow* p. 55 | 234. Pawle, *Warden* p. 59 | 235. KCL Beaumont Papers Chapter 8 fol. 146 | 236. Pawle, *Warden* p. 64 | 237. ed. Dilks, *Cadogan* p. 298 | 238. Pawle, *Warden* p. 64 | 239. Thompson, *Shadow* p. 56 | 240. Pawle, *Warden* p. 64 | 241. Spears, *Assignment* II pp. 205–6; OB V I p. 507 | 242. CAC CHAR 23/2 | 243. PA BBK/D/480 | 244. Thomson, *Vote of Censure* p. 45 | 245. WSC, *TSSW* II p. 162 | 246. Pawle, *Warden* p. 65 | 247. ed. Russell, *Constant* p. 105 | 248. Thompson, *Shadow* p. 56 | 249. eds. Danchev and Todman, *War Diaries* p. 81 | 250. Jackson, *Churchill* p. 26 | 251. Pawle, *Warden* p. 119 | 252. *CIHOW* p. 534 | 253. ed. Dilks, *Cadogan* p. 299 | 254. Colville, *Fringes* p. 157 | 255. Ibid. p. 158 | 256. Ibid. | 257. Ibid. | 258. Ibid. | 259. Ibid. p. 161 | 260. Ibid. p. 504 | 261. Ibid. p. 160 | 262. Ibid. | 263. Ibid. | 264. Roberts, *Holy Fox* p. 232 | 265. Ibid. | 266. Ibid. p. 161 | 267. Martin, *Downing Street* p. 11 | 268. ed. Dilks, *Cadogan* p. 304 | 269. Martin, *Downing Street* p. 6

22 不列顛戰役 1940／6－1940／9

1. Colville, *Fringes* p. 194 | 2. *Washington Post* 23 September 1940 | 3. Stuart, *Within* p. 34 | 4. WSC, *TSWW* II p. 451 | 5. Martin, *Downing Street* p. 14 | 6. *CS* V I p. 6232 | 7. Ibid. pp. 6238–9 | 8. Ibid. p. 6234 | 9. Fleming, *Invasion* p. 141 | 10. *CS* VI p. 6328 | 11. ed. Gorodetsky, *Maisky Diaries* p. 287 | 12. ed. Nicolson, *Diaries and Letters* II p. 97 | 13. RA GVI /PRIV/DIARY/COPY/1940: 19 June | 14. Colville, *Fringes* p. 165 | 15. Ibid. pp. 165–6 |

16. OB VI pp. 584–5 | 17. Aldrich and Cormac, *Black Door* p. 17 | 18. WSC, *TSWW* II p. 339 | 19. Jones, 'Knew Him' pp. 10–11 | 20. Jones, *Most Secret* pp. 107–8 | 21. Capet, 'Scientific' p. 4 | 22. Ibid. | 23. Colville, *Fringes* p. 197 | 24. ed. Dilks, *Cadogan* p. 307 | 25. James, *Davidson* p. 427 | 26. Colville, *Fringes* p. 170 | 27. RA GVI /PRIV/DIARY/COPY/1940: 25 June | 28. Bloch, *Operation Willi* passim | 29. RA GVI /PRIV/DIARY/COPY/1940: 25 June | 30. CAC MCHL 1/1/2 | 31. Colville, *Fringes* p. 172 | 32. ed. Soames, *Speaking* p. 454 | 33. Colville, *Fringes* p. 281 | 34. Ibid. pp. 172–3 | 35. Colville, 'Second' p. 7 | 36. Colville, *Fringes* p. 273 | 37. ed. Russell, *Constant* pp. 121–2 | 38. CAC MRGN 1/6/1 | 39. NA PREM 3/479 | 40. *CWP* II p. 436 | 41. Christie's Manuscripts Sales Catalogue 2003 | 42. Colville, *Fringes* pp. 186–7 | 43. Ibid. p. 178 | 44. Martin, *Downing Street* p. 13 | 45. Colville, *Fringes* p. 179 | 46. Ibid. pp. 179–80 | 47. Ibid. p. 180 | 48. Ibid. p. 182 | 49. ed. Harvey, *Diaries* p. 378 | 50. Bryant, *Turn of the Tide* p. 199 | 51. Montgomery, *Memoirs* p. 69 | 52. Pawle, *Warden* p. 70 | 53. Gallup, *Opinion Polls* p. 34 | 54. Colville, *Fringes* p. 217 | 55. Gallup, *Opinion Polls* pp. 34–61 | 56. Leasor, *War at the Top* p. 45 | 57. Holland, *Rise of Germany* p. 327 | 58. CAC CHUR 20/9; OB VI p. 705 | 59. Colville, *Fringes* p. 184 | 60. CAC CHAR 20/31A/16 and 30 | 61. CAC CHAR 20/31A/51 | 62. RA GVI /PRIV/DIARY/COPY/1940: 7 July | 63. Pawle, *Warden* p. 71 | 64. PA BBK/D/480 | 65. ed. Eade, *Contemporaries* p. 154 | 66. Ibid. | 67. Colville, *Fringes* pp. 183–4 | 68. CAC MCHL 1/1/2 | 69. Martin, *Downing Street* p. 14 | 70. CAC MCHL 1/1/2 | 71. ed. Nicolson, *Diaries and Letters* II p. 100 | 72. Colville, *Fringes* p. 185 | 73. Mitter, *China's War* pp. 221–2 | 74. CAC GLLD 519 part 1 | 75. ed. Dilks, *Cadogan* p. 311 | 76. ed. Rose, *Baffy* p. 173 | 77. WSC, *TSWW* II p. 238 | 78. Colville, *Fringes* p. 187 | 79. RA GVI /PRIV/DIARY/COPY/1940: 10 July | 80. Soames, *Clementine* p. 322 | 81. Martin, *Downing Street* p. 6 | 82. Fleming, *Invasion* p. 98 | 83. Colville, *Fringes* p. 189 | 84. Ibid. p. 190 | 85. ed. Norwich, *Monster* p. 38 | 86. Colville, *Fringes* p. 192 | 87. Ibid | 88. Ibid. | 89. Ibid. pp. 192–3 | 90. Ibid. p. 193 | 91. Ibid. p. 194 | 92. Ibid. p. 195 | 93. Best, *Greatness* p. 187 | 94. *CS* V I p. 6247 | 95. Ibid. p. 6248 | 96. Ibid. p. 6249 | 97. eds. Addison and Crang, *Listening* p. 232 | 98. ed. Nicolson, *Diaries* II p. 102 | 99. Colville, *Fringes* p. 197 | 100. CAC MCHL 1/1/2 | 101. Colville, *Fringes* p. 197 | 102. *CWP* II pp. 532–3 | 103. Ibid. p. 533 | 104. Ibid. p. 534 | 105. ed. Eade, *Contemporaries* p. 211 | 106. Colville, *Fringes* p. 200 | 107. BU AP/20/1/20 | 108. WSC, *TSWW* III p. 663 | 109. ed. Midgley, *Heroic Memory* p. 42 | 110. WSC, *TSWW* III p. 660 | 111. ed. Pimlott, *Dalton Diary* p. 62 | 112. Colville, *Fringes*, p. 306; *New Statesman* 29 January 1965 | 113. Milton, *Ungentlemanly* p. 63 | 114. Foot, *SOE* p. 105 | 115. For criticisms of SOE see Keegan, *Intelligence* in War passim; Richard J. Aldrich in *Contemporary British History* Autumn 1997 pp. 159–60; Roger Fontaine in *History: Reviews of New Books* vol. 26 no. 4 1998 pp. 217–21, http://www.tandfonline.com/doi/abs/10.1080/03612759.1998.10528264 | 116. Milton, *Ungentlemanly* passim | 117. BU AP/20/1/20 | 118. eds. Danchev and Todman, *War Diaries* p. 100 | 119. BU AP/20/1/20 | 120. PA BBK C/92 | 121. eds. Addison and Crang, *Listening* p. 309 | 122. CAC BRGS 1/3 | 123. De Gaulle, *War Memoirs* p. 104 | 124. Colville, *Fringes* pp. 214–15 | 125. BA AP/20/1/20 | 126. RA GVI / PRIV/DIARY/COPY/1940: 16 July | 127. Colville, *Fringes* p. 223 | 128. Ibid. p. 219 | 129. Ibid. p. 220 | 130. Ibid. p. 223 | 131. Colville, *Churchillians* p. 143 | 132. Colville, *Fringes* p. 223 | 133. Ibid. p. 224 | 134. CAC MCHL 1/1/2 | 135. Martin, *Downing Street* p. 19 | 136. Colville, *Fringes* p. 196 | 137. *CS* V I p. 6265 | 138. Ibid. p. 6267 | 139. Ibid. | 140. Ibid. p. 6269 | 141. Colville, *Fringes* p. 227 | 142. ed. Gorodetsky, *Maisky Diaries* p. 305 | 143. ed. Wheeler-Bennett, *Action* p. 257 | 144. *CS* I p. 365 | 145. CAC EADE 2/2 | 146. *CS* V II p. 7885 | 147. Colville, *Fringes* p. 258 | 148. BU AP/20/1/20 | 149. Ibid. | 150. Colville, *Fringes* p. 229 |

151. NA CAB 65/14 WM (40) 232 | 152. RA GVI /PRIV/DIARY/COPY/1940: 24 August | 153. Hancock and Gowing, *British War Economy* p. 234 | 154. Kimball, 'Beggar my Neighbour' p. 765 | 155. Colville, *Fringes* p. 232 | 156. Pawle, *Warden* p. 74 | 157. Colville, *Fringes* p. 230 | 158. OB VI p. 803 | 159. ed. Nicolson, *Diaries and Letters* II pp. 121–2 | 160. RA GVI /PRIV/DIARY/COPY/1940: 27 August | 161. Colville, *Fringes* p. 231 | 162. Ibid. pp. 232–3 | 163. ed. Wheeler-Bennett, *Action* p. 112 | 164. Colville, *Fringes* p. 233 | 165. Ibid. p. 238 | 166. Ibid. p. 234 | 167. Ibid. | 168. Ibid. p. 235 | 169. Ibid. p. 237 | 170. Ibid. pp. 234, 238 | 171. Ibid. p. 238 | 172. NA CAB 65/8 WM (40) 227 | 173. Colville, *Fringes* p. 223; ed. Kimball, *Complete Correspondence* I p. 60 | 174. ed. Eade, *Contemporaries* p. 154 | 175. RA GVI /PRIV/DIARY/COPY/1940: 3 September | 176. NA CAB 66/11 WP (40) 352 | 177. Stargardt, *German* pp. 111–12 | 178. *CS* VI p. 6275 | 179. Gilbert, *Other Club* p. 166 | 180. Skidelsky, *Fighting for Britain* p. 80

23 倫敦大轟炸 1940／9－1941／1

1. WSC, *TSWW* II p. 555 | 2. Ibid. p. 246 | 3. Gilbert, *Other Club* p. 166 | 4. Ismay, *Memoirs* p. 183 | 5. Ibid. pp. 183–4 | 6. WSC, *TSWW* II p. 308 | 7. Calder, *Myth of the Blitz* passim | 8. Colville, *Fringes* p. 231 | 9. Sitwell, *Eggs or Anarchy* passim | 10. Colville, *Footprints* p. 98 | 11. CAC CHOH/3/CLVL | 12. James, *Undaunted* p. 207 | 13. Ibid. p. 209 | 14. *CS* VI p. 6277 | 15. Ibid. | 16. CAC CHOH/3/CLVL | 17. ed. Gorodetsky, *Maisky Diaries* p. 311 | 18. WSC, *TSWW* II pp. 295–6 | 19. Martin, *Downing Street* p. 25 | 20. Ibid. | 21. WSC, *TSWW* II p. 297 | 22. *CS* VI p. 6283 | 23. Ibid. | 24. ed. Nicolson, *Diaries and Letters* II p. 114 | 25. Colville, *Fringes* p. 241 | 26. *CS* VI p. 6279 | 27. Martin, *Downing Street* p. 26 | 28. Colville, *Fringes* p. 243 | 29. Thompson, *Shadow* p. 63 | 30. Ibid. | 31. Colville, *Fringes* p. 243 | 32. Ibid. p. 245 | 33. Ibid. | 34. Ibid. | 35. Ibid. p. 246 | 36. Ibid. p. 248 | 37. RA GVI /PRIV/DIARY/COPY/1940: 1 October | 38. ed. Dilks, *Cadogan* p. 328 | 39. Colville, *Fringes* p. 249 | 40. ed. James, *Chips* p. 268 | 41. WSC, *TSWW* II pp. 436–7 | 42. RA GVI /PRIV/DIARY/COPY/1940: 1 October | 43. RA GVI /PRIV/DIARY/COPY/1940: 25 September | 44. RA GVI /PRIV/DIARY/COPY/1940: 24 September | 45. Colville, *Fringes* p. 252 | 46. *CWP* II p. 845 | 47. Ibid. p. 890 | 48. BU AP/20/1/20 | 49. Ibid. | 50. BU NC 20/1/202 | 51. PA FLS/5/6 | 52. Kennedy, *Business* p. 275 | 53. Ibid. p. 173 | 54. BU AP/20/1/20 | 55. Colville, *Fringes* p. 248 | 56. *CS* VI p. 6315 | 57. BA AP/20/1/20 | 58. *CS* VI pp. 6286–7 | 59. BU AP/20/1/20 | 60. OB VIII p. 308 | 61. Churchill, *His Father's Son* p. 183 | 62. WSC, *TSWW* II p. 439 | 63. *CS* VI p. 6295 | 64. *CV* II Part 1 p. 243 | 65. Colville, *Fringes* p. 262 | 66. Ibid. | 67. Ibid. p. 264 | 68. Ibid. p. 265 | 69. Ibid. p. 266 | 70. Ibid. p. 265 | 71. WSC, *TSWW* II p. 305 | 72. Ibid. p. 306 | 73. Martin, *Downing Street* pp. 30–31 | 74. CAC BRGS 1/2 | 75. Thompson, *Shadow* p. 59 | 76. CAC GLLD 519 part 1 | 77. RA GVI /PRIV/DIARY/COPY/1940: 15 October | 78. Ibid. | 79. Peck, *Dublin from Downing Street* p. 72 | 80. Jones, *No. 10 Downing Street* p. 138 | 81. Colville, *Fringes* p. 341 | 82. Pawle, *Warden* p. 82 | 83. Martin, *Downing Street* p. 29 | 84. Colville, *Fringes* p. 268 | 85. Hastings, *Finest Years* p. 102 | 86. Colville, *Fringes* p. 280 | 87. Pawle, *Warden* p. 80 | 88. Ibid. | 89. Ibid. p. 81 | 90. Colville, *Fringes* p. 270 | 91. Pawle, *Warden* p. 81 | 92. Thompson, *Shadow* p. 62 | 93. Ibid. | 94. Colville, *Fringes* p. 341 | 95. Thompson, *Shadow* p. 58 | 96. Ibid. p. 60 | 97. Ibid. | 98. Peck, *Dublin from Downing Street* p. 71 | 99. Thompson, *Shadow* p. 61 | 100. Colville, *Fringes* p. 244 | 101. LHC LH 15/15/1 | 102. Ibid. | 103. Martin, *Downing Street* p. 11 | 104. Colville, *Fringes* pp. 154–5 | 105. ed. Wheeler-Bennett, *Action* pp. 50–51 | 106. Pawle, *Warden* p. 101 | 107. ed. Wheeler-Bennett, *Action* p. 20 | 108. Stuart, *Within* p. 96 | 109. *FH* no. 84 p. 8 | 110. Thompson, *Shadow* p. 47 |

111. WSC, *TSWW* III p. 639 | 112. Ibid. II p. 560 | 113. CAC CHOH/3/CLVL | 114. Colville, *Fringes* p. 291 | 115. Marsh, *Number* p. 246 | 116. Laird and Graebner, *Hitler's Reich* p. 55 | 117. WSC, *MEL* p. 95 | 118. Thompson, *Shadow* p. 44 | 119. Ibid. | 120. WSC, *TSWW* I p. 201 | 121. Singer, *Style* p. 172 | 122. Colville, *Fringes* p. 245 | 123. ed. Eade, *Contemporaries* p. 397 | 124. Peck, *Dublin from Downing Street* p. 76 | 125. Martin, *Downing Street* p. 8 | 126. *CS* VI p. 6297 | 127. *CIHOW* p. 485 | 128. Colville, *Fringes* p. 272 | 129. Ibid. p. 283 | 130. ed. Dilks, *Cadogan* p. 340 | 131. WSC, *WC* IV p. 302 | 132. *CS* VI p. 6341 | 133. Stuart, *Within* p. 90 | 134. Colville, *Fringes* p. 366 | 135. Ibid. p. 273 | 136. Ibid. | 137. Carr, *Fall of Greece* p. 38 | 138. Colville, *Fringes* p. 277 | 139. Tree, *When the Moon* p. 136 | 140. WSC, *TSWW* II p. 472 | 141. Colville, *Fringes* p. 284 | 142. Ibid. p. 283 | 143. Kimball, *Unsordid* p. 235 | 144. ed. Kimball, *Complete Correspondence* I p. 40 | 145. Colville, *Fringes* p. 278 | 146. OB VI pp. 949–50 | 147. Colville, *Fringes* p. 282 | 148. Ibid. p. 284 | 149. Ibid. p. 291 | 150. CS VI p. 6303 | 151. ed. Nicolson, *Diaries and Letters* II p. 125 | 152. WSC, *TSWW* II p. 489; CAC MCHL 1/1/2 | 153. WSC, *TSWW* II p. 501 | 154. Ibid. | 155. ed. James, *Chips* p. 276 | 156. Ibid. p. 273 | 157. Ibid. | 158. *CS* VI p. 6307 | 159. Ibid. | 160. ed. James, *Chips* p. 276 | 161. Colville, *Fringes* p. 292 | 162. *CIHOW* p. 331 | 163. ed. Nicolson, *Diaries and Letters* II p. 129 | 164. Stuart, *Within* p. 87 | 165. Tree, *When the Moon* p. 130; *FH* no. 165 pp. 38–41 | 166. *CIHOW* p. 518 | 167. Martin, *Downing Street* p. 33 | 168. CAC MCHL 1/1/2 | 169. *The Times* 28 August 1976; CAC SOAM 7/6c | 170. Martin, *Downing Street* p. 33 | 171. Colville, *Fringes* p. 295 | 172. *Standpoint* November 2015 p. 55 | 173. Langworth, *Myth* pp. 132–6 | 174. Colville, *Fringes* p. 297 | 175. Ibid. p. 299 | 176. Best, *Greatness* p. 198 | 177. ed. Kimball, *Complete Correspondence* I p. 103 | 178. Ibid. pp. 108, 100 | 179. WSC, *TSWW* III p. 35 | 180. BU AP/20/1/20 | 181. Pawle, *Warden* p. 95 | 182. Aspinall-Oglander, *Keyes* p. 399 | 183. Colville, *Fringes* p. 305 | 184. BU AP/20/1/20 | 185. RA GVI /PRIV/DIARY/COPY/1940: 10 December | 186. Colville, *Fringes* p. 312 | 187. ed. James, *Chips* pp. 278–9 | 188. *CS* VI p. 6317 | 189. Colville, *Fringes* p. 309 | 190. Ibid. p. 275 | 191. Ibid. p. 310 | 192. Ibid. pp. 215–16 | 193. Ibid. p. 216 | 194. Ibid. pp. 312–13 | 195. WSC, *TSWW* III p. 638 | 196. Pawle, *Warden* p. 77 | 197. Colville, *Fringes*, p. 319 | 198. Ibid. | 199. *CS* VI p. 6314 | 200. CAC CHOH/3/CLVL | 201. Colville, *Fringes* p. 321 | 202. RA GVI /PRIV/DIARY/COPY/1940: 24 December | 203. Colville, *Fringes* p. 322 | 204. BU AP/20/1/20 | 205. Birkenhead Papers 65/A3 | 206. BU AP/20/1/21 | 207. Martin, *Downing Street* p. 36 | 208. Ibid. | 209. Colville, *Fringes* p. 314 | 210. Martin, *Downing Street* p. 37 | 211. CAC MCHL 1/1/2 | 212. Colville, *Fringes* p. 323 | 213. Ibid. p. 325 | 214. Ibid. p. 327 | 215. RA PS GVI C 069/07 | 216. Hamilton, *Listening* p. 238 | 217. eds. Blake and Louis, *Churchill* p. 407 | 218. Ibid. p. 414 | 219. Ibid. p. 415 | 220. Ibid. | 221. *CS* VI p. 6328 | 222. ed. Wheeler-Bennett, *Action* p. 252 | 223. WSC, *TSWW* III p. 21 | 224. Pawle, *Warden* p. 92 | 225. Colville, *Fringes* p. 333 | 226. Ibid. | 227. Ibid. p. 394 | 228. ed. Sherwood, *Hopkins* I p. 242 | 229. Colville, *Fringes* p. 335 | 230. Ibid. | 231. Ibid. | 232. Ibid. | 233. ed. Dilks, *Cadogan* p. 349 | 234. Martin, *Downing Street* p. 40 | 235. Pawle, *Warden* p. 92 | 236. Martin, *Downing Street* p. 42 | 237. Gilbert, *A Life* p. 688

24「繼續撐下去」1941／1—1941／6

1. Churchill, *Marl* I p. 569 | 2. LHC Edmonds Papers II /3/53b | 3. *CS* VI p. 6337 | 4. ed. Nicolson, *Diaries and Letters* II p. 140 | 5. Colville, *Fringes* p. 340 | 6. *CS* VI p. 6333 | 7. Colville, *Fringes* p. 340 | 8. Ibid. p. 341 | 9. Ibid. | 10. Gallup, *Opinion Polls* p. 41 | 11. Colville, *Fringes* p. 341 | 12. Ibid. p. 342 | 13. Ibid. | 14. ed. Sherwood, *Hopkins* I p. 257 | 15. James, *Undaunted* p. 231 | 16. Colville, *Fringes* pp. 345–6 | 17. Ibid. p. 346 | 18. Ibid.

p. 348 | 19. Ibid. p. 346 | 20. Ibid. | 21. Ibid. | 22. Ibid. p. 347 | 23. Ibid. pp. 347–8 | 24. Johnsen, *Origins* passim | 25. Potter, *Pim* p. 13 | 26. Colville, *Fringes* p. 349 | 27. RA GVI /PRIV/DIARY/COPY/1941: 4 February | 28. *CS* VI p. 6343 | 29. ed. Dilks, *Cadogan* p. 353 | 30. Colville, *Fringes* p. 355 | 31. *CS* VI p. 6344 | 32. Ibid. p. 6346 | 33. Ibid. p. 6351 | 34. RA GVI /PRIV/DIARY/COPY/1941: 8 and 9 February | 35. WSC, *TSWW* III p. 63 | 36. Kennedy, *Business* p. 79 | 37. Ibid. | 38. ed. Norwich, *Monster* p. 108 | 39. Ibid. | 40. Martin, *Downing Street* p. 43 | 41. ed. Gorodetsky, *Maisky Diaries* p. 238 | 42. RA GVI /PRIV/DIARY/COPY/1941: 25 February | 43. Colville, *Fringes* p. 358 | 44. *CS* VI p. 6355 | 45. Colville, *Fringes* p. 361 | 46. Ibid. p. 360 | 47. Ibid. | 48. Ibid. p. 361 | 49. CAC EADE 2/2 | 50. Ibid. | 51. Ibid. | 52. Ibid. | 53. Ibid. | 54. Ibid. | 55. RA GVI /PRIV/DIARY/COPY/1941: 4 March | 56. *CS* VI p. 6505 | 57. eds. Danchev and Todman, *War Diaries* pp. 144–5 | 58. RA GVI / PRIV/DIARY/COPY/1941: 11 March | 59. ed. Dilks, *Cadogan* p. 431 | 60. Kimball, *Unsordid* p. 237 | 61. Pawle, *Warden* p. 141 | 62. ed. Dilks, *Cadogan* p. 364 | 63. ed. Thorne, Seven *Christmases* p. 134 | 64. Thompson, *Shadow* p. 21 | 65. CAC EADE 2/2 | 66. Colville, *Fringes* p. 366 | 67. ed. Thorne, *Seven Christmases* p. 107 | 68. Ogden, *Life of the Party* p. 128 | 69. Churchill, *Dancing* p. 58 | 70. CAC SCHL 1/2/1 | 71. ed. Eade, *Contemporaries* p. 155 | 72. WSC, *TSWW* III p. 107 | 73. Ibid. II p. 529 | 74. ed. Dilks, *Cadogan* p. 364 | 75. Pawle, *Warden* p. 98 | 76. WSC, *TSWW* III pp. 100–101 | 77. Ibid. p. 142 | 78. *CS* VI p. 6373 | 79. Colville, *Fringes* pp. 367–8 | 80. *CS* VI p. 6367 | 81. Ibid. | 82. Ibid. p. 6369 | 83. Colville, *Fringes* p. 368 | 84. Ibid. p. 369 | 85. Ibid. pp. 366–8 | 86. ed. Dilks, *Cadogan* p. 368 | 87. WSC, *TSWW* III p. 668 | 88. *FH* no. 140 p. 17 | 89. Colville, *Fringes* p. 372 | 90. Pawle, *Warden* p. 105 | 91. Stewart, *First* p. 104 | 92. Hinsley, *British Intelligence* I p. 395 | 93. Colville, *Fringes* p. 371 | 94. Kotkin, *Waiting for Hitler* pp. 850–51 | 95. RA GVI /PRIV/DIARY/COPY/1941: 8 April | 96. ed. Nicolson, *Diaries and Letters* II p. 162 | 97. *CS* VI p. 6377 | 98. Moran, *Struggle* p. 612; Cannadine, *Heroic Chancellor* passim | 99. Gilbert, *Search* p. 236 | 100. Colville, *Fringes* p. 373 | 101. Pawle, *Warden* p. 102 | 102. Ibid. p. 4 | 103. Ibid. p. 103 | 104. *CS* VII p. 6823 | 105. Ibid. VI p. 6377 | 106. Addison, *Unexpected* p. 169 | 107. Pawle, *Warden* p. 4 | 108. CAC BRGS1/2 | 109. ed. Dilks, *Cadogan* p. 372 | 110. RA GVI /PRIV/DIARY/COPY/1941: 23 April | 111. ed. James, *Chips* p. 301 | 112. Colville, *Fringes* pp. 432–3 | 113. Leasor, *War at the Top* p. 148 n. 1 | 114. *CS* VI p. 6381 | 115. Ibid. p. 6379 | 116. Ibid. | 117. Ibid. p. 6381 | 118. Ibid. p. 6385 | 119. Ibid. | 120. *CWP* III p. 556 | 121. Ibid. pp. 556–7; Farrell, *Defence and Fall* p. 399 | 122. ed. Wheeler-Bennett, *Action* p. 241 | 123. Ibid. p.245 | 124. Ibid. p. 263 | 125. Ibid. pp. 248–9 | 126. Ibid. pp. 221–2 | 127. Peck, *Dublin from Downing Street* p. 69 | 128. BU AP/20/1/21 | 129. ed. Hassall, *Ambrosia* p. 165 | 130. Colville, *Fringes* p. 381 | 131. Ibid. p. 382 | 132. Ibid. p. 383 | 133. Ibid. p. 382 | 134. Ibid. | 135. Colville, 'Second' p. 7 | 136. *CS* VI p. 6387 | 137. ed. Eade, *Contemporaries* pp. 207, 212 | 138. Schroeder, *Chief* p. 55 | 139. RA GVI /PRIV/DIARY/COPY/1941: 6 May | 140. Ibid. | 141. NA CAB 69/2 DO (41) 24, 25 and 26 | 142. *CS* VI p. 6388 | 143. Ibid. p. 6390 | 144. Ibid. p. 6393 | 145. Ibid. p. 6396 | 146. Ibid. p. 6399 | 147. Colville, *Fringes* p. 384 | 148. ed. Gorodetsky, *Maisky Diaries* p. 354 | 149. Ibid. | 150. Pawle, *Warden* p. 107 | 151. Colville, *Fringes* p. 387 | 152. WSC, *TSWW* III p. 43; ed. Sherwood, *Hopkins* I p. 294; Addison, *Unexpected* p. 185 | 153. Colville, *Fringes* pp. 387–8 | 154. Pawle, *Warden* p. 108 | 155. OB VI p. 1087 | 156. RA GVI /PRIV/DIARY/COPY/1941: 13 May | 157. Ibid. | 158. Ibid.: 4 March | 159. eds. Blake and Louis, *Churchill* p. 421 | 160. Jackson, *Churchill* p. 284 | 161. Pawle, *Warden* p. 106 | 162. Colville, *Fringes* p. 389 | 163. BU AP/20/1/21 | 164. Colville, *Fringes* p. 391 | 165. Rowse 'Visit' pp. 8–13 | 166. Pawle, *Warden* p. 108 | 167. Ibid. p. 106 | 168. Oliver, Mr *Showbusiness* p. 143 | 169. Colville, *Fringes* p. 391 |

170. ed. Dilks, *Cadogan* pp. 380–81 | 171. BU AP/20/1/21 | 172. Potter, *Pim* p. 15 | 173. ed. Nicolson, *Diaries and Letters* II p. 169; Martin, *Downing Street* p. 50 | 174. RA GVI /PRIV/DIARY/COPY/1941: 27 May | 175. *CWP* III p. 750 | 176. RA GVI /PRIV/DIARY/COPY/1941: 5 June | 177. ed. James, *Chips* p. 307 | 178. ed. Dilks, *Cadogan* p. 386 | 179. RA GVI /PRIV/DIARY/COPY/1941: 10 June | 180. *CS* VI p. 6417 | 181. Ibid. p. 6426 | 182. Colville, *Fringes* p. 400 | 183. eds. Blake and Louis, *Churchill* p. 418 | 184. Pawle, *Warden* p. 118 | 185. ed. Dilks, *Cadogan* p. 389 | 186. BU AP/20/1/21 | 187. Gilbert, *Other Club* p. 176 | 188. Colville, *Fringes* p. 404 | 189. Ibid. | 190. Ibid. p. 405 | 191. *CS* VI p. 6428 | 192. Ibid. p. 6429 | 193. Ibid. p. 6431 | 194. Ibid. | 195. Colville, *Fringes* pp. 405–6 | 196. Ibid. p. 406 | 197. OB VI pp. 1122–3 | 198. ed. Hassall, *Ambrosia* p. 178 | 199. Colville, *Fringes* p. 405

25「會面」1941／6—1942／1

1. ed. Muller, *Contemporaries* p. xxix | 2. WSC, *Marl* I p. 775 | 3. RA GVI /PRIV/DIARY/COPY/1941: 24 June | 4. ed. James, *Chips* p. 308 | 5. *CS* VI p. 6432 | 6. Ibid. | 7. Ibid. p. 6438 | 8. Ruane, *Bomb* pp. 24–6 | 9. Farmelo, *Bomb* pp. 37–8; Ruane, *Bomb* passim | 10. Ruane, *Bomb* p. 26 | 11. Capet, 'Scientific' p. 9 | 12. Pawle, *Warden* p. 123 | 13. Colville, *Fringes* pp. 412–13 | 14. Ibid. p. 412 | 15. Ibid. | 16. *CS* VI p. 6450 | 17. Ibid. p. 6451 | 18. WSC, *TSWW* III p. 344 | 19. ed. Gorodetsky, *Maisky Diaries* p. 374 | 20. Kennedy, *Business* p. 80 | 21. CAC HARV 3/1/part 2 | 22. CAC HARV 1/1; BU AP 20/1/23 | 23. Colville, *Fringes* p. 415 | 24. WSC, *Unrelenting* p. 198 | 25. *Spectator* 22 October 2016 p. 33 | 26. Colville, *Fringes* p. 416 | 27. Ibid. p. 417 | 28. CAC EADE 2/2 | 29. Ibid. | 30. Ibid. | 31. Pawle, *Warden* p. 123 | 32. James, *Undaunted* p. 226 | 33. *CS* VI pp. 6460–61 | 34. ed. Gorodetsky, *Maisky Diaries* pp. 377–8 | 35. Colville, *Fringes* p. 423 | 36. Ibid. p. 424 | 37. CAC ACAD 7/2 | 38. Ibid. | 39. Martin, *Downing Street* p. 56 | 40. CAC ACAD 7/2 | 41. Pawle, *Warden* p. 126 | 42. WSC, *TSWW* III p. 381 | 43. Potter, *Pim* p. 18 | 44. ed. Stuart, *Reith Diaries* p. 283 | 45. Pawle, *Warden* p. 127 | 46. ed. Dilks, *Cadogan* pp. 396–7 | 47. Pawle, *Warden* p. 127 | 48. Martin, *Downing Street* p. 57 | 49. Pawle, *Warden* p. 126 | 50. ed. Dilks, *Cadogan* p. 396 | 51. Ibid. | 52. Potter, *Pim* p. 18 | 53. Pawle, *Warden* p. 127 | 54. CAC ACAD 7/2 | 55. WSC, *TSWW* I p. 345 | 56. ed. Ward, *Closest Companion* p. 141 | 57. WSC, *Marl* I p. 825 | 58. Colville, *Fringes* p. 624 | 59. WSC, *TSWW* III p. 724 | 60. CAC ACAD 7/2 | 61. WSC, *TSWW* III p. 384 | 62. Martin, *Downing Street* p. 58 | 63. CAC ACAD 7/2 | 64. Potter, *Pim* p. 21 | 65. Pawle, *Warden* p. 128 | 66. Martin, *Downing Street* p. 60 | 67. ed. Dilks, *Cadogan* p. 402 | 68. RA GVI /PRIV/DIARY/COPY/1941: 19 August | 69. Roberts, *Eminent Churchillians* pp. 256–8 | 70. Gretton, *Naval Person* pp. 300–301 | 71. *CS* VI p. 64 | 72. Snyder, *Black Earth* p. 146 | 73. *CS* VI p. 6477 | 74. WSC, *Unrelenting* pp. 310–11 | 75. Colville, *Fringes* p. 432 | 76. Ibid. p. 434 | 77. Ibid. p. 433 | 78. Ibid. p. 434 | 79. ed. Gorodetsky, *Maisky Diaries* p. 386 | 80. Ibid. | 81. Ibid. pp. 386–7 | 82. Ibid. p. 387 | 83. Ibid. pp. 386–7 | 84. Colville, *Fringes* p. 437 | 85. CAC BRGS 1/3 | 86. ed. Dilks, *Cadogan* p. 405 | 87. BA AP/20/1/21 | 88. Ibid. | 89. Martin, *Downing Street* p. 61 | 90. RA GVI /PRIV/DIARY/COPY/1941: 11 September | 91. Colville, *Fringes* p. 439 | 92. NA CAB 65/23 WM (41) 94 | 93. NA CAB 65/23 WM (41) 98 | 94. ed. Kennedy, *Grand Strategies* p. 59 | 95. Ibid. p. 60 | 96. BU AP/20/1/21 | 97. Colville, *Fringes* p. 439 | 98. *CIHOW* p. 548 | 99. Colville, *Fringes* p. 440 | 100. WSC, *TSWW* III p. 737 | 101. Colville, *Fringes* p. 441 | 102. Ibid. | 103. Ibid. p. 442 | 104. Pawle, *Warden* p. 134 | 105. Colville, *Fringes* p. 443 | 106. Ibid. | 107. NA PREM 8/724 | 108. LHC Dill Papers 3/1/12 | 109. Ibid. | 110. Colville, *Fringes* p. 275 | 111. Ibid. p. 443; CAC SCHL 1/2/1 | 112. *CS* VI p. 6495 | 113. Aspinall-Oglander, *Keyes* p. 409 | 114. Martin, *Downing Street* p. 64 | 115. RA GVI /PRIV/

DIARY/COPY/1941: 7 October | 116. Pawle, *Warden* p. 133 | 117. Bryant, *Turn of the Tide* p. 261 | 118. eds. Blake and Louis, *Churchill* p. 423 | 119. BU AP/20/1/21 | 120. Ibid. | 121. Ibid | 122. Ibid. | 123. ed. Kimball, *Complete Correspondence* I pp. 249–50 | 124. Farmelo, *Bomb* p. 195 | 125. Ibid. pp. 191–2 | 126. Churchill, *Twenty-One Years* p. 127 | 127. NA CAB 69/2 D (41) 64 | 128. eds. Danchev and Todman, *War Diaries* p. 192 | 129. Greenberg, *Welchman* p. 46 | 130. ed. Nicolson, *Diaries and Letters* II p. 189 | 131. CAC HARV 1/1 | 132. *CWP* III pp. 1391–2 | 133. *CS* VI p. 6499 | 134. Ibid. p. 6501 | 135. WSC, *Dawn* p. 24 | 136. ed. James, *Chips* p. 313 | 137. *CS* VI p. 6510 | 138. Colville, *Fringes* p. 188 | 139. eds. Todman and Danchev, *War Diaries* p. xvi | 140. WSC, *WC* III p. 193 | 141. Moran, *Struggle* p. 113 | 142. ed. Taylor, *Crozier* p. 142 | 143. *FH* no. 130 pp. 34–6 | 144. Howarth, *Intelligence Chief Extraordinary* p. 166 | 145. Macmillan, *War Diaries* p. 295 | 146. Martin, *Downing Street* p. 64 | 147. CAC BRGS | 148. CAC EADE 2/2 | 149. Ibid. | 150. Ibid. | 151. Ibid. | 152. Ibid. | 153. eds. Danchev and Todman, *War Diaries* p. 207 | 154. Sherwood, *Roosevelt and Hopkins* p. 349; Pawle, *Warden* pp. 143, 6–7; Martin, *Downing* Street p. 67 | 155. *CS* VI p. 6504 | 156. Hansard vol. 376 col. 1359 | 157. WSC, *TSWW* III pp. 542–3 | 158. CAC EADE 2/2 | 159. WSC, *TSWW* III pp. 539–40 | 160. Ibid. p. 540 | 161. Ramsden, 'Historian' p. 14 n. 46 | 162. WSC, *End* p. 173 | 163. WSC, *TSWW* III p. 568 | 164. ed. Kimball, *Complete Correspondence* I p. 283 | 165. WSC, *TSWW* III p. 608 | 166. RA PS/PSO/GVI /C/069/12 | 167. ed. Nicolson, *Diaries and Letters* II p. 194 | 168. ed. James, *Chips* pp. 313–14 | 169. RA GVI /PRIV/DIARY/COPY/1941: 9 December | 170. RA GVI /PRIV/DIARY/COPY/1942: 23 January | 171. Pawle, *Warden* p. 144 | 172. WSC, *TSWW* IV p. 43 | 173. Pawle, *Warden* p. 144 | 174. *CS* VI p. 6533 | 175. CAC HARV 1/1 | 176. Ibid. | 177. Martin, *Downing Street* p. 68 | 178. OB VI p. 1274 | 179. RA GVI /PRIV/DIARY/COPY/1941: 12 December | 180. ed. Thorne, *Seven Christmases* p. 103 | 181. ed. Soames, *Speaking* p. 459 | 182. Ibid. | 183. Ibid. | 184. Martin, *Downing Street* p. 69 | 185. Pawle, *Warden* p. 146 | 186. ed. Thorne, *Seven Christmases* p. 104 | 187. ed. Soames, *Speaking* p. 460 | 188. ed. Thorne, *Seven Christmases* p. 104 | 189. *CWP* III p. 1633 | 190. Ibid. p. 1634 | 191. Ibid. p. 1635 | 192. Ibid. p. 1636 | 193. Ibid. p. 1639 | 194. Ibid. p. 1642 | 195. Ibid. | 196. Ibid. p. 1643 | 197. Ibid. p. 1650 | 198. ed. Thorne, *Seven Christmases* p. 111; CAC JACB 1/12 | 199. Stelzer, *Dinner with Churchill* p. 65 | 200. ed. Thorne, *Seven Christmases* p. 122 | 201. Pawle, *Warden* p. 151; Martin,*Downing Street* p. 69 | 202. Symonds, *Neptune* p. 33 | 203. Pawle, *Warden* p. 150 | 204. ed. Soames, *Speaking* p. 548 | 205. *CS* I p. 6535 | 206. BIYU Halifax Diary 25 December 1941 | 207. Meacham, *Franklin and Winston* p. 86 | 208. *CS* VI p. 6537 | 209. Ibid. | 210. Ibid. p. 6539 | 211. Ibid. p. 6540 | 212. Moran, *Struggle* p. 16 | 213. Vale and Scadding, 'Myocardial Infarction' passim; Mather, 'Hardiness and Resilience' pp. 83–97 | 214. ed. Kennedy, *Grand Strategies* p. 53 | 215. NA CAB 80/33 COS (42) 77 | 216. *CS* VII p. 6776 | 217. WSC, *WC* II p. 22 | 218. Freudenberg, *Churchill and Australia* p. 1 | 219. Ibid. | 220. Hancock and Gowing, *British War Economy* pp. 367–8, 373; Postan, *Production* p. 247 | 221. Pawle, *Warden* p. 152 | 222. *CS* VI p. 6543 | 223. Ibid. p. 6545 | 224. Weidhorn, *Rhetoric* p. 134 n. 14 | 225. Karsh, 'Portraits' pp. 13–14 | 226. Pawle, *Warden* p. 152 | 227. Dilks, *Dominion* p. 220 | 228. WSC, *TSWW* III pp. 605–7 | 229. *CIHOW* p. 365 | 230. Pawle, *Warden* p. 153 | 231. Martin, *Downing Street* p. 72 | 232. Pawle, *Warden* p. 155 | 233. BIYU Halifax Diary 18 February 1942 | 234. Martin, *Downing Street* p. 73 | 235. BIYU Halifax Diary 18 February 1942 | 236. Martin, *Downing Street* p. 73 | 237. WSC, *TSWW* IV pp. 727–8 | 238. Bryant, *Turn of the Tide* p. 231

26 災難 1942／1－1942／6

1. WSC, *TSWW* IV p. 78 | 2. ed. Nicolson, *Diaries and Letters* II p. 238 | 3. CAC BRGS 2/11 18 January 1942 | 4. Ibid. | 5. Ibid. | 6. Ibid. | 7. RA GVI /PRIV/DIARY/COPY/1942: 19 January | 8. *Manchester Guardian* 19 January 1942 | 9. ed. Dilks, *Cadogan* p. 429 | 10. OB VII p. 40 | 11. ed. Kimball, *Complete Correspondence* I p. 337 | 12. ed. James, *Chips* p. 317 | 13. ed. Nicolson, *Diaries and Letters* II p. 206 | 14. NA CAB 69/4/23 | 15. BU AP 20/1/22 | 16. WSC, *TSWW* II p. 15 | 17. CAC HARV 2/1 part 1 | 18. *CS* VI p. 6555 | 19. Ibid. | 20. Hansard vol. 377 col. 685 | 21. *CS* VI p. 6559 | 22. Ibid. p. 6565 | 23. Ibid. p. 6558 | 24. OB VII p. 51 | 25. *CS* VI p. 6571 | 26. ed. Nicolson, *Diaries and Letters* II p. 209 | 27. ed. Dilks, *Cadogan* p. 433 | 28. Ibid. p. 4 | 29. CAC BRGS 2/11 2 February 1942 | 30. WSC, *TSWW* IV p. 87 | 31. RA GVI /PRIV/DIARY/COPY/1942: 3 February | 32. ed. Dilks, *Cadogan* pp. 432–3 | 33. RA GVI /PRIV/DIARY/COPY/1942: 10 February | 34. Brodhurst, *Anchor* p. 208 | 35. ed. Dilks, *Cadogan* p. 433 | 36. ed. Nicolson, *Diaries and Letters* II p. 211 | 37. ed. Soames, *Speaking* pp. 463–4 | 38. ed. James, *Chips* p. 321 | 39. Overy, *Air War* pp. 122–5 | 40. LHC Kennedy Papers 4/2/4 | 41. *CS* VI p. 6587 | 42. Ibid. p. 6584 | 43. Ibid. p. 6585 | 44. Ibid. p. 6587 | 45. Ibid. | 46. ed. Nicolson, *Diaries and Letters* II p. 212 | 47. LHC Kennedy Papers 4/2/4 | 48. ed. Lochner, *Goebbels Diaries* p. 9 | 49. Pawle, *Warden* p. 163 | 50. Potter, *Pim* pp. 22–3 | 51. ed. Kennedy, *Grand Strategies* p. 55 | 52. OB VII p. 34 | 53. Other Club Betting Book | 54. James, *Undaunted* p. 224 | 55. RA GVI /PRIV/DIARY/COPY/1942: 16 February | 56. ed. Gorodetsky, *Maisky Diaries* p. 411 | 57. ed. James, *Chips* p. 322 | 58. *CS* VI p. 6597 | 59. Lloyd George, *David & Winston* p. 238 | 60. BIYU Halifax Diary 20 February 1942 | 61. ed. Hart-Davis, *King's Counsellor* p. 210 | 62. Chisholm and Davie, *Beaverbrook* p. 429 | 63. CAC MRGN 1/4/8 | 64. CAC MRGN 1/4/9 | 65. ed. Nicolson, *Diaries and Letters* II p. 213 | 66. ed. Stuart, *Reith Diaries* p. 59 | 67. RA GVI /PRIV/DIARY/COPY/1942: 24 February | 68. Brodhurst, *Anchor* p. 208 | 69. CAC CHAR 20/53A/ 98–9 | 70. ed. Dilks, *Cadogan* p. 440 | 71. LHC Kennedy Papers 4/2/4 | 72. Ibid. | 73. ed. Nicolson, *Diaries and Letters* II p. 223 | 74. *Sunday Dispatch* 8 March 1942 | 75. CAC BRGS 2/11 9 March 1942 | 76. Ibid. | 77. RA GVI /PRIV/DIARY/COPY/1942: 21 March | 78. *CS* VII p. 7445 | 79. ed. Riff, *Dictionary* p. 170 | 80. ed. Coward, *Gandhi* p. 243 | 81. Tunzelmann, *Indian Summer* pp. 110–11 | 82. Herman, *Gandhi and Churchill* p. 446 | 83. Roberts, *Holy Fox* p. 72 | 84. RA GVI /PRIV/DIARY/COPY/1942: 10 March | 85. Ibid.: 17 March | 86. ed. Gorodetsky, *Maisky Diaries* p. 417 | 87. Ibid. p. 419 | 88. Ibid. p. 420 | 89. Ibid. p. 421 | 90. Ibid. | 91. CAC BRGS 2/12 23 March 1942 | 92. Borneman, *MacArthur at War* p. 173 | 93. Ibid. | 94. ed. Kimball, *Complete Correspondence* I p. 421 | 95. WSC, *TSWW* IV p. 20 | 96. Ibid. p. 454 | 97. CAC BRGS 2/12 30 March 1942 | 98. eds. Danchev and Todman, *War Diaries* p. 243 | 99. LHC Kennedy Papers 4/2/4 | 100. BU AP 20/1/22 | 101. Ibid. | 102. Hatfield House 5M/62/1 | 103. eds. Blake and Louis, *Churchill* p. 424 | 104. Roberts, *Masters and Commanders* pp. 137–66 | 105. ed. Kimball, *Complete Correspondence* I p. 446 | 106. Sherwood, *Roosevelt and Hopkins* pp. 530–31 | 107. WSC, *TSWW* I V p. 195 | 108. Lowenheim, *Wartime Correspondence* p. 204 | 109. WSC, *TSWW* IV p. 185 | 110. ed. Kimball, *Complete Correspondence* I pp. 448–9 | 111. NA CAB 69/4/59 | 112. NA CAB 69/4 COS Committee no. 118 14 April 1942 | 113. OB VII p. 89 | 114. NA CAB 69/4 Defence Committee no. 10 14 April 1942 | 115. NA CAB 69/4/ 61–2 | 116. WSC, *TSWW* IV pp. 289–90 | 117. Ismay, *Memoirs* p. 250 | 118. Moran, *Struggle* p. 35 | 119. eds. Danchev and Todman, *War Diaries* p. 248 | 120. Ibid. | 121. Ibid. p. 249 | 122. ed. Kimball, *Complete Correspondence* I p. 450 | 123. Pawle, *Warden* p. 168 |

124. ed. Kimball, *Complete Correspondence* I p. 523 | 125. Ibid. | 126. Ibid. pp. 458–9 | 127. ed. Nicolson, *Diaries and Letters* II p. 223 | 128. *CS* VI p. 6615 | 129. Ibid. | 130. ed. Nicolson, *Diaries and Letters* II p. 223 | 131. Ibid. p. 224 | 132. ed. James, *Chips* p. 327 | 133. ed. Soames, *Speaking* p. 464 | 134. Ibid. p. 465 | 135. Ibid. | 136. CAC RDCH 1/2/46 | 137. PA BBK C/92 | 138. Colville, *Fringes* p. 195 | 139. Fladgates Archives Moir Doc ch. II | 140. NA CAB 195/1 WM (42) 53rd | 141. WSC, *TSWW* IV p. 755 | 142. LHC Kennedy Papers 4/2/4 | 143. *CS* VI p. 6631 | 144. Ibid. p. 6633 | 145. Ibid. p. 6637 | 146. RA GVI /PRIV/DIARY/COPY/1942: 19 May | 147. Pawle, *Warden* p. 172 | 148. ed. Kimball, *Complete Correspondence* I p. 497 | 149. ed. Gorodetsky, *Maisky Diaries* p. 432 | 150. WSC, *TSWW* I pp. 288–9 | 151. ed. Dilks, *Cadogan* p. 450 | 152. RA GVI /PRIV/DIARY/COPY/1942: 28 May | 153. ed. Kimball, *Complete Correspondence* II p. 494 | 154. *FRUS*, 1942, III p. 594 | 155. WSC, *TSWW* V p. 66 | 156. RA GVI /PRIV/DIARY/COPY/1942: 30 June | 157. ed. Dilks, *Cadogan* p. 456 | 158. BU AP 20/1/22 | 159. James, *Undaunted* p. 238 | 160. RA PS/PSO/GVI /C/069/17 | 161. CAC BRGS 2/12 8 June 1942 | 162. Ibid. | 163. NA CAB 195/1 WM (42) 74th | 164. Ibid. | 165. LHC Kennedy Papers 4/2/4 | 166. eds. Danchev and Todman, *War Diaries* p. 279 | 167. LHC Kennedy Papers 4/2/4 | 168. *TCD* 17 p. 795 | 169. Pawle, *Warden* p. 173 | 170. Martin, *Downing Street* p. 81 | 171. WSC, *TSWW* IV p. 341 | 172. Reynolds, *Command* p. 334 | 173. Ibid. | 174. Ibid. p. 335 | 175. Ruane, *Bomb* p. 43 | 176. Ibid. pp. 44–5 | 177. LHC Kennedy Papers 4/2/4 23 June 1942 | 178. WSC, *TSWW* IV p. 344 | 179. Halle, *Irrepressible* p. 200 | 180. WSC, *TSWW* IV p. 344 | 181. ed. Ward, *Closest Companion* p. 167

27 來自沙漠的捷報 1942／6－1942／11

1. *CS* VI p. 6661 | 2. WSC, *Marl* II p. 381 | 3. Birkenhead Papers 65/A3 | 4. ed. James, *Chips* p. 333 | 5. Gallup, *Opinion Polls* p. 61 | 6. CAC HARV 2/1 part 1 | 7. WSC, *TSWW* IV p. 347 | 8. CAC RDCH 1/3/1 | 9. eds. Danchev and Todman, *War Diaries* p. 271 | 10. ed. Dilks, *Cadogan* p. 429 | 11. ed. Hassall, *Ambrosia* pp. 220–21 | 12. WSC, *TSWW* IV p. 353 | 13. ed. James, *Chips* p. 334 | 14. Hansard vol. 381 col. 528 | 15. *CS* VI p. 6646 | 16. Ibid. p. 6649 | 17. Ibid. p. 6657 | 18. Ibid. p. 6661 | 19. ed. Dilks, *Cadogan* p. 460 | 20. RA GVI /PRIV/DIARY/COPY/1942: 7 July | 21. ed. Gorodetsky, *Maisky Diaries* p. 440 | 22. Ibid. p. 442 | 23. Ibid. | 24. Ibid. p. 443 | 25. NA CAB 65/30 WM (42) 64 | 26. ed. Gorodetsky, *Maisky Diaries* p. 449 | 27. Ibid. p. 448 | 28. Vego, 'PQ17' p. 84 | 29. ed. Dilks, *Cadogan* p. 461 | 30. Ibid. p. 462 | 31. eds. Danchev and Todman, *War Diaries* p. 282 | 32. Jacob, 'Grand Strategy' p. 532 | 33. ed. Dilks, *Cadogan* p. 463 | 34. Jacob, 'Grand Strategy' p. 533 | 35. RA GVI /PRIV/DIARY/COPY/1942: 28 July | 36. Gallup, *Opinion Polls* pp. 61–113 | 37. ed. Wheeler-Bennett, *Action* p. 252 | 38. Eden, *Reckoning* p. 333 | 39. RA PS/PSO/GVI /C/069/19 | 40. Pawle, *Warden* p. 189 | 41. Ibid. | 42. ed. Dilks, *Cadogan* p. 466 | 43. Courtenay, 'Smuts' p. 59 | 44. ed. Keegan, *Churchill and his Generals* pp. 129–30 | 45. ed. Dilks, *Cadogan* p. 467 | 46. WSC, *TSWW* IV p. 414 | 47. ed. Evans, *Killearn Diaries* p. 245 | 48. Ibid. pp. 245–6 | 49. WSC, *TSWW* IV pp. 412–24 | 50. Keegan, *Churchill and his Generals* p. 11 | 51. ed. Nicolson, *Diaries and Letters* II p. 259 | 52. Ibid. | 53. ed. Wheeler-Bennett, *Action* p. 254 | 54. WSC, *TSWW* IV p. 412 | 55. *CS* VI p. 6751 | 56. ed. Dilks, *Cadogan* p. 469 | 57. ed. Soames, *Speaking* p. 467 | 58. Ibid. | 59. WSC, *Marl* I p. 569 | 60. ed. Soames, *Speaking* p. 467 | 61. Macintyre, *Rogue Heroes* p. 167 | 62. ed. Soames, *Speaking* p. 466; OB VII p. 172 | 63. CAC ACAD 7/2 | 64. Pawle, *Warden* p. 5 | 65. Ibid. p. 194 | 66. Owen, *Tedder* p. 171 | 67. Pawle, *Warden* p. 195; WSC, *TSWW* IV pp. 428–9 | 68. *FH* no. 140 p. 29 | 69. NA FO 800/300/50 p. 123 | 70. Owen,

Tedder p. 171 | 71. CAC ACAD 7/2 | 72. Pawle, *Warden* p. 6 | 73. Ibid. pp. 6, 194 | 74. CAC ACAD 7/2 | 75. CAC KENN 4/2/4 p. 302 | 76. Gillies, *Radical* p. 131 | 77. WSC, *TSWW* IV p. 433 | 78. Ibid. p. 432; OB VII p. 178 | 79. Gillies, *Radical* p. 131 | 80. Pawle, *Warden* p. 5 | 81. *Daily Telegraph* obituary of Patrick Kinna 18 March 2009 | 82. NA FO 800/300/ 138–45 | 83. Ibid. | 84. Gillies, *Radical* p. 135 | 85. NA FO 800/300/ 138–45 | 86. Gillies, *Radical* p. 133 | 87. ed. Wheeler-Bennett, *Action* p. 255 | 88. CAC ACAD 7/2 | 89. Ibid. | 90. Birse, *Memoirs* p. 103; Moran, *Struggle* p. 63 | 91. Gillies, *Radical* p. 133; Pawle, *Warden* p. 194 | 92. Reynolds, *Command* p. 345 | 93. Ibid. p. 346 | 94. CAC CHUR 4/25A/ 21–3 | 95. CAC ISMAY 2/3/261/1 | 96. Reynolds, *Command* pp. 347–8, 503 | 97. Ibid. p. 348 | 98. eds. Danchev and Todman, *War Diaries* p. 313 | 99. Soames, *Speaking* p. 469 | 100. Martin, *Downing Street* p. 84 | 101. Stuart, *Within* p. 130 | 102. CAC EADE 2/2 | 103. Ibid. | 104. Andrew and Mitrokhin, *Mitrokhin Archive* p. 157 | 105. Dilks, 'Churchill and the Russians' p. 8 | 106. *CS* VI p. 6675 | 107. RA GVI /PRIV/DIARY/COPY/1942: 27 August | 108. *CS* VI p. 6665 | 109. Colville, *Fringes* p. 350 | 110. eds. Barnes and Nicholson, *Empire at Bay* p. 833 | 111. Herman, *Gandhi and Churchill* p. 498 | 112. *CS* VII p. 6995 | 113. CAC EADE 2/2 | 114. ed. Dilks, *Cadogan* p. 480 | 115. Ibid. p. 477 | 116. ed. Nicolson, *Diaries and Letters* II p. 241 | 117. Browne, *Sunset* p. 76 | 118. Gallup, *Opinion Polls* p. 62 | 119. Cripps Papers SC11/2/74, 75, 76, 81, 82 | 120. Cripps Papers SC11/2/84 | 121. ed. Nicolson, *Diaries and Letters* II p. 241 | 122. Ibid. p. 244 | 123. Martin, *Downing Street* p. 88 | 124. OB VII p. 239 | 125. PA BBK C/92 | 126. *CS* VI p. 6680 | 127. WSC, *End* p. 241 | 128. Ibid. p. 243 | 129. ed. Dilks, *Cadogan* p. 483 | 130. *TCD* 17 p. 1278 | 131. ed. Hart-Davis, *King's Counsellor* pp. 66–7 | 132. ed. Dilks, *Cadogan* p. 486 | 133. RA GVI /PRIV/DIARY/COPY/1942: 3 November | 134. James, *Undaunted* p. 223 | 135. RA GVI /PRIV/DIARY/COPY/1942: 3 November | 136. ed. Dilks, *Cadogan* p. 488 | 137. Lord Chalfont in ed. Hastings, *Anecdotes* p. 413 | 138. ed. Hassall, *Ambrosia* p. 259 | 139. ed. Dilks, *Cadogan* p. 489 | 140. ed. Nicolson, *Diaries and Letters* II p. 260 | 141. *CS* VI p. 6693

28「一個大陸的救贖」1942／11－1943／9

1. *CS* VI p. 6704 | 2. ed. Gorodetsky, *Maisky Diaries* p. 510 | 3. eds. Danchev and Todman, *War Diaries* p. 340 | 4. *CS* VI p. 6695 | 5. Ibid. | 6. Ibid. p. 6707 | 7. Ibid. p. 6701 | 8. Ibid. p. 6698 | 9. Ibid. p. 6702 | 10. Hinsley, *British Intelligence* I pp. 456–7 | 11. eds. Blake and Louis, *Churchill* p. 424 | 12. Ossad, *Bradley* p. 240 | 13. RA GVI /PRIV/DIARY/COPY/1942: 17 November | 14. Howard, *Grand Strategy* IV p. 231 | 15. WSC, *Secret* p. 81 | 16. Ibid. p. 83 | 17. Roosevelt, *As He Saw It* p. 73 | 18. Halle, *Irrepressible* p. 212 | 19. Ibid. p. 213 | 20. ed. Hart-Davis, *King's Counsellor* p. 76 | 21. *TCD* 18 pp. 59–60 | 22. RA GVI /PRIV/DIARY/COPY/1943: 1 January | 23. Ibid.: 12 January | 24. Pawle, *Warden* p. 3 | 25. Colville, *Fringes* p. 461; OB VII p. 634 | 26. Ismay, *Memoirs* p. 287 | 27. *CS* VII p. 6893 | 28. ed. Soames, *Speaking* p. 473 | 29. Ibid. p. 475 | 30. Ibid. | 31. WSC, *TSWW* IV p. 622 | 32. Rogers, *Folly* p. 25 | 33. Ibid. p. 24 | 34. NA CAB 120/77 | 35. CAC BRGS 1/3 | 36. NA CAB 120/77 | 37. ed. Gorodetsky, *Maisky Diaries* p. 482 | 38. NA CAB 120/77 | 39. Ibid. | 40. Ibid. | 41. *CS* VII p. 6741 | 42. eds. Danchev and Todman, *War Diaries* p. 379 | 43. Sandys, *Chasing Churchill* p. 159 | 44. BU AP 20/1/23 | 45. Stuart, *Within* p. 157 | 46. PA BBK/D/480 | 47. *CS* VII p. 6742 | 48. Ibid. p. 6749 | 49. Ibid. p. 6751 | 50. Ibid. p. 6752 | 51. ed. Nicolson, *Diaries and Letters* II p. 279 | 52. RA PS/PSO/GVI /C/069/29 | 53. ed. Nicolson, *Diaries and Letters* II p. 284 | 54. Rose, *Nursing Churchill* p. 158 | 55. Ibid. p. 159 | 56. Ibid. p. 164 | 57. *New York Times* 22 January 2006 | 58. *CS* VII p. 6760 | 59. Ibid. p. 6762 | 60. Ibid. p. 6763 | 61. Ibid. p. 6765 | 62. Marian Holmes's Diary p. 1 | 63. ed. Hart-Davis, *King's Counsellor* p. 117 | 64. eds. Danchev and

Todman, *War Diaries* p. 389 | 65. Ibid. pp. 389–90 | 66. ed. Eade, *Contemporaries* p. 155 | 67. Howard, *Grand Strategy* IV p. 369 | 68. Dilks, 'Churchill and the Russians' p. 11 | 69. *CS* III p. 2771 | 70. ed. Nicolson, *Diaries and Letters* II p. 291 | 71. ed. Gorodetsky, *Maisky Diaries* p. 509 | 72. Ibid. p. 510 | 73. BU AP 20/1/23 | 74. RA PS/PSO/GVI /C/069/31 | 75. BU AP 20/1/23 | 76. RA PS/PSO/GVI /C/069/34 | 77. Roskill, *Admirals* pp. 229–30; O'Connell, 'Air Power Gap'; Dimbleby, *Battle of the Atlantic* passim | 78. Bell, 'Air Power' p. 693 | 79. Ibid. p. 717 | 80. Ibid. p. 718 | 81. Sterling, 'Getting' p. 14 | 82. CAC CHAR 20/111 | 83. ed. Soames, *Speaking* p. 481 | 84. WSC, *Victory* p. 174 | 85. *CS* VII p. 6775 | 86. Ibid. p. 6782 | 87. Kennedy, *Business* p. 274 | 88. ed. Gorodetsky, *Maisky Diaries* p. 481 | 89. Ibid. | 90. WSC *TSWW* IV p. 727 | 91. Sterling, 'Getting' p. 13 | 92. ed. Soames, *Speaking* p. 484 | 93. WSC *TSWW* IV p. 730 | 94. ed. Soames, *Speaking* p. 484 | 95. Ibid. | 96. ed. Gorodetsky, *Maisky Diaries* p. 522 | 97. *Stars and Stripes* 7 June 1943 | 98. eds. Danchev and Todman, *War Diaries* p. 416 | 99. Eden, *Reckoning* p. 389 | 100. *Stars and Stripes* 7 June 1943 | 101. Martin, *Downing Street* p. 104 | 102. eds. Danchev and Todman, *War Diaries* pp. 420–21 | 103. RA GVI /PRIV/DIARY/COPY/1943: 6 April | 104. OB VII p. 437 | 105. Gilbert, *Other Club* p. 168 | 106. Overy, *Bombing War* p. 408 | 107. Rose, *Nursing Churchill* p. 152 | 108. Weeks, *Organisation and Equipment* p. 8 | 109. NA CAB 195/1 WM (43) 92nd | 110. Ibid. | 111. Ibid. | 112. Ibid. | 113. WSC, *Onwards* p. 136 | 114. Jacob, 'High Level' p. 367 | 115. RA VI /PRIV/DIARY/COPY/1943: 29 June | 116. *TCD* 18 p. 1811 | 117. WSC *TSWW* IV pp. 651–2 | 118. Martin, *Downing Street* p. 109 | 119. ed. Eade, *Contemporaries* p. 155 | 120. ed. Kennedy, *Grand Strategies* p. 64 | 121. Marian Holmes's Diary p. 3 | 122. Lamb, *War Leader* p. 225 | 123. WSC *TSWW* V p. 572 | 124. Ibid. | 125. BU AP 20/1/23 | 126. ed. Hart-Davis, *King's Counsellor* p. 138 | 127. Kersaudy, *Churchill and de Gaulle* p. 248; ed. Nicolson, *Diaries and Letters* II p. 303 | 128. ed. Hart-Davis, *King's Counsellor* p. 231 | 129. BU AP 20/1/23 | 130. Ibid. | 131. Ibid. | 132. ed. Hart-Davis, *King's Counsellor* p. 143 | 133. Ibid. | 134. ed. James, *Chips* p. 345 | 135. Mukerjee, *Churchill's Secret War* passim; Langworth, *Myth*, pp. 149–54; Herman, 'Absent Churchill'; Mitter, *China's War with Japan* p. 273; https://winstonchurchill.hillsdale.edu/did-churchill-cause-the-bengal-famine/ | 136. James, *Churchill and Empire* p. 304; Fort, *Wavell* p. 361 | 137. Fort, *Wavell* p. 362 | 138. *TCD* 19 p. 414 | 139. CAC CHUR 23/11; Langworth, *Myth* p. 150 | 140. NA CAB 65/41 14 February 1944 | 141. *TCD* 19 p. 755 | 142. Fort, *Wavell* p. 364 | 143. Collingham, *Taste of War* p. 148 | 144. eds. Barnes and Nicholson, *Empire at Bay*, pp. 933–4 | 145. Browne, *Sunset* p. 133 | 146. James, *Churchill and Empire* p. 184 | 147. NA CAB 65/41 7 February 1944 | 148. *TCD* 19 p. 1543 | 149. Herman, 'Absent Churchill' p. 51 | 150. *TCD* 19 p. 2554 | 151. ed. Kimball, *Complete Correspondence* III p. 117 | 152. *FH* no. 142 p. 35 | 153. https://winstonchurchill.hillsdale.edu/churcills-secret-war-bengal-famine-1943/ | 154. ed. Hart-Davis, *King's Counsellor* p. 143 | 155. Ibid. | 156. BU AP 20/1/23 | 157. Gilbert, *Search* p. 225 | 158. Marian Holmes's Diary pp. 3–4 | 159. BU AP 20/23 | 160. *CS* VII p. 6811 | 161. ed. Nicolson, *Diaries and Letters* II pp. 308–9 | 162. BU AP 20/23 | 163. OB VII p. 467 | 164. WSC, *TSWW* V p. 583 | 165. Martin, *Downing Street* p. 110 | 166. Dilks, *Dominion* p. 265 | 167. OB VII p. 469 | 168. ed. Kimball, *Complete Correspondence* II pp. 389–402 | 169. eds. Danchev and Todman, *War Diaries* pp. 441–2 | 170. Jacob, 'Grand Strategy' p. 534 | 171. eds. Danchev and Todman, *War Diaries* pp. 447, 450–51 | 172. WSC, *TSWW* V pp. 83–4 | 173. OB VII p. 484 | 174. CAC CHUR 20/152 | 175. ed. Dilks, *Cadogan* p. 559 | 176. Pawle, *Warden* p. 150: Pilpel, *America* p. 199; ed. Midgley, *Heroic Memory* pp. 25–6 | 177. ed. Hart-Davis, *King's Counsellor* p. 158 | 178. Ibid. | 179. BU AP 20/23 | 180. Martin, *Downing Street* p. 116 | 181. *CS* VII pp. 6823–4 |

182. WSC, *Onwards* p. 185 | 183. *CS* VII p. 6824 | 184. Ibid. | 185. Ibid. p. 6825 | 186. Ibid. p. 6827 | 187. *CIHOW* p. 139

29 堅硬的下腹 1943／9－1944／6

1. eds. Danchev and Todman, *War Diaries* p. 680 | 2. Churchill, *Tapestry* p. 69 | 3. Soames, *Clementine* p. 340 | 4. Martin, *Downing Street* p. 116 | 5. BA AP 20/23 | 6. *CS* VII p. 6839 | 7. Ibid. | 8. Ibid. p. 6840 | 9. Ibid. | 10. ed. Nicolson, *Diaries and Letters* II p. 321 | 11. BA AP 20/23 | 12. RA GVI /PRIV/DIARY/COPY/1943: 23 September | 13. Wilson, *Cabinet Office* p. 45 | 14. OB VII p. 710 | 15. Marian Holmes's Diary p. 5 | 16. eds. Danchev and Todman, *War Diaries* p. 459 | 17. Hamilton, *Mantle of Command* passim | 18. RA PS/PSO/GVI / C/069/340 | 19. RA GVI /PRIV/DIARY/COPY/1943: 14 October | 20. WSC, *TSWW* V p. 280 | 21. CAC CHUR 20/122 | 22. CAC EADE 2/2 | 23. Ibid. | 24. Ibid. | 25. Moran, *Struggle* p. 122 | 26. Brodhurst, *Anchor* p. 5 | 27. Potter, *Pim* p. 38 | 28. *CS* VII p. 6869 | 29. Ibid. p. 6871 | 30. Ibid | 31. ed. Midgley, *Heroic Memory* p. 23 | 32. Marian Holmes's Diary p. 5 | 33. ed. Hart-Davis, *King's Counsellor* p. 176 | 34. Baxter, 'Strategist?' p. 8 | 35. Churchill, *Tapestry* p. 59 | 36. CAC BRGS 1/2 | 37. Churchill, *Tapestry* p. 58 | 38. LHC Kennedy 4/2/5 | 39. Ibid. | 40. ed. Soames, *Speaking* p. 485 | 41. CAC SCHL 1/1/7 | 42. Ibid. | 43. WSC, *TSWW* V p. 635 | 44. Ibid. p. 637 | 45. Churchill, *Tapestry* p. 62 | 46. Martin, *Downing Street* p. 127 | 47. Churchill, *Tapestry* pp. 62–3 | 48. CAC SCHL 1/1/7 | 49. eds. Danchev and Todman, *War Diaries* p. 478 | 50. CAC SCHL 1/1/7 | 51. Ibid. | 52. ed. Soames, *Speaking* p. 487 | 53. Ibid. | 54. Churchill, *Tapestry* p. 63 | 55. Ibid. | 56. Ibid. | 57. Ibid. p. 64 | 58. Ibid. | 59. Martin, *Downing Street* p. 122 | 60. Moran, *Struggle* p. 141 | 61. WSC, *TSWW* V p. 330 | 62. ed. Soames, *Speaking* p. 489 | 63. ed. Sherwood, *Hopkins* II p. 772 | 64. Ibid. p. 774 | 65. *TCD* 19 p. 999 | 66. WSC, *TSWW* V p. 338 | 67. NA CAB 120/113 | 68. Ibid. | 69. ed. Hart-Davis, *King's Counsellor* p. 194 | 70. Stelzer, *Dinner with Churchill* pp. 105–13 | 71. Churchill, *Tapestry* p. 65 | 72. CAC SCHL 1/1/7 | 73. Ibid. | 74. OB VII p. 586 | 75. NA CAB 120/120 | 76. ed. Evans, *Killearn Diaries* p. 267 | 77. Churchill, *Tapestry* p. 67 | 78. Eden, *Reckoning* p. 42 | 79. *CIHOW* p. 184 | 80. eds. Danchev and Todman, *War Diaries* p. 493 | 81. *CIHOW* p. 510 | 82. Thompson, *Sixty* p. 77 | 83. WSC, *TSWW* V p. 373 | 84. Martin, *Downing Street* p. 124 | 85. CAC SCHL 1/8/1 | 86. Martin, *Downing Street* p. 132 | 87. Colville, *Fringes* p. 457 | 88. Martin, *Downing Street* p. 132 | 89. CAC BRGS 1/3 | 90. Martin, *Downing Street* p. 1303 | 91. Major Buckley recollections in Astley Papers | 92. Bryant, *Triumph in the West* pp. 93–4 | 93. Colville, *Fringes* p. 463 | 94. CAC CHUR 20/179 | 95. Colville, Fringes p. 464 | 96. ed. Norwich, *Monster* pp. 165–6 | 97. Marian Holmes's Diary pp. 5, 20 | 98. OB VII p. 646; ed. Rose, *Baffy* p. 211 | 99. Martin, *Downing Street* p. 134 | 100. Colville, *Fringes*, p. 465 | 101. Colville, 'Second' p. 6; Potter, *Pim* p. 47 | 102. ed. Nicolson, *Diaries and Letters* II pp. 344–5 | 103. WSC, *Dawn* p. 53 | 104. RA GVI /PRIV/DIARY/COPY/1944: 18 January | 105. Butcher, *Three Years* p. 404 | 106. WSC, *TSWW* V p. 426 | 107. Ibid. p. 432 | 108. Colville, *Fringes* pp. 674–5 | 109. OB VII p. 663 | 110. Colville, *Fringes* p. 476 | 111. CAC BRGS 2/19 | 112. CAC CHUR 20/156 | 113. Meacham, *Franklin and Winston* p. 274 | 114. eds. Danchev and Todman, *War Diaries* p. 525 | 115. Colville, *Fringes* p. 475 | 116. *CS* VII p. 6893 | 117. Colville, *Fringes* p. 476 | 118. Ibid. | 119. WSC, *Dawn* p. 54 | 120. RA GVI /PRIV/DIARY/COPY/1944: 7 March | 121. WSC, *TSWW* V pp. 521, 542–3; OB VII p. 706 | 122. CAC CHAR 20/188A/ 64–5 | 123. CAC CHAR 20/188A/ 67–8 | 124. Reynolds, *Command* pp. 403–4 | 125. eds. Danchev and Todman, *War Diaries* p. 533 | 126. LHC ALAB 6/3/9 | 127. Ibid. | 128. CAC CHAR 20/188B/128 | 129. LHC ALAB 6/3/10 | 130. *CS* VII

p. 6907 | 131. Ibid. p. 6916 | 132. ed. Hart-Davis, *King's Counsellor* p. 209 | 133. ed. Frank, *Anne Frank Diary* p. 239 | 134. ed. James, *Chips* p. 391 | 135. ed. Nicolson, *Diaries and Letters* II p. 358 | 136. RA GVI /PRIV/DIARY/COPY/1944: 28 March | 137. CAC CAB 69/6 DO (44) 6 | 138. Cohen, 'Churchill at War' pp. 40–49 | 139. WSC, *WC* II p. 21 | 140. eds. Danchev and Todman, *War Diaries* p. 537 | 141. WSC, *TSWW* V p. 618 | 142. Ibid | 143. James, *Within* p. 112 | 144. Marian Holmes's Diary p. 9 | 145. Ibid. p. 11 | 146. Colville, *Fringes* p. 486 | 147. eds. Bland and Stevens, *Marshall Papers* IV p. 405 | 148. Ibid. | 149. Reynolds, *Command* p. 393 | 150. *CS* VII p. 6921 | 151. Colville, *Fringes* p. 485 | 152. ed. Russell, *Constant* p. 245 | 153. ed. Hart-Davis, *King's Counsellor* p. 230 | 154. eds. Danchev and Todman, *War Diaries* p. 544 | 155. ed. Fergusson, *Business of War* p. 328 | 156. CAC BRGS 2/20 | 157. RA PS/PSO/GVI /C/069/47 | 158. James, *Undaunted* p. 256 | 159. RA PS/PSO/GVI /C/069/34 | 160. James, *Undaunted* p. 257 | 161. Ibid. p. 258 | 162. RA PS/PSO/GVI /C/069/45 | 163. RA GVI /PRIV/DIARY/COPY/1944: 3 June | 164. BL Cunningham Add Mss 52577/28 | 165. CAC LWFD2/7 | 166. Beevor, *D-Day* p. 21 | 167. CAC BRGS 2/21 | 168. Ibid. | 169. Marian Holmes's Diary p. 11 | 170. ed. Soames, *Speaking* p. 496 | 171. eds. Barnes and Nicholson, *Empire at Bay* p. 986 | 172. CAC BRGS 2/21 | 173. eds. Barnes and Nicholson, *Empire at Bay* pp. 986–7 | 174. BL Cunningham Add Mss 52577/8 | 175. Djilas, *Conversations with Stalin* p. 61 | 176. Macmillan, *Blast* p. 423 | 177. Potter, *Pim* p. 50 | 178. Pawle, *Warden* p. 302; ed. Soames, *Speaking* p. 497; OB VII p. 794

30 解散 1944／6—1945／1

1. *CS* VI p. 6657 | 2. Colville, *Fringes* p. 510 | 3. *CS* VII p. 6947 | 4. ed. Nicolson, *Diaries and Letters* II p. 375 | 5. *CS* VII p. 6972 | 6. WSC, *TSWW* V p. 67 | 7. Stacey, *Victory Campaign* III pp. 119, 652 | 8. WSC, *Dawn* p. 120 | 9. BU AP 20/1/24 | 10. OB VII p. 807 | 11. eds. Danchev and Todman, *War Diaries* p. 557 | 12. Martin, *Downing Street* p. 152 | 13. Ibid. p. 153 | 14. BL Cunningham Add Mss 52577/32 | 15. RA GVI /PRIV/DIARY/COPY/1944: 13 June | 16. Hansard vol. 400 cols. 2293–300 | 17. Nicolson, *Alexander* p. 259 | 18. Bryant, *Triumph in the West* p. 223 | 19. *CIHOW* pp. 290–91 | 20. CAC HARV 4/1/part 2 | 21. *CS* VII p. 6957 | 22. Potter, *Pim* p. 51 | 23. OB VII p. 841 | 24. Ibid. | 25. eds. Blake and Louis, *Churchill* p. 426 | 26. Ibid. | 27. *Spectator* 8 February 2014 p. 11 | 28. ed. Hart-Davis, *King's Counsellor* p. 240 | 29. Marian Holmes's Diary p. 12 | 30. Ibid. | 31. Ibid. p. 14 | 32. WSC, *TSWW* VI p. 50 | 33. eds. Bland and Stevens, *Marshall Papers* IV p. 498 | 34. ed. Kimball, *Complete Correspondence* III pp. 212–13 | 35. Ibid. p. 223 | 36. RA GVI /PRIV/DIARY/COPY/1944: 4 July | 37. ed. Hart-Davis, *King's Counsellor* p. 240 | 38. OB VII p. 843 | 39. ed. Hart-Davis, *King's Counsellor* p. 240 | 40. Gilbert, *Churchill and the Jews* p. 211 | 41. Ibid. | 42. NA PREM 4/51/10 | 43. Gilbert, *Churchill and the Jews* pp. 212–13 | 44. NA PREM 4/51/10 | 45. Gilbert, *Churchill and the Jews* p. 213 | 46. NA FO 371/39454 | 47. OB VII p. 847 and n. 1 | 48. Ibid. p. 847 | 49. Gilbert, *Churchill and the Jews* pp. 189–90 | 50. ed. Harvey, *Diaries* p. 249 | 51. *CS* VII p. 7376 | 52. eds. Danchev and Todman, *War Diaries* p. 566 | 53. Bew, *Citizen Clem* p. 316 | 54. BL Cunningham Add Mss 52577/42 | 55. BU AP 20/1/24 | 56. Marian Holmes's Diary pp. 13–14 | 57. Colville, *Fringes* p. 419 | 58. Deakin, '1944' p. 19 | 59. *CS* VII p. 6996 | 60. Ibid. p. 6982 | 61. Martin, *Downing Street* p. 157 | 62. CAC BRGS 2/2 | 63. WSC, *TSWW* VI p. 124 | 64. *CS* VII p. 6977 | 65. Ibid. p. 6982 | 66. ed. Soames, *Speaking* p. 498 | 67. OB VII pp. 887–8 | 68. ed. Soames, *Speaking* p. 501 | 69. Churchill, *Father's Son* p. 264 | 70. CIHOW p. 285 | 71. ed. Soames, *Speaking* p. 500 | 72. WSC, *TSWW* VI p. 96 | 73. ed. Soames, *Speaking* p. 501 | 74. Ibid. | 75. WSC, *TSWW* VI pp. 106–7 | 76. OB VII p.

915 | 77. Colville, *Fringes* p. 506; Martin, *Downing Street* p. 158; BL Cunningham Add Mss 52577 | 78. BL Cunningham Add Mss 52577/60 | 79. Colville, *Fringes* p. 507 | 80. WSC, *TSWW* VI p. 60 | 81. BL Cunningham Add Mss 52577/94 | 82. BU AP 20/1/24 | 83. Colville, *Fringes* p. 509 | 84. CAC SCHL 1/2/1 | 85. BL Cunningham Add Mss 52577/70 | 86. Ibid. | 87. Colville, *Fringes* p. 511 | 88. eds. Danchev and Todman, *War Diaries* p. 590 | 89. Colville, *Fringes* p. 511 | 90. eds. Danchev and Todman, *War Diaries* p. 590 | 91. Potter, *Pim* p. 53 | 92. Colville, *Fringes* p. 513 | 93. eds. Pickersgill and Forster, *Mackenzie King Record* II p. 67 | 94. Ibid. | 95. LHC ALAB 6/1/5/p236 | 96. WSC, *TSWW* VI p. 132 | 97. Buell, *Master of Sea Power* pp. 470–71 | 98. Deakin, '1944' p. 6 | 99. OB VII p. 914 | 100. Deakin, '1944' p. 6 | 101. Colville, *Fringes* p. 513 | 102. CAC SCHL 1/2/1 | 103. Martin, *Downing Street* p. 161 | 104. OB VII p. 965 | 105. Ibid. p. 967 | 106. Beevor, *Arnhem* passim | 107. Colville, *Fringes* p. 574 | 108. CAC CHUR 20/148 | 109. Colville, *Fringes* p. 516 | 110. BL Cunningham Add Mss 52577/75 | 111. Colville, *Fringes* p. 517 | 112. Lacouture, *De Gaulle* I p. 575 | 113. *CS* VII p. 6991 | 114. Ibid. p. 6996 | 115. Ibid. | 116. CAC HARV 4/1/part 2 | 117. CAC BRGS 2/22 | 118. RA PS/PSO/GVI /C/069/51 | 119. OB VII p. 968 | 120. ed. Hart-Davis, *King's Counsellor* p. 261 | 121. OB VII p. 992 | 122. NA PREM 3/434/2 | 123. WSC, *TSWW* VI p. 198 | 124. Deakin, '1944' p. 11 | 125. Ibid. | 126. ed. Soames, *Speaking* p. 506 | 127. Ibid. | 128. OB VII p. 1015 | 129. Dilks, *Churchill & Company* p. 195 | 130. Moran, *Struggle* p. 200 | 131. RA PS/PSO/GVI /C/069/52 | 132. Deane, *Strange Alliance* p. 245 | 133. CAC BRGS 2/22 | 134. Deane, *Strange Alliance* p. 155 | 135. Martin, *Downing Street* p. 167 | 136. RA GVI /PRIV/DIARY/COPY/1944: 24 October | 137. *CS* VII p. 7015 | 138. *CS* VII p. 7023 | 139. ed. Nicolson, *Diaries and Letters* II p. 409 | 140. Gilbert, *Churchill and the Jews* p. 223 | 141. Ibid. pp. 224–5 | 142. *CS* VII pp. 7034–5 | 143. ed. Evans, *Killearn Diaries* p. 318 | 144. ed. Russell, *Constant* p. 268 | 145. Ibid. | 146. CAC LWFD 2/7 | 147. ed. Nicolson, *Diaries and Letters* II p. 412 | 148. *CS* VII p. 7031 | 149. Pamela Harriman Papers 13 November 1944 | 150. Best, *Greatness* pp. 198–9 | 151. BL Cunningham Add Mss 52577/102 | 152. Hancock and Gowing, *British War Economy* p. 367 | 153. ed. Kimball, *Complete Correspondence* III p. 421 | 154. Ibid. p. 409 | 155. Colville, *Fringes* p. 528 | 156. ed. Hart-Davis, *King's Counsellor* p. 274 | 157. WSC, *TSWW* VI p. 632 | 158. Colville, *Fringes* p. 533 | 159. WSC, *TSWW* VI p. 252 | 160. Ibid. p. 311 | 161. *CS* VII p. 7052 | 162. Ibid. p. 7055 | 163. Ibid. p. 7059 | 164. ed Hart-Davis, *King's Counsellor* p. 277 | 165. ed. Soames, *Speaking* p. 508 | 166. Pawle, *Warden* pp. 338–9 | 167. ed. Hart-Davis, *King's Counsellor* p. 282n | 168. Information from Mark Foster-Brown, grandson of Rear Admiral Roy Foster-Brown | 169. Colville, *Fringes* p. 540 | 170. OB VII p. 1121 | 171. Colville, *Fringes* p. 552 | 172. Ibid. p. 540 | 173. NA CAB 120/169 | 174. ed. Hart-Davis, *King's Counsellor* p. 281 | 175. NA PREM 3/208 | 176. ed. Hart-Davis, *King's Counsellor* p. 278 | 177. ed. Wheeler-Bennett, *Action* p. 258 | 178. Ibid. | 179. Hastings, *Finest Years* pp. 528–9 | 180. ed. Soames, *Speaking* p. 541 | 181. BL Cunningham Add Mss 52577/109 | 182. OB VII p. 1138 | 183. ed. Kimball, *Complete Correspondence* III p. 502 | 184. Papers of Joseph E. Davies, Library of Congress Box 16 | 185. *CS* VII p. 7100 | 186. McDonald, *The Times* V pp. 121–2 | 187. Ibid. p. 122 | 188. *CS* VII p. 7102 | 189. OB VII p. 1151 | 190. Colville, *Fringes* p. 555

31 勝仗與敗仗 1945／1－1945／7

1. WSC, *Marl* II p. 603 | 2. Colville, *Fringes* p. 537 | 3. OB VII p. 664 | 4. Martin, *Downing Street* p. 175 | 5. Ibid. p. 178 | 6. Ibid. p. 179 | 7. ed. Soames, *Speaking* p. 512 | 8. Ibid. | 9. Martin, *Downing Street* p. 179 | 10. ed. Soames, *Speaking* p. 513 | 11. Gladwyn, *Memoirs* p. 153 |

12. Churchill, *Tapestry* p. 76 | 13. Ibid. | 14. Martin, *Downing Street* p. 179 | 15. CAC SCHL 1/1/8 | 16. CAC LWFD 2/8 | 17. Ibid. | 18. Gladwyn, *Memoirs* p. 153 | 19. Ibid. p. 155 | 20. CAC LWFD 2/8 | 21. Gladwyn, *Memoirs* p. 153 | 22. OB VII p. 1189 | 23. CAC LWFD 2/8 | 24. Gilbert, *A Life* p. 823 | 25. CAC LWFD 2/8 | 26. *CS* VII p. 7293 | 27. Tolstoy, *Victims of Yalta* p. 96 | 28. Ibid. p. 430 | 29. ed. Soames, *Speaking* p. 517 | 30. NA PREM 4/78/1 | 31. Gilbert, *A Life* p. 818 | 32. Ibid. p. 820 | 33. Ibid. p. 821 | 34. Churchill, *Tapestry* p. 80 35. CAC LWFD 2/8 | 36. WSC, *TSWW* VI p. 352 | 37. CAC LWFD 2/8 | 38. CAC BRGS 1/2 | 39. Churchill, *Tapestry* p. 83 | 40. Martin, *Downing Street* p. 185 | 41. Ibid. p. 177 | 42. CAC BRGS 1/3 | 43. WSC, *TSWW* VI p. 348 | 44. ed. Evans, *Killearn* p. 325 | 45. ed. Soames, *Speaking* p. 518 | 46. Martin, *Downing Street* p. 186 | 47. CAC BRGS 1/3 | 48. Gilbert, *A Life* p. 825 | 49. Ibid. | 50. ed. Evans, *Killearn Diaries* p. 325 | 51. Ibid. p. 331 | 52. ed. Soames, *Speaking* p. 518 | 53. CAC BRGS 1/3 | 54. *Daily Telegraph* obituary of Patrich Kinna 18 March 2009 | 55. Colville, *Fringes* p. 562 | 56. Ibid. | 57. Ibid. | 58. Ibid. p. 563 | 59. Ibid. | 60. RA GVI /PRIV/DIARY/COPY/1945: 28 February | 61. ed. Pimlott, *Dalton Diary* p. 835 | 62. *CS* VII p. 7117 | 63. ed. Nicolson, *Diaries and Letters* II p. 437 | 64. WSC, *TSWW* VI p. 638 | 65. eds. Danchev and Todman, *War Diaries* pp. 667–8 | 66. Taylor, *Winston Churchill* p. 388 | 67. Colville, *Footprints* p. 187 | 68. RA GVI /PRIV/DIARY/COPY/1945: 25 March | 69. eds. Danchev and Todman, *War Diaries* p. 678 | 70. Leslie, *Train to Nowhere* p. 210 | 71. Colville, *Fringes* p. 579 | 72. OB VII p. 1257 | 73. WSC, *TSWW* VI p. 434 | 74. Ibid. | 75. Ibid. p. 437 | 76. RA GVI /PRIV/DIARY/COPY/1945: 13 March | 77. ed. Soames, *Speaking* p. 521 | 78. Colville, *Fringes* p. 581 | 79. *CS* VII pp. 7138–9 | 80. Marian Holmes's Diaries p. 21 | 81. WSC, *TSWW* VI p. 409 | 82. Colville, *Fringes* p. 582 | 83. CAC BRGS 2/24 | 84. Colville, *Fringes* p. 582 | 85. ed. Butler, *Dear Mr Stalin* p. 315 | 86. ed. Soames, *Speaking* p. 523 | 87. Colville, *Fringes* p. 583 | 88. Courtenay, 'Smuts' p. 61 | 89. Colville, *Fringes* p. 585 | 90. WSC, *TSWW* VI p. 640 | 91. ed. Pottle, *Champion* p. 314 | 92. Colville, *Fringes* p. 587 | 93. Potter, *Pim* p. 62 | 94. Thompson, *Shadow* p. 153 | 95. BU AP 20/25 | 96. WSC, *TSWW* VI p. 399 | 97. OB VII p. 1294 | 98. ed. James, *Chips* p. 402 | 99. *CS* VII p. 7139 | 100. Ibid. p. 7141 | 101. Ibid. p. 7149 | 102. ed. Soames, *Speaking* p. 528 | 103. *TCD* 21 p. 658 | 104. WSC, *TSWW* VI pp. 642–3 | 105. Colville, *Fringes* p. 592 | 106. Ibid. p. 596 | 107. *CS* VII p. 7149 | 108. ed. Soames, *Speaking* p. 529 | 109. Ibid. p. 524 | 110. Marian Holmes's Diaries p. 21 | 111. ed. Soames, *Speaking* p. 530 | 112. Ibid. | 113. Colville, *Fringes* p. 596 | 114. Potter, *Pim* p. 62 | 115. Marian Holmes's Diaries p. 22 | 116. *CS* VII p. 7153 | 117. ed. James, *Chips* p. 402 | 118. OB VII p. 1345 | 119. ed. Nicolson, *Diaries and Letters* II p. 458 | 120. eds. Danchev and Todman, *War Diaries* p. 688 | 121. Ibid. | 122. *CS* VII p. 7154 | 123. OB VII p. 1348 | 124. *CS* VII pp. 7156–7 | 125. Ibid. p. 7158 | 126. WSC, *TSWW* VI p. 667 | 127. Marian Holmes's Diaries p. 22 | 128. Peck, *Dublin from Downing Street* p. 68 | 129. Colville, *Fringes* p. 599 | 130. Ibid. | 131. Ibid. p. 601 | 132. Ibid. p. 474 | 133. ed. Nicolson, *Diaries and Letters* II p. 347 | 134. OB VIII p. 7 | 135. NA CAB 120/691 | 136. Ibid. | 137. Ibid. | 138. Dalton, *Fateful Years* p. 462 | 139. BU AP 20/25 | 140. Stuart, *Within* p. 138 | 141. *TCD* 21 p. 1530 | 142. *CS* VII p. 7172 | 143. Harrow School Archives Box H4/8 | 144. Soames, *Clementine* p. 382 | 145. Colville, *Fringes* p. 606 | 146. CAC EADE 2/2 | 147. ed. Lowndes, *Belloc Lowndes* p. 260 | 148. Bod CPA PUB 229/8/8/fol. 73 | 149. Ibid. | 150. ed. Hart-Davis, *King's Counsellor* p. 336 | 151. CAC SCHL 1/1/7 | 152. eds. Danchev and Todman, *War Diaries* p. 702 | 153. Colville, *Fringes* p. 610 | 154. Ibid. | 155. eds. Pickersgill and Forster, *Mackenzie King* III p. 236 | 156. WSC, *TSWW* VI p. 545 | 157. Ibid. pp. 545–6 | 158. *CS* VII p. 7211 | 159. Mee, *Potsdam* p. 164 | 160. *CIHOW* p. 375 | 161. BU AP 20/25; ed. Dilks, *Cadogan* p. 765 | 162. ed. Soames, *Speaking* p. 532 | 163.

Churchill, *Tapestry* p. 86 | 164. Marian Holmes's Diaries p. 25 | 165. Gilbert, *Other Club* p. 191 | 166. Potter, *Pim* p. 66; WSC, *TSWW* VI p. 583; ed. Soames, *Speaking* p. 536 n. 3 | 167. ed. Wheeler-Bennett, *Action* p. 262 | 168. Moran, *Struggle* p. 307 | 169. ed. Hart-Davis, *King's Counsellor* p. 342 | 170. Ibid. p. 343 | 171. RA GVI /PRIV/DIARY/COPY/1945: 26 July | 172. *CIHOW* p. 41 | 173. CAC BRGS 1/3 | 174. Eden, *Reckoning* p. 551 | 175. Hatfield House QUI Bundle 63 | 176. Pamela Harriman Papers 1/8/1945 | 177. Pawle, *Warden* p. 7

32 反對黨 1945／8—1951／10

1. ed. Soames, *Speaking* pp. 512–13 | 2. WSC, *Unite* p. 347 | 3. Churchill, *Tapestry* pp. 18–19 | 4. CAC EADE 2/2 | 5. Ramsden, 'Greatest' p. 9 | 6. Gilbert, *Search* p. 307; CAC CHUR 2/495 | 7. Hatfield House QUI Bundle 63 | 8. Marian Holmes's Diaries p. 25 | 9. WSC, *Marl* III p. 25 | 10. ed. Muller, *Contemporaries* p. 301 | 11. Colville, *Fringes* p. 428 | 12. Marian Holmes's Diaries p. 25; RA PS/PSO/GVI /C/069/34 | 13. Stuart, *Within* p. 139 | 14. Ibid. | 15. Woodrow Wyatt Papers 9 April 1946 | 16. WSC, *TSWW* VI p. 224 | 17. *CS* VII p. 7211 | 18. Ibid. | 19. OB VIII p. 249 | 20. *CS* VII p. 7211 | 21. Ibid. p. 7213 | 22. Ibid. p. 7214 | 23. Ibid. pp. 7214–15 | 24. ed. Soames, *Speaking* p. 535 | 25. Mather, 'Hardiness and Resilience' pp. 83–97 | 26. Churchill, *Tapestry* p. 9 | 27. Ibid. p. 98 | 28. ed. Soames, *Speaking* p. 541 | 29. *CS* VII p. 7235 | 30. Ibid. p. 7269 | 31. ed. Nicolson, *Diaries and Letters* III p. 82 | 32. Colville, 'Second' p. 7 | 33. *CS* VII p. 7417 | 34. *CIHOW* p. 550 | 35. Ibid. | 36. Gilbert, *A Life* p. 864 | 37. *CS* VII pp. 7283–4 | 38. Ibid. p. 7285 | 39. Halle, *America and Britain* pp. 34–5 | 40. CAC ONSL 2 part 2 | 41. *CIHOW* p. 321 | 42. Earl of Birkenhead Papers 65/A3 | 43. *CS* VII p. 7286 | 44. Ibid. p. 7287 | 45. Ibid. p. 7289 | 46. Ibid. | 47. Ibid. p. 7290 | 48. Ibid. pp. 7292–3 | 49. Ibid. | 50. Gladwyn, *Memoirs* p. 185 | 51. Hatfield House 5M/62/1 | 52. Sebestyen, *1946* p. 185 | 53. Ramsden, 'Historian' p. 22 | 54. ed. Wheeler-Bennett, *Action* p. 258 | 55. Pilpel, *America* p. 225 | 56. Hatfield House 5M/62/1 | 57. OB VIII p. 341 | 58. Stuart, *Within* p. 147 | 59. *CS* VII p. 7317 | 60. Ibid. p. 7377 | 61. Ibid. p. 7443 | 62. Ibid. p. 7447 | 63. Ibid. p. 7386 | 64. Ibid. p. 7549 | 65. CAC CHUR 2/174/146, CHUR 2/100/ 57-8, CHUR 2/43/214 | 66. WSC, *Sinews* p. 134 | 67. *CS* VII p. 7379 | 68. Ibid. p. 7382 | 69. Gladwyn, *Memoirs* p. 218 | 70. *CS* VII p. 7765 | 71. ed. Eade, *Contemporaries* p. 433 | 72. Newman, 'Butterflies at Chartwell' p. 39 | 73. Hatfield House QUI Bundle 63 | 74. Churchill, *Crowded Canvas* p. 181 | 75. WSC, *Dream* p. 59 | 76. Howard, *Rab* p. 156 | 77. *CS* VII p. 7525 | 78. PA DR/182 | 79. *CS* VII p. 7545 | 80. Hansard vol. 443 col. 1848 | 81. Woodrow Wyatt Papers | 82. *CS* VII p. 7566 | 83. Ibid. p. 7571 | 84. Ramsden, 'Greatest' p. 18 | 85. OB VIII p. 364 | 86. WSC, *Dream* p. 10 | 87. OB VIII p. 364 | 88. Ibid. p. 365 | 89. Ibid. | 90. Ibid. p. 366 | 91. Ibid. p. 368 | 92. Ibid. | 93. Ibid. p. 369 | 94. Ibid. p. 370 | 95. Ibid. | 96. Ibid. | 97. Ibid. p. 371 | 98. Ibid. | 99. Ibid. p. 372 | 100. Ibid. | 101. Ibid. p. 367 | 102. CAC BRDW/V/2/9 | 103. WSC, *Dream* p. 12 | 104. OB VIII p. 331 | 105. Reynolds, *Command* p. 405 | 106. Soames, *Life as a Painter* p. 180 | 107. CAC SCHL 1/1/9 | 108. Graebner, *My Dear* pp. 77–8 | 109. Ibid. p. 25 | 110. ed. Soames, *Speaking* p. 548 | 111. CAC LASL 8/7/2 | 112. CAC ONSL 2 part 2 | 113. *CS* VII p. 7587 | 114. OB VIII p. 315 | 115. WSC, *Marl* II pp. 1036, 754 | 116. WSC, *MEL* p. 346 | 117. ed. James, *Chips* p. 426 | 118. WSC, *TSWW* I pp. 26, 615 | 119. Hatfield House 5M/62/1 | 120. Ashley, *Historian* p. 163 | 121. Reynolds, *Long Shadow* p. 317 | 122. *CS* VII p. 7679 | 123. Ibid. p. 8123 | 124. Boothby, *My Yesterday* p. 212 | 125. *CS* VII p. 7709 | 126. *The Times* 11 November 1948 | 127. Ibid. | 128. *CS* VII p. 7774 | 129. Soames, *Churchill Family Album* p. 370 | 130. Halle, *Irrepressible* p. 285 | 131. OB VIII p. 613 | 132. Halle, *Irrepressible* p. 285 | 133. *CS* VII p. 7777 | 134. Pilpel, *America* p. 235 | 135. *CS* VII p. 7797 | 136. Ibid. | 137. Ibid. | 138. Ibid. p.

7799 | 139. Ibid. p. 7803 | 140. Ibid. p. 7807 | 141. *CIHOW* p. 500 | 142. Moran, *Struggle* p. 334 | 143. PA DR/182 | 144. ed. Soames, *Speaking* p. 553 | 145. ed. James, *Chips* p. 439 | 146. *CS* VII p. 7883 | 147. *CIHOW* p. 552 | 148. McGowan, *Years* p. 96 | 149. ed. Soames, *Speaking* p. 453 | 150. Ibid. | 151. *CS* VIII p. 7927 | 152. WSC, *Balance* p. 201 | 153. *CS* VII p. 7944 | 154. CPA LCC 1/1/6 p. 6 | 155. ed. James, *Chips* p. 442 | 156. *CS* VIII p. 7985 | 157. Ibid. p. 7987 | 158. Ibid. p. 8360 | 159. Ramsden, 'Historian' p. 4 | 160. Ibid. p. 10 | 161. Booth, *True* pp. 135–6 | 162. Hatfield House Papers | 163. Hansard vol. 476 cols. 2157–8 | 164. Ibid. col. 2156 | 165. Best, *Greatness* p. 285 | 166. ed. Pottle, *Daring* p. 55 | 167. ed. Nicolson, *Diaries and Letters* III p. 178 | 168. Gilbert, *Other Club* p. 203 | 169. Courtenay, 'Smuts' passim | 170. WSC, *TSWW* IV p. 611 | 171. Jackson, *Churchill* p. 358 | 172. *CS* VIII p. 8143 | 173. ed. James, *Chips* p. 451 | 174. OB VIII p. 511 | 175. *CS* VIII p. 8170 | 176. Ibid. p. 8196 | 177. Ibid. p. 8226 | 178. Bod CPA LCC 1/1/6 p114 | 179. Woodrow Wyatt Papers | 180. *CS* VIII p. 8253 | 181. Ibid. p. 8283 | 182. Pearce, '1950 and 1951 Elections' passim | 183. Ibid. | 184. WSC, *Savrola* p. 344

33 秋老虎 1951／10－1955／4

1. Jones, 'Knew Him' p. 11 | 2. Colville, *Fringes* p. 632 | 3. Roberts, *Eminent Churchillians* pp. 243–85 | 4. Gilbert, *Other Club* p. 107 | 5. Colville, *Fringes* p. 127 | 6. Interview with Christopher Clement-Davies 1 March 2017 | 7. Seldon, *Indian Summer* pp. 102–6 | 8. Colville, *Fringes* p. 644 | 9. Macmillan, *Tides* p. 491 | 10. Browne, *Sunset* p. 437 | 11. Halle, *Irrepressible* p. 312 | 12. ed. Midgley, *Heroic Memory* p. 30 | 13. ed. James, *Chips* p. 461 | 14. Willans and Roetter, *Wit* pp. 18–19 | 15. ed. Midgley, *Heroic Memory* p. 30 | 16. Colville, *Fringes* p. 635 | 17. *CIHOW* p. 88 | 18. Ramsden, *Age* p. 99 | 19. Colville, *Fringes* pp. 632–3 | 20. Shuckburgh, *Descent* p. 62 | 21. Ibid. p. 66 | 22. Colville, *Fringes* p. 635 | 23. Ismay, *Memoirs* p. 457 | 24. NA CAB129/48C(51)32 | 25. *CS* VIII p. 8481 | 26. *CIHOW* p. 550 | 27. Macmillan, *Tides* p. 493 | 28. *CS* VIII p. 8310 | 29. Colville, *Fringes* p. 310 | 30. Butler, *Art of Memory* p. 137 | 31. WSC *TSSW* I p. 21 | 32. *CS* VIII p. 8317 | 33. Colville, *Fringes* p. 637 | 34. Ibid. | 35. Ibid. p. 639 | 36. Dilks, 'Solitary' pp. 10–11 | 37. WSC, *Stemming* pp. 226–7 | 38. *CS* VIII p. 8327 | 39. Ibid. p. 8333 | 40. Shuckburgh, *Descent* p. 75 | 41. Interview with Sir Edward Ford | 42. *FH* no. 135 p. 51 | 43. Colville, *Fringes* p. 640 | 44. *CS* VIII p. 8338 | 45. OB VIII p. 697; Moran, *Struggle* p. 372 | 46. Murray, *Bodyguard* p. 145 | 47. *CS* VIII p. 8342 | 48. ed. Hart-Davis, *King's Counsellor* p. 430 | 49. Moran, *Struggle* pp. 425, 429 | 50. Mather, 'Hardiness and Resilience' pp. 83–97 | 51. Colville, *Fringes* p. 642 | 52. ed. Hart-Davis, *King's Counsellor* p. 406 | 53. Cawthorne, *Legend* p. 32 | 54. Boyd-Carpenter, *Way of Life* pp. 90–91 | 55. OB VIII p. 714 | 56. Hansard vol. 498 col. 204 | 57. Lyttelton, *Chandos* p. 168; Hansard vol. 500 cols. 32–3 | 58. Hansard vol. 501 col. 529 | 59. Colville, *Fringes* p. 648 | 60. Ibid. p. 649 | 61. Hansard vol. 501 cols. 1366–7 | 62. Colville, *Fringes* p. 651 | 63. Ibid. | 64. Hansard vol. 503 col. 1978 | 65. CAC NEMO 3/3 | 66. Gilbert, *A Life* p. 916 | 67. Ruane, *Bomb* p. 214 | 68. Ibid. p. vii | 69. Colville, *Fringes* p. 676 | 70. Ibid. p. 654 | 71. Ibid. | 72. *CS* VIII p. 8435 | 73. Hansard vol. 503 col. 286 | 74. Colville, *Fringes* pp. 657–8 | 75. Ibid. p. 658 | 76. Ibid. p. 659 | 77. Ibid. | 78. ed. Ferrell, *Eisenhower Diaries* pp. 222–3 | 79. Colville, *Fringes* p. 661 | 80. Ibid. p. 662 | 81. Ibid. p. 665 | 82. Ibid. p. 663 | 83. Ibid. | 84. Ibid. | 85. Colville, 'Second Best' p. 7 | 86. *CS* VIII p. 8455 | 87. Dilks, 'Solitary' p. 13 | 88. Hatfield House 5M/E41 | 89. Hansard vol. 515 cols. 897–8 | 90. ed. Hart-Davis, *King's Counsellor* p. 344 n. 1 | 91. Hansard vol. 514 col. 1757 | 92. *CIHOW* p. 352 | 93. ed. Hart-Davis, *King's Counsellor* p. 399 | 94. CAC LASL 8/7/6/25A/21 | 95. Dilks, 'Solitary' p. 14 | 96. Colville, *Fringes* p. 668 | 97. Mather, 'Hardiness

and Resilience' pp. 83–97 | 98. Macmillan, *Tides* p. 516 | 99. Colville, *Fringes* p. 668n | 100. NA CAB 128/26/36 | 101. Cherwell Papers K70/6 | 102. Colville, *Fringes* p. 669; Cherwell Papers K70/6 | 103. NA CAB 128/26/ 38–44 | 104. NA CAB 128/26/37 | 105. Colville, *Fringes* p. 668 | 106. Ibid. p. 669 | 107. Ibid. p. 670 | 108. Hatfield House 5M/E41. | 109. Moran, *Struggle* pp. 425–6; *Sunday Express* 22 May 1966 | 110. *Sunday Express* 10 and 22 May 1966 | 111. Moran, *Struggle* p. 444 | 112. Ibid. pp. 419–20 | 113. Clarke, *Cripps Version* p. 538 | 114. Colville, *Fringes* p. 672 | 115. Ibid. p. 675 | 116. Moran, *Struggle* p. 486 | 117. Rose, *Unruly*, p. 336 | 118. Moran, *Struggle* p. 477 | 119. *British Medical Journal* vol. 310 10 June 1995 p. 1537 | 120. *CS* VIII p. 8496 | 121. Ibid. | 122. Moran, *Struggle* p. 528 | 123. CAC HAIS 4/3 | 124. *CS* VIII p. 8515 | 125. Hansard vol. 518 col. 1803 | 126. Colville, *Fringes* pp. 674–5 | 127. ed. Soames, *Speaking* p. 576 | 128. Colville, *Fringes* p. 682 | 129. Ibid. p. 683 | 130. Ibid. | 131. Ibid. | 132. Ibid. p. 685 n. 1 | 133. ed. Hart-Davis, *King's Counsellor* p. 430 | 134. Moran, *Struggle* pp. 540–41 | 135. Lady Soames to Richard Langworth in September 2005 | 136. Best, *Greatness* p. 315 | 137. Norman Brook diaries, *Sunday Telegraph* 5 August 2007 | 138. Roberts, *Eminent Churchillians* pp. 217–41 | 139. Addison, *Unexpected* p. 233 | 140. Norman Brook diaries, *Sunday Telegraph* 5 August 2007 | 141. Woodrow Wyatt Papers | 142. Colville, *Fringes* p. 691 | 143. *FH* no. 122 p. 15 | 144. Colville, *Fringes* p. 693 | 145. Halle, *Irrepressible* p. 305 | 146. *CIHOW* p. 32 | 147. Ibid. p. 93 | 148. Hatfield House 5M/E41 | 149. Colville, *Fringes* p. 702 | 150. Ibid. | 151. Ibid. p. 703 | 152. CAC BRGS 1/3 | 153. Colville, *Fringes* p. 703 | 154. ed. Soames, *Speaking* p. 587 | 155. Colville, *Fringes* p. 705 | 156. WSC, *Unwritten* p. 202 | 157. Fladgate Archives Moir Doc ch. III | 158. Browne, *Sunset* p. 171 | 159. CAC SCHL 1/2/1 | 160. Soames, *Clementine* p. 549 | 161. *CS* VIII pp. 8608–9 | 162. Fladgate Archives Moir Doc ch. III | 163. Ibid. | 164. Ramsden, 'Greatest' p. 15; Brendon, *Churchill* p. xx | 165. CAC NEMO 3/3 | 166. BU AP 20/25 | 167. *CS* VIII p. 8625 | 168. Ibid. p. 8633 | 169. Colville, *Fringes* p. 706 | 170. Ibid. p. 705 | 171. ed. Soames, *Speaking* p. 590 | 172. Colville, *Fringes* p. 706 | 173. ed. Soames, *Speaking* p. 590 | 174. Colville, *Fringes* p. 706 | 175. Ibid. | 176. Ibid. p. 707 | 177. Ibid. | 178. Ibid. p. 708 | 179. Ibid. | 180. Ibid. | 181. OB VIII p. 1123 | 182. Ibid. | 183. Ibid. | 184. *CV* I Part 2 p. 839 | 185. Seldon, *Indian Summer* passim | 186. Gilbert, *Churchill's Political Philosophy* passim | 187. Colville, *Fringes* p. 709 | 188. OB VIII p. 327 | 189. Ibid. p. 704 | 190. CAC HAMB 1/1/8 | 191. Ibid. | 192. ed. Midgley, *Heroic Memory* p. 29

34 漫長的日落 1955／4－1965／1

1. WSC, *Marl* II p. 1036 | 2. WSC, *Savrola* p. 35 | 3. ed. Marchant, *Servant* p. 141 | 4. Interview with Francis Maude 26 July 2016 | 5. Rowse 'Visit' pp. 8–13 | 6. Ibid. 7. Ibid. | 8. Ibid. | 9. Browne, *Sunset* p. 305 | 10. Colville, *Fringes* pp. 526–7 | 11. ed. James, *Chips* p. 396 | 12. OB V p. 441 | 13. Ashley, *Historian* p. 210 | 14. Reynolds, 'Churchill the Historian' | 15. WSC, *HESP* IV pp. 182, 263 | 16. *CIHOW* p. 522 | 17. Browne, *Sunset* p. 120 | 18. ed. Soames, *Speaking* p. 604 | 19. Halle, *Irrepressible* p. 313 | 20. *New York Times* 22 April 1956 | 21. WSC, *HESP* I pp. 95, 99 | 22. CAC KLMR 6/9 | 23. ed. Soames, *Speaking* p. 610 | 24. OB VIII p. 1123 | 25. Moran, *Struggle* p. 748 | 26. Colville, *Fringes* p. 392 | 27. Macmillan, *Riding* p. 175 | 28. Lees- Milne, *Mingled Measure* p. 68 | 29. Browne, *Sunset* pp. 166–7 | 30. ed. Soames, *Speaking* p. 619 | 31. Gilbert, *Other Club* p. 216 | 32. ed. Soames, *Speaking* p. 622 | 33. CAC CHOH/3/CLVL | 34. Colville, *Churchillians* p. 123 | 35. Howells, *Simply Churchill* p. 61 | 36. Lysaght, *Brendan* p. 349 | 37. Gilbert, *Other Club* p. 218 | 38. Sandys, *Chasing Churchill* p. 1 | 39. ed. Soames, *Speaking* p. 627 | 40. Halle, *Irrepressible* p. 337; ed. Midgley,

Heroic Memory p. 30 | 41. Sandys, *Chasing Churchill* p. 1 | 42. Ibid. p. 9 | 43. Ibid. p. 13 | 44. Ibid. p. 14 | 45. *CIHOW* p. 368 | 46. PA BBK/3/70 | 47. ed. Soames, *Speaking* p. 632 | 48. *CIHOW* p. 341 | 49. WSC, *Unwritten* p. 324 | 50. Bod CPA PUB 229/12/7/fol. 44 | 51. *CS* VIII p. 8707 | 52. *CIHOW* p. 530; Churchill, *Tapestry* p. 17 | 53. *CIHOW* p. 161 | 54. ed. Soames, *Speaking* p. 635 | 55. Murray, *Bodyguard* p. 202 | 56. Gilbert, *A Life* p. 957 | 57. *FH* no. 117 p. 7; Browne, *Sunset* pp. 273–4; OB VIII p. 1337 | 58. CAC CHAR 28/26/5 | 59. Soames, 'Human Being' p. 8 | 60. ed. Soames, *Speaking* p. 646 | 61. Browne, *Sunset* p. 32 | 62. Soames, *Clementine* p. 53 | 63. Ramsden, *Man of the Century* p. 3 | 64. *Commentary Magazine* 1 October 1966. | 65. The best account of the funeral is to be found in Croft, *Final Farewell* p. 62 | 66. *The Times* 25 January 1965 | 67. Rowse, *Memories* p. 12 | 68. Soames, *Clementine* p. 545

結語 「與命運同行」

1. eds. Blake and Louis, *Churchill* p. 406 | 2. Ismay, *Memoirs* pp. 269–70 | 3. *CV* III Part 2 p. 1339 | 4. Cherwell Papers K70/4 | 5. eds. Danchev and Todman, *War Diaries* pp. 450–51 | 6. WSC, *RW* II p. 375 | 7. ed. Soames, *Speaking* p. 149 | 8. OB II p. 34 | 9. *Churchill by his Contemporaries*, https://winstonchurchill.hillsdale.edu/clement-attlee-part-2/ | 10. *New York Times Book Review* 16 July 1995 | 11. ed. Muller, *Peacemaker* p. 6 | 12. Pawle, *Warden* p. 179 | 13. Taylor, *Winston Churchill* p. 291 | 14. ed. Eade, *Contemporaries* p. 248 | 15. *CS* V p. 5197 | 16. WSC, *GC* p. 137 | 17. Sterling, 'Getting' p. 10 | 18. Dean, *Hatred, Ridicule* p. 45 | 19. OB V p. 1115 | 20. Christie's Manuscripts Sales Catalogue 2003 | 21. ed. Eade, *Contemporaries* p. 433 | 22. Browne, *Sunset* p. 119 | 23. *CS* VI p. 6537 | 24. Arnn, *Churchill's Trial* p. xiv | 25. *Pall Mall Magazine* July 1927; WSC, *Thoughts* p. 23 | 26. CAC KLMR 6/9 | 27. WSC, *MEL* p. 73 | 28. Rose, *Literary Churchill* passim | 29. Soames, 'Human Being' p. 4 | 30. ed. Eade, *Contemporaries* pp. 14–35 | 31. Ismay, *Memoirs* p. 142 | 32. WSC, *Marl* II p. 331 | 33. *CS* VIII p. 8321 | 34. ed. Muller, *Contemporaries* p. 189 | 35. Gilbert, *Search* p. 215 | 36. CAC CHAR 1/399A/ 66–79 | 37. WSC, *TSWW* I p. 96 | 38. Reynolds, 'Churchill the Historian' | 39. *CS* VIII p. 8422 | 40. ed. Gorodetsky, *Maisky Diaries* p. 353 | 41. CAC CHOH/3/CLVL | 42. WSC, *TSWW* IV p. 182 | 43. WSC, *India* pp. xxxix–xl | 44. *CV* III Part 2 p. 1467 | 45. Kennedy, *Business* p. 115 | 46. Colville, *Fringes* p. 507 | 47. Baxter, 'Military Strategist' p. 9; Howard, *Mediterranean Strategy* pp. 31–2 | 48. *FH* no. 140 p. 31 | 49. OB VI p. 1274 | 50. Jacob, 'High Level' p. 373 | 51. eds. Danchev and Todman, *War Diaries* p. 713 | 52. *CS* VIII p. 8608 | 53. WSC, *TSWW* II p. 88 | 54. ed. Eade, *Contemporaries* p. 209 | 55. Gilbert, *A Life* p. 79 | 56. *CS* IV p. 4143; *CIHOW* p. 72 | 57. *CS* VI p. 6655 | 58. http://www.telegraph.co.uk/news/uknews/1577511/Winston-Churchill-didnt-really-exist-say-teens.html | 59. Scott, *Churchill* p. 2 | 60. Ibid. p. 266 | 61. OB VIII p. 1123.

歷史大講堂
邱吉爾：與命運同行

2023年10月初版　　定價：新臺幣一套平裝1300元
有著作權・翻印必究
Printed in Taiwan.

著者 Andrew Roberts
譯者 胡訢諄
叢書編輯 陳胤慧
特約編輯 林碧瑩
校對 蘇淑君
林秋芬
內文排版 劉秋筑
封面設計 許晉維

出版者 聯經出版事業股份有限公司
地址 新北市汐止區大同路一段369號1樓
叢書編輯電話 (02)86925588轉5322
台北聯經書房 台北市新生南路三段94號
電話 (02)23620308
郵政劃撥帳戶第0100559-3號
郵撥電話 (02)23620308
印刷者 文聯彩色製版印刷有限公司
總經銷 聯合發行股份有限公司
發行所 新北市新店區寶橋路235巷6弄6號2樓
電話 (02)29178022

副總編輯 陳逸華
總編輯 涂豐恩
總經理 陳芝宇
社長 羅國俊
發行人 林載爵

行政院新聞局出版事業登記證局版臺業字第0130號

本書如有缺頁，破損，倒裝請寄回台北聯經書房更換。 ISBN 978-957-08-6993-4 (平裝一套)
聯經網址：www.linkingbooks.com.tw
電子信箱：linking@udngroup.com

國家圖書館出版品預行編目資料

邱吉爾：與命運同行/Andrew Roberts著．胡訢諄譯．初版．
新北市．聯經．2023年10月．第一部：16面彩色＋672面黑白．
第二部：16面彩色＋632面黑白．15.5×22公分（歷史大講堂）
ISBN 978-957-08-6993-4（平裝一套）

1.CST：邱吉爾（Churchill, Winston, 1874-1965） 2.CST：傳記

784.18 112009900